# 看图学K线

## ——实用K线图解大全

麻道明◎编著

中国宇航出版社

·北京·

## 内 容 简 介

本书在介绍K线基本知识、K线分析方法后，重点介绍了K线的单日反转、双日反转、三日反转、多日反转、持续形态、星形线，以及底部形态、顶部形态和整理形态的形态特征、形成过程、市场含义、应用法则、分析要点和实盘技巧等，力求突出实盘效果、操作技能和分析技巧，帮助投资者读懂K线语言，领悟盘面信息，把握市场规律，摸准主力意图，及时把握买卖点，最终从市场上获得收益。



**图书在版编目（CIP）数据**

看图学K线：实用K线图解大全 / 麻道明编著. --
北京：中国宇航出版社，2019.9（2022.3重印）
ISBN 978-7-5159-1658-3

Ⅰ. ①看… Ⅱ. ①麻… Ⅲ. ①股票投资－图解 Ⅳ.
①K830.91-64

中国版本图书馆CIP数据核字(2019)第145039号

**策划编辑** 田芳卿
**责任编辑** 吴媛媛　　**装帧设计** 宇星文化

**出版发行** 中国宇航出版社
**社　址** 北京市阜成路8号　**邮　编** 100830
(010)60286808　(010)68768548
**网　址** www.caphbook.com
**经　销** 新华书店
**发行部** (010)60286888　(010)68371900
(010)60286887　(010)60286804(传真)
**零售店** 读者服务部
(010)68371105
**承　印** 三河市君旺印务有限公司

**版　次** 2019年9月第1版
2022年3月第3次印刷
**规　格** 787×1092
**开　本** 1/16
**印　张** 24.5
**字　数** 520千字
**书　号** ISBN 978-7-5159-1658-3
**定　价** 69.00元

# 前 言

股市分析中，K线分析是最简单、最有效的技术分析方法，也是股票投资中最基础的技术分析方法，其他任何技术分析都离不开K线分析。在金融市场中，K线分析具有重要的地位，同时又具有无可替代的作用。

说K线分析是基础分析方法，是因为股市中绝大多数技术分析源于K线，是以K线为基础设计出来的；说K线分析是核心分析技术，是因为如果投资者懂得K线分析的实战精髓，就意味着已经进入技术分析的较高境界，已经能将K线技术分析运用于实盘交易中并轻松获利。只有学好K线，才能进一步掌握其他技术分析方法，否则一切技术分析将无从谈起。

想要从股市中获利，别无他途，只有通过认真学习，掌握一套正确的技术分析方法，具备一定的操盘能力，才能让自己从容面对股市的跌宕起伏。本书从最基本的K线技术分析讲起，让有志于学习技术分析的投资者从基础入手，由初学到进阶再到精通，以便透过现象看到问题的本质，在股市中获得通向财富之门的金钥匙。

全书共11章，全面系统地介绍了K线基本知识、K线分析方法，讲解了单日反转、双日反转、三日反转、多日反转、持续形态、星形线，以及底部形态、顶部形态和整理形态的形成过程、市场含义、应用法则、分析要点和实盘技巧等，力求突出实盘效果、操作技能和分析方法，帮助投资者读懂K线语言，领悟盘面信息，把握市场规律，摸准主力意图，及时把握买卖点，最终从市场上获得收益。

本书内容全面，文字通俗，案例丰富，是一本既让新股民能看懂，又对老股民有启发的 K 线技术分析类图书。

麻道明

2019 年 4 月于楠溪江畔

# 目 录

# 第一章　K 线概述

## 第一节　K线的形成

### 一、什么是K线?

#### 1. K 线的起源

K 线又称阴阳线、棒线、红黑线或蜡烛线，起源于日本德川幕府时代（1603—1867 年）的米市交易中，用来记录米价每天的涨跌。后来人们把它引入股票市场价格走势分析中，目前已成为重要的股票技术分析方法。

根据不同的开盘价、收盘价、最高价以及最低价，阴线和阳线会呈现不同的形态。根据单根 K 线形态以及两根以上 K 线的排列组合情况，可以分析研判未来市场的运行趋势，这就是 K 线技术分析。

当收盘价高于开盘价时，称为阳线；当收盘价低于开盘价时，称为阴线。从开盘价到收盘价这一段距离，称为 K 线实体（阳线实体和阴线实体）。从最低点到实体底端部分，称为下影线；从最高点到实体顶端部分，称为上影线，如图 1–1 所示。

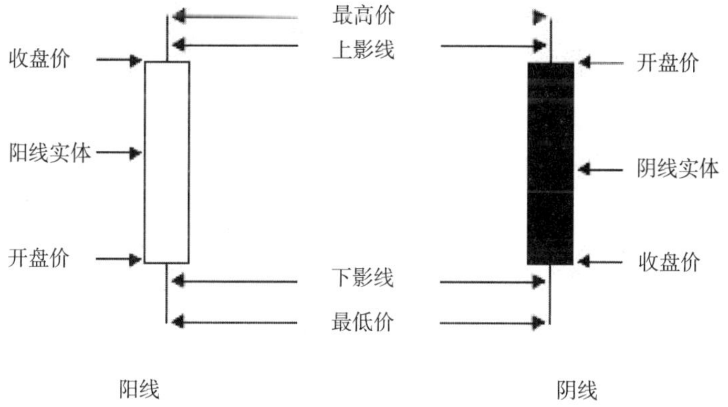


图 1–1　有实体 K 线示意图

当开盘价等于收盘价时，为无实体 K 线。无实体 K 线根据有无上下影线，可分为四种不同的 K 线：当开盘价等于收盘价时，为十字星线；当开盘价、收盘价、最高价相等时，为丁字线；当开盘价、收盘价、最低价相等时，为上字线；当开盘价、收盘价、最高价以及最低价都相同时，为一字线，如图 1–2 所示。

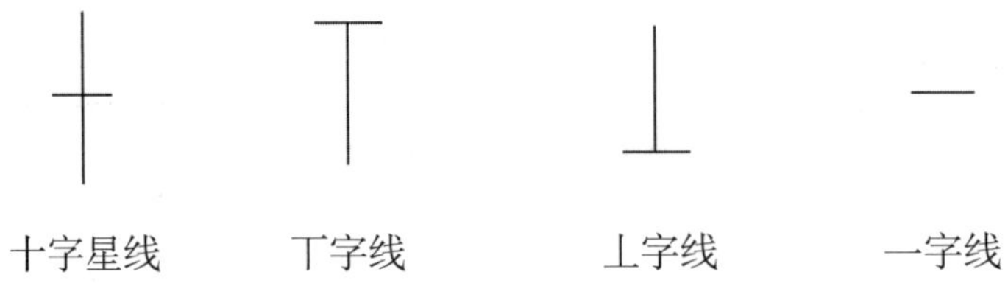


图 1–2　无实体 K 线示意图

### 2. K 线的基本概念

一根 K 线能够反映当天股价的几个关键内容。

（1）开盘价：红色 K 线开盘价为实体下沿价格，绿色 K 线开盘价为实体上沿价格，是每天开盘时第一笔交易的成交价格。

（2）收盘价：红色 K 线收盘价为实体上沿价格，绿色 K 线收盘价为实体下沿价格，是每天收盘前最后一笔交易的成交价格。

（3）最高价：当日分时走势图中触及的最高点为当日 K 线的最高价。

（4）最低价：当日分时走势图中触及的最低点为当日 K 线的最低价。

（5）实体线：开盘价与收盘价之间的实际区域，也是经过一天的震荡争夺后，多方或空方最后成功坚守的区域。

（6）上影线：位于实体上方，是实体与最高价的连线。

（7）下影线：位于实体下方，是实体与最低价的连线。

（8）红色线：收盘价高于开盘价，股价向上走高后收盘，也称为阳线。

（9）绿色线：收盘价低于开盘价，股价向下走低后收盘，也称为阴线。

日 K 线简称日线，是将一个完整交易日（目前期货市场中，当天夜盘和次日白天盘为一个完整的交易日，周五晚间的夜盘和下周一的白天盘为一个完整交易日）中的盘口走势浓缩为一根 K 线。也就是说，将一个交易日的开盘价、收盘价、最高价、最低价在一根 K 线中体现出来，忽略分时走势图中的其他次要细节。各种类型的 K 线也是如此。

所谓 K 线图，就是将股票每日、每周、每月的开盘价、收盘价、最高价、最低价等涨跌变化情况，按照时间跨度不断累加起来，用图形的方式表现出来，如图 1–3 所示。

（10）颜色：红色表示股价低开高走，绿色表示股价高开低走。开盘价等于收盘价时，当日 K 线为白色，没有柱状实体。

K 线的颜色取决于开盘价与收盘价之间的关系。当收盘价高于开盘价时，为红色阳线；当收盘价低于开盘价时，为绿色阴线；当收盘价等于开盘价时，为白色线。实盘中的阳线、阴线与人们通常讲的涨跌有所不同。一般人们讲涨跌是指当日收盘价与上一个交易日收盘价之间的比较。当 K 线为阳线时，并不意味着股价和前一天相比是上涨的，有时候股价实际是下跌的，但 K 线依然是阳线，K 线只是表示当天收盘价高于当天开盘价。同样，当 K 线为阴线时，并不意味着股价和前一天相比是下跌的，有时候股价实际是上涨的，但 K 线依然是阴线，K 线只是表示当天收盘价低于当天开盘价。

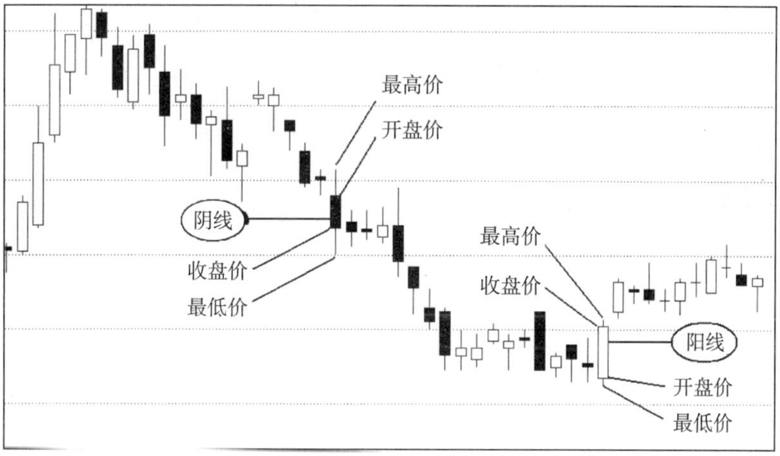


图 1–3　实盘 K 线图

图 1–4 所示为青龙管业（002457）的日 K 线图。该股 2018 年 9 月至 10 月的一段走势中，9 月 14 日开盘价为 8.65 元，收盘价为 8.15 元，收盘价低于开盘价，K 线为阴线。实际上当天的股价相比前一天是上涨的，因为前一天的收盘价为 7.86 元，当天的收盘价为 8.15 元，上涨 0.29 元。同样，10 月 25 日开盘价为 6.60 元，收盘价为 6.78 元，收盘价高于开盘价，K 线为阳线。实际上当天股价相比前一天是下跌的，因为前一天的收盘价为 6.90 元，当天收盘价为 6.78 元，下跌 0.12 元。

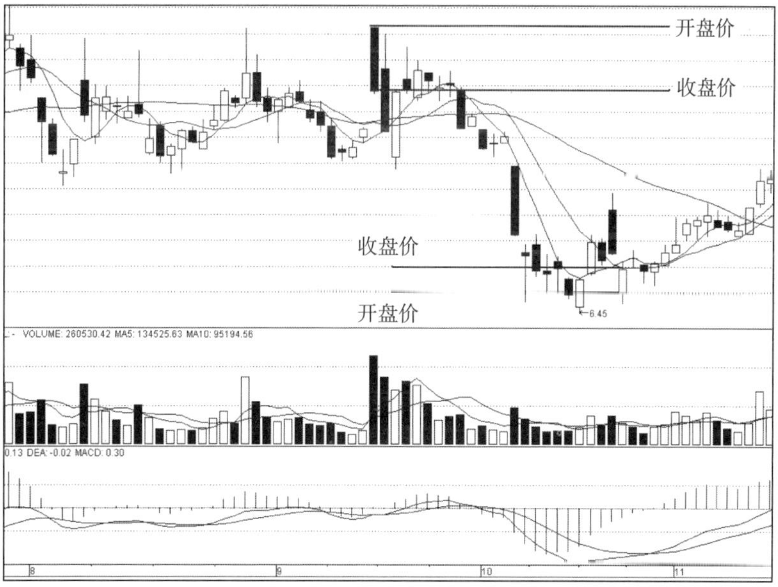


图 1–4　青龙管业（002457）日 K 线图

一般而言，阳线表示买盘较强，卖盘较弱，股票供不应求，导致股价上涨。阴线表示卖盘较强，买盘较弱，持股者急于抛出股票，致使股价下挫。同时，上影线越长，表示上挡的卖压越强，意味着股价上升时遇到较大的抛压；下影线越长，表示下挡的承接力越强，意味着股价下跌时有较多的投资者利用这一机会买进股票。

K 线形态往往受多种因素的影响，用其预测股价涨跌并不能百分之百准确。另外，同一种图形不同的人也会有不同的理解。因此，在运用 K 线图时，一定要与其他因素以及技术指标结合起来，进行综合分析和判断。

## 二、K线的画法

在股市技术分析软件中，一般有两种图形：一种是分时走势图，另一种是 K 线图。分时走势图是每一个交易日从开盘到收盘的全天股价走势过程，每个交易日都会出现开盘价、收盘价、最高价、最低价这四个价格。由于分时走势图过于烦琐，股价走势千差万别，且对于中长期分析指导意义不大，所以将全天分时走势图中的开盘价、收盘价、最高价、最低价四个价格浓缩为一根 K 线，就形成了日 K 线。

### 1. 大阳线形成过程

大阳线的形成过程是，股价开盘后没有下跌或下跌很少，之后遇到买方支撑，多空双方在争斗中不断向上攀升，甚至一路狂奔而上，临收盘前股价有所回落或没有回落，在最高价或次高价处收盘，如图 1–5 所示。

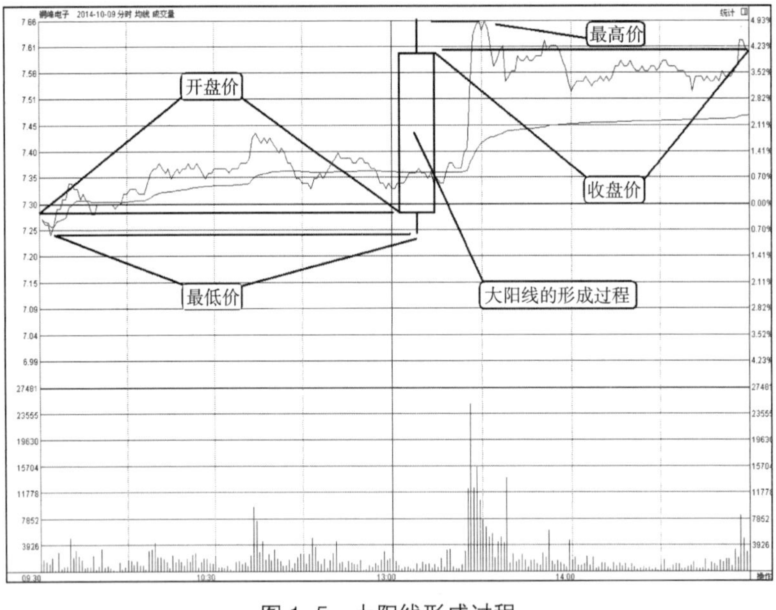


图 1–5 大阳线形成过程

大阳线的收盘价远远高于开盘价，是强烈的底部单日反转或强势持续信号，但宜进一步确认形态的有效性。

股价经过长期下跌或充分调整后，多方往往积累了一股难以阻挡的做多能量，这股能量一旦喷发而出，就会形成十分惊人的场面。长长的阳线代表多方发挥了最大的力量，以压倒性优势战胜空方，取得了决定性胜利，上涨势头迅猛，市场轰动效应十分明显，具有强烈的看涨意义。

根据开盘价、收盘价、最高价、最低价的不同，可能出现几种不同形态的大阳线：光头光脚大阳线、带上下影线大阳线、带下影线大阳线、带上影线大阳线、上影线长于下影线的大阳线、下影线长于上影线的大阳线、影线长于实体的大阳线、实体长于影线的大阳线等。根据开盘位置不同，可能会出现高开大阳线和低开大阳线。每种大阳线都有不同的技术含义，但都具有看涨性质。

### 2. 大阴线形成过程

大阴线的形成过程是，股价开盘后没有上涨或上涨很少，空方随即打压，多空双方在争斗中不断向下滑落，甚至一路下泻，临收盘前股价滑落走势减缓，在最低价或次低价处收盘，如图 1–6 所示。

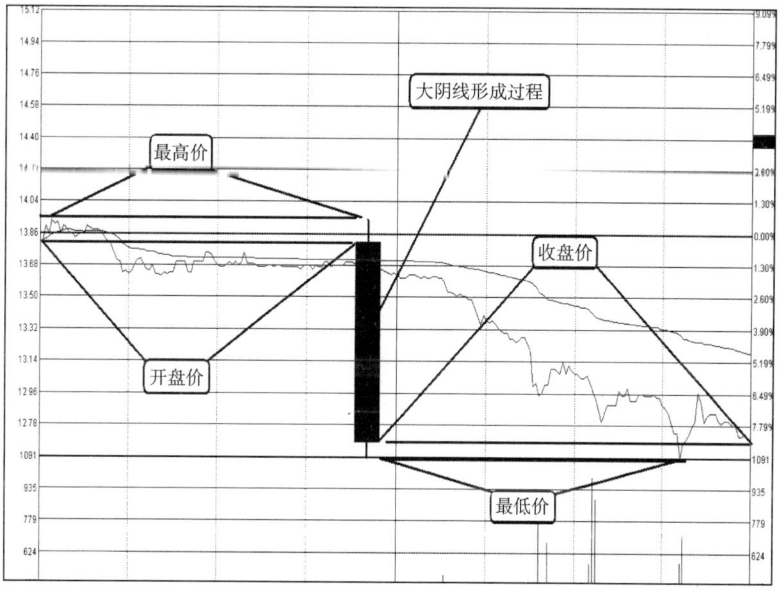


图 1–6 大阴线形成过程

大阴线的收盘价远远低于开盘价，是强烈的顶部单日反转或弱势持续信号，宜进一步确认形态的有效性。

股价经过大幅上涨后，空方累积了大量做空能量，这种能量一旦得到释放，下跌势头十分猛烈，市场遭到严重的破坏，具有强烈的看跌意义。

根据大阴线的形成过程，可能出现几种不同形态的大阴线：光头光脚大阴线、带上下影线大阴线、带下影线大阴线、带上影线大阴线、上影线长于下影线的大阴线、下影线长于上影线的大阴线、影线长于实体的大阴线、实体长于影线的大阴线等。根据开盘位置不同，会出现低开大阴线和高开大阴线。每种大阴线都有不同的技术含义，但都具有看跌意义。

### 3. 星形线形成过程

开盘价等于收盘价时，当日K线为白色，没有柱状实体部分，形成星形线又称十字星线，如图 1–7 所示。

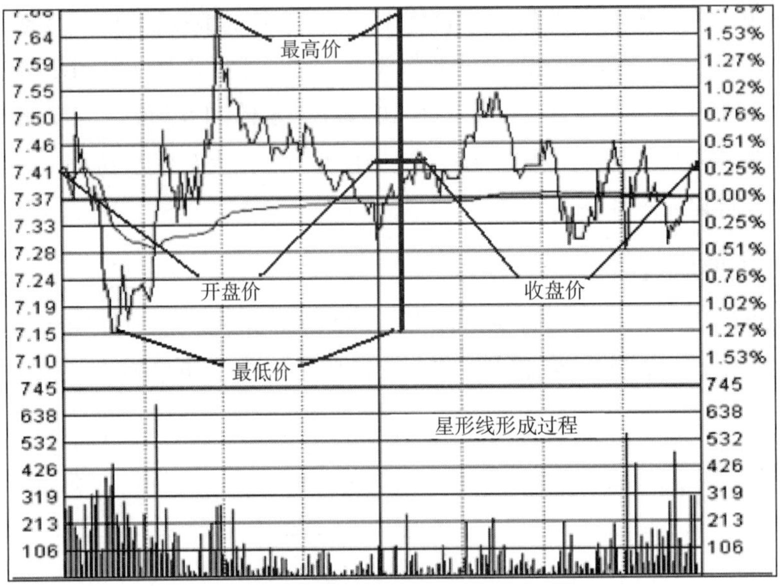


图 1–7 星形线形成过程

### 4. 其他市场因素

画 K 线时，必须注意以下几个方面的市场因素。

（1）画 K 线时，通常开盘价与收盘价之间的价位用矩形表示，称为 K 线实体部分。

（2）根据单位时间内开盘价与收盘价的对比来确定 K 线的颜色，当 K 线为阳线时，代表单位时间内股价低开高走，即收盘价高于开盘价，用红色表示；当 K 线为阴线时，代表单位时间内股价高开低走，即收盘价低于开盘价，用绿色表示。

（3）阳线的收盘价与最高价不同时，用红细线将收盘价与最高价连接，称为上影线；用红细线将开盘价与最低价连接，称为下影线。阴线则与阳线相反，开盘价与最高价之间的绿细线称为上影线；收盘价与最低价之间的绿细线称为下影线。

## 三、K线的要素

以日 K 线为例，每个交易日形成一根标准 K 线，它可以反映规定交易时间内的八种信息：开盘价、收盘价、最高价、最低价、实体线、上影线、下影线、阳线 / 阴线。

### 1. K 线的结构

K 线是一根柱状的线条，每根 K 线中最具有判断与指导意义的主要是“实体”和“影线”两个部分，少数单根 K 线只有影线（星形线）或只有实体部分（光头光脚 K 线）。K 线实体、上下影线的长短对后市行情研判具有极其重要的意义。

K 线实体部分通常是市场买卖气氛与力度的象征。例如，大阳线象征上涨气氛与买盘力量强大，大阴线象征下跌气氛与卖盘力量强大；小阳线象征上涨气氛与买盘力量微小，小阴线象征下跌气氛与卖盘力量微小。

影线是股价上涨或下跌过程遇阻后返回的痕迹。上影线代表股价上涨动能遭到阻挠与反抗；下影线代表股价的下跌动能遭到阻挠与反抗，并且上下影线的长度与反抗力度成正比。

K 线基本结构如表 1–1 所示。

表 1–1　K 线基本结构

<table>
<tr><td>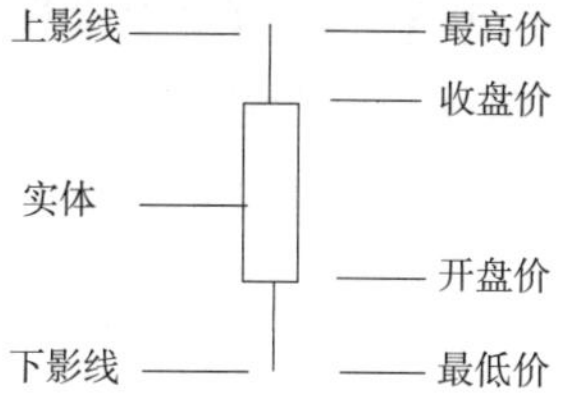</td><td>阳线<br>多头信号<br>收盘价高于开盘价，以红色或白色空心柱体表示<br>在涨势中，继续看涨或加速上涨<br>在跌势中，有止跌回升或反转上涨作用</td></tr>
<tr><td>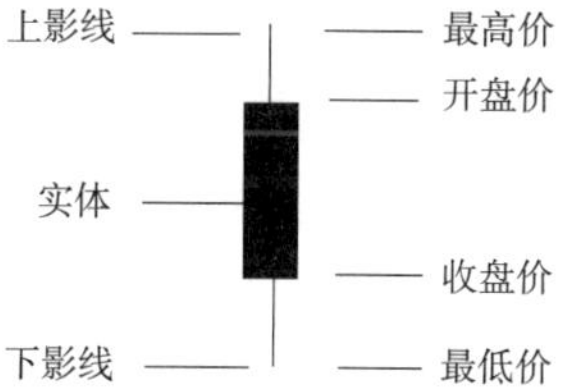</td><td>阴线<br>空头信号<br>收盘价低于开盘价，以绿色或黑色实心柱体表示<br>在跌势中，继续看空或加速下跌<br>在涨势中，有滞涨回调或反转下跌意义</td></tr>
<tr><td></td><td>星形线<br>变盘、调整信号<br>收盘价等于开盘价<br>在涨势中，意味着上涨趋势将放缓，股价存在回调的可能<br>在跌势中，有止跌企稳意义</td></tr>
</table>

## 2. K 线要素的取点

每一根完整的 K 线都由开盘价、收盘价、最高价、最低价这四个要素构成。这样，以交易时间为横坐标，价格为纵坐标，将每一个交易日的 K 线连续绘出，并按时间顺序不断地绘制下去，就形成了股价长期走势图，即日 K 线图。在画 K 线（以日 K 线为例）时，必须明确 K 线要素的取点依据。

（1）日开盘价。所谓开盘价，是指某只股票在证券交易所每个交易日开市后第一笔交易的成交价格。大多数证券交易所采用成交额最大原则来确定开盘价。

如果开市后一段时间内（通常为半小时）某只股票没有成交，则取前一日的收盘价作为当日该股票的开盘价；如果某只股票连续数日未成交，则由证券交易所的场内中介经纪人根据客户对该股票买卖委托的价格走势提出指导价，促使其成交后作为该股票的开盘价；在无形化交易市场中，如果某只股票连续数日未成交，以前一日的收盘价作为它的开盘价。

事实上，开盘价是买卖双方当日较量的第一个回合，是双方经过一夜的深思熟虑做出的决策，开盘价代表买卖双方当天所坚持的立场。开盘时要看是高开还是低开，它表示市场的交易意愿，是投资者期待当天股价上涨还是下跌的一种表现，对当天的个股行情运行趋势有一定的影响。对于投资者而言，通过分析开盘价的位置，可以预计当日股价运行趋势，以择机买入或卖出。

我国 A 股市场采用集合竞价方式产生开盘价，每天上午 9:15 分到 9:25 分为集合竞价时间，9:25 分产生第一笔交易，该交易价格即为当日开盘价。以此价格作为基准点，根据日内上下震荡走势来确定当日 K 线是阳线、阴线或十字线。

（2）日最高价。所谓最高价，是指股票在每个交易日从开盘到收盘的交易过程中所产生的最高价格，也就是分时盘中波动时触及的最高成交价格。如果当日股票成交价格没有发生变化，最高价就是即时价；若当日股票停牌，则最高价就是前日的收盘价。

（3）日最低价。所谓最低价，是指每个交易日股票分时盘中波动时触及的最低成交价格。有时最低价只有一笔交易，有时不止一笔交易。

有时候，在分时走势图中并没有留下明显的最高点或最低点痕迹，但在 K 线图已经产生一个显著的最高点或最低点，这是庄家采用闪电手法操盘形成的结果。

（4）日收盘价。所谓收盘价，是指每个交易日的最后一笔成交价格，是多空双方经过一天的争斗最终达成的价格共识，也是供需双方当日最后争夺的暂时平衡点。在 K 线的四个价格中，收盘价是最重要的。

如果当日没有成交，则采用最近一次的成交价格作为收盘价。因为收盘价是当日行情的标准，又是下一个交易日开盘价的依据，所以可据此预测未来证券市场的行情走势。在对行情进行分析时，一般采用收盘价作为计算依据。

事实上，目前沪深股市的收盘价并不完全是最后一笔交易的成交价格，而是一个加权平均价，也叫已调整收盘价。两市 A 股采用集合竞价的方式产生收盘价，每天从 14 点 57 分到 15 点为集合竞价时间，在 15 点产生最后一笔成交价格，即为当日收盘价，以此确定当日 K 线是阳线、阴线还是十字线。

作为一种重要的价格表现，收盘价是市场投资者特别是短线投资者必须重视的一个价格。当然，在考虑收盘价的作用时，还要结合其他价格表现，包括开盘价、最高价和最低价，有时候还要结合成交情况来进行综合分析和判断。

### 3. 其他 K 线的取点

根据计算周期可将 K 线分为日 K 线、周 K 线、月 K 线、年 K 线等。

周 K 线是指以一个自然周的第一个交易日开盘价为周 K 线的开盘价，以一个自然周的最后一个交易日收盘价为周 K 线的收盘价，以自然周中的最高价和最低价为周 K 线的最高价和最低价画出的 K 线。遇到节假日时，如 2017 年 2 月 3 日遇上春节假期，这一个自然周只有一个交易日，那么这天的 K 线既是日 K 线也是周 K 线。

月 K 线是以一个自然月的第一个交易日开盘价为月 K 线的开盘价，以一个自然月的最后一个交易日收盘价为月 K 线的收盘价，以自然月中的最高价和最低价为月 K 线的最高价和最低价画出的 K 线。

同理，可以定义季 K 线、年 K 线等更多周期的 K 线。绘图周期可以根据个人需求灵活选择。对于短线操作者来说，众多分析软件提供的 5 分钟 K 线、15 分钟 K 线、30 分钟 K 线和 60 分钟 K 线也具有重要的参考价值。

各种 K 线有各自的作用，周 K 线和月 K 线常用于研判中期行情。日 K 线是对一个交易日的记录，由于变化太快，极易出现技术性陷阱。周 K 线反映的是一周的交易状况，短期 K 线图上出现的较大波动在周 K 线上一般都会被过滤掉。大多数短线投资者重视对日 K 线的分析，很少有人留意周 K 线的形态，这很危险。

若能够将日 K 线与周 K 线分析相结合，则对操作的指导效果更好，可以避免很多失误。若只是依靠日 K 线组合来判断短线的操作方向，难免会面临较多的不确定性风险，同时也容易形成追涨杀跌的习惯：在强势行情中过早抛掉手中的筹码，在弱市行情中又由于反弹力度时强时弱难以掌握，操作起来很容易被套。

由于周 K 线与日 K 线覆盖的交易周期差异巨大，有时透露出来的操作方向会完全不同，甚至会给出相反的买卖信号。在实盘操作中，首先要分析周 K 线是否安全，然后再分析日 K 线组合与量价关系配合是否合理，最后才能选择适当的交易时机和操作方向。

## 四、K线的意义

在股市中，K 线技术分析是基础能力，也是核心能力。

既然多数图形的构成都是由 K 线演绎而来，那么投资者操作的关键在于剔除杂音，找到资金态度转化和强弱酝酿过程中的核心 K 线。这种方法的核心在于简化，认识到核心 K 线蕴含的决定未来图形的某些重要信息和逻辑值。通过对核心 K 线的理解和逻辑阐述，投资者可以及时发现机遇，并将风险限定在一个范围内。

在实盘中，不同的人看 K 线会有不同的“看法”。同样一幅 K 线图摆在众多投资者面前，会“分析”出众多不同的结果。也正是这样的原因，才使得股票市场的博弈更为激烈，也能吸引更多的投资者介入。实际上，K 线经常有形似而神不似的情况发生，即“历史并不会简单地重演”。简单的阴线、阳线、十字星线三种基本 K 线形态，“画”出了百年来华尔街不尽重复的历史走势，并且也将继续演绎更加长久的无法重复的未来行情。

现今股票投资者可以选择的技术分析工具越来越多，但是，K 线分析才是一切技术分析的基础。K 线是市场资金充分博弈的结果，研究不断变化的 K 线，才是技术分析的重点。

K 线的解读日趋复杂，随着投资群体的进步与投资资金的增长，市场上的短期 K 线往往被操控而存在“陷阱”，投资者需要用相对性原则和技术分析手段对其进行过滤，这样才能提高分析与操作的成功概率。相对性原则包括数量化的衡量标准和分析工作。

# 第二节　K线的形态

## 一、实体线

实体 K 线是指不带上下影线的 K 线，又称为光头光脚 K 线，也称全秃线。这类 K 线占市场 K 线总量不大，但具有强烈的爆发力。

（1）光头光脚阳线。当开盘价等于最低价、收盘价等于最高价时，就形成了光头光脚阳线，即实体阳线。实体阳线通常出现在大幅上涨行情中，如图 1-8 所示。

（2）光头光脚阴线。当开盘价等于最高价、收盘价等于最低价时，就形成了光头光脚阴线，即实体阴线。实体阴线通常出现在大幅下跌行情中，如图 1-8 所示。

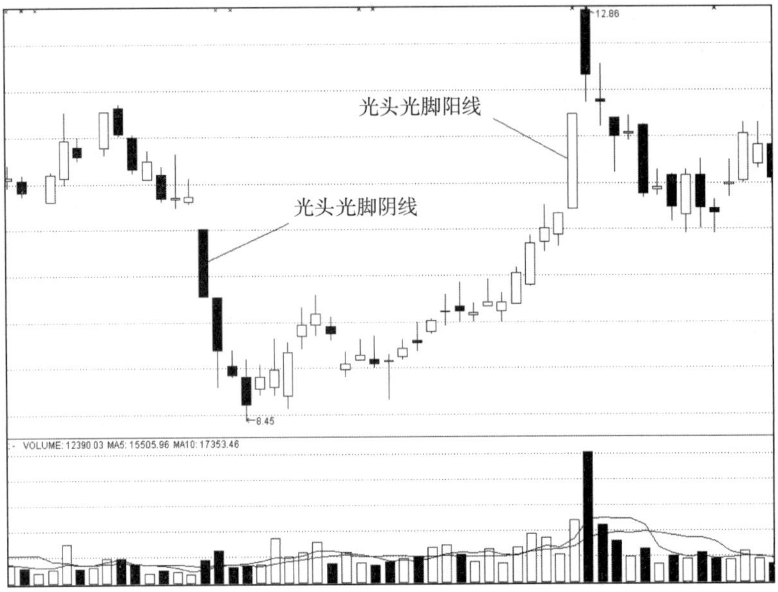


图 1-8 实体 K 线

实体 K 线可分为实体小阳线和实体小阴线、实体中阳线和实体中阴线、实体大阳线和实体大阴线。

## 二、单影线

只有一根上影线或下影线的 K 线，叫单影线，可分为单上影线和单下影线两种，这类 K 线占市场 K 线总量较大。根据单影线的阳阴性质，可分为单影阳线和单影阴线。单影阳线又可分为单上影阳线和单下影阳线两种；单影阴线也可分为单上影阴线和单下影阴线两种。

（1）单下影阳线，也称带下影线的光头阳线。在 K 线的四个价位中，收盘价等于最高价，其他两个价位各不相同。其原理为：开盘后在空方的打压下，股价向下滑落，跌幅较深。随后在买盘的介入下，股价止跌回升，重新拉起且不断走高，最后以当日最高价收盘。这是先抑后扬走势，表示探底回升，如图 1-9 所示。

（2）单下影阴线，也称带下影线的光头阴线。在 K 线的四个价位中，开盘价等于最高价，其他两个价位各不相同。其原理为：开盘后，卖方占据盘面优势，股价不断向下滑落。在卖盘衰竭后，买方乘机反击，阻挡股价下跌，最后股价略有回升，当天收在次低点上，从而形成单下影阴线。单下影阴线是一种下跌抵抗型走势，如图 1-9 所示。

在分析带长下影线的 K 线时，投资者往往会以为下面有支撑。其实，对于这种 K 线必

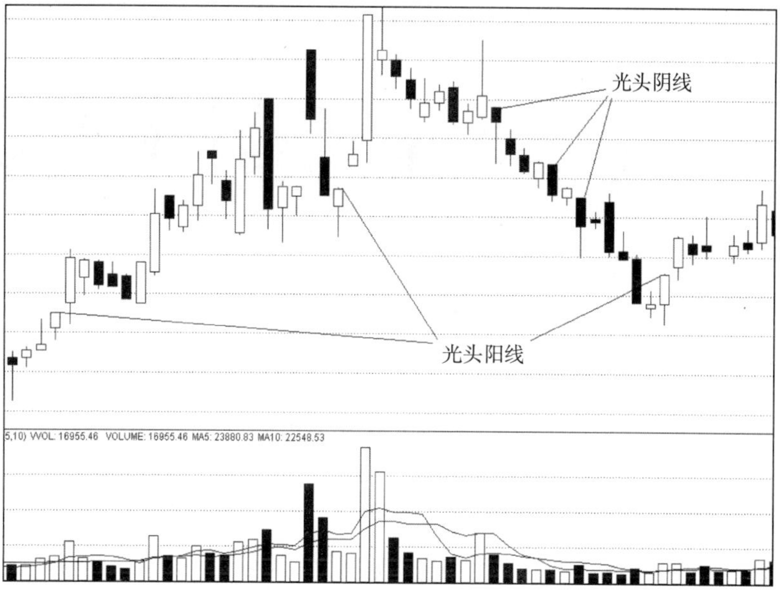


图 1-9 单下影线

须加以区分，要看这根 K 线出现的相对位置。根据 K 线相对位置理论，可以把带长下影线的 K 线分为两种：处于相对低位的长下影线，称为"定海神针"，是见底确认信号；处于相对高位的长下影线，称为"空方试探"，是股价即将大幅下跌的确认信号。

"定海神针"K 线，是相对低位出现的长下影线，往往是做多力量大规模进场造成的，意味着庄家进场了，股价将进入拉升阶段。这样的 K 线，是一种确认性的买进信号。

"空方试探"K 线，是相对高位出现的长下影线，往往是庄家护盘无力的表现，而不是投资者所认为的有强支撑。这样一种 K 线往往有向下指引作用，是做空力量出逃导致的，也是一种确认性的卖出信号。

（3）单上影阳线，也称带上影线的光脚阳线。在 K 线的四个价位中，开盘价等于最低价，其他两个价位各不相同。其原理为：开盘后，在买方的有力推动下，卖方难以阻挡，股价一路走高。但由于做多力量不足，难以为继，或遇到上方阻力，随后股价出现回落，最后在次高位收盘，因而形成单上影阳线。单上影阳线是一种上涨回挡走势，如图 1-10 所示。

（4）单上影阴线，也称带上影线的光脚阴线。在 K 线的四个价位中，收盘价等于最低价，其他两个价位各不相同。其原理为：开盘后，买方力量较强，将股价向上推高，但由于后继做多力量不足，上行受阻回落。卖方力量越来越强，随后股价一路下跌，最后在当天的最低价收盘。单上影阴线是先扬后抑走势，表示上涨受阻，如图 1-10 所示。

在分析一根带长上影线的 K 线时，一般投资者认为，长上影线意味着抛压严重，上挡有阻力，因此见到长上影线就认为不好，其实这一点应该区别对待。如同前面讲过的带长下影线的 K 线一样，只有结合 K 线的相对位置才能进行研判。根据 K 线的相对位置，可以把长上影 K 线分为两种：一种是相对低位的长上影线，称为"指南针"，另一种是相对高

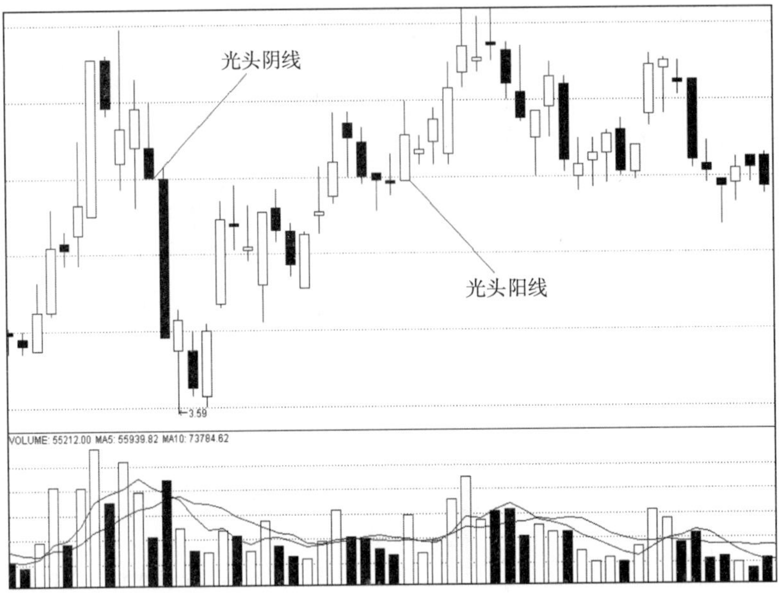


图 1–10　单上影线

位的长上影线，称为“避雷针”。

在相对低位出现的“指南针”K 线，往往具有向上指引作用，通常是庄家向上拉升，试探上挡抛压轻重造成的试盘 K 线。这种 K 线通常意味着股价将大幅上涨，是一种确认性的买进信号。

在相对高位出现的“避雷针”K 线，往往是庄家大幅拉高出货造成的。当天股价冲高回落，大幅下跌，使盲目追进者高位套牢。这是典型的庄家大肆出货留下的痕迹，如同一根高耸入云的避雷针。这种 K 线通常意味着头部到来，是一种确认性的卖出信号。

## 三、双影线

既有上影线又有下影线的 K 线，称为双影线。这类 K 线占市场 K 线总量最大，通常出现在上有压力、下有支撑的震荡行情中。在底部区域或顶部区域出现这种图形时，具有特别的分析意义。双影线可以分为双影阳线和双影阴线两种。

（1）双影阳线。形成原理是：股价上下震荡，在盘中走势比较复杂。多数情况是股价先向下震荡，跌破了开盘价，随后又被买盘拉起，从而形成下影线；直到上升到一个最高点后回落，股价收在次高点位置，从而形成双影阳线，如图 1–11 所示。

（2）双影阴线。形成原理同样是股价上下震荡，在盘中走势比较复杂。多数情况是股价先向上震荡，在盘中形成一个高点，随后股价向下滑落，从而形成上影线；直到下滑到一个最低点后企稳回升，股价收在次低点位置，从而形成双影阴线，如图 1–11 所示。

每一种形态的阴阳线都有特定的名称，代表当天出现的交易情况。单根阴阳线研判是 K 线技术分析的基础，一般来说，可以从 K 线形态判断出交易时间内多空力量的强弱情况。

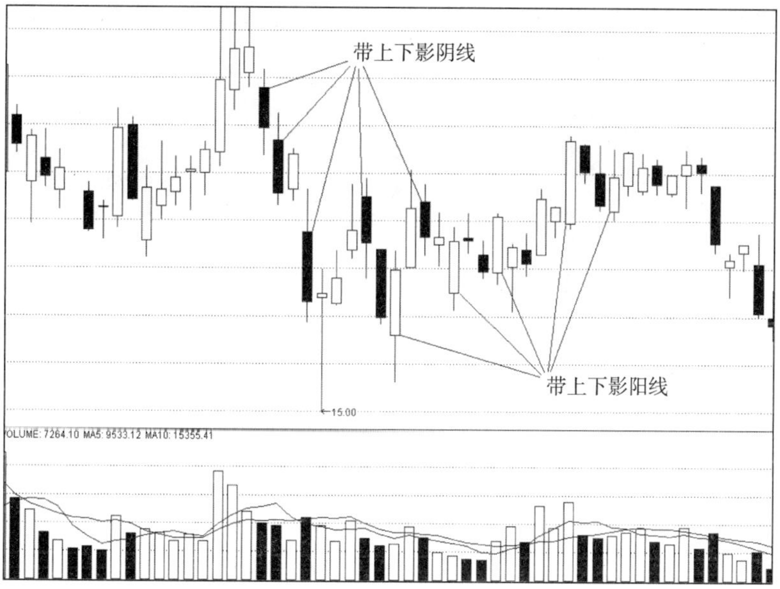


图 1-11 双影线

## 四、星形线

当开盘价与收盘价处于相同价位的时候，K 线图上就表现为星形线。有时也把开盘价、收盘价相差不大且上下影线较长的 K 线视为星形线。这类 K 线占市场 K 线总量较大。

星形线，又称十字星线，一般反映市场走势犹豫不决，多空双方达到暂时平衡，往往预示着股价可能出现转势，因此也称为神奇十字。

（1）普通十字星线。一般有两种看法：一是当股价在上升趋势后期出现十字星线时，暗示涨势结束；二是当股价在下跌趋势后期出现十字星线时，暗示跌势结束，如图 1-12 所示。

当股价受到技术形态的压力或支撑时，经常会出现十字星线形态，如平均线压力、前次波段的套牢区、趋势线压力等技术线型区。以 K 线与平均线的关系为例，在股价上涨途中恰逢平均线反压时，股价通常会留下一根上影线，表示上挡卖压沉重，此时十字星线是其中常见的一种形态。股价遭遇平均线的压力或支撑，它所产生的十字星线虽然也会造成股价回挡或反弹，但是其幅度与时间都非常短暂，只能视为行情暂时休息，不能视为波段结束。

当股价以跳空的方式越过压力区域后，按道理说，压力应该已经解除了，然而股价以十字星线收盘，这种信号让投资者心中相当不安，大部分投资者会在这个价位先卖出股票。孰料这种类型的十字星线并非行情终结信号，而是股价急涨前的特征。由于震荡行情混沌不明，涨势始终有气无力，直到这种类型的十字星线出现后，行情才展开主升段。大家应注意：未来若在涨势初期出现跳空式十字星线，要考虑是否将进入上升主升段。

在股价跌势初期，也可能出现跳空式十字星线，这并非止跌信号，而是急跌阶段的开始。这种跳空式十字星线出现在上涨初期的概率比出现在下跌初期的概率高，而且可靠性也高。

（2）十字胎。十字胎为“身怀六甲”组合的一种变异形态，为重要的转势信号。它由两根K线组成，前一根为大阳线或大阴线，后一根是星形线，如图1-12所示。

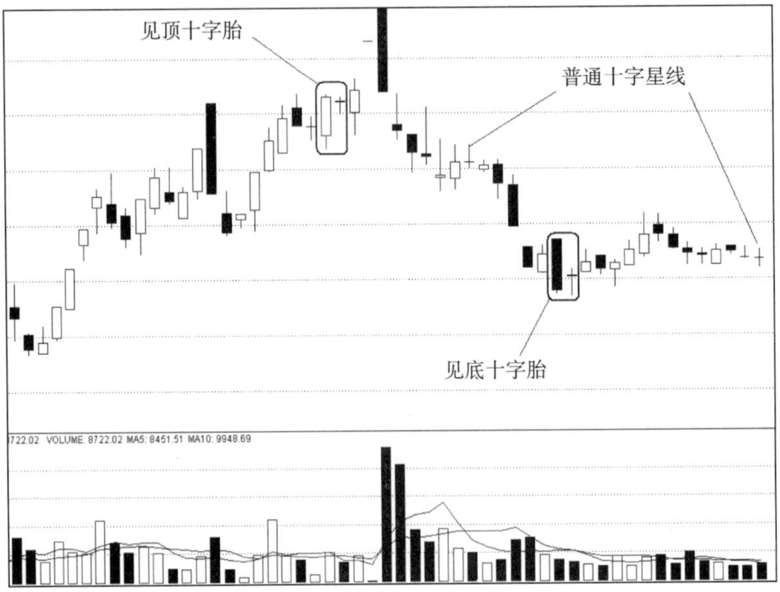


图 1-12　星形线

十字胎既可以出现在顶部，也可以出现在底部，不过实盘中出现得较少。

第一，见顶十字胎。在上涨过程中出现中阳或大阳K线，随后突然出现跳空低开星形线，为重要的见顶信号。

第二，见底十字胎。在下跌过程中出现中阴或大阴K线，随后突然出现跳空高开星形线，为重要的见底信号。

十字胎与十字星线的区别是出现的位置不同，十字胎的十字就如孕妇肚子中的婴儿，包含在前一根K线实体之中。十字胎的转势准确性低于十字星线，实盘中需要结合之后出现的K线进行研判。

还有一种长十字星线，它是指上下影线特别长的十字星线，这种长十字星线的影线长度无明确的标准，原则上能碰到前几日的高点或低点就可以认定为长十字星线。

在上升中后期，单独出现较长的上下影线时，显示股价已经失去了方向感，往往为见顶回落信号。长十字星线出现在底部区域时见底效果并不显著，股价能否真正见底还需要之后出现的K线来综合分析。股市中的上涨和下跌现象，犹如现实中上升需要克服地球重力，下降则像自由落体一样，总是下跌容易上涨难。

## 五、同价线

严格意义上的同价线是指K线中的开盘价、收盘价、最高价、最低价这四个价位相同（或接近）的K线，专指一字线。这类K线占市场K线总量不大，但具有极强的爆发力。

实际操盘中，同一根 K 线中有三个以上的价位处于同一价位（或接近）的 K 线就叫同价线，包括 T 字线和⊥字线。

（1）一字线（见图 1–13）。在涨跌停板制度下，一字线有重大市场意义。在上涨趋势中出现一字线，表示股价封在涨停价上，说明多方力量强大，日后股价往往会成为强势股。如果该股一连出现多个上涨一字线，从避免短期风险出发，不宜继续追涨。

如果在下跌趋势中出现一字线，表示股价封杀在跌停价上，说明空头力量极其强大，日后此股往往会成为弱势股。在跌势中出现一字线后，股价通常继续下跌的可能性很大，但要注意，如果该股已经连续出现几个下跌一字线，就不宜再继续杀跌。

（2）T 字线（见图 1–13）。其形态特征为：开盘价、收盘价、最高价相同，K 线中只有下影线，即使有上影线也很短，可以忽略。T 字线转势信号强弱与下影线长度成正比，下影线越长，则信号越强。

（3）⊥字线（见图 1–13）。其形态特征为：开盘价、收盘价、最低价相同，K 线中只有上影线，即使有下影线也很短，可以忽略。⊥字线转势信号强弱与上影线长度成正比，上影线越长，则信号越强。

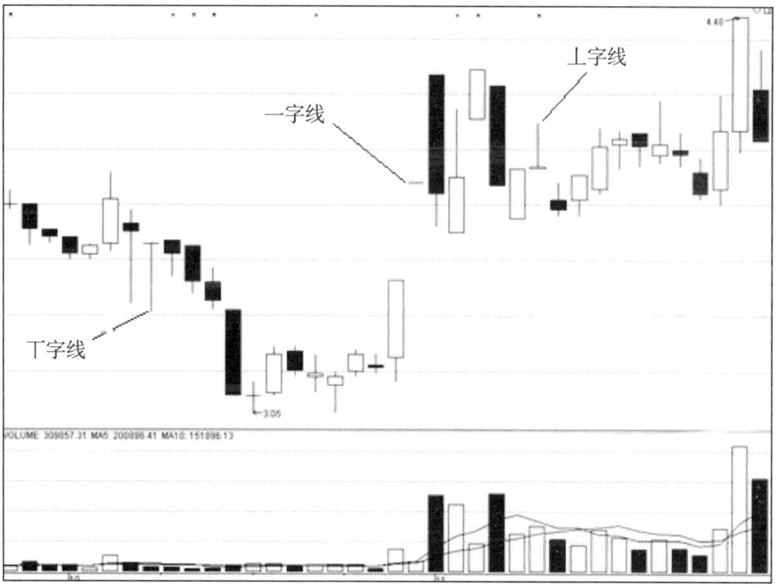


图 1–13　同价线

# 第三节　K线的种类

## 一、24种阳线

K 线依据实体大小，可以分为大、中、小及十字星四种类别。

在股价走势图中，各种各样的 K 线形态看起来繁杂零乱，这给初学者分析研判带来了一些麻烦。其实，阳线形态归纳起来只有 24 种，如表 1–2 所示。

表 1–2　24 种阳线

| | 大阳线 | 中阳线 | 小阳线 | 十字星线 | |
|---|---|---|---|---|---|
| 光头光脚 | | | | | 多头控制局势 |
| 光头阳线 | | | | | 影线长支撑强 |
| 光脚阳线 | | | | | 影线长压力大 |
| 影线相等 | | | | | 支撑压力相当 |
| 上下影线 | | | | | 支撑强于压力 |
| 长上影线 | | | | | 压力大于支撑 |
| | 多头猛烈 | 多头强大 | 多头较弱 | 多空平衡 | |

## 二、24种阴线

阴线与阳线对应，归纳起来也有 24 种，如表 1–3 所示。

表 1–3　24 种阴线

| | 大阴线 | 中阴线 | 小阴线 | 十字星线 | |
|---|---|---|---|---|---|
| 光头光脚 | | | | | 空头控制局势 |
| 光头阴线 | | | | | 影线长支撑强 |
| 光脚阴线 | | | | | 影线长压力大 |
| 影线相等 | | | | | 支撑压力相当 |
| 长下影线 | | | | | 支撑强于压力 |
| 长上影线 | | | | | 压力大于支撑 |
| | 空头猛烈 | 空头强大 | 空头较弱 | 多空平衡 | |

从性质上讲，K 线只有阴线和阳线之分，股市在阴阳 K 线的不断交替下出现涨跌走势，所以阴阳 K 线是 K 线技术分析的两大基本元素，也是股市分析的主干。

## 三、12种基本K线图形

根据形态划分，K 线有 12 种基本图形，如表 1–4 所示。

表 1-4 12 种基本 K 线图形

| | |
|---|---|
| 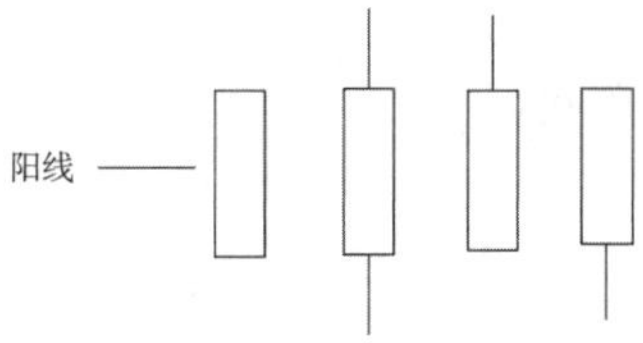 | **阳线**<br>1. 光头光脚阳线，强势信号<br>2. 带上下影阳线，持续信号<br>3. 带上影线阳线，持续信号<br>4. 带下影线阳线，看涨信号 |
| 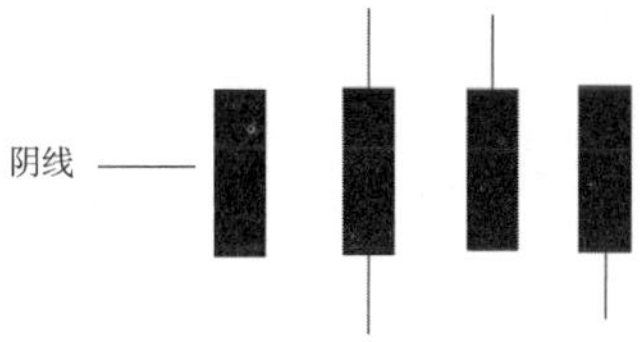 | **阴线**<br>1. 光头光脚阴线，弱势信号<br>2. 带上下影阴线，持续信号<br>3. 带上影线阴线，看跌信号<br>4. 带下影线阴线，持续信号 |
| 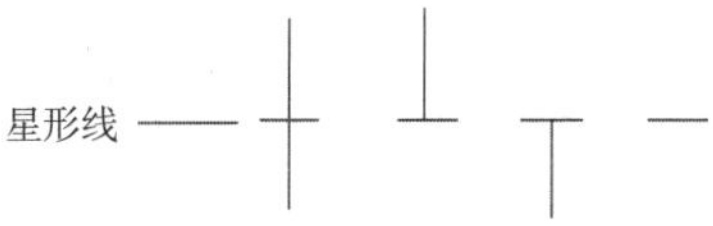 | **星形线**<br>1. 十字星线，端点位置的变盘信号<br>2. ⊥字线，低位回升，高位受阻<br>3. T字线，低位止跌，高位受阻<br>4. 一字线，持续信号，难以逆转 |

## 四、K线波动范围

K 线的波动范围代表着多空争斗区域大小，如图 1-14 所示。

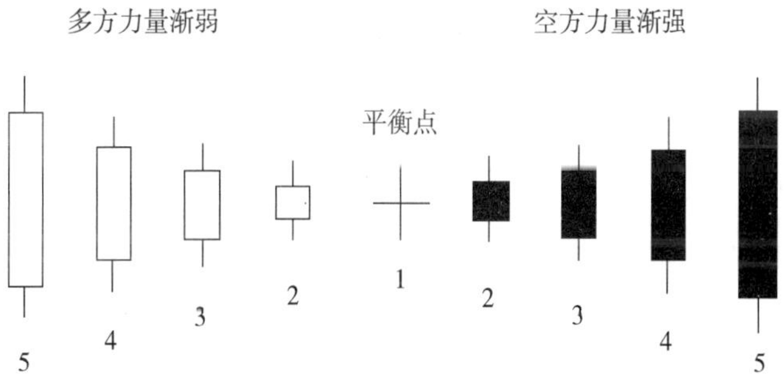


图 1-14 阳线、阴线、星形线力量对比

除前面介绍的 K 线种类之外，K 线还有以下几种划分方法。

（1）根据 K 线分析方法不同，可以分为单日 K 线分析、双日 K 线组合分析（如孕育线、包容线）、三日 K 线组合分析（如早晨之星、红三兵）和多日 K 线组合分析（如盘旋形态、上升或下跌三部曲）等，其中后三种统称为 K 线组合分析。

（2）根据 K 线使用的坐标不同，可以分为等比 K 线（最具分析意义）、等分 K 线、对数 K 线和百分数 K 线等。

（3）根据 K 线形态不同，可以分为顶部反转形态、底部反转形态、持续整理形态等。

# 第四节 K线的含义

K 线包含的信息极为丰富，蕴含着丰富的东方哲学思想。K 线“阴”“阳”变化繁多，阴线与阳线包含着许多大小不同的变化。在分析 K 线含义之前，应先了解每一根 K 线所表达的市场含义。

## 一、大阳线

这种 K 线的最高价与收盘价接近，最低价与开盘价接近，收盘价大大高于开盘价，没有上下影线或影线很短。从一开盘，买方就积极进攻，中间也可能出现买方与卖方的争斗，但买方始终占据优势，发挥最大力量，使价格一路上扬，直至收盘。这种K 线表示强烈的涨势，股市呈现高潮，买方疯狂涌进，不限价买进；持有股票者看到市场买气旺盛，不愿意抛售，市场出现供不应求的状况。

图 1–15 所示为泰永长征（002927）的分时与 K 线走势图。2018 年 12 月 18 日开盘后，股价一直在开盘价上方震荡整理。10:44 分股价直线拉升，直接封于涨停，当日收出一根光头光脚大阳线。虽然之后涨停多次被打开，但股价始终没有跌破当日均价线。这时已经入场的投资者可以稳定持股；没有介入的短线投资者，可在股价快要再次封涨停时追涨买入。经过短暂的开闸放水后，股价重新封上涨停板，足见庄家之强势，此后股价走出了较大的上涨行情。

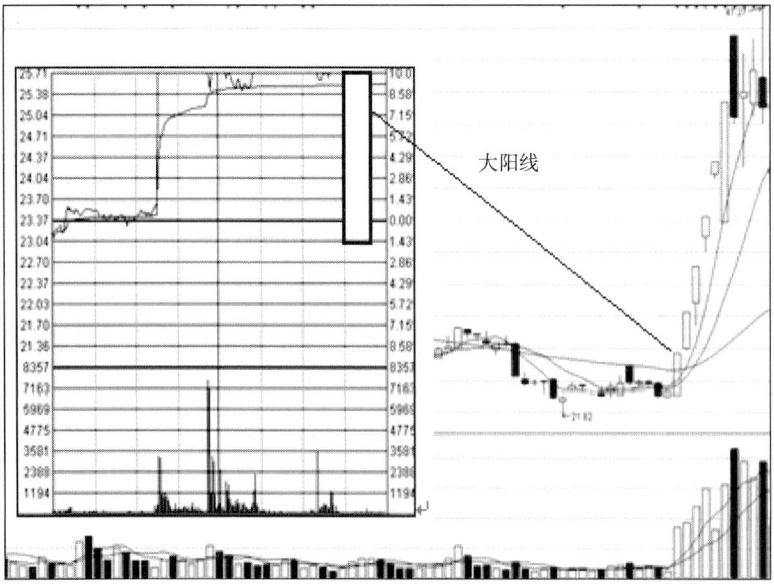


图 1–15 大阳线的含义

## 二、大阴线

这种 K 线的最高价与开盘价接近，最低价与收盘价相近，收盘价远远低于开盘价，没有上下影线或影线很短。从一开盘，卖方就占据优势，一直控制盘面。股市处于低潮，持有股票者不限价疯狂抛出，造成市场恐慌。市场呈一面倒态势，直到收盘价格始终下跌，表示强烈的跌势。

图 1–16 所示为张江高科（600895）的分时与 K 线走势图。在高位连续涨停之后，该股成交量出现萎缩。2018 年 11 月 19 日，股价大幅高开 6.68% 后冲涨停板，但未能有效封板。两度冲板失败，随后盘中震荡回落收出大阴线，当日换手率达 10.45%。在顶部出现这根大阴线是一个见预信号，随后股价阴跌回落。

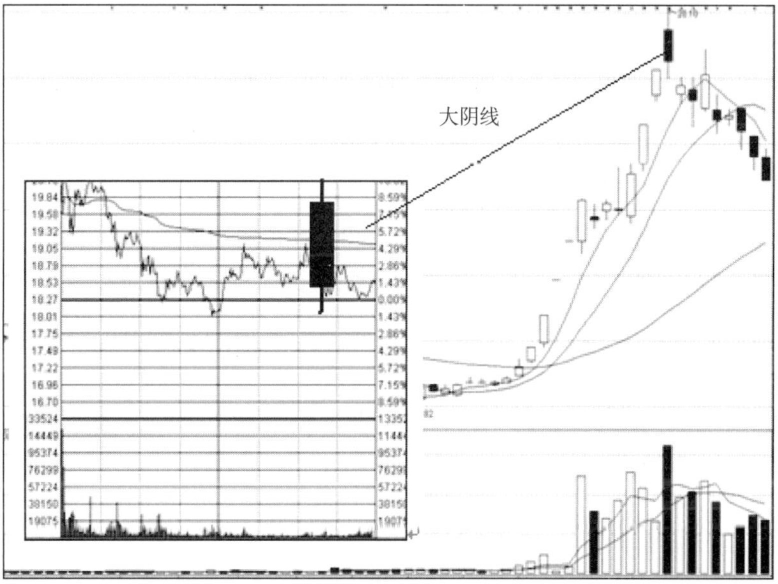


图 1–16　大阴线的含义

## 三、先跌后涨型

这是一种带下影线的阳线实体。最高价与收盘价相同或接近，开盘后市场卖气较足，价格下跌。但在低价位得到买方支撑，卖方受挫，价格向上超过开盘价。随后股价一路上扬，直至收盘，收在最高价上。总体来说，先跌后涨型表示买方力量较大，但实体部分与下影线的长短不同，代表买方与卖方力量对比不同。

（1）实体部分比下影线长。股价下跌不多即受到买方支撑，价格上升。突破开盘价之后，股价大幅上扬，表示买方实力很大，如图 1–17（1）所示。

（2）实体部分与下影线相等或相近。表示买卖双方交战激烈，但总体上买方占主导地位，对买方有利，如图 1–17（2）所示。

（3）实体部分比下影线短。买卖双方在低价位上发生激战，遇买方支撑逐步将价位上推。但从图中可以发现，上面实体部分较小，说明买方占据的优势不太大。如卖方次日全力反攻，则实体空间很容易被攻占，如图 1-17（3）所示。

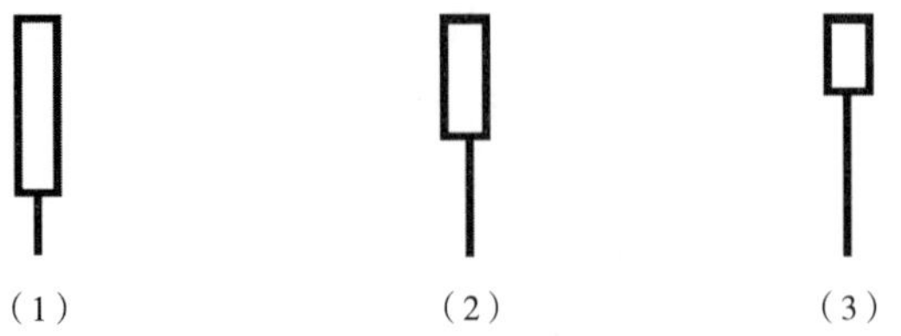

图 1-17　先跌后涨型示意图

## 四、下跌抵抗型

这是一种带下影线的阴线实体，开盘价等于或接近最高价。一开盘卖方力量就特别大，压制股价不断下跌，但在低价位遇到买方支撑而回升，预示后市可能会出现反弹。实体部分与下影线的长短，代表买方与卖方力量对比不同。

（1）实体部分比下影线长。表明市场卖压比较大，一开盘股价大幅下跌。在低点遇到买方抵抗，买方与卖方发生激战，股价略有回升，但上涨力度不强。下影线部分较短，说明买方上推不多。从总体上看，卖方仍然占据比较大的优势，如图 1-18（1）所示。

（2）实体部分与下影线相等或相近。卖方把股价下压后，买方的抵抗也在增加，但可以看出卖方仍占优势，如图 1-18（2）所示。

（3）实体部分比下影线短。卖方把价位一路压低，在低价位上遇到买方顽强抵抗并出现反击，逐渐把价位上推，最后虽以阴线收盘，但可以看出卖方只占极小的优势。后市买方很可能会全力反攻，把小阴线实体全部吃掉，如图 1-18（3）所示。

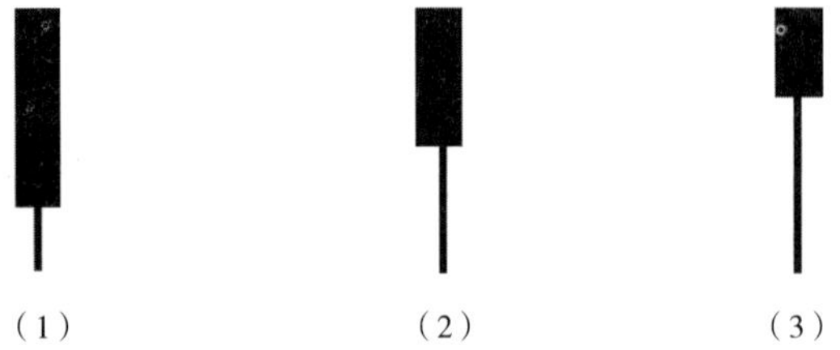

图 1-18　下跌抵抗型示意图

## 五、上升阻力型

这是一种带上影线的阳线实体。开盘价等于或接近最低价，一开盘买方强势，股价一路上推，但在高位遇卖方压力，使股价上升受阻而回落，卖方与买方交战结果为买方略胜一筹。具体分析仍应观察实体与上影线的长度。

（1）阳线实体比上影线长。表示买方在高位遇到阻力，部分多头获利回吐。但买方仍是市场的主导力量，后市继续看涨，如图 1-19（1）所示。

（2）阳线实体与上影线相等或相近。表示买方推高股价，但卖方压力也在增加。两者交战，卖方把股价压回一半，买方虽占优势，但显然优势不明显，如图 1–19（2）所示。

（3）阳线实体比上影线短。表示在高位遇卖方压力，卖方全面反击，买方受到严重考验。多数短线投资者纷纷获利回吐，在当日交战结束后，卖方已收回大部分失地。买方一块小小的堡垒（实体部分）下一交易日将很快被消灭。这种 K 线如出现在高位，则后市看跌，如图 1–19（3）所示。

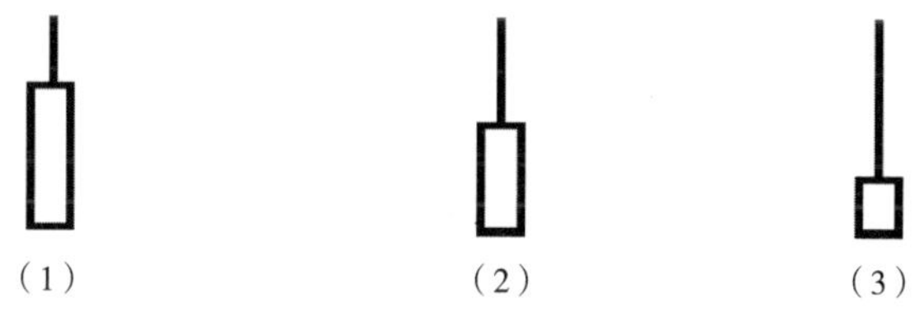


图 1–19　上升阻力型示意图

## 六、先涨后跌型

这是一种带上影线的阴线实体，收盘价等于或接近最低价。一开盘买方与卖方即进行交战，买方占上风，价位一路上升，但在高位遇阻。卖方组织力量反攻，随后买方节节败退，最后在最低价收盘，表明卖方占优势，使买方陷入“套牢”的困境。

（1）阴线实体比上影线长。买方推升股价不多，立即遇到卖方强有力的反击，将股价下压。跌破开盘价后卖方乘胜追击，再把股价下压很长一段。表示卖方力量特别强大，局势对卖方有利，如图 1–20（1）所示。

（2）阴线实体与上影线相等或相近。买方在上推股价时，卖方力量强劲，占据主动地位，表示卖方占据优势，如图 1–20（2）所示。

（3）阴线实体比上影线短。卖方虽将价格下压，但优势较少，次日买方力量可能再次反攻，阴线实体很可能被攻占，如图 1–20（3）所示。

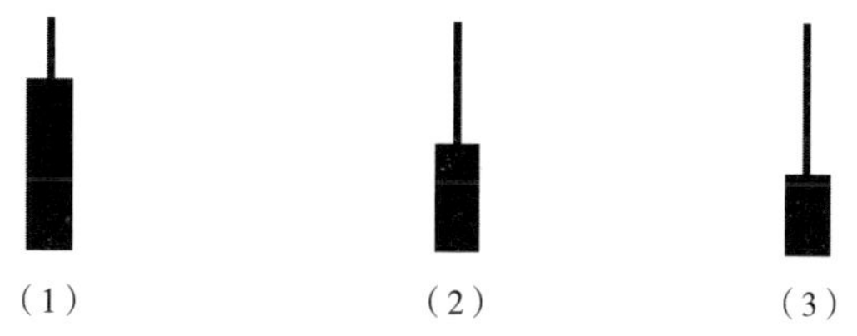


图 1–20　先涨后跌型示意图

## 七、反转试探型

这是一种上下都带影线的阳线实体。开盘后股价下跌，遇买方支撑，双方争斗之后，买方力量增强，股价一路上推。收盘前，部分投资者获利回吐，在最高价之下收盘，这是一种反转信号。如果在大涨之后出现，表示高位震荡；如果成交量大增，后市可能会下跌；如果在大跌后出现，后市可能会反弹。

（1）阳线上影线比下影线长。这种 K 线又分为：影线部分长于实体部分，表示买方力量受挫；阳线实体长于影线部分，表示买方虽受挫，但仍占优势，如图 1–21（1）所示。

（2）阳线下影线比上影线长。这种 K 线也可以分为：阳线实体长于影线部分，表示买方虽受挫，但仍居于主动地位；影线部分长于阳线实体，表示买方尚需接受考验，如图 1–21（2）所示。

图 1–21　反转试探型示意图

## 八、弹升试探型

这种形态与“反转试探型”相反，是一种上下都带影线的阴线实体。

开盘后，股价上升，随着卖方力量的增加，买方不愿追逐高价，卖方渐居主动，股价逆转，在开盘价下交易，股价下跌。在低位遇买方支撑，买气转强，不至于以最低价收盘。有时股价在上半场以低于开盘价的价格成交，下半场买意增强，股价回升，在开盘价以上成交。临收盘前卖方又占优势，而以低于开盘价的价格收盘，这也是一种反转试探。如果在大跌之后出现，表示低挡有承接，行情可能反弹；如果在大涨之后出现，后市可能下跌。

## 九、十字星线

这是一种只有上下影线、没有实体（或实体很小）的图形。开盘价即是收盘价（或开盘价与收盘价接近），表示在交易中股价以高于或低于开盘价的价格成交，但最后以开盘价收盘，买方与卖方势均力敌。

上影线越长，表示卖压越重，如图 1–22（1）所示。下影线越长，表示买方越强，如图 1–22（2）所示。上下影线看似等长的十字星线，可称为转机线，在高位或低位出现意味着反转，如图 1–22（3）所示。

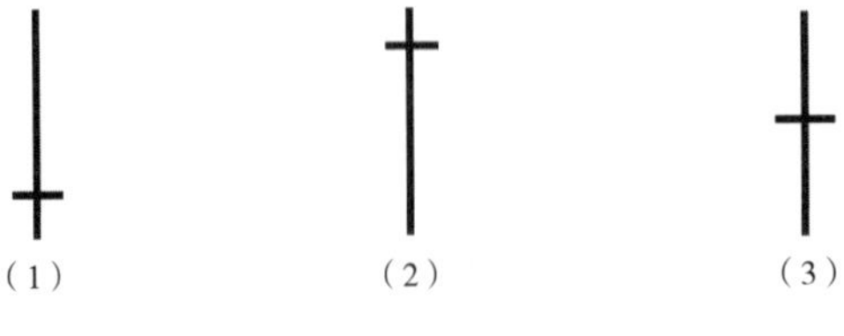

图 1–22　十字星线示意图

## 十、⊥字线

⊥字线又称空胜线。开盘价与收盘价、最低价相同或接近，当日交易都在开盘价以上成交，并以当日最低价（开盘价）收盘，表示买方虽强，但卖方更强，买方无力推升股价，总体看卖方稍占优势。如出现在高位，可能会下跌。

这种 K 线的上影线长短也能反映多空力量的强弱。通常上影线越长，多方力量越强（这与一般的影线判断法则有别，一般的 K 线形态中，上影线越长，代表空方力量越强），上影线越短，空方力量越强。

如图 1–23 所示，四种⊥字线表示多方力量依次递减，空方力量依次递增。

图 1–23　⊥字线示意图

## 十一、T字线

T 字线又称多胜线。开盘价与收盘价、最高价相同或接近，当日交易都在开盘价以下成交，又以当日最高价（开盘价）收盘。表示卖方虽强，但买方实力更大，局势对买方有利。如出现在低位，预示行情将会回升。

这种 K 线的下影线长短也能反映多空力量的强弱，通常下影线越长，空方力量越强（这与一般的影线判断法则有别，一般的 K 线形态中，下影线越长，代表多方力量越强），下影线越短，多方力量越强。

如图 1–24 所示，四种 T 字线表示多方力量依次增强，空方力量逐渐减弱。

图 1–24　T 字线示意图

## 十二、一字线

这种形态比较常见，即开盘价、收盘价、最高价、最低价为同一价格。常出现于交易非常冷清或非常狂热的市场中，全日交易只有一档价位成交。在冷门股、热门股、庄股中，此类情形较易发生。

## 小结

总的来说，阴线实体越长，越有利于下跌；阳线实体越长，越有利于上涨；但连续强势上涨后，谨防盛极而衰；连续强势下跌后，可能否极泰来。

如果影线相对于实体来说非常小，可以忽略；指向一个方向的影线越长，越不利于市场价格今后向这个方向变动。上下影线同时较长，则说明多空双方争斗剧烈，最后持平收盘，预示后市走势不确定。

出现十字星线往往是过渡信号，有时是反转信号，代表市场暂时失去方向，稳健的操作方式是继续观察下一个交易日的市场走势。

对于 K 线的大、小、长、短等度量问题，市场中没有标准答案。不同的交易市场，如股票、外汇、期货等市场，甚至不同的交易品种，如大盘和个股、英镑和日元、金属期货和农产品期货等，这些度量标准都是不一样的，要“入乡随俗，因地制宜”。随着识别经验的积累，这些主观识别就会形成个人经验，为实盘操作提供买卖依据。

# 第五节　K线的优缺点

K 线具有简单直观、信息量大等优点，蕴含着丰富的东方哲学思想，能充分显示股价趋势的强弱、买卖双方力量的变化，既可以预测后市股价（或大势）的趋势，同时也可以了解每日市况的波动情形，是理论和实盘应用较多的技术分析手段。

但 K 线也有其自身不足之处。

（1）绘制方法十分繁复，是众多走势图中最难绘制的一种。

（2）阴线与阳线变化繁多，对初学者来说，在掌握分析方法方面会有相当大的困难，不及柱线图那样简单明了。

（3）虽然阴阳线可配合传统的技术图表及工具进行研判，但也只能显示开盘价、收盘价、最高价、最低价四个价位。除了通过当日分时图观察市场走势外，投资者难以获得反映重要支撑位和阻力位价格的内在因素。也就是说，所有发生在开盘价和收盘价之间的重要价位，均不能在 K 线上显示。

（4）K 线虽简单直观，但难以反映市场其他因素，比如成交量、市场消息等。外形相同的两根 K 线，其背后的成交量肯定有大有小，反映的市场含义也会有所区别。在应用 K 线时，应配合成交量观察买方和卖方的强弱状况，找出股价的支撑区与压力区。

（5）K 线每日的开盘价、收盘价、最高价、最低价四个价位极易受到庄家操盘的影响，经常出现虚假 K 线，给投资者研判带来困难。针对这种情况，投资者可以参考周 K 线，因为庄家较难影响一周的股价走势。

# 第六节　常见K线形态汇总

常见 K 线形态汇总，如表 1–5 所示。

表 1–5　常见 K 线形态汇总

| K线名称 | 形态属性 | 形态特征和市场含义 |
| --- | --- | --- |
| <br>无影线大阳线 | 强烈看涨 | 强烈的看涨信号<br>市场意义：（1）如果在上升趋势中出现，往往是牛市继续的表现；（2）如果在下跌趋势后期出现，则是转势信号，即跌势反转，可以跟进做多；（3）如果在横盘末期出现，表明买方力量渐渐增强，股价将向上突破 |
| <br>大阳线 | 强烈看涨 | 上涨趋势，行情看好<br>市场意义：（1）在连续下跌后期出现大阳线，说明多方发起了进攻，股价可能见底回升；（2）在涨势初期出现大阳线，表示有加速上涨的可能；（3）在大幅上涨后的高位出现大阳线，则要小心拉高出货 |
| <br>光脚大阳线 | 看涨信号 | 这类K线表示强势上涨，上影线代表遇到空方反击，需要注意上方压力<br>上升势头很强，出现在低位或上涨途中，其看涨意义较强烈，在高位出现说明多空双方有分歧，购买时应谨慎 |
| <br>光头大阳线 | 强势上涨 | 这类K线表明市场低价惜售，买盘坚决介入，下一个交易日上涨的可能性较大，但不如光头光脚大阳线上涨信号强烈<br>在低位，股价探底后逐浪走高且成交量同时放大，预示一轮上升行情即将开始。如果出现在上升行情途中，表明后市继续看好 |
| <br>中阳线 | 涨势持续 | 这类K线形态表现为多方占据优势，并且对空方给予了强有力的反击，空方在这种情况下受到的挫折很大<br>这种K线一般出现在强势行情中，但如果在股价大幅下跌过程中出现这种K线，也只是暂时性的止跌，股价并不会立即出现反转迹象 |
| 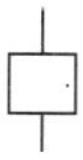<br>小阳线 | 持续信号<br>或<br>停顿信号 | 这类K线实体很小，可以带上下影线或光头光脚，在盘局中出现较多，也可以出现在上涨和下跌行情中。在连续上涨后出现，说明涨势停顿，后市有变；在连续下跌后出现，说明跌势停顿，后市有变<br>技术意义：说明行情不明朗，多空双方十分谨慎，但多方略占上风<br>注意：单根小阳线研判意义不大，应结合其他K线形态一起研判 |

| K线名称 | 形态属性 | 形态特征和市场含义 |
|---|---|---|
| 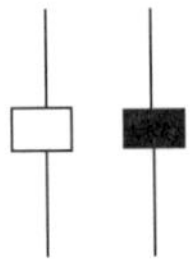<br>小星线 | 转势信号<br>或<br>停顿信号 | 这类K线也称螺旋线，中间的实体很小，上下影线很长，可出现在任何阶段<br>技术意义：（1）行情不确定，涨跌难判断，走势扑朔迷离；（2）表示多空双方处于休战或转换阶段，一般会与其他K线组成信号更强的K线形态；（3）在大涨之后出现，有滞涨作用；在大跌之后出现，起止跌作用<br>注意：（1）K线可阴可阳，一般认为，涨势中出现阴线，比阳线力量大，在跌势中则相反；（2）转势信号比十字星线强 |
| <br>无影线大阴线 | 强烈看跌 | 极端脆弱的K线信号<br>市场意义：（1）若出现在大涨之后，表示股价即将回挡或下跌；（2）在下跌途中出现大阴线，表明股价仍有下跌空间；（3）若出现在较大跌幅之后，暗示做空能量得到释放，物极必反，此时应弃卖而买，逢低吸纳 |
| <br>大阴线 | 强烈看跌 | 下跌趋势，后市看空<br>市场意义：（1）在连续涨势后期出现大阴线，则说明空方开始打压，股价可能见顶下跌；（2）在跌势初期或中期出现大阴线，表示将继续下跌；（3）在大幅下跌后的低位出现大阴线，可能是最后的杀跌现象 |
| <br>光脚大阴线 | 看跌信号 | 这类K线收盘价是全日最低价，表明买方力量已经枯竭，空方力量强大，预示后市仍将下跌。但是，在当天交易过程中，股价毕竟冲破开盘价创出全天最高价，这比没有上下影线的光头光脚大阴线的下跌动力要小一些 |
| <br>光头大阴线 | 看跌信号 | 当日股价出现先抑后扬走势，有下影线，收盘价已不再创新低，说明下方有一定支撑，股价有回升动力。若在涨势途中出现，表明主力在打压洗盘，后市升势可期；若在跌势途中出现，说明股价下跌过程中遇到多方零星的抵抗而出现小幅反弹，后市仍有下跌动能 |
| <br>中阴线 | 跌势持续 | 这类K线表示空方占据优势，并且对多方强势打压，多方在这种情况下受到阻力而放弃。这种K线一般出现在弱市中，如果在股价大幅上涨过程中出现，也只是暂时性的回挡，股价并不一定立即反转下跌 |
| <br>小阴线 | 持续信号<br>或<br>停顿信号 | 这类K线实体很小，可带上下影线或光头光脚，在盘局中出现较多，也可以在上涨和下跌行情中出现。出现在连续上涨后，说明涨势停顿，后市有变；出现在连续下跌后，说明跌势停顿，后市有变<br>技术意义：说明行情不明朗，多空双方十分谨慎，但空方略占上风<br>注意：单根小阴线研判意义不大，应结合其他K线形态一起研判 |

| K线名称 | 形态属性 | 形态特征和市场含义 |
| --- | --- | --- |
| 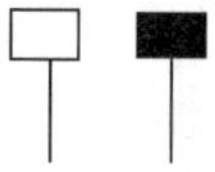 锤头线 | 底部反转 | 这类K线出现在连续下跌的低位，叫锤头线（高位叫吊颈线），表示股价下跌过程中遇到强烈的反击，下挡有较强的支撑，股价有见底回升的可能，一般为见底回升信号 |
| 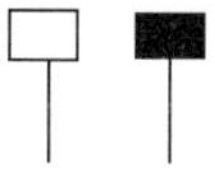 吊颈线 | 顶部反转 | 这类K线出现在连续上涨的高位，叫吊颈线（低位叫锤头线），表示股价上涨过程中遇到空方的强大抛压，上涨有较强的压力，随时有见顶下跌的可能，一般为卖出信号 |
| 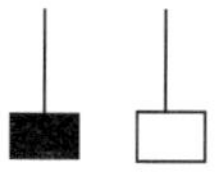 倒锤头线 | 底部反转 | 出现在连续下跌的低位，叫倒锤头线（高位叫流星线），表示股价下跌过程中遇到了强大的支撑，多方开始猛烈反击，随时有触底反弹回升的可能，一般为见底回升信号 |
| 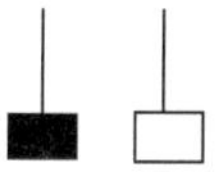 流星线 | 顶部反转 | 出现在连续上涨的高位，叫流星线（低位叫倒锤头线），表示股价上涨过程中遇到了空方的强大抛压，虽然有过猛烈的上冲动作，但未能坚守高位，随时有见顶下跌的可能，一般为卖出信号 |
| 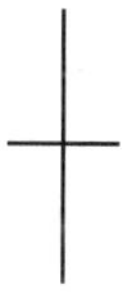 十字星线 | 反转信号 | 开盘价、收盘价几乎相同，上下影线较长，既可出现在涨势中，也可出现在跌势中<br>技术意义：（1）在涨势末端出现，为见顶信号；（2）在跌势末端出现，为见底信号；（3）在涨势过程中出现，为续涨信号；（4）在跌势过程中出现，为续跌信号<br>注意：端点位置的变盘信号，无论出现在高位还是低位，都可视为顶部或底部信号，预示将改变原来的趋势 |
|  T字线 | 反转信号 | 开盘价、收盘价、最高价几乎相同（全天最高价），下影线较长，无上影线或上影线很短<br>技术意义：（1）出现在较大涨幅之后，为见顶信号；（2）出现在较大跌幅之后，为见底信号；（3）出现在涨势过程中，为续涨信号；（4）出现在跌势过程中，为续跌信号<br>注意：T字线下影线越长，说明力度越大，信号越强 |
| 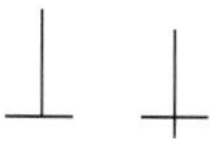 ⊥字线 | 反转信号 | 开盘价、收盘价、最低价几乎相同（全天最低价），上影线较长，无下影线或下影线很短<br>技术意义：表明在空方打压下，多方无力维持在当天高位，股价有下跌之虞<br>注意：空方打压的力度大小，与其形成的时间长短有关系。日线与周线形成的⊥字线作用大小是不一样的，通常形成的时间越长，威力越大 |

| K线名称 | 形态属性 | 形态特征和市场含义 |
|---|---|---|
|   一字线 | 极端信号 | 四价合一K线，常出现于涨跌停板处，或出现在交易冷清的分时图中<br>技术意义：（1）在涨势初期出现一字线后，股价继续上涨的可能性很大，如果已连续出现多个一字线，则不宜继续追涨；（2）在跌势初期出现一字线，股价继续下跌的可能性很大，如果已连续出现多个一字线，后期不宜继续杀跌 |
| 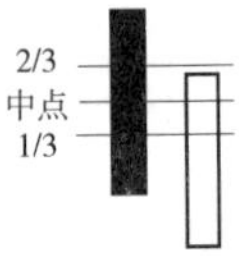  曙光初现 | 底部反转 | 底部反转形态<br>股价经长时间下跌后，空方量能得到较好的释放，盘面出现了强烈的转势信号。第二天的大阳线深入前一根阴线实体的中部以上，表示早晨的阳光普照大地，一扫阴霾之气，后市将迎来一片艳阳天。阳线穿入阴线的幅度越大，反转信号越强 |
| 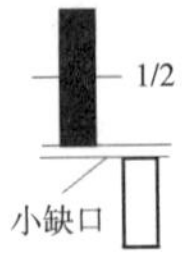  待入线 | 看淡形态 | 高位看跌，低位看涨，需要验证信号<br>大阴线之后出现一根小阳线，但收盘价仅回到大阴线的下影线（最低价）附近，留有一个小缺口。说明股价反弹力度较弱，后市仍有承前下跌趋势，故属于整理形态。但在长期下跌后的低位出现，往往具有止跌或看涨意义 |
| 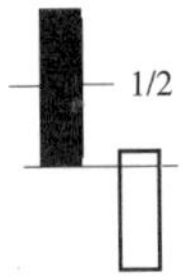  切入线 | 看淡形态 | 高位看跌，低位看涨，需要验证信号<br>在下跌趋势中出现，收盘价略高于前一根大阴线实体的收盘价，较待入线为好，较曙光初现为弱，后市仍有承前下跌趋势，也属于整理形态。但在长期下跌后的低位出现，往往具有止跌或看涨意义 |
| 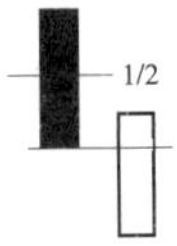  插入线 | 看淡形态 | 高位看跌，低位看涨，需要验证信号<br>与上面两种形态相似，不同之处在于小阳线已插入到阴线的内部，但幅度不到1/2，看涨意义始终不及曙光初现形态强烈，故仍属看淡信号。但在长期下跌后的低位出现，往往具有止跌或看涨意义 |
| 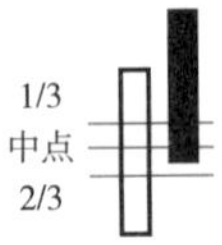  乌云盖顶 | 顶部反转 | 顶部反转形态<br>股价大幅上涨后，突然出现一根大阴线吃掉前一根阳线实体的一半多，扭转了股价的上涨势头，意味着市场上升动能已经耗尽，买方策划的最后一波上攻失利，结果被卖方控制局面，形成下跌趋势 |
|  旭日东升 | 底部反转 | 具有强烈的底部反转意义，其反转力度大于曙光初现形态<br>出现在下跌趋势的低位，第二天股价跳空高开高走，阳线收盘价超过前一根阴线的开盘价（高出的部分越多，反击的力度越强），彻底扭转盘面颓势 |

| K线名称 | 形态属性 | 形态特征和市场含义 |
| --- | --- | --- |
|  倾盆大雨 | 顶部反转 | 顶部强烈反转形态，其反转力度大于乌云盖顶形态<br>低开、低走、低收的大阴线使多方信心受到极大的打击。在涨势中尤其在股价有了很大涨幅之后出现这种形态时，从规避风险出发，以减磅操作为好。一旦发现在此之后股价重心下移，应坚决抛空离场 |
|  阳包容线 | 底部反转 | 出现在市场的跌势之中，为重要的下跌转势形态<br>在两根K线组合中，右边的阳线完全吃掉左边的阴线，第二根阳线的最低价低于第一根阴线的最低价，最高价则高于第一根阴线的最高价，代表空头趋势结束，行情反转向上，是空转多的底部反转信号 |
|  阴包容线 | 顶部反转 | 出现在市场上升趋势中，为重要的顶部反转形态<br>前面的K线是根小阳线，后面的K线是根大阴线，后面的阴线实体吞没了前面的阳线实体。阴包容线的两根K线合并后是一根带长上影线的阴线、流星线或⊥字线，看跌意义显而易见 |
|  孕育阳线 | 底部反转 | 在明显的下跌趋势中出现一根大阴线，会强化利淡的气氛，但第二天股价高开，反映下跌力度放缓，有买入盘吸纳。但买入盘仍然谨慎，未见大幅抢高而使股价急升，故收盘时仍在前一日大阴线范围内，形成利多的底部孕育阳线，具有强烈的看涨意义 |
|  孕育阴线 | 顶部反转 | 顶部孕育阴线与底部孕育阳线正好相反。在上涨趋势中，大阳线的第二天股价低开，反映上涨力度放缓，有卖盘抛售。虽然未见股价大幅下跌，但利淡的顶部信号已初露端倪，因此具有利淡含义。孕育阴线可合并为带长上影线的阴线或流星线 |
|  看涨接吻线 | 看涨形态 | 在低位收出一根下跌大阴线，第二天跳空低开高走收出大阳线，其收盘价等于或接近于前一天阴线的收盘价，这就形成了看涨接吻线。虽然当天股价涨幅不大，却意味着先前的下降趋势被扭转过来，后市可能迎来一段升势行情，是一个见底反转信号 |
|  看跌接吻线 | 看跌形态 | 看跌接吻线与看涨接吻线相反。在涨幅较大的高位收出一根上涨阳线，第二天股价大幅跳空高开低走收出阴线，其收盘价等于或接近于前一天阳线的收盘价。看跌接吻线与乌云盖顶相似，但就利淡气势而言，不如乌云盖顶形态强烈 |
|  看跌分手线 | 看跌形态 | 顶部反转形态<br>第一天开盘后向上逐波走高形成大阳线，第二天却低开，在第一天的开盘价附近开盘，随后走低形成大阴线。此形态说明空方杀跌力度较大，后市股价继续看跌 |

| K线名称 | 形态属性 | 形态特征和市场含义 |
|---|---|---|
|  看涨分手线 | 看涨形态 | 底部反转形态<br>第一天开盘后向下逐波走低形成大阴线，第二天却高开，在第一天的开盘价位置附近开盘，并向上走高，形成大阳线。此形态说明多方反击力度较大，后市股价看涨 |
|  镊子底 | 底部反转 | 次要的底部反转形态，宜进一步确认形态的有效性<br>两根K线的最低价几乎相同，且形体大小相近，大多呈一阴一阳组合。说明最低价附近有强力支撑，不让股价轻易跌破这个价位，所以镊子底是庄家短线拒绝下跌的标志性K线组合，可定义为关键K线 |
|  镊子顶 | 顶部反转 | 次要的顶部反转形态，宜进一步确认形态的有效性<br>两根K线的最高价几乎相同，且形体大小相近，呈一阳一阴组合。说明最高价附近压力较大，股价难以逾越。既然庄家刻意不让股价突破这个价位，那么形成顶部的可能性极大 |
|  跌势尽头线 | 底部反转 | 次要的底部反转形态，宜进一步确认形态的有效性<br>在下跌趋势中，一根长阴线的下影线右方出现一根K线实体完全涵盖在下影线范围之内的十字星线或小阴小阳线，说明下跌动能竭尽，已经跌到了尽头，股价将要见底回升 |
|  涨势尽头线 | 顶部反转 | 次要的顶部反转形态，宜进一步确认形态的有效性<br>在上升趋势中，一根长阳线的上影线右方出现一根K线实体完全涵盖在上影线范围内的十字星线或小阴小阳线，说明市场上涨势头已接近尾声，后市股价将要下跌，这时投资者要考虑卖出 |
| 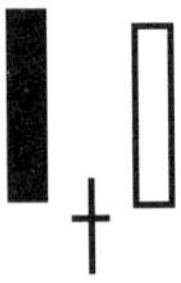 早晨之星 | 底部反转 | 强烈的底部反转形态<br>第一天下跌收出大阴线，第二天初步止跌收出星形线，第三天上涨收出大阳线，说明股价扭转下跌趋势。早晨之星形态大多出现在下降趋势末端，是一个较强烈的趋势反转信号。谨慎的投资者可以结合成交量和其他指标进行分析，得出的结论更准确。通常第三天的阳线越长，后市反转的力度越大 |
|  黄昏之星 | 顶部反转 | 强烈的顶部反转形态<br>夕阳无限好，只是近黄昏。先是收出一根较长的实体阳线，第二天股价跳空高开收出星线，第三天股价小幅低开低走收出阴线，其阴线实体部分明显向下深入到第一根实体阳线中，显示市场上涨行情即将结束，头部形态构成，因此是一个比较可靠的顶部反转形态 |

| K线名称 | 形态属性 | 形态特征和市场含义 |
|---|---|---|
| 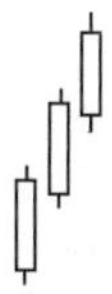 红三兵 | 底部反转 | 强烈的底部反转信号<br>由三根上涨阳线组成，后一根阳线的开盘价处于前一根阳线实体之内或与前一根阳线的收盘价持平，当日收于最高价或次高价，其上下影线均较短，每根K线的重心较上一根上移，三根阳线长度相近，呈梯状向上攀升，其势如同三个坚毅刚强的士兵，给人以安全感 |
|  黑三鸦 | 顶部反转 | 强烈的顶部反转信号，无须确认形态<br>由三根下跌阴线构成，实体阴线大小相近，呈阶梯状下跌走势，每日的开盘价均在前一日阴线的实体内，但开盘后即下挫形成阴线，收盘价向下跌落，三根阴线有秩序地呈下跌走势。三只乌鸦，不祥之兆，显示股价上挡卖压十分沉重，多方能量渐渐耗尽，是一个普遍看跌的转势信号 |
| 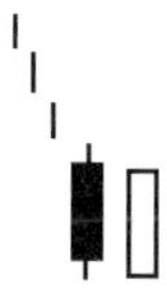 平底形态 | 底部反转 | 温和的转势形态，预示后市见底回升，宜进一步确认形态的有效性<br>形态特征是股价最低点几乎处于相同位置，K线可阴可阳。可以出现在任意阶段，但只有出现在下降趋势末期的平底形态，才意味着市场将要反转回升 |
|  平顶形态 | 顶部反转 | 在上升趋势末期出现平顶形态，表明市场将要反转，因此是一个见顶反转信号<br>通常在高位的平顶形态代表上涨趋势随时可能结束。若平顶形态出现在市场趋势的中部，就没有太大的价值，一般不具有反转信号的功能 |
|  上涨收敛形态  下跌收敛形态 | 反转形态 | 出现这种形态后，通常表明主导盘面的一方主力，由于连续的单边市场行为，虽然暂时逼退了对方，但也给自身造成大量的消耗，渐渐削弱了继续攻击的能力，盘面显示强烈要求转攻为守，这就给了对方一个喘气和反手攻击的绝好机会。一旦对方力量占据盘面优势，就有可能给原来的一方造成毁灭性打击，使局势得到彻底扭转，因此收敛形态是一个次要的反转形态 |

| K线名称 | 形态属性 | 形态特征和市场含义 |
| --- | --- | --- |
|  上涨扩散形态  下跌扩散形态 | 反转形态 | 次要的趋势反转信号，宜进一步确认形态的有效性<br>特征：由多根K线组成，三五根或六七根不等，但至少要在三根以上。上涨扩散形态，看跌；下跌扩散形态，看涨<br>注意：扩散形态只有出现在最后加速上涨阶段或最后打压阶段时，才具有反转意义。上涨扩散形态若出现在市场底部，可能是一个底部反转或上涨持续信号，而不是顶部反转形态；若在头部初跌期出现下跌扩散形态，可能是一个加速下跌信号，而不是底部反转形态 |
| 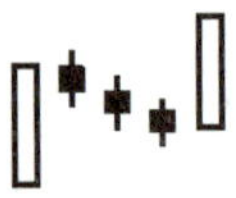 上升三法 | 上涨<br>持续形态 | 上升强势整理，持续形态，后市看涨，无须确认形态<br>由五根阴阳K线组成，可分解为三个部分：第一部分为上升部分；第二部分为回调部分；第三部分为再上升部分。它是一个维持原来上升趋势的巩固信号。总体而言，上升三法类似上升旗形，具有看涨意义 |
|  下降三法 | 下跌<br>持续形态 | 下跌弱势调整，持续形态，后市看跌，无须确认形态<br>由五根阴阳K线组成，可以分解为三个部分：第一部分为下降部分；第二部分为回升部分；第三部分为再次下降部分。它是一个维持原来下跌趋势的加强信号，说明空方控制盘面，继续压低股价，后市看跌 |
|  两阳夹一阴 | 上涨<br>持续形态 | 上涨持续形态，无须确认形态<br>由三根K线组成，即由两根阳线中间夹着一根阴线组成<br>技术意义：第一根上涨阳线表明多方主动发动行情，掌握了盘面优势；第二根缩量回调小阴线是对前一日突破阳线的确认；第三根阳线说明股价突破经确认有效，开始步入上升通道，多头信号形成 |
|  两阴夹一阳 | 下跌<br>持续形态 | 下跌持续形态，无须确认形态<br>由三根K线组成，即由两根阴线中间夹着一根阳线组成<br>技术意义：第一根下跌阴线表明空方开始发动行情，掌握了盘面优势；第二根缩量回升小阳线通常是对前一日突破阴线的确认；第三根下跌阴线说明股价突破经确认有效，开始步入下降通道，空头信号形成 |
| 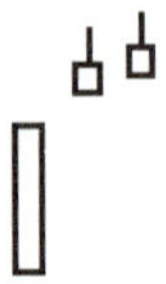 看涨并列线 | 上涨<br>持续形态 | 向上跳空并列线，后续向上运行，无须确认形态<br>由三根K线组成，在上涨趋势中先产生一根大阳线后，第二天向上跳空，在缺口上方形成一根小K线，第三天出现一根与第二根相近的K线，两根K线在缺口上方并列在一起，说明盘面依然保持强势状态 |
|  看跌并列线 | 下跌<br>持续形态 | 向下跳空并列线，后续向下运行，无须确认形态<br>无论是何种跳空并列线，均具有双重技术含义：一是形态本身具有强烈的技术意义，表明多头或空头气氛很浓；二是两根并列K线是对缺口有效性的验证。经回抽后，若没有填补缺口或虽填补缺口但立即反转运行，说明缺口有效，股价仍将继续原来的趋势运行 |

# 第二章　如何分析 K 线

## 第一节　K线分析方法

### 一、单日分析法

单日分析法主要是通过单根K线的形态进行分析、判断，具体通过K线颜色、实体大小、影线长短、K线形状，以及股价所处的位置、阶段、市道等因素进行分析研判，以此确定K线的力度大小和未来的运行趋势。

#### 1. 单日K线多空力量对比

单日K线多空力量对比如图2-1所示。

图2-1　单日K线多空力量对比

实体：阳线实体代表多方力量，实体越长，表明多方力量越强；阴线实体代表空方力量，实体越长，表明空方力量越强。

影线：下影线越长，表明多方反击的力量越强；上影线越长，表明空方反击的力量越强。

相关：实体与影线长度的相关关系，影线越长，实体越短，其影线作用越大；影线越短，实体越长，其实体作用越大。

总结：一看K线阴阳性质，二看实体长短，三看影线部分。

#### 2. 单日K线多空力量分析

一般来说，可以从K线形态分析交易时间内的多空力度强弱。所谓看“多”，就是看“涨”的意思；所谓看“空”，就是看“跌”的意思。单日K线多空力量分析如表2-1所示。

表2-1　单日K线多空力量分析

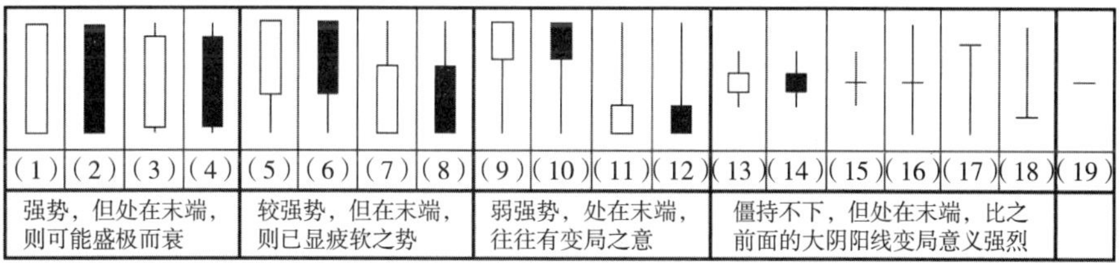

| | | | | | | | | | | | | | | | | | | |
|---|---|---|---|---|---|---|---|---|---|---|---|---|---|---|---|---|---|---|
| (1) | (2) | (3) | (4) | (5) | (6) | (7) | (8) | (9) | (10) | (11) | (12) | (13) | (14) | (15) | (16) | (17) | (18) | (19) |
| 强势，但处在末端，则可能盛极而衰 | | | | 较强势，但在末端，则已显疲软之势 | | | | 弱强势，处在末端，往往有变局之意 | | | | 僵持不下，但处在末端，比之前面的大阴阳线变局意义强烈 | | | | | | |

（1）光头光脚阳线：极端强势上涨，后市看多。

（2）光头光脚阴线：极端强势下跌，后市看空。

（3）大阳线：强势上涨，后市看多。如果影线较短，和（1）没有区别。

（4）大阴线：强势下跌，后市看空。如果影线较短，和（2）没有区别。

（5）光头阳线：较强势上涨，影线代表空方开始反击，需要注意。

（6）光头阴线：较强势下跌，影线代表多方开始反击，需要注意。

（7）光脚阳线：较强势上涨，影线代表遇到空方反击，需要注意。

（8）光脚阴线：较强势下跌，影线代表遇到多方反击，需要注意。

（5）~（8）都说明对方曾经反击过，尽管失败了，但要注意：反击开始了。

（9）（10）出现在连续上涨的顶部，为吊颈线，表示曾遇到过剧烈反击，后市有变；出现在连续下跌的底部，为锤头线，表示曾遇到过剧烈反击，后市有变。

（11）（12）出现在连续上涨的顶部，为流星线，相比过去，冲高受阻，后市有变；出现在连续下跌的底部，为倒锤头线，相比过去，曾经大涨，后市有变。

（9）~（12）都有较长的影线，出现在连续运动后，说明对手剧烈反击过，后市有变。

（13）~（15）分别为小阳线、小阴线、十字星线：一般不能确定后市，但在连续上涨后出现，说明涨势停顿，后市有变；在连续下跌后出现，说明跌势停顿，后市有变。

（16）长十字星线：和十字星线的意义一样，但疲软的性质和僵持的意义更强烈。

（17）出现在连续上涨的顶部，为风筝线，相比过去，曾遇到过剧烈反击，后市有变；出现在连续下跌的底部，为多胜线，相比过去，曾遇到过剧烈反击，后市有变。

（18）出现在连续上涨的顶部，为灵位线，相比过去，冲高受阻，后市有变；出现在连续下跌的底部，为空胜线，相比过去，曾遇到过剧烈反击，后市有变。

（13）~（18）都是星形线，说明多、空双方僵持不下，失去了方向，但在连续涨跌势的末端，往往意味着情况不妙了。

（19）一字线：开盘价、收盘价、最高价、最低价在同一价位，常出现于股市中的涨（跌）停板处，或分钟图里交易冷清的产品中。

## 二、多日分析法

（1）单根 K 线只能反映当天股票的交易情况，并不能说明市场的趋势和方向。另外，庄家经常利用开盘价或收盘价骗线，以达到自己的目的。但是庄家不可能天天做盘，因此可以运用双日、三日或多日 K 线组合，以分析市场所蕴含的重要趋势。多日 K 分析法也称 K 线组合分析法。

（2）双日 K 线组合分析就是将前后两根 K 线组合在一起，根据其开盘价、收盘价、最高价、最低价进行分析研判，具体分析方法可以参考双日 K 线分析和区域 K 线分析的讲述，这里不再赘述。

（3）三日或多日 K 线组合分析就是根据多根 K 线的排列情况进行分析研判，重点在于形态结构方面。比较重要的三日 K 线组合形态有：早晨之星、黄昏之星、红三兵、黑三鸦、两阳夹一阴、两阴夹一阳等；比较重要的多日 K 线组合形态有：上升三法、下降三法等。

应用 K 线分析时注意：无论是一根 K 线，还是两根、三根以及多根 K 线，都是对多空双方的争斗做出描述。由它们的组合得到的分析结论都是相对的，不是绝对的，对实盘买卖操作而言，结论只起到参考作用。在应用时，有时会发现运用不同种类的组合得到了不同的结论，有时得出某一个结论时，次日股价可能出现与结论相反的走势。这个时候的一个重要原则，就是尽量使用多根 K 线组合的结论，将新的 K 线加进来重新进行分析判断。一般来说，多根 K 线组合得到的分析结果不太容易与结论相反。

# 第二节　K线形体分析

K 线形体分析是通过 K 线的外在现象来揭示内在的运行规律。外在反映的是 K 线的阴阳性质、实体大小、影线长短，内在反映的是 K 线的力学原理。内在因素通过外在现象得以体现，而外在现象揭示内在规律。

这种分析方法，主要以单日 K 线形态为依据做出合理的判断，通过以下几个方面进行分析。

## 一、K线阴阳性质

K 线的阴阳性质决定趋势方向。在 K 线图中，红色阳线表示股价将继续上涨，绿色阴线表示股价会继续下跌。股价涨跌波动的本质由股票买卖的供求关系决定，也可以说是由多空双方的力量来决定。

一般来讲，股价的运行趋势和物体运动一样具有惯性。以阳线为例，经过一段时间的多空拼搏后，收盘高于开盘表明多头占据上风。根据牛顿力学定理，在没有外力作用下，价格仍将按原有方向与速度运行，因此阳线预示下一阶段仍将继续上涨，最起码保证下一阶段初期能惯性上冲，所以阳线往往预示着继续上涨。这一点也极为符合技术分析中三大假设之一“股价沿趋势波动”，顺势而为也是 K 线技术分析的核心思想。同理，如果 K 线显示为阴线，那么股价沿惯性趋势将继续下跌。

当一个趋势有效形成以后，出现相同性质的 K 线，就具有趋势惯性加速的作用；出现相反性质的 K 线，且这根 K 线不具备标志性意义，那么只会对趋势起减缓或暂停作用，并不会改变趋势，之后仍将按原趋势运行。比如，在上涨趋势中出现阳线，会对上涨趋势起到加速上涨的作用；在上涨趋势中出现阴线，且这根阴线不具备标志性意义，则不会对上涨趋势的运行起否定作用。同样，在下跌趋势中出现阴线，会对下跌趋势起到加速下跌的作用；在下跌趋势中出现阳线，且这根阳线不具备标志性意义，则不会对下跌趋势的运行起否定作用。

图 2–2 所示为美联新材（300586）2018 年 2 月至 8 月的一段日 K 线图。左边圈起来的是阳线，代表股价有上涨趋势，右边圈起来的是阴线，代表股价有下跌趋势。虽然在上涨过程中会出现反向下跌的阴线，同样在下跌过程中也会出现反向上涨的阳线，这都是股价涨跌波动小幅反向回抽的正常现象。从整个趋势就能看出，上涨过程中的阴线远少于阳线，且在阳线的包围中，说明多方力量占据优势，股价继续上涨。同样，下跌过程中的阳线远少于阴线，且在阴线的包围中，说明空方力量占据优势，股价将继续下跌。

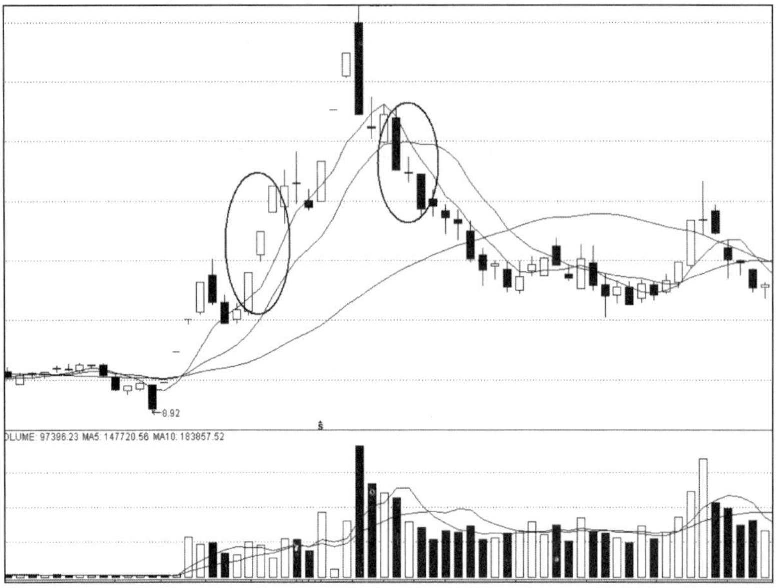


图 2–2　美联新材（300586）日 K 线图

一般来说，阳线越长，说明多方力量胜过空方越多，后市继续走强的可能性越大。相反，阴线越长，说明空方力量胜过多方越多，后市走弱的可能性越大。

当然，任何事物都有两面性，K 线的阴阳性质也是如此，既有趋势惯性加速的作用，也有趋势逆转的意义。

当股价在一个趋势中运行时间较久、涨跌幅度较大，出现一个有标志性意义的反方向 K 线时，就有强烈的转势意义。

图 2–3 所示为群兴玩具（002575）的日 K 线图。该股庄家完成建仓计划后，股价被快速拉高，连拉 7 个涨停板。2018 年 11 月 14 日，从涨停价开盘后，仅仅封盘 6 分钟，就被庄家几手大卖单把封单砸开，开板后股价快速回落翻绿，随后逐波走低。盘中股价一度触及跌停价，当日收跌 8.71%，K 线图中收出一根振幅高达 18.71% 的光头大阴线。这根大阴线有见顶的标志性意义，预示股价即将转势调整。之后，股价 11 月 27 日再次反弹到这根大阴线的开盘价附近时受阻回落，构成 M 头形态，此时投资者应尽快离场。

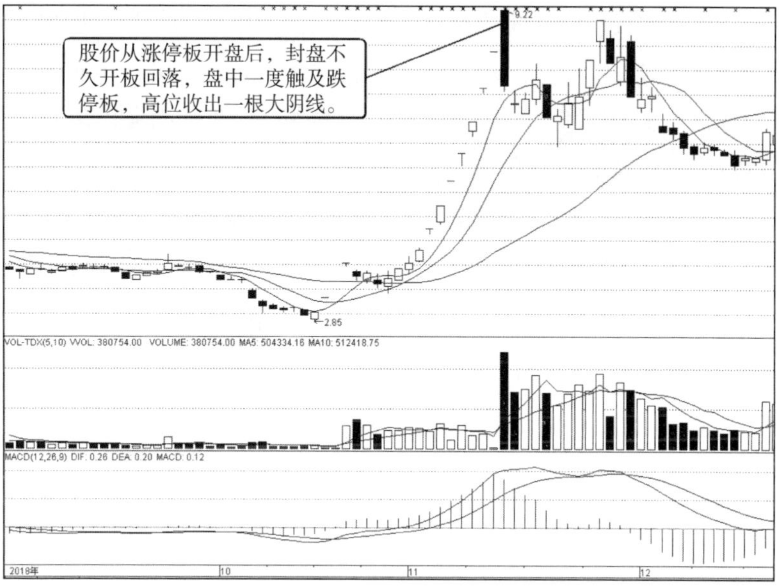


图 2–3　群兴玩具（002575）日 K 线图

对于行情运行时间长短，涨跌幅度大小，没有统一的量化标准，实盘中需要灵活掌握。根据多年的经验，一轮中级行情持续时间在 3 个月左右，涨幅在 1 倍以上（跌幅在 50% 以上）；一个波段行情大约持续 1 个月，涨跌幅度在 30% ～ 50%；一般性反弹行情或回挡走势持续时间在一周左右，涨跌幅度在 10% ～ 30%；快速反弹或回抽走势，一般一两天就结束，幅度不大。

由上述分析可见，说到底，K 线多空搏杀理论，其核心就是研判 K 线时，必须从多空搏杀的角度去认知。如果仅仅从表面去理解，是无法掌握 K 线精髓的。

在股价长期下跌后，当强大的多方力量进场时，就会形成底部。在股价长期上涨后，空方力量大肆出逃时，就会形成顶部。因此，股价的上涨和下跌，见顶和见底，并不是因为指标的好坏，消息的影响，甚至成交量的大小，而是取决于多空力量的对比。一旦这种力量对比出现变化，股价趋势也会随之改变，而 K 线正是体现多空力量变化的重要信号。

通过对 K 线的观察与分析，能分析出多空力量的转换情况，以此研判股价上涨或下跌的运行趋势，从而在实盘中掌握抄底和逃顶技术，获取最大的盈利机会。

## 二、K线实体大小

K 线的实体大小代表内在动力，实体越大，上涨或下跌趋势越明显，反之趋势则不明显。阳线实体大小与上涨动力成正比，阴线实体大小与下跌动力成正比。实体大小符合物理学的惯性原理，阳线实体越大代表其内在上涨动力也越大，且上涨的动力必定大于实体小的阳线，就如同质量越大、速度越快的物体，其惯性冲力也越大的力学原理一样。同理，K 线图阴线实体越大，其下跌动力也越大，并且大于实体小的阴线。

图 2–4 所示为富煌钢构（002743）2017 年 8 月至 9 月的一段走势图。上涨时阳线实

体逐步增大（跳空高开比实体线更加强劲），说明股价上涨动力十足，股价上涨趋势加强。在高位，当阳线实体缩小后，说明股价开始蓄势反转下跌了。同时，从该图右边的阴线实体大小基本可以判断，先期股价出现小幅下跌，然后空头力量加强，阴线实体也增大，说明股价下跌力度较大，应及时逢高离场。

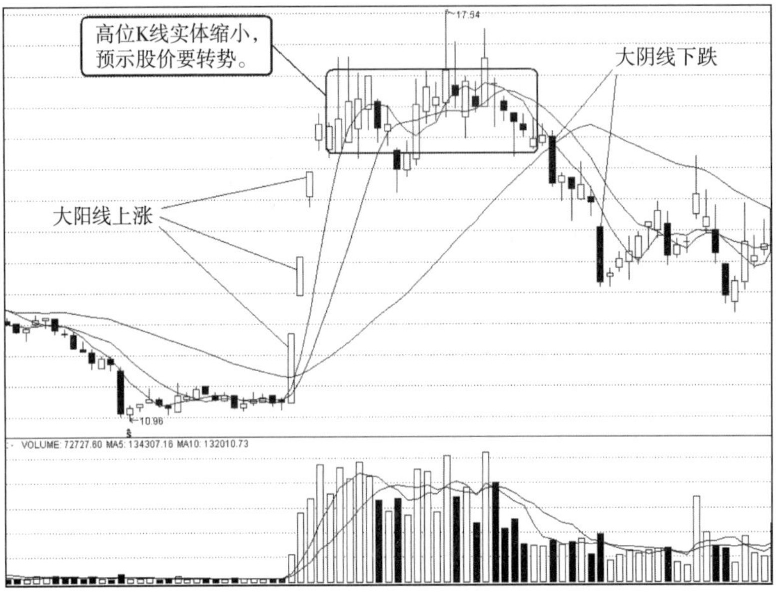


图 2-4　富煌钢构（002743）日 K 线图

在实盘中，对于 K 线实体的大小划分，市场上没有统一的标准，通常与市场气氛、盘子大小和长期股性有关，大盘和个股也有分别，而且划分时会带有主观性，因此在实盘中应灵活掌握。一般的波动范围如下。

（1）大阴线或大阳线的实体范围在 4% 以上，表示多空一边倒，但要注意物极必反，经常会出现在大涨或大跌的尾端。

（2）中阴线或中阳线的实体范围在 2% ~ 4%，表示趋势已经形成，宜顺势操作。

（3）小阴线或小阳线的实体范围在 0.5% ~ 2%，表示趋势在开始或结束阶段，可积极关注。

（4）极阴线（小阴星）和极阳线（小阳星）的波动范围在 0.5% 以下，表示多空双方力量均衡，趋势方向不明。

（5）K 线实体大小代表优势强弱，如果市场中长期以来 K 线都比较短小，那么 K 线实体的长短标准也会适当降低。另外，判断大盘和个股的 K 线标准也不一样，如上证指数的涨跌幅度大多在 ±1% 左右，若超过 ±2%，就可以看作大阳线或大阴线。A 股实行涨跌停板制度，个股单日 K 线实体最大可达到股价的 20%，即从跌停板（涨停板）开盘，到涨停板（跌停板）收盘。大盘由于受部分日涨跌幅 5% 的 ST 类股影响，所以大盘不可能出现 20% 的实体 K 线。

图 2-5 所示为赛象科技（002337）2018 年 11 月的一段走势图。股价出现一波快速反

弹行情后，11 月 26 日以涨停价开盘，尾盘开板跳水，股价快速回落，以跌停板收盘。K 线在高位收出一根振幅达 20% 的大阴线，吞没了前一天的上涨 K 线，这根 K 线具有标志性意义，意味着股价反弹结束，后市迎来调整走势。投资者遇到这种 K 线形态时，应及时逢高离场。

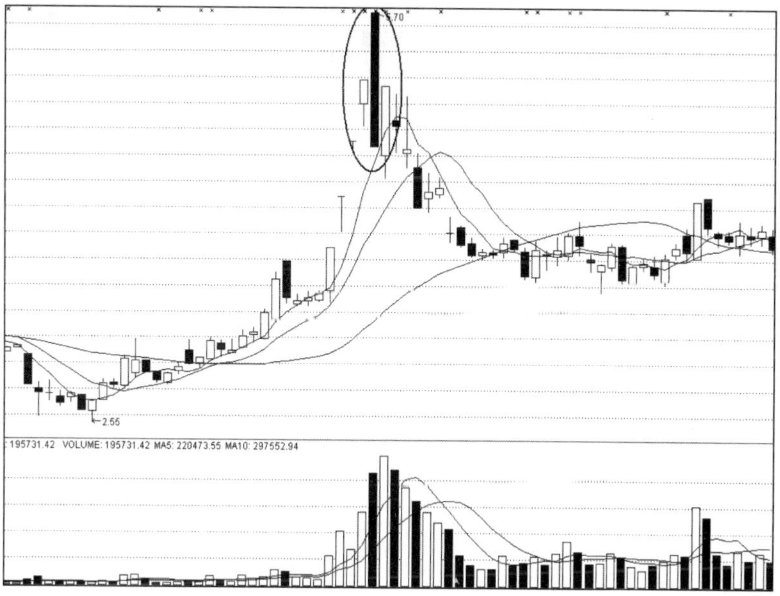

图 2-5 赛象科技（002337）日 K 线图

## 三、K线影线长短

K 线影线代表转折信号，它构成下一个阶段股价继续前行的阻力，无论 K 线是阳还是阴，向某一个方向的影线越长，越不利于股价向这个方向变动，即上影线越长，则抛压越重，越不利于股价上涨，股价调整后下行的可能性越大；下影线越长，则承接力越强，越不利于股价下跌，股价调整后上涨的可能性越大。

以上影线为例，经过一段时间的多空斗争之后，多头终于败下阵来，不论 K 线是阴是阳，上影线部分已构成下一阶段的上挡阻力，股价向下调整的概率居大。同理，可得下影线预示着股价向上攻击的概率居大。

图 2-6 所示为登云股份（002715）2018 年 9 月至 12 月的一段走势图。图中 K 线出现了典型的长下影线和长上影线，股价形成波段走势。左边标注的长下影线说明下跌受阻，股价企稳上涨；右边标注的长上影线说明上涨受阻，股价反转下跌。

在分析带上下影线的 K 线时，需要注意以下几种盘面现象。

（1）光头光脚 K 线。当仅有实体 K 线、不带上下影线或影线很短时，股价将按原趋势继续运行。这种光头光脚的 K 线在股市中出现的不多，一旦出现，均具有较强的攻击力。

图 2-7 所示为德美化工（002054）2018 年 11 月的一段走势图。左边标注的光头光脚大阳线，说明多方发起攻击，并取得了决定性胜利，从而使股价快速上涨。右边标注的光头光脚大阴线，说明空方发起反击，并取得了决定性胜利，反映股价上涨受阻，即将下跌调整。

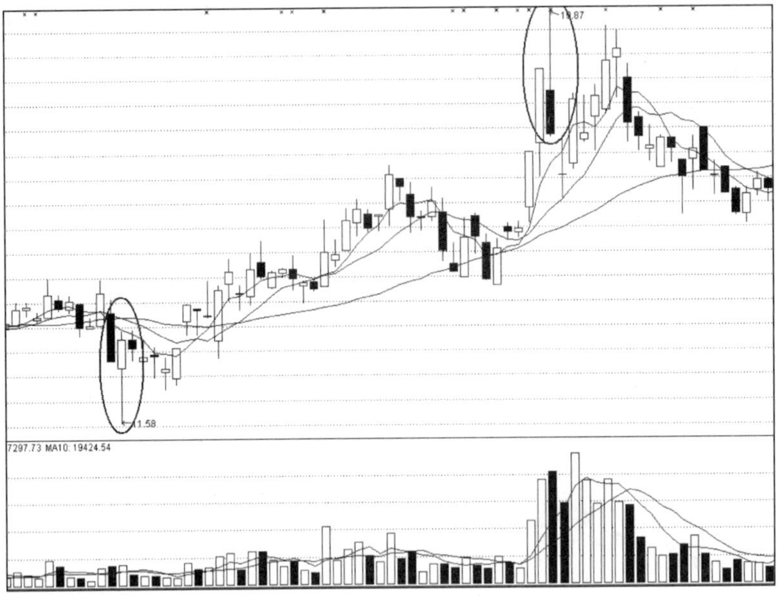


图 2-6　登云股份（002715）日 K 线图

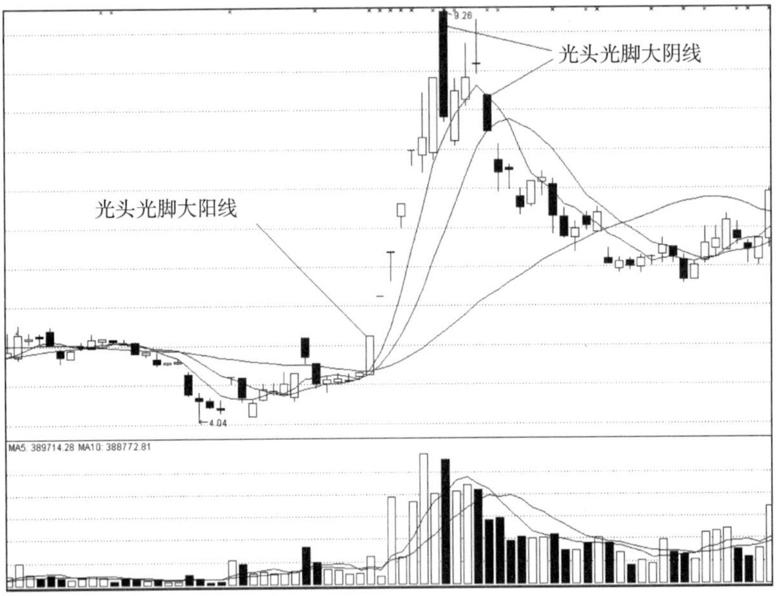


图 2-7　德美化工（002054）日 K 线图

（2）光头或光脚 K 线。在上涨趋势中出现的光头阳线（或下跌趋势中出现的光脚阴线），说明股市从开盘到收盘一路走高（或走低），后市一般将继续沿此方向前进。这类 K 线至少说明，收盘前一方占据了绝对的盘面优势，第二天继续占优的可能性极大。

图 2-8 所示为宏川智慧（002930）2018 年 4 月至 7 月的一段走势图。左边标注的上涨趋势中的光头阳线，说明多方占据盘面优势，仍有继续上攻的能力，直到股价见顶回落。右边标注的光脚阴线，说明空方掌控盘面优势，后市股价将继续调整，直到股价见底回升。

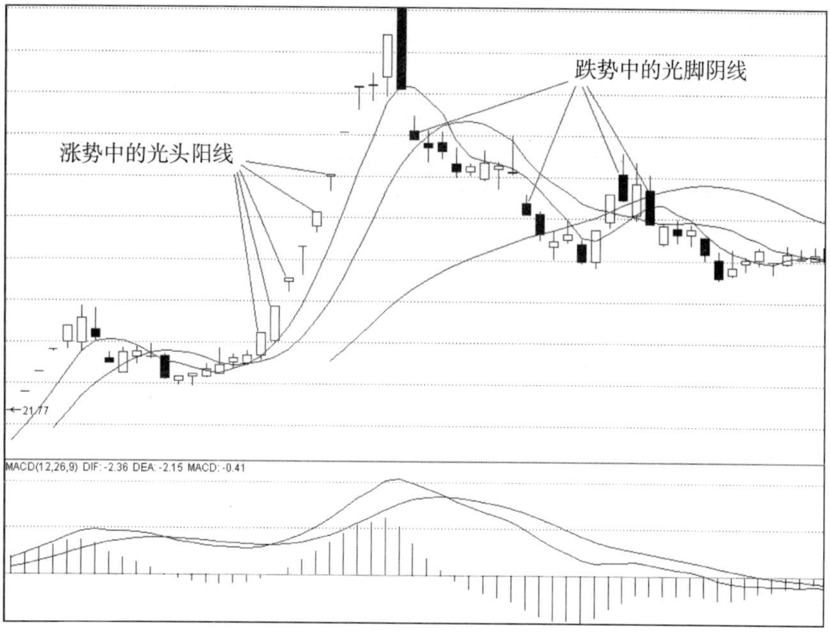


图 2–8　宏川智慧（002930）日 K 线图

（3）如果说不带影线的 K 线说明一方占据绝对压倒性优势，那么上下影线的长度则说明多空双方斗争激烈的程度，影线越长，斗争越激烈，这时须将实体与影线结合起来看。通常需要比较影线与实体的长度，上影线、实体、下影线哪一段更长，则其影响就更大。实盘中重点关注以下两种情况。

第一，带上影阳线。这种 K 线如果出现在上涨高位，说明多方胜利得来不易，虽然暂时取得胜利，但继续上升有困难，多方只是暂时性获得稳定，显然已遭到空方的反攻，后市见顶下跌的可能性较大。特别是下跌趋势中出现的带上影阳线，意味着快速拉高回落，后市继续看跌。

图 2–9 所示为富煌钢构（002743）2017 年 9 月至 11 月的一段走势图。在快速上涨后的高位不断出现多根带长上影阳线，其分析意义是一致的，都说明股价内在上涨动力不足，随后股价出现下跌调整走势。在下跌过程中，不断出现带长上影阳线，说明多方曾经发起抵抗，最终无功而返，股价再现跌势。

第二，带下影阴线。这种 K 线如果出现在下跌低位，说明卖方势力在减弱，虽然买方未能战胜卖方，但再下跌的可能性已不大，因为多方已经发起上攻，后市回升的可能性增大。特别是上涨趋势中出现的带下影阳线，意味着快速洗盘结束，后市继续看涨。

图 2–10 所示为宏大爆破（002683）2018 年 3 月至 5 月的一段走势图。在上涨过程中，空方打压后反弹，收出较长的带下影线 K 线，说明下跌力度不大，预示洗盘整理结束，后市股价还有继续上涨的动力。

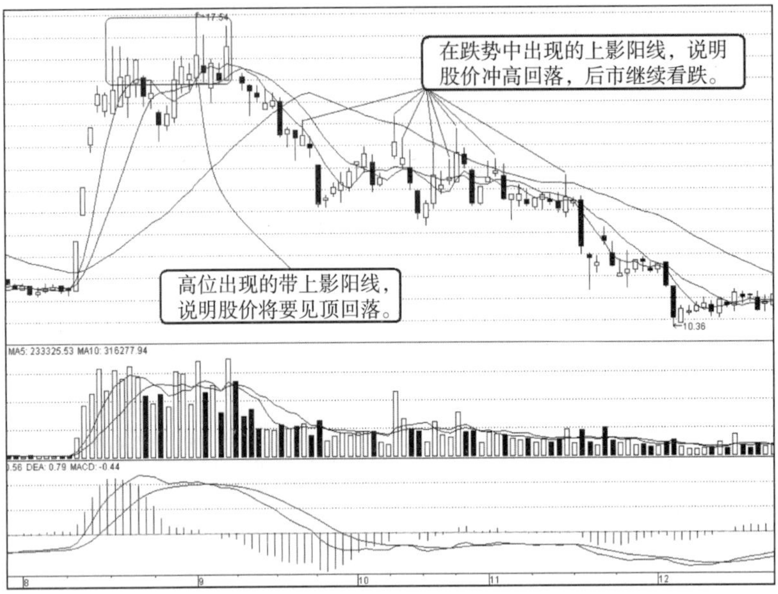


图 2-9　富煌钢构（002743）日 K 线图

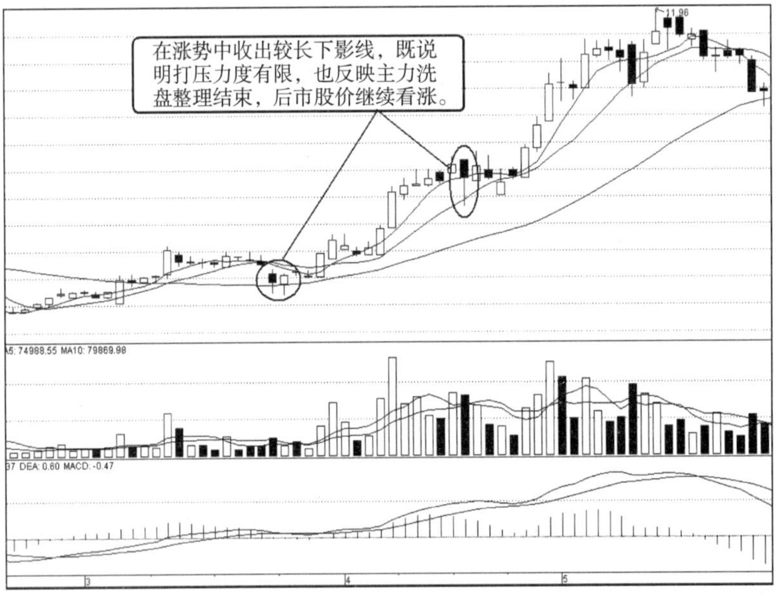


图 2-10　宏大爆破（002683）日 K 线图

## 四、多空力量强弱

K 线是一种特殊的市场语言，不同的形态有不同的含义。经过多空双方的搏斗，不仅表现在收阳、收阴上，也反映在上下影线的长短上。单日 K 线的技术分析要点为阴阳性质、实体大小、影线长短，如图 2-11 所示。

上影线和下影线的特征有以下几个方面。

（1）在 K 线实体一样的情况下，下影线越长，下挡支撑力越强；上影线越短，上挡阻

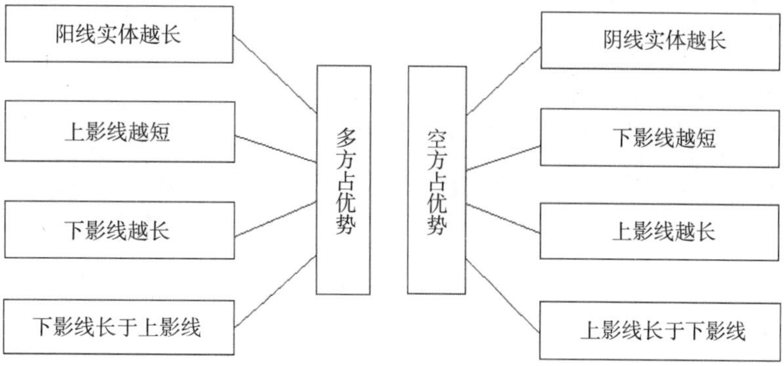


图 2-11　单日 K 线多空力量强弱

力越小。

（2）在 K 线实体一样的情况下，上影线越长，上挡压力越强；下影线越短，下挡支撑力越弱。

（3）实体越长，影线越短，越有利于股价向单边发展；实体越短，影线越长，越有利于股价朝实体方向运行。

需要明确的是，单日的 K 线对股价走势的研判意义不大。连续的 K 线组合，可以部分反映多空双方力量对比，结合当时股价走势，对股价的短期走势有一定的指导作用。此外，小阳线和小阴线的影响不如大阳线和大阴线的影响大。

# 第三节　双日K线分析

双日 K 线力度，就是将相邻两根 K 线（中间可以夹一两根星线）组合在一起进行分析。通过两根 K 线的开盘价、收盘价、最高价和最低价，以及盘中的波动情况，可以判断后市股价上涨或下跌的力度。

在讲述这个问题之前，应先对 K 线进行分解，常见的有三等分法和五等分法，如图 2-12 所示。

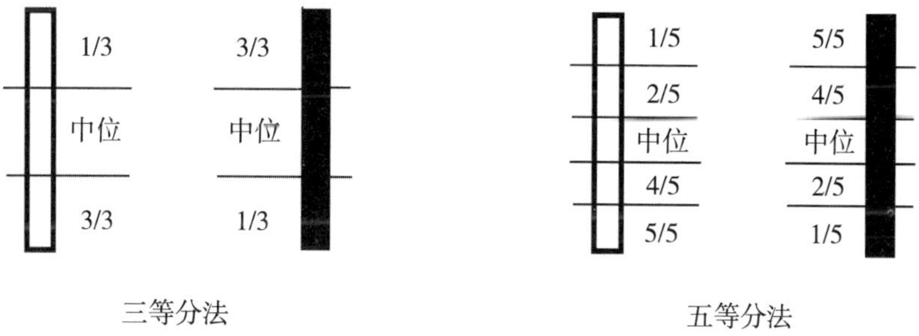


图 2-12　三等分法和五等分法

## 一、三等分法

所谓三等分法，就是将一根大阳线或大阴线平均分割为三段，每段占 1/3，根据次日股价回抽时到达该 K 线的具体位置，判断这根 K 线的力度。

第一天收出一根大阳线后，若次日股价在阳线的 1/3 以上位置，说明市场处在强势之中，后市仍以涨势为主；若次日股价在阳线的中位，说明市场处于震荡之中，后市可能进入整理行情；若次日股价在阳线的 3/3 以下位置（阴包容或接近阴包容），说明市场将回归弱势，后市有下跌需求。

第一天收出一根大阴线后，若次日股价在阴线的 1/3 以下位置，说明市场处在弱势之中，后市仍以跌势为主；若次日股价在阴线的中位，说明市场有企稳要求，后市有回升的可能；若次日股价在阴线的 3/3 以上位置（阳包容或接近阳包容），说明市场将回归强势，后市有上涨需求。

图 2–13 所示为东方通信（600776）2018 年 12 月至 2019 年 1 月的一段走势图。在上涨趋势中，第一天收出一根大阳线后，次日股价回调到这根阳线的 1/3 或中位位置时企稳上涨，说明股价处于强势之中，市场仍将延续原来的趋势向上运行，直到出现顶部信号为止。

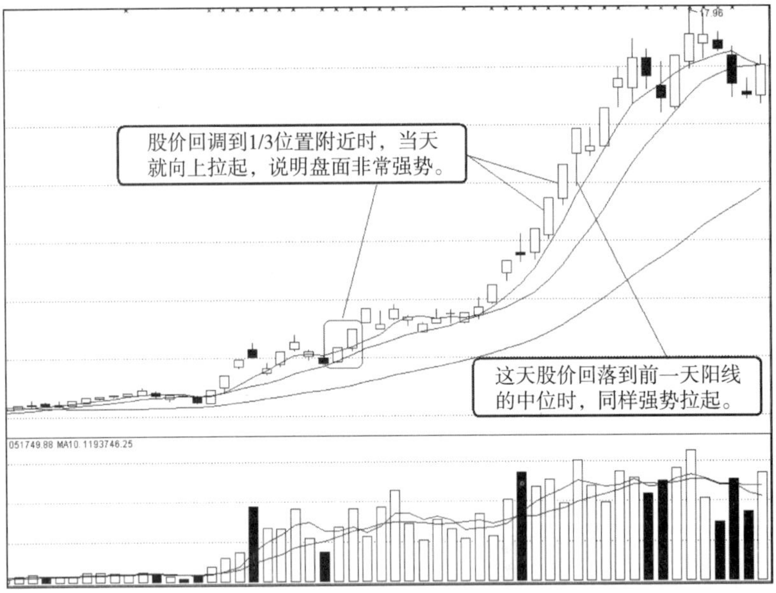


图 2–13　东方通信（600776）日 K 线图

图 2–14 所示为梦百合（603313）2018 年 9 月至 11 月的一段走势图。10 月 15 日，当大阴线吞没了前一天的大阳线后，说明空方强势，股价出现明显回落。10 月 26 日，阴线吃掉了大阳线的 1/3，说明市场仍然处于强势之中，经过短暂的调整后股价继续上行。11 月 7 日，阴线吃掉了大阳线一半，显示空方势力有所加强。虽然此后几日股价继续震荡走高，但力度明显减弱，不久股价转为下跌走势。

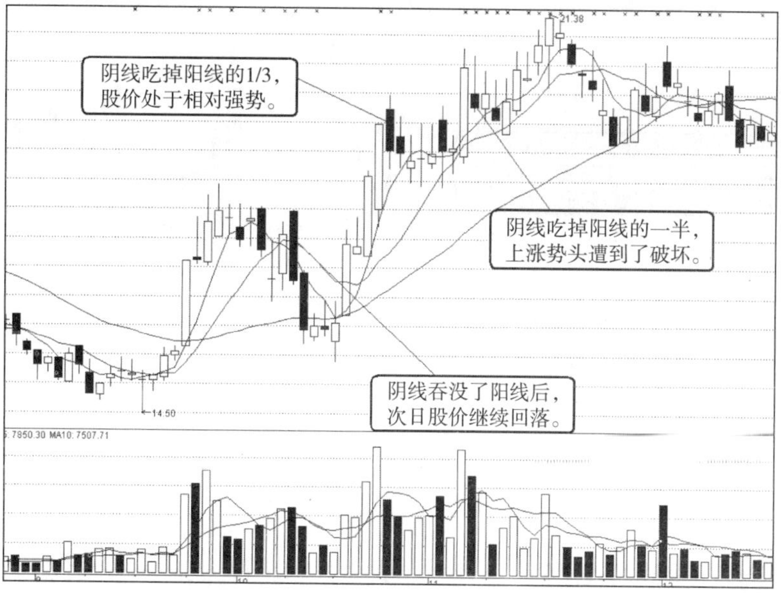


图 2-14　梦百合（603313）日 K 线图

图 2-15 所示为上海雅仕（603329）2018 年 6 月至 8 月的一段走势图。在下跌趋势中，第一天收出一根大阴线后，次日股价回升到这根阴线的 1/3 或中位位置时受阻回落，说明股价处于弱势之中，后市仍将延续原来的趋势向下运行，直到出现底部信号为止。

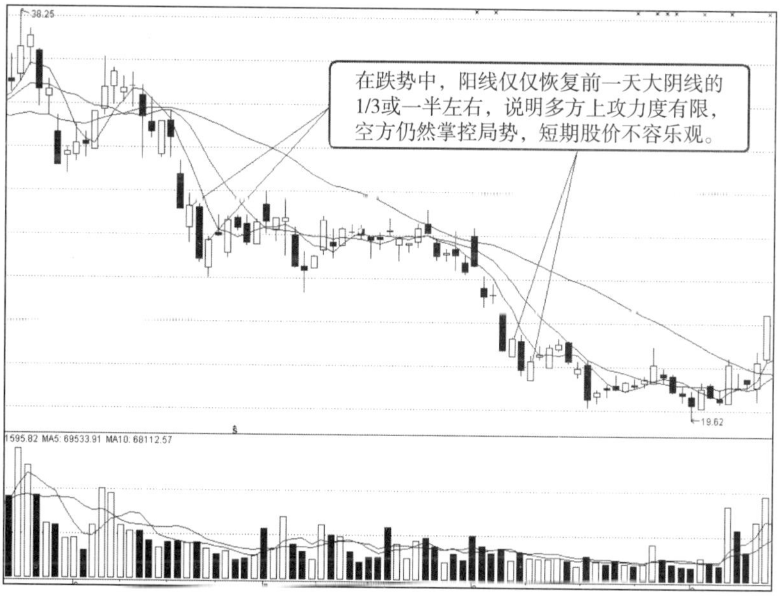


图 2-15　上海雅仕（603329）日 K 线图

图 2-16 所示为嘉凯城（000918）2018 年 9 月至 11 月的一段走势图。在底部区域，当大阳线收复前面的大阴线后，说明多方能量开始加强，此时如果得到市场的积极响应，那么股价将出现上涨行情。投资者应关注第二天的走势，次日如果进一步巩固大阳线的成果，那么多头力量会得到加强，这时可以介入做多。

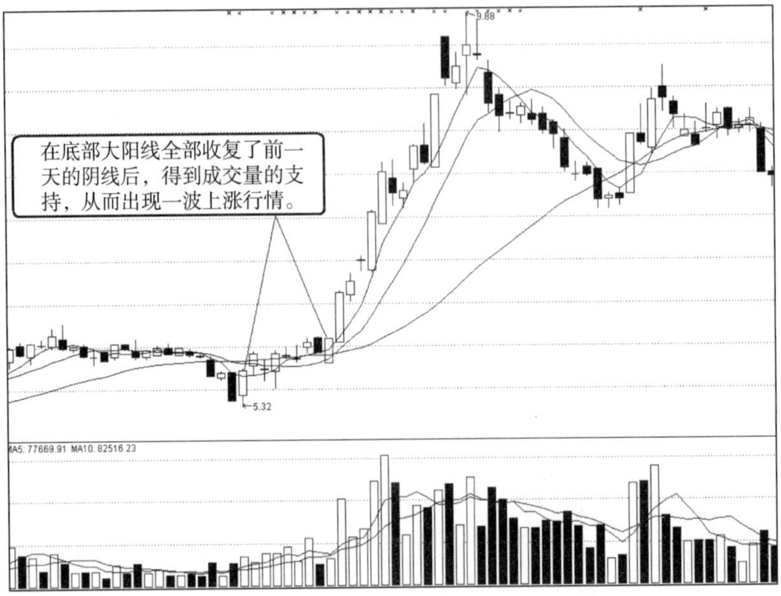


图 2-16 嘉凯城（000918）日 K 线图

## 二、五等分法

所谓五等分法，就是指将一根阳线或阴线平均分割为五段，每段占 1/5，根据次日股价出现回抽时到达该 K 线的具体位置，判断这根 K 线的力度。五等分法是对三等分法的进一步细化，比较繁杂，实盘中参考三等分法即可，这里只作简单介绍。

第一天收出一根大阴线后，若次日股价在阳线的 1/5 以上位置，说明市场处于超强势之中，股价涨势强烈；若次日股价在阳线的 2/5 位置，说明市场处于强势之中，后市以涨势为主；若次日股价在阳线的中位，说明市场处在震荡之中，后市可能陷入整理走势；若次日股价在阳线的 4/5 位置，说明市场转为弱势，股价有下跌可能；若次日股价处于 5/5 以下位置（阴包容或接近阴包容），说明市场回归弱势，后市有下跌要求。

第一天收出一根大阴线后，若次日股价在阴线的 1/5 以下位置，说明市场处于超弱势之中，股价跌势未尽；若次日股价在阴线的 2/5 位置，说明市场处于弱势之中，后市以弱势为主；若次日股价在阴线的中位，说明市场有企稳可能，后市有回升希望；若次日股价在阴线的 4/5 位置，说明市场转为强势，股价有上涨可能；若次日股价处于 5/5 以上位置（阳包容或接近阳包容），说明市场回归强势之中，后市有上涨要求。

## 三、回折幅度

阳线代表强升势，次日大多高开，回折幅度不能超过阳线实体的 1/3；阴线代表强跌势，次日大多低开，回折幅度不能超过阴线实体的 1/3。无论是阴线还是阳线，如果回折幅度超过 1/3 位置，那么原先的 K 线力度就会受到影响，K 线力度将大大减弱。

在实盘中，由于五等分法过于细腻，可操作性也不强，所以大多采用三等分法，该方法实用简便，具有可操作性。

## 第四节　区域K线分析

K 线图和 K 线图形态是两个不同的概念。前者泛指单根 K 线的形状和意义，后者则是指由两根及两根以上的 K 线组成的某种形态，该形态通过 K 线之间的对比，预示价格的运动轨迹，属于技术分析层面。

以最简单的两根 K 线来说，在分析它们力度大小的时候，要考虑两根 K 线的阴阳、高低、上下影线，然后把单根 K 线的意义与前一根 K 线的意义相比较，基本上就可以知晓过去价格发生的由来，以及后一日价格大致的运动空间，从而确定 K 线的力度。

从图 2-17 可以看出，无论是两根 K 线还是三根 K 线，都是以两根 K 线的相对位置高低和阴阳来推测行情的。将前一天的 K 线按形态划分成 6 个区域，第二日的 K 线只会开盘或收盘在前一日 K 线的 6 个区域里。简单地说，第二天多空双方争斗的区域越高，越有利于上涨；越低，越有利于下跌。从上到下是多方力量减少、空方力量增强的过程。

图 2-17　K 线区域

根据图 2-17 可以进一步推导出图 2-18 至图 2-21 连续上涨后的 K 线图，将倒数第二日的 K 线划分为 6 个区域，将单根 K 线中的典型代表挑选出来充当最后一日的 K 线，按照 6 个区域依次放置，其 K 线力度强弱分明，盘面局势一目了然。

图 2-18 中最后一根 K 线尽管都是阳线，但形势越来越不乐观，上涨力度越来越小。

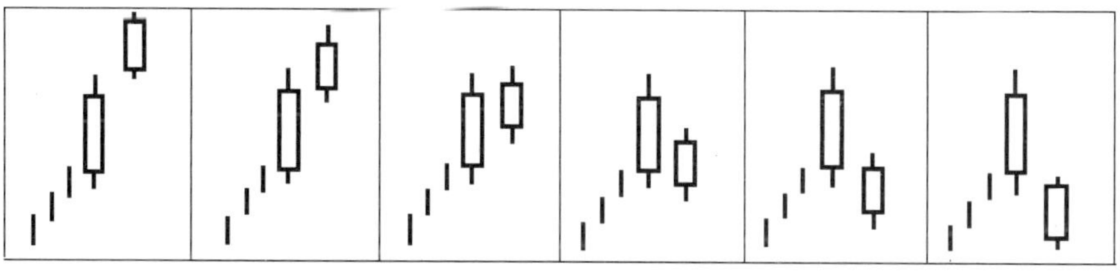

图 2-18　K 线力度示意图 1

图 2-19 中最后一根 K 线都是阴线，收出阴线本身就不妙，从前至后形势越来越恶劣。

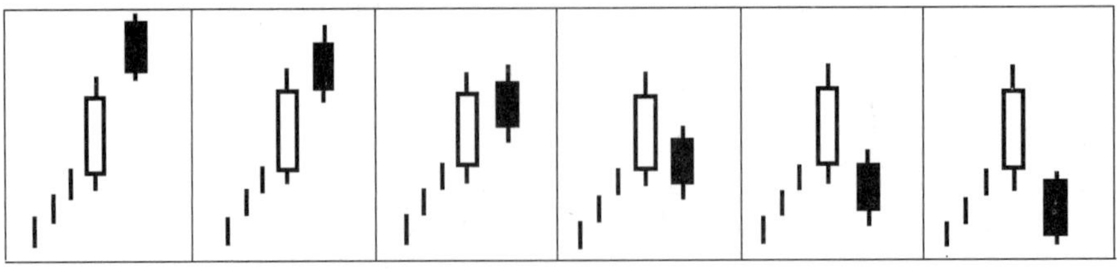

图 2-19　K 线力度示意图 2

图 2-20 中最后一根 K 线都是小阳线，小阳线本身已显疲软之意，越往后情况越糟糕。

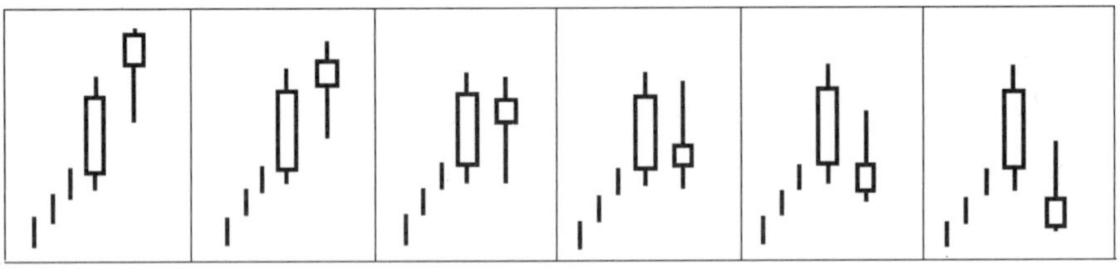

图 2-20　K 线力度示意图 3

图 2-21 中最后一根 K 线为十字星线，十字星线本身就说明多方犹豫了，越往后形势越不利于多方。

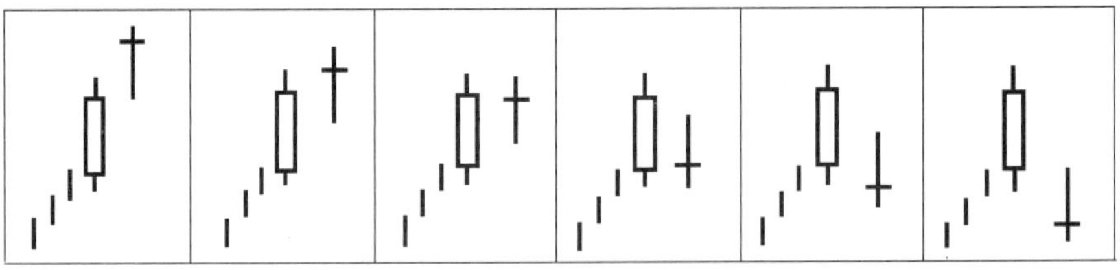

图 2-21　K 线力度示意图 4

一般而言，出现带有影线的 K 线时，往往说明形势可能有变，需要第二日的走势来验证，即要看第二日股价收出的 K 线在什么位置，是什么形状的 K 线，是阴线还是阳线。可能的话，这根星线在高位就会变成“黄昏之星”，在低位则会变成“早晨之星”，它们都预示着后市将出现反转。

从上面的表述中可以了解到，对于两根及两根以上的 K 线而言，最重要的是它们的相对位置，不同的位置意味着不同的价格区间；其次是它们的形态，即带影线还是不带影线，多长或多短等；最后才是它们分别是什么颜色，是阴线还是阳线。千万不要因为是大阴线或大阳线就匆忙下结论。

对于两三根 K 线的图形，不妨做些简化，这样能更直观地了解价格运动的本质，以及 K 线的力度。K 线组合简化后如图 2-22 所示。

简化步骤如下。

（1）取整体形态中第一根 K 线的开盘价作为简化形态的开盘价。

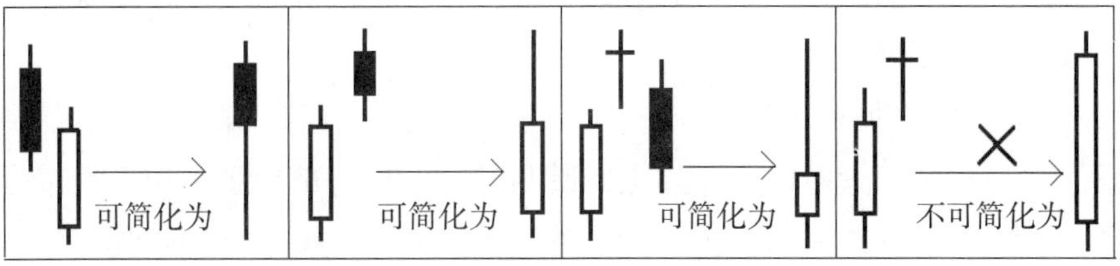


图 2-22　K 线组合的简化

（2）取整体形态中的最高价作为简化形态的最高价。

（3）取整体形态中的最低价作为简化形态的最低价。

（4）取整体形态中最后一根 K 线的收盘价作为简化形态的收盘价。

不是所有的图形组合都能简化，图 2-22 中最后一个形态就不能简化。简化只是提供一个直观的认识，更好地了解事情的本质。一旦明白原理，也就没有必要简化了。

## 第五节　K线位置分析

相对位置理论是 K 线技术分析的重要理论，一模一样的 K 线如果出现在不同的位置，其含义和提示作用可能截然不同。所以，K 线所处的位置对于研判股价运行趋势是极为重要的。

K 线相对位置力度包括两个方面：一是股价开盘位置高低，也就是高开还是低开；二是股票实际价位高低，也就是高位还是低位。

### 一、开盘位置高低

股价开盘位置高低实际上也是区域 K 线力度分析的重要内容。在看盘时，首先开盘要看集合竞价，看是高开还是低开。也就是说，股价和昨天的收盘价相比价格是高了还是低了。它反映出股票市场的交易意愿，期待今天的股价是上涨还是下跌。然后在半小时内看股价变动的方向。

开盘位置高低要结合市场趋势进行分析。在快速拉升过程中，大概率是高开的，一般高开 2% 以上，甚至直接从涨停价位开盘；如果开盘在 2% 以下，要关注分时走势中是否快速向上拉升，否则有拉高受阻嫌疑，此时追高买入应谨慎。

在盘升行情中，开盘不能太高，以小幅高开或 2% 以内为宜。开盘太高，容易出现买盘不继而回落，这样反而会引发抛盘，对庄家坐庄不利。在盘整行情中，大多在昨日收盘价附近开盘，如果出现大幅高开或低开现象，要注意是否出现变盘走势。

在下跌过程中，股价大概率是低开的，一般低开 2% 以上，甚至直接从跌停价位开盘，说明跌势仍将延续，不宜盲目抄底。在阴跌行情中，低开幅度不会很大，一般小幅低开或低开 2% 以内，这种情况也反映盘面比较脆弱，宜谨慎介入。

开盘仅仅是一天行情的开始，分时走势、大市环境、板块效应等存在着许多变数，双方战果如何取决于当天的收盘价。

图 2–23 所示为合肥城建（002208）2018 年 2 月至 5 月的一段走势图。从图中可以看出，在股价上涨过程中，大多以高开为主，说明多方上攻力量强劲。在下跌过程中，大多以低开为主，说明空方力量占主导地位。在盘整行情中，开盘幅度都不会太大。

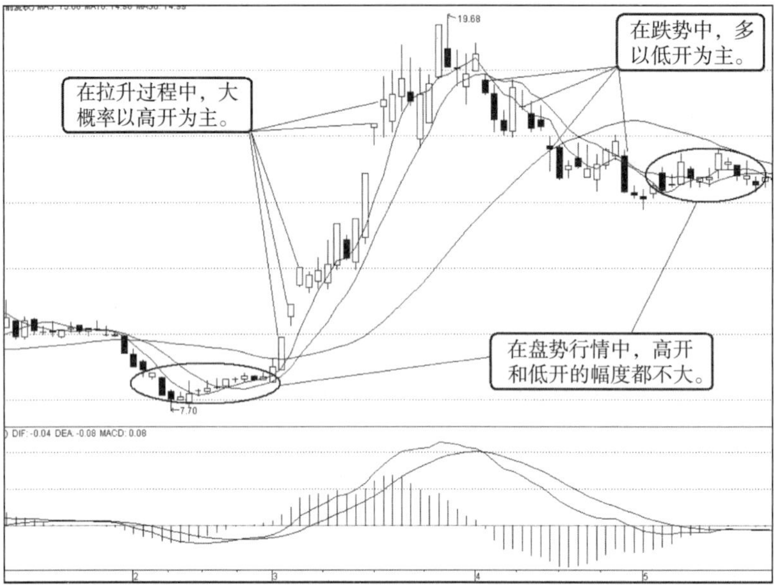


图 2–23 合肥城建（002208）日 K 线图

一般来说，如果股价开得太高，半小时内就可能回落，如果股价开得太低，半小时内就可能回升。这时要看股票的成交量，如果高开又不回落，而且成交量放大，那么这个股票很可能要上涨。看股价时不仅要看现在的价格，还要看昨天的收盘价、当日开盘价、当日最高价和最低价、涨跌幅度等，这样才能看出现在的股价处在什么位置，是在上升还是下降之中，是否有买入的价值。一般来说，下降中的股票不要急于买入，要等股价止跌企稳后再买。上升之中的股票可以买，但需小心，不要追高被套。

一天之内股价往往要有几次波动，观察要买的股票是否和大盘走向一致。如果一致的话，最好的办法就是盯住大盘，在股价下降到底部时买入，在股价上升到顶点时卖出。这样做虽然不能保证股票买卖完全正确，但至少可以买到一个相对低点，卖到一个相对高点。

## 二、相对位置高低

通常 K 线所处的位置没有绝对的高点和低点，因此只能用相对位置来表示。相对高低取决于个人对行情的判断，需要一定的市场悟性。相对位置一般分为相对高位、相对低位和中部区域三个位置。股价的高点和低点不是绝对的，因而也无须过分苛求精确定位，只要有一个大概的范围即可。

在分析价位高低时，应当参考以下几个方面。

（1）股价虽然不高，但上涨幅度已很大或定位很高，可能就是高位。

（2）股价虽然较高，但行业成长性较好，后市仍有增长潜力，可以认为是低位。

（3）股价虽然较高，但有庄家特别“关照”，后市仍有上涨空间，也可以认为是低位。

（4）股价上涨幅度虽然较大，但基本面发生重大变化，目前仍然大大低于未来价格定位的，股价经过充分整理后仍有较大上涨空间。

（5）股价虽然跌幅不小，但基本面恶化，目前仍然高于未来价格定位的，股价可能处于下跌途中，下跌空间可能还相当大。

## 三、实际价位高低

股票实际价位高低，可从以下四个方面进行分析。

（1）区分股价高低。股价高低直接决定股票的潜力及未来走势，目前一般把 10 元以下的股票归为低价股，把 10 ~ 30 元的股票归为中价股，把 30 元以上的股票归为高价股。当然，这个是粗略的、不精确的界定，不能以此作为衡量股价高低的主要标准。

（2）区分价值高低。价值决定价格，而作为投机对象的股票，则是价格决定“价值”。股价低才具有投机“价值”，否则就是风险。

（3）区分价位高低。价位高低除了以涨跌幅来确定外，也可以结合股价来定位。股价过高，即使没有被充分炒作过，也可以判断为高位。

（4）区分股票所处阶段。结合股价运行走势，处于建仓、整理阶段还是拉升、出货、下跌阶段，也可以帮助了解股价的高低。

## 四、K线所处位置

行情走势一般分为上升趋势、下降趋势和盘整趋势三种。处于相对高位的 K 线要特别注意分析是庄家洗盘还是高位出货。一般来说，庄家洗盘会很剧烈地向下波动，投资者很容易被骗。庄家高位出货走势却很温和，给人一种安全整理、继续冲击更高峰的感觉，以此忽悠散户。

一般跌到一定程度后有买盘进入，所以会出现相对低位 K 线，但进入的买盘是否给力，就要看后续走势。低位的多空较量一般都是来回争夺，当 K 线振幅越来越小，说明一个比较合理的价格区间整理出来了，这时成交量通常会比较低迷，什么时候出现连续的上下长影线或十字星线，并且成交量开始放大，说明即将变盘，此刻需要密切关注。如果庄家资金不断进入，股价波动却不大，这时就应果断买入，等待庄家建仓完成时，将会放弃打压价格，转而开始拉升。拉升一般以大阳线开头，价格急剧上升。相对位置很重要，但要结合 K 线和成交量综合判断，价格不升不降不一定是坏事，很可能是酝酿下一次的暴涨行情。

# 第六节 分时K线分析

分时走势是多空双方角逐的过程，也是力量大小的具体体现，这里强弱分明，一目了然。有时同样大小的 K 线，因分时走势不同，其力度大小相差悬殊，此时只能从 K 线形态之外的分时走势中获得真实的市场信息。图 2-24 所示为相同形态的 K 线对应的不同分时走势，阴线的形成过程也是如此。

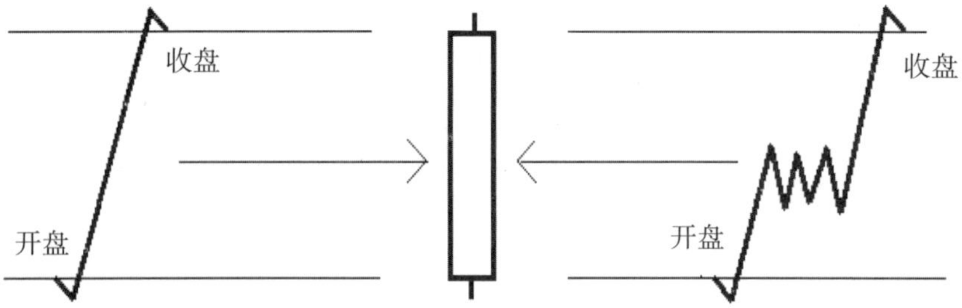


图 2-24 相同的 K 线对应的不同分时走势

从图 2-24 可以发现，两者的开盘价与收盘价相同，价格走势均以同样的阳线来表示，但盘中的变化截然不同。在第一个价格走势中，价格从开盘起一直向上，直至收盘前出现轻微下跌，属于一个利好信息引发的上涨，对后市的发展极为有利。

在第二个价格走势中，其开盘价与第一个价格走势相同，但开盘后不久即出现多次反复，之后再次上升，最后以相同的价格收盘。这种情况显示在走势中期出现过多个阻力位，多空双方争斗比较激烈，但 K 线图中无法显示出来。因此，单凭观看 K 线图，投资者并不能知道潜在的支撑位和阻力位。

图 2-25 所示的两幅分时走势图都是涨停大阳线，通过对比分析可以得出谁强谁弱的结论。

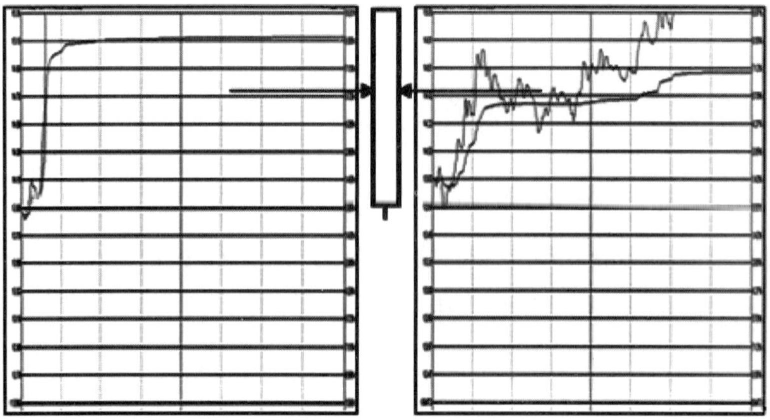

图 2-25 分时走势对比分析

# 第七节　量能K线分析

股市中有“价涨量增，量价配合”“股价上涨要有量，下跌无须看量”之说，股票成交量大小表示参与买卖的人有多少，它往往反映一天之内成交的活跃程度。更重要的是，它还能反映 K 线力度的强弱。

开盘后要看股票成交量的大小，如果高开又不回落，而且成交量不大，然后企稳放量上涨，那么这个股票就很可能要上涨。

通过买卖股票手数多少的对比，可以看出是买方力量大，还是卖方力量大。如果卖方力量远远大于买方，则说明股价有回落的可能，此时尽量不要买入。现手说明的是刚刚成交的一笔成交量，观察现手的大小变化，也能分析多空力度的强弱。如果连续出现大量现手，说明有多人在买卖该股，成交活跃，值得关注。如果半天也没有成交，则不大可能成为好股。

现手累计数就是总手数，总手数也称成交量，有时它是比股价更为重要的指标。总手数与流通股数的比称为换手率，它说明有多少人在当天买入和卖出。换手率高，说明该股买卖的人多，股价容易上涨。如果不是刚上市的新股，出现特大换手率（超过 50%），则常常在第二天就会下跌，所以最好不要买入。

# 第三章　单日 K 线形态

## 第一节　大阳线

### 一、形成过程

简评：大阳线是强烈的底部单日反转或强势持续信号，但宜进一步确认形态的有效性。

特征：在长期的低迷市场中，往往积累了一股难以阻挡的做多能量，这股能量一旦喷薄而出，就会形成十分惊人的场面，大阳线就属于这种形态。大阳线的收盘价远远高出开盘价，具有强烈的看涨意义。

开盘后，股价没有下跌或下跌很少，多方就积极进攻，中间也可能出现多方与空方的争斗过程，但多方发挥最大力量。在多空双方争斗中，股价不断向上攀升，甚至一路狂奔而上，临收盘前股价有所回落或没有回落，在最高价或次高价收盘。大阳线形成过程如图 3–1 所示。

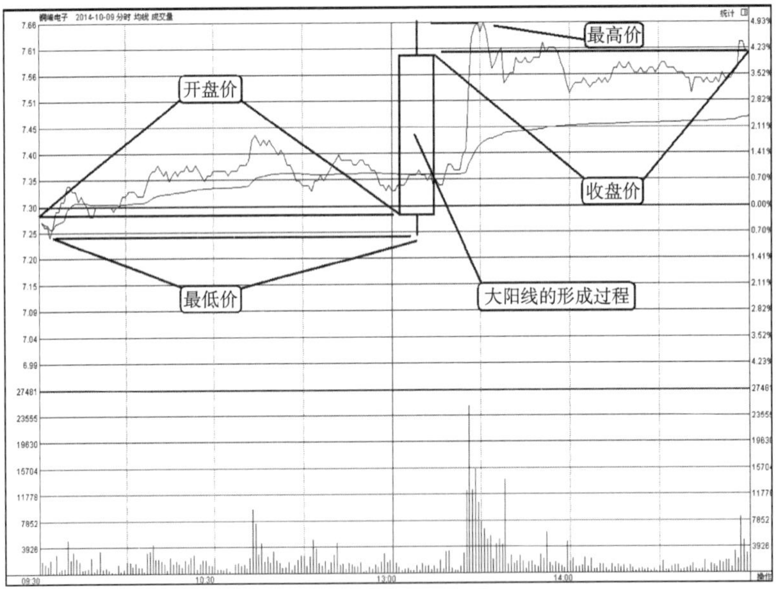


图 3–1　大阳线形成过程

在实盘中，多大的阳线才叫大阳线呢？通常大阳线的当日震荡幅度大于 7%，且实体涨幅在 5% 以上，上下影线小于 2% 或没有影线，如图 3–2 所示。

对于大阳线的长短，市场中没有统一的标准，通常大阳线的涨幅在 5% 以上，中阳线的涨幅在 2% ~ 5%，小阳线的涨幅在 2% 以下。如果市场中长期以来其他阳线都比较短小，大阳线的标准也应适当降低。另外，判断大盘和个股的大阳线标准也有别，如上证指数的涨幅大多在 1% 左右，若超过 2% 的涨幅，就可以看作大阳线。

大阳线也有很多变体，根据大阳线的开盘价、收盘价、最高价、最低价的不同，可能出现以下几种不同形态的大阳线：光头光脚大阳线、带下影线大阳线、带上影线大阳线、带上下影线大阳线、上影线长于下影线的大阳线、下影线长于上影线的大阳线、实体长于影线的大阳线、影线长于实体的大阳线。

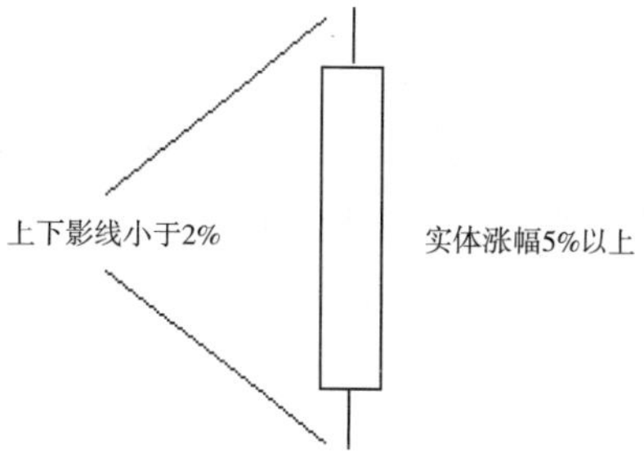


图 3–2　大阳线实体幅度示意图

根据开盘位置的不同，可能会出现高开大阳线和低开大阳线。每种大阳线都有不同的技术含义，但都具有看涨性质。

## 二、市场含义

股价经过长期下跌或充分调整后，多方积累了大量做多能量，长长的阳线表明多方发挥了最大力量，以压倒性优势战胜空方，取得了决定性的胜利，上涨势头迅猛，市场轰动效应十分明显，具有强烈的看涨意义。大阳线实体越长，表示多方力量越大。

不同阶段的大阳线有不同的技术含义。上涨刚开始时出现大阳线，后市看涨；上涨途中出现大阳线，继续看涨；连续加速上涨行情中出现大阳线，是见顶信号；下跌中期出现大阳线，大多是反弹行为；连续下跌后期出现大阳线，有见底回升的意义。

图 3–3 所示为大众公用（600635）2018 年 11 月至 12 月的走势图。不同阶段出现的大阳线，具有不同的技术含义。

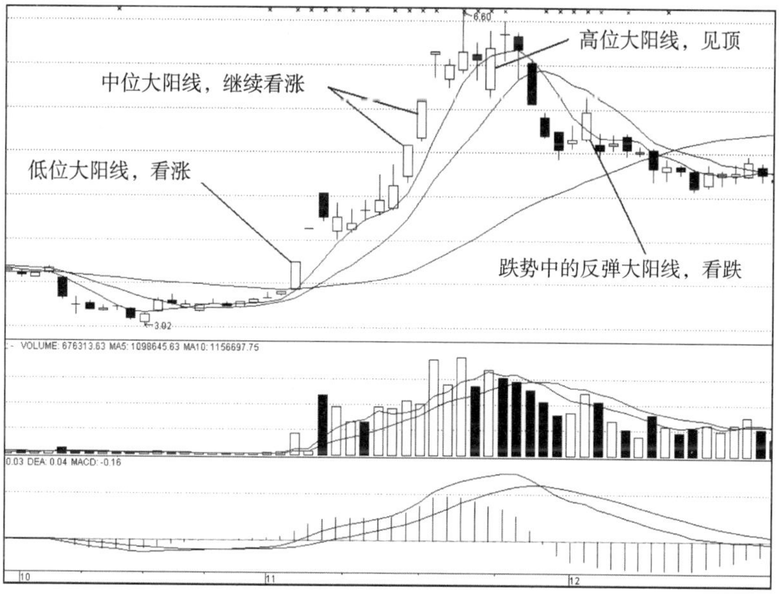


图 3–3　大众公用（600635）日 K 线图

## 三、应用法则

（1）收盘价大大高于开盘价，一般涨幅在 5% 以上。

（2）实体部分较长，股价实际涨幅较大。

（3）没有上下影线，或上下影线很短。

（4）一般伴随着底部放量，放量越明显，信号越强烈。

图 3-4 所示为建新股份（300107）的日 K 线图。在长时间的底部震荡过程中，该股主力吸纳了大量低价筹码。完成建仓计划后，2018 年 1 月 3 日以一根放量大阳线拔地而起，成功摆脱底部区域的制约，从此股价开启一轮快速上升行情。

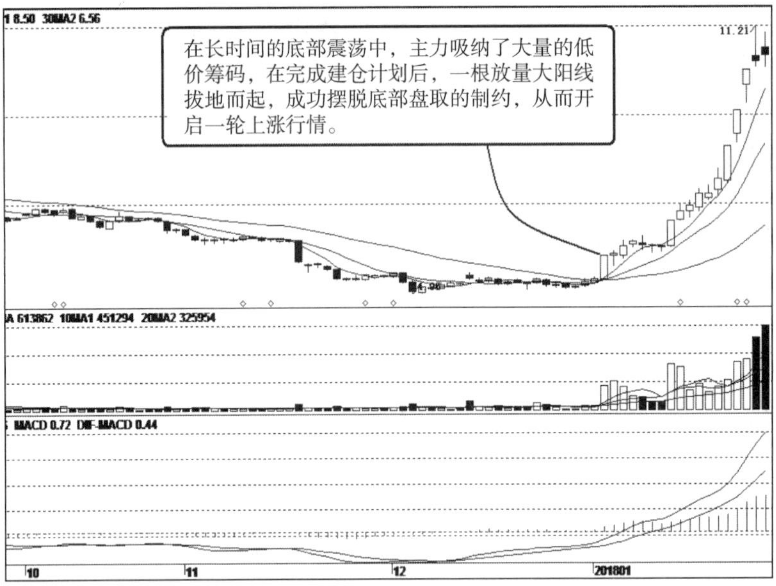


图 3-4　建新股份（300107）日 K 线图

实盘操作中，出现这种标志性的底部放量大阳线时，即便不能确定行情会立即展开，也可以少量跟进试多。一旦发现股价开始放量上攻，可以重仓追进做多。

为什么这根大阳线出现后股价就立即走强呢？从图中可以看出，该股经历了一段时间的下跌行情之后，在底部出现横向震荡走势，庄家吸纳了大量的低价筹码。低位出现这根大阳线，预示调整行情将要结束，后市将迎来上涨行情。特别是随后几个交易日股价继续保持强势，成交量也温和放大，说明买盘明显增加，随后股价走出了一波快速上涨行情。

投资者遇到这种情形时，一定要注意随后几天的股价走势，是快速回落还是继续强势，以及在此之前的几天里股价的下跌速度是否放缓。千万不要在股价经过一波下跌行情之后，出现了大阳线就盲目追进，那样很容易被套。

## 四、分析要点

（1）大阳线出现在市场底部，会产生强烈的冲击力。突破某个长期压制股价上涨的阻力位（线），表明股价将迅速脱离底部区域。此时应及时跟进，甚至追高买入。

（2）股价洗盘调整结束后产生大阳线，可逢低跟进。横盘整理后出现的大阳线突破是很好的买点。突破后股价回抽箱体上边线时，是再次介入的机会。

（3）在低位，大阳线吞没前面的日 K 线数量越多，其上攻力量越大。

（4）股价大幅下跌后出现大阳线，如果对应的成交量较前期有所放大，意味着上涨能量巨大，看涨意义强烈。没有成交量配合的大阳线，应谨慎看多。

（5）大阳线同时上穿 5 日、10 日、30 日三条均线，使短期均线形成多头排列，后市看涨，股价小幅回抽即可买入。

（6）大阳线可能会出现逼空行情，短期涨幅大，上涨速度快。通常股价后市上涨的力度与阳线的长度成正比。

（7）光头光脚大阳线其分析意义更大。

（8）反弹高点出现大阳线，应逢高及时离场。

（9）经过一段涨升行情后形成大阳线，应谨防阶段性头部。

（10）经过几波上涨后，高位出现大阳线，应及时了结。

## 五、实盘技巧

### 1. 低位大阳线

低位出现大阳线，为主力吸筹结束信号或行情启动信号。股价经过长期的下跌调整后，在底部区域或阶段性底部出现大阳线，意味着股价下跌或调整即将结束，后市有望止跌回升或形成反转走势，因此是一个买入信号。

图 3–5 所示为深天马 A（000050）的日 K 线图。股价经过长期的下跌调整后，市场处于底部区域，也就是说市场已经到了跌势后期，股价开始在低位震荡，幅度渐渐收窄。经过一段时间的筑底盘整后，庄家故意制造了一个空头陷阱。2019 年 2 月 11 日，在底部区域出现了放量涨停大阳线，从而宣告下跌趋势结束，市场大底形成，随之开启了一波反转上涨行情。

大阳线出现在下跌后期的底部区域时，可密切关注股价后市走势。随后出现的 K 线，即便是调整性阴线，只要股价能够维持在大阳线的开盘位置之上，便可以持有或适量跟进。当股价出现第二根大阳线时，底部区域就得到有效确认，随后开始一轮快速上升行情。

该股经过一段时间的下跌后，下跌速度明显放缓，而且在下跌过程中成交量大幅萎缩。按常理来说，在股价下跌过程中会有大量抛盘出现，这样一来必将导致成交量放大。该股中并没有出现这种现象，仅从这一点上至少可以看出，虽然股价出现持续下跌走势，但在下跌过程中抛售筹码并不是很多，股价调整极其充分。另外，在大阳线出现之后的几天里，股价继续保持强势上涨，进一步加强了后市的看涨意义，这就可以确认这根大阳线的强势特征。

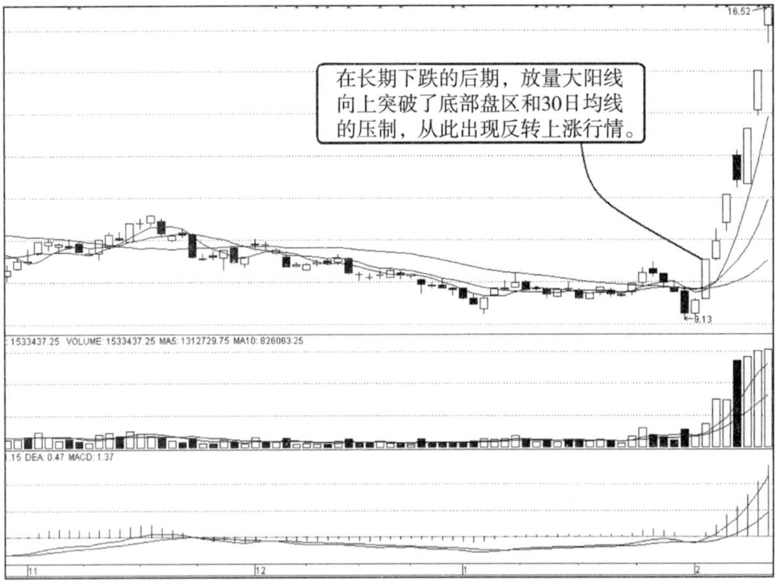


图 3-5　深天马 A（000050）日 K 线图

低位大阳线的盘面特征有以下几个方面。

（1）大阳线出现在股价大幅下跌之后，或在股价触底回升的初期阶段。

（2）大阳线出现前，市场往往处于非常悲观的状态，投资者对行情能否止跌，往往存在怀疑。

（3）大阳线出现后，股价下跌趋势得到逆转，股价重心开始上移，回调一般不会跌破大阳线的开盘价。

（4）大阳线出现时，成交量有所放大，但总量不是很大。

（5）大阳线的出现，起到进一步锁定低位筹码和夯实底部的作用。

### 2. 洗盘结束大阳线

洗盘结束大阳线出现在上涨途中，对后市走势起着助涨作用。大阳线的出现表示洗盘整理结束，展开新一轮拉升行情。

洗盘就是庄家运用种种手法，驱逐场内散户离场，同时吸引场外散户进场，使盘中流动筹码成功换手，以提高市场平均持仓成本，以便日后顺利拉升和派发。洗盘结束后，股价将再现上涨行情，投资者抓住洗盘结束的买入点，就是抓住了大行情的起涨点。所以，掌握洗盘结束后大阳线的一些技术要点非常重要。

图 3-6 所示为海普瑞（002399）的日 K 线图。该股经过长时间的下跌调整后，在底部构成一个大型头肩底形态（可观察压缩图）。在右肩构筑过程中，当股价回升到前期高点（左肩）附近时，股价出现调整走势。庄家正好展开洗盘整理走势，股价向下回落并击穿了 30 日均线的支撑，但下跌幅度并不大。经过一段时间的横盘整理后，股价渐渐企稳回升。2018 年 5 月 4 日，一根放量上涨大阳线向上脱离了整个形态的制约，此后股价出现一波上涨行情。

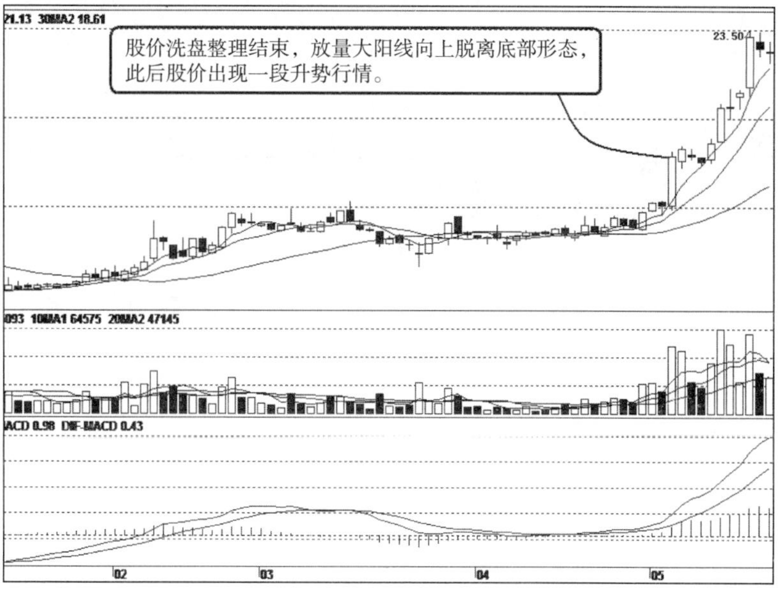


图 3-6　海普瑞（002399）日 K 线图

从图中可以看出，这根上涨大阳线也是洗盘结束的标志。该 K 线处于长期调整后的底部区域，股价出现明显的企稳回升迹象，但总体升幅不大，此时庄家不可能出货。在股价向下击穿 30 日均线后，成交量不大，下跌幅度也不深，说明盘中抛压并不大，因此这是正常的洗盘调整走势。当大阳线向上脱离盘整形态时，表明洗盘调整结束，后市将迎来上涨行情。这种大阳线的操作方法是：可以积极跟进做多，继续持股不动。若大阳线开盘价被击穿，应及时止损离场。

洗盘结束后的大阳线盘面特征有以下几个方面。

（1）大阳线出现在涨势途中。

（2）股价重心向上，回调一般不会跌破大阳线开盘价。

（3）成交量可大可小，但不会出现天量。

（4）起到空中加油作用，进一步拓展股价上升空间。

### 3. 弱势反弹大阳线

上升之中有回挡，下跌之中有反弹，这是股市中的对称原理。在股价回落过程中，除非是连续暴跌，一般都会有若干次反弹。即使是连续暴跌的股票，在暴跌后期也会有一定次数和一定幅度的反弹。但反弹结束后，股价仍将继续下跌，因此反弹行情中出现的大阳线不是看涨信号，更不是反转信号，投资者应警惕，宜逢高减仓或离场。

图 3-7 所示为南风股份（300004）的日 K 线图。股价见顶后大幅下跌，在下跌过程中出现多次小幅反弹，但每次反弹结束后股价均创新低。2017 年 4 月 21 日，股价经过持续下跌后收出一根上涨大阳线，构成 V 形反转迹象。此时有的投资者以为股价见底反转了，因而纷纷入场操作。可是股价小幅反弹后继续沿原趋势下跌，表明市场十分疲软，做多气氛涣散，散户应避免参与这一阶段的反弹操作。对持股者来说，这时出现的大阳线

倒是一次逢高出货的机会。

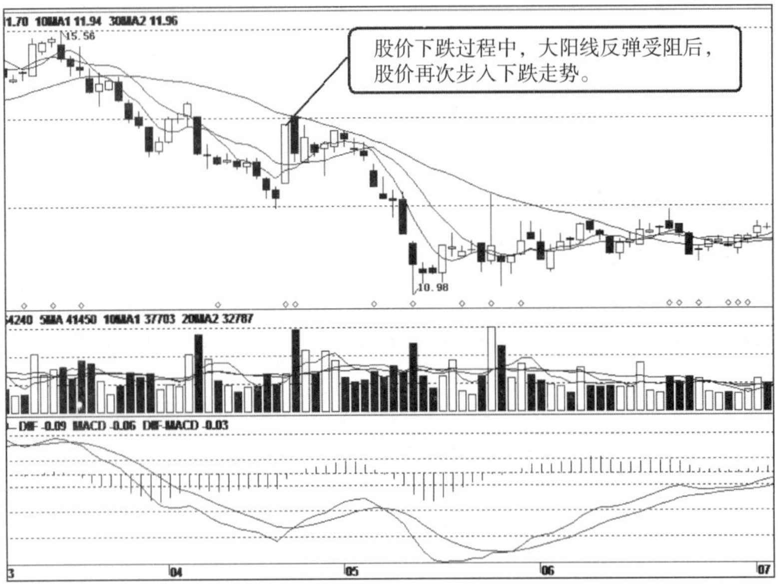


图 3-7 南风股份（300004）日 K 线图

引起反弹的因素有很多，如获利保本而反弹、获技术支撑而反弹、因消息作用而反弹和因股价超跌而反弹等，该股就是因股价超跌而反弹。从图中可以看出，股价处于下跌趋势，成交量十分低迷，股价受 30 日均线压制非常明显，这时出现的大阳线仅仅是一次弱势反弹，反弹结束后股价仍将继续下跌。这时先前在高位没有及时退出的散户，在股价冲高时应果断离场。在股价接近 30 日均线并向下回落时，无论是否亏损都应坚决斩仓离场，持币者不宜过早介入。

弱势反弹通常是庄家在高位没有顺利完成派发任务而形成的一种自救走势。当股价出现一轮下跌后，小幅爬高或形成平台走势，成交量明显萎缩。庄家在此继续实施出货计划，然后恢复下跌趋势，因此这一阶段股价涨幅很小，甚至没有什么涨幅。其实这是以平台代替反弹走势，因此也称下跌中继平台。这种形态多出现在极度弱势的市场之中，在回落的中后期出现的机会最多。

一般而言，反弹是为了更好地积蓄做空能量，反弹结束后股价仍将继续下跌，因此不要被反弹中的大阳线所迷惑。

反弹大阳线的盘面特征有以下几个方面。

（1）大阳线出现在下跌过程中。

（2）成交量激增，甚至出现天量，有时也会出现无量反弹。

（3）股价重心下移，均线系统呈空头排列，或在下降趋势中。

（4）一般在 5 ~ 10 个交易日里，大阳线的开盘价就会被击穿，且击穿后股价出现快速下跌走势。

（5）起到诱多作用，掩护庄家高位出货，随后反弹行情结束。

### 4. 高位大阳线

在高位出现大阳线有可能是主力诱多行为，说明庄家在拉高出货。股价经过持续大幅上涨或反弹行情后，庄家为了达到出货的目的而刻意拉高股价，形成多头市场特征，引诱散户入场接单。因此，在高位出现大阳线，反映中短期涨幅过大，市场过度投机或炒作，股价需要回调整理，预示股价快要见顶，投资者应逢高卖出，获利了结。

图 3-8 所示为泰禾集团（000732）的日 K 线图。股价经过快速大幅拉升后，短期涨幅较大，庄家获利丰厚，急于兑现获利筹码。庄家出货要讲究做盘手法，而大阳线是最简单的一种。2018 年 2 月 3 日，在高位再次拉出一根放量涨停大阳线，表面上看多头非常强劲，大有再来一波快速拉升的意思，这时就有不少投资者被骗了进去。可是第二天股价震荡回落，高位收出一根小阴线，第三天股价跳空低开低走，盘中一度跌停，并留下一个当日没有回补的向下跳空缺口，在高位构筑了“黄昏之星”形态，此后股价渐行渐弱。这时投资者回过头来看就会恍然大悟，这根大阳线就是典型的庄家诱多出货行为。

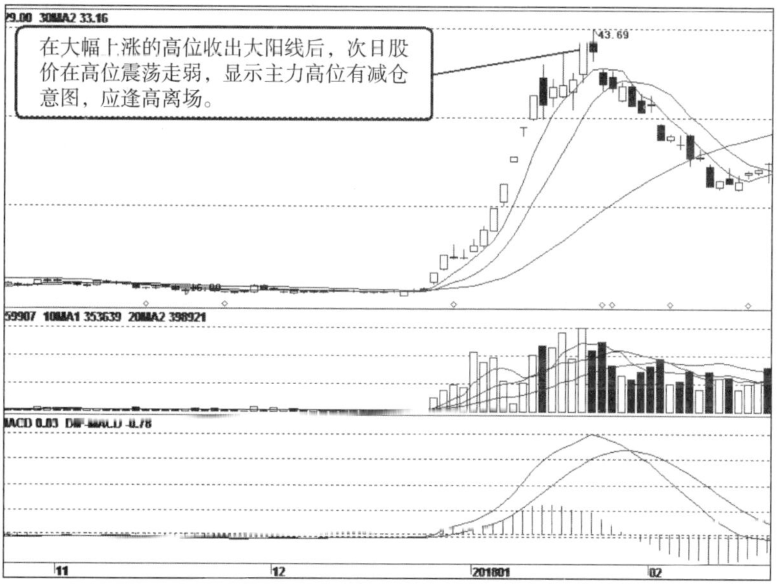


图 3-8　泰禾集团（000732）日 K 线图

判断这根大阳线的关键就在于股价所处的位置。股价处于快速上涨后的高位，每次上涨都有可能是主力诱多行为，或是多头涨后余波所致。落实到具体操作上，只能逢高出逃，即使当日没能退出，次日冲高回落时也应该离场。

分析大阳线出现的背景，是分析大阳线时最关键的因素，切不可见到大阳线就认为股价还要上涨，这样很容易掉进庄家设置的诱多陷阱中。另外，盘中出现对倒放量嫌疑，说明上涨动能渐渐衰弱。均线系统也从上升转为平走状态，“助涨”功能渐渐消退，股价已摇摇欲坠。这样的大阳线是庄家诱多行为的表现，投资者要谨慎看待。

高位大阳线即将见顶的盘面特征有以下几个方面。

（1）大阳线出现在股价大幅上涨后。

（2）当日或前后几日成交量激增，甚至出现天量。

（3）大阳线出现后，股价未能继续走强，甚至股价重心开始下移。

（4）一般 5 个交易日之内，大阳线开盘价就会被击穿，且击穿后股价会出现快速下跌走势。

（5）起到诱多作用，掩护庄家高位出货，是典型的赶顶信号。

（6）如果庄家拉出大阳线的目的是要把股价真正做上去，一般不会让后面的 K 线跌破大阳线的开盘价。相反，如果庄家拉出大阳线的目的是诱多出货，一般大阳线的开盘价用不了多久就会被击穿。投资者遇到高位震荡大阳线时，可以暂时放弃对后市行情是否继续走高的猜测，仅短线盘整就是一段难熬的日子，因而选择观望为好。

## 六、突破分析

在股价长期运行过程中，可能会形成某些有重要意义的位置，但这些位置不可能长期存在，迟早有一天要被突破。当大阳线成功向上跨越或脱离这些重要位置时，说明市场出现向上突破走势，股价蓄势整理结束，后市将有可能出现一段升势行情，此时投资者可以积极做多。能够成为突破的技术位置有很多，如均线、趋势线（通道）、技术整理形态、成交密集区域以及黄金分割线、整数点位和时间之窗等。在此就其中一些常见的大阳线突破信号进行分析，其他突破信号投资者在实盘中可以自行总结分析。

### 1. 大阳线突破盘整区域

股价在底部经过长时间的整理后，一旦大阳线成功向上突破盘整区域，成交量积极配合，该处往往就会成为一个中短期底部，后市将会出现一波持续上涨行情，此时可以积极做多。这种突破现象可以出现在市场的任一阶段，但突破高位盘整区域时，要防止庄家拉高出货。

图 3–9 所示为山西焦化（600740）的日 K 线图。该股反弹结束后股价大幅回落，在接近前期低点（可观察压缩图）时企稳盘整，形成横盘整理走势，震荡幅度收窄。在整个调整过程中，成交量大幅萎缩，做空能量充分释放，股价基本跌无可跌。经过一个多月的横盘整理后，2017 年 6 月 29 日突然跳空高开，一根放量涨停大阳线拔地而起，突破了底部盘整区域，随后股价出现震荡上涨行情。在上涨过程中，主力运作手法非常稳健，每上涨一个台阶，就展开蓄势整理，然后再次向上放量突破。7 月 28 日和 8 月 25 日都是利用放量大阳线突破盘整区域，均为标志性突破大阳线。在实盘中遇到这样的大阳线，投资者应积极予以关注。

从图中可以看出，经过长时间的下跌调整后，股价已经处于历史底部。从成交量上分析，想出局的人基本已经退出了，持股不动的人大多属于意志坚定的看多一族，因此后市下跌空间已被封杀。在大阳线出现之前，股价经过充分的筑底，底部基础扎实，股价一旦脱离该区域，此处就会成为中长期底部。在大阳线出现之后，成交量明显放大，显示买盘积极，

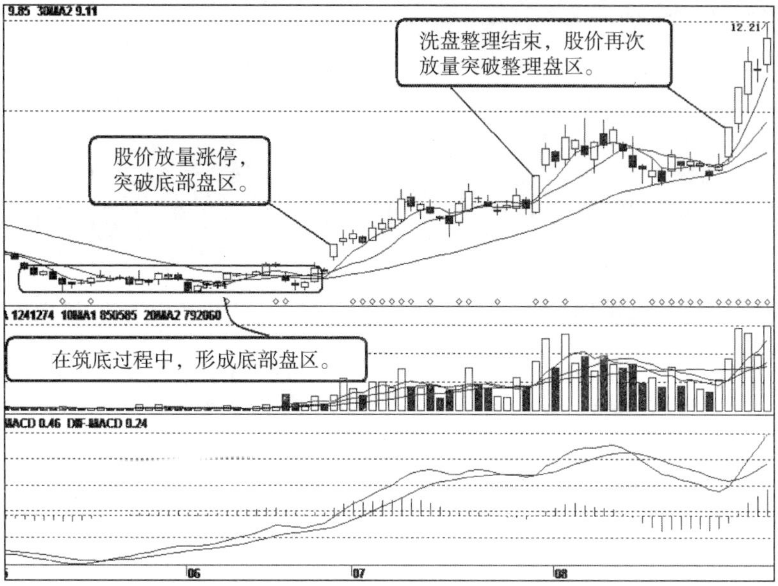


图 3-9 山西焦化（600740）日 K 线图

做多热情高涨，说明股价脱离底部区域成功有效。因此，这根大阳线是底部突破性标志，投资者可以积极跟进做多。

在震荡盘整行情中很难赚到钱，因为没有明显的趋势行情，什么时候结束盘整很难从均线系统或其他技术分析中找到答案。比如盘整时均线形成纠缠状态，整个走势反复震荡，反复纠缠，金叉、死叉交替出现，用均线系统没有办法判断和操作。要结束这种盘整走势，打破僵局，必须有强大的做多力量，而大阳线突破盘局就是一个标志性信号。掌握了这种 K 线后，就读懂了盘口语言，领会了庄家意图，随后的操作就能得心应手了。

## 2. 大阳线突破成交密集区

股价在某个区域长期震荡或者有巨大换手率时，就会形成一个成交密集区，这个区域会对股价构成强大的支撑或阻力作用。在底部或上涨趋势中，如果大阳线成功向上突破该区域，则具有重要的技术分析意义，股价后市大多会出现一波升势行情。在大幅上涨后的末期或下跌趋势中，要小心大阳线假突破现象。

图 3-10 所示为盐津铺子（002847）的日 K 线图。在股价长期的下跌调整过程中，庄家顺利地完成了建仓任务，然后股价渐渐脱离底部区域，出现小幅反弹走势。反弹时股价在前期高点附近受阻回落，从而在此形成一个成交密集区。当股价再次回落到前期低点附近时，得到买盘支撑后形成一个小盘区。2018 年 5 月 15 日，一根放量涨停大阳线向上突破底部小盘区。次日股价再次放量收出涨停大阳线，突破了前期形成的成交密集区，随后股价出现一波快速上涨行情。

从图中可以看出，庄家做多力量非常强大，第一根涨停大阳线突破底部的小盘区，第二根大阳线突破前期成交密集区域，动作连贯，一气呵成。总体情况看，该股累计下跌幅度较大，调整时间比较充分，筹码得到成功换手。股价距离底部不远，基本处于庄家的持

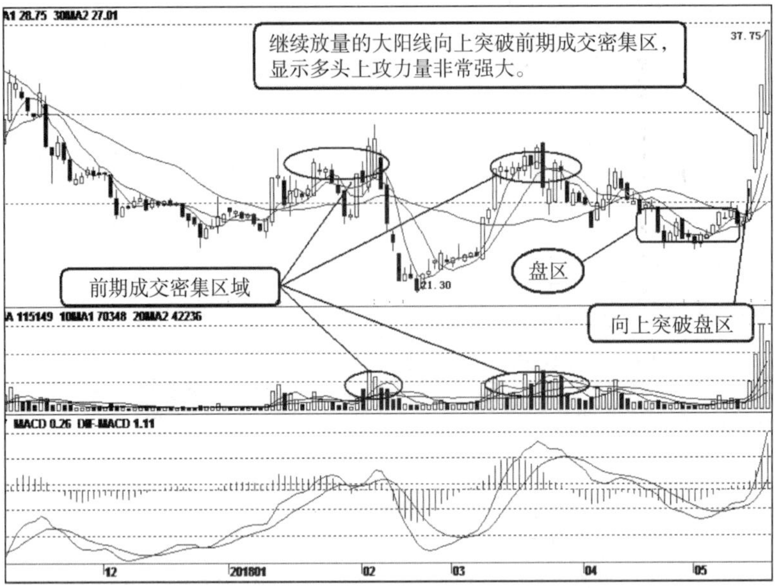


图 3-10 盐津铺子（002847）日K线图

仓成本线附近，后市存在较大的上涨空间。在大阳线向上突破后，成交量持续放大，得到了市场的广泛认同，而且均线系统立即向上发散，配合股价上涨。

实盘操作中出现这样的大阳线时，激进的投资者可以当天跟进，稳健的投资者可以在股价回调到10日均线附近时择机介入。

### 3. 大阳线突破前期高点

当股价形成一个明显的阶段性高点时，这个高点对后市具有一定的技术分析意义和心理作用，它往往成为后市较长一段时间内的阻力位。当大阳线成功向上突破这个高点位置时，说明后市股价上涨空间被打开，具有强烈的看涨意义。但在大幅上涨后的末期或下跌趋势中的反弹高点，要小心大阳线假突破现象。

图3-11所示为世荣兆业（002016）的日K线图。股价成功探明底部后，出现小幅反弹走势，然后股价再次回落，从而形成一个阶段性高点。通常这个高点对后市股价上涨构成一定的压力。另外，这个位置成为不少投资者心目中一目了然的阻力位，具有一定的心理和技术作用。随后该股经过一段时间的蓄势调整后，多头信心得以恢复，2017年10月31日，股价放量涨停，收出一根突破性大阳线，此后经过回抽确认突破有效，股价出现一波盘升行情。

从图中可以看出，前期高点明显成为短期的一个阻力位，这是庄家利用投资大众认可的阻力位进行建仓或洗盘整理。当庄家目的达到后，一鼓作气突破前期高点，成交量也同步放大。在大阳线突破后的几天里，股价继续强势运行，从而进一步巩固了大阳线的成果，后市必定强势上涨。

实盘操作中遇到这种情形时，激进的投资者可以在当天尾市介入，稳健的投资者可以等待股价回抽确认突破有效时，积极逢低介入。

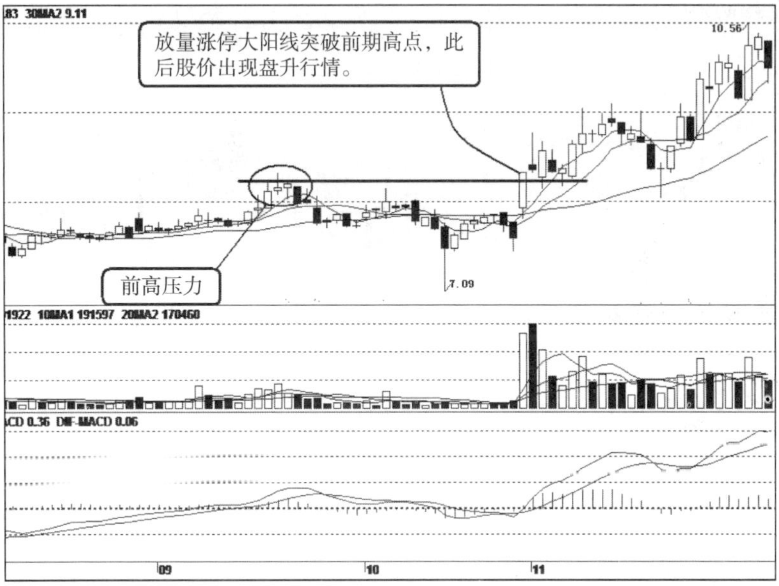


图 3-11　世荣兆业（002016）日 K 线图

## 4. 大阳线突破均线

均线是反映股价运行趋势的一种技术分析方法。当大阳线由下向上突破均线压制时，股价由均线下方转到均线上方，预示股价下跌或调整结束，后市将出现上涨行情，因此是一个看涨信号。

大阳线突破均线通常有三种盘面现象：一是出现在下跌趋势的后期，大阳线向上突破下行的均线；二是出现在上升趋势途中，股价洗盘调整结束后，大阳线向上突破上行的均线；三是出现在横盘整理过程中，大阳线向上突破水平移动的均线。

根据均线周期长短，分为大阳线突破短期均线、中期均线和长期均线三种类型。在此仅就大阳线突破 30 日均线为例进行分析，其他类型的均线突破，投资者可以根据提供的思路自行研判总结。

图 3-12 所示为中广天择（603721）的日 K 线图，这是股价突破水平移动的 30 日均线的例子。该股持续下跌后企稳回升，当股价回升到前期盘区附近时受阻回落，均线系统基本呈横向水平移动。随后庄家开始洗盘整理，股价回落到 30 日均线之下，成交量明显萎缩。经过短暂的整理后，2018 年 5 月 15 日，一根涨停大阳线拔地而起，突破了 30 日均线的压制。这根大阳线的出现预示着主力洗盘调整结束，后市将展开新的上涨行情，因此这是一个买入信号。

该股在大阳线突破之前，股价已经出现了筑底走势，庄家为了日后更好地拉升，展开了洗盘调整。从图中可以看出，在股价回调时成交量萎缩，说明浮筹已经不多。在大阳线突破之前，股价呈水平趋势运行，均线系统保持横向移动，这根大阳线起到了突破闷局的作用。大阳线突破后的第二天，股价继续强势涨停，不仅说明突破真实可靠，也反映出突破力度大、气势强，做多信号非常强烈。

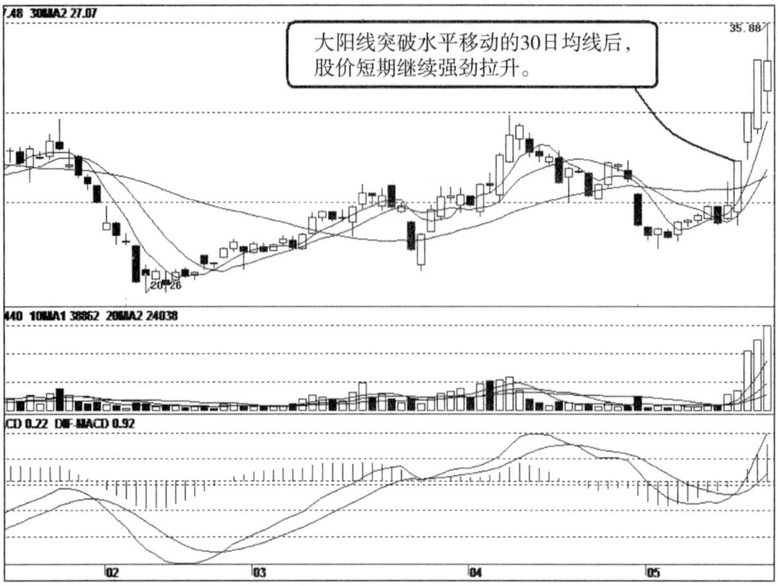


图 3-12　中广天择（603721）日 K 线图

## 5. 大阳线突破技术形态

股价经过长期运行，会形成某些技术形态，如常见的双重底（顶）、头肩形、圆弧形、三角形、楔形、旗形和箱体等形态。大阳线一旦成功突破这些技术形态，说明技术形态构筑完毕，股价将沿着突破方向继续运行，达到“最小量度”升幅，因此是一个较好的买入信号。

图 3-13 所示为 *ST 凡谷（002194）的日 K 线图。该股在底部长时间的震荡整理过程中，形成一个标准的箱体整理形态，股价长时间受箱体约束。2017 年 9 月 22 日，一根放量涨停大阳线向上有效突破了箱体的上边线，此后股价快速上涨，涨幅远远超过“最小量度”升幅。

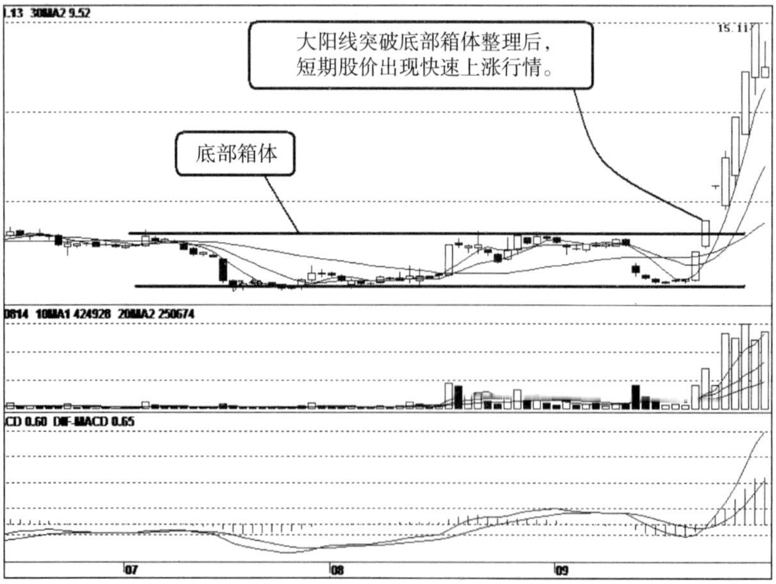


图 3-13　*ST 凡谷（002194）日 K 线图

大阳线向上突破技术形态时，说明股价下跌或回调整理结束，是一个较好的买入信号，投资者可以按照相关技术形态的法则进行操作。在实盘操作中，应把握以下技术要点。

（1）突破出现的位置和阶段。如果处于底部吸货区域、中途整理区域、庄家成本区域，向上真突破和向下假突破的概率较大。如果处于高位派发区域、远离庄家成本区域，向上假突破和向下真突破的概率较大。

（2）大阳线突破时，盘面必须有气势、有力度，具有可持续性，短暂的突破肯定无效。另外，要掌握一般技术形态的构筑时间，微型的技术形态可靠性不高。

（3）在考察成交量时，一定要注意价与量的配合。如果量价失衡（巨量突破后回落、突破后放量不涨或突破时成交量过小）则可信度差，谨防庄家以假突破的方式出货。

（4）当股价无量突破颈线，且突破的幅度不足以确认为正式突破时，有出现假突破的可能。如果股价在突破后不久又再度回到颈线之下（并非回抽颈线），应卖出观望。

（5）分析突破时的一些盘面细节，有利于提高判断的准确性，如当天突破时间早晚。通常当天的突破时间越早越可靠，临近尾盘的突破值得怀疑。观察当天的突破气势，突破一气呵成，刚强有力，气势磅礴，可靠性就高；突破后能够坚守在高位的，可靠性就高。如果仅仅是当天盘中瞬间碰触，那么突破肯定不成立。这些盘面细节十分重要，应当细心观察分析。

（6）应用百分比法则和时间法则，即突破幅度超过 3%，持续时间 3 天以上。

### 6. 大阳线突破趋势线

将两个以上的明显高点连成直线，且这条直线是向下倾斜的，就形成了下降趋势线，下降趋势线对股价短暂上涨具有一定的压力作用。如果大阳线向上突破这条趋势线，预示后市将转跌为升，是一个买入信号。

图 3–14 所示为永和智控（002795）的日 K 线图。该股在下跌中形成一条下降趋势线，这条趋势线对股价上涨构成较大的压力。2018 年 5 月 2 日，放量涨停大阳线向上成功突破下降趋势线的压制，此后股价结束调整走势，走出了一波快速拉升行情。

在实盘操作中，遇到大阳线向上突破下降趋势线时，应从以下几个方面进行分析。

（1）在成交量方面，大阳线真正向上突破下降趋势线时，成交量必须持续放大。价量积极配合的突破，可靠性更高，上涨空间也更大。但是出现以下两种不放量的情况时，不能简单地认为是假突破：

第一，股价突破当天强势上涨封住涨停板位置，因投资者惜售导致成交量未能放大，这时不能认为是假突破。

第二，股价经过长期下跌之后突然向上突破下降趋势线的阻力，此时可能由于市场人气未得到恢复，观望情绪较重，或者行情太过突然，投资者来不及做出反应，这时不能简单地认为是假突破。只要在后面几个交易日中有补量现象，仍可视为有效突破。

（2）下降趋势线的时间跨度越长，被突破的意义就越大，突破越可靠，以后上涨的空

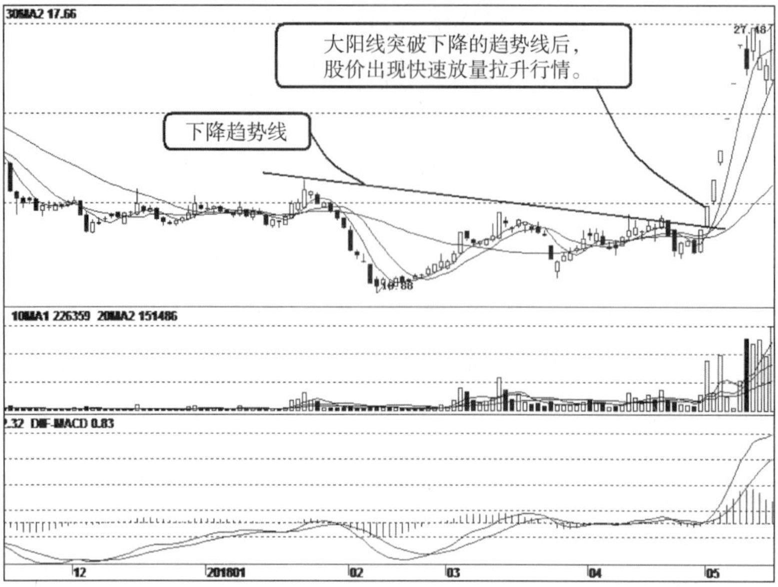


图 3-14　永和智控（002795）日 K 线图

间也越大。

（3）股价下跌幅度越大，突破后的上涨幅度也就越大；股价下跌幅度过小，则突破很可能是假突破，或者仅仅是短期反弹行情，后期股价仍将继续下跌。

（4）百分比法则。假如某一交易日大阳线向上突破下降趋势线的幅度超过 3%，那么就算有效突破，日后股价上涨的概率较大，投资者应抓住时机买入股票。

（5）时间法则。假如某一只股票 3 天的收盘价都站于突破位置之上，那么就是有效突破，日后股价上涨的可能性较大，投资者应及时买入股票。

# 第二节　大阴线

## 一、形成过程

简评：大阴线是强烈的顶部单日反转或弱势持续信号，但宜进一步确认形态的有效性。

特征：在长期被多方控制的火爆行情中，往往会积蓄不可低估的做空能量，当能量达到极限时便会爆发出来，其结果往往超出预料。大阴线就属于这种现象，其收盘价远远低于开盘价，因此具有强烈的看跌意义。

股价开盘后，没有上涨或上涨很少，空方即开始打压。在多空双方争斗中，股价不断向下滑落，甚至一路下泻。收盘前股价下跌走势有所减缓，最终在最低价或次低价收盘。大阴线的形成过程如图 3-15 所示。

大阴线与大阳线相对应。开盘后，空方几乎不给多方任何机会，就开始猛烈打压。多方渐渐告退，股价逐波下跌。最后股价在最低价或次低价收盘，从而形成实体大阴线。大

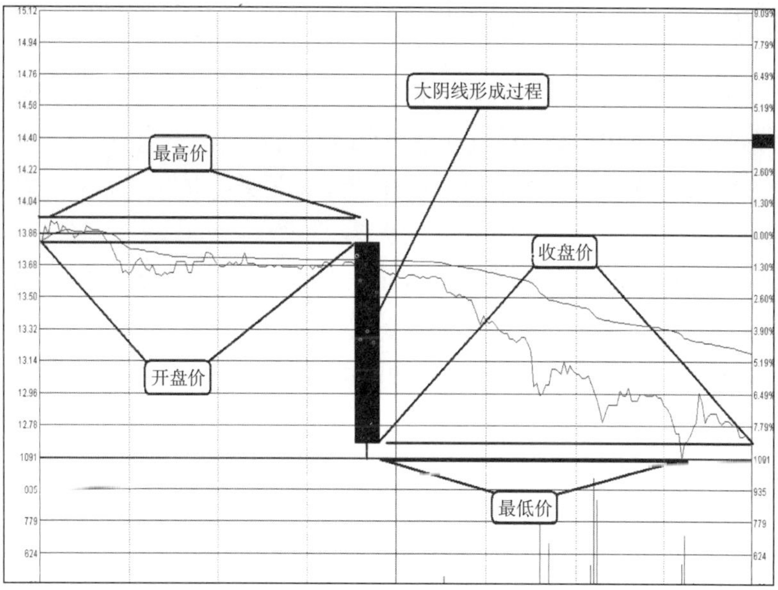


图 3-15　大阴线形成过程

阴线上下影线都比较短，有时根本没有上下影线，光头光脚大阴线更是给人毛骨悚然的感觉。

实盘中，多大的阴线才叫大阴线呢？通常大阴线当日震荡幅度大于 7%，实体跌幅在 5% 以上，上下影线小于 2% 或没有影线，如图 3-16 所示。

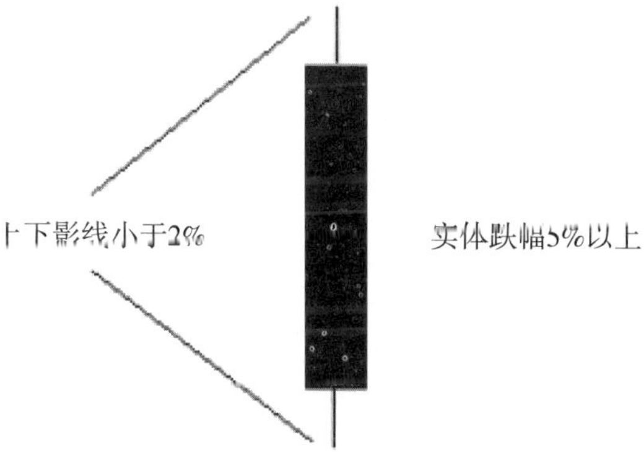


图 3-16　大阴线实体幅度示意图

对于大阴线的长短，市场中没有统一的标准，通常认为跌幅在 5% 以上。如果市场中长期以来其他阴线都比较短，大阴线的标准也可以适当降低。另外，大盘和个股的大阴线标准也有区别，如上证指数的跌幅大多在 1% 左右，若超过 2.5% 的跌幅，就可看作大阴线。

大阴线有很多变体，根据大阴线的开盘价、收盘价、最高价、最低价，有以下几种不同形态的大阴线：光头光脚大阴线、带下影线大阴线、带上影线大阴线、带上下影线大阴线、上影线长于下影线的大阴线、下影线长于上影线的大阴线、实体长于影线的大阴线、影线长于实体的大阴线。

根据开盘位置的不同，会出现高开大阴线和低开大阴线。每种大阴线都有不同的技术含义，但都具有看跌性质。

## 二、市场含义

股价经过大幅上涨后，空方累积了大量做空能量。这种能量一旦得到释放，下跌势头十分迅猛，市场会遭到严重破坏，具有强烈的看跌意义。

大阴线的力度大小与实体长短成正比，也就是说，阴线实体越长，空方力度越强；反之，则空方力度越弱。

不同阶段的大阴线有不同的技术含义。在上涨中期出现的大阴线，大多是洗盘行为，后市仍将继续上涨；在连续上涨高位出现大阴线，是见顶回落信号，后市股价看跌；在跌势途中出现大阴线，有加速下跌作用；在连续加速下跌行情中出现大阴线，多是赶底信号。

图 3-17 所示为复旦复华（600624）2018 年 11 月至 2019 年 2 月的走势图。不同阶段出现的大阴线具有不同的技术含义。

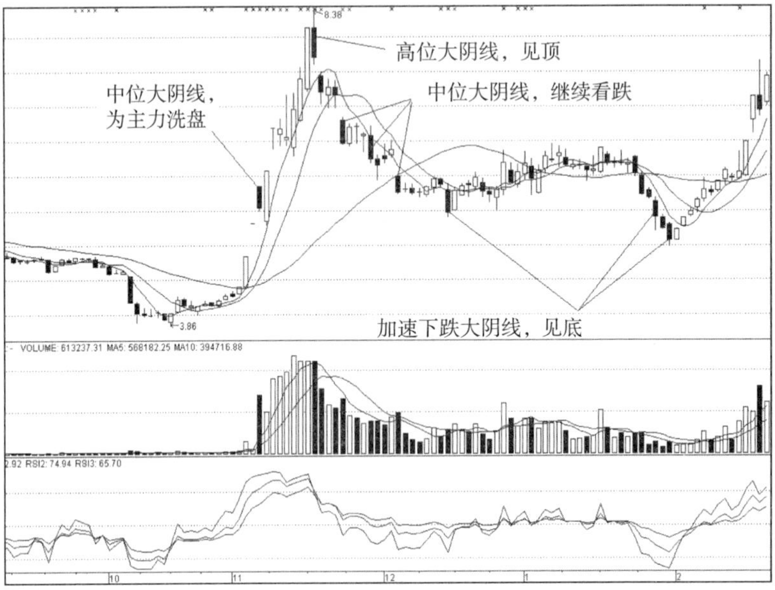


图 3-17　复旦复华（600624）日 K 线图

## 三、应用法则

（1）收盘价大大低于开盘价。

（2）实体部分较长，股价实际跌幅较大。

（3）没有上下影线，或上下影线很短。

图 3-18 所示为东方通信（600776）的日 K 线图。在股价长时间的下跌调整过程中，庄家吸纳了大量低价筹码，股价成功脱离底部区域，并经过两波较大幅度的炒作。2019 年 2 月 26 日，股价从涨停板开盘，随后在涨停位附近反复震荡。尾盘半小时开板大幅跳水，当天以接近跌停板收盘，在高位形成了光头光脚大阴线。这种走势说明上涨行情已经到了末期，股价面临反转下跌。第二天股价向下跳空低开低走收阴线，盘面再次走弱，留下一个当日没有回补的向下跌空缺口，中期见顶信号进一步明确。

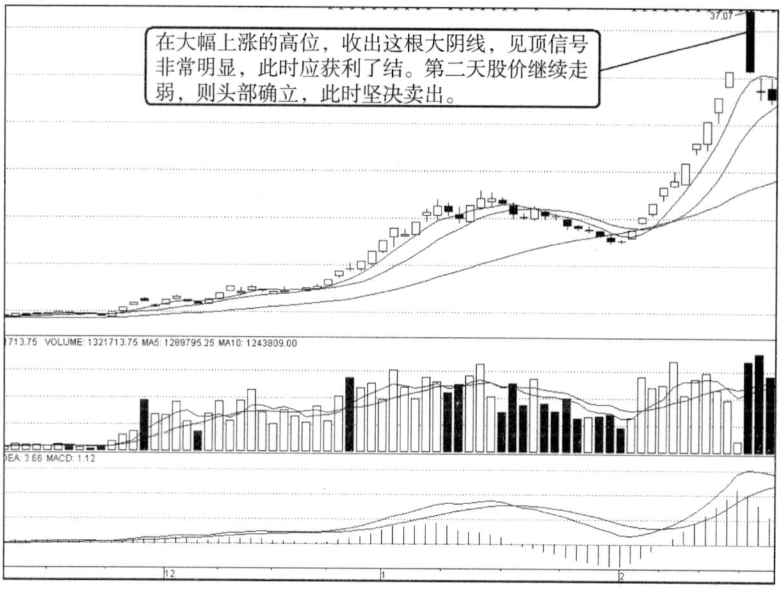


图 3–18　东方通信（600776）日 K 线图

为什么说这根大阴线是见顶信号呢?

首先，股价涨幅过大过快是毋庸置疑的，但没有只涨不跌的股票。

其次，收出大阴线，说明遇到获利盘的抛压，这是看盘的关键。在大阴线的前一天，是一根涨停板的大阳线，按理说这样的大阳线后面仍有上涨动能，起码也有一个冲高过程。可是第二天股价小幅低开，盘中小幅冲高后快速回落，这让人怀疑可能股价见顶了，从而进一步加剧了当天股价的下跌力度，最终以跌停板报收。结合前面的较大涨幅，让人更加确信这是顶部信号。

最后，多项技术指标显示股价处于超买状态，无论后市如何发展，都需要回调整理。

投资者遇到这种情形时，应果断离场，不能有任何犹豫。

## 四、分析要点

（1）大阴线出现在市场顶部，或者出现在反弹行情结束时，往往会强势突破某个长期支撑股价上涨的支撑位（线），股价随后迅速脱离顶部区域，此时需及时卖出。

（2）高位大阴线吞没前面的日 K 线数量越多，其反转的市场意义越大。

（3）大牛市末期出现大阴线时，应及时卖出，甚至不惜赔本撤退。

（4）大阴线经常伴随较大的成交量，意味着下跌能量威力无比。

（5）大阴线可能出现在暴跌行情中，短期跌幅大，下跌速度快。

（6）后市下跌的力度与阴线实体长度成正比。

（7）光头光脚大阴线的分析意义更大。

（8）股价洗盘调整结束后产生大阴线，可逢低跟进。

（9）一段下跌后形成大阴线，应谨慎做多，防止惯性下跌。

（10）股价经几波下跌后在低位出现大阴线时，可能是空头陷阱。

## 五、实盘技巧

### 1. 高位大阴线

股价经过大幅炒作或持续反弹后，庄家获利丰厚，盘中堆积了大量获利盘，此时在高位一旦出现下跌大阴线，则意味着行情涨势结束，投资者应获利了结，尽快离场。

图 3–19 所示为万兴科技（300624）的日 K 线图。股价经过大幅爆炒后，短期涨幅十分惊人，庄家获利非常丰厚。2018 年 4 月 10 日，股价从涨停板开盘，但未能成功封板到最后，开板后股价盘中快速回落。当天以下跌 6.13% 收盘，在高位收出一根振幅达 16% 的大阴线，构成“倾盆大雨”K 线组合形态，预示股价已经见顶。但是，主力做盘手法非常高明，为了使自己顺利出货，第二天股价并没有持续下跌，而是维持窄幅震荡走势，收出一根小阳线，以此稳定军心，此后股价出现盘跌走势。

判断大阴线的后市走势，要看股价所处的位置。当股价处于快速上涨后的高位，每次上涨都有可能是诱多行为，或是多头涨后余波所致。落实到具体操作上，只能逢高出逃，即使当日没能退出，次日无法收复大阴线时也应该离场。

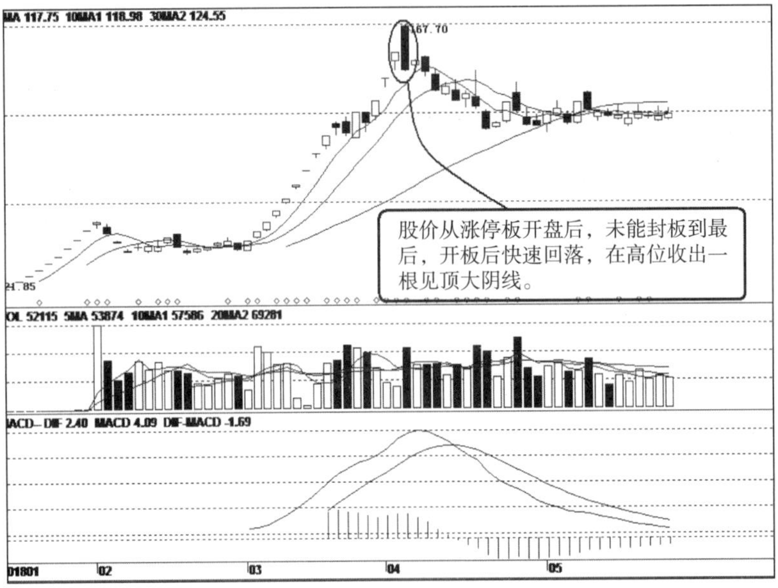


图 3–19 万兴科技（300624）日 K 线图

实盘操作中，遇到高位大阴线时，应把握以下技术要点。

（1）分析当时股价所处的位置。如果是在股价运行到市场高位时出现大阴线，投资者一定要谨防庄家出货。一旦后市股价出现疲软，就要果断卖出。那么如何量化股价的高低呢？通常牛市上涨行情持续时间长达 3 个月，累计涨幅超过一倍甚至几倍，就可以认定为高价区域。

（2）出现大阴线之后，如果股价第二天继续走弱，或者次日股价不能收回大阴线的跌幅，就要果断卖出。当股价跌破 10 日均线的支撑时，要无条件卖出，哪怕是有所亏损也要斩仓出局。如果在出现这种走势后的第二天，股价继续强势上行，当股价冲击到前期高点时受阻，也要立刻卖出，对后市不要心存侥幸。

（3）当股价持续上升一段时间后，市场上的获利筹码越来越多，获利盘抛压就会不断增加，此时股价上涨将会遇到相反的力量，物极必反，滞涨回落，这时就会形成头部，投资者应尽快离场。

## 2. 反弹高点大阴线

反弹是股价主要下跌趋势中的逆势走势，是必然中的偶然现象，因此反弹结束后股价仍将继续下跌。在反弹高点出现大阴线时，意味着反弹行情结束，后市将恢复跌势，所以投资者应当及时离场。

图 3-20 所示为兰太实业（600328）的日 K 线图。该股在下跌过程中历经多次小幅反弹，每次反弹结束后股价均再创新低。2017 年 6 月同样是一波反弹行情，停牌 5 个多月后，2018 年 1 月 9 日复牌时高开 9.53%，但盘中股价逐波下行，当天以下跌 3.93% 收盘。在反弹高点收出这样一根大阴线，意味着反弹已经结束。第二天股价低开后弱势盘整，进一步验证了大阴线的有效性，此后股价继续下跌并创出调整新低。

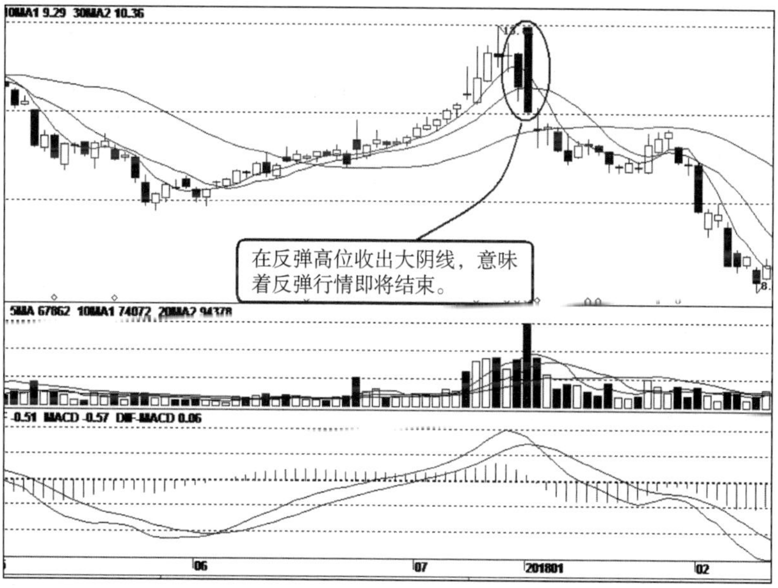


图 3-20 兰太实业（600328）日 K 线图

该股总体处于下跌趋势，盘面交投十分清淡，反弹高点仍然受下降趋势线的压制。特别是第二天股价低开弱势震荡，收出下跌阴十字线，说明盘面渐渐转弱，从而宣告反弹行情结束。可见，该股仅是一次弱势反弹，反弹结束后股价仍将继续下跌。先前在高位没有及时退出的散户，在股价冲高时应果断离场。股价得不到 30 日均线支撑时，无论是否亏损都应坚决斩仓离场，持币者不宜过早介入。

弱势反弹通常是庄家在高位没有顺利完成派发任务所形成的一种走势。股价出现一轮下跌后，维持小幅爬高或形成平台走势，成交量明显萎缩。庄家在此继续实施出货计划，然后恢复下跌趋势，因此这一阶段股价涨幅很小，甚至没有什么涨幅。其实这是以平台形式代替反弹走势，因此也称下跌中继平台。此种形式多数出现在市场极度弱势之中，在回落的中后期出现的机会最多。

### 3. 洗盘大阴线

洗盘是庄家经常运用的手法，目的是驱逐场内散户，吸引场外散户进场，使流动筹码成功换手，以提高市场平均持仓成本，以便庄家顺利拉升和派发。但庄家洗盘要恰到好处，既要制造恐慌的盘面，又不至于造成特别严重的技术破坏，通常洗盘结束后股价将进入主升段行情。洗盘中出现大阴线，应当引起投资者的关注，抓住洗盘结束后的买入点，就是抓住了大行情的起涨点。

图 3–21 所示为青松股份（300132）的日 K 线图。该股经过长时间的下跌后，股价渐渐见底企稳，进行盘整，然后放量向上脱离盘区，并突破前期反弹盘区压制。庄家为了日后更好地拉升和出货，主动展开洗盘整理。2018 年 4 月 26 日，股价跳空低开 5.32% 后弱势盘整，午后封于跌停板，收出一根跌停大阴线，并击穿了 10 日均线的支撑，技术形态遭到了一定的破坏，人气也受到不小的打击。但是第二天股价没有继续下跌，第三天收出上涨大阳线，成功收回前面的下跌大阴线，构成“早晨之星”K 线组合形态，此后股价继续向上攀升。

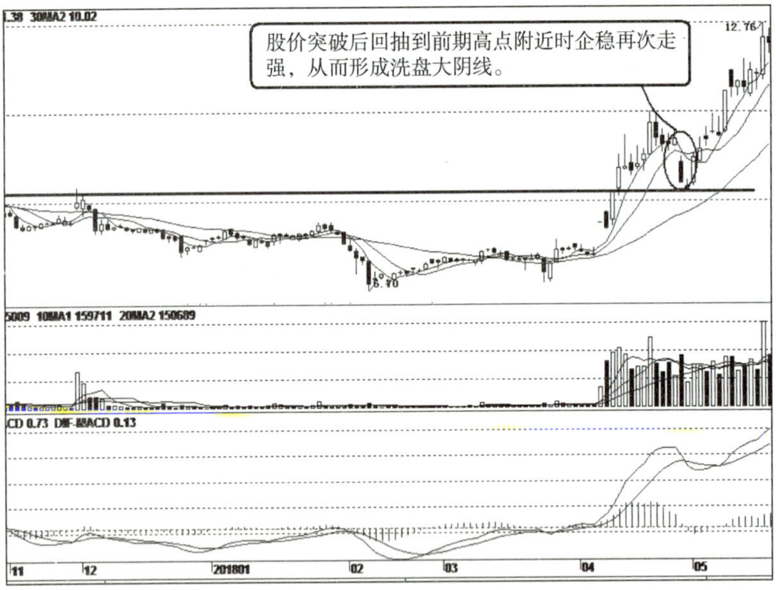


图 3–21 青松股份（300132）日 K 线图

从图中可以看出，这根下跌大阴线就是庄家的洗盘行为所致，也是对股价突破的回抽动作，为什么这样说呢？

一是，该股前期调整充分，股价下跌幅度大，股价企稳后回升的总体升幅不大，此时可以排除庄家出货的可能。

二是，股价向上突破后，没有进行回抽确认，这是一次很好的回抽确认走势。回抽时股价正好落到前期高点附近，这时前期高点由原先的压力作用转化为现在的支撑作用，对股价起到了有力的支撑。

三是，30 日均线保持上行状态，对整体趋势没有造成彻底破坏。

四是，股价洗盘点到为止，次日没有续跌，企稳后继续上攻，重新构成“早晨之星”看涨形态。

因此，可以确定大阴线是庄家洗盘所致。

一般来说，股价上升趋势一旦确立，此后第一次回落到 30 日均线附近时，大多会遇到技术支撑，很少在第一次回调就被有效击穿，这一点投资者在实盘操作中应切记，因此 30 日均线附近是一个绝佳的买入机会。此后随着股价的不断上涨，30 日均线受到 3 次以上考验后，其支撑力度渐渐减弱。如果股价再次回落到 30 日均线附近，那么股价离真正下跌行情也就不远了。

总之，面对庄家各种形式的洗盘方法，投资者应加以区分和辨别。如果能够正确识别庄家的洗盘行为，那么上下打压之时，就是逢低买入与逢高卖出的时机。如果庄家在高位出货，或调有重大利空出货，由于其持有的筹码较多，投资者的卖出动作要比庄家更快，常会使股价形成巨幅波动，多次反弹形成较多的短线机会，投资者可以把握更多的短线机会。虽然投资者害怕被庄家套牢，但庄家更怕被广大的投资者舍弃。

### 4. 低位大阴线

股价经过长期下跌后，庄家为了达到吸货目的，刻意向下打压股价，在底部区域或阶段性底部收出下跌大阴线，以此加强空头气氛，误导散户抛售离场。因此，这时出现的大阴线往往是最后一跌，反映中短期股价跌幅过大，市场过度杀跌，意味着股价下跌或调整即将结束，后市有望止跌回升或形成反转走势，因此投资者应当逢低吸纳，持股待涨。

图 3–22 所示为永和智控（002795）的日 K 线图。股价经过长期下跌调整后，市场处于底部区域，也就是说已经到了跌势的后期，但庄家为了收集低价筹码，还在刻意向下打压股价。2018 年 2 月初，庄家刻意打压股价，一连收出 8 根下跌阴线，其中一根是跌幅超过 9% 的跌停大阴线，盘口杀气腾腾，空头气氛弥漫。经过这一阶段的杀跌后，浮筹得到了较好的释放，庄家成功吸纳了大量低价筹码。经过近 2 个月的震荡筑底后，4 月 27 日开始一连拉出 7 个涨停板。

判断这些大阴线的关键就在于股价所处的位置。当时股价处于长期下跌后的低位，每次下跌都有可能是诱空行为，或是股价惯性下跌所致，因此分析大阴线出现的背景是最重要的。另外，该股的这些大阴线呈缩量态势，此前成交量持续低迷，说明下跌动能渐渐衰竭，属于无量空跌，反映出庄家故意杀跌的意图（其实庄家自己也被套其中）。因此这些大阴线是庄家诱空行为所致，投资者可以逢低积极吸纳。

在实盘操作中，投资者遇到低位大阴线时，应把握以下技术要点。

（1）分析股价所处的位置。通常股价阶段性跌幅超过 50% 时，说明下跌幅度比较大，

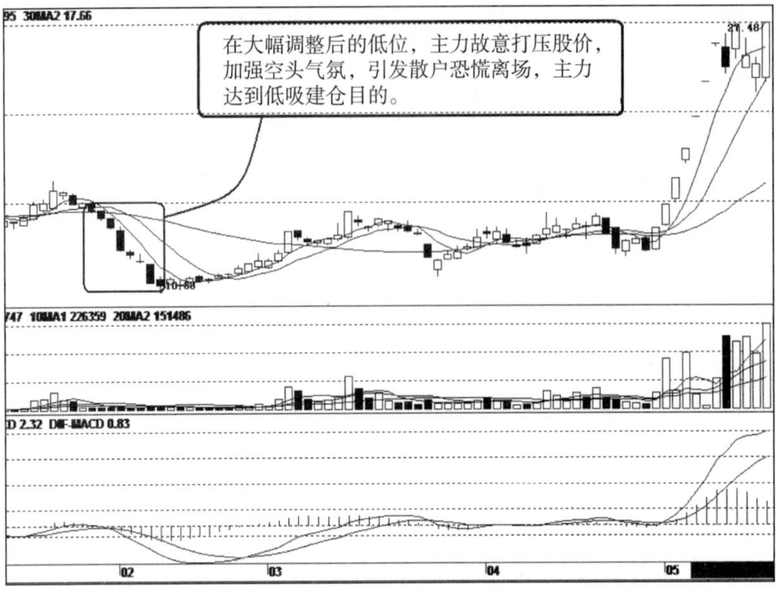


图 3-22 永和智控（002795）日 K 线图

市场有反弹或反转的要求，此时出现大阴线，投资者可以试探性建仓。如果出现明显的止跌信号，可以加仓做多。

（2）在前期下跌过程中成交量持续萎缩，空头能量释放完毕，在大阴线出现当天也没有出现明显的放量现象。

（3）股价止跌后，不见得马上会上涨，因为市场总是下跌容易上涨难，需要更多的时间筑底。遇到这种情况时不要动摇持股信心，只要不出现放量持续下跌，后市股价就会震荡上行。

重点关注“放量”和“持续”两种盘面，这样就可以与庄共舞了。

## 六、突破分析

### 1. 大阴线突破盘区

股价在高位经过长时间的震荡，往往会形成一个盘整区域。大阴线一旦成功向下突破这个盘区，该位置就容易形成阶段性顶部，后市股价可能出现一波持续下跌行情，此时应及时卖出股票。

图 3-23 所示为金桥信息（603918）的日 K 线图。该股见顶后逐波回落，然后在相对低位形成横向偏弱震荡走势，构成一个震荡盘区，均线系统渐渐收窄，成交量持续大幅萎缩，意味着股价到达变盘临界点。2017 年 7 月 17 日和 18 日，连续两根杀跌大阴线向下突破整理平台，均线系统向下发散，这两根大阴线成为突破性标志 K 线，是向下变盘信号，此时投资者不能因为股价跌幅已大而贸然抄底。

震荡盘区是一个下跌中继整理小平台，股价经过一波下跌行情后，多头抵抗性护盘，力求使行情出现奇迹，但终究缺乏市场关注，最终多头不得不放弃护盘，导致股价向下突破，

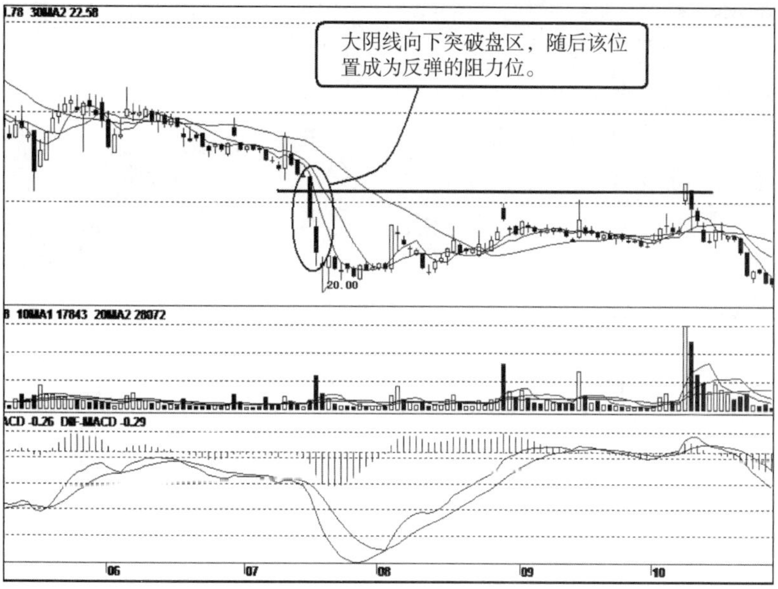


图 3-23 金桥信息（603918）日 K 线图

此后股价渐行渐弱。一般来说，当股价突破某一个重要技术位置以后，这个位置将成为今后较长一段时间的阻力位，后市股价反弹到该位置附近时，大多会遇到阻力继续下跌。

该股向下突破整理小平台后，随后的几次反弹中，在该位置均遭到重大的抛盘压力而再次回落。后面的反弹也是对股价突破整理小平台后的一次回抽确认走势，回抽确认突破有效后，股价继续下跌。前期没有及时出局的投资者，这是一次逢高离场的好机会。

## 2. 大阴线突破成交密集区

股价在某一区域长期震荡或者股票有巨大换手时，会形成一个成交密集区。如果在顶部或下跌趋势中，大阴线向下有效突破该区域，则具有重要的技术分析意义，后市股价大多会出现一波跌势行情，因此投资者应及时退出观望。

图 3-24 所示为金诚信（603979）的日 K 线图。该股反弹结束后，股价回落到前期低点附近（可观察压缩图）横向震荡。在持续时间长达 4 个月的整理过程中，筹码进行了成功的换手，从而形成一个成交密集区。该区域对后市股价起着重要作用，若股价向上突破，则起到强大的支撑作用；相反，若股价向下突破，则起到重大的压力作用。2017 年 9 月 21 日开始，连续三根大阴线向下击穿了成交密集区的支撑，股价最终选择向下突破，随后股价逐渐下跌。

从图中可以看出，在连续大阴线之前的几个交易日里，成交量异常放大，股价却没有上涨，说明有主力在暗中减仓，向下突破蓄谋已久，也反映这里出现了较大的成交密集区。一旦股价选择向下运行，该位置将成为中长期的阻力区域。

图 3-25 所示为先锋电子（002767）的日 K 线图。该股上攻失败后，股价再次回落，在高位形成小双顶形态，成交量大幅放大。之后股价在前期盘区附近企稳盘整，成交量保持较高水平，筹码大量换手，从而形成一个成交密集区。2017 年 4 月中旬，股价持续下跌，向下突破成交密集区的支撑，从而进入中期调整。

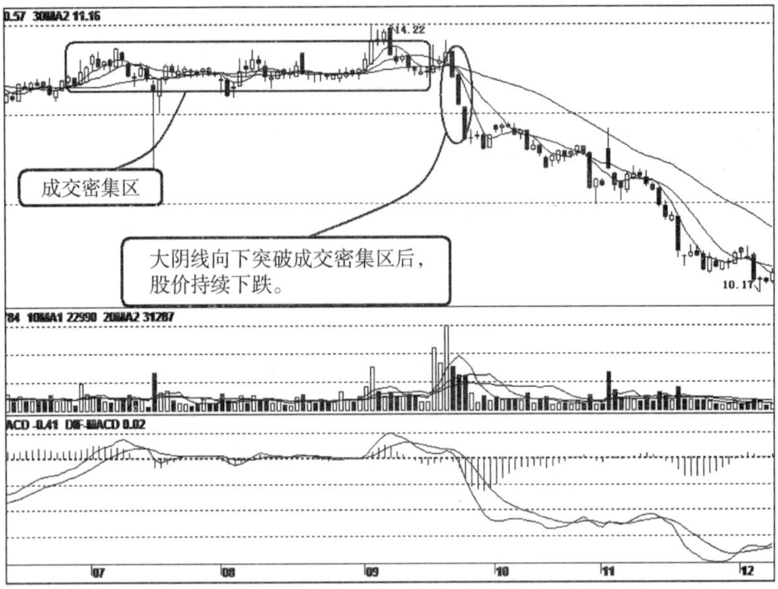


图 3-24 金诚信（603979）日K线图

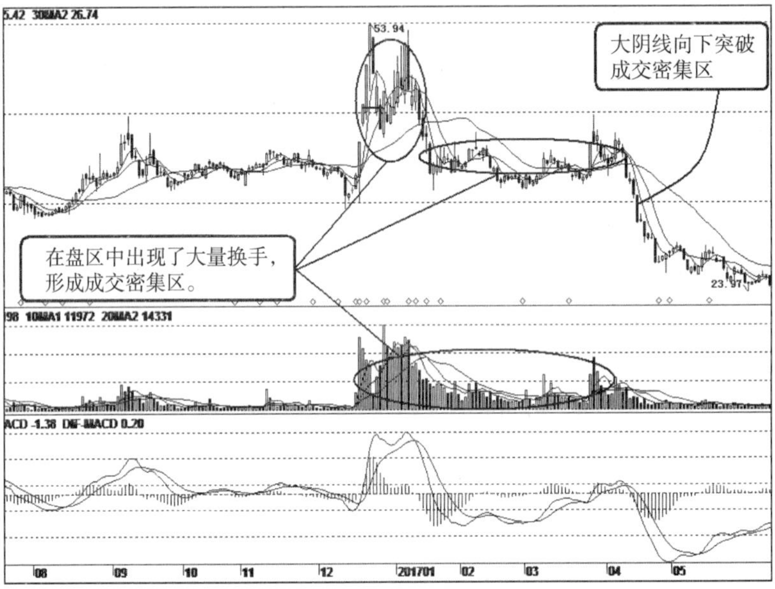


图 3-25 先锋电子（002767）日K线图

### 3. 大阴线突破前期低点

当股价形成一个明显的阶段性低点时，该位置具有一定的技术支撑意义，投资者心里也会产生一定的预期作用。如果大阴线成功向下突破这个低点位置，则具有普遍的看跌意义，说明后市股价下跌空间被打开，新一波跌势开始，投资者应及时退出观望。

图 3-26 所示为横河模具（300539）的日K线图。股价见顶回落后，形成一个明显低点，然后出现反弹。股价反弹结束后，再次回落到这个低点附近时，得到了该低点的支撑出现反弹，从而形成一个疑似W底的形态。但股价受到W底颈线的压力而回落，导致W底形

态构筑失败。当股价第三次回落到前期低点附近时，没有形成明显的支撑，而且击穿了前面两个低点的位置，经过弱势回抽后，股价出现阴跌走势。

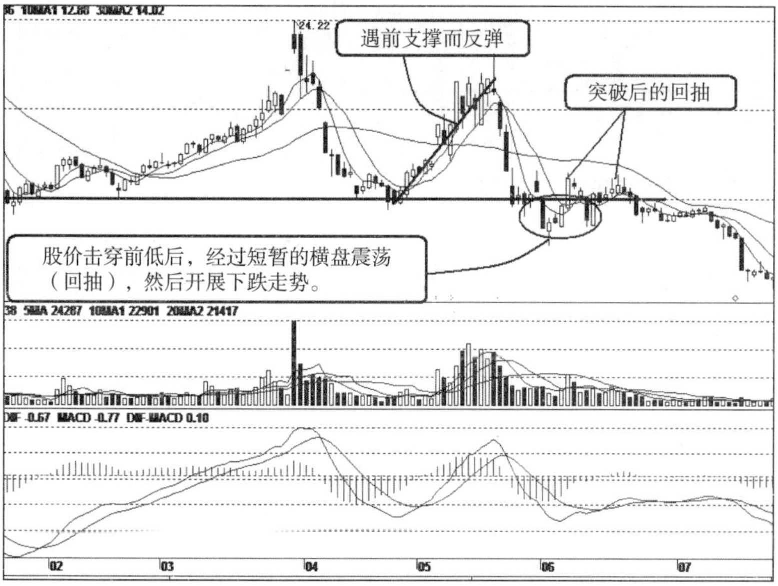


图 3-26 横河模具（300539）日 K 线图

从图中可以看出，前期低点曾经在短期走势中起到一定的支撑作用，股价回调到该位置附近时，均得到支撑而出现一定幅度的反弹，但最终还是支撑不住重大的抛压而出现向下破位走势。这种盘面一旦被有效突破，往往容易演变为单边下跌行情。在实盘操作中遇到这种情形时，应坚决离场，否则损失更大。

## 4. 大阴线突破均线

均线是反映股价运行趋势的一种技术分析方法，当大阴线由上向下突破均线时，股价由均线上方转到均线下方，预示股价涨势将要结束，后市将出现下跌行情，因此是一个看跌信号。大阴线突破均线通常有三种盘面现象：一是出现在上涨趋势后期，大阴线向下突破上行的均线；二是出现在下跌趋势途中，股价反弹结束后，大阴线向下突破下行的均线；三是出现在横盘整理过程中，大阴线向下突破水平移动的均线。根据均线周期长短，分为大阴线突破短期均线、中期均线和长期均线三种类型，在此笔者仅就大阴线突破 30 日均线为例进行分析。对于其他类型的突破走势，投资者可以根据该思路进行研判总结。

图 3-27 所示为山东赫达（002810）的日 K 线图。股价反弹结束后，大阴线向下突破上行的均线。股价经过一轮快速下跌后企稳回升，形成一个小的上升通道，短期均线与 30 日均线形成金叉，30 日均线缓缓上行，对股价起到支撑作用。可是，2017 年 3 月 29 日一根下跌大阴线向下击穿了 30 日均线的支撑，刚刚形成的反弹趋势被这根大阴线破坏。第二天股价延续跌势，低开低走，再次收出下跌阴线，从而验证了前一天大阴线向下突破的有效性。此后股价开始了中期调整走势。

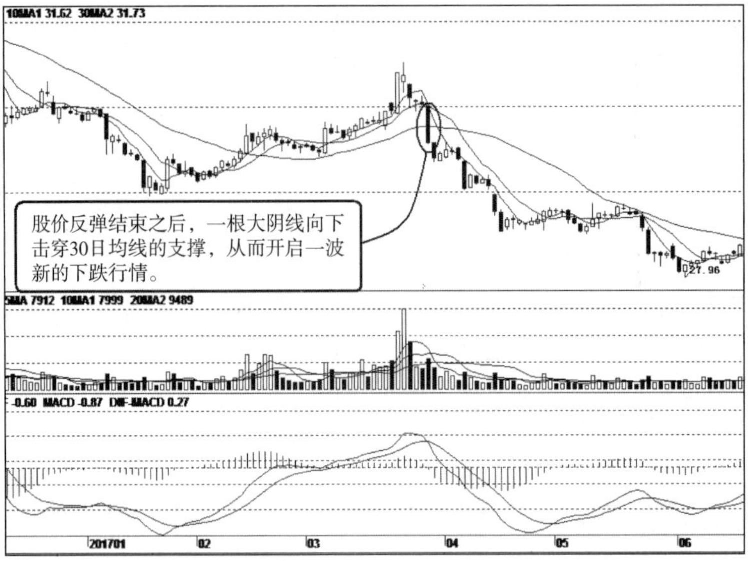


图 3-27　山东赫达（002810）日 K 线图

该股在大阴线突破之前，总体处于下跌趋势。在突破前的反弹过程中，反弹力度偏弱，入场资金不明显。加之市场处于下跌弱势中，均线附近的支撑力度不强，因而轻而易举地被击穿。大阴线突破后的第二天，股价继续弱势下跌，说明突破下跌力度比较强，空头气势强盛，做空信号非常强烈。

### 5. 大阴线突破技术形态

在股价长期运行过程中，可能会形成某些技术形态，如常见的双重底（顶）、头肩形、圆弧形、三角形、楔形或旗形等。大阴线一旦成功突破这些技术形态，说明技术形态构筑成功，股价将沿着突破方向继续运行，达到“最小量度”跌幅，是卖出信号。

图 3-28 所示为重庆燃气（600917）的日 K 线图。该股经过一轮大幅下跌后企稳反弹，当股价有了一定的反弹幅度时，遇到强大的抛盘压力，股价回落整理，调整结束后股价再次上攻。当股价接近前期高点时，股价无力突破前期高点，再次遇阻回落到前期低点附近，在 K 线图上形成双重顶形态。股价在前期低点经过两个交易日的徘徊后，2018 年 1 月 7 日，一根大阴线向下突破了双重顶颈线位的支撑，1 月 24 日回抽确认突破有效，随后股价快速下跌。

该股的这根大阴线是标志性的突破信号，一个典型的双重顶形态由此产生。股价在第二次上升时无法超越上次高点，市场投资者信心受到打击，在低位获利盘与高位套牢盘的双重压力下，盘中筹码大量抛售，股价快速回落并击穿前期调整低点，双重顶形态正式确立。此后股价将继续向下运行，达到“最小量度”跌幅，但实际跌幅常常大于量度跌幅。

投资者遇到这种形态时，应及时离场观望，通常有三个比较好的卖出点。

卖点一：在第二次上升不能突破前期高点时离场。

卖点二：股价由高点回落并突破颈线支撑位时离场。

卖点三：股价回抽确认突破有效时为最后的逃命时机。

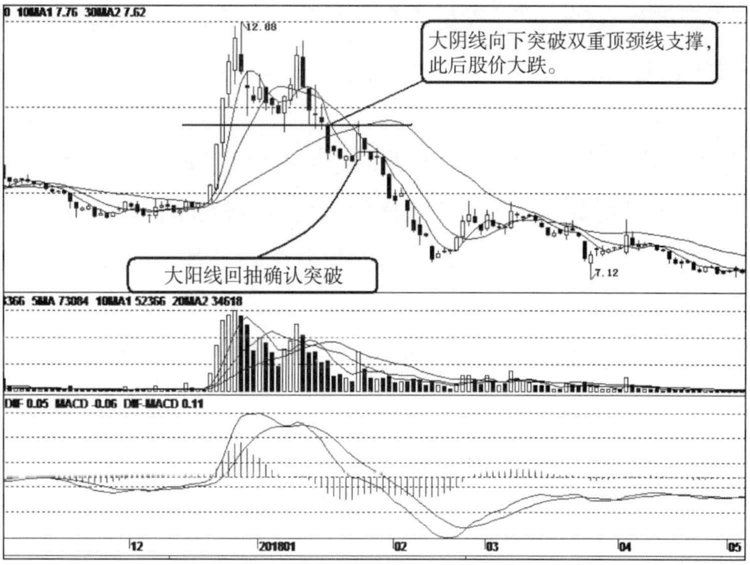


图 3-28　重庆燃气（600917）日 K 线图

## 6. 大阴线突破趋势线

将两个以上的明显低点连成直线，且这条直线是向上倾斜的，就形成一条上升趋势线，上升趋势线对股价下跌起到一定的支撑作用。如果大阴线向下突破这条趋势线的支撑，预示后市股价将转升为跌，是一个卖出信号。

图 3-29 所示为东晶电子（002199）的日 K 线图。该股在上涨过程中形成一条上升趋势线，这条趋势线对股价回调起到较大的支撑作用。2017 年 4 月 24 日，一根光头光脚大阴线向下有效突破上升趋势线的支撑。另外，这根大阴线还击穿了上升趋势线的最后一个回调低点，从趋势上讲具有转势意义，因此看跌气势更加强烈，此后股价开始了中期调整走势。

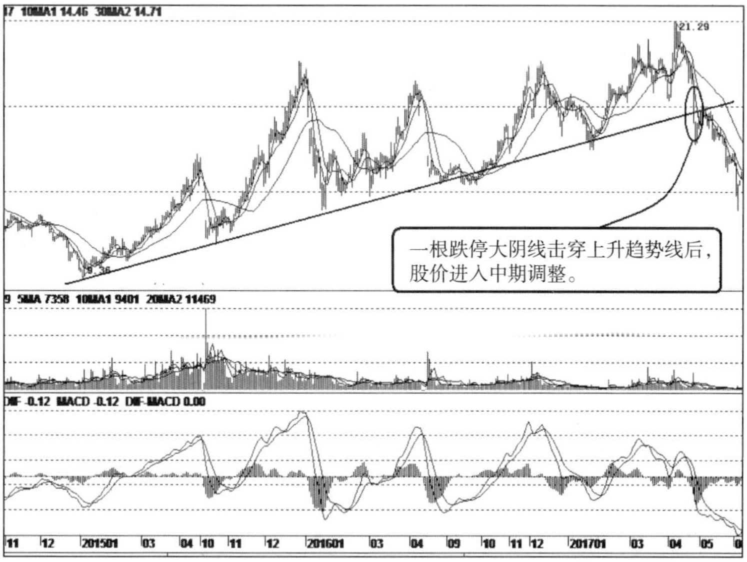


图 3-29　东晶电子（002199）日 K 线图

在实盘操作中，遇到大阴线向下突破上升趋势线时，应注意以下盘面现象。

（1）上升趋势线的时间跨度越长，被突破的意义就越大，突破也越可靠，此后下跌的空间也就越大。

（2）股价上涨幅度越大，突破后的下跌幅度也越大；股价上涨幅度过小，则突破很可能是假突破，或者仅仅是短期回调走势，之后股价仍将继续上涨。

（3）把握突破的“三三法则”，即大阴线向下突破上升趋势线的幅度超过 3%，收盘价连续 3 天收于趋势线之下。

一般而言，收盘价突破趋势线是有效突破。上升趋势线也称支撑线，如果股价曾经回探支撑线，但收盘价仍然高于支撑线，说明曾经有过打压动作，但是抛盘不大，股价终于在收盘时回升，这样的突破就是假突破，说明支撑线仍然有效，市场强势现象依然未改。同样，对下降趋势线即反压线的突破，应看收盘价是否突破趋势线。实盘操作中经常会看到，趋势线突破之后，股价又回到原来的位置附近，这种情况就不是有效突破，往往是市场中的陷阱。

在实盘操作中，突破趋势线对选择买入、卖出时机具有重要的分析意义。即使是庄家，往往也会根据趋势线的变化采取相应的操盘策略。因此，搞清趋势线是有效突破还是非有效突破，对于投资者至关重要，判断失误就意味着操作失误。

为了避免操作失误，下面总结几条判断趋势线真假突破的原则，供大家参考。

（1）发现突破后，多观察一天。如果突破后连续两天股价继续朝突破的方向发展，这样的突破就是有效突破，是稳妥的买卖时机。当然两天后才买卖，股价已经有了较大变化，该买的股价高了，该抛的股价低了。但是即便如此，由于方向明确，大势已定，投资者仍会大有作为，比贸然操作要好得多。

（2）注意突破后两天的高低价。如果某一天的收盘价突破下降趋势线（阻力线）向上发展，第二天的交易价能跨越其最高价，说明突破阻力线后有大量买盘跟进。相反，股价在跌破上升趋势线（支撑线）向下运动时，若第二天的交易价是在它的最低价下面运行，说明向下突破趋势线后抛盘压力很大，应及时做空。

（3）参考成交量。通常成交量是可以衡量市场气氛的，例如，在市场大幅度上升的同时，成交量也大幅度增加，说明市场对股价的移动方向有信心。相反，虽然市场飙升，但成交量不增反减，说明跟进的人不多，市场对移动的方向有怀疑。与突破趋势线同理，当股价突破阻力线后，成交量如果随之上升或保持平时的水平，说明突破之后跟进的人很多，市场对股价运动方向有信心，投资者可以跟进，博取利润。如果突破阻力线之后成交量不升反降，那就应当小心，防止突破之后又回到原位。事实上，有些突破的假信号可能是一些大户行为所致，市场投资者并没有很多人跟随。假突破不能改变整个趋势，如果相信这样的突破，可能会上当。

（4）在研究趋势线突破时，应当明白突破一种趋势后，未必立即产生一个相反方向的新趋势，有时候由于上升或下降太急，市场需要稍做调整，做上下侧向运动。如果上下的幅度很窄，就形成牛皮盘整状态。侧向运动会持续一段时间，比如几天或几周才结束，在技术上称为消化阶段或巩固阶段。侧向运动会形成一些复杂的图形，结束后的方向是一个比较复杂的问题。有时投资者对于股价来回窄幅运动会有迷失方向之感。其实，既然侧向运动是消化阶段或巩固阶段，就意味着上升过程有较大的压力，下跌过程有买盘的支撑，买家和卖家互不相让，你买上去，他抛下来。

在一个突破阻力线上升的过程中，侧向运动是一个打底的过程，其侧向度越大，甩掉牛皮状态上升的力量也越大。另外，上升中的牛皮状态会形成一个成交密集区，该区域也会对股价形成支撑。同理，在上升过程结束后，股价向下滑落也会出现侧向运动，此时形成的成交密集区往往是今后股价反弹上升的阻力区，没有足够的能量，市场难以突破成交密集区或改变下跌方向。

# 第三节　锤头线

## 一、形成过程

简评：锤头线为次要的单日底部反转征兆，宜进一步确认形态的有效性。

特征：锤头线的下影线很长（锤柄），K 线实体却很短（锤头），呈锤子状，故称锤头线。锤头线指股价持续下跌一段时间后，在底部出现一根带长下影线的小实体 K 线。标准的锤头线其下影线长度至少是实体部分的 2 倍，没有上影线或上影线极短。锤头线如图 3–30 所示。

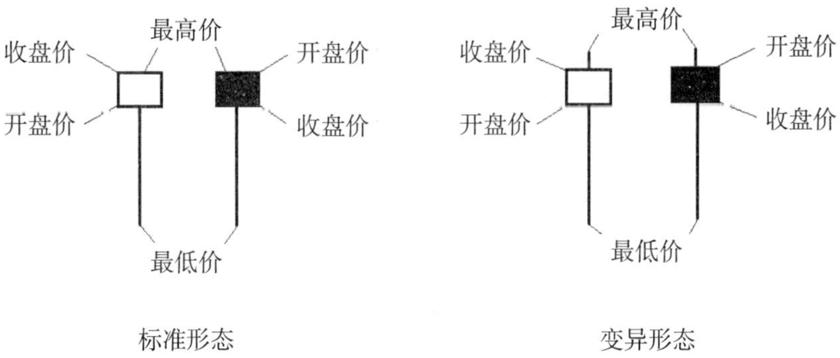


图 3–30　锤头线示意图

在市场阶段性底部，经常会出现股价快速下跌的现象，创出一段时间以来的新低。此时空方能量消耗殆尽，主动性买盘开始逢低进入，低价位斩仓割肉者越来越少，从而导致多空力量的平衡点不断转向多方，最终当天收盘价高于当天开盘价或略低于当天开盘价而形成“锤头”，显示价格已不能继续下跌。锤头线形成过程如图 3–31 所示。

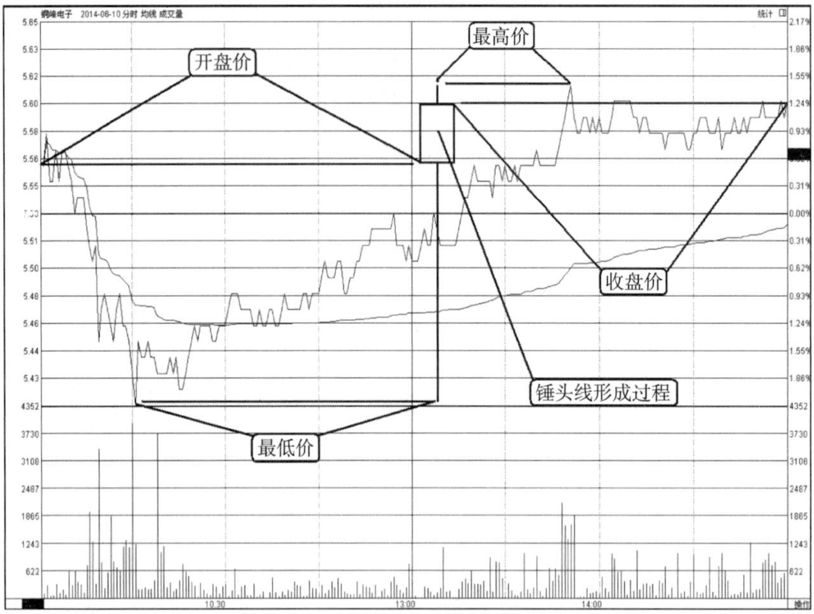


图 3–31　锤头线形成过程

锤头线是见底信号，可以适时买进做多。通常股价下跌时间越长，幅度越大，锤头线的止跌作用越明显。锤头线有阳锤头与阴锤头之分，其意义基本相同，但一般来说，阳锤头上攻力度大于阴锤头。

需要注意的是，如果锤头线出现在大幅上涨后的高位，则属于看空信号，称为“吊颈线”。

一般而言，锤头线出现之前应有一段下跌过程，哪怕只是较小的下降趋势，也能认定为市场正在夯实底部。锤头线出现时，一定要等待其他验证信号的证实，这是锤头线运用中的一条普遍原则。在出现锤头线之后，如果市场形成一根上涨阳线，并且得到成交量的积极配合，收盘价高于锤头线的收盘价，那么可以看作锤头线成立的一个佐证。通常次日阳线实体越长，锤头线的可靠性越大。锤头线实体与次日开盘价之间如果出现向上跳空缺口，其跳空缺口越大，锤头线越有可能构成市场底部。

## 二、市场含义

出现锤头线通常代表着价格触底反弹。市场经过一段时间的下跌之后，处于看跌行情中，这时的市场依旧以空方为主。出现锤头线当天，股价先下跌，尾盘时多方力量开始强势反击，股价会涨到价格波动幅度的上限，这时便产生了一个有较长下影线和实体较小的 K 线，表明多方取代空方占据了市场优势。投资者可以根据第二个交易日价格的波动情况对锤头线形状进行判断，如果仍旧是上涨趋势的话，说明市场上多方已经占据了主导地位，价格触底反弹的可能性非常高，是做多信号。

图 3–32 所示为国盛金控（002670）的日 K 线图。该股反弹结束后，股价再次回落到前期低点附近。2019 年 1 月 31 日，开盘后股价大幅砸低。由于抄底资金介入，股价渐渐回升，

当日收出一根下影线较长的 K 线，形成底部锤头线。在低位附近出现这样的锤头线，通常是一个见底信号，表明空方的抛售力度渐渐转轻，做空动能渐渐衰竭，空方失去对盘面的控制，多方在此积聚了大量做多能量，随后形成有力的反弹回升行情。

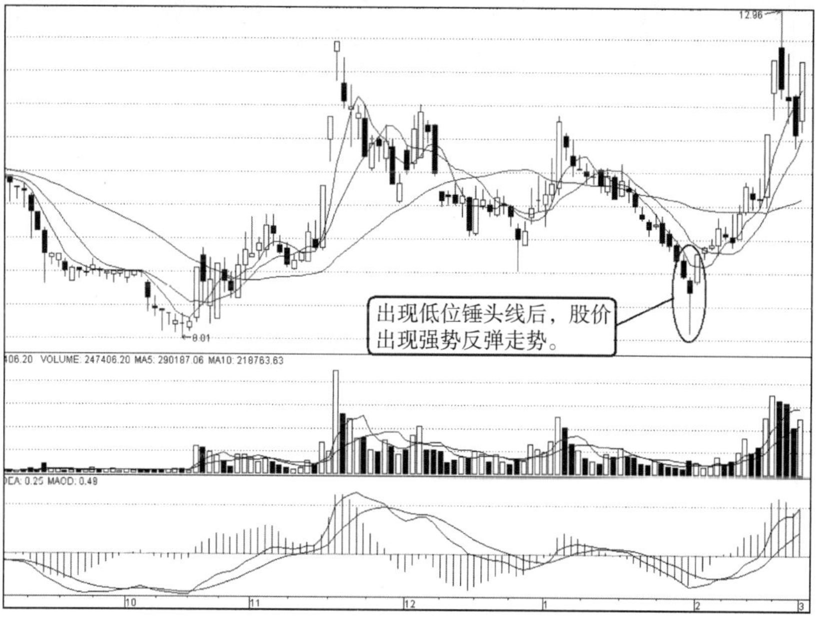


图 3–32　国盛金控（002670）日 K 线图

出现这类 K 线形态与股价位置有关，如果锤头线出现在顶部区域，则是吊颈线形态，一般认为是潜在的转势 K 线，是股价下跌的先兆，表明多方买盘力量渐渐减弱，做多热情开始动摇，做空能量悄然形成。一旦空头市场确立，其杀伤力往往是惊人的，是做空信号。

## 三、应用法则

（1）短小的 K 线实体必须处于下跌趋势的最下端。

（2）K 线实体部分可以是阴线或阳线，其意义基本相同。

（3）锤头线的实体部分较短，下影线很长，没有上影线或上影线很短。

（4）下影线的长度至少为 K 线实体长度的 2 倍以上。

（5）实体为阳线的锤头线，其看涨意义更可信。

（6）一般会伴随着底部放量，放量越明显，信号越强烈。

图 3–33 所示为方直科技（300235）的日 K 线图。该股在 2018 年 2 月 9 日出现了锤头线形态，完全符合上述应用法则。锤头线出现之前股价有过一段下跌过程，K 线实体部分较短，下影线很长，上影线很短，下影线的长度是实体长度的 2 倍以上。随后股价渐渐向上攀升，成交量开始温和放大，说明形态的可信度较高，之后股价很快出现上升行情。

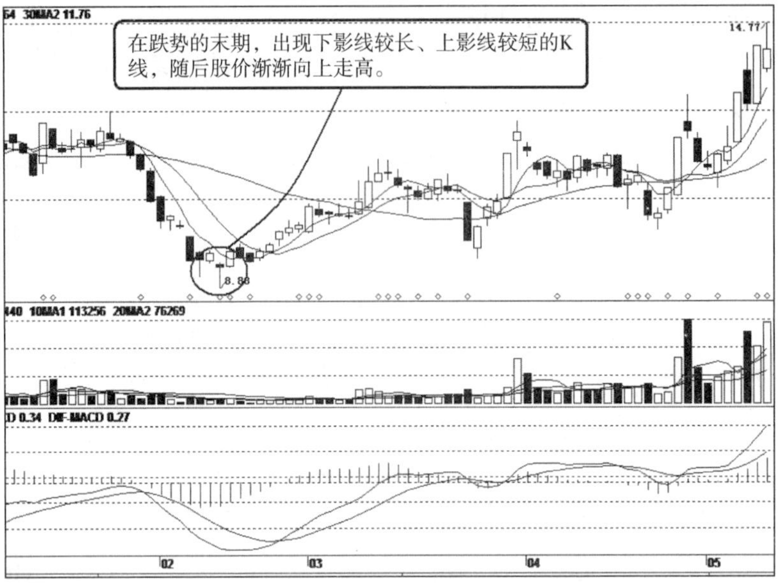


图 3-33　方直科技（300235）日 K 线图

## 四、分析要点

锤头线可以出现在底部，也可以出现在涨势途中。出现在下跌趋势的低位，属于底部单日反转形态，具有看涨意义。出现在上涨途中，属于途中洗盘整理形态，后市可能会加速上涨。

（1）锤头线意味着多空力量出现微妙变化，多方能量日趋增加，下跌势头随时有可能逆转。一般来说，股价趋势持续时间越长，越容易反转。也就是说，跌势越久，跌幅越大，在低位收出锤头线见底机会越高，可以逢低买入。

（2）底部出现锤头线，表示股价“探底”成功。判断锤头线的利好效力，最重要的是看下影线，下影线长度至少应为实体长度的 2 倍。下影线越长，实体和上影线越短，止跌效果越明显。

（3）锤头线的实体颜色不太重要，但阳线锤头更具看涨意义。

（4）低位出现锤头线后，在股价回升时成交量大增，更能反映买盘积极吸纳，见底上涨机会更大，应做好买入准备。

（5）出现锤头线时，暗示多方已发起攻势，将股价上推，但往往因为市场积弱多时，仍会遭到空方顽强抵抗，力压股价，令股价回落，再次测试锤头线的低点。只要此低点不破，底部将更加坚固，后市走势看好。

（6）在出现锤头线的第二天，开盘价与锤头线实体之间的向上缺口越大，反映低位接盘越多，形态见底的爆发力越强。

（7）锤头线形态出现后的第二根 K 线一般为阳线，阳线长度越长，新一轮涨势启动的可能性越大。如果锤头线的第二天收出阴线，其阴线长度越长，跌幅越大，则锤头线的看多意义越差，锤头线越有可能成为失败形态，出现新一轮跌势的可能性越大。

## 五、实盘技巧

底部出现锤头线是股价见底信号，对短线激进者来说是抢先一步买入的好时机，稳健者可等待量价齐升时介入。但要记住，并不是锤头线出现后股价一定会见底回升，贸然介入风险较大。正确的操作方法是实时跟踪，观察后续走势，确认是否为见底信号。重点关注以下几种盘面现象。

（1）出现锤头线后的第二天股价跳空高开，这时可以建仓。锤头线本身就是见底信号，第二天高开证明了庄家决心做多。对于这样的股票，投资者可以积极跟进。

图 3-34 所示为 *ST 大洲 A（000571）的日 K 线图。股价反弹结束后再次向下调整，一根大阴线造成了破位走势。2018 年 3 月 26 日平开后，在庄家的打压下股价快速下跌，并创出调整新低。连续的下跌使空方能量得到较好的释放，给多方带来了较好的反击机会。在买盘的推动下股价渐渐爬高，以当天最高价收盘，从而形成一根低位锤头线。第二天股价小幅高开高走强势收涨，第三天大阳线向上拉起，验证了锤头线的有效性，此后股价不断攀升。

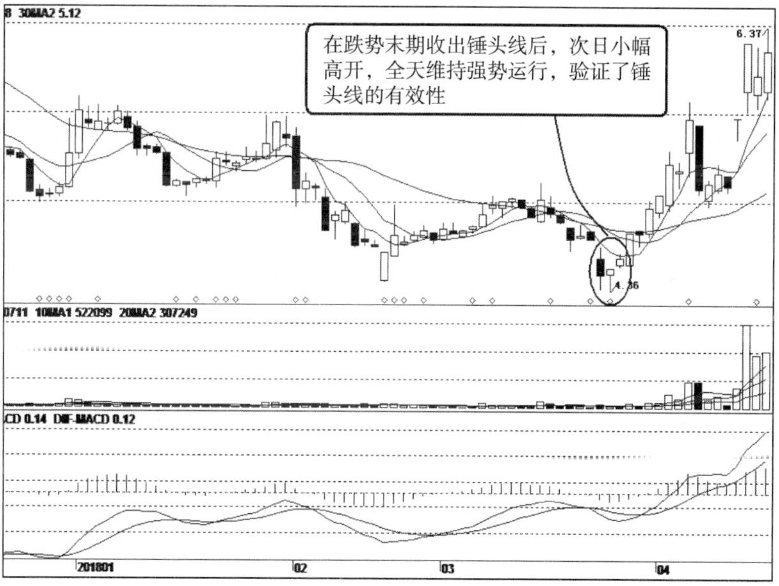


图 3-34　*ST 大洲 A（000571）日 K 线图

（2）锤头线出现后，如果得到双重底形态的呼应，锤头线的可靠性将大大提高，此时可以积极做多。

图 3-35 所示为好太太（603848）的日 K 线图。经过一段时间的下跌调整后，股价初步企稳回升。庄家为了进一步夯实底部根基，再次下探前低，寻求支撑。2018 年 3 月 26 日二次探底，在前期低点附近得到了较强的技术支撑后再度回升，从而形成一根锤头线。这根锤头线与前期低点构成了疑似双重底形态，这样锤头线的可靠性大大提高，说明股价下跌空间不大。随后股价渐渐回升，成功突破双重底的颈线压力。锤头线与双重底遥相呼应，

此时投资者可以考虑低吸，之后股价稳步向上走高。

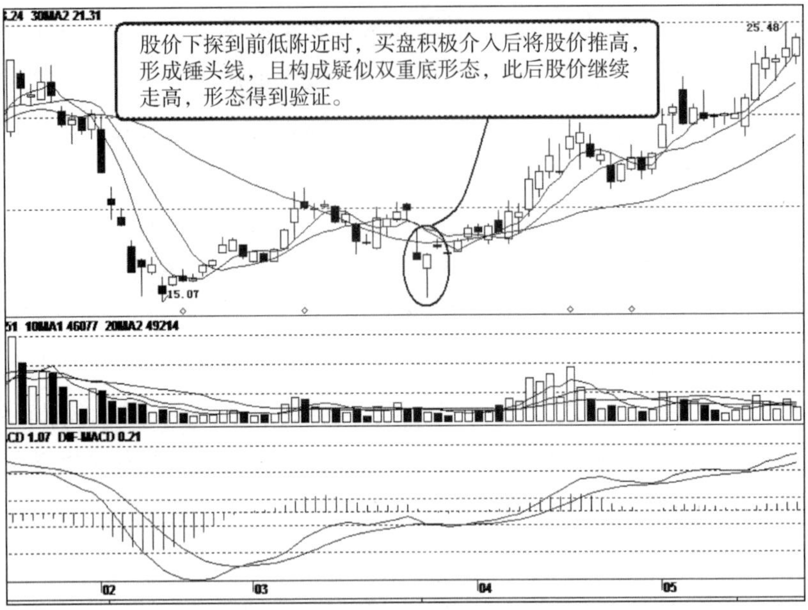


图 3-35　好太太（603848）日 K 线图

（3）锤头线要结合股价所处的位置进行分析。一般经过大幅下跌之后，出现一根带长下影线的实体小 K 线，其下影线越长，股价企稳回升的概率越大。大家选股的时候可以寻找经过下跌之后出现的锤头线形态，但也不是每次出现锤头线都会上涨，要看形态出现的位置。如果处在下跌初期，多头虽然也有反击，但这时候形成的长下影 K 线只能当作反抽行为看待，不能作为买入信号。

图 3-36 所示为江泉实业（600212）的日 K 线图。股价快速下跌后，引来快速反弹，形成一根下影线较长的锤头线形态。通过这根锤头线可以获得三个市场信息：一是锤头线出现在大幅下跌后的低位，股价继续下跌的空间不大；二是锤头线的下影线较长，通常下影线越长，股价回升的力度越大；三是锤头线出现之后，次日没有继续下跌，形态的有效性得以强化。据此可以判断这是一根底部锤头线，其看涨的含金量较高。次日股价止跌回升，收出一根上涨阳线，验证了锤头线的看涨信号。

（4）在判断锤头线时，如果结合均线系统进行分析，其准确率将会大大提高。其分析要点如下。

一是，均线处于多头排列时，锤头线的看涨信号更加可靠，其后的股价上升空间也较大。

二是，锤头线受到重要均线（如 30 日均线）或上升趋势线的支撑时，其可信度更高。

三是，均线处于空头排列时，锤头线的看涨信号要打折扣，股价的反弹空间也会被均线压制。

图 3-37 所示为中科曙光（603019）的日 K 线图。该股见底后进入上升通道，均线系

统呈多头排列，庄家采用边拉边洗的方式不断将股价推高。2017 年 10 月 31 日，在股价下探到 30 日均线附近时，得到 30 日均线的有力支撑而回升，次日再次出现大阳线上攻形态。这种形态的可信度非常高，这根锤头线出现在多头排列的均线系统之上，股价下探到 30 日均线下方时，受到了较强的技术支撑，吸引了买盘的积极介入。

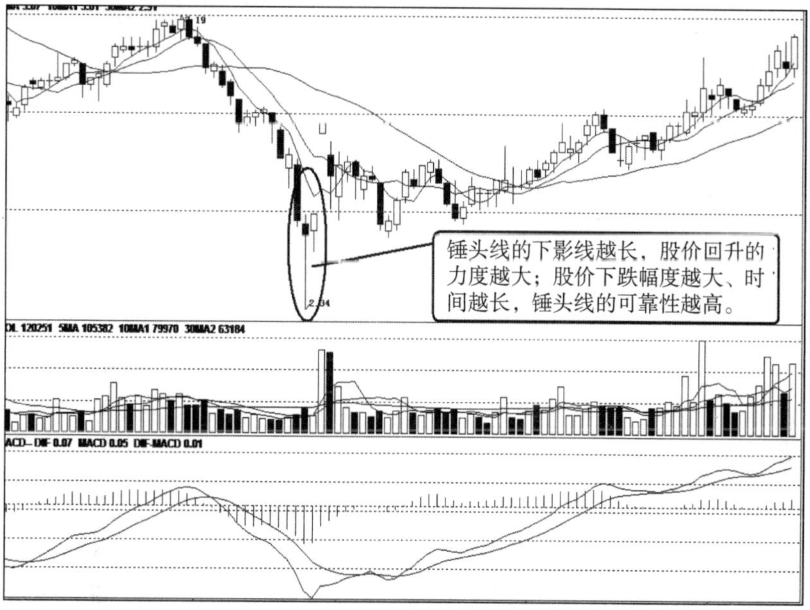


图 3-36　江泉实业（600212）日 K 线图

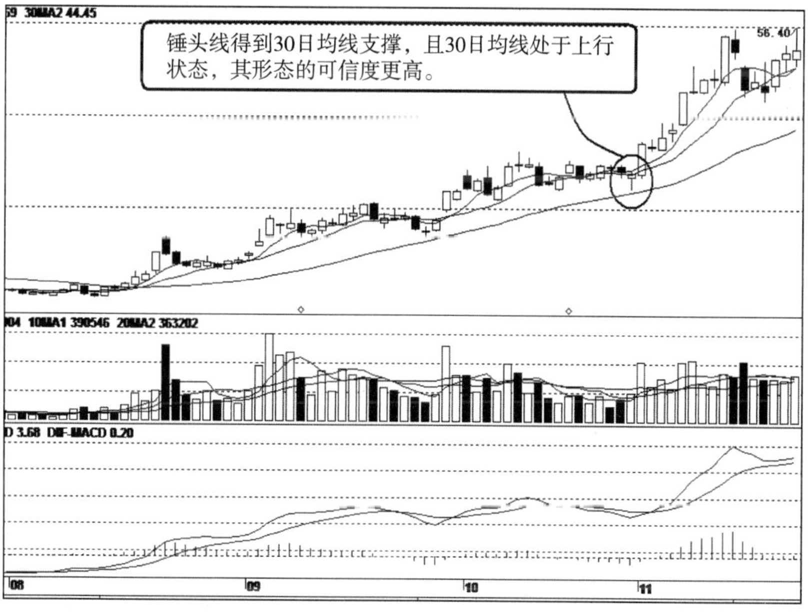


图 3-37　中科曙光（603019）日 K 线图

注意：锤头线得到有效确认后，有些个股的走势表现较强，有些个股的涨升空间则比较有限。

# 第四节　吊颈线

## 一、形成过程

简评：次要的单日顶部反转征兆，宜进一步确认形态的有效性。

特征：吊颈线也称上吊线，形态与锤头线相同，只不过两者出现的位置不同。锤头线出现在跌势行情的底部，吊颈线出现在涨势行情的顶部。股价经过一轮持续涨升行情后，在高位出现一根带长下影线的小实体 K 线，称为吊颈线。在市场阶段性顶部，股价经过快速上涨后创出一段时间以来的新高，多方能量消耗过大，主动性获利抛盘悄然形成。在高位介入者越来越少，从而导致多空力量平衡向空方转移。但市场并没有完全失去做多动力，低挡买盘介入又使得股价再度攀升，最终当天收盘价略高于或低于当天的开盘价，从而形成吊颈线。吊颈线显示价格已不能继续上涨，因此是见顶信号，应当及时卖出。吊颈线的示意图与图 3–30 的锤头线相同。

吊颈线的形成过程是：股价开盘后向下大幅下挫，下挫之后又被大幅拉起，最终收出一根长长的下影线。标准的吊颈线不带上影线或上影线很短，其下影线长度至少是实体长度的 2 倍以上。吊颈有阳线吊颈与阴线吊颈之分，其技术含义相同，但阴线吊颈在散户心理上更具看跌作用。

注意：当出现吊颈线时，一定要等待其他看跌信号的证实，这是运用吊颈线的一条普遍原则。如果吊颈线次日开盘价低开，甚至形成向下跳空缺口，那么缺口越大，吊颈线越有可能构成市场顶部。如果在吊颈线之后形成一根阴线，并且它的收盘价低于吊颈线的收盘价，也可以看作吊颈线成立的一个佐证。

## 二、市场含义

吊颈线出现在市场已经上涨了一段时间之后，多方力量在持续的上涨中消耗殆尽，空头力量随着股价的上涨渐渐聚集。出现吊颈线时，表明空方力量已经聚集到一定的规模，使得股价在短时间内出现大跌，虽然多头最终把股价拉了上来，但市场中的多空力量对比已经发生变化，空方开始给多方造成压力，因此吊颈线是一个做空信号。

图 3–38 所示为深天地 A（000023）的日 K 线图。从 2019 年 2 月 20 日开始股价连拉 3 个涨停后，在高位收出一根下影线较长的 K 线，构成吊颈线形态。收出吊颈线说明多空双方意见出现分歧，预示股价将要调整，这是一个较好的短线卖出信号。

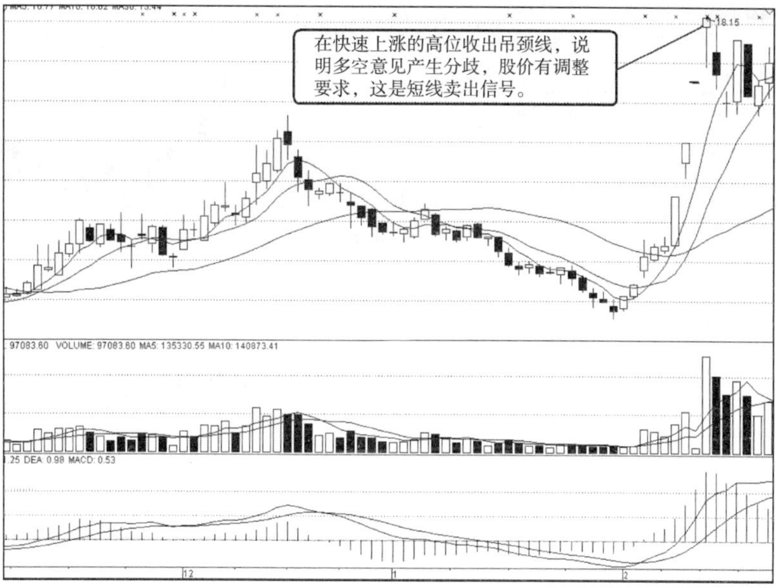


图 3-38　深天地 A（000023）日 K 线图

## 三、应用法则

（1）短小的 K 线实体必须处于市场的最上端。

（2）K 线实体部分可以是阴线，也可以是阳线，其意义基本相同。

（3）吊颈线的实体部分较短，下影线很长，上影线很短或没有。

（4）下影线长度至少应为 K 线实体长度的 2 倍以上。

（5）实体为阴线的吊颈线，其看跌意义更加突出。

图 3-39 所示为国瓷材料（300285）的日 K 线图。该股经过充分的下跌调整后，在底部企稳震荡，庄家在底部吸纳了大量低价筹码，随后出现一波井喷式暴涨行情。2018 年 4 月 10 日，股价以涨停价开盘，由于获利盘的抛压，庄家无法扛单封盘，从而导致股价快速向下滑落，盘中一度下跌 4 个多点。随后多方奋力抵抗，股价重新被拉起，但无法再次封盘。当天收出一根下影线较长、实体较短的 K 线，这就形成了吊颈线形态，从此股价开始了下跌调整走势。

## 四、分析要点

（1）出现吊颈线表明顶部已经或即将到来，是强烈的卖出信号。股价上涨趋势持续时间越长，越容易被确认为反转。也就是说，股价涨势越久，涨幅越大，在高位出现吊颈线后见顶机会越高，一旦确认应及时卖出。

（2）判断吊颈线的利空效力，最重要的是看下影线，下影线长度至少是实体长度的 2 倍以上。下影线越长，实体及上影线越短，其见顶效果越明显。长长的下影线揭示高位筹码开始松动，先知先觉者已获利了结。

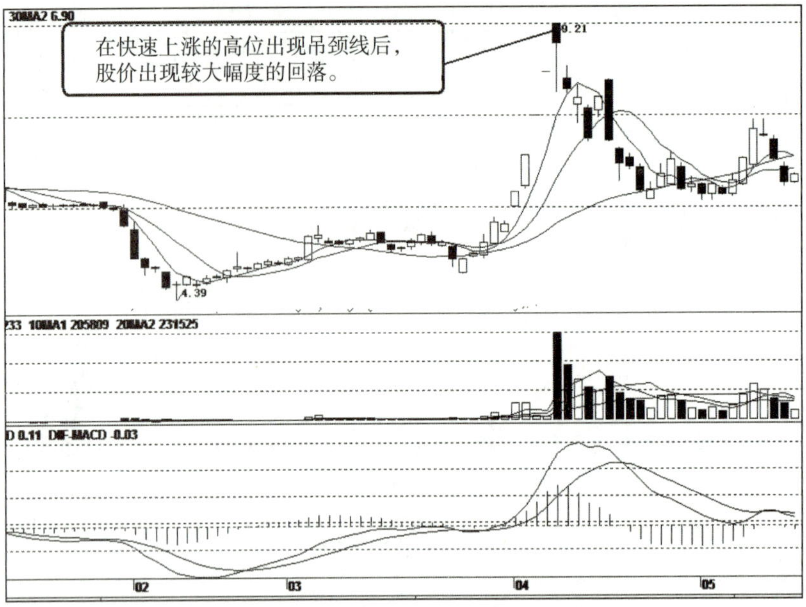


图 3-39 国瓷材料（300285）日 K 线图

（3）吊颈线的实体颜色不太重要，但阴吊颈线显示股价见顶概率更大，在散户心理上也更具有看跌作用。

（4）吊颈线实体部分与前一根 K 线形成跳空高开缺口，代表追高一族成本高于前一天，多为散户行为。

（5）股价在高位出现吊颈线，虽然对成交量大小没有太严格的要求，但若当天放出巨量，可以增加见顶的可能性，反映市场放量下跌。

（6）出现吊颈线，暗示空方已发力向下打压股价，但往往因市场多头未退，仍会遭到多方防守反击，竭力将股价推高，令股价再次上升以测试吊颈线的高点。只要此后股价没有突破此高点，后市跌势更可确定。

（7）出现吊颈线的第二天，开盘价与吊颈线实体之间的向下距离越大，反映高位被套牢的筹码越多，形态见顶的杀伤力越强，应及时离场观望。

（8）出现吊颈线形态后的第二根 K 线一般为阴线，阴线长度越长，新一轮跌势开始的可能性越大。如果吊颈线的第二天收出阳线，其阳线长度越长，涨幅越大，则吊颈线的看跌意义越差，吊颈线越有可能成为失败形态，出现新一轮涨势的可能性越大。

## 五、实盘技巧

“吊颈”是个很不吉利的词语，听起来令人毛骨悚然，意味着股价已涨到尽头，警示人们远离市场，回避风险。在实盘中应重点关注以下几种盘面现象。

（1）出现吊颈线的第二天，如果股价跳空低开低走，说明高位抛压日趋增大，后市股价必有一跌，投资者应果断离场。

图 3-40 所示为博汇纸业（600966）的日 K 线图。股价经过持续上涨后，盘中堆积了

大量获利筹码。2017 年 10 月 9 日在高位收出一根吊颈线，显示市场顶部即将到来。第二天，股价继续低开低走收出大阴线，验证了吊颈线见顶信号的有效性，市场顶部确立。第三天再次收出大阴线，上方压力继续加重，此后股价进入中期调整走势。

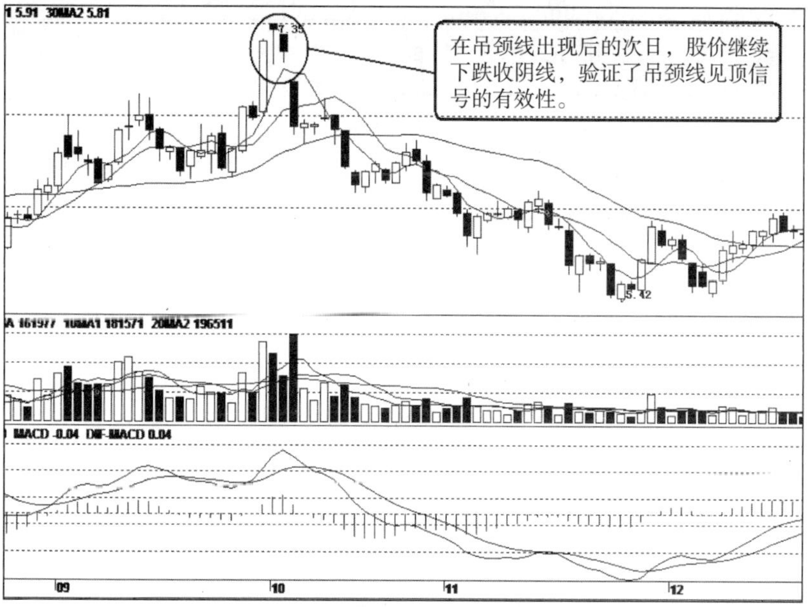


图 3–40　博汇纸业（600966）日 K 线图

（2）在下跌过程中出现吊颈线，说明股价反弹或回抽已经结束，此时也是一个较好的卖出机会。当日盘中反弹结束，比日线中的单日反弹时间更短，庄家做空意图非常坚决且紧迫，或者股价在反弹时遇到阻力，无法有效突破，在阻力位附近收出吊颈线，那么后市仍有一跌。

图 3–41 所示为百合花（603823）的日 K 线图。股价见顶后持续回落，一举向下突破 30 日均线的支撑。受惯性思维影响，2017 年 11 月 20 日开盘后股价快速下跌，击穿前低支撑。庄家在盘中展开护盘动作，使股价重新回升，从而收出一根吊颈线。由于做空力量强大，庄家只能在当日快速完成日内反弹，并对 30 日均线突破后的回抽进行确认，然后股价继续缩量下跌。

（3）吊颈线形态必须出现在股价大幅或长期上涨后的高位，见顶信号才有效。通常股价上涨幅度越大，上涨速度越快，持续时间越长，反转信号越可靠。

图 3–42 所示为华谊兄弟（300027）的日 K 线图。庄家在底部长期震荡整理过程中吸纳了大量低价筹码，然后股价渐渐上行，成功脱离底部区域，涨幅较大。之后，股价在高位收出一根放量吊颈线，说明股价上涨遇到较大压力，放大的成交量反映有大资金出逃迹象。第二天股价低开低走，继续收出阴线，见顶信号得到确认，短期将形成阶段性高点，此时应逢高减磅。

（4）股价经过连续涨停后，在高位打开涨停时出现吊颈线，且放出巨大成交量，此时顶部形态无须确认，即可认为信号有效，后市必有一跌，应果断离场。

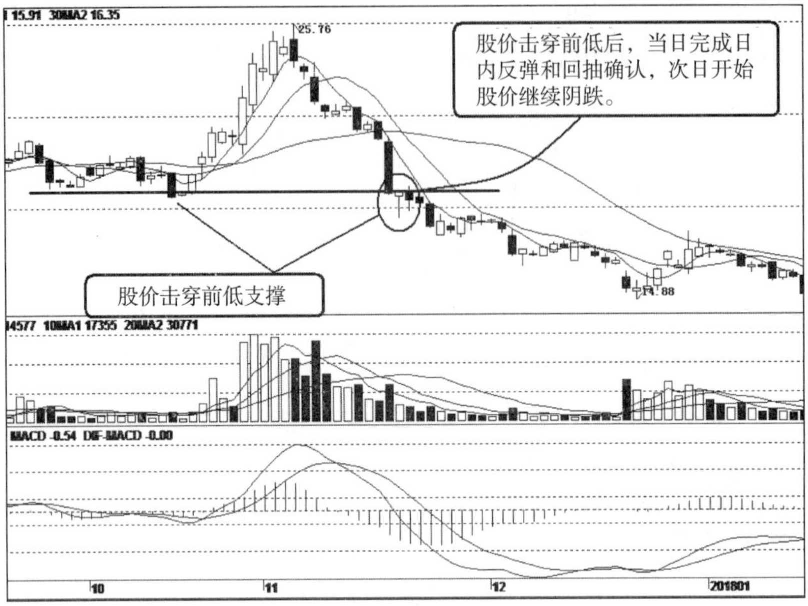


图 3-41 百合花（603823）日 K 线图

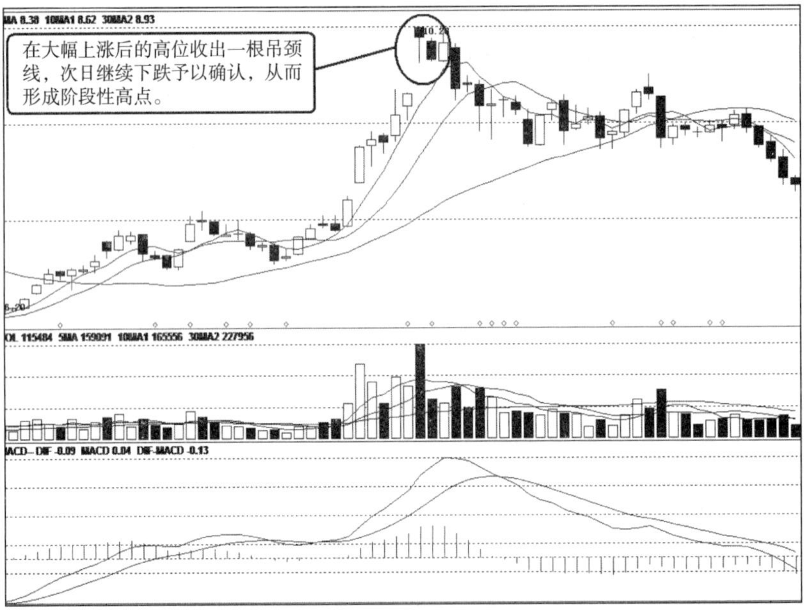


图 3-42 华谊兄弟（300027）日 K 线图

图 3-43 所示为 *ST 信威（600485）的日 K 线图。该股脱离底部盘区后连续拉出 11 个一字涨停板，随后在高位震荡，收出一根吊颈线，成交量大幅放大。这样的形态无须其他信号验证，就可以判断为顶部信号，此后股价出现较大幅度的下跌行情。实盘中遇到这类个股时，操作策略非常简单，持股者在高点获利退出，即使亏损也要离场。空仓者就不要幻想了，另觅他股是最好的投资策略。

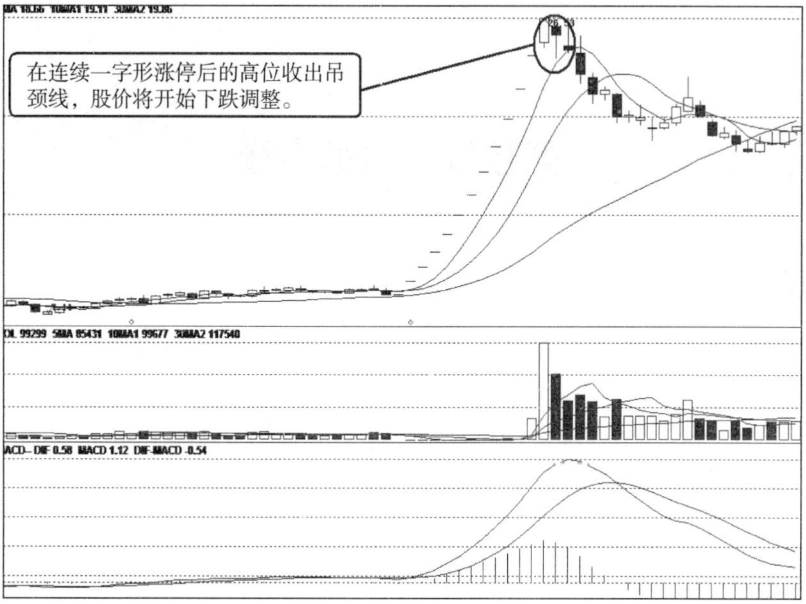


图 3-43　*ST 信威（600485）日 K 线图

（5）在吊颈线出现的前几个交易日里，如果已经出现一根流星线，或者吊颈线出现之后的几个交易日里，跟着出现一根流星线，则吊颈线的见顶概率大大增加。流星线和吊颈线均是顶部反转信号，顶部信号的双重叠加作用会强化信号的有效性。

图 3-44 所示为卫宁软件（300253）的日 K 线图。股价经过大幅上涨后，在高位收出一根流星线，次日紧跟着收出一根吊颈线。流星线与吊颈线组合，其见顶概率极高，投资者应及时逢高离场。之后该股回升到前期高点附近时，在获利盘的抛压下形成头肩顶形态，从此股价步入中期下跌行情。

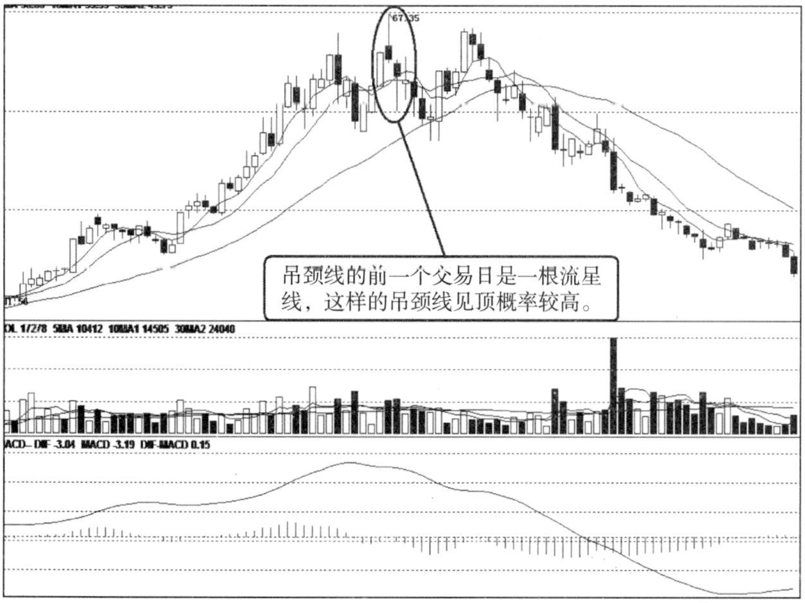


图 3-44　卫宁软件（300253）日 K 线图

# 第五节　倒锤头线

## 一、形成过程

简评：倒锤头线为次要的单日底部反转征兆，宜进一步确认形态的有效性。

特征：倒锤头线形态与锤头线形态正好相反，倒锤头线的上影线很长（锤柄），K 线实体很短（锤头）。标准的倒锤头线，其上影线长度至少是实体长度的 2 倍以上，没有下影线或下影线很短。倒锤头线如图 3-45 所示。

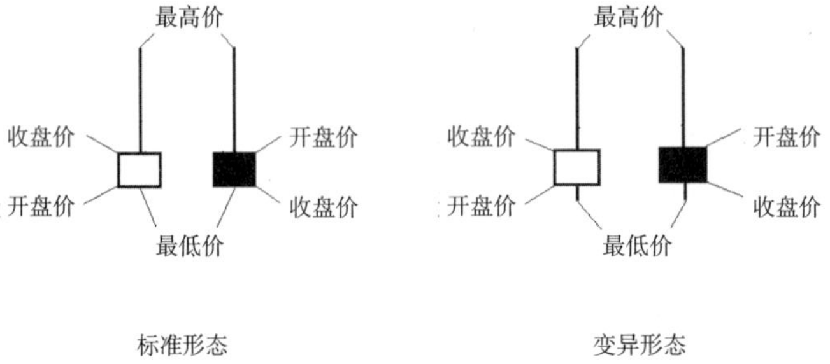


图 3-45　倒锤头线示意图

倒锤头线的形成过程是：在大幅下跌的末期，多方积蓄做多能量向上展开攻势，但空方防守反击，坚守空方阵地，力压股价，导致多方初战失利，股价未能在较高位置收盘，留下长长的上影线。倒锤头线形成过程如图 3-46 所示。

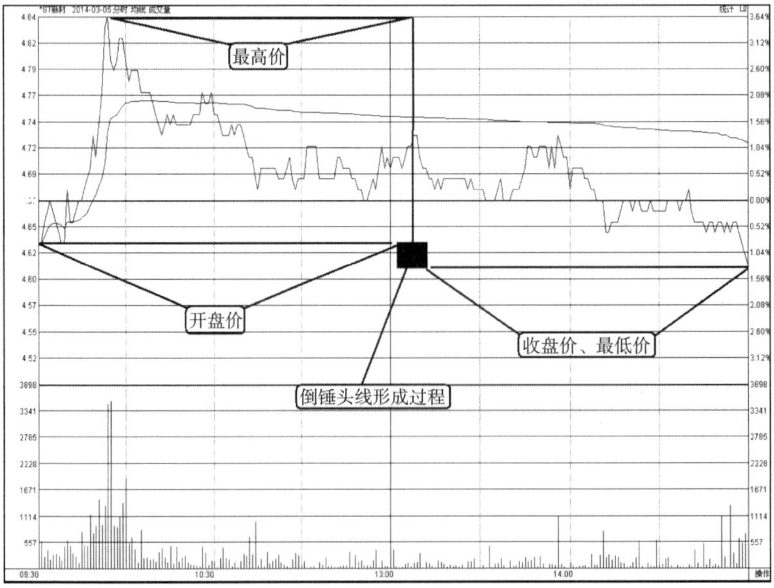


图 3-46　倒锤头线形成过程

这种盘面表示多空力量已悄然发生变化，多方蠢蠢欲动，战胜空方为期不远，市场即将见底反转。倒锤头线可以出现在低位，也可以出现在中高位。出现在下跌趋势的低位，属于底部单日反转形态，具有看涨意义。

注意：如果倒锤头线出现在大幅上涨后的相对较高位置，则属于看空信号，称为“流星线”。在形态上，倒锤头线和顶部形态中的流星线相同，都是具有长上影线的星形线，但一个是底部信号，一个是顶部信号。

很多朋友对此不理解，其实道理很简单，“形”同而效用不同，原因在于所处的“势”不同。同样的东西出现的时机和位置不同，其效用自然也就不同。此形态出现在顶部意味着攻击受阻，因此很容易成为头部；出现在底部代表多方试探性向上攻击，属于试盘行为，目的是测试筹码的锁定程度。一旦筹码锁定良好，庄家就有可能发动一轮上攻行情，底部也就因此确立。

## 二、市场含义

倒锤头线出现在市场底部，通常认为是一种潜在的底部转势 K 线，是股价回升的先兆，表明空方渐渐趋弱，做空动能衰竭，失去了对盘面的控制。多方在此区域积聚了大量做多能量，一旦多头市场确立，其上涨力度往往是惊人的，因此是一个做多信号。倒锤头线可以是阳线，也可以是阴线，其技术含义相同，但倒锤头阳线在投资者心理上更具有看涨作用。

图 3-47 所示为中珠医疗（600568）的日 K 线图。该股经过大幅下跌后，2019 年 1 月 31 日大幅低开，股价再创新低。此时多头资金试图向上拉起股价，但受恐慌性下跌影响，最终股价收于跌停位置，形成一个倒锤头线。次日，股价并没有出现大跌走势，说明空方能量已经得到有效释放，之后股价逐渐攀升。

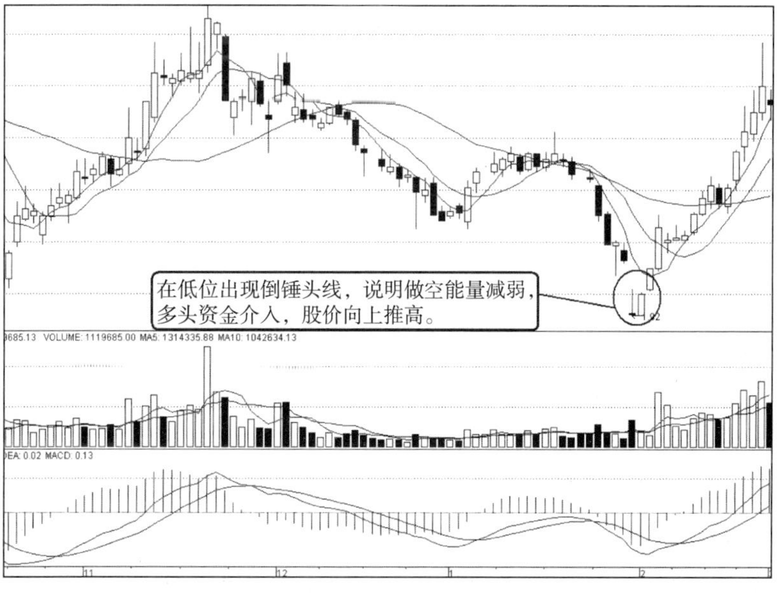


图 3-47 中珠医疗（600568）日 K 线图

## 三、应用法则

（1）短小的 K 线实体必须处于下跌趋势的最下端。

（2）倒锤头线的实体较短，上影线很长，下影线没有或很短。

（3）实体部分可以是阴线，也可以是阳线，其意义基本相同。

（4）上影线长度至少应是实体长度的 2 倍。

（5）一般会伴随底部放量，放量越明显，信号越强烈。

图 3-48 所示为新文化（300336）的日 K 线图。该股出现的这根倒锤头线完全符合上述应用法则。此前股价有过一段下跌过程，K 线实体部分较短，上影线很长，没有下影线，上影线的长度是实体长度的 2 倍，成交量开始温和放大，说明该形态的可信度较高，此后股价很快进入上升行情。

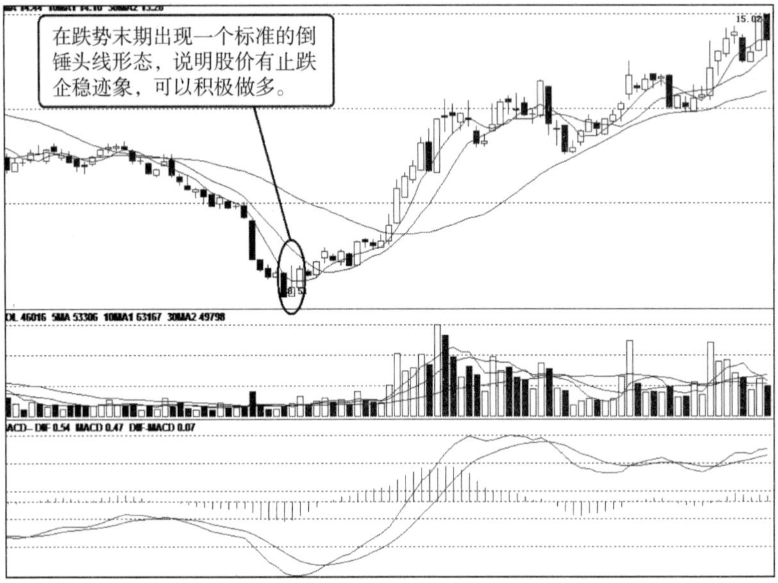


图 3-48 新文化（300336）日 K 线图

## 四、分析要点

判断倒锤头线的形态效力和操作要点，与判断锤头线形态相似。

（1）底部出现倒锤头线，表示多方能量日趋增强，这是即将发动上涨行情的征兆。有时在股价整理的阶段性低点也会出现倒锤头线形态，同样具有看涨意义。

（2）股价下跌时间越长，越容易确认反转。也就是说，跌势越久，跌幅越大，低位倒锤头线的见底概率越高。要加强倒锤头线的利多效力，最重要的是看上影线的长度，上影线长度至少应为实体长度的 2 倍。此外，倒锤头线的实体为阳线效果更佳。

（3）出现倒锤头线后，需要进一步确认形态的效力才可跟进买入。形成此形态当日，股价虽见反弹，但仍被空方力压，所以第二天的表现可以判断多空双方的力量强弱。第二天以跳空缺口高开，跳空幅度大且一段时间内维持在高价位，成交量也配合上升，可以确认倒锤头线为见底信号，因为前一日在低位抛售的空方由于踏空而急于买货补仓，补仓盘触发的涨势大大改善市场做多气氛，激发更多买盘加入，从而出现强烈的低位转势信号。就算第二天未能以跳空高开开盘，只要当日收盘价高于前一日收盘价且呈阳线，都可成功构成见底信号。

（4）倒锤头线在上攻过程中要有成交量的支持。出现倒锤头线的当日若成交量在股价回升时大增，更能反映买盘积极吸纳，见底上涨概率更大，此时可以逢低买入。

（5）出现倒锤头线，暗示多方已发起攻势，但往往因市场积弱多时，仍会遭到空方顽强抵抗，力压股价，令股价回落再次测试倒锤头线的低点支撑力。只要此低点不破，底部将更加坚固，后市涨势看好。

（6）与锤头线相比，锤头线能以接近全天最高价收盘，利好信号较强烈，倒锤头线较锤头线信号要弱。

（7）出现倒锤头线形态后的第二天一般为阳线，阳线长度越长，新一轮涨势开始的可能性越大。如果第二天收出阴线，其阴线长度越长，跌幅越大，倒锤头线的看多意义越差，出现新一轮跌势的可能性越大。

## 五、实盘技巧

在底部出现倒锤头线是股价见底信号，短线技术高手可以成功地做一把短炒行情。在实盘分析中，最重要的一点是出现倒锤头线之后，必须等待下一个看涨信号加以验证。重点关注以下几种盘面现象。

（1）倒锤头线形态必须得到下一个看涨信号的验证，才能作为有效的买卖依据，因此随后几个交易日（一般以 3 个交易日为限）的走势十分重要，它直接反映倒锤头线是否成为有效信号，以及后市的上涨力度。

倒锤头线出现后的几个交易日，如果股价继续乘势而上，强势上涨，收出阳线，说明空方彻底放弃打压，多方已占据盘面优势，这种情况下后市股价看涨。如果后几日出现向上跳空高开的现象，则可以判断倒锤头线当日是庄家向上的试盘行为，前一日卖出的人处于踏空局面。在下跌过程中卖出却挨了市场的耳光，会使部分人认错回补，再加上庄家有意拉升，形成的做多合力会使市场更加强势，做多信号更加可靠。

图 3–49 所示为迈克生物（300463）的日 K 线图。该股在持续下跌调整后，于 2018 年 2 月 6 日出现一根倒锤头 K 线，这很可能是股价止跌企稳信号。那么这个形态能否作为买入信号呢？可以继续跟踪几个交易日。第二天股价高开震荡，全天在倒锤头线的收盘价上方运行，虽然当天 K 线收阴线，但股价实际是上涨的。第三天继续收出上涨阳线。从随后几个交易日看，倒锤头线得到了有效验证，起码下跌动力不强，因此投资者可以逢低吸纳。

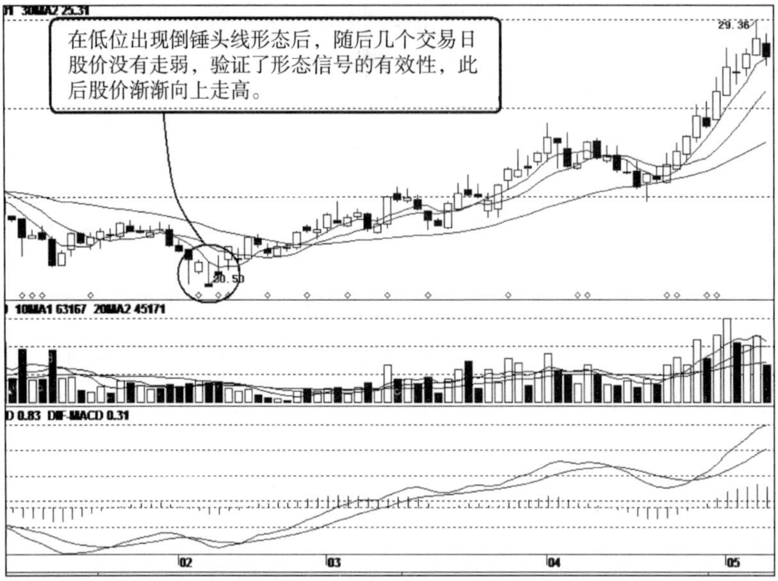


图 3-49　迈克生物（300463）日 K 线图

（2）出现倒锤头线时，如果之前的大阴线与倒锤头线实体部分有向下跳空缺口，随后几个交易日里股价没有持续大跌，那么这个信号的可靠性更高。或者，倒锤头线之后的 K 线与倒锤头线实体部分有向上的跳空缺口，则信号的可靠性更高。

图 3-50 所示为 *ST 菲达（600526）的日 K 线图。该股在底部连收两个一字跌停板后，于 2019 年 1 月 31 日受下跌惯性影响大幅低开。股价在盘中冲高回落，当天收出一根倒锤头线，次日又收出倒锤头线。

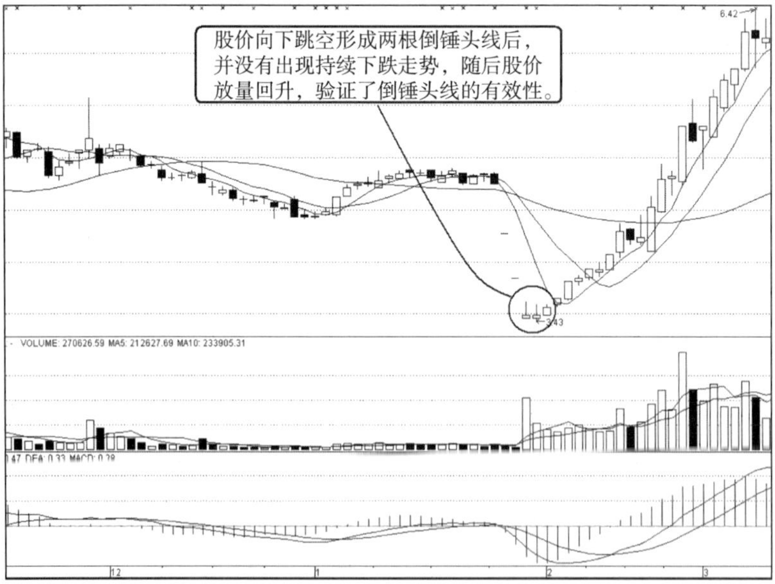


图 3-50　*ST 菲达（600526）日 K 线图

一般情况下，股价跌停（或大跌）的次日，往往出现持续下跌或惯性下跌现象。如果次日止跌企稳，往往说明前一日大跌是庄家打压行为，后市应有短线机会。当然，其前提条件是股价处于底部区域，有明显的庄家打压动作。

在该股中，股价在两个跌停后没有持续下跌，而是在低位出现两个倒锤头线，随后股价企稳回升，说明前面的跳空低开是庄家打压建仓所为，因此可以跟着庄家低吸筹码。

（3）在判断倒锤头线时，如果结合均线系统进行分析，其准确率将会大大提高。其分析要点如下。

一是，均线处于多头排列时，倒锤头线的看涨信号更可信，其后股价上升空间更大。

二是，倒锤头线受到重要均线（如 30 日均线）或上升趋势线的支撑时，其可信度更高。

三是，均线处于空头排列时，倒锤头线的看涨信号要打折扣，股价反弹空间有限。

图 3–51 所示为深南电 A（000037）的日 K 线图。股价见底企稳后，突破均线系统的压力。庄家为了日后更好地运作，主动展开洗盘调整走势。2019 年 2 月 15 日，股价盘中冲高回落，形成一个倒锤头线形态。从图中可以看出，该倒锤头线形态出现在多头排列的均线系统之上，股价得到 30 日均线的有力支撑，说明这是主力洗盘行为，预示后市股价仍将继续走高，因此多头信号比较明显。

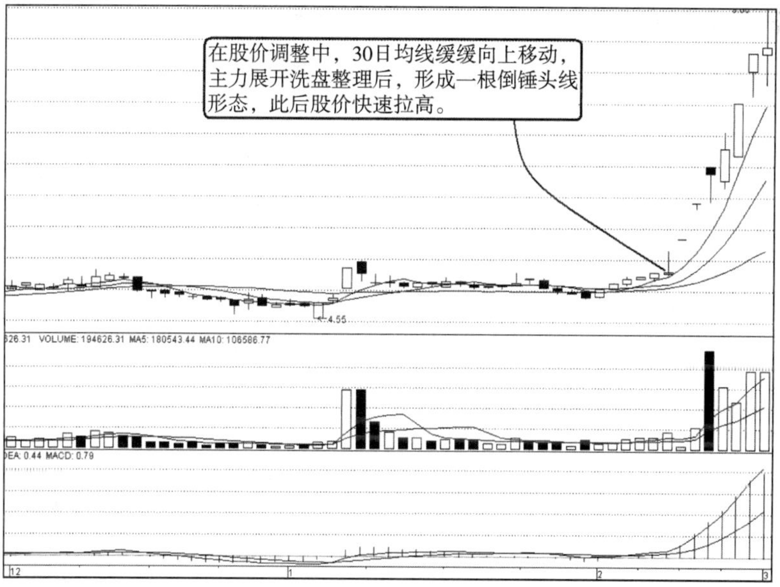


图 3–51 深南电 A（000037）日 K 线图

（4）倒锤头线如果得到“早晨之星”形态的呼应，则看涨信号更加可信；或者，倒锤头线与锤头线组合在一起，也会加强信号的可靠性。这些组合形态都具有双重看涨意义，投资者应积极做多。

图 3–52 所示为神州信息（000555）的日 K 线图。该股在低位出现锤头线后，第二天股价低开后冲高回落，形成一根倒锤头线形态。这两根 K 线组合在一起非常有意思，前一根锤头线本身就具有止跌看涨意义，后面的倒锤头线也具有企稳看涨意义，形态的叠加作用会更加明显，说明庄家蠢蠢欲动，欲拉高股价。这时只要倒锤头线出现后的 3 个交易日内股价继续维持强势，基本可以确认底部形成。

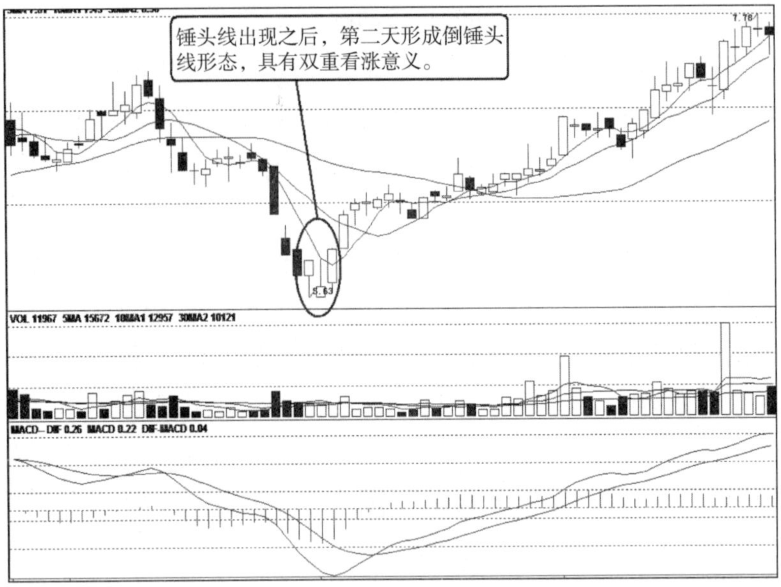


图 3-52　神州信息（000555）日 K 线图

（5）倒锤头线是次要的底部反转信号，通常表现为下跌趋势中的弱势反弹，除了要等待次日（实盘中以 3 日为佳）的验证信号外，还要预先设立止损位，倒锤头线的最低价就是设立止损位的一个很好的参考。

图 3-53 所示为广汇能源（600256）的日 K 线图。该股见底企稳后，2017 年 11 月 23 日收出一根倒锤头线。此后两个交易日均以阴线收盘，且股价向下击穿了倒锤头线的最低点，此时走势看起来并不那么乐观。可是第三日收出一根中阳线，且中阳线收复了前面两根阴线，说明倒锤头线仍然有效，后市继续看涨。实盘中遇到这种走势时，如果 3 个交易日股价还不能走强，则倒锤头线的看涨意义就值得怀疑，此时应谨慎对待。

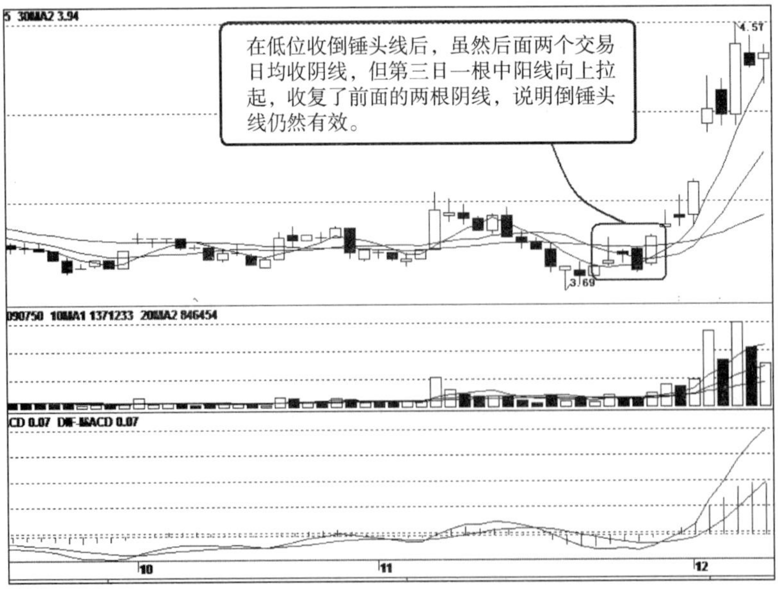


图 3-53　广汇能源（600256）日 K 线图

# 第六节　流星线

## 一、形成过程

简评：次要的单日顶部反转征兆，宜进一步确认形态的有效性。

特征：该形态的外观恰如其名，像一颗流星。在高位出现流星线，反映股价在高位开盘后，受惯性影响，股价大幅向上拉升。但由于套利盘的抛压，股价拉升持续时间不长，很快就返回到开盘价附近，最终以类似星形线形态收盘，形成一根实体较短而上影线较长的 K 线。

流星线一般出现在阶段性顶部，说明高位承接力较弱，且有高位抛压，失去上升的持久性，预示股价可能出现反转，宜获利了结或顺势抛售。流星线的图示与图 3-46 所示的倒锤头线相同，只是出现的位置不同，流星线出现在高位，倒锤头线出现在低位。

在 K 线形态上，锤头线、吊颈线、倒锤头线、流星线非常接近，有时容易混淆。

辨别方法：锤头线与吊颈线形态相同，但锤头线出现在市场底部，看涨，吊颈线出现在市场顶部，看跌；倒锤头线与流星线形态相同，但倒锤头线出现在市场底部，看涨，流星线出现在市场顶部，看跌。

## 二、市场含义

在顶部出现的流星线，一般认为是一种衰竭性 K 线，是股价下跌较为强烈的信号，表明多方力度渐渐减弱，做空动能渐渐积累，多方失去对盘面的控制。由于空方在此区域积聚了大量的做空能量，一旦空头掌控盘面，就会形成有力的下跌行情，因此是一个做空信号。流星线的可靠性一般，属于次要的单日反转信号，形态宜进一步确认，其技术意义不如“黄昏之星”K 线组合形态强烈。

图 3-54 所示为弘业股份（600128）的日 K 线图。该股经过快速拉升后，盘中堆积了大量获利筹码，在高位出现震荡走势。2018 年 11 月 19 日股价冲高回落，形成流星线形态，说明做多力量衰竭，有强烈的见顶意义。次日大幅低开 6.46% 后快速跌停，前一天的见顶流星线得到验证，之后股价开始了中期调整走势。

## 三、应用法则

（1）短小的 K 线实体必须处于市场最上端。

（2）K 线实体可以是阴线，也可以是阳线，其意义基本相同。

（3）流星线实体部分较短，上影线很长，下影线很短或没有。

（4）上影线的长度至少应当为 K 线实体长度的 2 倍以上。

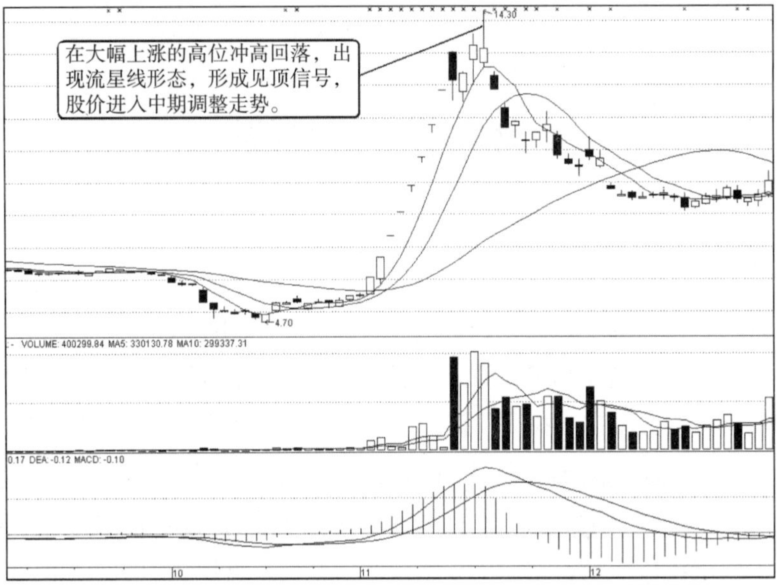


图 3–54　弘业股份（600128）日 K 线图

图 3–55 所示为江丰电子（300666）的日 K 线图。该股上市后就有实力强大的庄家入驻其中，股价经过“前快后慢”两波主升浪行情后，累计涨幅巨大，盘中堆积了大量获利筹码。2017 年 11 月 4 日开盘后，股价大幅冲高，但由于获利方的抛压，股价回落，在高位收出一根流星线。收出流星线说明多方逐渐失去对盘面的控制，股价运行趋势出现微妙变化，空方开始掌控市场，此后股价开始盘跌。

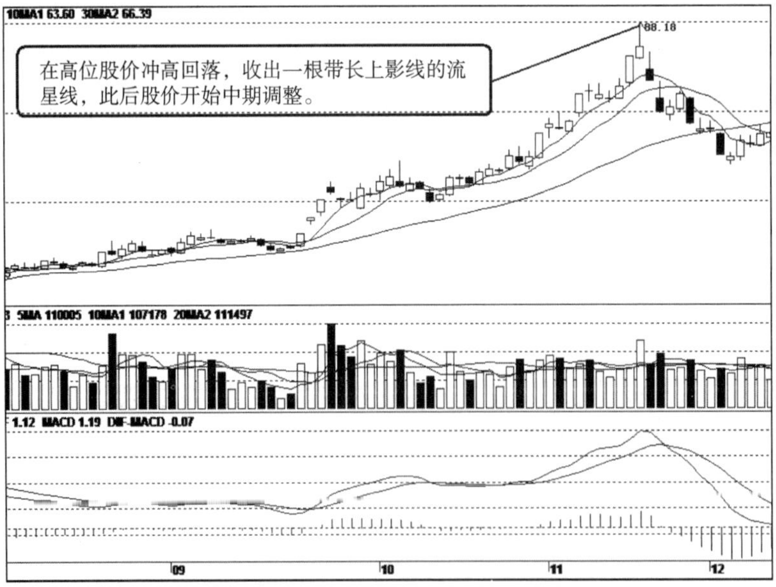


图 3–55　江丰电子（300666）日 K 线图

## 四、分析要点

（1）流星线必须发生在上升趋势之后，或者出现在波段行情的相对高点，这样才具有判断意义。通常股价上涨时间越长，越容易被确认为反转。也就是说，股价涨势越久，涨幅越大，在高位出现流星线的见顶概率也就越高。

（2）流星线只有出现在短线超买的情况下可靠性才高，在牛皮市道或横盘市道中没有分析价值。另外，在一段行情中频繁出现流星线时，也不宜作为见顶信号。

（3）判断流星线的利空效力，最重要的是看上影线的长度，上影线长度至少是实体长度的 2 倍，这样说明高位抛压重。此外，虽说流星线的实体颜色不太重要，但阴线流星线显示股价见顶概率更高，在投资者心理上更具看跌作用。

（4）股价在高位出现流星线，虽然对成交量大小没有太严格的要求，但若当天成交量放大，可以增加见顶的概率。

（5）出现流星线时，暗示空方已发力向下打压股价，但往往因市场多头未退，仍会遭到多方防守反击，竭力将股价推高，再次测试流星线的高点，只要此高点没有被突破，后市跌势更可确定。

（6）出现流星线的第二天，如果开盘价与流星线实体之间出现向下跳空缺口，则表明高位被套的筹码多。缺口越大，形态见顶的杀伤力越强。与吊颈线相比，流星线以接近全天最低价收盘，利空信号更强烈。

## 五、实盘技巧

（1）在流星线出现后的第二天，如果股价跳空低开低走，说明高位抛压日趋增大，后市股价必有一跌，投资者应果断离场。

图 3–56 所示为诚迈科技（300598）的日 K 线图。2018 年 4 月 25 日，当股价再次上攻到前高附近时，由于市场跟风意愿不足，遭到获利盘和解套盘的双重抛压，股价冲高回落，在高位收出一根流星线，同时成交量大幅放大，显示有主力资金出逃。第二天，股价大幅跳空低开，盘中出现快速回落走势，收出一根跌停大阴线，从而验证了流星线的有效性，此时见顶信号确立。第三天，股价再次跌停，击穿双重顶的颈线支撑，此后股价开始了弱势调整走势。

（2）在下跌过程中出现流星线，说明股价反弹或回抽已经结束，此时是一个较好的卖出机会。也可能是股价反弹时遇到阻力，无法有效突破，在阻力位附近收出流星线，那么后市也有一跌。

图 3–57 所示为勤上股份（002638）的日 K 线图。该股经过大幅跳水后，做空能量得到较好释放，股价企稳，开始了盘整走势。当股价反弹到前期跌停板开板位置附近时，盘中遭到了明显的抛压，分别在 2018 年 3 月 1 日和 3 月 13 日出现冲高回落走势，形成较长的上影线，构成流星线形态。这种情况说明股价反弹受阻，此后股价再次走弱。

（3）流星线形态必须出现在股价大幅或长期上涨后的高位，通常涨幅越大，涨速越快，上涨持续时间越长，反转信号越可靠。

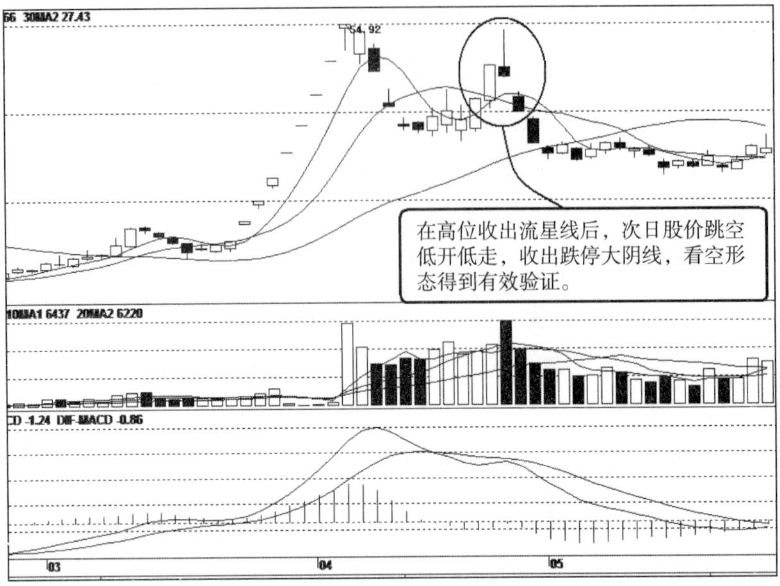


图 3–56　诚迈科技（300598）日 K 线图

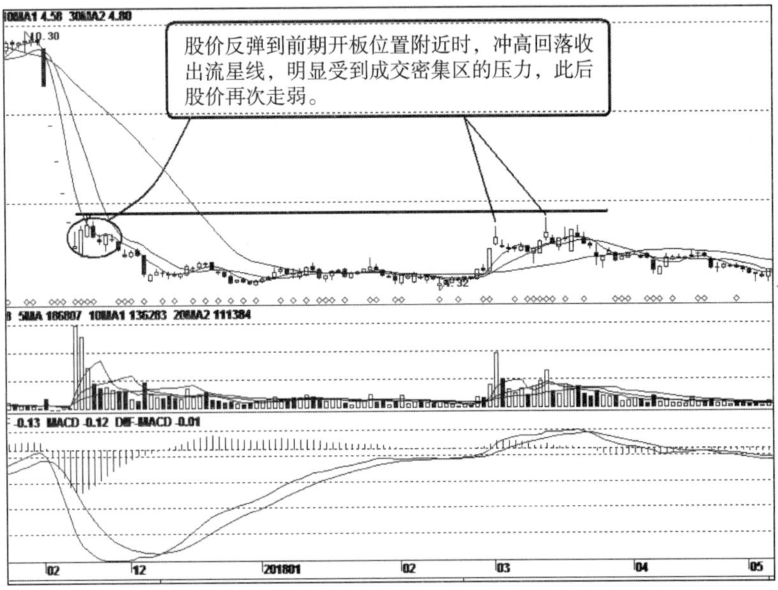


图 3–57　勤上股份（002638）日 K 线图

图 3–58 所示为卓郎智能（600545）的日 K 线图。该股主力发动了一波拉高行情后，由于拉高速度较快，短期筹码获利丰厚。在高位形成冲高回落走势，说明短期投机气氛加重，股价面临回落风险。第二天股价继续弱势震荡，说明多方已经放弃攻势，从此股价开始了下跌行情。

（4）股价经过连续涨停后，在高位打开涨停板时冲高回落，形成流星线，且放出巨量，说明短期高点已经出现。此时的顶部形态无须其他信号确认就可以确定，后市必有一跌，应果断离场。

图 3–59 所示为中设股份（002883）的日 K 线图。该股经过连续多个涨停后，2018 年

1 月 8 日股价冲高回落，在高位收出一根流星线，成交量放大，顶部信号非常明确，从此股价进入调整走势。实盘中遇到这类个股时，应逢高离场，因为这类个股短期积累了巨大的风险，后市往往会出现长时间的调整。

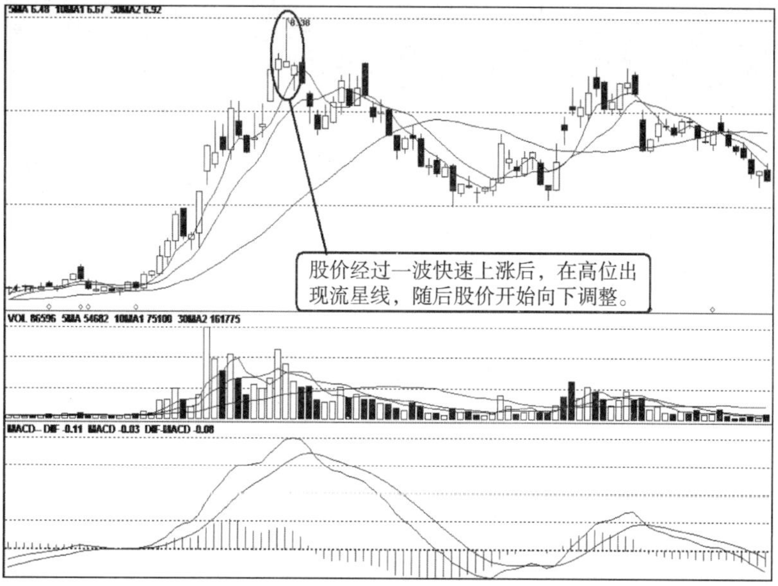


图 3–58　卓郎智能（600545）日 K 线图

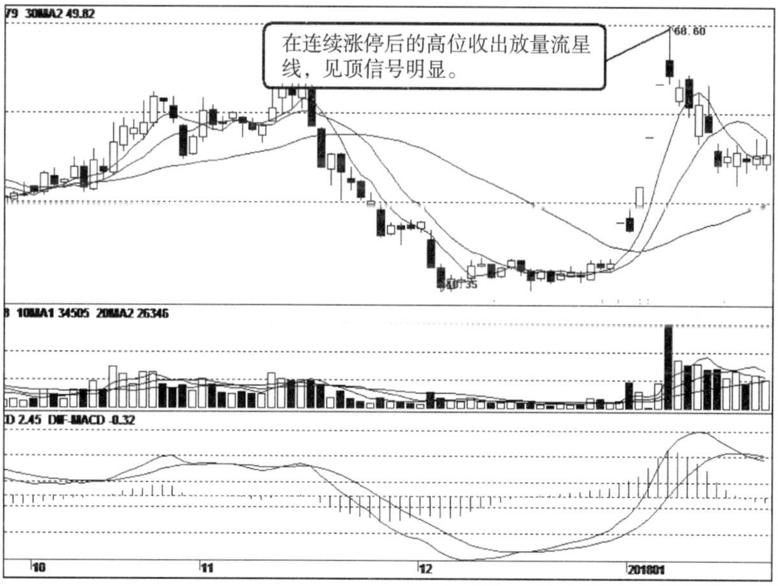


图 3–59　中设股份（002883）日 K 线图

（5）在流星线出现前的几个交易日里，如果已经出现一根吊颈线，或者流星线出现之后的几个交易日里，跟着出现一根吊颈线，则流星线的见顶概率极高。流星线和吊颈线均是顶部反转信号，双重看空信号叠加，会增强见顶信号的有效性。

图 3–60 所示为绿地控股（600606）的日 K 线图。股价经过一波快速上涨后，先在高位收出一根吊颈线，然后冲高回落收出流星线，吊颈线与流星线构成叠加看空信号，见顶

概率极高。第二天股价继续下跌，进一步证明了流星线的可靠性。其实，这根流星线就是对前面吊颈线的一次有效确认，投资者见此情形应及时离场。

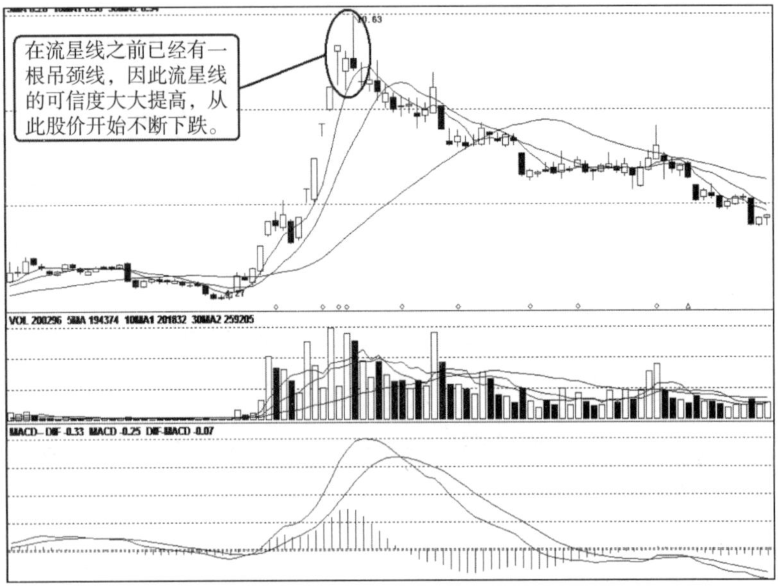


图 3-60　绿地控股（600606）日 K 线图

# 第七节　纺锤线

## 一、形成过程

简评：预警信号，多空力量处于均衡状态，缺乏上升和下跌动力。

特征：上影线和下影线较长，实体部分却很短，其形状如同纺锤，故得名。纺锤线可以是阴线实体也可以是阳线实体，代表的技术意义是一样的。

前面已经讲了长阳线与长阴线代表的市场意义。长阳线代表多头控制交易局面，长阴线则由空头居主导地位。如果实体的长度很小，上下影线很长，表明多空双方正处于拉锯状态，双方力量大致均衡。

## 二、市场含义

纺锤线是一种预警信号，表明市场正在丧失方向，或原来的方向正在减弱，表明市场正在休息或正在调整之中，也就是说，市场缺乏进一步上升和下跌的力量。

如果纺锤线出现在股价高位，经过急涨行情之后，多头后续乏力，先前的升势可能因此停顿。如果纺锤线出现在股价低位，经过急跌的走势之后，空头下跌无力，先前的跌势可能因此停顿。

无论是高位的纺锤线，还是低位的纺锤线，市场是否出现反转，还有待进一步确认和验证，带有巨大成交量的纺锤线意义更加重要。

图 3-61 所示为登云股份（002715）在 2018 年 10 月至 12 月的走势图。股价在低位连续收出多根纺锤线，表示做空能量逐渐衰竭，提示逢低买入，随后股价渐渐企稳回升。股价回升到相对高位时出现纺锤线，意味着追涨意愿不强，做多动力不足，股价有短期回调的要求，提示逢高减仓。

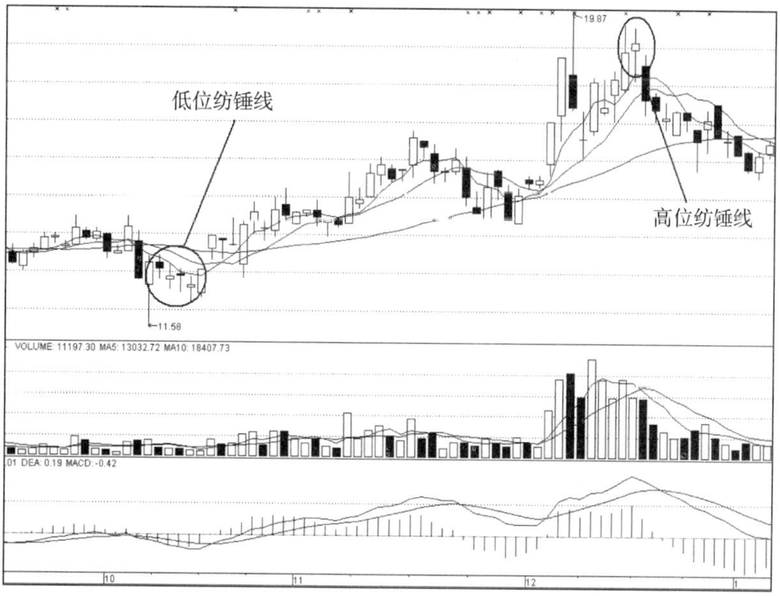


图 3-61 登云股份（002715）日 K 线图

## 三、应用法则

（1）低位纺锤线为止跌看涨信号。

（2）高位纺锤线为滞涨看空信号。

（3）中位纺锤线为蓄势整理信号。

（4）纺锤线的买卖信号出现在股价突破技术形态的高低点。

图 3-62 所示为福建金森（002679）2018 年 10 月至 12 月的走势图。在低位收出纺锤线后，股价缓慢向上推升。中位收出纺锤线，表明庄家正在进行洗盘整理，整理结束后股价继续向上攀升。经过一段时间的推升后，在高位出现纺锤线，意味着股价上涨即将结束。

## 四、分析要点

高位出现“纺锤线 + 阴线”，核心技术关键词是：高位升势遇阻—纺锤线—阴线—短期趋势转弱，卖出信号。

市场在连续上涨之后的高位出现阳线实体短小的 K 线，像纺锤线或星线，那么这是一种涨势遇到了麻烦的形态。倘若随后又出现一根阴线，这种市场含义将进一步明确，短期走势很可能出现逆转。这个组合形态表明市场在“喘息”，既然市场累了，那么就会有回撤。

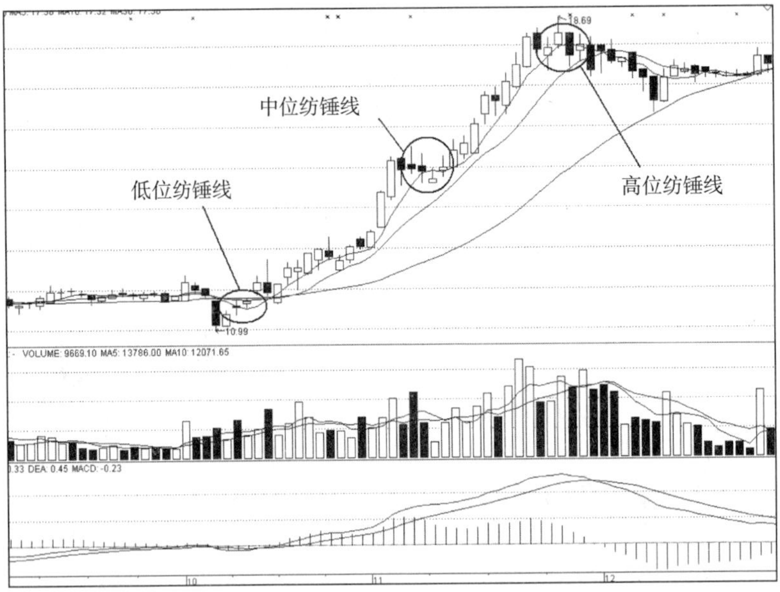


图 3-62 福建金森（002679）日 K 线图

实盘操作中，只要高位出现纺锤线，就应加倍小心。若次日以阴线收盘，应立即减少仓位。特别是当指数涨幅相对较大时，或者处于趋势通道的上轨线，更不可掉以轻心。

低位出现“纺锤线 + 阳线”，核心技术关键词是：低位跌势遇阻—纺锤线—阳线—短期趋势转强，买入信号。

## 五、实盘技巧

纺锤线结合成交量一起分析效果更好。K 线图最重要的优点之一是，可以与其他技术分析方法一起使用，能非常形象地说明股市发生的一切。如果把单一的纺锤线与成交量一起使用，就能判断市场的内部运作，发现庄家是在收集筹码还是在派发筹码。

收集筹码与派发筹码是价量关系中的两个重要概念。

（1）收集筹码发生在低价区，成交量放大而价格停滞。如成交量放大，则代表买方不断买进筹码，投入大量资金。但是，停滞的价格显示空头无法压低价格，空头抛售的筹码已被多头承接，结果是一波升势行情。

图 3-63 所示为大名城（600094）的日 K 线图。在大幅下跌后的低位，该股连续收出多根放量纺锤线，成交量温和放大，表明主力资金正在悄然吸纳筹码。2019 年 2 月 25 日，收出一根放量突破的光头光脚大阳线，从此股价出现一波拉升行情。

（2）派发筹码与收集筹码正好相反，出货发生在高位，成交量放大，价格停滞。在这种盘势中，庄家正将手中的筹码转交给其他买盘。由于卖方供给的筹码足以应付买盘的需求，所以价格无法挺进。因此，在高位出货应该视为顶部信号，之后会走出一波跌势行情。

图 3-64 所示为鲁信创投（600783）的日 K 线图。该股经过一轮大幅上涨后，2018 年 11 月 20 日，股价在高位开始大幅震荡，成交量放大，K 线收出一根纺锤线。收出纺锤线

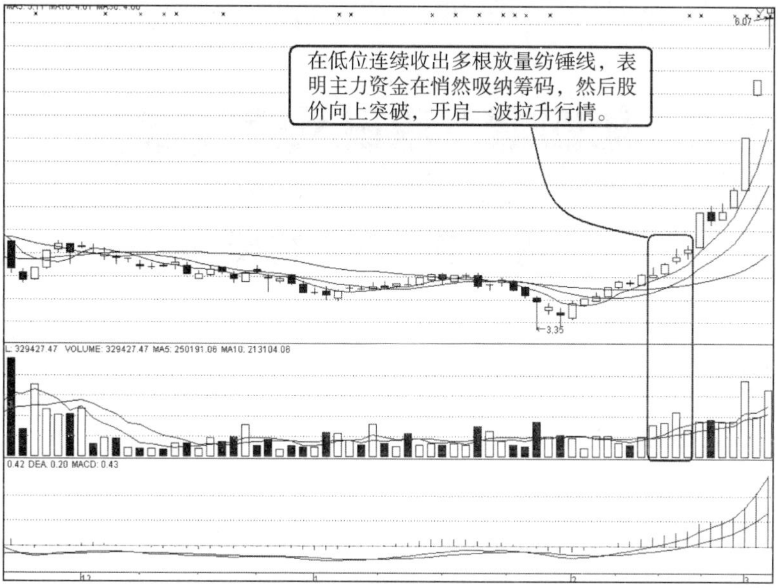


图 3-63　大名城（600094）日 K 线图

说明主力在暗中派发筹码，做多力量开始衰竭，空头力量悄然形成。次日股价震荡下跌，顶部信号得到验证，之后股价开始了中期调整走势。

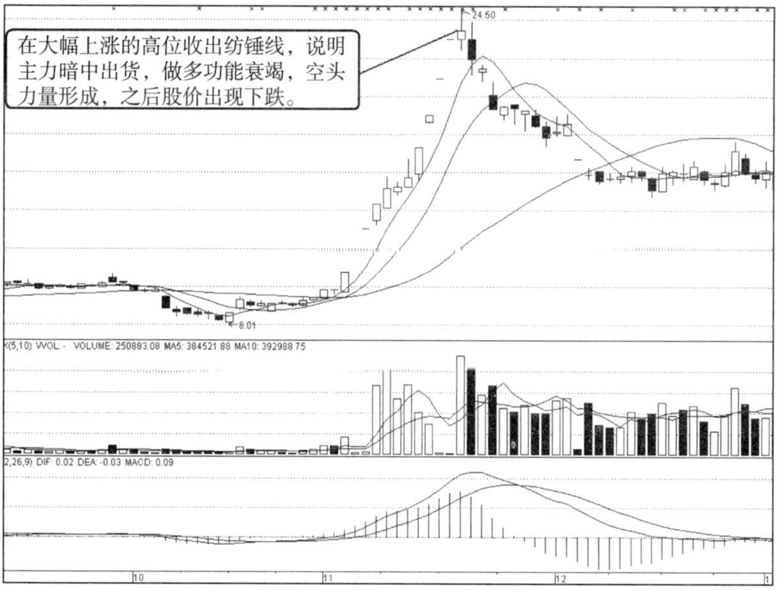


图 3-64　鲁信创投（600783）日 K 线图

在收集与派发的盘势中，有一个共同特征：价格几乎停滞不动。这时的纺锤线便是这种情况下的标准线形（开盘价与收盘价非常接近）。在高位出现纺锤线时，只要观察成交量的变化，就可以判断主力是否在派发筹码。同理，在低位出现纺锤线时，只要观察成交量变化，就可以判断主力是否在收集筹码。

# 第四章　双日反转形态

## 第一节　曙光初现

### 一、形成过程

简评：下跌动力减弱，底部反转信号。无须确认，利多信号强烈。

特征：曙光初现形态（也称刺透线或斩回线）与乌云盖顶形态相对应，它出现在行情底部，由两根 K 线组成，其形成过程如下。

（1）第一根 K 线是向下的大阴线或中阴线，显示跌势持续向下。

（2）第二根 K 线为一根跳空低开高走的大阳线或中阳线，即第二天的开盘价低于第一天的最低价，也就是说，开盘价低于第一天 K 线下影线的底部，但是股价收在接近最高价的水平。

（3）阳线的收盘价明显向上深入到第一根阴线实体中，收盘价至少在第一根阴线实体的 1/2 以上，这样才是标准的曙光初现形态，如图 4–1 所示。

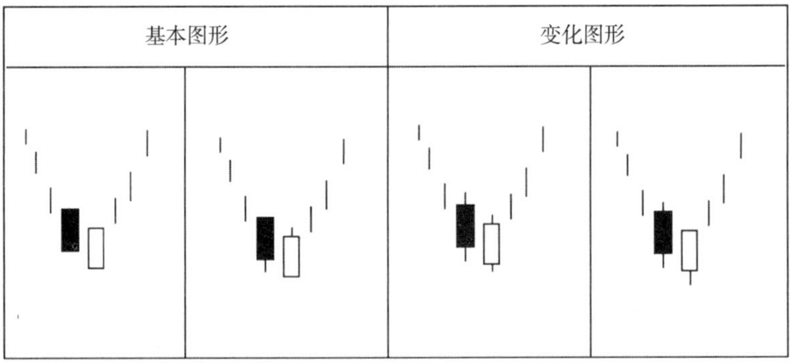


图 4–1　曙光初现形态示意图

一般情况下，曙光初现形态出现在一个长期下跌趋势的末端。在实盘中，两根 K 线既可以是光头光脚 K 线，也可以是带上下影线的 K 线，其判断意义没有太大区别。

曙光初现形态的强弱程度，可以通过比例进行分析。第二天的阳线深入到第一天的阴线实体的幅度越大，通常说明该形态越有意义，即底部反转形态的可靠性越强。

曙光初现形态有一条重要的法则：阳线必须深入到阴线实体的 1/2（中点）以上。如果阳线深入到阴线实体的 2/3 以上，说明多方上攻力度强；如果阳线仅仅深入到阴线实体的 1/3 附近，则说明上涨力度不够，后市走势仍需要观察；如果全部吞没第一根阴线实体，则见底信号更加明确。

## 二、市场含义

股价经过很长时间的下跌后，空方量能已经得到比较充分的释放，或者股价已经毫无下跌空间，于是盘面上出现了十分强烈的转势信号。在某两个交易日里，前一个交易日收出一根大阴线或中阴线，延续了原来的下跌势头，后一个交易日股价跳空低开，进一步加强了下跌气势。但是该日市场迎来了报复性反弹，当日收出一根截然相反的大阳线或中阳线，且大阳线或中阳线大幅深入到前一根阴线实体的中部，说明原先由空方控制的局面即将成为过去。这根阳线一扫盘面阴霾之气，早晨的阳光已经普照大地，后市将会迎来艳阳天。阳线深入阴线的幅度越大，反转信号越强，这样的 K 线组合形态看涨意义十分强烈。

为了更好地理解形态的含义，可以将曙光初现形态进行简化（将两根 K 线合为一根 K 线分析和理解，前一根 K 线的开盘价为还原后的开盘价，后一根 K 线的收盘价为还原后的收盘价，若后一根 K 线的收盘价高于前一根 K 线的开盘价，则为阳线，反之为阴线），这样就可以得到一根带长下影线、无上影线（或上影线很短）的锤头线，然后根据锤头线的相关法则进行研判。曙光初现形态简化过程如图 4-2 所示。

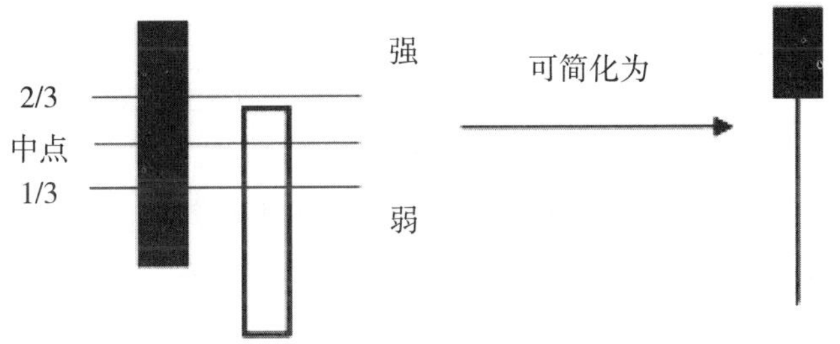


图 4-2　曙光初现形态简化过程

需要注意的是，曙光初现的形成过程、技术含义和一般操作策略与乌云盖顶形态刚好相反。但是，底部形成的曙光初现形态比顶部形成的乌云盖顶形态需要更多的时间。也就是说，乌云盖顶形态中要求阴线实体深入阳线实体的一半以上，如未成功，则需要等待，参考其他看跌信号，还有变通的余地。但曙光初现形态要求阳线实体必须深入阴线实体一半以上，否则形态不成立，这是因为对于底部反转应该更加谨慎。

## 三、应用法则

（1）第一日 K 线为大阴线或中阴线，继续先前的下跌趋势。

（2）第二日 K 线为大阳线或中阳线，其开盘价低于前一日大阴线的最低价。

（3）第二日阳线收盘价位于前一日阴线实体一半以上。

（4）曙光初现形态应出现在下跌趋势的底部或阶段性低点。

图 4-3 所示为轻纺城（600790）的日 K 线图。股价处于下跌过程中，不久收出一根下跌大阴线，加强了市场做空气氛。受此影响，第二天股价跳空低开，可是很快股价涨了上来，

不仅回到了第一天的收盘价附近，而且大大超越了这个水平，深入到前一天大阴线实体的 1/2 以上，说明多头气势十分强盛。一般而言，大阳线深入到大阴线实体越多，其形成底部反转信号的可能性越大。这时一些观望者也加入了多头行列，进一步推动股价上涨，因此是一个看涨形态。

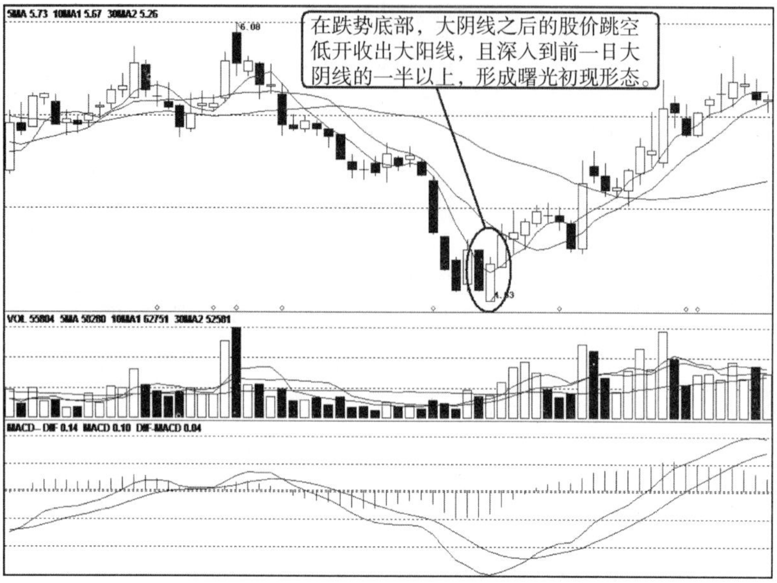


图 4–3　轻纺城（600790）日 K 线图

实盘经验表明，曙光初现形态通常出现在股价下跌趋势中。如果股价已经有了很大的跌幅（跌幅达到 50% 以上），那么一旦出现这样的组合形态，将预示着前面的下跌趋势可能戛然而止，股价从此止跌回升。

从实盘情形来看，盘面上出现曙光初现形态的时候，应当有较大的成交量相配合，才是比较可靠的底部反转信号。如果出现曙光初现形态时，成交量不但没有放大，反而有所萎缩，就特别值得警惕了。这样的态势通常表明，此时并不一定是股价见底信号，股价还有可能进一步下跌。这时出现的曙光初现形态，有可能是庄家为了坐庄目的制造的技术陷阱。

曙光初现形态需要注意以下几点。

（1）量能的变化情况。伴随 K 线组合形态，成交量缩量，表明股价已经筑底成功。但是在形态出现之后，成交量应持续温和放大，显示多方反击力量逐渐增强，看涨信号进一步显现。

（2）股价所处的位置很重要。如果个股涨幅过大，在高位出现曙光初现形态，则有骗线的可能。

（3）出现曙光初现形态后，如果股价立即展开上升行情，力度往往并不大。相反，出现曙光初现形态后，如果股价有一个短暂的蓄势整理过程，往往会爆发强劲的个股行情。

（4）曙光初现形态在跌势中出现时，要增加一个附加条件，那就是第二根阳线的最低价必须是 13 个交易日以来的最低价。增加这一条件主要用于避免投资者在熊市中贸然追高，避免操作风险。如果市场趋势向好，股市运行在涨势行情中，投资者则不必过于拘泥这条规则。因为牛市中股价涨多跌少，如果强调买入 13 个交易日以来的最低价，就会错失良机。

（5）曙光初现形态用来分析大盘趋势也十分有效，但与个股分析的技术要求有所不同。由于股指包含的市场容量较大，其短期震荡幅度远远小于个股的震荡幅度，因此，在分析大盘的 K 线组合形态时，可以适当放宽标准，只要大致符合曙光初现的基本条件就可以。

## 四、分析要点

投资者在运用曙光初现形态进行技术分析的时候，要学会分辨这种组合形态的真假，正确把握它的可靠性。实盘经验表明，当盘面上出现曙光初现形态时，应当注意它出现的位置。如果股价下跌的幅度不大，或者下跌的时间不长，空方动能没有得到很好的释放，那么即使出现了与曙光初现形态相似的图形，也要怀疑它的真实性，千万不可盲目相信，轻举妄动。

从实盘情形来看，曙光初现形态的第二根 K 线的实体部分越长，越能说明多方的反击力度十分强劲，后市股价上升的力度越强，曙光初现形态作为底部止跌回升信号的可靠性也就越大。通常情况下，在运用曙光初现形态时，还应当注意两根 K 线之间的比例，标准的曙光初现形态，第二根 K 线的收盘价应当在第一根 K 线实体部分的 50% 以上，如果能超过 0.618 的位置，那就更理想了。

还应当特别注意盘面上出现曙光初现形态时，第二根 K 线的向下跳空情形。如果第二根 K 线以跳空低开的方式出现，随后盘面上出现强劲有力的震荡回升行情，震荡幅度大，反弹力度强劲，在填补前边的跳空缺口之后还不断上行，突破前一日的收盘价，深入阴线的实体部分，说明此时多方的反击力度十分强劲，就连那些本想做空的投资者也不愿继续抛售筹码了，甚至还会调整思路加入多方阵营，这样看涨信号更为强劲。

在具体操作时应掌握以下要点。

（1）第二日上涨的大阳线，深入前一日大阴线实体越深，见底回升的机会越大。若第二日大阳线的收盘价高于前一日的阴线实体，则演变成破脚穿头形态，利多信号进一步加强。

（2）第二日反弹的大阳线若有成交量的配合，此形态见底信号更强，应逢低积极做多。

（3）曙光初现形态形成之后，后一日继续上涨收出阳线，形态可信度更高。此时投资者不要急于入场，可等待股价回调时逢低买入。

特别提醒：第一日大幅低开形成的一字线、十字星线、⊥字线或倒锤头线，与大阴线具有相同的意义，可以理解为实体大阴线。第二日在低位大幅高开形成的小阳线、十字星线、T 字线或锤头线，从图形表面上看，似乎不符合曙光初现形态的基本特征，但其研判意义是相同的，投资者应注意。

## 五、实盘技巧

底部出现的曙光初现形态是强烈的见底信号，投资者可以积极做多。实盘中重点关注以下几种盘面现象。

（1）曙光初现形态大多出现在股价下跌趋势中。如果股价跌幅超过 50%，那么一旦出现这样的组合形态，就预示着前面整个下跌趋势可能就此结束，股价从此出现止跌回升走势。

图 4–4 所示为 ST 沪科（600608）的日 K 线图。该股经过一波快速下跌后，总体跌幅较大，随后出现止跌企稳迹象。不久，因股价再次探底收出大阴线，第二天股价跳空低开，随即被多方快速拉起，收出一根上涨大阳线，收回了大阴线的大半部分失地，形成一个曙光初现形态。此后股价继续震荡上行，连续收出 3 根阳线，呈现“红三兵”形态，此后开始了上涨行情。

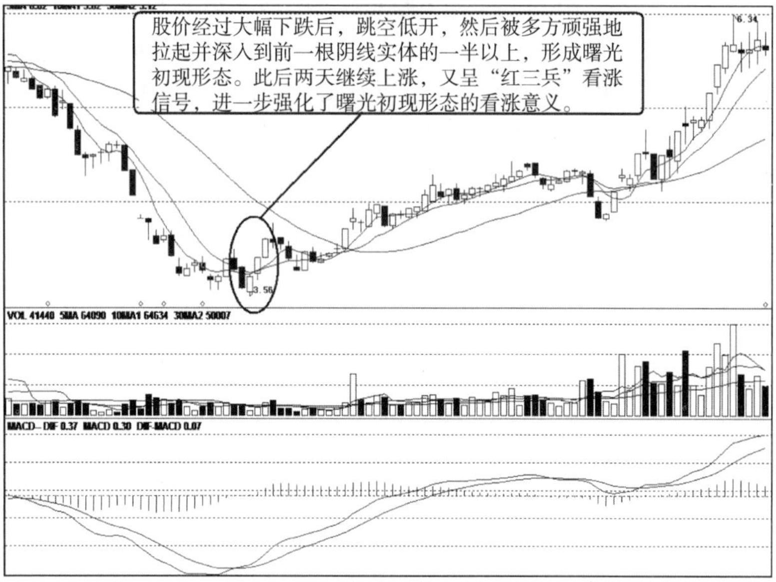


图 4–4 ST 沪科（600608）日 K 线图

（2）从实盘情形来看，曙光初现形态的第二根大阳线应有成交量的积极配合，才是比较可靠的见底信号。随后要持续多日放量，而不是单日的脉冲式放量，只有这样看多信号才能得到巩固，否则其形态的可靠性不高，为疑似多头信号。

图 4–5 所示为坚瑞沃能（300116）的日 K 线图。该股在底部出现曙光初现形态后，成交量开始温和放大，显示多头资金悄然介入，形态的可靠性大大提高，随后股价不断向上推高。

（3）出现曙光初现形态之后的交易日，股价继续强势上涨收阳线，或者全天股价在前一日阳线的 2/3 以上位置运行，说明盘面处于强势之中，那么形态的可信度进一步提高。若出现的是一根大阴线，收盘价低于大阳线的 1/3，此时应否定曙光初现形态的见底意义，预期后市股价仍将继续下调。

图 4–6 所示为中海达（300177）的日 K 线图。该股在 2018 年 3 月 26 日形成曙光初现形态后，股价继续在阳线的收盘价上方运行，成交量温和放大，说明盘面处于强势之中。当进一步消化上方压力后，股价开始向上突破。

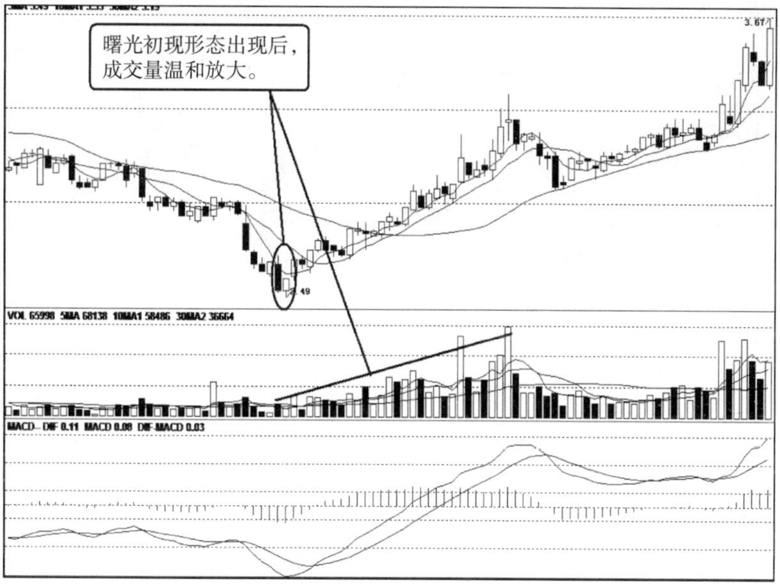


图 4-5　坚瑞沃能（300116）日 K 线图

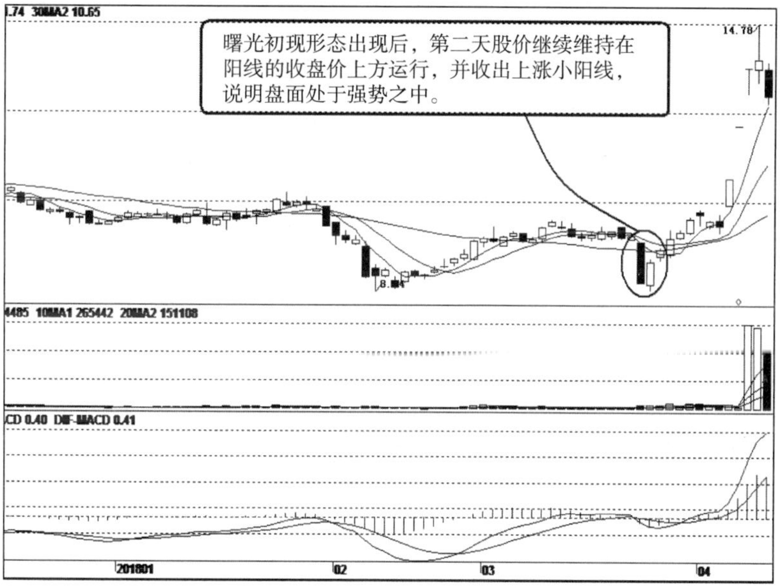


图 4-6　中海达（300177）日 K 线图

（4）曙光初现形态如果得到其他看涨信号的支持，则后市行情更为乐观。如在曙光初现形态之后出现旭日东升、红三兵等形态以及向上跳空缺口，则具有双重看涨意义，会加强看涨信号的可信度，投资者应积极做多。

图 4-7 所示为渤海股份（000605）的日 K 线图。该股出现了曙光初现形态后，股价继续上涨，再次收出两根相似的上涨阳线，形成一个漂亮的红三兵形态。这种情况说明庄家做多意愿强烈，盘中顽强拉高，因此盘面气势进一步向多头转换。此后，股价在红三兵形态上方进行了短暂的强势整理，整理结束后股价开始快速拉高。

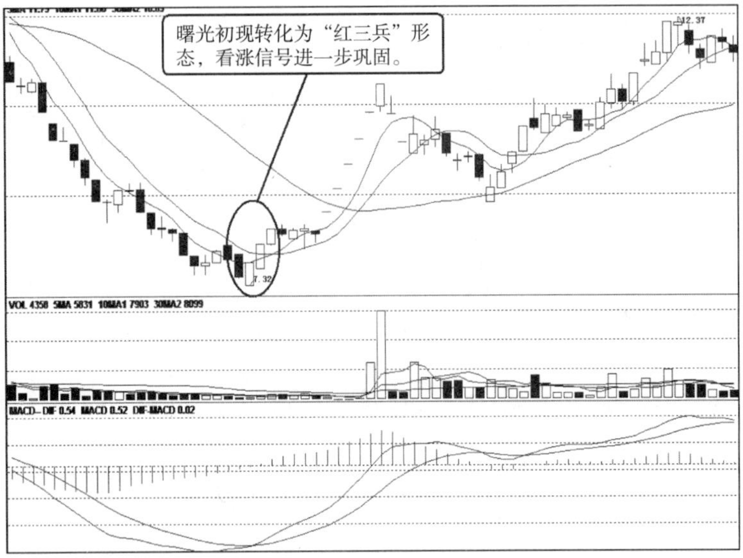


图 4-7　渤海股份（000605）日 K 线图

（5）在上升趋势初期或途中形成的曙光初现形态，其可信度较高。如股价受到重要的均线（如 30 日均线）或上升趋势线（上升通道）的支撑而形成曙光初现形态，后市往往具有较大的上涨空间。一般而言，曙光初现形态中的下跌阴线为庄家洗盘整理所致，洗盘结束后股价将继续上涨，甚至出现主升浪行情。

图 4-8 所示为智飞生物（300122）的日 K 线图。该股调整结束后稳步向上走高，均线呈多头排列，30 日均线有力地支撑着股价向上走高。2018 年 4 月 4 日收出一根下跌阴线，第二天股价受阴线影响跳空低开，盘中股价不断向上走高，吃掉了阴线的大半部分，从而形成曙光初现形态。该曙光初现形态出现在多头排列的均线系统之上，30 日均线坚挺有力，支撑股价向上走高。第一天的下跌阴线并没有破坏上升趋势，因此这样的回调阴线反倒是一次逢低介入的机会。

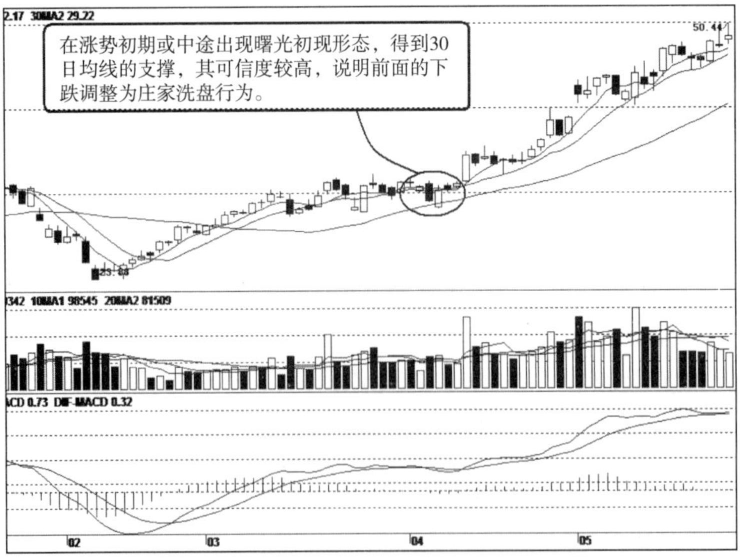


图 4-8　智飞生物（300122）日 K 线图

在实盘操作中，分析当日分时走势，阳线插入阴线的时间早晚，也会有不同的分析意义和判断结果。通常插入时间越早，其可靠性越高，插入时间越晚，其可靠性越低。特别是尾盘拉升，这是一种不正常的盘面表现，具有一定的欺骗性。一般而言，开盘后股价很快被拉起，阳线插入阴线实体内部，表明第一天的下跌为庄家刻意打压洗盘所为，下方有较强的承接盘，随后股价将出现一波升势行情。若在尾盘较短时间迅速拉起，表明庄家在做"美人图"，股价有虚涨之嫌，后市难以出现持续的上涨行情。

需要注意的是，仅凭两根阴阳 K 线的涨跌来判断行情发展方向，未免有点主观臆断，实战中还要结合其他技术特征进行综合分析，如技术指标、形态、趋势、波浪以及庄家意图、持仓成本、坐庄手法等，才能帮助投资者踏准市场节拍，摸准涨跌规律。

## 六、相近形态

在实盘操作中，经常出现几种与曙光初现形态十分接近的 K 线组合形态，如待入线、切入线、插入线等。这些形态虽然比较少见，也不属于重要的 K 线形态，但对分析 K 线力度强弱具有重要的参考意义。曙光初现相近形态如图 4-9 所示。

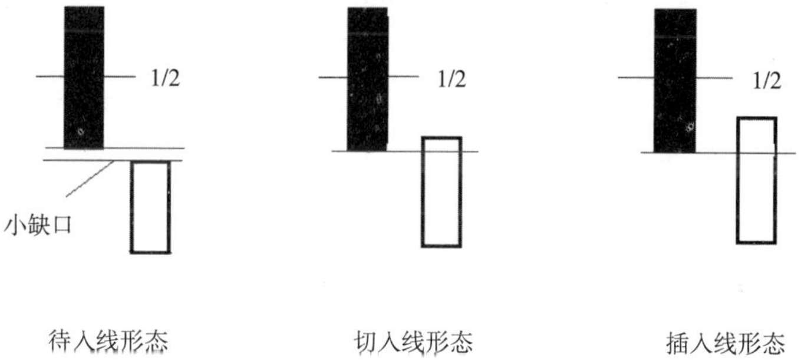


图 4-9　曙光初现相近形态示意图

为了更好地理解形态的含义，可以对形态进行简化，曙光初现相近形态简化过程如图 4-10 所示。待入线可简化为带下影线的大阴线，切入线可简化为带下影线的中阴线或大阴线，插入线可简化为带下影线的中阴线，简化后就可以用单根 K 线分析方法进行研判。

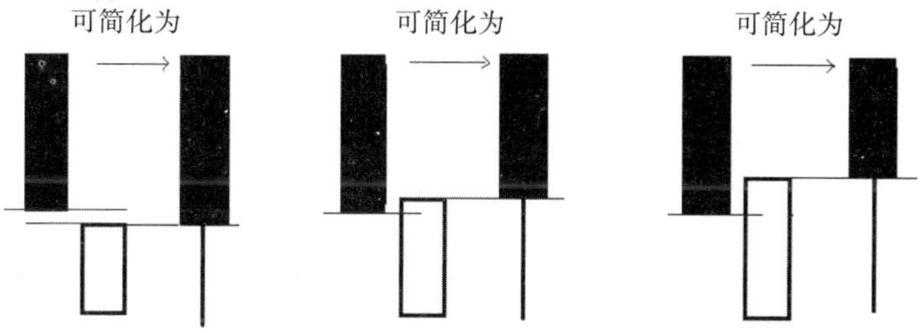


图 4-10　曙光初现相近形态简化过程

### 1. 待入线

简评：高位看跌，低位看涨，宜进一步确认形态的有效性。

特征：待入线也称颈上线，主要在下跌趋势中出现。先出现大阴线，紧随其后的阳线收盘价仅仅回升到大阴线的下影线（最低价）附近就停止上攻步伐，阳线收盘价低于前一天阴线收盘价，与前一天阴线实体有一小段距离，说明股价反弹力度较弱，后市仍有承前下跌趋势，故属于整理形态，但在长期下跌后的低位往往具有止跌或看涨意义。

辨认形态法则有以下几个方面。

（1）第一天大阴线出现在下跌趋势中。

（2）第二天在前一天的最低价之下开盘，形成一个向下的小缺口，股价反弹时受到前一天最低价的压制。

（3）第二天收盘价在前一天的最低点下方。

市场含义：市场一直朝着下跌的方向发展，一根大阴线加强了这种下跌趋势的延续。第二天股价跳空低开，形成一个向下的跳空小缺口。随后股价反弹到前一日最低点附近时，因缺乏做多力量的支持，遭到空头压制，使得股价不能继续上涨，导致市场趋势继续向下调整。市场中待入线出现的频率很高，但只有出现在高位和低位的待入线才有研究与分析的价值。

注意：待入线形态中前大阴线与后小阳线之间的缺口，主要是指两根 K 线实体之间形成的缺口，上下影线之间有无缺口无关紧要。待入线和向下跳空星形线本身就属于同一形态的 K 线，发出的信号也是一致的，不论是按待入线操作还是按向下跳空星形线操作，都是正确的，不会有问题。

图 4-11 所示为 ST 沪科（600608）的日 K 线图。该股经过长时间的下跌调整后，在底部企稳盘整，不久出现了一个待入线形态。虽然此时还不能确定股价会立即上涨，但可以说明股价已经没有太大的下跌空间了。若后市成交量或大市配合，股价将会很快进入上涨走势，投资者不妨逢低吸纳。此后股价渐渐走高，成交量温和放大，均线系统呈多头排列，形成一条坚挺的上升通道。

### 2. 切入线

简评：高位看跌，低位看涨，宜进一步确认形态的有效性。

特征：切入线也称颈内线，同样在下跌趋势中出现。阳线收盘价略微高于前一根大阴线收盘价，较待入线要好，较曙光初现要弱。后市仍有承前下跌趋势，也属于整理形态，但在长期下跌后的低位往往具有止跌或看涨意义。

辨认形态法则有以下几个方面。

（1）出现在明确的下跌趋势中，以一根大阴线作引子。

（2）第二日阳线的开盘价低于第一日的最低价。

（3）待入线第二日的阳线收盘价低于第一日的阴线收盘价，而切入线第二日的阳线收盘价则与第一日的阴线收盘价接近。

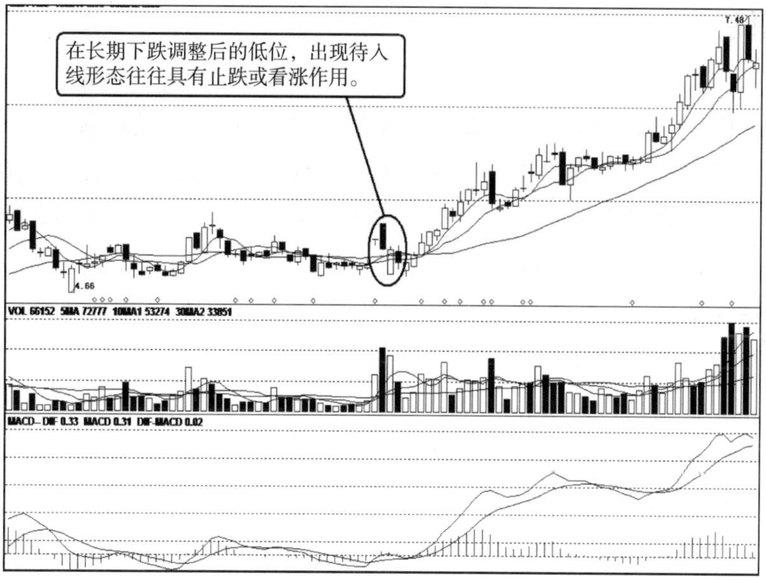


图 4-11　ST 沪科（600608）日 K 线图

市场含义：就形态而言，第二根阳线未能大幅高于第一根阴线，说明反弹动力仍然较弱。在反弹日的低位介入者会观察尾市，如收盘价仍然没有大幅高于前日收盘价，他们便会感到不安，趁还有少许利润而抛售离场，将引发股价再次下跌。

如何判断形态效力？第二根阳线出现时，如果股价反弹而成交量不够积极，就会加强形态的利淡效力。

图 4-12 所示为同德化工（002360）的日 K 线图。该股在跌势末期被快速打压后，在低位出现切入线形态。虽然当天的阳线略微插入到前一天的阴线实体内，但起到了中流砥柱的作用，而且在前一天也出现了同样的形态。紧随其后出现的这个切入线，看涨意义会更明显，从此股价出现一波力度较大的反弹行情。

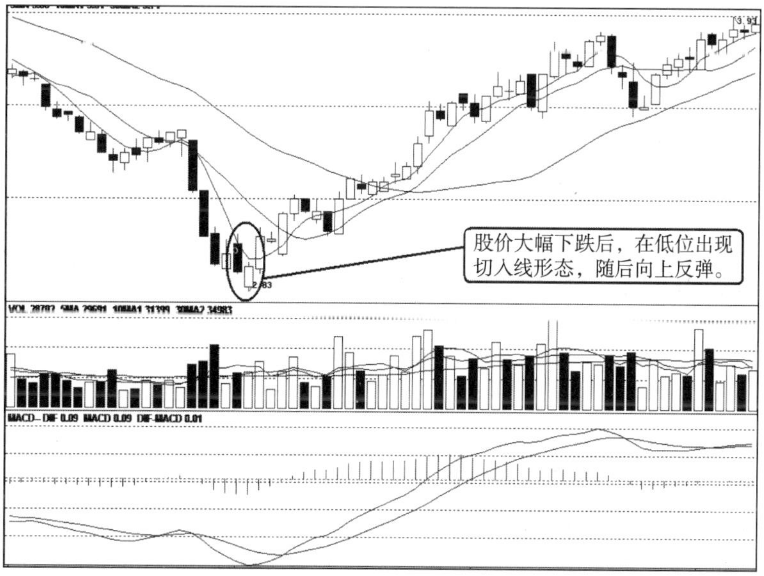


图 4-12　同德化工（002360）日 K 线图

### 3. 插入线

简评：高位看跌，低位看涨，宜进一步确认形态的有效性。

特征：插入线也称戳入线，与上面两种形态十分相似，同样是由前面的一根大阴线和后面的一根小阳线组成。不同的是，插入线的第二根阳线，其开盘价要比前面两种图形的开盘价开得高一些，收盘价收在前一根阴线实体内的位置也高一些，一般要求达到前阴线实体中心线附近，但没有超过中心线（约在 1/3 处）。插入线虽然较待入线和切入线强劲，第二日的反弹水平也较高，但看涨意义始终不及曙光初现形态强烈，所以插入线仍属于看淡信号，不过在长期下跌后的低位出现往往具有止跌或看涨意义。

辨认形态法则有以下几个方面。

（1）在下跌趋势中出现一根大阴线。

（2）第二根阳线的开盘价低于前一日的最低价。

（3）第二根阳线的收盘价深入到前一根大阴线内，但未能超过其实体的一半。

市场含义：在判断形态效力时，要观察反弹时成交量的变化。若成交量过低，显示反弹力度较弱，成为跌市中整理形态的机会更大。插入线需要结合股价所处的具体位置进行分析，这样才具有研究和操作价值。高位的插入线是见顶信号，应卖出股票；低位的插入线显示市场即将见底，可作为多头信号。

图 4-13 所示为赛象科技（002337）的日 K 线图。该股出现了两个插入线形态，产生的结果却完全不一样，前一个是看跌形态，后一个是看涨形态，所以在实盘判断时一定要结合股价所处的具体位置进行分析。

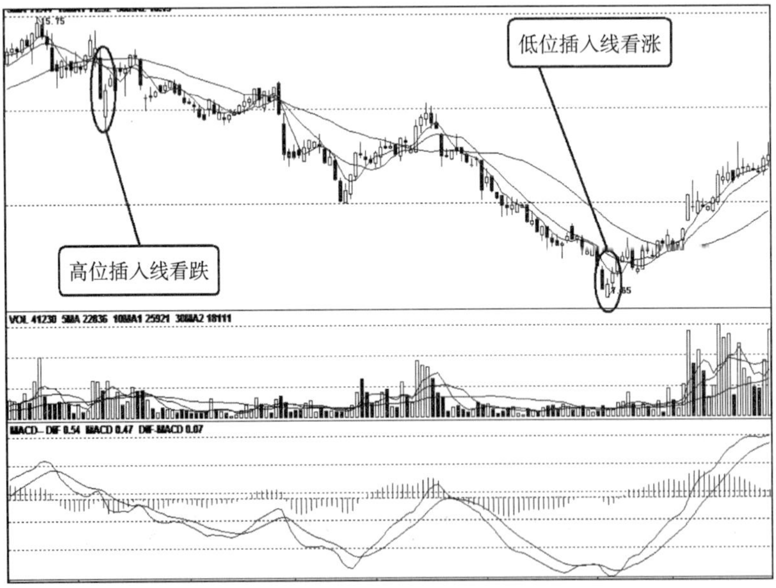


图 4-13　赛象科技（002337）日 K 线图

在操作待入线、切入线和插入线这三种形态时，应注意以下几点。

（1）要分析股价高低位置。若处在高位，坚决卖出股票；若处在低位，可以考虑做多，但底部形态有可能需要等待一段时间，因为主力需要足够的筑底时间。

（2）高位形态的卖出时机，要坚持“宜速不宜缓”的原则。具体要求是：高位出现上述三种形态中的一种时，应在形态形成当日卖出股票。一般情况下，收盘前几分钟，就可以确认形态形成，此时就可挂单卖出。万一当日不能成交，第二天上午开盘前，应利用集合竞价的机会卖出，这两个时间是最佳卖出机会，不应错过。

（3）低位形态的买入时机，则适用“宜缓不宜速”的原则。也就是说，在低位出现这些形态时，不要马上介入，应观察一两天，待行情出现止跌反弹迹象时，才能出手吸筹。具体要求是：低位出现这些形态后，股价上涨的高度超过其形态的最高价时，是最佳买入时机。

相近形态由弱到强依次为：待入线<切入线<插入线<曙光初现。

# 第二节　乌云盖顶

## 一、形成过程

简评：上升动力减弱，顶部反转信号。无须确认，利淡信号强烈。

特征：乌云盖顶形态与曙光初现形态相对应，由一根阳线和一根阴线组成，阴线在阳线最高价之上开盘，在阳线实体内收盘，形成乌云盖顶之势，显示行情走势转弱。阳线实体被阴线覆盖得越多，表明买气越弱，空方攻击力度越强。

形态形成过程如下。

（1）第一天是一根坚挺向上的大阳线或中阳线，显示涨势强烈。

（2）第二天，股价跳空高开低走，收出大阴线或中阴线。第二天的开盘价超过第一天的最高价，也就是说超过第一天 K 线上影线的顶端，收盘却收在大阳线的实体之内，且接近最低价收盘。

（3）第二天的阴线收盘价明显向下深入到第一天阳线实体的一半以下。通常深入到第一天阳线实体的幅度越大，顶部反转形态的可靠性越高。如果吞没第一根阳线实体，就构成穿头破脚形态，见顶信号更加明确。

乌云盖顶形态如图 4-14 所示。

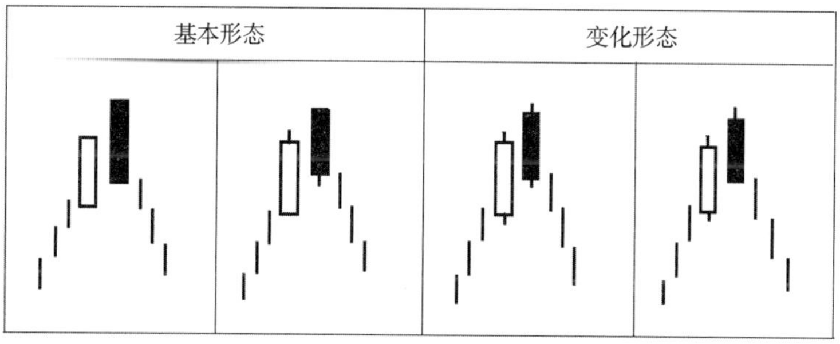


图 4-14　乌云盖顶形态示意图

## 二、市场含义

乌云盖顶为顶部反转形态。市场原本处于上升趋势，突然某一天出现一根大阳线，第二天跳空高开，此时买方完全掌握行情的主动权。这可能是庄家营造的利好气氛，最后一击，达到推高出货的目的。第二天开盘后股价并没有持续上冲，也没有在高位震荡，而是向下回落，收盘价深入到第一天阳线实体的一半以下，或者接近最低价。这意味着市场中的上升动能已经耗尽，买方策划的最后一波上攻失利，结果被卖方控制局面，形成下跌趋势。

一般情况下，乌云盖顶形态发生在一个长期上升趋势的高位。实盘中前后两根 K 线既可以是光头光脚 K 线，也可以是带上下影线的 K 线，其判断意义没有太大的区别。

通常第一根 K 线为升势阳线，显示升势向上拓展，短期向好。第二根 K 线是大阴线，其开盘价比上一日阳线要高，收盘价则低于第一根 K 线实体的一半，这样才是标准的乌云盖顶形态，是见顶回落的转势信号。事实上，如果投资者将第一根 K 线和第二根 K 线进行简化，便会出现一个长上影线而无下影线（或下影线很短）的流星线形态，同样是利空信号。乌云盖顶形态简化过程如图 4–15 所示。

图 4–15　乌云盖顶形态简化过程

## 三、应用法则

（1）第一日为大阳线，表示继续上升趋势。

（2）第二日为大阴线，开盘价高于前一日大阳线的最高价。

（3）第二日阴线的收盘价在前一日阳线实体一半位置以下。

（4）乌云盖顶形态应出现在上涨趋势的顶部或阶段性高点。

图 4–16 所示为吉恩镍业（600432，现已退市）的日 K 线图。该股在拉升行情中，连拉 3 个涨停板，走势看涨。可是，在股价大幅跳空高开后，多方未能守住阵地，股价快速向下滑落，吃掉了前面大阳线实体的一大半，一片“乌云”盖住了涨势顶部，从此股价开始了中期调整。

乌云盖顶是强烈的卖出信号，一旦出现，应果断离场。高位乌云盖顶形态出现的频率很高，投资者应对这一形态高度重视。凡在高位出现乌云盖顶形态，第二天又继续收出阴线时，应坚决卖出股票，等待股价回调。

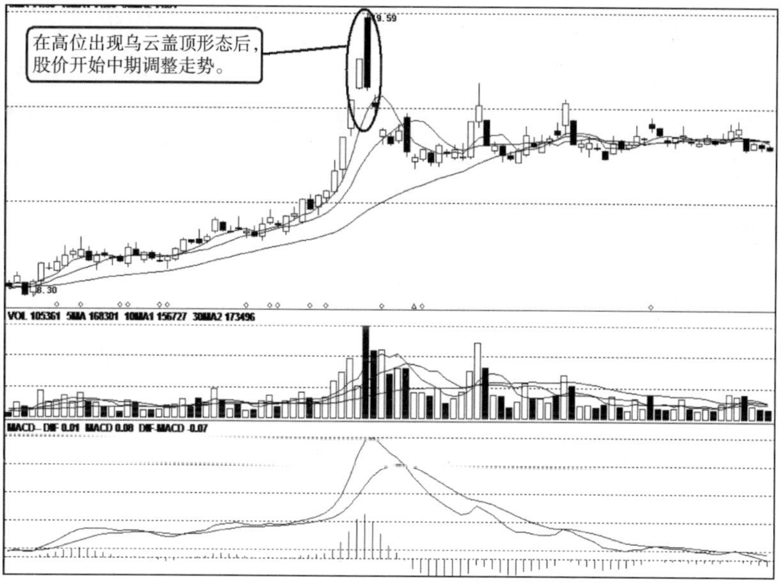


图 4-16　吉恩镍业（600432）日 K 线图

实盘中分析乌云盖顶形态的关键点如下。

（1）第二根 K 线应高开在第一根 K 线的最高价之上，但收盘价大幅回落，深入到第一根 K 线实体部分一半以下，否则分析意义不大。第二根 K 线实体深入到第一根 K 线实体越多，说明见顶回落的可能性越大。

（2）第二根 K 线在开盘阶段曾经向上突破明显的阻力位，然后掉头向下，说明多头上攻乏力，大势见顶的迹象已经显露。

（3）第二根 K 线刚开盘的成交量也是很重要的指标，成交量越大，表示其中潜伏的投资者越多，市势转向的可能性越大。

## 四、分析要点

乌云盖顶形态是见顶信号，预示股价可能见顶回落，是强烈的卖出信号。在实际操作中，可以通过以下几个方面判断反转力度的强弱。

（1）第二根阴线深入到第一根阳线实体越多，说明市场见顶回落的概率越大，否则见顶反转的意义不大。若第二天大阴线的收盘价低于前一天阳线的实体，则演变成穿头破脚包容形态，同属利淡信号，应逢高了结。

（2）第二天股价以跳空缺口开盘，向上穿越主要阻力区，然后很快掉头向下，说明买盘力量较弱，高位接盘乏力，大势见顶的迹象已经显露，这可强化形态的见顶信号。

（3）第二天开盘初期的成交量越大，表明其中潜伏的获利回吐盘越多，但也反映有人入市买货。股价一旦被压低回落，这批在高位买货的人将会亏损并被套牢，将来一旦股价接近高位，即会引发这批人争相抛盘，高位抢货的人将成为日后潜在的抛盘，今后市场再次上涨的概率降低，乌云盖顶形态发挥的见顶效力更强烈。

特别提醒：第一天大幅高开形成的一字线、十字星线、T 字线或锤头线，与大阳线具有相同意义，可以理解为实体大阳线。第二天在高位大幅低开形成的小阴线、十字星线、⊥字线或倒锤头线，从图形上看似乎不符合乌云盖顶形态的基本特征，但其研判意义是相同的，投资者应注意。

## 五、实盘技巧

（1）出现乌云盖顶形态后，如果在下一个交易日股价继续下跌收出阴线，或者全天股价在前一个阴线的 1/3 位置以下弱势运行，那么形态的可信度进一步提高。如果在下一个交易日立即出现一根大阳线，收盘价在大阴线的 2/3 以上，应否定乌云盖顶形态见顶的结论，这可能是庄家洗盘行为所致，后市股价仍有上涨可能。

图 4–17 所示为珠江实业（600684）的日 K 线图。股价经过一波快速拉升后，在高位形成乌云盖顶形态，说明多空双方意见出现分歧，多方继续上攻的势头有所减弱，而空方向下打压的念头有所抬头。第二天股价继续下跌，全天几乎没有像样的反弹走势，从而进一步强化了乌云盖顶形态的有效性，此时没有来得及在高位退出的投资者应把握离场机会。

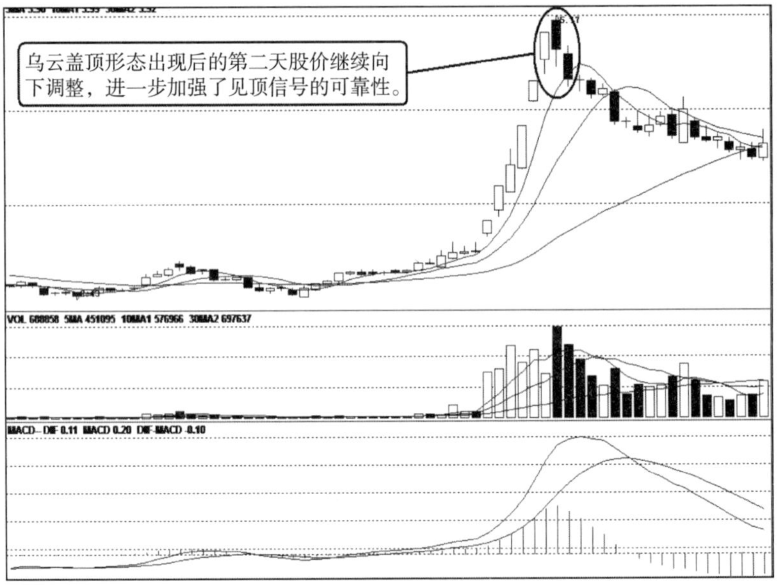


图 4–17 珠江实业（600684）日 K 线图

（2）虽然乌云盖顶形态要求必须出现在市场大幅上涨后的顶部，但在实盘操作中，下降趋势里出现的乌云盖顶形态同样有看跌意义，这说明空方的抛压依然很重，后市股价仍有一跌，这一点投资者应切记。

图 4–18 所示为南风股份（300004）的日 K 线图。该股反弹结束后，股价重回跌势。当股价回落到前期低点（可观察压缩图）附近时，获得一定的技术支撑出现反弹。2017 年 4 月 21 日收出一根涨停大阳线，但是市场未能延续强势走势，次日一根高开低走的大阴线跌去了大阳线的一大半涨幅，从而形成乌云盖顶形态。这个形态给本已脆弱的市场增添了

一分压力，经过几个交易日的震荡后，股价向下破位。由此可见，乌云盖顶形态不一定出现在顶部才有效，在下跌过程中出现乌云盖顶形态，同样具有强大的杀伤力，甚至起到“放大”看跌的效果。

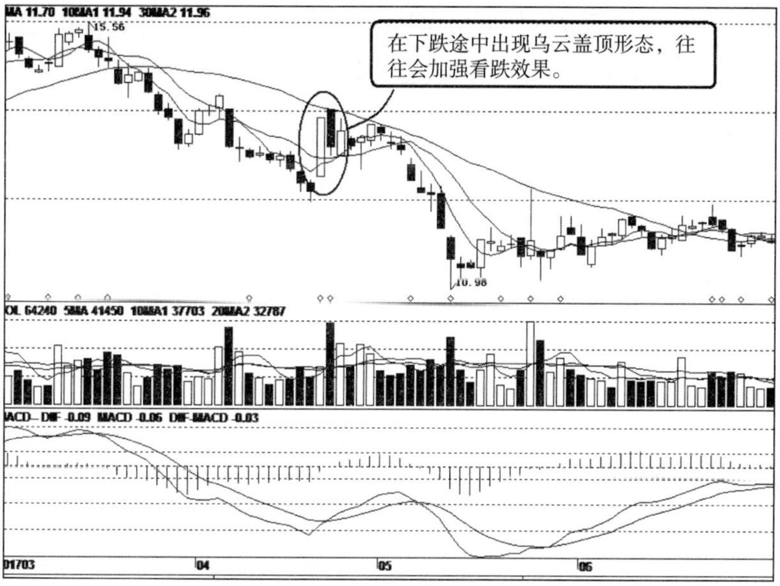


图 4-18　南风股份（300004）日 K 线图

（3）在高位出现乌云盖顶形态时，如果有巨大的成交量配合，则反映市场抛压大，空方意志坚定，后市仍以调整为主，此时应及时离场。

图 4-19 所示为韶钢松山（000717）的日 K 线图。股价经过一波快速拉升后，分别在 2017 年 9 月 4 日和 9 月 12 日出现乌云盖顶形态。当日成交量巨大，说明盘中抛盘较大，庄家筹码出现松动，此时会强化形态的看跌效果，应以卖出为主。

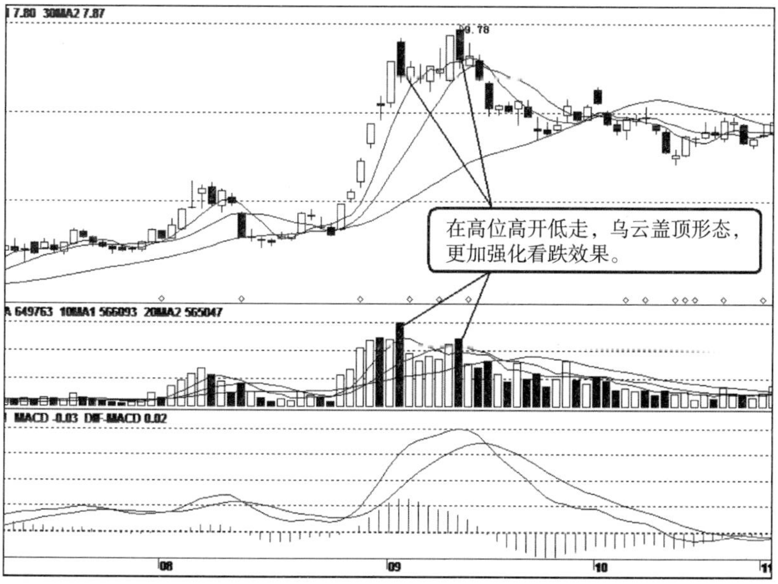


图 4-19　韶钢松山（000717）日 K 线图

（4）在乌云盖顶形态中，如果大阴线的开盘价高于某个重要阻力位，但股价未能成功守住，那么多方可能已经无力控制市场了，后市应当看空。或者，股价在重要阻力位之下形成乌云盖顶形态，后市看跌意义更大。

图 4-20 所示为美克家居（600337）的日 K 线图。股价见顶后大幅回落，之后企稳回升，出现一波较大的反弹行情。股价在高位形成横盘震荡走势，其间成交量大幅放大，股价重心却向下移动，这种现象疑似庄家对倒出货。不久，股价强势涨停，次日大幅跳高到前期高点阻力位之上开盘，但未能在高位挺住，盘中渐渐回落，最终收出下跌大阴线，形成乌云盖顶形态，且成交量巨大，说明庄家在利用高开放量出货。随后股价跳空低开低走，再次收出下跌大阴线，开始了震荡走势。这种情况说明庄家故意做高开盘价，以误导投资者入场。

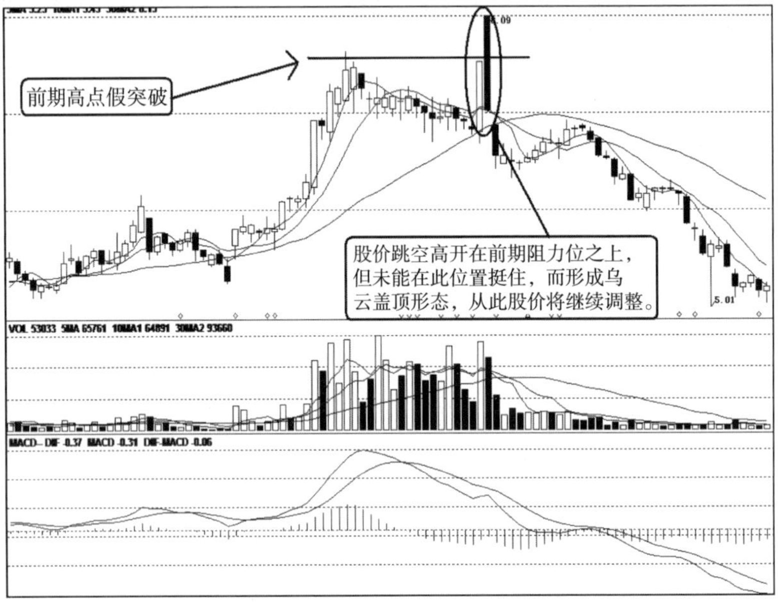


图 4-20　美克家居（600337）日 K 线图

（5）乌云盖顶形态如果得到其他看跌信号的支持，则后市行情更为悲观。如在乌云盖顶形态之后出现倾盆大雨、黑三鸦等形态以及向下跳空缺口，这些形态都具有看跌意义，会加强看跌信号的可信度，投资者应及时离场观望。

图 4-21 所示为柳钢股份（601003）的日 K 线图。股价经过一波有力的反弹行情后，继续收出涨停大阳线。次日股价在前期高点（可观察压缩图）阻力位之上跳空高开，但随后回落形成乌云盖顶形态，说明股价上涨遇到强大的阻力。该形态出现后，股价跳空低开低走，支持乌云盖顶形态的有效性。之后股价继续下跌调整，呈现黑三鸦形态，而且跌破 30 日均线的支撑，后市下跌调整已成定局。

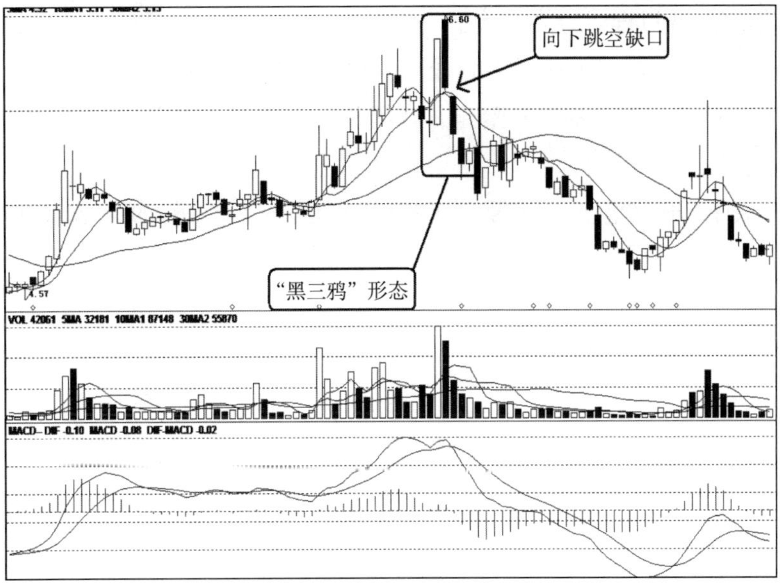


图 4-21　柳钢股份（601003）日 K 线图

# 第三节　旭日东升

## 一、形成过程

简评：底部反转信号，无须确认，利多信号强烈。

特征：股价在下跌趋势中连连走低，通常会低开低走，甚至连续收阴。随着空方力量逐渐耗尽，多方在次日立即还以颜色，股价突然大幅跳空高开，延续上升至终盘。当天股价收出近乎光头光脚的大阳线，一举将上一个交易日的阴线覆盖，让前期杀跌的恐慌盘追悔莫及，这种 K 线组合形态就叫旭日东升。

旭日东升形态由两根 K 线组合而成，大多出现在行情底部，说明股价经过一轮明显的下跌趋势后，多头发起猛烈的反攻，下跌趋势被彻底扭转，涨升行情犹如旭日东升，冉冉升起，如图 4-22 所示。

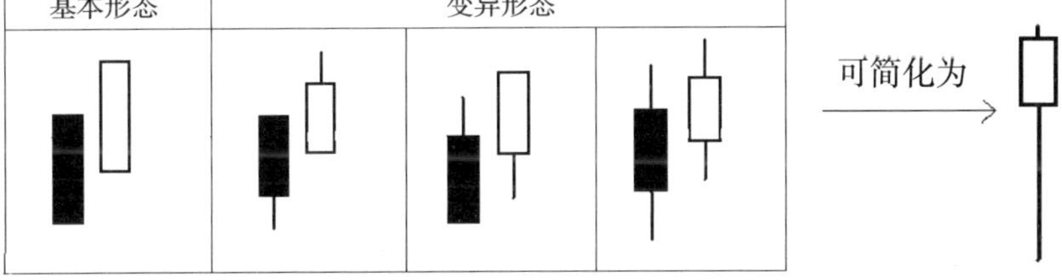


图 4-22　旭日东升示意图

旭日东升形态形成过程可分为三步。

（1）第一天收出一根大阴线或中阴线，说明市场处于下跌趋势。

（2）第二天的 K 线为一根高开高走（在第一天阴线实体内高开）的大阳线或中阳线，显示多方发起反击。

（3）第二天阳线的收盘价一定要高于第一天阴线的开盘价（阴线实体），下跌趋势被扭转。

## 二、市场含义

旭日东升形态是一种具有反击意义的 K 线组合，其反转力度大于曙光初现形态，同样也出现在下跌趋势的较低位置。当天收出一根阴线，表示跌势仍将继续。次日，股价在庄家或某种利好消息的影响下跳空高开高走，收盘价高于前一天阴线的开盘价（高出的部分越多，反击的力度越强）。此时空头在市场的疯狂反弹下相继改变思路，甚至反空做多，使得行情转势得到证实，组合形态也就有了实战意义。

太阳出来光芒万丈，前途一片光明，所以此形态属于看涨信号。从它的形成过程可以看出，股价连绵下跌之后，按常理股价应当平开或跳空低开，而次日出现的高开是多方强烈看好后市、迫不及待发动反攻的表现，其市场行为背后可能蕴藏着基本面或庄家思维突然发生变化的可能。第二根阳线收于第一根阴线实体之上，将前一日阴线的势力范围收复，足以显示多方实力强劲，完全是有备而来。旭日东升可以简化为锤头线，可用锤头线的相关法则进行研判。

## 三、应用法则

（1）出现在市场底部区域，第一天为大阴线，继续下跌趋势。

（2）第二天的开盘价高于前一天大阴线的收盘价。

（3）第二天的收盘价位于前一天大阴线实体以上（阴线开盘价上方）。

（4）第二天必须是一根大阳线或中阳线，最好有成交量的配合。

图 4-23 所示为恒泰艾普（300157）的日 K 线图。股价受下跌调整影响，在低位收出一根大阴线，从盘面观察股价有进一步下跌的要求。可是第二天股价高开高走，收出一根光头光脚涨停大阳线，并得到成交量的积极配合，其开盘价高于前一日大阴线的收盘价，收盘价大大高于前一日阴线的开盘价，形成旭日东升组合形态，并吞没了前面的多根 K 线，看涨意义十分强烈。

## 四、分析要点

随着旭日发出的第一缕曙光撕破黎明前的黑暗，使得东方天幕由漆黑逐渐转为鱼肚白，直至耀眼的红日喷射出万道霞光，最后一轮火球跃出水面，腾空而起，整个过程像一个技艺高超的魔术师，在瞬间变幻出多姿多彩的画面，令人叹为观止。这是自然界的旭日东升

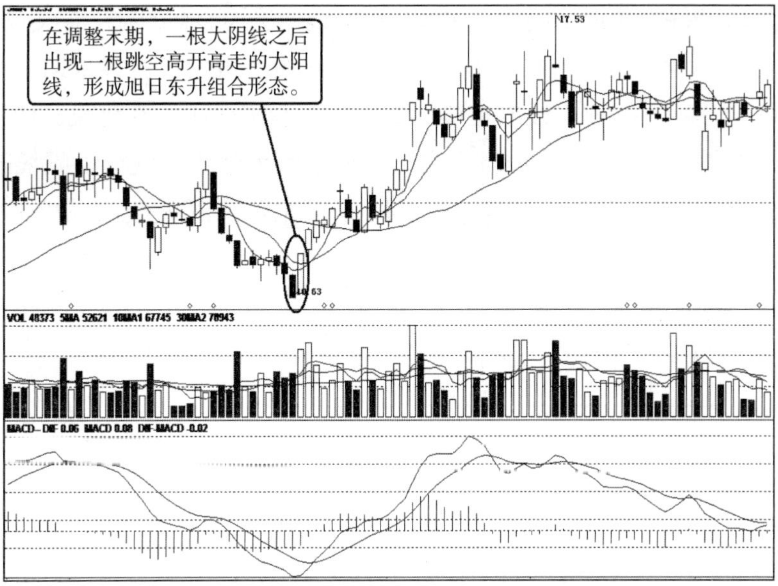


图 4-23　恒泰艾普（300157）日 K 线图

现象，引入到股市操作中也有独特的分析价值。

（1）黑暗过后才会有阳光。旭日东升形态出现之前，股价必须经历一轮明显的下跌走势，次日大幅高开阳线的收盘价必须超越前一日阴线的开盘价（实体）。如果在相对涨升高位出现类似形态，容易形成骗线，应有所警惕。

（2）在前期的下跌过程中，成交量未必会明显放大，关键是看后期的增长情况。如果持续放量，则为股价的进一步反弹减轻了很多压力，形态的可靠性也更大。

（3）标准形态要求前后两根 K 线的实体大小近乎相等，可略有差异，但不能过于明显，至少第二根 K 线不能小于第一根 K 线。如果第二天阳线的长度比第一天阴线的长度长，则反转信号更为强烈。

（4）见底信号强于曙光初现形态，阳线实体高出阴线实体部分越多，转势信号越强。

（5）第一天阴线的最高价是后市股价回调的支撑点，只要在该位置得到有效支撑，形态的看涨意义就不会改变。

## 五、实盘技巧

旭日东升形态说明股价经过连续下挫，空方能量已经释放殆尽。在空方无力继续打压时，多方奋起反抗，股价高开高走，旗开得胜，前景又光明起来。投资者遇见旭日东升形态时，不宜继续看空，而要转变操作思维，逢低吸纳筹码，适时做多。

实盘中应重点关注以下几种盘面现象。

（1）假如股价始终在 30 日均线之下阴跌，则很难有向上攻击的爆发力。突然有一天股价放量突破 30 日均线，并能坚守在 30 日均线之上，则有可能成为向上转势的信号。假如股价已经在 30 日均线之上企稳，则转势向上的把握更大。或者，股价曾经有过几次上冲

30 日均线的动作，最后一根阳线带量冲过 30 日均线，这种形态的看涨意义也很大。

图 4-24 所示为世纪瑞尔（300150）的日 K 线图。该股在调整末期出现一个“黑三鸦”形态，股价击穿了 30 日均线的支撑，显示盘面有进一步做空迹象，让不少投资者担惊受怕。可是之后股价高开高走，当日收出一根上涨大阳线。这根大阳线的低点比前面阴线的低点高，而高点也比前面阴线的高点高，从而扭转了下跌势头。从此股价持续走高，短线涨幅可观。

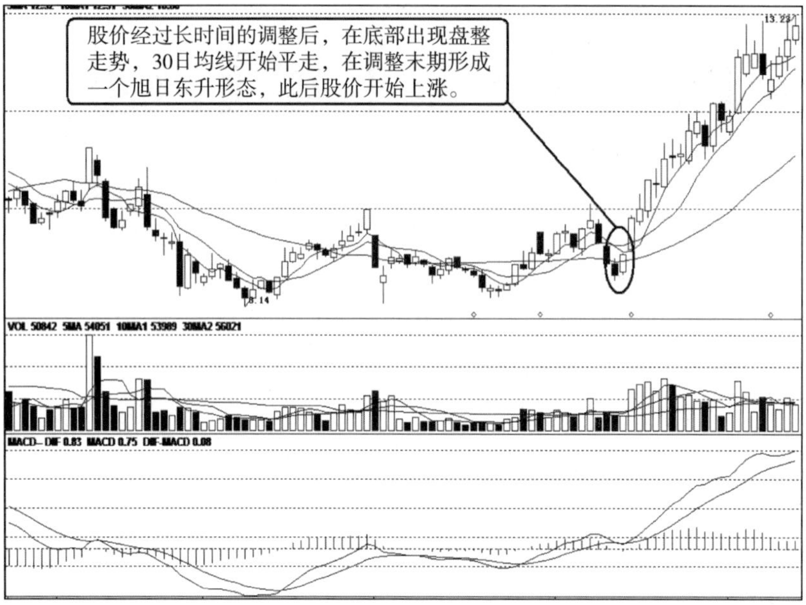


图 4-24 世纪瑞尔（300150）日 K 线图

（2）市场在底部经过长时间的盘整后，出现一个旭日东升形态，说明底部构筑成功，后市有望进入升势行情，可以积极做多。

图 4-25 所示为深冷股份（300540）的日 K 线图。股价经过长时间的下跌后，在底部企稳盘整，底部渐渐向上抬高。2018 年 5 月 14 日形成旭日东升形态，说明股价调整基本结束，有企稳回升迹象。此时 30 日均线已经缓缓上行，说明股价下跌空间有限，投资者可以逢低吸纳。次日股价高开低走收出阴线，又与前面的大阳线组成乌云盖顶形态。三根 K 线，两个形态，意趣颇浓。当乌云盖顶形态出现后，股价只是小幅回调即得到均线系统的有力支撑，说明此时的乌云盖顶形态是洗盘走势，而旭日东升形态则是一个上涨突破信号，因此可以积极做多，随后股价连拉涨停。

（3）在股价持续下跌过程中，多个交易日收出小阴线或者小阴小阳线，随后收出一根高开高走的大阳线，这根大阳线吃掉了前面若干根小 K 线，这种形态也可以看作旭日东升形态，同样具有看涨意义。

图 4-26 所示为海利生物（603718）的日 K 线图。2018 年 5 月 2 日，一根涨停大阳线拔地而起，吃掉了前面若干根小阴小阳线，强势特征一目了然。虽然这根大阳线之前是一

些小K线，与标准的旭日东升形态有差异，但这恰恰说明做空力度不大，股价下跌空间有限，随后的这根大阳线成功扭转了下跌势头。实盘中，多日小阴线后如果出现一根上涨大阳线，就可以判断为看涨信号。实盘中真正标准的形态非常少见，所以只要形态相似即可。

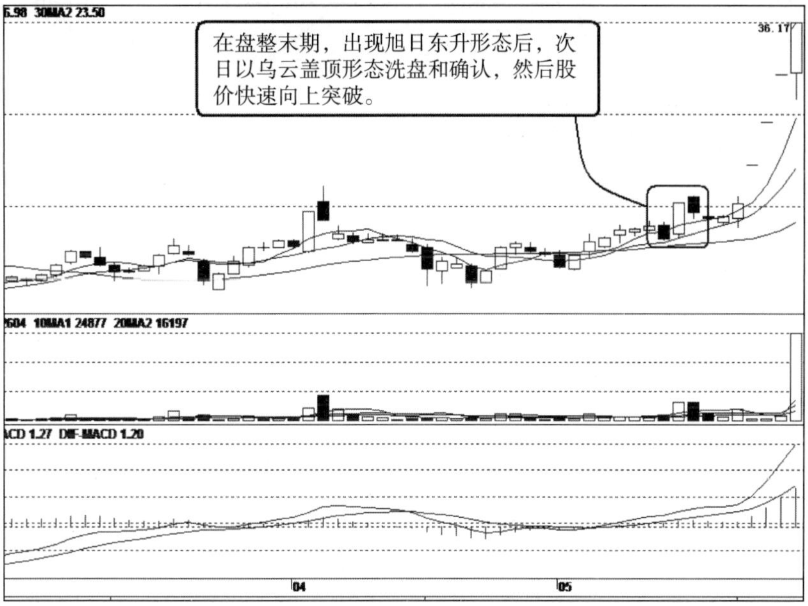


图 4-25　深冷股份（300540）日K线图

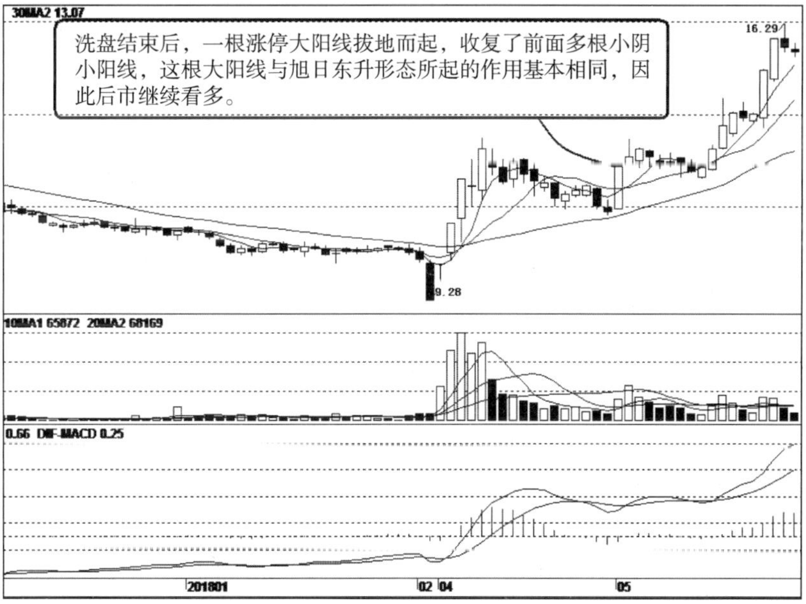


图 4-26　海利生物（603718）日K线图

（4）在上涨初期或途中出现旭日东升形态，大多是洗盘结束的标志，可以大胆逢低做多。

图 4-27 所示为盛达矿业（000603）的日K线图。该股先是以旭日东升的形式向上突破底部整理区域，股价从此出现缓慢的上涨走势，均线系统呈多头排列。经过一段时间的

盘升后，股价回落整理。在 30 日均线附近得到支撑后，出现旭日东升形态，表示洗盘整理结束。之后股价突破平台整理区快速上涨。

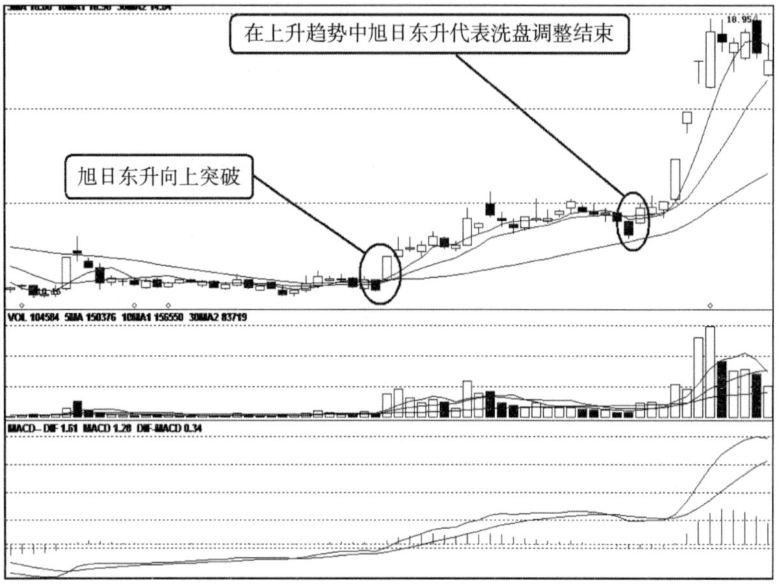


图 4-27　盛达矿业（000603）日 K 线图

（5）如果股价以跳空的形式在前一天阴线的开盘价上方大幅高开，说明多头力量十分强大，股价短线具有较强的爆发力，此时可以重仓做多。

图 4-28 所示为纳川股份（300198）的日 K 线图。股价经过大幅回调后，不久跳空高开高走报收阳线，留下一个当日没有回补的向上跳空缺口，显示短期反弹力量强劲。这种形态在缺口附近具有较强的支撑，可在缺口附近低吸做多。

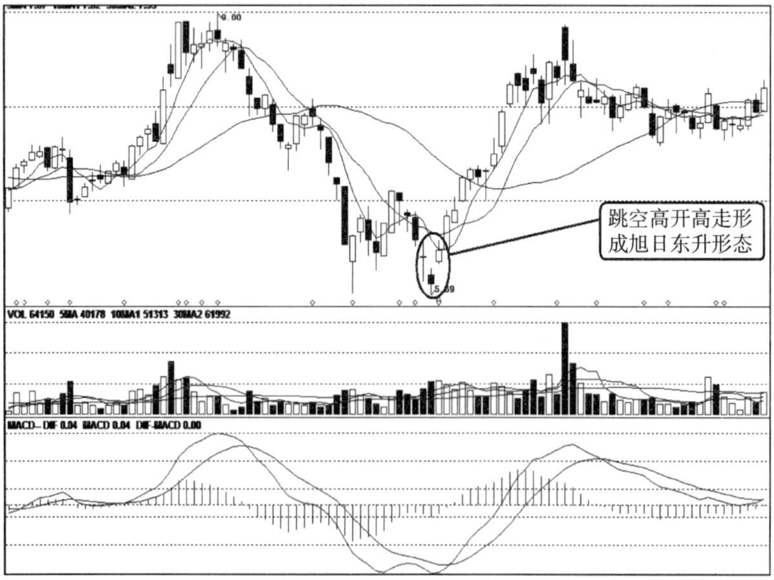


图 4-28　纳川股份（300198）日 K 线图

# 第四节 倾盆大雨

## 一、形成过程

简评：顶部反转信号，无须确认，利空信号强烈。

特征：倾盆大雨是旭日东升的反向形态，往往出现在股价拉升到高位或已有一定涨幅之后。伴随着股价的不断推高，投资者对后市的上升空间充满了无限憧憬。此时股价却风云突变，跳空低开低走低收，最终收盘于前一日阳线实体之下，形态走势犹如突然倾泄而下的暴雨，故命名为“倾盆大雨”。

倾盆大雨形态由一阳一阴两根K线组成，第一根为上涨阳线，第二根为下跌阴线，而且阴线在阳线实体内开盘，在阳线实体之下收盘。

其形成过程可分为三步。

（1）第一天收出一根大阳线或中阳线，说明市场处于上升趋势中。

（2）第二天的K线为一根低开低走低收（低开于第一天阳线实体之内）的大阴线或中阴线，显示空方发起反击。

（3）第二天阴线的收盘价一定要低于第一天阳线的开盘价（阳线实体），上升趋势被扭转。

倾盆大雨形态可以简化为流星线，而顶部的流星线是典型的看跌形态，如图4-29所示。

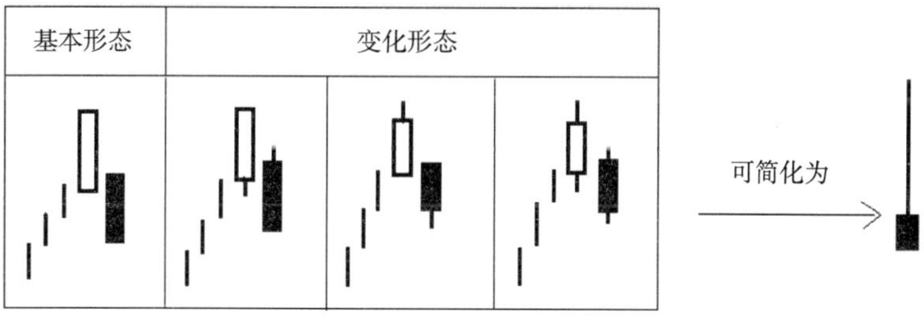


图4-29 倾盆大雨形态示意图

## 二、市场含义

出现这种K线组合，对多方极为不利，关键在于低开低走低收的大阴线使多方信心受到极大的打击。低开，说明人们已不敢追高，想低价出售股票的投资者大有人在；低走，说明愿意买进的人寥寥无几，多头已经力不从心；低收，更是反映出市场看淡该股的后市走势。出现这种K线组合，如伴有大成交量，则形势更糟糕。很多有经验的投资者见到此图形，第一个反应就是减磅操作。

当然，并不是说这个图形出现后，股价就非跌不可，也不排除庄家利用这种方法中途洗盘，为日后股价上升夯实基础。但总体来说，这种情况发生的机会很少。其原因很可能是：一来，庄家用这种方法洗盘，把技术形态搞坏，本身就要冒着洗盘没有洗成反而遭受更大的抛盘、促使股价快速下跌、把自己套住的风险；二来，即使庄家洗盘，大多数也发生在股价涨升初期，一般不会发生在股价已有相当升幅之后。所以，在涨势中，尤其在股价涨了很多之后看到这种图形，从规避风险出发，还是减磅为好。一旦发现之后股价重心仍在下移，就坚决抛空离场。

## 三、应用法则

（1）出现在市场顶部区域，第一日为大阳线，继续其上升趋势。

（2）第二日的开盘价低于前一日大阳线的收盘价。

（3）第二日的收盘价位于前一日大阳线实体以下（阳线开盘价下方）。

（4）第二日必须是一根大阴线或中阴线，最好有成交量的配合。

图 4-30 所示为华锋股份（002806）的日 K 线图。股价经过一波快速拉升行情后，盘中堆积了大量获利筹码，在高位出现震荡走势。2018 年 5 月 22 日收出一根上涨阳线，创出本轮行情的新高。第二天却低开低走低收，收出一根跌停大阴线，收盘价低于前一天阳线的开盘价，从而形成倾盆大雨形态，此后股价开始回调整理。

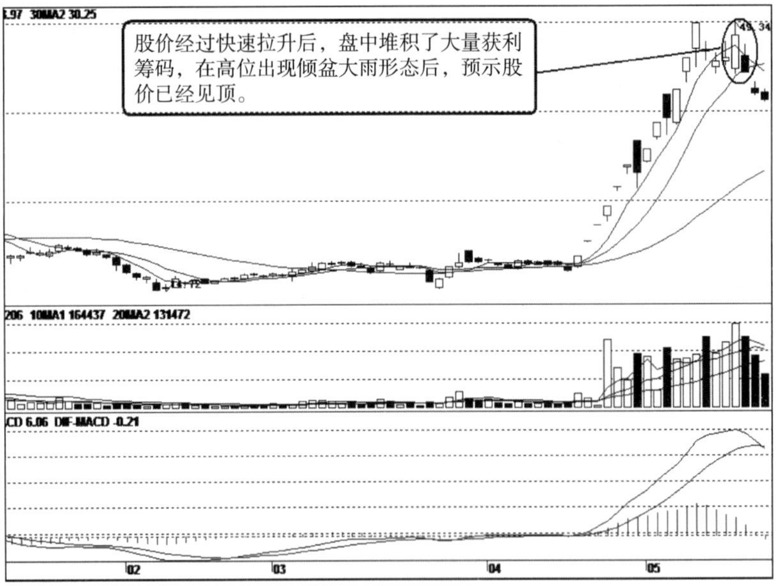


图 4-30　华锋股份（002806）日 K 线图

## 四、分析要点

（1）形成倾盆大雨形态之前，股价处于上升走势。收出阳线的次日，股价大幅低开收阴，收盘价低于前一日阳线的开盘价（实体），开盘价和收盘价越低，看空意义越强。

（2）在前期上涨过程中，成交量未必明显放大。如果倾盆大雨形态的第二根阴线出现巨大的成交量，说明盘中抛压较重，股价进一步下跌的可能性较大。

（3）标准形态要求前后两根 K 线的实体大小近乎相等，可略有差异，但不能过于明显，至少第二根 K 线不能小于第一根 K 线。如果第二根阴线的长度长于第一根阳线的长度，则见顶信号更为强烈。

（4）倾盆大雨形态的见顶信号强于乌云盖顶形态，股价涨幅越大，涨速越快，持续时间越长，第二天的阴线实体越长，后市下跌力度越强，见顶概率也越高。

（5）第一天阳线的最低价是后市股价反弹的压力点，只要在该位置没有被突破，形态的看跌意义就不会改变。

## 五、实盘技巧

（1）顶部倾盆大雨形态的杀伤力要大于乌云盖顶形态，出现这种 K 线组合，如果伴有急剧放大的成交量，其杀伤力十分强大。投资者见到这种 K 线组合，第一个反应就是减磅或离场。

图 4–31 所示为鹏欣资源（600490）的日 K 线图。该股经过一波幅度较大的上涨行情后，在高位出现一根低开低走低收的大阴线。一个显著的特点是，当天放量下跌，说明盘中筹码出现松动，多空产生分歧。大阴线不仅将前一天接近 7 个点涨幅的阳线全部吞没，收盘跌幅更是超过 9 个点，可见下跌力度绝非一般。这时投资者应减磅或清空，如果没有来得及反应，应在随后的回抽过程中选择高点离场。

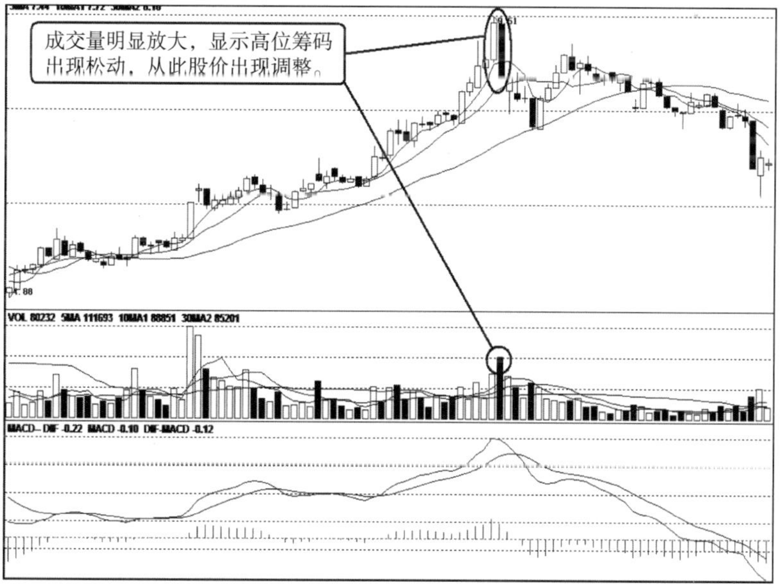


图 4–31　鹏欣资源（600490）日 K 线图

倾盆大雨形态之所以形成低开低走低收的结果，可能有两种情况：一是，先知先觉者在个股或市场突然出现利空时提前做出反应；二是，庄家欲将追高的散户一网打尽的险恶用心昭然若揭。这种形态之后，股价往往会有一定时间和幅度的下跌，因此是一个卖出信号。

（2）虽然倾盆大雨形态要求出现在大幅上涨后的高位，但在下跌过程中出现这种形态，也具有助跌或放大跌势的作用，看跌意义更加突出，应以止损离场为宜。

图 4-32 所示为大有能源（600403）的日 K 线图。该股见顶后逐波下跌，一条下降趋势线不断压制股价走低。不久，一根涨幅超过 8 个多点的大阳线向上突破 30 日均线的压制，可是多头持续性不够，第二天股价就低开低走收出一根跌幅超过 9 个点的大阴线，形成倾盆大雨形态。当天伴随着巨大的成交量，股价重回 30 日均线之下，次日股价继续跳空放量大跌，说明空头力量并没有完全得到释放，短期后市难有起色。因此，在下跌过程中出现的倾盆大雨形态也是一个看跌信号，甚至会起到助跌和放大作用。

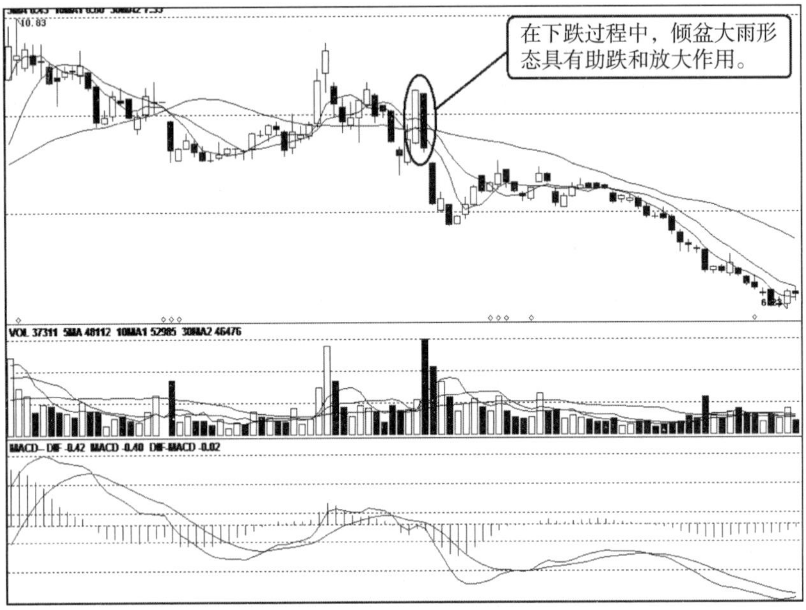


图 4-32　大有能源（600403）日 K 线图

（3）经过大幅拉升后，如果在高位或者反弹高点出现向上假突破或尾盘急速拉高，收出实体较大的阳线，则属于庄家的拉高诱多行为，次日股价很可能低开低走低收，把跟风盘全部套牢，此后股价将一路下跌，很少出现反弹。

图 4-33 所示为贵航股份（600523）的日 K 线图。股价经过一波反弹后，遇到上方压力（可观察压缩图）。经短暂的整理后，在反弹高点一根大阳线向上拉起，形成向上突破之势。可是第二天股价大幅低开低走，以接近跌停板报收。从图中可以看出，前一天的大阳线明显是庄家的诱多行为。投资者遇到这种形态时，没有什么可犹豫的，走得越快越好。最佳卖点是阴线出现之日，一看到当天大幅低开便可减半仓，如果盘中跌破前一天阳线的开盘价，应该清仓止损。另外，倾盆大雨形态成立次日也是卖出机会，因为下跌幅度远不止于此。

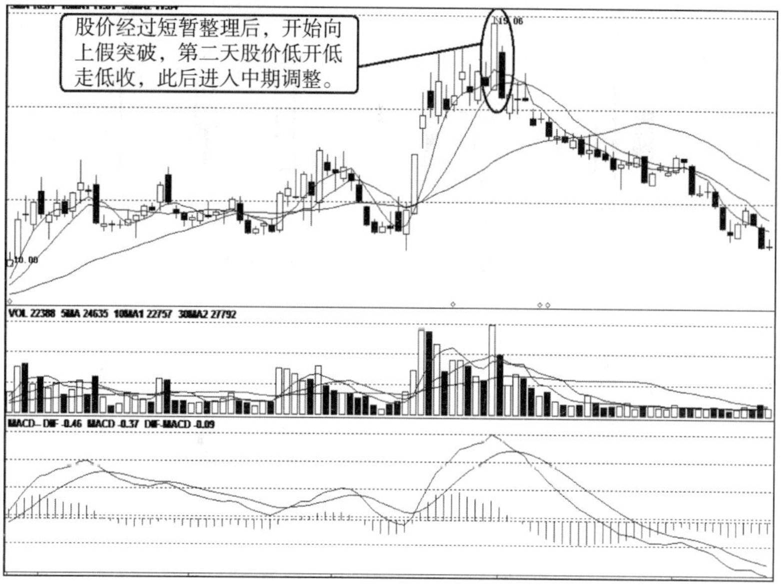


图 4-33　贵航股份（600523）日 K 线图

# 第五节　包容线

## 一、形成过程

简评：阳包容线利好，阴包容线利淡，但须进一步确认形态的有效性。

特征：包容线主要由两根实体颜色相反的阴阳 K 线组成，出现在市场的转折点，有分析意义的包容线多发生在底部和顶部。根据包容线的 K 线颜色，可以分为阳包容线和阴包容线两种。阳包容线也称破脚穿头线，为利好形态；阴包容线也称穿头破脚线，为利淡形态。

阳包容线形态出现在市场跌势中，先出现一根实体相对较小的阴线。第二天股价跌破第一天阴线实体的低位部分后急速反弹，以突破第一天阴线实体的最高价收盘，形成一根大阳线。阳线实体两头都超过阴线实体的上下边，将第一天的阴线实体全面吞没。简单地说，就是在两根 K 线组合中，右边的阳线完全吃掉左边的阴线，第二根阳线的最低价低于第一根阴线的最低价，最高价则高于第一根阴线的最高价。

这种形态代表空头趋势结束，行情反转向上，因此阳包容线是空转多的底部反转信号。阳包容线的两根 K 线简化之后是一根带长下影线的阳线、锤头线或 T 字线，看涨意义非常强烈，如图 4-34 所示。

阴包容线形态的形成过程与阳包容线形态正好相反，它出现在上升趋势中，前面的 K 线是根小阳线，后面的 K 线是根大阴线，后面的阴线实体吞没了前面的阳线实体。阴包容线的两根 K 线简化之后，是一根带长上影线的阴线、流星线或⊥字线，看跌意义显而易见，如图 4-35 所示。

图 4-34　阳包容线形态示意图

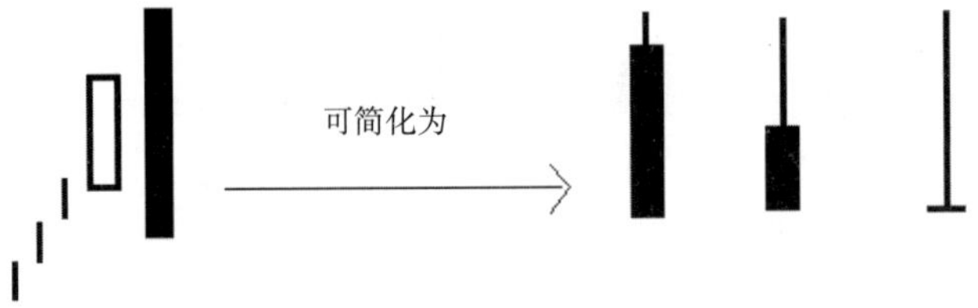


图 4-35　阴包容线形态示意图

包容线的三种基本类型如下。

（1）同性相包，即阳包阳、阴包阴。阳包阳是由于第二根阳线大幅低开高走造成的；阴包阴是由于第二根阴线大幅高开低走造成的。将同性相包的两根 K 线合并起来，会得到一根较大的 K 线，通常表示市场继续维持原来的运动趋势。

（2）包星线，即阳包星、阴包星。阳包星可看作阳包阳，阴包星可看作阴包阴，都是趋势方向不变的信号。

（3）异性相包，即阳包阴、阴包阳。阳包阴的两根 K 线合并之后是一根阳实体、长下影线、无上影线（或上影线很短）的锤头线，可以作为转势信号出现在波段低点，或作为续升信号出现在上升途中，或作为转势信号出现在波段高点。阴包阳的两根 K 线合并之后是一根阴实体、长上影线、无下影线（或很短）的流星线，可以作为转势信号出现在波段高点，或作为续跌信号出现在下跌途中，或作为转势信号出现在波段低点。

在实盘中，包容线经常出现变异形态：一是，第一根 K 线大幅低开或高开形成十字星线或小实体；二是，第二根 K 线大幅高开或低开形成十字星线或小实体；三是，多线包容形态，后面一根 K 线包容了前面两根以上的小 K 线。

## 二、市场含义

包容线是重要的反转形态，阳包容线是市场底部反转信号，阴包容线是市场顶部反转信号。

在阳包容线中，股价经过一段时期的下跌后，突然一根低开高走的大阳线拔地而起，包容覆盖了左边的阴 K 线。这种现象反映多方已全面控制大局，被视为下跌波段结束的信号。阳包容线是一种极为强烈的底部反转信号，不仅信号十分明显，而且暗示其力度非常强劲。出现阳包容线后，如果第二天股价持续攀升收出大阳线的话，这个信号得以确认，预示后市是大涨行情。当然，第一根大阳线的成交量非常重要，K 线长短和吃掉左边 K 线数量的多寡，可以用来衡量后市的上涨力度。

在下跌趋势底部出现阳包容线形态时，说明市场将进入反转阶段，此时阳包容线形态构成市场底部反转信号。要是这种走势形态出现在市场趋势的中部或在震荡行情中发生，那么它就没那么重要了，反转信号也没有那么强烈（重要技术位置除外）。因此，阳包容线必须发生在波段循环的低点才有预示市场发展、发生变化的意义。

在阴包容线中，股价经过一段时期的上涨后，突然以一根高开低走的大阴线向下回落，覆盖了左边的阳 K 线。第二天股价虽创新高，但高位承接乏力，遇到抛压打击，显示上升势头已遭到破坏，被视为上涨波段结束的信号。阴包容线是一种极为强烈的顶部反转信号，不仅信号十分明显，而且暗示其力度非常强劲。出现阴包容线后，如果紧接着连续出现大阴线，那么这种情形预示后市是大跌行情。这时的成交量不是很重要，但其 K 线的长短和吃掉左边 K 线的数量，可以用来衡量后市的下跌力度。

## 三、应用法则

（1）包容线必须发生在明显的上涨或下跌趋势中，而不是横盘整理走势中。阳包容线发生在下跌趋势末期，而阴包容线发生在上涨趋势末期。

（2）包容线中的两根 K 线实体一般呈相反的颜色（少数情况颜色相同）。在阳包容线中，第一根为阴线或星形线形态，第二根为大阳线；在阴包容线中，第一根为阳线或星形线形态，第二根为大阴线。

（3）包容线只看实体部分，即第二根 K 线的实体部分必须将第一根 K 线实体部分吞没，但不要求覆盖第一根 K 线的上下影线。

（4）包容线的两根实体 K 线的上端或下端可以相等，但两者不能同时相等。

图 4-36 所示为亚联发展（002316）的日 K 线图。股价反弹结束后出现一波快速下跌走势，三根大阴线使人不寒而栗。第二天股价低开后略下探，创出市场新低，然后在买盘的积极介入下，股价快速反弹，收于第一天阴线的开盘价之上，收复了第一天阴线实体的全部失地，形成阳包容线形态，预示后市股价将止跌回升。在市场下跌趋势底部出现这种阳包容线形态，说明市场很可能进入反转走势，因此是一个难得的买入信号。

如果这种包容线形态出现在一轮下跌趋势之后，且股价已经反复震荡筑底，或者下跌速度已经有所减缓时，此时出现阳包容线形态就具有一定的市场含义，预示股价即将进入反转上涨阶段，投资者应该选择时机进场操作。

如果第二天股价开盘后能够继续走强的话，那么在当天的震荡中，投资者可以在股价回落时买进，这是较佳的买入时机。如果第二天股价走势不是那么强劲的话，股价很可能会先震荡几天再反转，此时投资者可以趁股价震荡逐步买进，或者等股价震荡后开始走强时进场买入。

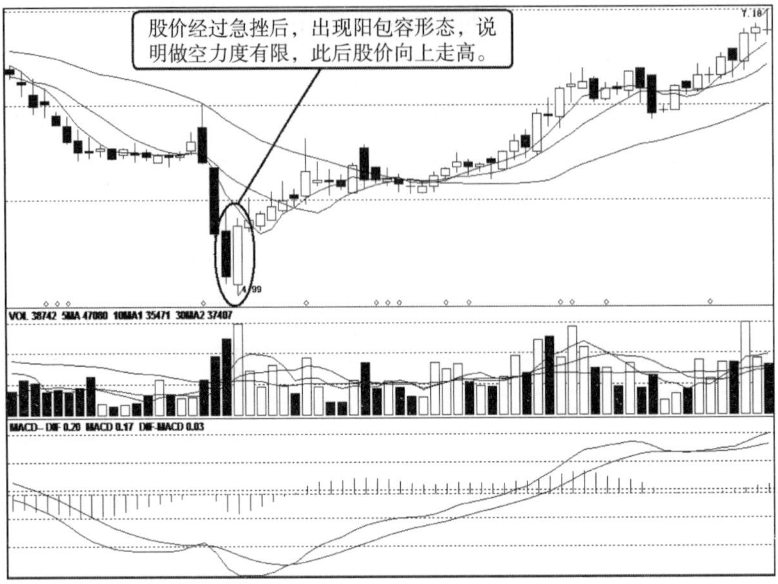


图 4-36　亚联发展（002316）日 K 线图

图 4-37 所示为江河集团（601886）的日 K 线图。该股见底后逐波上涨，股价累计涨幅接近两倍（复权价）。在高位股价小幅高开后，几乎没有冲高动作，随后就出现快速回落走势，当天收于前一天阳线的开盘价之下，吞没了前一天阳线的全部实体部分，从而形成阴包容形态，预示后市股价将见顶下跌。第二天股价继续收出下跌大阴线，阴包容线得到确认。在上涨趋势的高位出现这种阴包容形态时，说明市场很可能会进入反转下跌走势，因此是逢高卖出信号。

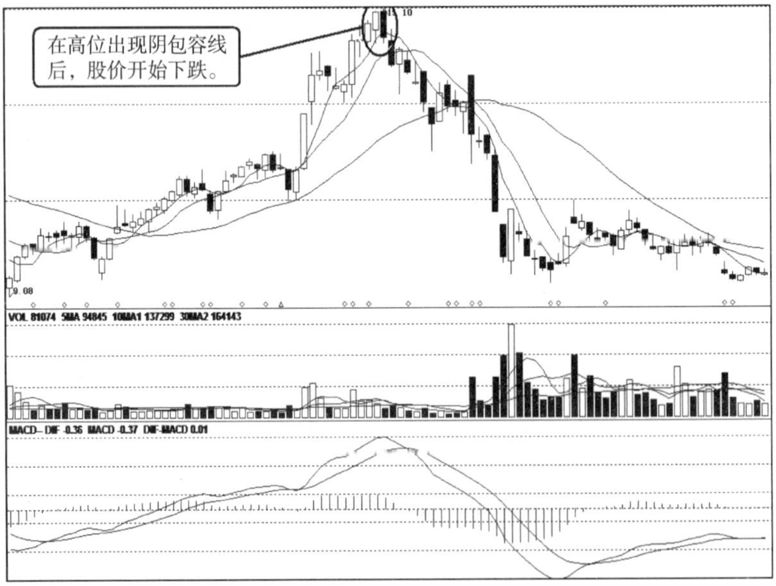


图 4-37　江河集团（601886）日 K 线图

如果这种阴包容形态出现在一轮上涨趋势之后，且股价已经出现震荡的盘头走势，或者市场上涨速度明显减缓时，那么此时的阴包容形态就具有一定的市场含义，预示股价即将进入反转下跌阶段，投资者应该选择时机离场。

如果第二天股价开盘后直接下跌，那么在当天的震荡当中，投资者可以在冲高时逢高离场。如果第二天股价没有直接下跌，很可能会先震荡几天再下跌，此时投资者可以趁股价震荡时逢高逐步卖出。

## 四、分析要点

（1）在包容线形态出现之前，市场必须处于一个清晰可辨的上升趋势或下跌趋势中，哪怕这个趋势是短暂的（但有时也可能发生在一个重要的技术位置），这样才具有技术分析意义。在盘整行情中，形态较小的微型包容线没有形态效力或效力很小。

（2）包容线中的第一根 K 线颜色反映市场原来的趋势，第二根 K 线颜色相反，表示改变第一天的市场趋势，但也有例外。这种例外有两种情况：第一，第一根 K 线实体较小，小到几乎成为十字星线或接近十字星线；第二，第一根 K 线大幅低开或高开时，第二根 K 线有可能出现相同颜色。

由此可见，在长期的下跌趋势之后，一个小小的阳线实体或大幅低开高走的阳线被一根更大的阳线实体覆盖，那么此时可能会构成底部反转形态。反之，在上升趋势中，如果一个小小的阴线实体或大幅高开低走的阴线被一根更大的阴线实体覆盖，那么此时可能会构成顶部反转形态。

（3）包容线的第一根 K 线实体部分短小，而第二根 K 线实体部分很长，显示原先趋势的力量已减弱，扭转原先趋势的力量则相当强劲。如果第二根实体不仅吞没第一根实体，还吞没了第一根的上下影线部分，那么这种形态的效力将更高。也就是说，在阳包容线形态中，第二根 K 线实体越长，显示买盘的积极性越高，后市向上的机会越大。相反，在阴包容线形态中，第二根 K 线实体越长，显示卖压越重，后市向下的机会越大。

（4）如果形态中两根 K 线实体长度差不多，趋势很可能横向发展，形态效力较低，这时应认真分析再做买卖决策。

（5）第一根 K 线实体的任何部分都不可超越第二根 K 线的实体（两根实体 K 线的上端或下端可以相等，但两者不可以同时相等），如果第一根 K 线的实体长度只有或不足第二根 K 线实体的 30%，则此形态更有效力。

（6）标准的阳包容线中，阳线的上影线通常不长，代表买盘力道并未充分释放，后市仍有较大上涨动能。标准的阴包容线中，阴线的下影线通常不长，代表卖盘力道并未充分释放，后市仍有较大的下跌动能。

（7）在阳包容线出现时，留意第二天股价由低位反弹回升时的成交量。若发现成交量配合股价反弹上升，代表购买力增强，形态的成功率也会增大。

（8）出现阳包容线形态之后，为了谨慎起见，最好配合下一日走势来确认。例如，阳包容线形成之后，如果股价能跳空上涨，高开高走，则最理想；如果平开低走甚至低开低走，则需留意有骗线的可能；如果跌破第二根阳线的最低点，那么反转形态宣告失败。

## 五、阳包容线实盘技巧

（1）阳包容线必须是大的阳线实体才能吞噬小的实体，前一天的市场状况表明它的趋势力量已经很弱，第二天的大阳线实体表明新的趋势力量很强，原来的运行趋势被扭转。

图4-38所示为大名城（600094）的日K线图。股价向下突破整理平台后，本是新一轮持续下跌的开始。但股价仅仅小幅下跌后形成短暂的平台整理区域，说明股价下跌空间不大，向下突破有庄家刻意打压制造空头陷阱之嫌。不久，一根低开高走的大阳线拔地而起，包容了前面的数根小K线，构成了阳包容线形态，从此股价出现新的转机。

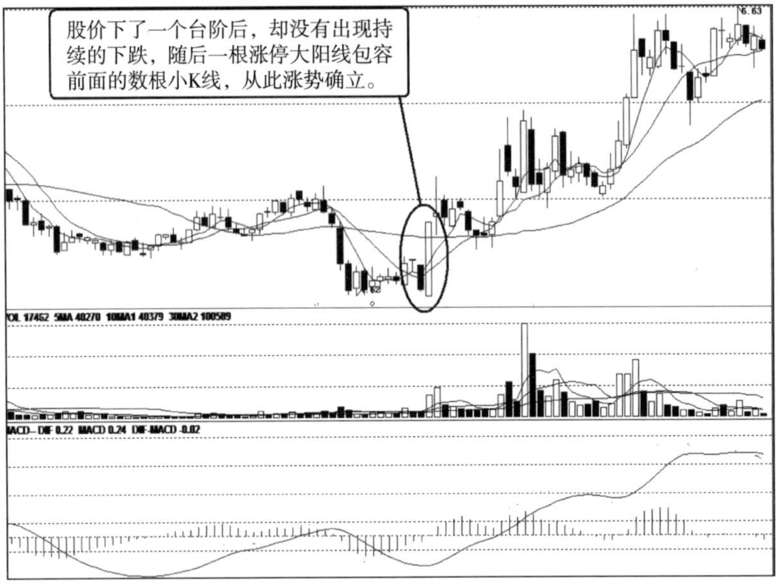


图4-38　大名城（600094）日K线图

（2）如果吞噬信号发生在一个快速下跌行情之后，那么下跌动力就会迅速减弱。一个快速下跌行情会使得股价过度扩张，从而增加股价反转上涨的潜力。

图4-39所示为航天长峰（600855）的日K线图。股价经过快速下跌后，做空能量渐渐减弱，在底部出现了阳包容形态，随后股价开始向上走高，投资者应逢低介入。

（3）在发生吞噬的当天，如果有放大的成交量配合，则会增加上涨力度，阳包容线的可信度更高。

图4-40所示为中天科技（600522）的日K线图。该股见顶后一路走低，在低位股价顺势低开后，多方迅速将股价拉起，一举吞没了前面的3根小K线，形成阳包容形态。当天成交量明显放大，说明多方资金渐渐介入，空方已无继续打压能力，转而由多方掌控盘面，从此股价节节向上走高。

（4）如果大的阳线实体能够吞噬前面好几天的K线实体，那么表明反转力量很大，股价进一步走高的可能性更大。也就是说，大阳线实体越长，后市看涨意义越强。

图4-41所示为*ST大控（600747）的日K线图。该股经过持续阴跌后，2018年5月18日，

一根大阳线拔地而起，吞没了前面的数十根小 K 线。成交量同步放大，说明多头气势磅礴，主力资金开始发力，后市可以逢低积极做多。

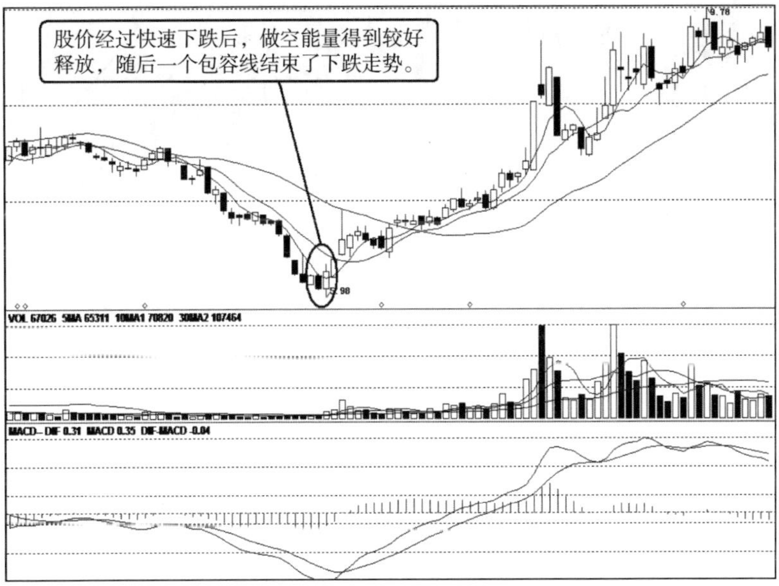


图 4-39　航天长峰（600855）日 K 线图

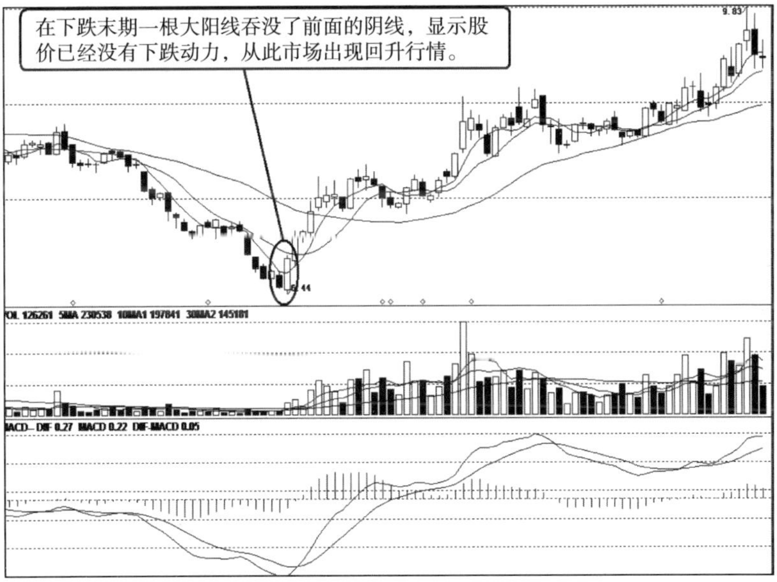


图 4-40　中天科技（600522）日 K 线图

（5）如果大的阳线实体能够吞噬前一天的实体以及影线部分，那么发生反转的可能性会更大。或者，第二天的开盘价距离前一天的收盘价越远，发生强势反转的可能性就越大。

图 4-42 所示为盛和资源（600392）的日 K 线图。股价持续下跌过程中，受下跌惯性的影响，在低位大幅跳空低开，多方向上强劲拉起，最终当天收出涨停大阳线，显示多头力量强劲。次日股价再次高开涨停，下跌势头被成功扭转，此后出现一轮飙升行情。

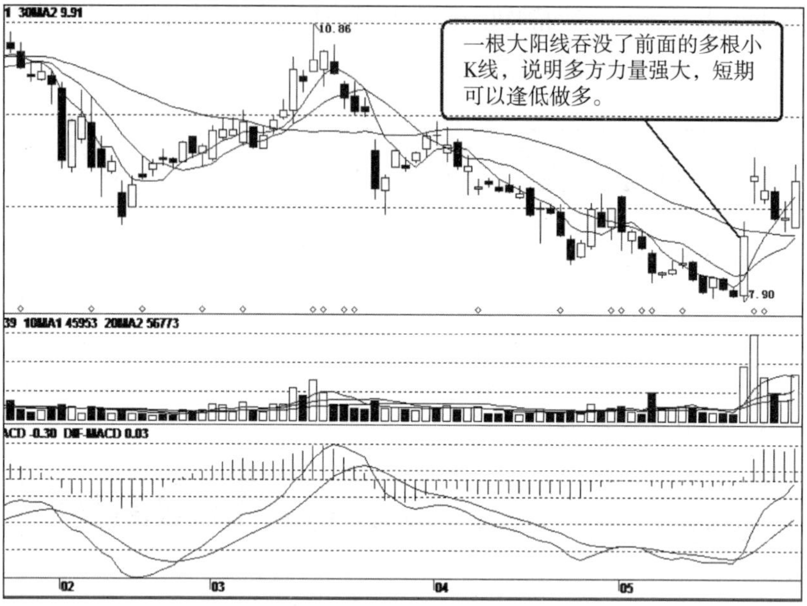


图 4-41　*ST 大控（600747）日 K 线图

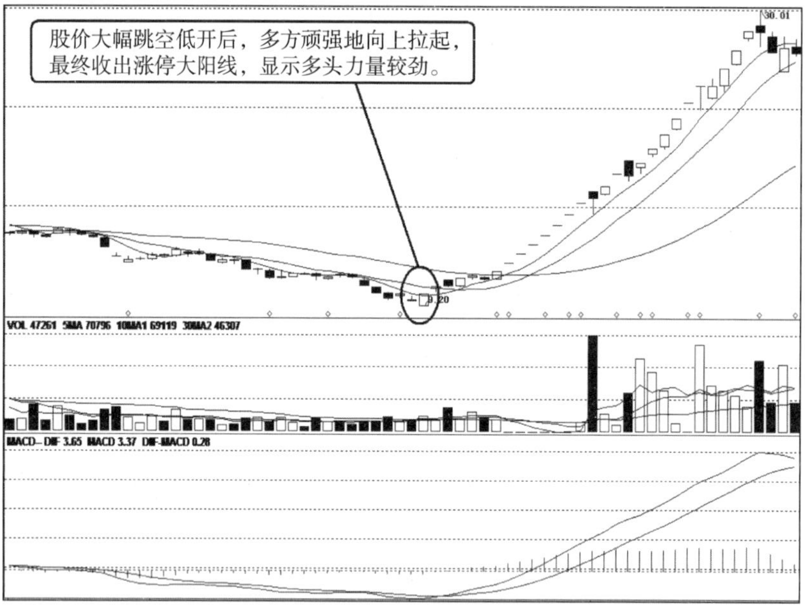


图 4-42　盛和资源（600392）日 K 线图

（6）在上涨趋势中，由于庄家洗盘整理，股价出现一定幅度的回落，然后出现阳包容线形态，说明洗盘整理结束，股价将进入新一轮拉升或主升浪行情。

图 4-43 所示为必创科技（300667）的日 K 线图。股价见底后步入盘升行情，庄家采用边拉升、边洗盘、边整理的方式将股价不断推高。当股价回升到前期盘区附近时，庄家主动展开洗盘整理走势。2018 年 3 月 23 日，一根接近跌停的大阴线向下击穿了整理平台，第二天一根涨停大阳线向上拉起，收复了前一天阴线的全部失地，形成阳包容线形态，成交量也明显放大，说明洗盘整理结束，从此股价出现飙升行情。

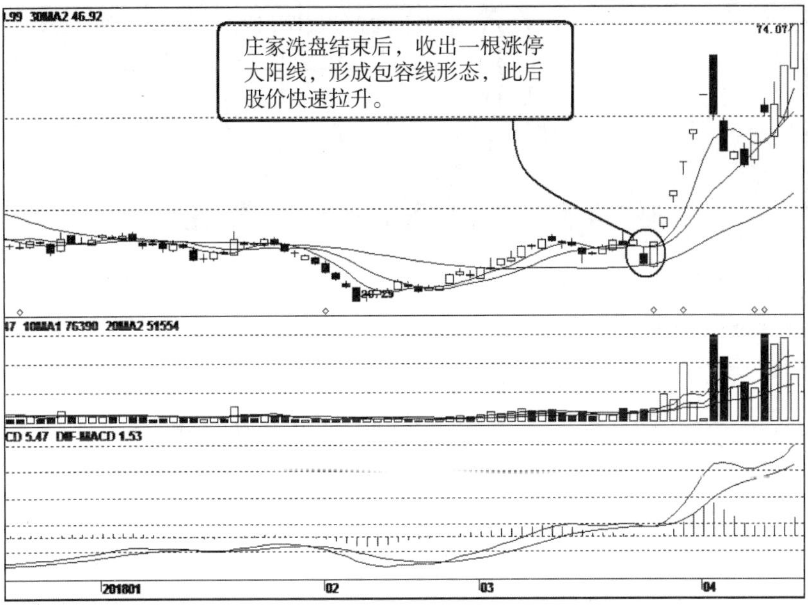


图 4-43 必创科技（300667）日 K 线图

其实，该股阳包容线形态中前面的大阴线并不可怕，理由有三点：一是，股价距离前低位置不远，杀跌空间不大；二是，杀跌动能不足，没有恐慌盘涌出，这一点从较小的成交量上就能得到解释；三是，30 日均线支撑非常有力，支持股价走高，这一点非常关键。

## 六、阴包容线实盘技巧

（1）阴包容线必须是大的阴线实体，这样才能吞噬小的实体。前一天的市场状况表明趋势力量已经很弱，第二天大的阴线实体表明新的趋势力量很强，原来的运行趋势被扭转。在发生吞噬的当天，如果有放大的成交量配合，则形态的可信度会更高，此时投资者应及时离场。

图 4-44 所示为华菱星马（600375）的日 K 线图。股价经过一波快速拉高行情后，在高位高开低走，收出一根放量跌停大阴线，吃掉了前面的数根上涨阳线，构成了阴包容线形态，看跌意义非常强烈。第二天股价继续大幅跳空，下跌收阴，成交量大幅放大，强化了阴包容线形态的看跌效果。

在分析这类个股时，应注意以下几点。

前一天阳线实体的任何部分都不可以超越第二天的阴线实体。如果前一天的阳线实体长度只有或不足第二天大阴线实体的 1/3，则形态的看跌意义更强。

观察形态产生的时间早晚。若在开盘后很快插入到前一天阳线实体部分并且较深，表明前一天的上涨阳线为假动作；若在中盘时段插入，表明下方有一定支撑，后市可能演变为盘整走势；若在尾盘几分钟快速打低，则为庄家的故意行为，后市走势仍需观察。

分析次日走势。如果次日股价继续向下运行，则看跌信号的可靠性较高；如果次

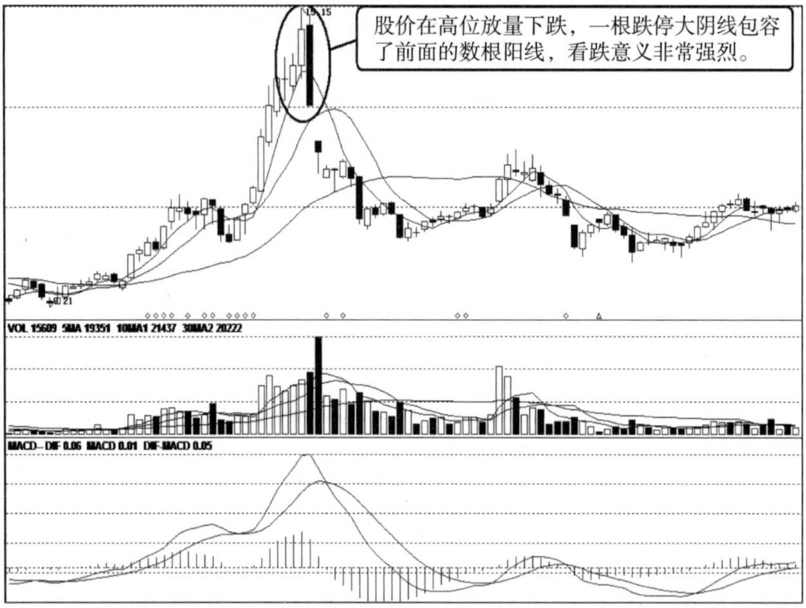


图 4-44　华菱星马（600375）日 K 线图

日股价返回到大阴线实体以内较深位置，收出上涨大阳线，甚至重新包容前一日的大阴线，则构成新的阳包容线形态，即反包容形态，说明多方力量依然强盛，后市不应过于悲观。

（2）如果大阴线实体吞噬了前面的多根小 K 线，说明反转力量很大，股价进一步下跌的可能性更大。也就是说，大阴线实体越长，后市看跌意义越强。或者，大阴线吞噬前一天的实体以及影线部分，也说明发生反转的可能性很大。或者，第二天的开盘价距离前一天的收盘价越远，则见顶反转的可能性也越大。

图 4-45 所示为茂业商业（600828）的日 K 线图。股价成功见底后出现一波上涨行情，在高位出现一根高开低走的放量跌停大阴线，包容了前面 5 根小阳线，显示空头力量非常大。多方好不容易攻克的阵地，却被空方一举击溃，说明多方不堪一击，整个形势将发生逆转。投资者遇到这样的盘面走势时，应及时逢高卖出，后市股价必将进入调整走势。

图 4-46 所示为兰生股份（600826）的日 K 线图。股价经过一段时间的盘升行情后，先在高位收出一根涨停阳线，市场疑似出现加速上涨行情。第二天股价大幅跳空高开，但并没有出现预期的上涨行情，反而呈现逐波下跌走势。随后一根光头光脚大阴线包容了前面的涨停阳线，庄家将散户一网打尽，从此股价不断向下走低。

在该股中，股价大幅跳空高开的目的，就是让激进的投资者追涨入场，然后反手做空套牢散户，这是多头陷阱之后的阴包容线形态，实盘中应多加留意。

（3）在下跌趋势中，股价经过一波反弹回升后，在反弹高点出现阴包容线形态，说明反弹行情结束，股价将进入新一轮下跌行情。

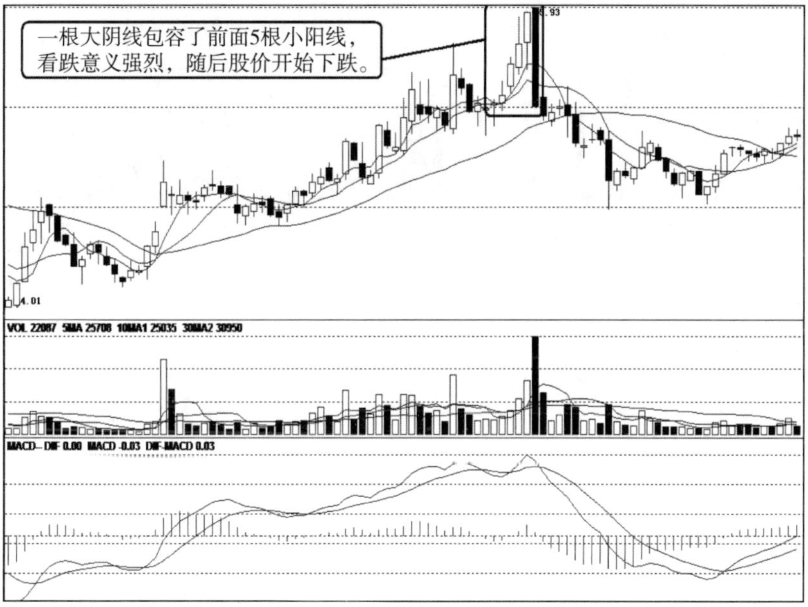


图 4-45　茂业商业（600828）日 K 线图

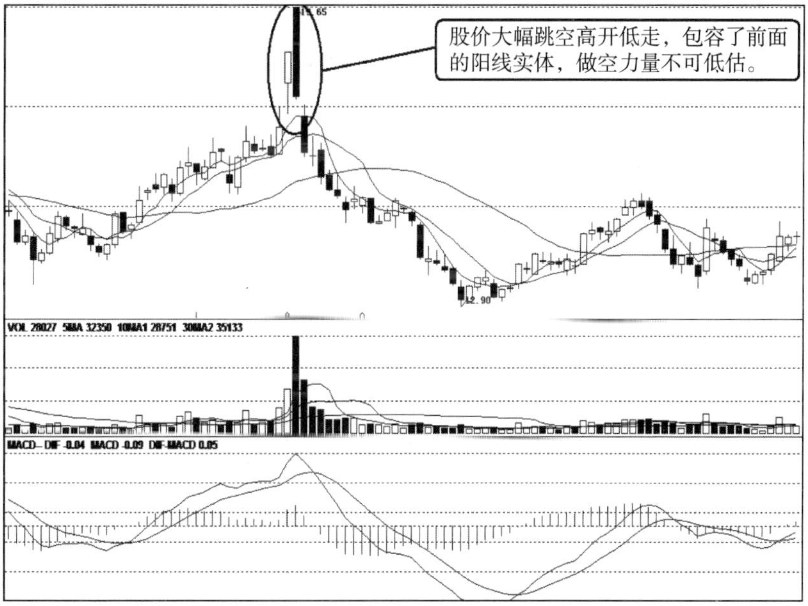


图 4-46　兰生股份（600826）日 K 线图

图 4-47 所示为南方航空（600029）的日 K 线图。股价见顶后逐波下跌，形成一条清晰的下降趋势线，压制股价不断走低。不久股价出现反弹走势，当股价反弹到下降趋势线附近时，受到下降趋势线和 30 日均线的双重压制，遇阻回落，此时一根大阴线包容了前面两根 K 线，从此股价再次走弱。可见，在市场顶部出现的阴包容线形态是见顶信号，发生在下跌趋势中的阴包容线形态也是看跌信号，甚至是一个加速下跌信号，都是要逢高清仓或减磅的形态。

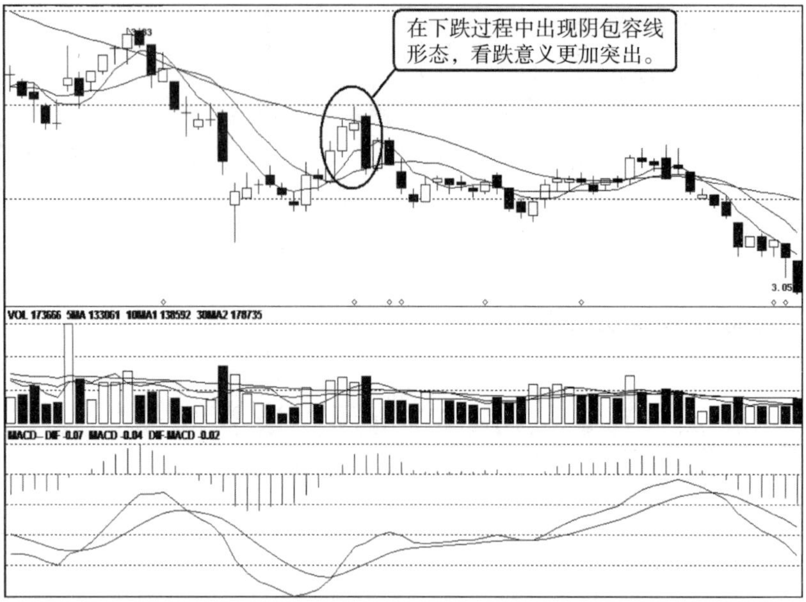


图 4-47 南方航空（600029）日 K 线图

# 第六节 孕育线

## 一、形成过程

简评：底部孕育线有见底征兆，顶部孕育线有见顶征兆，均有待变之意，宜进一步确认形态的有效性。

特征：孕育线也称母子线或身怀六甲。它与包容线形态相反，后面的小实体被前面的大实体包容，也就是前面是一根实体很长的K线（母线），后面是一根实体很短的K线（子线），且前一根 K 线的实体部分完全包容后一根 K 线的实体部分，如同母亲怀抱婴儿。孕育线“孕育”着新的生命和希望，暗示股价将产生新的走势。

孕育线可能出现在市场中的各个阶段，技术意义强烈的是底部孕育线和顶部孕育线。孕育线可分为孕育阳线、孕育阴线和孕育星线。孕育阳线的子线为阳线，母线可以是阳线，也可以是阴线。相反，孕育阴线的子线为阴线，母线可以是阳线，也可以是阴线。有时子线可以是十字星线，但母线不能为星线或小阳线，这种形态是孕育线的特殊形态，是比普通形态更为强烈的反转组合形态。

根据孕育线的不同组合形式，可产生以下六种基本孕育线形态。

（1）母线是阳线，子线也是阳线的孕育线。

（2）母线是阴线，子线是阳线的孕育线。

（3）母线是阳线，子线是阴线的孕育线。

（4）母线是阴线，子线也是阴线的孕育线。

（5）母线是阳线，子线为十字星线的孕育线。

（6）母线是阴线，子线为十字星线的孕育线。

由此可见，孕育线可分为三种类型：一是孕育阳线，如第（1）（2）种形态；二是孕育阴线，如第（3）（4）种形态；三是孕育星线，如第（5）（6）种形态，如图 4-48 所示。这些 K 线组合形态表明多空双方的力度减弱，若出现在高位或低位，则是一种见顶或见底的反转信号。

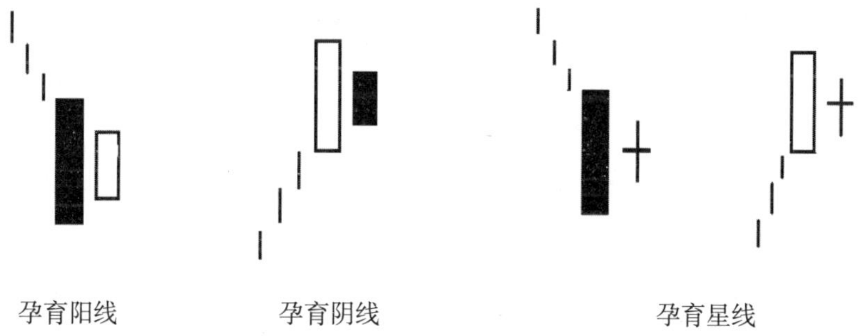


图 4-48 孕育线形态示意图

在明显的下跌趋势中，出现一根大阴线会强化利淡气氛。第二天股价高开反映下跌力度放缓，有买入盘吸纳，但买入盘仍然谨慎，未见大幅抢高而使股价急升，故收盘时仍在前一日大阴线范围内，犹如母亲怀有身孕一样，形成利多的底部孕育线。细心观察，此形态相对包容形态中的破脚穿头只有一点不同：破脚穿头中的第一根 K 线实体较短，第二根 K 线实体较长，而底部孕育线刚好相反，第一根 K 线实体较长，第二根 K 线实体较短。孕育阳线可简化为带长下影线的阴线或锤头线，如图 4-49 所示。

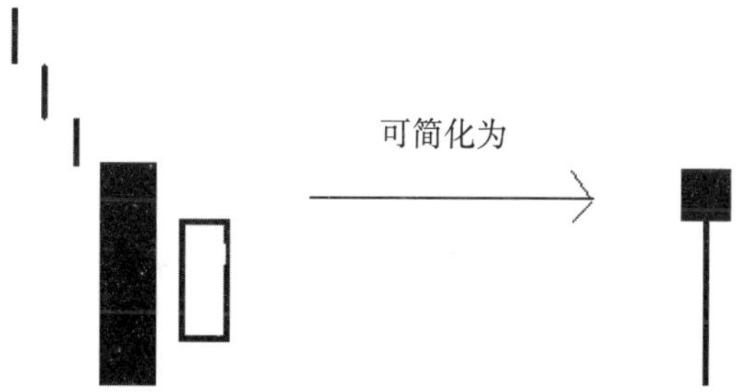


图 4-49 孕育阳线简化过程

顶部孕育线与底部孕育线相反，在上涨趋势中，大阳线之后的第二天股价低开，反映上涨力度放缓，有卖盘抛售，虽然未见股价大幅下跌，但利淡的顶部信号已初露端倪。孕育阴线可简化为带长上影线的阳线或流星线，如图 4-50 所示。

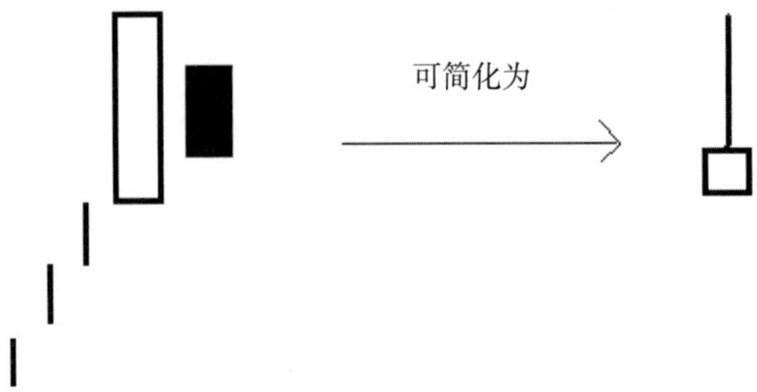


图 4-50 孕育阴线简化过程

孕育线是价格按趋势运动时发生停顿的一种 K 线组合，其共同特征是第二天的开盘价与第一天的价格运行方向相背离：前一天收大阳线时次日低开，前一天收大阴线时次日高开，形成反方向运动。这是一种警戒信号，提示交易者密切关注价格运动的变化，顺势而为。当孕育线出现在高价区和低价区时，基本上都会形成反转信号。当然，当它发生在行情不同的位置时，还需具体情况具体分析。

孕育线形态的注意事项如下。

（1）在孕育线形态中，第二根 K 线实体越小，整个形态越有力量。因为第二根 K 线实体越小，市场的矛盾心态就越大，所以越有可能让趋势反转。极端情况下，随着第二根 K 线的开盘价与收盘价之间距离收窄，这个实体越来越小，最后就形成了一根十字星线。

（2）一般的孕育线形态并不属于主要的反转形态，但是，孕育星线恰恰是一种主要的反转信号。孕育星线蕴含的技术意义，要比普通孕育线重要得多。

（3）底部的孕育线也可能走出整理行情，不过，孕育线形态（尤其是孕育星线）出现在市场顶部比出现在市场底部更有效力。

## 二、市场含义

孕育线是市场走势的一个次要反转信号，预示当前市场趋势将要反转，或者市场将要进入平静状态。有时候这种形态是构成重大趋势变化的重要信号，特别是这种形态出现在市场顶部或底部的时候。

孕育线揭示了股价在其前后走势健康状况的明显反差。如果在牛市行情中出现，孕育线形态前面的涨势表明市场本来充满了活力，但是后面小实体 K 线的出现，则反映了市场犹豫不定的状态，说明牛市方向的推动力正在衰减，市场走势有可能发生反转。相反，这种形态出现在跌势中，孕育线形态前面的跌势反映市场抛售压力沉重，但是随后一根小实体 K 线的出现，又表明市场徘徊不定。这根小实体 K 线起到了中流砥柱的作用，说明卖方力量正在衰减，可能会构成市场跌势的反转。

通常来说，孕育线出现在头部或底部区域时，预示着接下来的走势与先前行情的方向相反。也就是说，在波段高点出现孕育线时，市场会孕育出下跌的新行情。在波段低点时出现孕育线，市场会孕育出上涨的新行情。但是，底部出现这种孕育线形态时，其行情的复苏通常非常缓慢，毕竟孕育中的“小生命”要一天天长大，不可能一夜之间长大成人，这也是将这种 K 线形态命名为孕育线的原因。

## 三、应用法则

（1）在第一根 K 线之前存在明显的市场运行趋势。

（2）第一根 K 线的颜色并不是孕育线形态的必要条件。在下跌趋势中，若第一根 K 线是大阳线，后一根小 K 线是阴线，也可以构成底部孕育线。相反，在上升趋势中，若第一根 K 线是大阴线，后一根小 K 线是阳线，也可构成顶部孕育线。

（3）孕育线只看实体部分，即第二根小 K 线的实体部分必须在第一根大 K 线的实体之内，上下影线无须包括在内。

（4）在孕育线形态中，第二根 K 线的颜色并不重要，这一点与包容线形态有所不同（包容线形态颜色应当互反）。在多数情况下，孕育线的两个实体颜色是不同的，上下影线的长短通常也无关紧要。

（5）孕育线两根实体的上端或下端可以相等，但两者不可以同时相等。

图 4–51 所示为天华超净（300390）的日 K 线图。2018 年 2 月 6 日，股价延续下跌趋势，再次收出一根大阴线，大有加速下跌之势。可是，第二天股价高开于大阴线实体之内，全天在前一天的大阴线实体之内运行，股价小幅走高。这样一根小阳线被前面的大阴线所包围，从而形成孕育阳线形态，说明股价下跌动力已经不足。经过一段时间的筑底后，股价出现一波快速拉升行情。

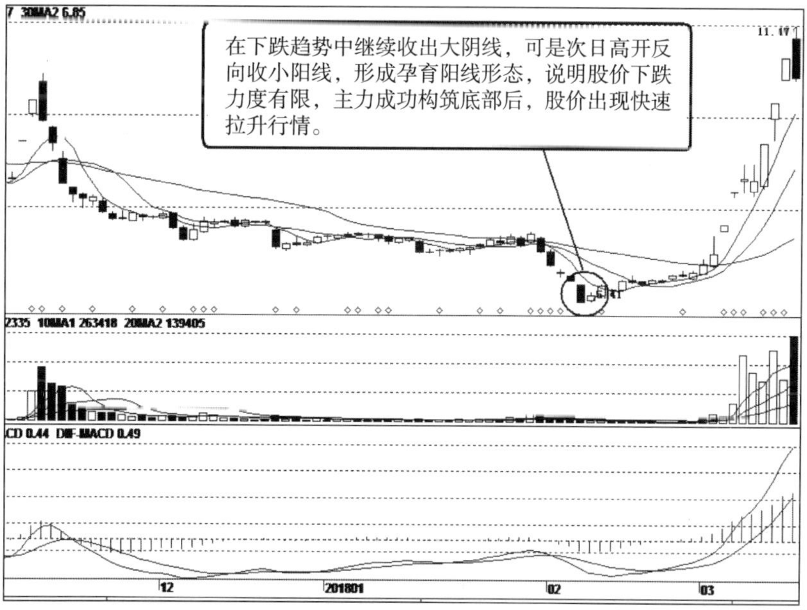


图 4–51　天华超净（300390）日 K 线图

## 四、分析要点

（1）孕育线中第二根小K线的表现，对形态是否成立具有重要意义。若第二根小K线（包括影线部分）完全处于第一根大 K 线实体内，或处于中央部分，预示未来转向的机会更大。

（2）在下跌趋势中构成的孕育线，第二根小 K 线实体位于第一根大 K 线实体较下端的位置，之后可能会继续下跌或呈横盘走向，股价未必能快速反弹回升。同样，在上升趋势中构成的孕育线，第二根小 K 线实体位于第一根大 K 线实体较上端的位置，之后可能会横盘，股价未必会急速下跌。

（3）第二根小 K 线的实体部分越短小，孕育线信号越明确。

（4）虽然孕育线的第一根K线颜色并不重要，但是为了进一步加强孕育线的信号效力，可以对 K 线颜色进行排列。在下跌趋势中，第一根为大阳线、第二根为小阴线构成的底部孕育线，相比第一根为大阴线、第二根为小阳线构成的底部孕育线，利多气势较盛，原因是大阳线本身已有利好意义。相反，在上涨趋势中，第一根为大阴线、第二根为小阳线所构成的顶部孕育线，相比第一根为大阳线、第二根为小阴线的排列，利淡气氛较浓，原因是大阴线本身已有利淡意义。

虽然在理论上并不强调孕育线的阴阳，但在实践中，如果孕育线颜色相同，则信号力度增强。在下跌趋势中，第一根大阳线后面为一根低开高走的小阳线，可以加强前一根大阳线的力度。道理很简单，虽然在底部出现一根大阳线，但空方仍有残余势力，经过第二天的小阳线后，彻底消灭空方能量，这样多方可以毫无阻碍地上涨。顶部孕育线亦然，两根阴线总比一阴一阳的杀伤力大。

（5）在盘整走势中，形态较小的微型孕育线没有形态效力或效力很小，仅供参考。

## 五、实盘技巧

（1）孕育线形态必须得到后面的 K 线证实，才可用于实盘操作。也就是说，低位孕育阳线形态出现后，次日或随后几日股价必须强势走高，或者保持强势状态，至少不应该继续下跌创新低。同样，高位孕育阴线形态出现后，次日或随后几日如果股价继续走弱，则形态的有效性毋庸置疑。否则，是否形成顶部，仍需进一步观察。

图 4-52 所示为新莱应材（300260）的日 K 线图。股价经过一波下跌调整后，不久产生一个看涨孕育线形态，那么这个形态是否意味着股价止跌回升呢？从随后几个交易日的盘面表现看，股价稳步向上走高，继续强势上涨，从而证实了孕育线形态的可信性，此后股价进一步盘升。

（2）孕育线应当与成交量结合分析。当市场发出某种信号时，成交量方面也有所体现的话，则可以关注市场的买卖点。

图4-53所示为新天科技（300259）的日K线图。股价击穿前期平台和30日均线支撑后，出现快速下跌走势，疑似加速下跌。随后股价在低位企稳，报收小阳线，形成看涨孕育线形态。第二天股价继续强势上攻，收出阳线。从盘面分析，孕育线形态产生后，成交量积极放大，

显示有多头资金介入，将股价不断向上推高，从而巩固了形态的看涨意义。

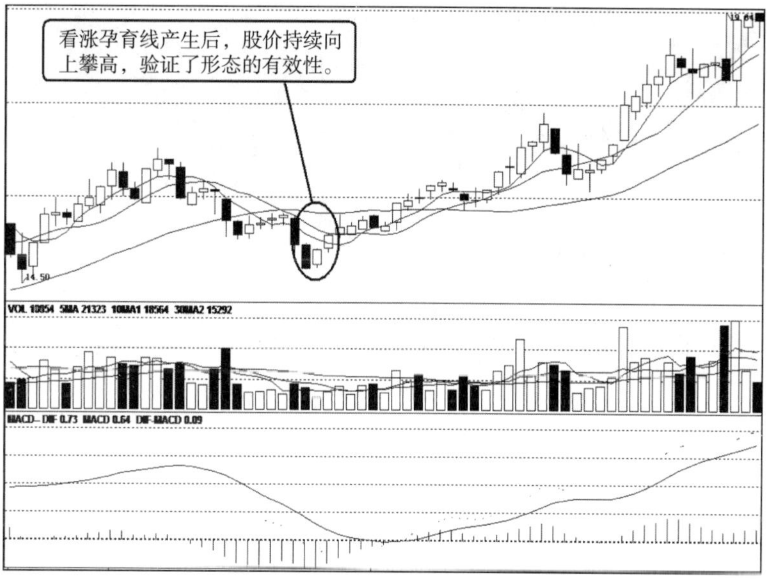


图 4–52 新莱应材（300260）日 K 线图

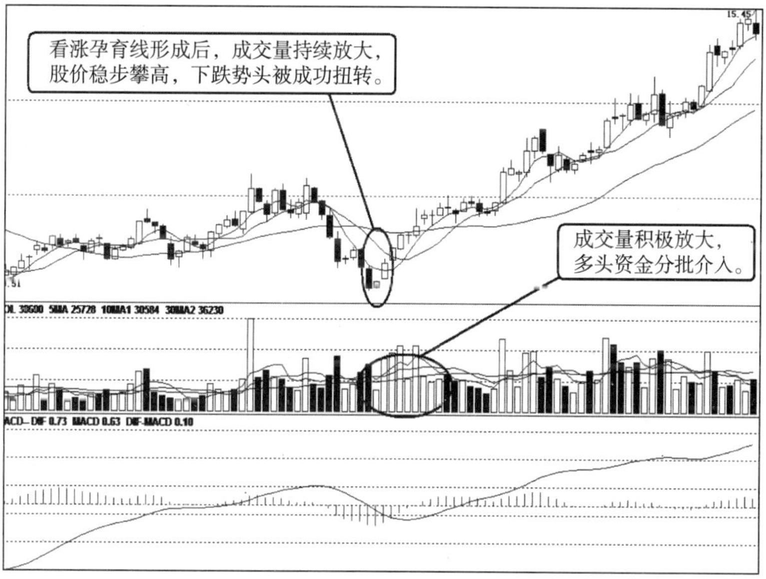


图 4–53 新天科技（300259）日 K 线图

（3）如果在市场中连续出现两个相同性质的孕育线，则形态具有叠加效果，蕴含的反转意义更强烈。

图 4–54 所示为万达信息（300168）的日 K 线图。该股经过一轮中期调整后，在低位产生一个看涨孕育线形态，初步阻挡了股价的继续下跌走势，此后股价进入企稳盘整走势。不久，在低位又形成一个看涨孕育线形态。短期内连续出现两个相同的看涨孕育线形态，前后呼应，叠加效果明显。如果说第一个看涨孕育线形态造就了盘整行情，那么第二个孕育线形态成就了上涨行情，因此可以逢低积极做多。

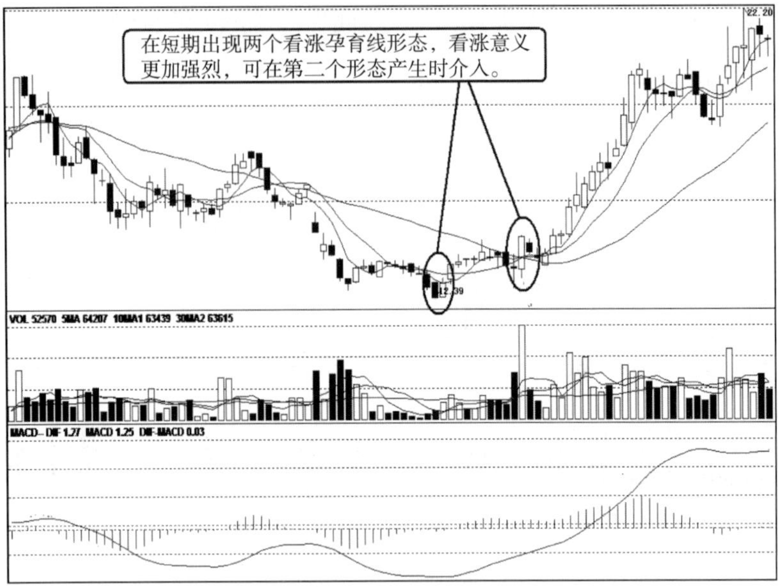


图 4-54 万达信息（300168）日 K 线图

（4）低位看涨孕育线形态如果得到双重底形态的呼应，则看涨可信度更高。高位看跌孕育线形态如果得到双重顶形态的呼应，则看跌意义更加强烈。

图 4-55 所示为利德曼（300289）的日 K 线图。股价经过一波下跌后企稳回升，但股价小幅反弹后遭到空方的再次打压，重新回落到前期低点附近。此时，一根光头光脚大阴线大有加速下跌之势，让人不无担心。可是次日走势出乎意料，一根大阴线之后收出一根高开小阳线，形成看涨孕育线形态，同时在 K 线图形上疑似构筑双重底形态。随后几个交易日股价向上拉起，验证了看涨孕育线形态的有效性。看涨孕育线形态与双重底形态具有叠加效应，看涨意义更加强烈。

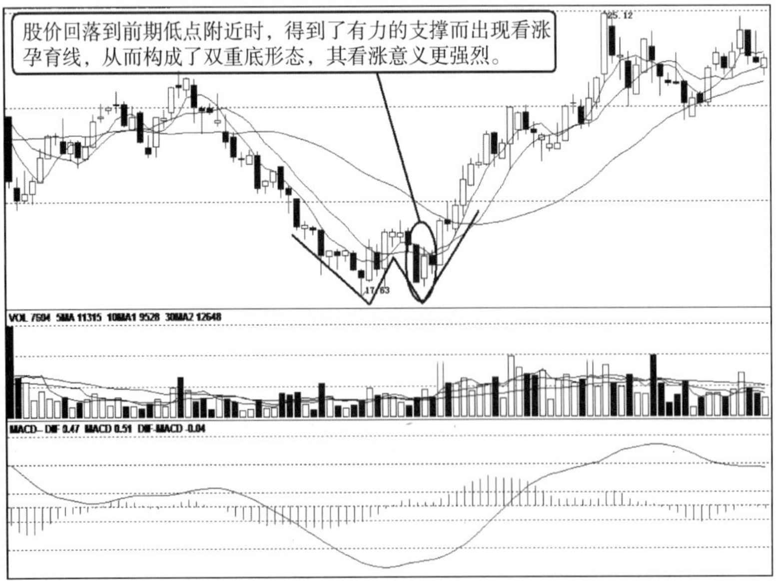


图 4-55 利德曼（300289）日 K 线图

# 第七节　接吻线

## 一、形成过程

简评：接吻线为次要的反转形态，有待变之意，宜进一步确认形态的有效性。

特征：两根 K 线之间的盘口走势渐渐接近，最终两个口“接吻”在一起，俗称接吻线，也称反攻线或回归线。这种形态与待入线相似，只不过该形态比待入线的反转意义更强烈。

接吻线由两根阴阳相反的 K 线组成，两根 K 线的开盘价不同，但收盘价相同或十分接近，即一根开盘后低走的阴线与一根开盘后高走的阳线组合在一起，或者一根开盘后高走的阳线与一根开盘后低走的阴线组合在一起。前者为看涨接吻线，也称“好友反攻”，后者为看跌接吻线，也称“淡友反攻”。接吻线既可以出现在持续跌势的底部，也可以出现在持续升势的顶部，也有可能出现在回调洗盘阶段，均为次要的反转形态，如图 4–56 所示。

图 4–56　接吻线示意图

看涨接吻线的形成过程是股价反复下跌后，在低位收出一根下跌大阴线。第二天股价延续下跌惯性大幅跳空低开，甚至以跌停板价格开盘。这时多方开始反攻，由于买盘不断介入，股价逐步回升到前一个交易日的收盘价附近，从而形成一根低开高走的大阳线。这根阳线的收盘价等于或接近于前一天阴线的收盘价，这样就形成了看涨接吻线。

虽然当天的股价涨幅不大，却意味着先前的下降趋势将被扭转过来，后市可能迎来一段升势行情，是一个反转见底信号。细心观察，曙光初现形态与看涨接吻线形态相似，差异是曙光初现形态中，第二根大阳线要深入到前一根大阴线实体一半以上，而看涨接吻线的大阳线仅触及第一根阴线的收盘价或最低价。就利好气势来说，曙光初现形态强于看涨接吻线形态。

看跌接吻线的形成过程与看涨接吻线相反，发生在股价反复上涨后，在相对高位收出一根上涨阳线，第二天股价乘势大幅跳空高开，甚至以涨停板价格开盘。随后空方开始反攻，将股价压低，回到前一天的阳线收盘价处收盘（两天的收盘价非常接近），形成大阴线，于是先前的上涨趋势被遏制，这样就形成了高开低走的看跌接吻线。

在这种形态中，第一根阳线没有上影线或上影线很短，第二根阴线没有下影线或下影线很短。看跌接吻线形态与乌云盖顶形态相似，差异是乌云盖顶形态中，第二根大阴线深入到前一根大阳线实体一半以上，而看跌接吻线的大阴线仅触及第一根阳线的收盘价。就利淡气势来说，看跌接吻线形态不如乌云盖顶形态强烈。

## 二、市场含义

看涨接吻线具有一定的吸引力，使不少投资者产生浓厚的兴趣，因此经常演变为单日反转行情，形成 V 形图形。从坐庄意图分析，庄家大幅低开是为了制造更加恐慌的盘面，引发散户抛盘，造成股价深幅下跌。但是由于散户与庄家抢筹，导致股价快速回升到前一交易日收盘价附近，在这个平衡位置震荡。当日涨跌幅度都不大，但是低位大阳线给人留下了美好的想象，因此是一个多头看涨信号。如果接吻线出现在横向盘整或方向不明的市场里，后市可能还会在原来的市道里维持一段时间。

接吻线可以发生在上升趋势或下降趋势中，一个显著的特征是收盘价并没有推进到前一天 K 线的实体内部，仅仅回到前一天的收盘价附近。此形态的反转意义不如包容线、插入线、孕育线等形态强烈，其分析意义市场看法不统一，有可能形成反转，也有可能形成调整走势。

## 三、应用法则

（1）形态中的两根 K 线颜色必须相反，其方向逆向而行。在看涨接吻线中，前阴后阳；在看跌接吻线中，前阳后阴。

（2）接吻线的第一天和第二天收盘价相同或十分接近。

（3）形态出现在趋势末端，第一根 K 线反映市场的原有趋势。

图 4–57 所示为天山生物（300313）的日 K 线图。该股向下突破平台后，疑似出现加速下跌之势。不久，在一根大阴线之后，空头来势汹汹，第二天顺势大幅跳空低开，给散户造成了巨大的心理压力。但是市场风云突变，多方很快将股价迅速拉起，当天收在前一天的收盘价附近，股价没有下跌多少，两根 K 线形成接吻线形态，随后股价开始稳步走高。

看跌接吻线具有一定的杀伤力，特别是在高位更为恐怖，如同一把架在多方头上的达摩克利斯之剑，随时都有落下的可能。从 K 线图上看，反映出多方追高意愿不够强烈，且有见好就收的意味。庄家原本想通过高开吸引投资者追捧，进一步推动股价上涨，但结果适得其反，没能引起投资者的兴趣，反而引来抛盘。这时庄家只好随机应变，适当回避风险，任凭股价自然滑落到上一个交易日的收盘价附近企稳震荡。因为前一天的收盘价是双方经过一天厮杀的结果，基本达到市场平衡，因此当日的涨跌幅度不会很大。但高位的大阴线总是不好的，给投资者留下了抹不去的阴影，因此后市往往看跌。出现接吻线之前，如果市场是横向震荡走势，股价将重新回到前期的平衡格局之中，继续横向震荡走势。

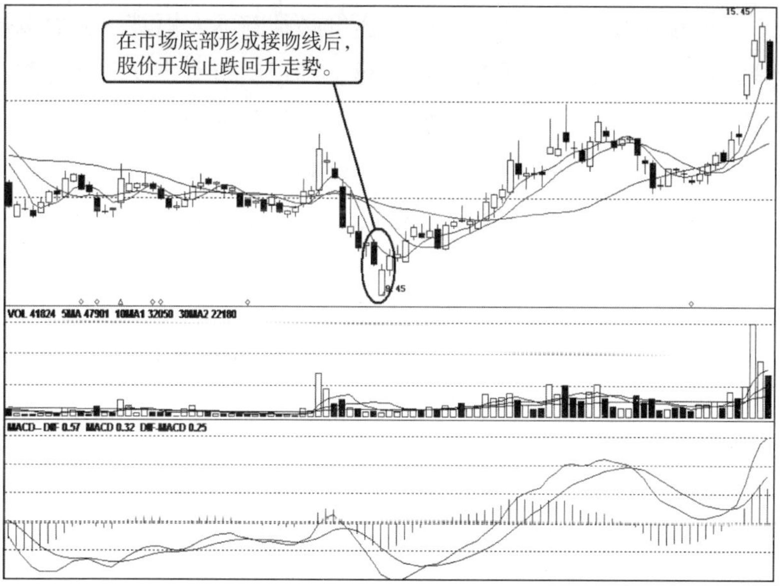


图 4-57　天山生物（300313）日 K 线图

图 4-58 所示为振华股份（603067）的日 K 线图。该股见底后出现一波快速上涨行情，连拉 5 个涨停板，盘面强势可见一斑。2018 年 4 月 10 日，股价乘势大幅跳空高开 7.57% 后迅速涨停，但多方未能坚守封盘，很快打开涨停板。随后股价震荡回落，成交量大幅放大，显示庄家在高位减仓。当天股价以微涨 1.29% 收盘，前后两根 K 线形成接吻线形态，从此股价出现深幅回调走势。

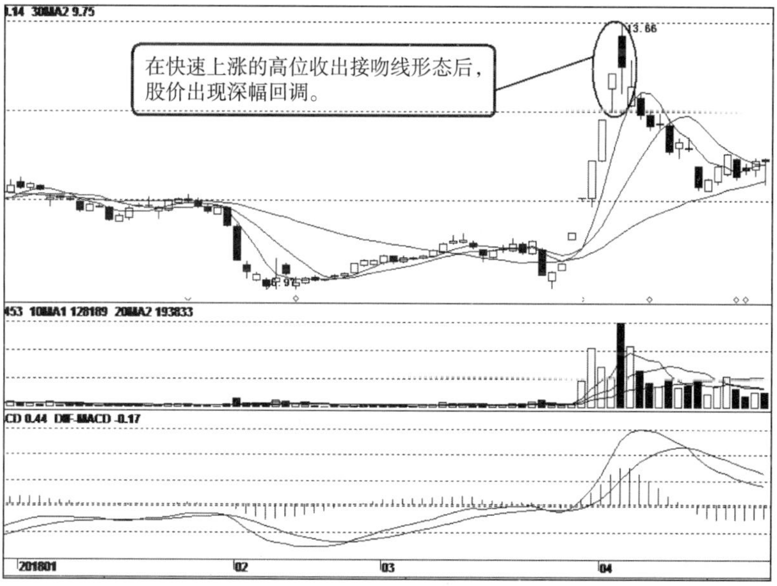


图 4-58　振华股份（603067）日 K 线图

## 四、分析要点

（1）两根 K 线开盘价之间的距离越远，收盘价越接近，技术分析意义越强烈，市场转势信号越可靠。在看涨接吻线中，第二天的开盘价必须向下大幅跳空，显示原先的趋势非常明确，但收盘时股价回升到前一天收盘价附近，预示后市有止跌转强趋势。相反，在看跌接吻线中，第二天的开盘价必须向上大幅跳空，显示原先的趋势非常明确，但收盘时股价回落到前一天收盘价附近，预示后市有见顶转弱趋势。

（2）在接吻线中，两根 K 线实体部分越长，形态可靠性越高。如果第二根 K 线实体比第一根长，则形态效力更强。

（3）若在高位形态伴随巨大的成交量，预示多空分歧较大，应卖出观望；若在底部横盘震荡中出现，往往是股价将要启动的迹象。在看涨接吻线中，第二根阳线如果有成交量倍增的配合，更显多头的购买能量，利好效力更强。在跌势末端出现看涨接吻线时，要有成交量放大的积极配合，这样才能推动股价上涨。在盘整行情中，可以不考虑成交量的大小。

（4）接吻线是一个次要的反转形态或疑似转势信号，需要其他信号的验证和支持。看涨接吻线的技术含义弱于曙光初现形态，看跌接吻线的技术含义弱于乌云盖顶形态。顶部接吻线的可靠性要高于低部接吻线。

（5）若看涨接吻线出现在有一定涨幅的高位，可以择高离场观望；若看跌接吻线出现在有一定跌幅的低位，可以试探性逢低介入。接吻线出现在震荡市道中，不必为之惊慌，静观其变。

## 五、实盘技巧

（1）在看涨接吻线形态中，必须要有成交量的积极配合，否则缺乏做多力量。在看跌接吻线形态中，可以不考虑成交量的大小。

图 4-59 所示为杭齿前进（601177）的日 K 线图。该股经过充分的蓄势整理后，在底部出现一个看涨接吻线形态。从盘面观察，由于受长期调整影响，投资者并没有对该形态予以重视，所以成交量并不大。直到股价成功在均线上站稳，成交量才开始温和放大，股价渐渐向上盘升，均线系统呈多头发散，因此，投资者可在 30 日均线附近考虑介入。

图 4-60 所示为锦江股份（600754）的日 K 线图。该股在 30 日均线的支撑下，股价再次放量大幅拉高，连拉 2 个涨停板后大幅跳空高开 7.53%，但盘中未做任何冲高动作，立即遭到空方打压，股价渐渐向下滑落。当天在前一天的收盘价附近收盘，高位形成接吻线，从此该股开始弱势调整。从图中可以看出，下跌过程中并没有出现太大的成交量，再次说明股价下跌不需要考虑成交量的大小。

（2）接吻线是一个次要的反转形态或转势疑似信号，需要其他信号的验证和支持。

图 4-61 所示为钧达股份（002865）的日 K 线图。该股经过大幅下跌后渐渐企稳，

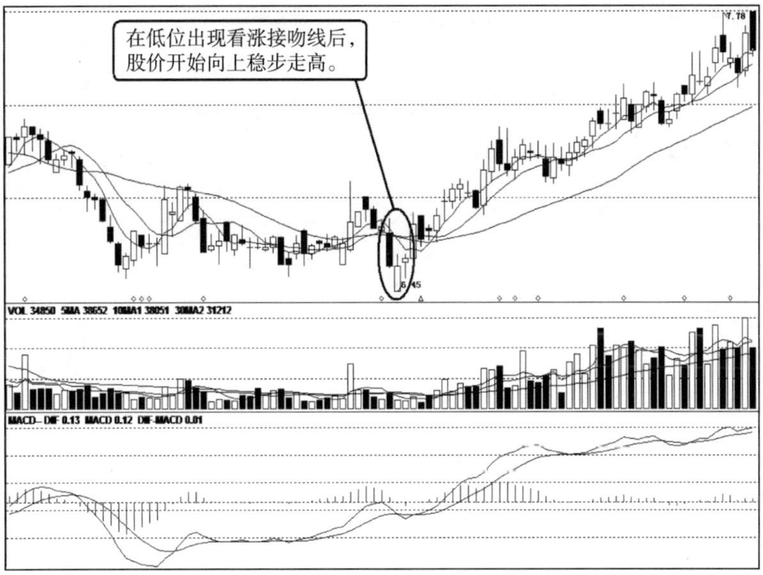


图 4-59　杭齿前进（601177）日 K 线图

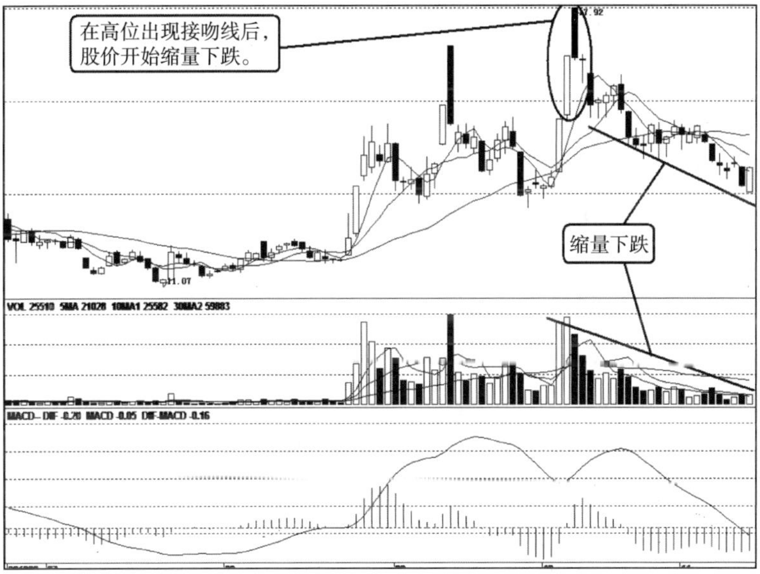


图 4-60　锦江股份（600754）日 K 线图

2018 年 3 月 23 日收出一根下跌大阴线。第二天大幅跳空低开 8.27% 后，盘中逐波走高，股价在当日最高价收盘。前后两根 K 线在低位形成接吻线，这个形态是否就是一个确定信号呢？还要观察后面几天的走势。另外，这个形态出现在震荡过程中，更需要有其他验证信号，才能作为买卖信号。此后几个交易日里，股价温和上攻，全部收复了接吻线的第一根阴线，且股价站于均线系统之上，30 日均线由下跌逐渐走平，因此可以排除股价继续下跌的可能，综合其他技术因素，可以逢低积极介入做多。

（3）看涨接吻线产生之后，股价不一定马上就会进入上升走势，很多时候会出现盘整走势。在实盘操作中，只要股价没有跌破接吻线的最低点，仍可以持股不动，稳健的投资

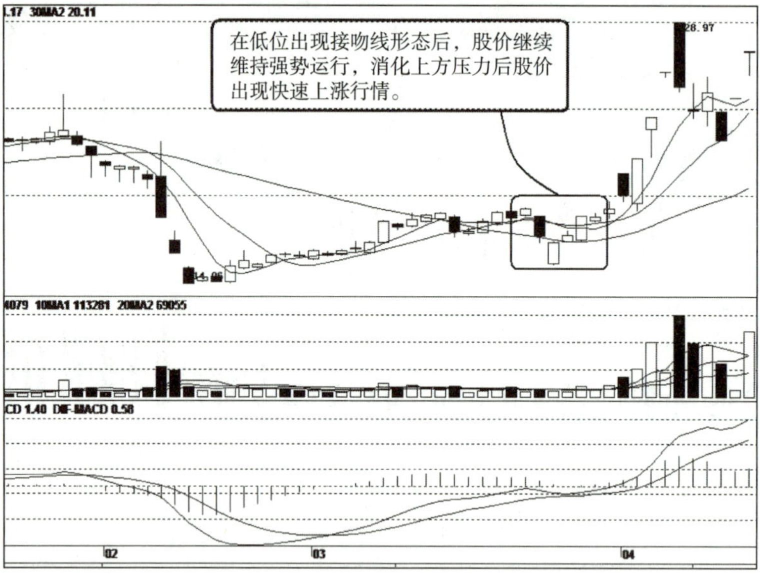


图 4-61 钧达股份（002865）日 K 线图

者可以等待股价放量突破时介入。

图 4-62 所示为中体产业（600158）的日 K 线图。该股在低位出现一个接吻线形态后，股价并没有立即进入拉升行情，而是出现横盘走势。经过一段时间的筑底后，股价开始向上突破，形成拉升行情。这种盘面走势，可能是因为庄家仓位不够或大市不配合，庄家在等待最佳突破机会，其中的接吻线形态起到了四两拨千斤的效果。

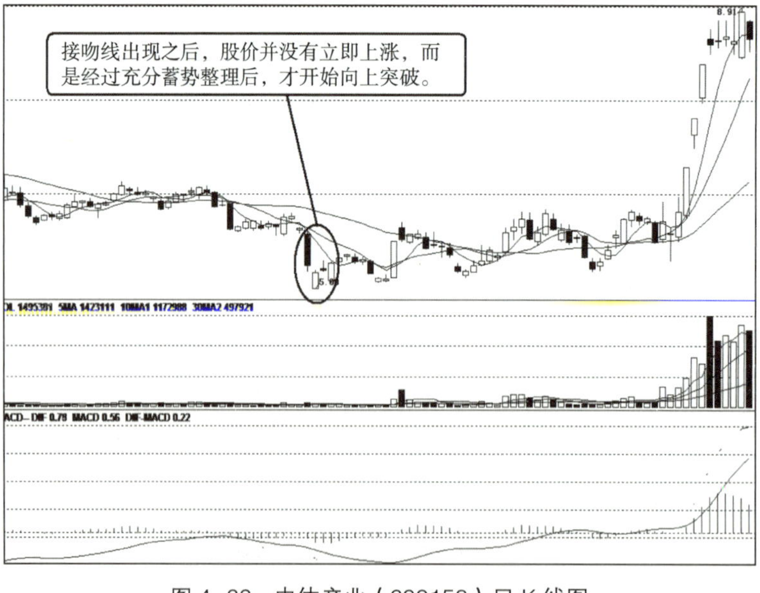


图 4-62 中体产业（600158）日 K 线图

（4）在实盘操作中，接吻线其中的一根 K 线是一字线或 T 字线，特别是在连续的一字线或 T 字线上涨后，高位出现接吻线形态，产生的见顶效果更加明显。同样，在连续一字线或⊥字线下跌后，低位出现接吻线形态，同样具有强烈的见底效果。

图 4-63 所示为正海生物（300653）的日 K 线图。该股经过连续多个一字线涨停后，2018 年 4 月 9 日从涨停板价位开盘，但未能维持封盘状态，随后股价快速回落。当天在前一天的收盘价附近收盘，与前面的一字形 K 线构成接吻线形态，并且当天放出巨量，此后股价开始了较长时间的调整走势。这类个股中，连续的一字形 K 线本身累积了较大的风险，所以在高位收出接吻线时，应果断离场观望，等待回调企稳后再次进场做第二波行情。

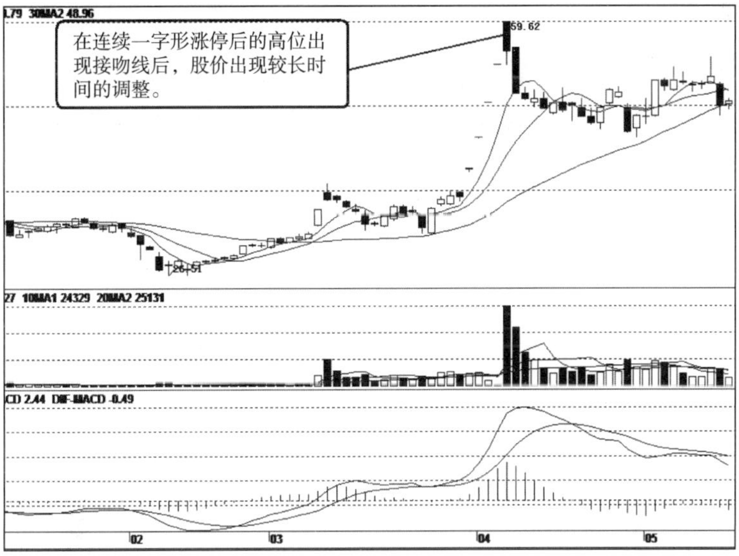


图 4-63　正海生物（300653）日 K 线图

图 4-64 所示为博信股份（600083）的日 K 线图。该股在低位受基本面影响连续收出多个一字形跌停板，打开跌停板后开始震荡，在低位收出⊥字形跌停 K 线。第二天股价顺势大幅低开，盘中渐渐震荡走高，收于前一天收盘价附近，与前面的一字形 K 线形成接吻线形态。从此股价企稳走高，牛市行情延续一年多，累计涨幅巨大。

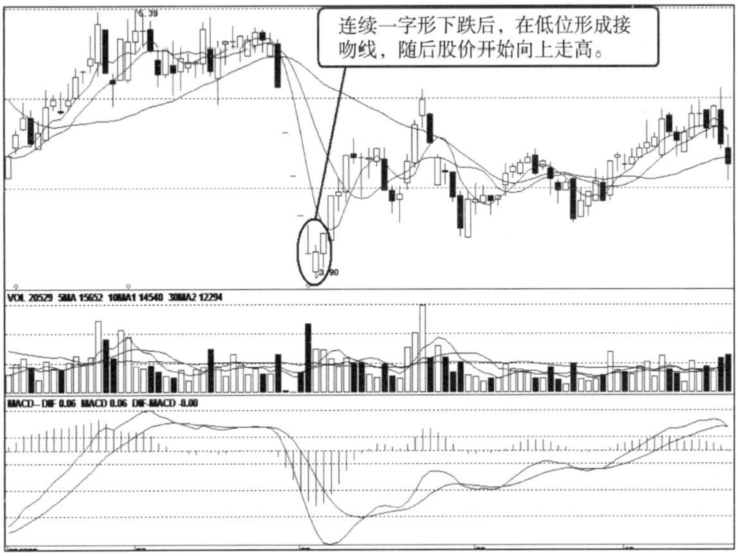


图 4-64　博信股份（600083）日 K 线图

# 第八节　分手线

## 一、形成过程

简评：强烈的反转形态，底部看涨，顶部看跌，无须确认信号。

特征：股市很有趣，有了接吻线，就有了与之对应的分手线。两根 K 线之间的盘口距离越来越远，向两边分开，称为分手线，或称靠背线。它由开盘价相同或十分接近、收盘价不同的两根 K 线组成。如果一根是开盘后低走的阴线，一根是开盘后高走的阳线，则是看涨分手线；如果一根是开盘后高走的阳线，一根是开盘后低走的阴线，则是看跌分手线，如图 4–65 所示。

图 4–65　分手线示意图

分手线既可以出现在持续跌势的底部，也可以出现在持续升势的顶部，也有可能在回调洗盘阶段或反弹回升阶段出现，均为强烈的反转形态，其反转意义比接吻线要强得多。

看涨分手线的形成过程是，第一天开盘后股价向下逐波走低形成大阴线，第二天高开在第一天的开盘价附近，并向上走高形成大阳线，通常出现在股价下跌或回调的低点。在这种形态中，第一根阴线的上影线很短或没有上影线，第二根阳线的下影线很短或没有下影线。

看跌分手线的形成过程与看涨分手线相反，第一天开盘后股价向上逐波走高形成大阳线，第二天却跳低在第一天的开盘价附近开盘，并向下走低形成大阴线，通常出现在股价上涨或反弹的高点。在这种形态中，第一根阳线的下影线很短或没有下影线，第二根阴线的上影线很短或没有上影线。

## 二、市场含义

在看涨分手线中，股价经过持续的下跌行情，或经过充分的回调洗盘，释放了大量空头能量，空方放弃了对盘面的控制。物极必反，第二天多方趁机介入，股价大幅跳空高开，开盘时就全面收复了前一交易日下跌的失地，并将股价再度推高，成功扭转市场的下跌势头，因此具有转势看涨意义。

在看跌分手线中，股价经过持续的上涨行情，或经过一波有力的反弹行情，多方能量得到有效发挥。盘内积累了大量的获利筹码，再加上投资者的恐慌心理，第二天空方借机突然袭击，股价大幅跳空低开。开盘时就把前一天的阳线全部吃光，并将股价再度压低，上一交易日的入场者全线套牢，因此其形态具有看跌意义。

## 三、应用法则

（1）分手线两根 K 线的颜色必须相反，呈反方向运行。看涨分手线中，前阴后阳；看跌分手线中，前阳后阴。

（2）分手线两根 K 线的开盘价相同或十分接近。

（3）形态出现在趋势的末端，第一根 K 线反映市场的原有趋势。

图 4-66 所示为宁波建工（601789）的日 K 线图。该股上市后逐波下跌，股价不断创出调整新低，市场底部似乎深不可测。可是在大阴线后的第二天，股价就大幅跳空高开高走，放量涨停，留下一个当天没有回补的向上跳空缺口，从而形成一个看涨分手线形态。从此，股价出现一波快速上涨行情。

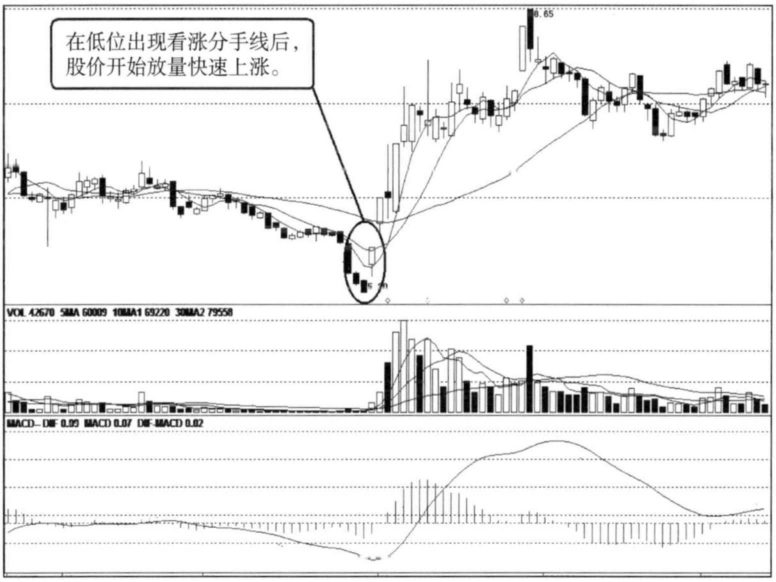


图 4-66　宁波建工（601789）日 K 线图

图 4-67 所示为 ST 抚钢（600399）的日 K 线图。该股在高位出现先抑后扬走势，当天收出一根涨幅超过 6 个多点的大阳线，按理说是一个强劲的上涨势头。可是，第二天股价大幅低开于前一天的开盘价附近，且全天逐波震荡走低。当天收出跌停大阴线，从而形成看跌分手线，此后股价渐行渐弱。

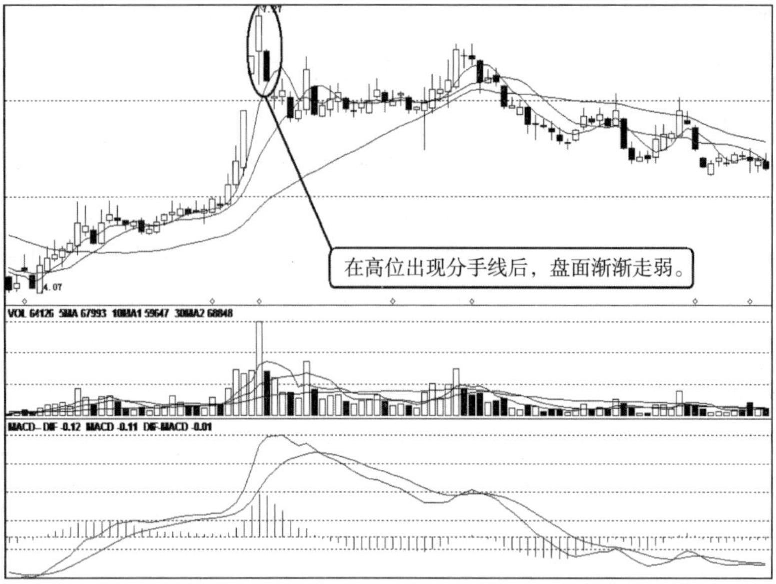


图 4-67　ST 抚钢（600399）日 K 线图

## 四、分析要点

（1）两根 K 线的开盘价相同或十分接近，第二根 K 线实体越长，其反转信号越强烈。

（2）看跌分手线要比看跌接吻线、乌云盖顶、孕育阴线、阴包容线、倾盆大雨等形态的信号强烈得多；同样，看涨分手线要比看涨接吻线、曙光初现、孕育阳线、阳包容线、旭日东升等形态的信号强烈得多。

（3）看涨分手线需要成交量方面的支持。底部量增价升，后市看涨；若出现缩量回升走势，要谨防虚假图形。看跌分手线并不注重成交量的大小，但顶部量增价跌，后市看空意义更加强烈。

（4）由于分手线当天大幅跳空开盘，股价涨跌幅度比较大，可能出现短线回抽动作，所以应关注回抽时的支撑和阻力程度。

（5）第二根 K 线实体长于第一根 K 线实体，或者第二天股价出现涨停、跌停，则形态的反转意义更强烈。

（6）第二根 K 线实体与第一根 K 线实体之间如果留下一个没有回补的跳空缺口，则形态反转的可信度更高。

## 五、实盘技巧

（1）一个可靠的看涨分手线形态，必须具备三个条件：一是，出现在市场跌势的末端或洗盘整理结束阶段；二是，第二根 K 线必须是一根大的实体 K 线（一字形、T 字形 K 线更好）；三是，看涨分手线形态必须要有成交量的积极配合。

图 4-68 所示为大同煤业（601001）的日 K 线图。该股见顶后一路震荡走低，2018 年 2 月 2 日收出一根下跌大阴线，空头来势汹汹。但是，第二天股价大幅跳高到涨停价开盘，

盘中瞬间急跌后拉起，当天收出 T 字形涨停。从图中可以看出，该股符合上述分手线的三个条件，从此股价出现一波快速拉升行情。

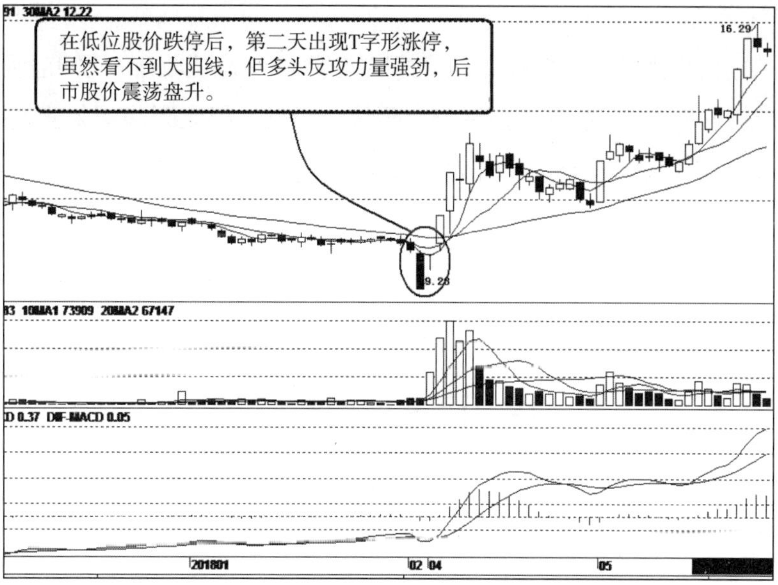


图 4-68　大同煤业（601001）日 K 线图

（2）在涨势过程中形成看涨分手线形态，说明庄家洗盘结束，股价将展开新一轮上涨行情，投资者应积极做多。

图 4-69 所示为五矿资本（600390）的日 K 线图。股价脱离底部区域后，庄家为了后市更好地上涨，主动展开洗盘调整走势。一根大阴线之后，第二天股价跳空高开高走，当天收出涨停大阳线，两根 K 线形成看涨分手线形态，说明洗盘调整结束，股价将展开新一轮上涨行情。

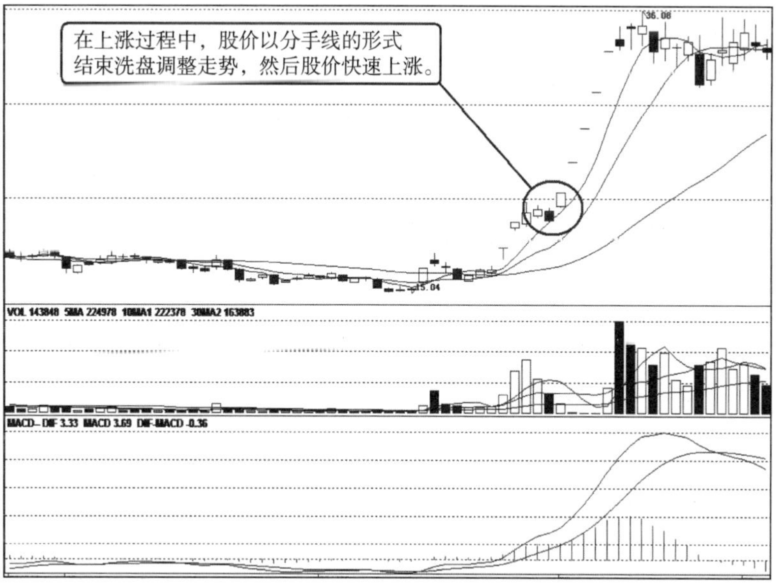


图 4-69　五矿资本（600390）日 K 线图

（3）一般情况下，不管是看涨分手线还是看跌分手线，如果第一根 K 线比较短，第二根 K 线比较长，其涨跌幅度也超过第一天的幅度，K 线实体深入到前面的 K 线实体之中，则形态的可靠性更高。

图 4–70 所示为界龙实业（600836）的日 K 线图。在高位收出一根带上影线的阳线后，第二天股价跳空低开低走，收出一根跌停大阴线，而且这根大阴线深入到前面的上涨大阳线实体之中，如同黄昏之星形态。次日继续大跌，见顶信号非常强烈，从此股价开始了下跌走势。

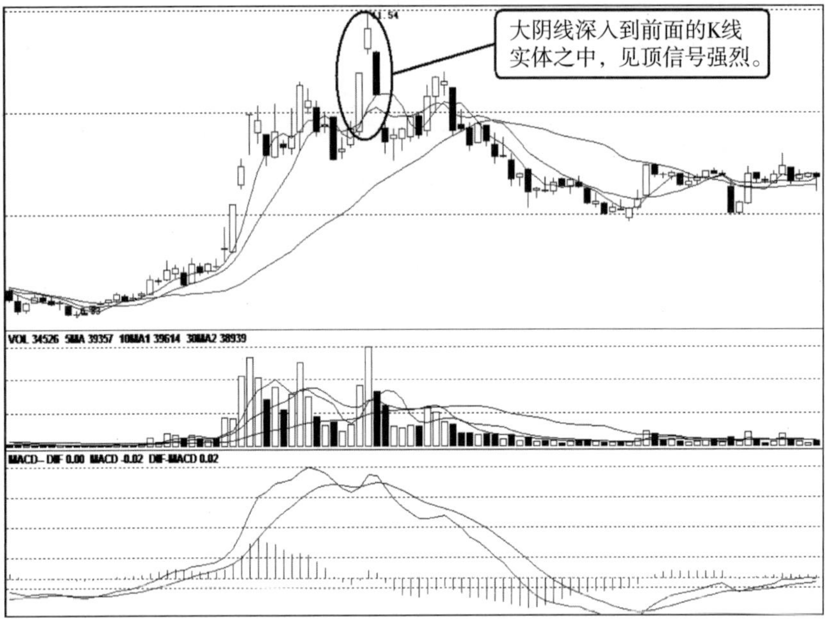


图 4–70　界龙实业（600836）日 K 线图

（4）分手线要求第二天的开盘价在第一天的开盘价附近，开盘跳空幅度比较大，但股价受涨停或跌停幅度的限制。如果第一天是一根涨停或跌停 K 线，那么第二天的 K 线就无法向外延伸，不可能形成大 K 线实体，第二天即使跌停或涨停，也只是一根小星线或一字线、T 字线、⊥字线等（如在看涨分手线中，第一天股价跌停，即使第二天以涨停价开盘，也不可能与第一天开盘价相同）。虽然第二天不是一根大 K 线实体，但其技术意义比一般的分手线更加强烈。

图 4–71 所示为广汇物流（600603）的日 K 线图。股价大幅上涨后继续在高位收出涨停大阳线，盘中积累了大量获利筹码。一旦多方放弃护盘，那么股价下跌也将是猛烈的。不久，多方一反常态，股价从跌停板价位开盘，且全天封盘不动，形成一字形 K 线。虽然没有出现下跌大阴线，但其看跌技术意义比大阴线更加强烈，从此股价反转下跌。

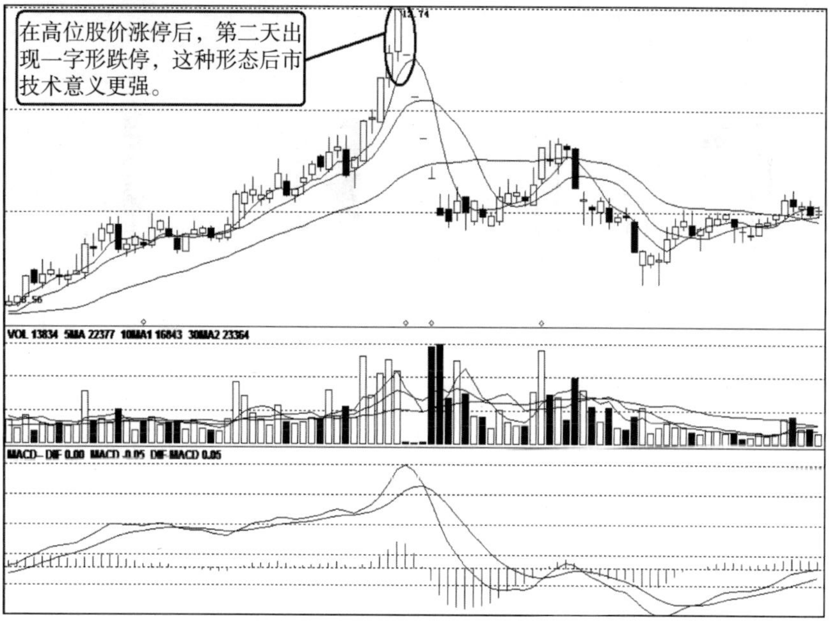


图 4 71　广汇物流（600603）日 K 线图

# 第九节　尽头线

## 一、形成过程

简评：次要的底部或顶部反转形态，宜进一步确认形态的有效性。

特征：尽头线说明行情已经到了末期，难以继续发展。尽头线是转势信号，可以分为涨势尽头线和跌势尽头线。

在上升趋势中，原行情进行得相当顺利，人们都认为这个趋势会继续进行下去，结果在一根长阳线的上影线右方，出现了一根 K 线实体完全在上影线范围内的短十字星或小阴小阳线，这就是涨势尽头线。在上涨行情中出现这种形态时，预示股价将要下跌，投资者要考虑卖出。

在下跌趋势中，在一根长阴线的下影线右方，出现了一根 K 线实体完全在下影线范围内的十字星或小阴小阳线，这就是跌势尽头线。在下跌行情中出现这种形态，预示股价将要上涨，投资者要考虑买进。

尽头线如图 4–72 所示。

## 二、市场含义

在股市中，标准形态的尽头线出现的机会并不多，出现的大多是不太标准的尽头线。

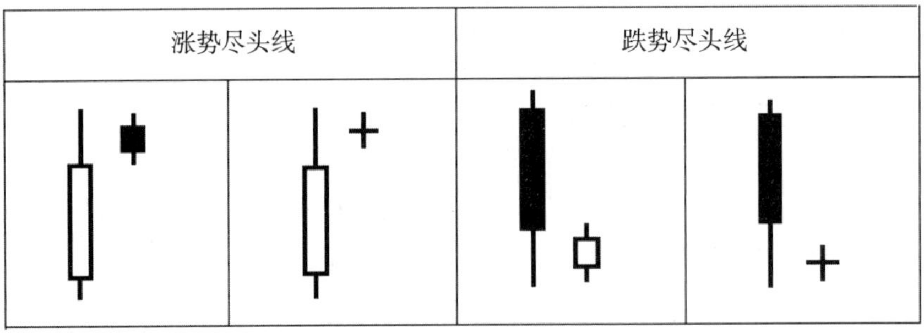


图 4-72　尽头线示意图

如果第二根 K 线的上下影线较长，但只要其实体较短，且完全被第一根 K 线的影线所包容，也可以看作尽头线。这种不太标准的尽头线发出的转向信号，对投资者仍然有相当大的参考价值。只要是尽头线，不论形态是否标准，投资者都要密切关注。在涨势中出现尽头线，要进行减仓操作，并随时做好退场准备；在跌势中出现尽头线，不应再盲目看空，可在股价回升时适时做多。

（1）上涨初期，阶段高点或阶段低点都有可能出现尽头线，无论哪种情况，只要股价在底峰 10% 以内，均可继续看好后市。场外资金不可错过时机，应及早建仓。

（2）上涨趋势中的阶段高位出现尽头线，离底峰或 30 日均线较远时，如果确有筹码上移动作，短线高手可按箱形操作适量减持。实际上，从 K 线走势中可以窥出其中的玄机，小波浪以量增价涨向上缓步推进，当日的上下影线较长，多方的获胜区（阳线实体）几乎与上影线相当，可见空方的打压力度不可小视。多方小心翼翼，不敢越雷池半步，双方始终在上影线内的小战场短兵相接，僵持不下。此前的逼空行情较为迅猛，多头能量释放殆尽，这两日的搏斗使股价滞涨，这种走势实属正常。但这里不意味着价格换挡上行，而是多以回调为主，对此应有足够的思想准备。如在阶段低点出现尽头线，有大量的获利筹码峰支撑，多方开始组织反攻，此时可以果断买入。

（3）大幅上涨行情末端出现尽头线，除了本身是一种滞涨转势警示信号外，如有获利筹码伴以量能的猛增显著上移时，要及时减仓或离场。筹码悄然上移，充分反映出庄家居心叵测、急于收场的目的。

（4）大幅下跌趋势末端出现尽头线，量能继续萎缩，多空交投意愿不强，人气散淡，上方筹码层层被套，厌战情绪占据上风，这种情况下适宜观望。但是，如逢大势好转或个股特大利好伴以多空巨量，激进者可适量介入，打一个短差。

## 三、应用法则

（1）尽头线由一大一小两根 K 线组成，既可出现在涨势中，也可出现在跌势中。出现在涨势中，是见顶信号；出现在跌势中，是见底信号。

（2）尽头线出现在涨势中，第一根 K 线为大阳线或中阳线，并有上影线；第二根 K 线为小十字星线或小阳小阴线，位于第一根 K 线的上影线之内。

（3）尽头线出现在跌势中，第一根 K 线为大阴线或中阴线，并有下影线；第二根 K 线为小十字星线或小阳小阴线，位于第一根 K 线的下影线之内。

（4）尽头线的上影线或下影线右方，带着的 K 线实体越小（如小十字星线），则信号越强。

（5）尽头线的上下影线不一定全部被包容。实盘中，第二根 K 线可能受瞬间盘面波动影响，超越第一根 K 线的高点或低点，只要收盘价依然收在第一根 K 线的影线范围内，且实体部分非常小，其分析意义依然相同。

图 4–73 所示为丹化科技（600844）的日 K 线图。股价在高位收出了涨势尽头线，第二天多方再次发力上攻，但无功而返，最后下跌收阴，从而确认转势尽头线有效，随后股价向下调整。通常来说，尽头线一旦有效形成，往往成为后市股价上涨的一个重要阻力位。不久，当股价再次回到尽头线附近时，遭到了空头的猛烈打压，股价再次调阻回落，此后股价开始了中期调整走势。

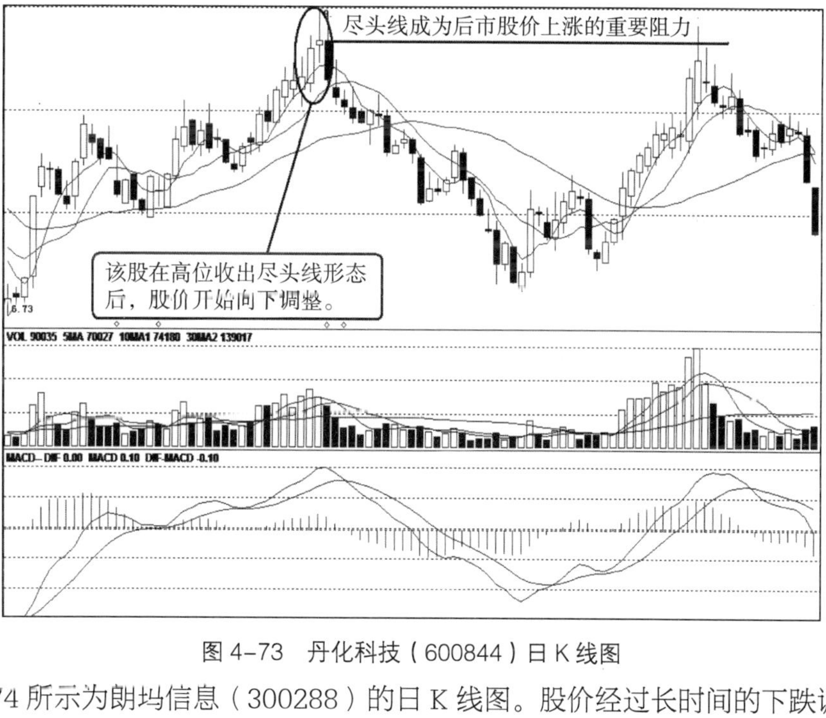


图 4–73　丹化科技（600844）日 K 线图

图 4–74 所示为朗玛信息（300288）的日 K 线图。股价经过长时间的下跌调整后，在低位收出跌势尽头线，说明市场经过长期的下跌调整后，空方能量得到较好释放，股价随时有见底回升的可能。第二天股价上涨收阳，转势尽头线得到有效确认，随后出现一波快速拉升行情。

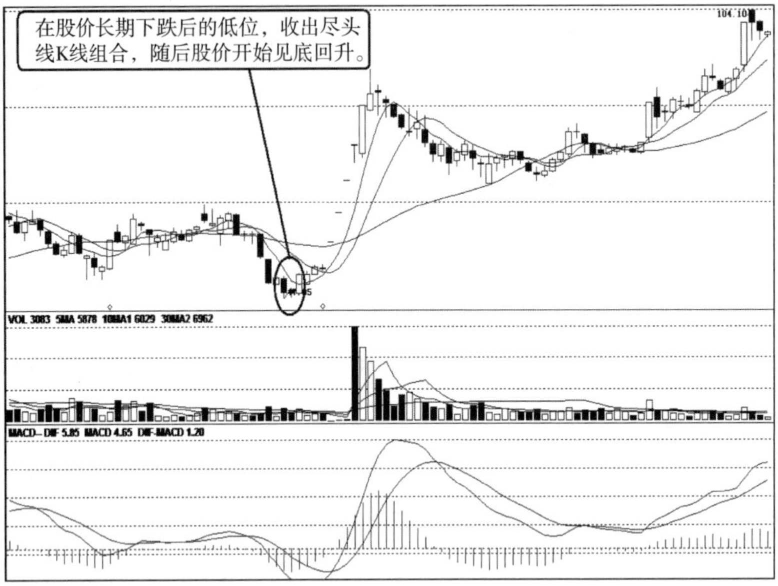


图 4-74 朗玛信息（300288）日 K 线图

## 四、分析要点

尽头线的反转信号不是很强烈，成功率不是很高，不能一味照本宣科。要准确判断此信号，必须要有其他形态组合作为佐证。

（1）在长期下跌的底部出现尽头线，如果第二天股价放量上涨收出阳线，则底部转势信号确立，投资者可以买入做多。

（2）在上涨初期或上涨途中，尽头线出现在密集的廉价底峰之上，筹码锁定性好，均线呈多头发散，是介入的较佳时机。

（3）股价经过大幅上涨，远离庄家持仓成本区，此时出现涨势尽头线形态，意味着股价上涨已显疲态，应尽快兑现获利筹码。

（4）在大幅上涨后的高位出现涨势尽头线，如果成交量急剧放大，则转势信号更加明显。

（5）在下跌初期或下跌途中出现涨势尽头线，应果断离场；若出现跌势尽头线，也不能盲目介入，否则容易套牢在中位。

（6）缩量横盘过程中，无论出现何种尽头线，都说明筹码散乱，不应参战。

## 五、实盘技巧

（1）下跌趋势末端出现尽头线，量能继续萎缩，多空交投意愿不强，人气散淡，且上方筹码层层被套已成事实，厌战情绪占据上风，此时适宜观望。但是，正逢大市好转或个股特大利好伴以较大成交量，激进的投资者可适量介入，试探一把，打一个短差。

图 4-75 所示为兴业证券（601377）的日 K 线图。股价在底部经过长时间的盘整后，一根大阴线向下突破盘区，看空气氛笼罩着盘面。可是随后股价并没有持续下跌，而是跟随大盘走势，收出两根依附在前一天大阴线下影线之内的小十字星，形成尽头线形态，这

种走势说明空方已经没有打压能力。随后股价放量上涨，突破 30 日均线的压力，此时投资者应积极跟进做多。

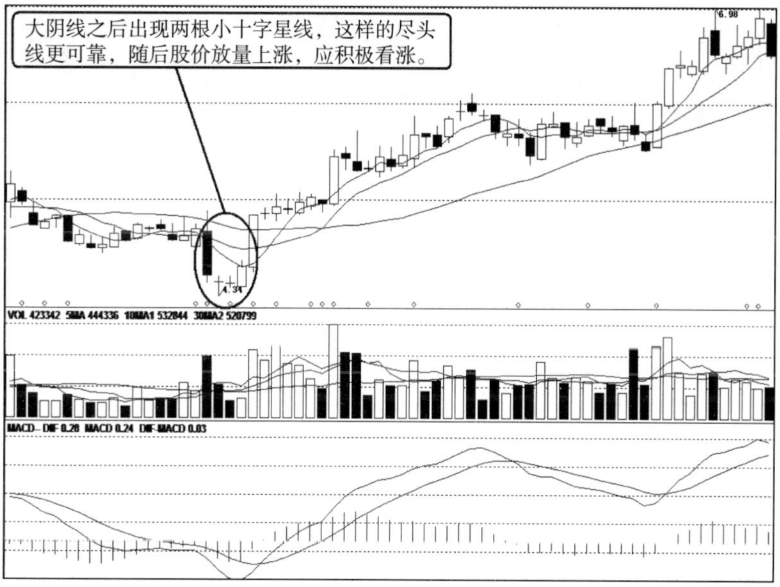


图 4-75　兴业证券（601377）日 K 线图

（2）如果尽头线的第一根中阴线或大阴线又是末期下跌三连阴的第三根 K 线，则买入十拿九稳。这里要强调一下，末期下跌三连阴后出现底部尽头线，与之后出现的大阳线或中阳线组成早晨十字星或早晨之星，都是极佳的买入时机。下跌末期三连阴最后一天收出长下影线后，第二天走出了带有上下影线的小阴线，阴线实体依附在前一根阴线的下影线内，激进者可以抢入筹码，稳健者可在第三天大阳线组成早晨之星形态时再买入。特别是同时有曙光初现、双重底等形态呼应时，是重仓买入的最佳时机。

图 4-76 所示为宁波中百（600857）的日 K 线图。该股经过长时间的下跌调整后，在底部收出了末期下跌四连阴。第二天在低位收出一根十字星线，从而构成底部尽头线形态，此后股价开始了有力的上涨行情。

这个尽头线形态有什么技术意义呢？第一，股价得到前期下跌低点的技术支撑，疑似形成双重底形态；第二，次日收出一根上涨阳线，形成早晨之星形态；第三，尽头线之前市场出现了连续多日下跌走势，空方能量得到了较好的宣泄。

尽头线得到多重利好信号的支持，说明连绵不断的细雨已经越下越小，残寒即将消退，很快雨过天晴，艳阳高照，是一个难得的买入机会。

（3）在股价经过一段上涨行情后的阶段高位出现尽头线，股价离 30 日均线较远，短线高手可按箱形操作适量减持。这里不是换挡上行，大多以回调为主，对此应有足够的思想准备。

图 4-77 所示为出版传媒（601999）的日 K 线图。该股经过一波有力的反弹行情后，股价远离 30 日均线，多头开始谨慎上攻。在高点收出尽头线形态，阳线实体明显收缩，且无法突破前期高点，第二天立即向下调整，在高点形成黄昏之星形态，这样尽头线得到了

有效确认，此时投资者应尽快离场观望，随后股价开始了中期调整走势。

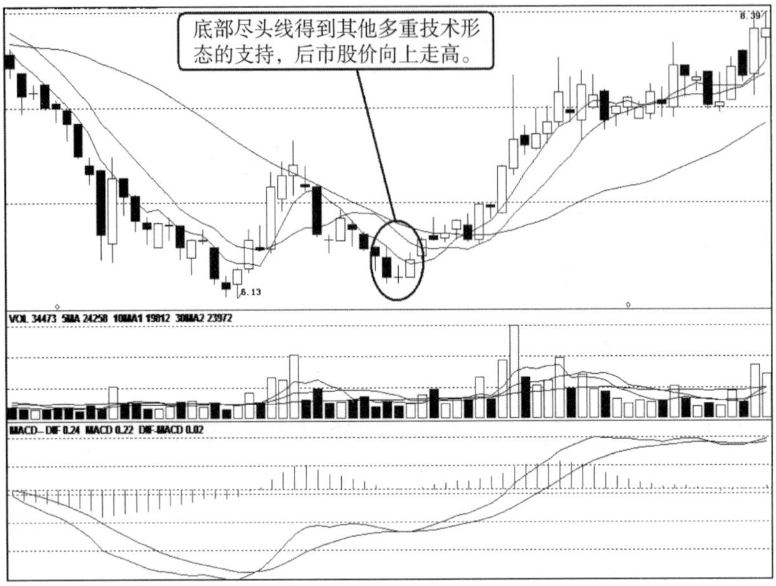


图 4-76 宁波中百（600857）日 K 线图

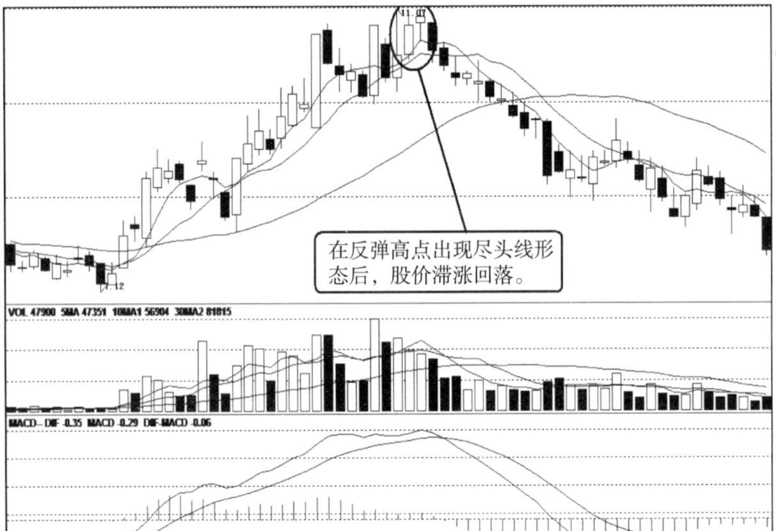


图 4-77 出版传媒（601999）日 K 线图

（4）在大幅上涨行情末端出现尽头线，除了本身是一种滞涨转势警示外，如伴有成交量猛增时，应及时减仓或离场。

图 4-78 所示为蓝英装备（300293）的日 K 线图。该股在大幅上涨后的高位收出尽头线，同时伴有巨大的成交量，说明多头信心开始动摇，盘中筹码出现松动，庄家不断兑现获利筹码，这是一个较好的离场信号。虽然后面有过一次上冲创新高的动作，但这是庄家出货的假动作，依据尽头线离场没有错，况且后面的盘面波动也难以预测，不能因此怀疑尽头线的转势意义。

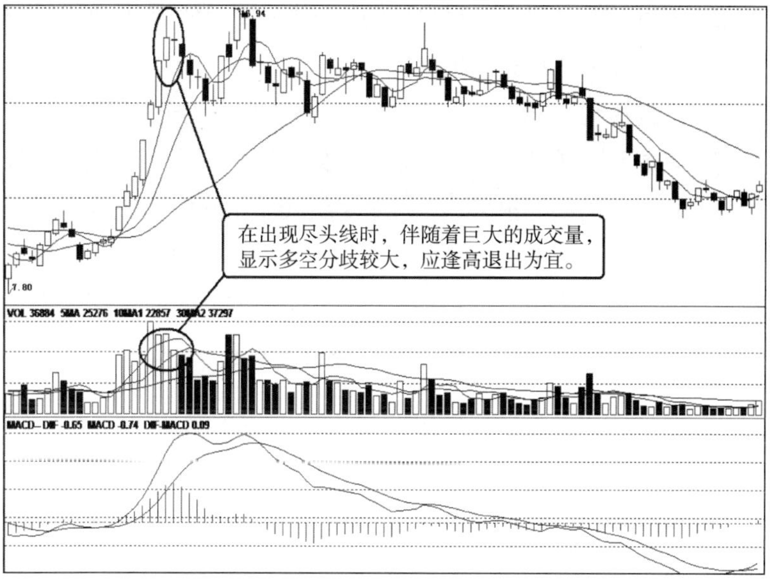


图 4-78　蓝英装备（300293）日 K 线图

（5）在大幅上涨的高位，尽头线是一根较长的流星线形态，或者在尽头线前后相近位置出现过有较长上影线的 K 线，则形态见顶的可信度大大提高，应逢高出局。

图 4-79 所示为玉龙股份（601028）的日 K 线图。股价大幅炒高后，庄家在高位不断兑现获利筹码，收出了顶部尽头线 K 线组合形态，提醒大家股价上涨乏力。由于庄家没有成功撤退，依然顽强护盘，因此股价在高位震荡。2 月 20 日，庄家发动向上的假突破动作，股价冲高回落，当天收出一根带长上影线的流星线形态，再次警告大家上方压力很大。随后在 2 月 25 日又形成一个尽头线形态，说明市场顶部已经构成。在很短的时间里连续出现三个顶部信号，此时投资者不应再有幻想，退出观望是最好的策略。一般来说，当涨势尽头线中含有流星线 K 线形态时，下跌的准确率就更高了。

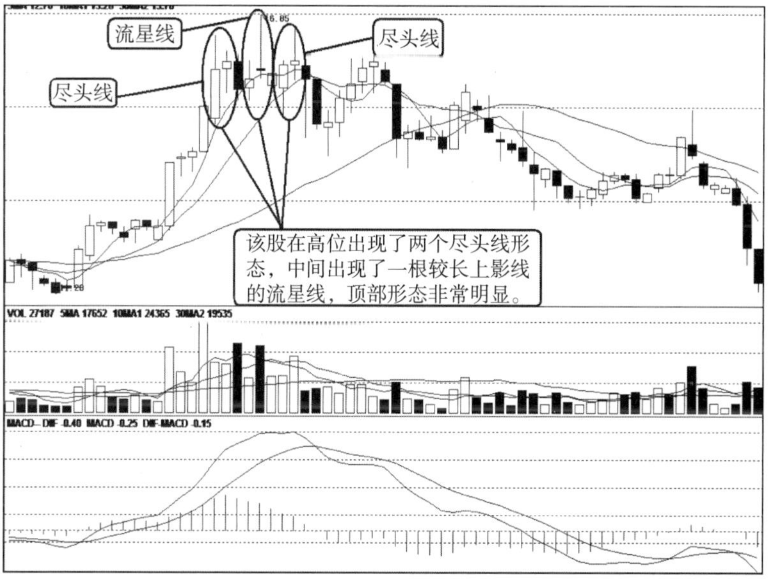


图 4-79　玉龙股份（601028）日 K 线图

（6）在上涨高点，当股价遇到重要阻力位时，无法形成有效突破，此时收出尽头线形态，可信度非常高，应在阻力位附近逢高离场。

图 4-80 所示为安徽水利（600502）的日 K 线图。股价经过反弹回升后，在高位收出顶部尽头线。从盘中注意到这根 K 线实体较小，依附在前一天大阳线的上影线之内，形成一根上下影线较长而实体非常小的星形线。这个尽头线显示股价明显遇到前期高点的压力，无法形成有效突破。一般来说，在高位出现尽头线时，后市股价下跌的概率非常大。另外，该股还受到前期高点的阻力，后市出现中期调整也在情理之中。

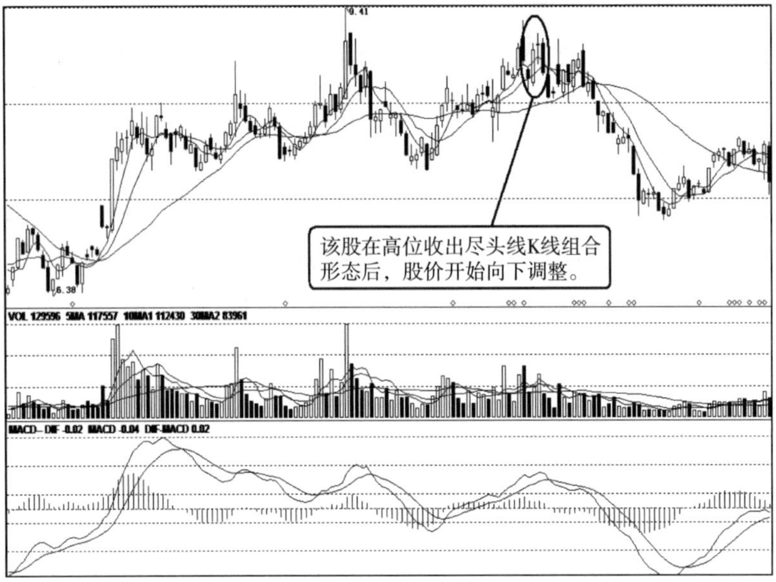


图 4-80　安徽水利（600502）日 K 线图

# 第五章　三日反转形态

## 第一节　早晨之星

### 一、形成过程

简评：强烈的见底信号，后市利多，无须确认形态。

特征：早晨之星也称启明之星，有云开雾散、曙光初现的寓意，预示市场迎来艳阳天，是跌势将尽、大势即将转暖之意，因此是一个十分可靠而经典的底部反转形态，在实盘中受到投资者的广泛信赖。

一个标准的早晨之星形态由三根 K 线组成，其形成过程如下。

（1）第一天，在下跌过程中，股价延续跌势产生一根较长的实体大阴线，显示大势不妙，同时也说明空方能量得到进一步宣泄。

（2）第二天，股价跳空低开，但跌势趋缓，呈低位牛皮走势，收盘价与开盘价差不多在同一水平，形成一个十字星形态（小实体阴阳 K 线亦可，其分析意义更佳），这根 K 线为早晨之星形态的主体部分。

（3）第三天，股价强势上涨，出现较大的反弹走势，收出一根较长的实体阳线，其实体部分或全部吞蚀第一根阴线实体，显示出多头开始反攻。

早晨之星形态如图 5-1 所示。

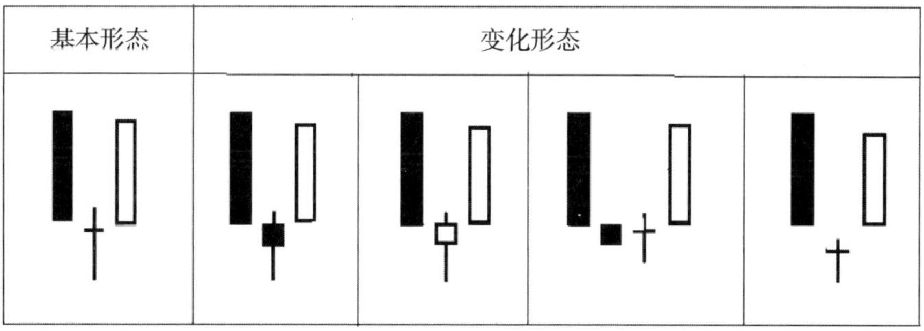


图 5-1　早晨之星形态示意图

简单来说，第一天下跌收出大阴线，第二天初步止跌收出星形线，第三天上涨收出大阳线，说明股价扭转下跌趋势。早晨之星形态大多出现在下降趋势末端，是一个较强烈的趋势反转信号，谨慎的投资者可以结合成交量和其他指标得出相应的投资策略。

在实盘中，除了标准的早晨之星形态外，还存在许多变体早晨之星，这些变体早晨之星与标准的早晨之星在判断上基本相同。常见的变体早晨之星形态有以下几种。

（1）小实体早晨之星。星形线是小型的阴阳实体 K 线，底部反转性质与标准的早晨之星相同。

（2）早晨双星、早晨三星、早晨多星。中间有两根星形线、三根星形线、多根星形线的早晨之星，其底部反转性质与标准的早晨之星相同。

（3）底部弃婴。与早晨之星差不多，不同的是底部弃婴中第二根十字星线在第一根阴线及第三根阳线范围之外，其形态与岛形底接近。这种形态的早晨之星第二根 K 线为十字星线，其影线与第一根及第三根 K 线存在缺口。也就是说在底部弃婴中，第二根十字星线的上影线不与第一根阴线的下影线重叠，也不与第三根阳线的下影线重叠。总体而言，底部弃婴形态比较罕见，但其利好效力更加强烈。

（4）缺口早晨之星。星形线与实体 K 线之间的跳空缺口当天没有回补，如果早晨之星底部反转形态成立，则这个缺口可能成为竭尽缺口或突破缺口。星形线前面的缺口为竭尽缺口，星形线后面的缺口为突破缺口，这种形态的早晨之星比标准形态具有更强烈的看涨意义。实盘中有以下几种缺口早晨之星：一是，左边缺口早晨之星，即第二根星形线与第一根阴线之间存在向下跳空缺口；二是，右边缺口早晨之星，即第二根星形线与第三根阳线之间存在向上跳空缺口；三是，双边缺口早晨之星，即底部弃婴或岛形早晨之星，具有强烈的看涨意义。

## 二、市场含义

早晨之星形态意味着下跌行情即将结束，市场开始见底回升，就像早晨的太阳一样，充满了无限生机。第一根阴线是受到前期下跌走势的影响，由于恐慌性抛盘形成的。第二根星形线表明下跌功能衰竭，低位抛压减轻，形成形态的主体部分。这个星形线可以是阳线，也可以是阴线。第三根阳线拔地而起，收复了第一天下跌的大部分失地，表明下跌势头被成功扭转，确定筑底成功，市场发出看涨信号。

## 三、应用法则

（1）第一根 K 线延续原先趋势，出现在下跌趋势中的早晨之星应为阴线。

（2）第三根 K 线颜色应与第一根相反，为阳线。

（3）第二根 K 线可以小幅高开或低开，也可以与第一根 K 线实体之间产生小缺口。

（4）第二根 K 线可以是小幅上涨或下跌的十字星线或小实体 K 线，有无实体并不影响形态的实盘分析。

（5）第三根阳线实体的长度越长，后市上涨力度越大。也就是说，第三根阳线实体收盘价深入第一根阴线实体越多，其信号越可靠。

图 5-2 所示为万东医疗（600055）的日 K 线图。该股见顶后逐波下跌，调整时间长，累计下跌幅度大，在跌势末期再次出现一波杀跌行情。不久，一根十字星线之后又出现一

根大阳线，将股价向上拉起，扭转了下跌势头，构成早晨之星形态，此后股价出现震荡上涨行情。

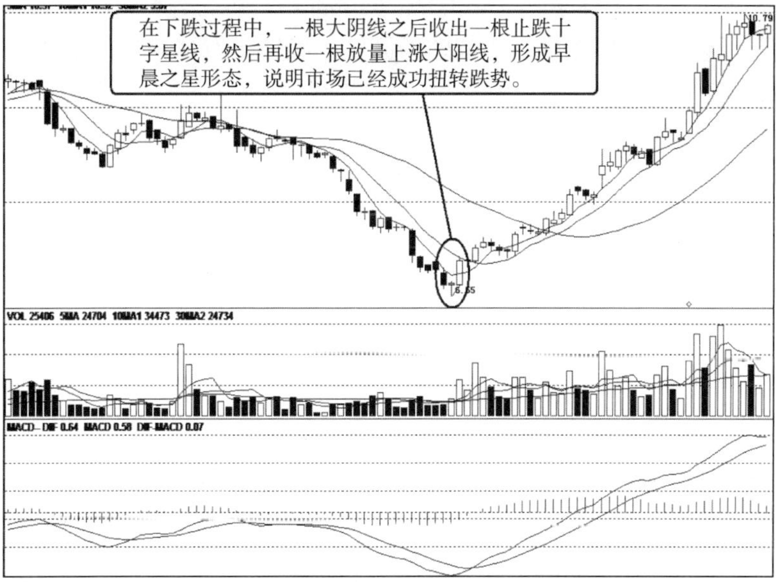


图 5-2 万东医疗（600055）日 K 线图

从图中可以看出，该股出现大阳线的前一天，收出了一个止跌性十字星线。在星线之前是一根下跌阴线，这样就构成早晨之星形态。这种形态意味着下跌行情即将结束，市场开始见底回升。前面的阴线延续了下跌走势，十字星线则表明下跌动能已经衰竭，低位抛压减轻，买盘加大。最后一根大阳线拔地而起，巩固了十字星线的争夺成果，并且股价越过了前面的阴线，表明下跌势头被扭转，筑底成功，市场发出看涨信号，因此后市出现震荡盘升行情。

确认这种形态的前提是出现在股价大幅下跌后的低位，星形线的下影线较长，并伴随较大的成交量，表明有买盘介入；阳线当天收盘在前面阴线的 1/2 以上，如能全部吞没前面的阴线则效果更佳。可以将这种形态与支撑位结合在一起进行分析。如果股价下跌遇到重要支撑位时，出现这种形态则看涨意义更强。投资者遇到这种形态时，不妨先把它看作超跌反弹行情，然后静观其变。如能继续走强，则可以确认为底部，这时加大仓位。

## 四、分析要点

（1）理想的早晨之星形态是第二根星形线与第一根大阴线之间有一个小小的向下跳空缺口，如第三根阳线小幅高开，可加强早晨之星的效力。

（2）第三根阳线要求插入到第一根阴线的 1/2 以上。通常来说，插入越深，看涨意义越大。如果全部吞没第一根大阴线，则看涨意义更强烈。

（3）如果第一根阴线的成交量较小，而第三根阳线的成交量较大，则表明原先趋势力量在衰弱，新趋势力量在增长。或者，第三根阳线的成交量明显放大，是第一根和第二根

K 线成交量的 3 倍以上，代表股价在反弹时买盘介入积极，更有利于后市见底回升。

（4）早晨之星形态出现在前期低点附近，其反转上涨的意义更大。

（5）早晨之星形态出现在长期下跌末期、暴跌之后、回调洗盘结束之时，其准确率较高。

（6）早晨之星形态如果出现在横向整理区域，虽然是看涨信号，但实盘效果不佳，容易出现失败形态。

## 五、实盘技巧

就早晨之星形态而言，第三根 K 线是短线买入点。但这种简单运用对于力求稳健或回避风险的投资者来说风险仍然很高，因为在持续下跌行情中，早晨之星经常以失败告终，下跌换挡可能会让人误入歧途。

那么，是否有更好的办法来规避风险呢？其实出现早晨之星后，等待是最好的技巧，时间是最好的帮手。稳健的办法是在早晨之星出现后再静等两三天，如回调未能吞食掉第三根阳线实体的 2/3，说明多头已基本获取盘面的主动权，这时可放心介入；如不出现小幅回调，甚至快马加鞭加速上攻，说明多头能量已超强爆发，在突破上攻之际可快速介入。

（1）出现在长期下跌之后的早晨之星形态，才具有实盘操作意义。通常，股价下跌幅度越大，调整时间越长，企稳回升的可能性越大。在股价累计下跌幅度超过 50% 的位置出现早晨之星形态，其见底反转信号非常强烈。

图 5-3 所示为移为通信（300590）的日 K 线图。股价经过大幅下跌后，2018 年 2 月 8 日在市势久跌之后的低位出现早晨之星形态，一根小阳线犹如一颗启明星，随后出现有力的上升大阳线，表明黑暗的长夜已经过去，迎来希望的曙光。超跌后的早晨之星形态成为市势反转上升的转折点，遇到这种形态时投资者应积极关注。

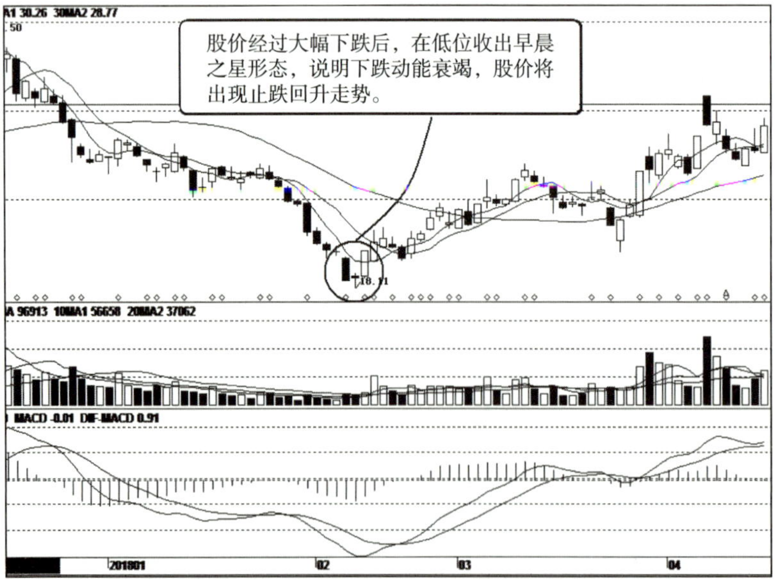


图 5-3　移为通信（300590）日 K 线图

（2）股价前期出现无量下跌走势，早晨之星形态出现后开始放量上涨，说明做空动力丧失殆尽，多头资金开始有序介入，其形态的可信度很高。

图 5-4 所示为中润资源（000506）的日 K 线图。股价见顶后逐波下跌，成交量不断萎缩，显示做空能量得到较好释放。股价放量涨停，在低位构成一个早晨之星形态，随后成交量温和放大，多头资金分批入场，不断将股价推高。

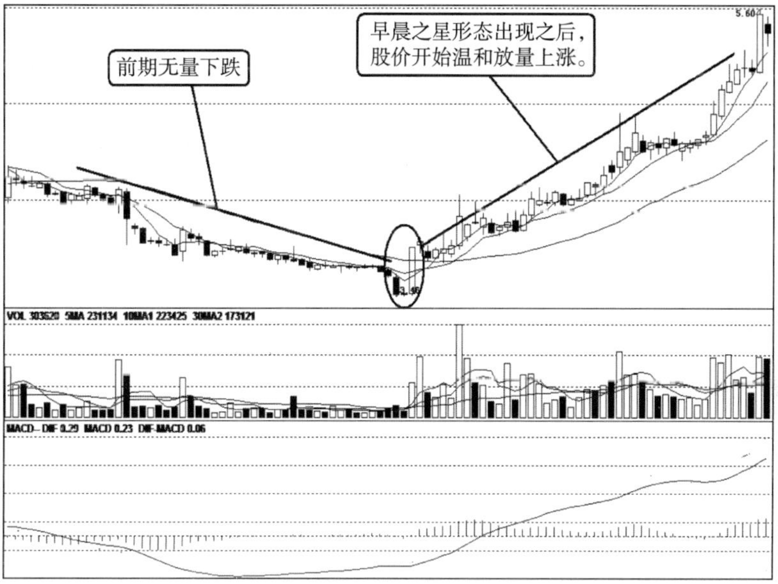


图 5-4　中润资源（000506）日 K 线图

（3）股价探出一个明显的低点后，经过小幅回升再次下探到前期低点附近，此时构成一个止跌性早晨之星形态，其反转上涨的意义更大。这种情况大多是庄家展开二次探底或回调洗盘整理所致，后市上涨的可能性极高。

图 5-5 所示为康旗股份（300061）的日 K 线图。一根跌幅超过 7% 的大阴线使股价回到了前期低点附近，第二天股价小幅低开后快速下跌，击穿了前期低点。庄家旨在制造一个空头陷阱，但并未引发恐慌盘，反而有逢低买盘介入，当天将股价再度拉起，收出一根探底回升锤头阳线。次日股价继续上涨收阳，从而形成早晨之星形态。此后股价出现短暂的回调整理，再次考验早晨之星形态的有效性，获得技术支撑后出现红三兵形态，股价开始向上突破，展开长达一年多的牛市行情。

出现早晨之星形态固然给投资者带来了希望，但是投资者在实盘操作中一定要等待早晨之星确认后方可入场。理论上第三根 K 线出现时是最佳入场时机，但是由于股市变幻莫测，此时入场风险极大。如果在早晨之星形态得到有效确认后再介入，更安全一些。

（4）如果早晨之星形态中的第三根 K 线出现一个向上跳空缺口，比第二天形成的向下跳空缺口强烈得多，此时如有成交量的配合，看涨信号不容置疑。

图 5-6 所示为吉鑫科技（601218）的日 K 线图。该股向下击穿均线系统后持续下跌，均线呈空头排列，显示股价有进一步下跌的要求。但阴线之后连续收出两根止跌小阳线，

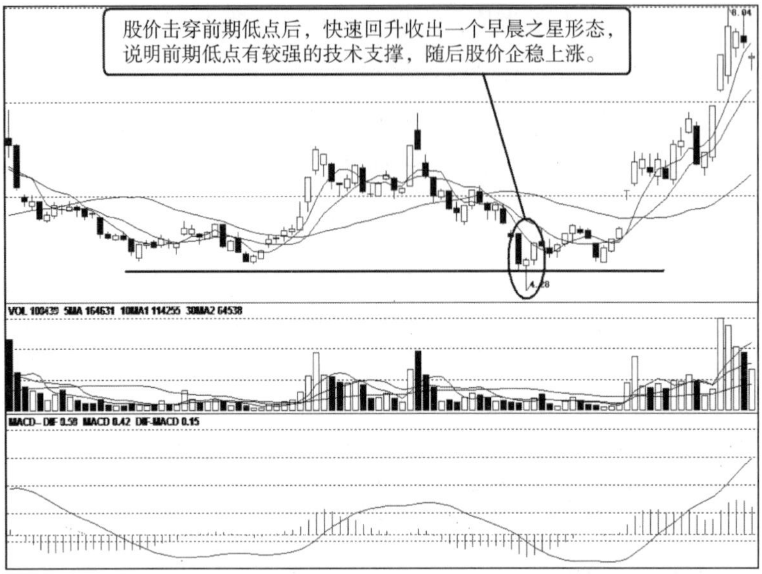


图 5-5　康旗股份（300061）日 K 线图

说明空方打压力度有限。不久股价跳空高开，多方乘机反击，大幅拉高股价，当天收出一根涨停大阳线，且与前面的两根小 K 线之间形成一个跳空缺口，说明股价反弹力度十分强劲，后市继续走高的可能性加大。

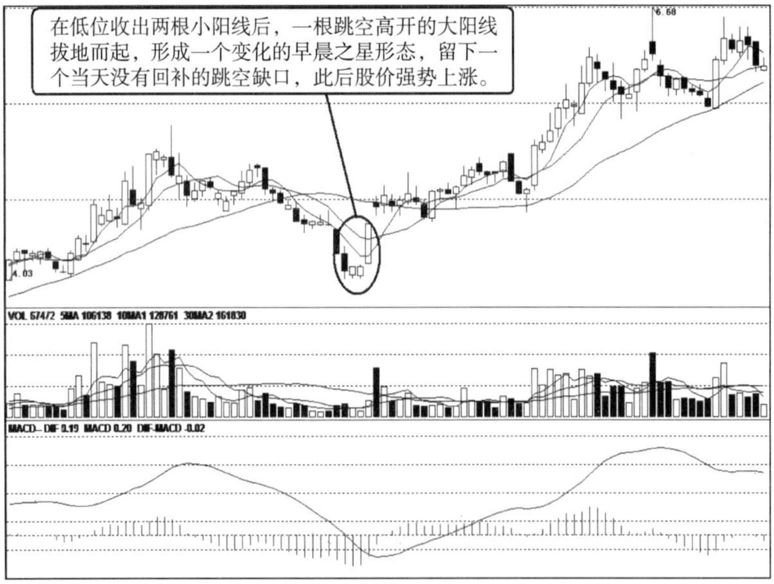


图 5-6　吉鑫科技（601218）日 K 线图

（5）在上升趋势初期或途中出现早晨之星形态，往往是洗盘整理结束的标志，后市股价看高，可以加大仓位做多。

图 5-7 所示为宝莱特（300246）的日 K 线图。股价调整结束后企稳回升，并向上突破前期高点，随后展开回抽确认和洗盘整理走势。当股价回落到突破位置附近时，获得了强大的技术支撑，不久拉出涨停大阳线，从而形成早晨之星形态。这个形态说明庄家洗盘整

理结束，股价将进入一个新的拉升行情，因此是一个难得的入场机会。

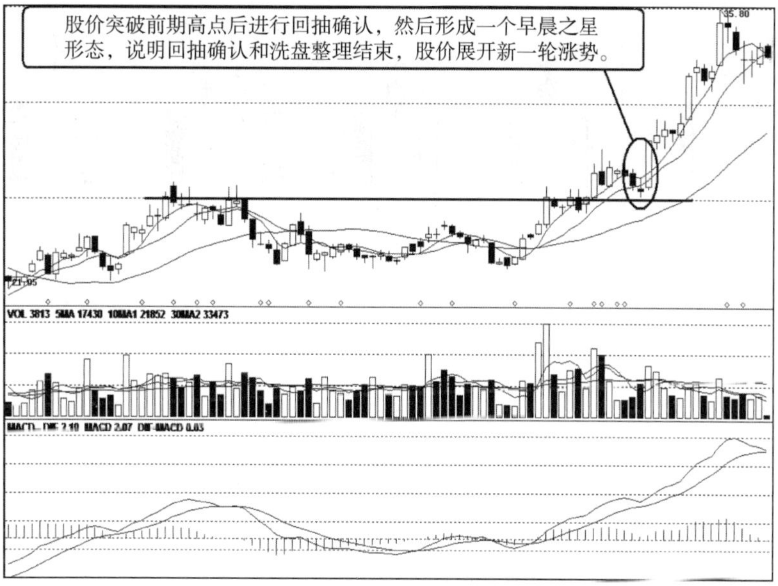


图 5-7　宝莱特（300246）日 K 线图

# 第二节　黄昏之星

## 一、形成过程

简评：黄昏之星是见顶信号，后市看空，无须确认形态。

特征：夕阳无限好，只是近黄昏。黄昏之星意味着日落西山，夜幕悄然来临，预示上涨行情即将结束，因此是一个比较可靠的顶部反转形态。

标准的黄昏之星形态由三根 K 线组成，其形成过程如下。

（1）第一根是较长的实体阳线，股价延续上涨趋势。

（2）第二根是星形线，股价跳空高开，但上涨势头明显减弱。实体小阴小阳 K 线均可，分析意义相同。

（3）第三根是实体阴线，股价小幅低开，收出较长的实体阴线，其实体部分明显地深入到第一根实体阳线之内，构成头部形态。

黄昏之星形态如图 5-8 所示。

在理想的黄昏之星形态中，第一根阳线与第二根星形线之间应当有跳空缺口，第二根星形线与第三根阴线之间有另一个跳空缺口，但是第二个跳空缺口通常很难出现。这种形态的关键之处在于第三天的阴线向下深入到第一天阳线实体的程度。虽然黄昏之星形态在上升趋势的高位更为重要，但是如果处于横盘整理区间的高位，在其他看跌信号的确认条件下，也是一个重要的看跌形态。

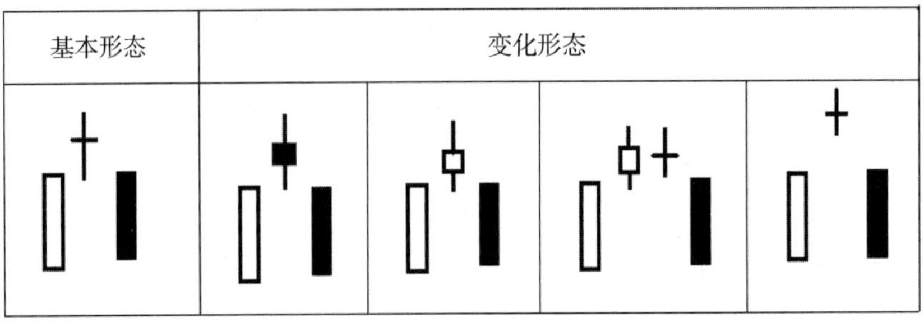


图 5-8　黄昏之星形态示意图

实盘中除了标准的黄昏之星外，还有许多变体黄昏之星形态。这些变体黄昏之星形态与标准的黄昏之星形态在判断上基本相同。常见的变体黄昏之星形态有以下几种。

（1）夜星十字。夜星十字为星形线的延续形态，中间的 K 线为十字星线，属利淡的见顶形态。辨认形态法则、技术意义、判断形态效力与黄昏之星形态相似，唯一不同的是第二根 K 线一定是十字星线。

（2）小实体黄昏之星。组合形态中第二根 K 线是小阴阳实体 K 线，称为小实体黄昏之星，其顶部反转性质与标准的黄昏之星相同。

（3）黄昏双星、黄昏三星、黄昏多星。这三种黄昏之星分别有两根星形线、三根星形线、多根星形线，其顶部反转性质与标准的黄昏之星相同。

（4）顶部弃婴。顶部弃婴与夜星十字差不多，唯一不同的是顶部弃婴中第二根十字星线在第一根阳线和第三根阴线的范围之外，其形态与岛形顶接近。这种形态第二根十字星线的下影线不与第一根阳线的上影线重叠，也不与第三根阴线的上影线重叠。技术意义与黄昏之星相近。

总体而言，顶部弃婴形态与黄昏之星形态效力相近，顶部弃婴虽比黄昏之星和夜星十字罕见，但利淡效力更加强烈。在顶部弃婴形态中，第二天以缺口高开，投资者追涨买入，但第三日又以缺口低开，导致大批投资者被套牢，触发止损盘出现，未来抛压会很大。

（5）缺口黄昏之星。星形线与实体 K 线之间的跳空缺口当天没有回补，如果黄昏之星顶部反转形态成立，则这个缺口可能成为竭尽缺口或突破缺口。星形线前面的缺口为竭尽缺口，星形线后面的缺口为突破缺口，因此这种形态的黄昏之星比标准形态具有更强烈的看跌意义。实盘中有以下几种缺口黄昏之星：第一，左边缺口黄昏之星，也称向上跳空缺口或竭尽缺口，即第二根星形线与第一根阳线之间存在向上跳空缺口；第二，右边缺口黄昏之星，也称向下跳空缺口或突破缺口，即第二根星形线与第三根阴线之间存在向下跳空缺口；第三，双边缺口黄昏之星，也称岛形黄昏之星，即星形线与阴线、阳线之间都存在跳空缺口，这是一种非常罕见的形态，具有强烈的看跌意义。

## 二、市场含义

黄昏之星这种形态意味着涨升行情结束，市场开始见顶回落。第一根阳线受前期上涨走势的影响，跟风盘不断介入，从而形成一根大阳线。第二根星形线表明上涨动能衰竭，可以是阳线也可以是阴线。第三根阴线倒挂而下，吞没了第一天阳线的大半部分，表明股价上涨势头遇到抑制，市场发出看跌信号，顶部信号产生。

## 三、应用法则

（1）第一根 K 线延续原来的上涨走势，为阳线。

（2）第二根 K 线可以是小幅上涨或下跌的十字星线或小实体 K 线，不影响形态的实盘分析。

（3）第三根 K 线颜色应与第一根相反，即为阴线。

（4）第二根 K 线与第一根 K 线实体之间有跳空缺口时，第二根 K 线是阴线还是阳线不影响分析结果。

（5）第三根阴线实体的长度越长，后市下跌力度越大。也就是说，第三根阴线实体收盘价深入到第一根阳线实体越多，其信号越可靠。

图 5-9 所示为冠豪高新（600433）的日 K 线图。该股经过大幅上涨后，股价累计上涨超过 5 倍（复权价）。不久在高位出现黄昏之星形态，之后股价出现持续下跌行情。

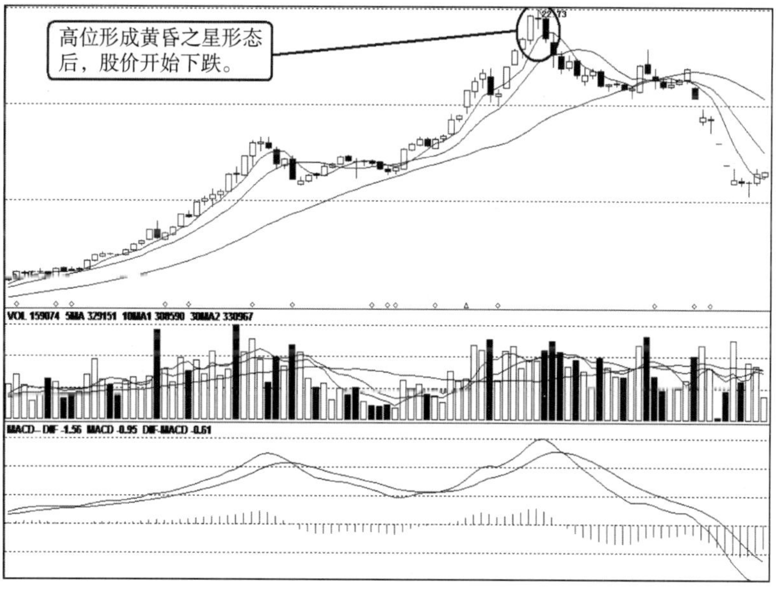


图 5-9　冠豪高新（600433）日 K 线图

从图中可以看出，出现大阴线前一天，收出一个滞涨性的十字星线，在这之前是一根上涨大阳线，这样就构成了黄昏之星形态。在高位出现这种形态意味着上涨行情即将结束，市场开始见顶回落。前面的大阳线因前期股价持续上涨，投机气氛过于狂热所致。十字星线则表明上涨动能衰竭，高位缺乏接盘，而卖盘不断加大。后面的大阴线巩固了十字星线的争夺成果，基本吞没了前面的大阳线实体，表明上涨势头终结，市场发出看跌信号，此后股价出现震荡下跌行情。

这种形态的前提是发生在股价大幅上涨后的高位，中间一根 K 线的上影线越长，表明卖盘越重。在下跌过程中若成交量放大，说明庄家在对倒出货。第三根 K 线的收盘价在前面大阳线的 1/2 以下，或者全部吞没前面的大阳线，则看跌效果更加强烈。将这种形态与压力位结合分析效果更好，如果股价上涨遇到重要压力位时出现这种形态，则看跌意义更强。投资者遇到这种形态时，应离场观望，一旦股价跌破 10 日均线，应果断清仓。

## 四、分析要点

（1）理想的黄昏之星形态，第二根十字星线与第一根阳线之间有一个小小的向上跳空缺口，第三根阴线小幅低开，这样可以加强黄昏之星形态的效力。

（2）第三根大阴线的收盘价深入到第一根大阳线的实体内，超过第一根大阳线的 1/2，则会加强形态的效力。通常插入越深，看跌意义越大。

（3）在黄昏之星形态中，若第三根大阴线的成交量较第一根大阳线为多，代表股价在下跌时抛盘较多，后市见顶下跌概率较大。

（4）黄昏之星形态出现在前期高点附近，其反转下跌的意义更大。

（5）黄昏之星形态出现在长期上涨末期、暴涨之后、超跌反弹结束之时，其准确率较高。

（6）黄昏之星形态如果出现在横向整理区域，虽然是看跌信号，但实盘效果不佳。

## 五、实盘技巧

（1）在长期上涨之后出现黄昏之星形态，才具有实盘操作意义。通常股价上涨幅度越大，持续时间越长，滞涨回落的可能性越大。如果股价累计上涨超过一倍或数倍，此时出现黄昏之星形态，更具有见顶反转意义。

图 5-10 所示为中油工程（600339）的日 K 线图。该股经过几轮炒作后，累计涨幅巨大，于是庄家开始在高位悄悄兑现获利筹码，然后向上假突破，构筑多头陷阱。庄家利用假突破暗中出货，在高位形成黄昏双星形态，此后股价开始下跌。在股价大幅上涨后的高位出现黄昏之星形态时，最好的策略就是离场观望。

（2）在黄昏之星形态中，中间的星形线冲高回落时如出现巨大的成交量，说明高位抛压较重，后市股价将进入中期调整走势，此时投资者应尽快离场。

图 5-11 所示为宁夏建材（600449）的日 K 线图。该股反弹到前期成交密集区域（可观察压缩图）附近时，股价冲高回落，收出一根放量十字星线，显示上方压力较重，多头减仓意识强烈，庄家通过对倒手法拉高出货，所以此后股价渐行渐弱。投资者在实盘中遇到这类个股时，应在收出放量十字星线当天逢高退出观望。

（3）形成黄昏之星形态时，如出现向下的跳空缺口，则形态更可靠，此时如果放量

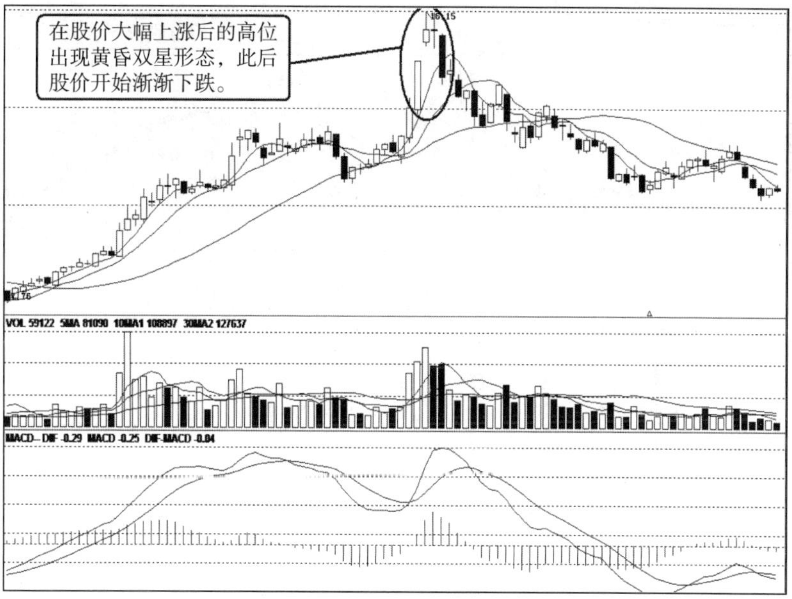


图 5-10　中油工程（600339）日 K 线图

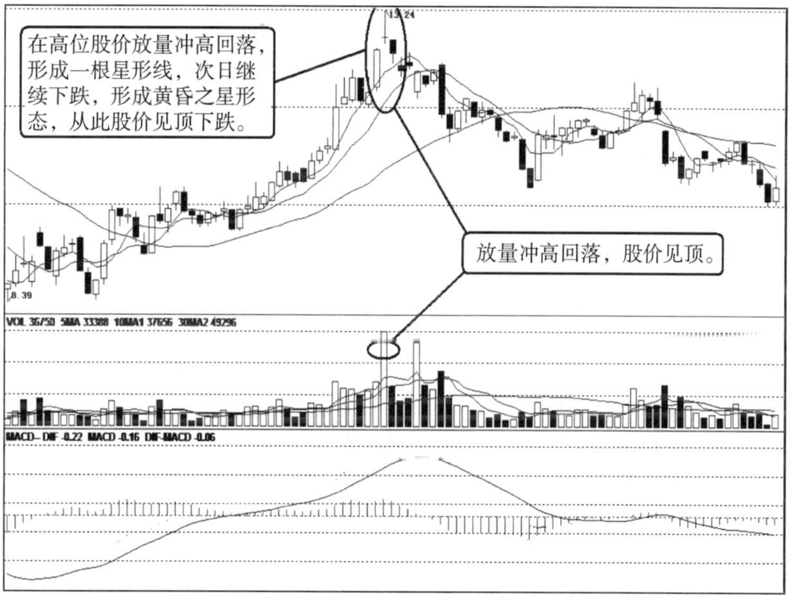


图 5-11　宁夏建材（600449）日 K 线图

下跌，应果断离场。该缺口将成为日后股价回升的重要阻力位。

图 5-12 所示为新农开发（600359）的日 K 线图。股价经过两波快速上涨后，在高位收出一根放量小阴线。第二天股价跳空低开低走，收出接近跌停的大阴线，形成黄昏之星形态，留下一个当日没有回补的跳空缺口。此后股价多次回到该缺口位置，均攻而不破，遭受较大的抛压，导致股价最终向下走低。可见黄昏之星形态一旦形成，将成为后市股价回升的一个重要阻力位，先前没来得及出局的投资者，可在反弹回抽时清仓离场。

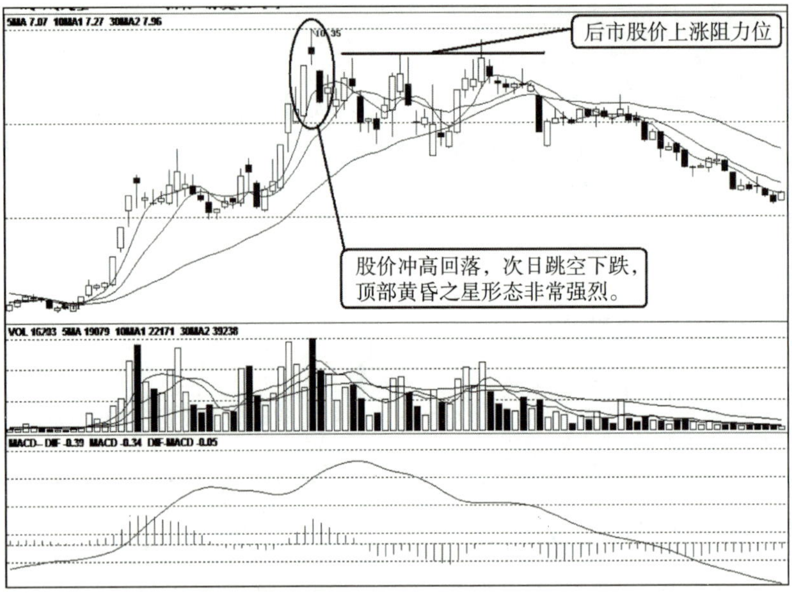


图 5-12　新农开发（600359）日 K 线图

（4）在下跌趋势初期或途中形成黄昏之星形态，往往是反弹结束的标志，后市股价必将出现下跌走势，应及时逢高离场。

图 5-13 所示为敦煌种业（600354）的日 K 线图。股价见顶后逐波下跌，形成一条下降趋势线。当股价反弹到下降趋势线附近时遇阻回落，形成黄昏之星形态。该形态对股价起到助跌作用，此后股价不断向下走低。在下跌过程中出现黄昏之星形态，同样具有强烈的看跌作用，其看跌意义有时胜过顶部位置。

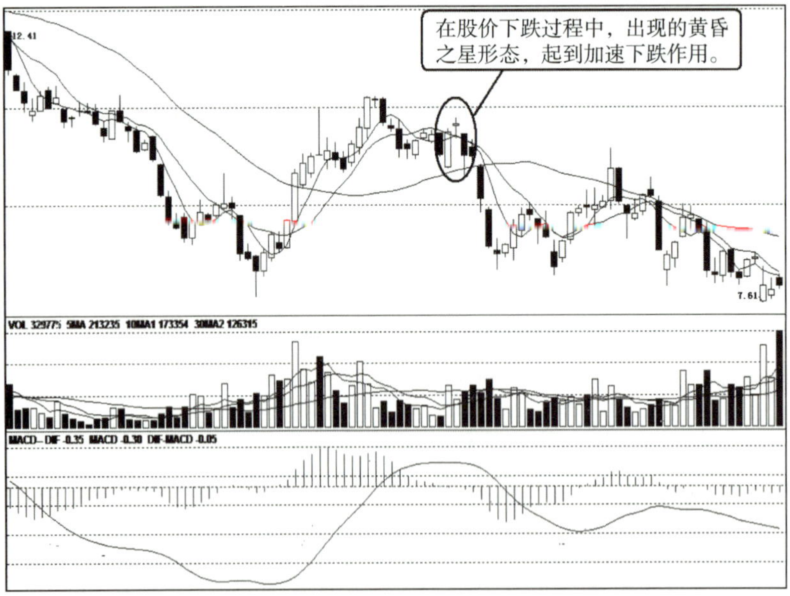


图 5-13　敦煌种业（600354）日 K 线图

# 第三节　红三兵

## 一、形成过程

简评：强烈的底部反转信号，无须确认形态。

特征：红三兵形态由三根上涨阳线组成，每根 K 线均是较上一日价格上涨、稳步成梯状向上攀升的阳线。三根实体阳线长度相近，其势如同三个坚挺刚强的士兵，给人以可靠的安全感，因此是一个普遍看涨的转势信号。

红三兵形态是 K 线技术分析的重要形态之一。在底部出现一根上涨阳线后，再连续出现两根大体相当的阳线，后一根阳线的开盘价处于前一根阳线的实体之内或与前一根 K 线收盘价持平，当日在最高价或次高价收盘，其上下影线均比较短。

根据红三兵形态的技术含量高低，可分为突破红三兵形态、受阻红三兵形态、停顿红三兵形态三种，如图 5-14 所示。

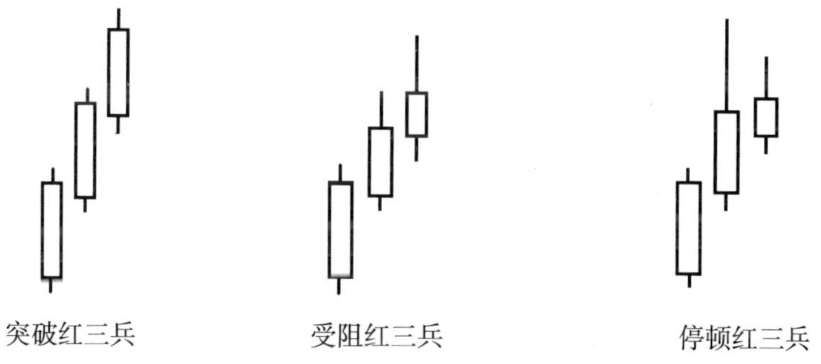


图 5-14　红三兵形态示意图

（1）在突破红三兵形态中，底部出现三根大小相当的阳线，上下影线比较短，成交量温和放大，具有上攻态势。在形态中，出现第一根阳线实体之后，紧跟着出现了第二根阳线，且第二根阳线的开盘价在前一根阳线实体内部或在其附近，第三根阳线实体的开盘价在第二根阳线实体内部或者在其附近。这三根阳线实体的收盘价，都是当日走势的最高价或接近当日最高价。

（2）在受阻红三兵形态中，其中第二根 K 线和第三根 K 线，或者仅仅是第三根 K 线，表现出上涨势头减弱的迹象，从而构成一个前进受阻的红三兵形态。作为上涨势头减弱的具体表现，受阻红三兵的阳线实体可能一个比一个小，也可能后面两根阳线实体具有相对较长的上影线。

（3）在停顿红三兵形态的后两根 K 线中，前一根为长长的阳线实体，并且向上创出近期新高，后一根只是一个小的阳线实体。最后一根阳线既可以跳高开盘，也可以深入到前一根长阳线实体内部。一般而言，最后一根阳线未能创出新的高点，即在前一根阳线最高点下方运行，从而停止了红三兵形态的前进势头。

红三兵形态还有两种特殊形态：一种是扩散红三兵，阳线一根比一根长，呈扩散状。这种形态短线爆发力比较大，表明庄家有力地将股价大幅拉高。这种形态的研判法则，可以参考扩散形态。另一种是收敛红三兵，阳线一根比一根短小，呈收敛状。这种形态预示股价上行乏力，上涨势头趋弱，短线面临技术回调。这种形态的研判法则，可以参考收敛形态。红三兵的特殊形态如图 5-15 所示。

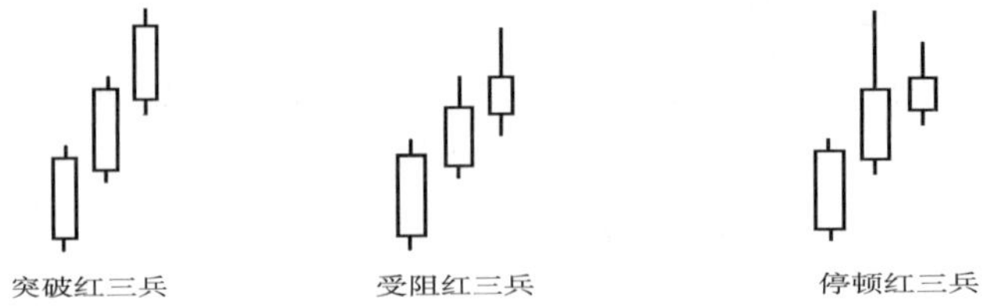


图 5-15　红三兵特殊形态示意图

## 二、市场含义

红三兵形态表明有场外资金源源不断地介入市场，中长期看好市场前景，推动股价稳步上行，底部特征十分明显，因此是一个可靠的见底反转信号。如果在下跌趋势中出现前进红三兵形态，标志着股价即将见底反转。如果在已经有一定上涨的行情中出现红三兵形态，则表示股价加速上涨的可能性极大；如果在横盘后出现红三兵形态，意味着股价将向上突破，这是行情启动的前奏。

## 三、应用法则

（1）红三兵形态必须出现在市场底部。

（2）每天的开盘价应该在前一根阳线实体之内或是收盘价位置。

（3）每根阳线的收盘价应在全日最高价或最高价附近。

（4）三根阳线的实体长度相近，由梯状向上攀升的大阳线组成。

（5）红三兵形态具有一定的弹性，第二天和第三天的开盘价可以在前一天实体之内的任何部位，但开盘价最好位于前一天实体中点上方。必须记住，每天的开盘价之所以会低于前一天的收盘价，是因市场存在一定抛压，健康的涨势需要伴随一定程度的抛压。

图 5-16 所示为凌云股份（600480）的日 K 线图。该股回落到前期低点附近时，庄家构筑了一个空头陷阱，三只乌鸦组合形态给盘面增添了几分寒气，股价有继续下跌之势。可是多头力挽狂澜，随后出现了一个意义相反的红三兵形态，股价向上突破

了均线系统的压力。然后利用星形线的方式进行洗盘确认，确认成功后股价重返 30 日均线之上。这时 30 日均线由下降转为平走，对股价构成有力的支撑，最终出现一波快速拉高行情。

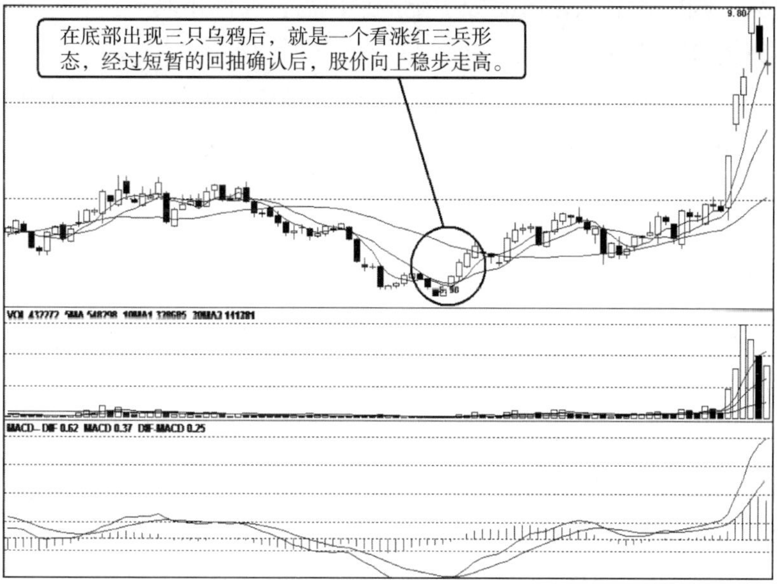


图 5-16　凌云股份（600480）日 K 线图

图 5-17 所示为芭田股份（002170）的日 K 线图。股价再次回落到前期低点附近时，得到了强大的技术支撑而再度企稳走强。不久出现一个扩散红三兵形态，做多气势猛烈，庄家乘胜前进，展开一波拉高行情。

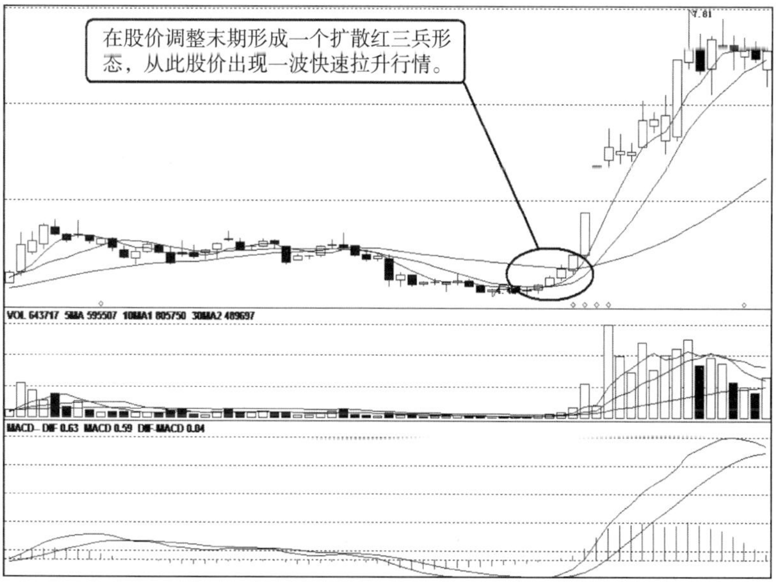


图 5-17　芭田股份（002170）日 K 线图

红三兵形态注意事项如下。

（1）三根阳线不能太长。如果太长的话，说明攻势过猛，短期获利回吐的压力也会增加。最好是三根中阳线或小阳线，更易厚积而薄发。

（2）三根阳线对应的成交量应温和放大，最好是一天比一天大，显示庄家资金慢慢潜入。如果过大，则树大招风，容易吸引更多跟风盘，反而不利于庄家拉升；如果过小，则说明后市拉升力度可能不够。

（3）红三兵虽然是一种很典型的底部形态，但是投资者在买入时也应该设好止损位，如果股价跌破了红三兵形态的低点，则见底形态失败，短线投资者应该考虑及时止损出局。

## 四、分析要点

（1）第二日及第三日的开盘价可以在前一日实体之内的任何部分，但如果开盘价在前一日实体的中间以上部分，呈梯形上升，则利好效力强。

（2）红三兵形态一般出现在市场见底回升初期，因而回升幅度不大，回升速度缓慢，但走势相当稳健。在此阶段逢低建仓相当容易，且风险不大。

（3）三根阳线的成交量比较平均，与前期缓慢下跌时的成交量基本持平，显示买盘力量持续，进一步确认走势。在随后的突破飙升阶段，成交量会成倍放大。红三兵形态通常预示着市场见底，稍后产生“井喷”式上涨行情的机会较大。

（4）如果红三兵形态的阳线实体过长，短期技术指标显示有超买迹象，要谨防短线技术回调。

（5）上涨趋势持续一段时间后，在高位出现红三兵形态，谨防出现多头陷阱。在高位出现前方受阻红三兵形态或停顿红三兵形态时，应及时采取保护性措施。

（6）经过充分盘整后向上突破形成的红三兵形态，比超跌反弹出现的红三兵形态要可靠得多。

（7）确认红三兵形态的强弱法则：第一，如果高低点整体涨幅在 20% 以上，最后一根 K 线实体涨幅在 5% 以上，说明涨势极强；第二，如果高低点整体涨幅在 15% 左右，最后一根 K 线实体涨幅在 3% 左右，说明涨势呈中性；第三，如果高低点整体涨幅在 10% 以内，最后一根 K 线实体涨幅仅在 1% 左右，说明股价涨势偏弱。

## 五、低位红三兵

股价经过长时间的下跌后，在底部形成震荡走势。不久市场出现逼空走势，三根阳线拔地而起。红三兵形态告诉大家底部已经成功构筑，股价即将脱离底部转入升势行情。三阳开泰给人带来无限的遐想，因此是一个比较好的买入时机。

图 5-18 所示为新宙邦（300037）的日 K 线图。股价见顶后一路下跌，在跌势末期经过持续几天的快速打压后，股价渐渐企稳回升。不久连续三天收出阳线，形成标准的红三兵形态，同时股价也成功穿越均线系统，盘面走势渐渐转强。

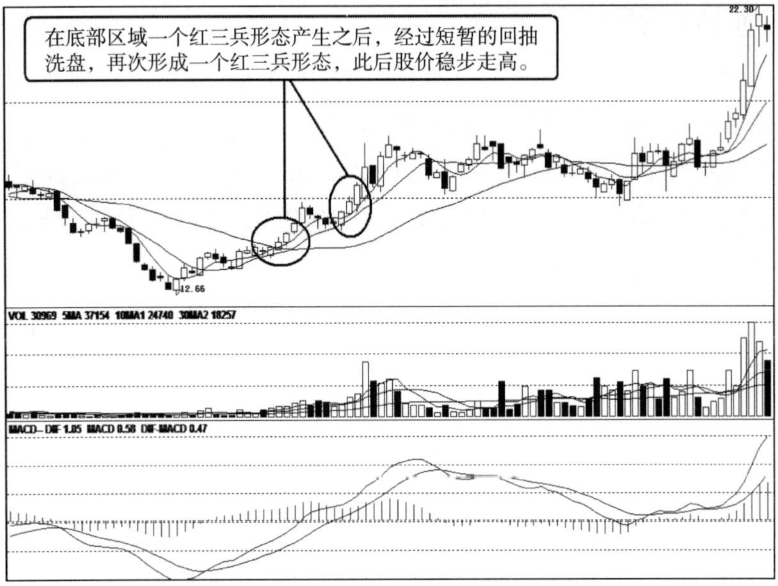


图 5-18　新宙邦（300037）日 K 线图

三根小阳线虽然每天的上涨幅度都不大，但合起来的力度不小，相当于一根大阳线的价值。这个红三兵形态形成于调整的低位，具有一定的止跌意义，因而是一个明显的止跌信号。随后股价继续冲高，上冲到前期整理平台附近时遇阻回落。股价经过短暂的调整后，又出现一个红三兵形态，这个形态的出现更加坚定了多头的信心，此后股价出现震荡上涨行情。

该股出现红三兵形态之前，股价调整非常充分，盘面出现明显的止跌企稳迹象。另外，在下跌过程中成交量极其低迷，说明做空动能衰竭，属于无量空跌。出现红三兵形态之后，股价已经成功站在均线系统之上，盘面强势特征初露端倪。成交量同步放大，表明多头信心进一步增强，从而推动股价上涨。

在实盘操作中，底部红三兵形态必须具备三个前提条件。

（1）出现红三兵形态之前，股价必须经历长期且大幅的下跌调整，下跌幅度最好超过50%。

（2）在红三兵形态之前的一段时间里，成交量处于逐步萎缩态势，特别是在下跌趋势中，成交量没有出现明显的放大。

（3）形成红三兵形态的过程中，成交量必须持续放大，而且在第三根阳线收盘时，股价必须突破 10 日均线或 30 日均线的阻力。

由此可见，投资者在低位遇到红三兵形态时，一定要仔细观察盘面上呈现出来的走势是否符合上述条件。如果所有条件都符合的话，那么后市股价必将出现一波上涨行情。反之，就要谨慎操作，后市股价往往还会继续下跌，或者出现反弹夭折的现象。

## 六、中位红三兵

中位红三兵形态可分为上涨途中红三兵形态和下跌途中红三兵形态两种。

### 1. 上涨途中红三兵形态

股价脱离底部出现一定的涨幅后，经过洗盘调整再次出现红三兵形态时，表明洗盘调整结束，买盘重新加强，股价有望再现涨升行情，可以买入做多。

图 5-19 所示为 *ST 长投（600119）的日 K 线图。该股经过大幅下跌后企稳回升，股价步入上升通道。庄家采用边上涨、边洗盘、边整理的做盘手法，将股价稳步推高。在股价涨势途中，连续拉出三根大阳线，K 线图中形成红三兵形态，表明股价经过洗盘整理后，将出现加速上涨走势。随后经过高位震荡整理，股价出现快速上涨行情。

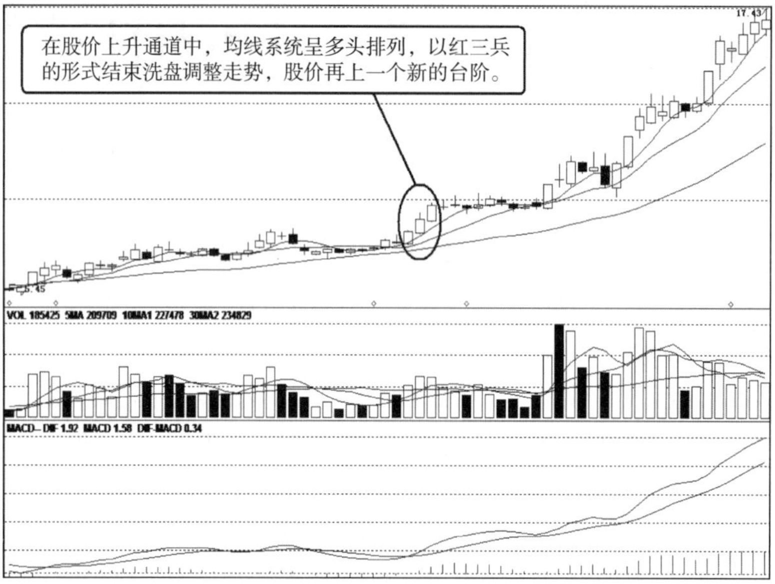


图 5-19 *ST 长投（600119）日 K 线图

该股出现红三兵形态时，股价已处于强势上涨之中，成交量开始明显放大，庄家做多意图明显。均线系统呈多头排列，30 日均线不断上行，支持股价进一步走高。在这种情况下出现红三兵形态，是一个加速上涨信号，投资者应积极跟进做多。

在实盘操作中，遇到上涨途中出现的红三兵形态时，应注意以下几个方面的市场因素。

（1）出现红三兵形态之前，股价涨幅不能过大，上涨幅度最好不要超过 50%，而且在上涨过程中不能频繁出现大幅度的波动。

（2）在洗盘回落过程中，成交量必须呈萎缩状态，而且股价回落到 30 日均线附近时，必须受到强大的支撑而回升。在回升过程中成交量必须再次放大，这样才能推动股价进一步上涨。

（3）出现红三兵形态之前，股价一直保持着稳步攀升走势。只要在红三兵形态中成交量持续放大，后市股价必将出现一波加速上涨行情。

（4）出现红三兵形态之后，股价开始了一段时间的震荡整理走势，但在这个过程中股价波动幅度不能太大，而且在整理时成交量相应萎缩。当股价再次放量上涨时，意味着后市将会继续上涨。

## 2. 下跌途中红三兵形态

股价脱离顶部出现一定的跌幅后，开始了超跌反弹走势，从而形成红三兵形态。但这种红三兵形态的上涨幅度有限，经常会演变为红三兵失败形态。

图 5-20 所示为宁夏建材（600449）的日 K 线图。股价从 21 元的位置一路下跌，调整到 10 元左右时，盘面出现企稳迹象。不久连续收出三根上涨阳线，形成红三兵形态。在长时间下跌的盘面中，出现这样三根阳线，似乎给投资者带来了一线生机，因而有的投资者开始买入。可是投资者并没有获得真实的回报，股价在红三兵形态附近盘整了一段时间后，开始了新一轮下跌走势，此红三兵形态成为一个多头陷阱。

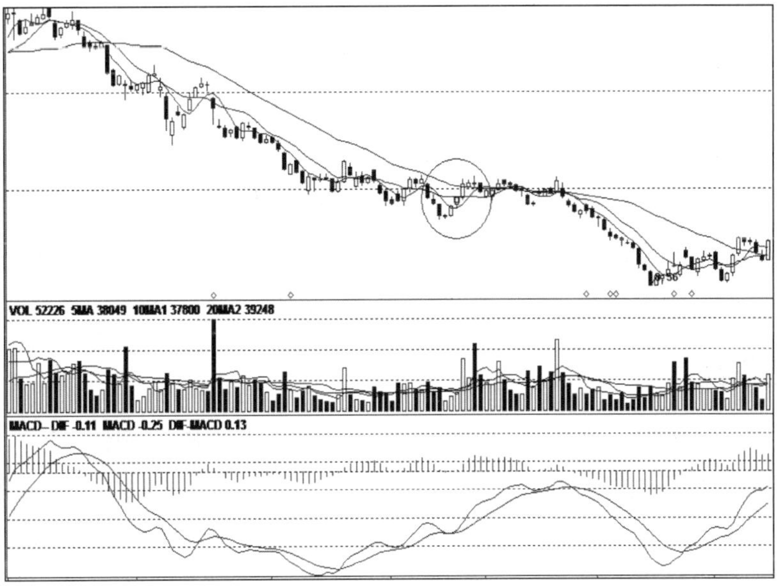


图 5-20 宁夏建材（600449）日 K 线图

从图中可以看出，该股上涨的条件并不成熟：一是，市场处于弱势格局，下降趋势明显，股价受下降趋势线的上轨线压制；二是，均线系统呈现空头排列，持续走低的 30 日均线不断压制股价走低；三是，在红三兵形态中，成交量放大不明显，难以推动股价上涨。

一般而言，导致红三兵形态失败的主要因素有以下几种。

（1）底部没有探明。红三兵形态仅是一个普通超跌反弹走势，通常为多方防守反击的抵抗性结果。

（2）价位偏高。庄家为了顺利实施出货计划，在相对高位制造红三兵形态，从而形成技术陷阱。

（3）庄家试盘。拉升时机未到，股价重新回归调整或下跌走势。

（4）庄家自救。庄家没有顺利撤退，但股价已经下跌一截，因而遭受套牢，只有依靠自救行情才能顺利脱身，这时容易出现多头陷阱。

（5）非主流板块跟风而为。主流热点退却后，非主流板块跟风下跌，因而产生红三兵失败形态。

投资者在分析红三兵形态时，应当结合即时的市况强弱、股价所处位置、庄家坐庄手法和意图以及成交量情况综合分析。

### 3. 中位红三兵与低位红三兵的区别

（1）股价下跌幅度不同。如果前期股价跌幅已经很大，那么此时出现红三兵形态为见底信号的概率较大；如果股价处于下跌初期，股价跌幅不大，那么此时出现的红三兵形态多为反弹信号。

（2）红三兵形态之前的调整情况不同。若此前出现企稳迹象，下跌速度放缓，成交量低迷，那么红三兵形态是见底信号；若股价在毫无企稳的征兆下突然出现红三兵形态，大多是超跌反弹性质，后市仍有一跌。

（3）股价重心位置不同。出现红三兵形态之后，如果股价重心开始上移，那么此时出现的红三兵形态是见底回升信号，此时投资者可以考虑买进。如果红三兵形态出现之后，股价重心仍处于下降状态，那么这个红三兵形态就是庄家为投资者设置的一个多头陷阱，是下跌中继信号，此后股价仍会有较大跌幅，投资者要耐心观望，绝不可盲目买入。

（4）成交量是否配合。在红三兵形态出现时，成交量配合放大，表明有多头资金介入，后市可以看高一线。如果得不到成交量的配合，则为虚张声势，后市仍将下跌。

## 七、高位红三兵

股价经过长期上涨后，在高位出现红三兵形态时，投资者应高度谨慎，这往往是股价上涨的尾声，预示股价进入了冲刺阶段，即将迎来下跌行情。这通常是庄家故意拉高股价完成出货的一种坐庄手法，但在实盘操作中，总有一些投资者经不住漂亮形态的诱惑盲目追涨，最终落入技术陷阱。

图 5–21 所示为神州数码（000034）的日 K 线图。股价经过大幅炒作后，累计涨幅较大，庄家获利非常丰厚，这时庄家会千方百计地创造出货机会。2016 年 10 月，连续 3 天收出上涨阳线，构成了一个红三兵形态，大有再涨一波的势头。可是第二天股价冲高回落，随后渐渐震荡走低，高位红三兵形态成为庄家出货的诱多手法。

该股累计涨幅巨大是导致股价下跌的根本原因。从图中可以看出，庄家其实在股价见顶前已经在采用“峰前派发”手法悄悄出货，然后股价向上冲高回落，再次采用“峰后派发”手法出货。在红三兵形态中，成交量没有放大，显示买盘寥寥无几，三根阳线阻挡不了股价的下跌势头。另外，出现红三兵形态之后，股价呈现横盘整理走势，形态中的高点反而成为调整中的压力位，对股价上涨非常不利。

当遇到高位红三兵形态时，投资者应该思考以下几个问题。

（1）股价所处的位置。在股价大幅上涨后的高位出现红三兵形态时，要么是股价快速拉起一波新的上涨行情，要么是庄家故意拉高出货，因此投资者应高度警惕。

（2）红三兵形态一般标志着买盘力量增强，接下来股价必将继续向上拉升。即便震荡

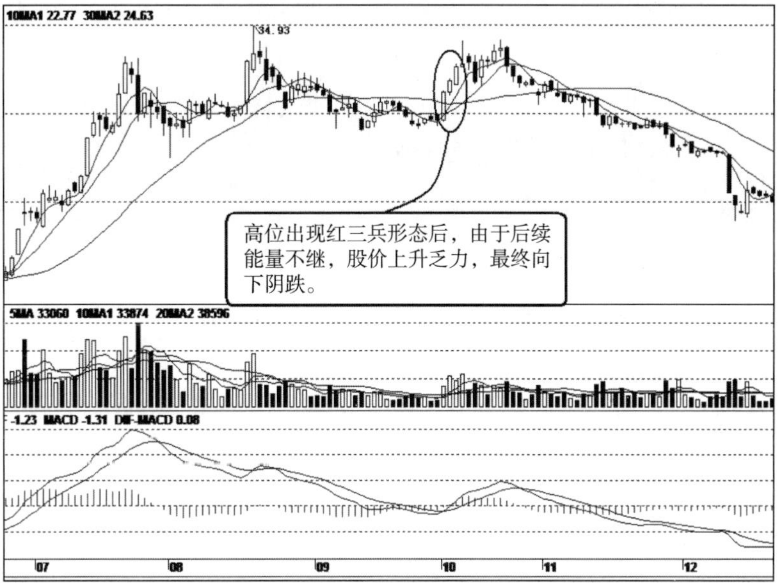


图 5-21　神州数码（000034）日 K 线图

整理，股价的重心也会逐步上移，否则就要小心是否虚假信号。

（3）红三兵形态应得到成交量的积极配合，才能推动股价进一步上涨。如果成交量萎缩，说明做多意愿不强，市场跟风不积极，股价上涨值得怀疑。

## 八、受阻红三兵

受阻红三兵形态是红三兵的变种形态，大多出现在一个明确升势或累积升幅已多的高位，而红三兵形态则在下跌趋势或刚摆脱跌势的第一个阶段。在外形方面，受阻红三兵形态最后两根阳线或一根阳线实体呈现缩短现象，且上下影线较长，表现出上涨势头减弱的迹象。三根长度依次缩短的阳线，显示升势力量趋弱。此时买盘若不再积极吸纳，将会遭到获利回吐，因此是见顶征兆。

图 5-22 所示为晋亿实业（601002）的日 K 线图。股价见顶后一路下跌，之后企稳反弹，但股价反弹到一定高度时，遇到了强大的阻力。不久连续收出三根阳线，疑似一个红三兵形态，但都是带长上影线的 K 线，且第三根 K 线还是一根小幅下跌的假阳线，显示上涨势头渐渐减弱，多方入场意愿不积极，预示股价将要转势下跌。投资者遇到这种情况时，逢高离场为宜。

从图中可以看出，这是一个受阻红三兵形态，股价在连续冲击前期高点时，遇到强大的抛压，庄家只好转攻为守，因此股价出现回落，构成一个双重顶形态。这个形态进一步加强了做空气氛，导致盘面渐渐走弱，短期内难以聚集做多能量，因此反弹行情宣告结束。可见，股价经过一段时间的上涨或反弹后，在相对高位出现受阻红三兵形态，说明上涨势头减弱或竭尽，可视为卖出信号。

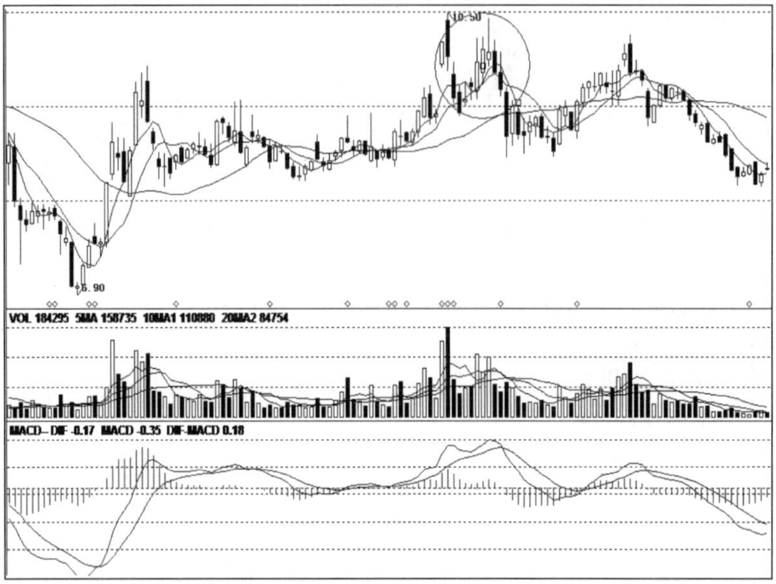


图 5-22 晋亿实业（601002）日 K 线图

## 九、停顿红三兵

停顿红三兵形态也是红三兵的变种形态，出现在升势末段，反映上升力量急速减弱。停顿红三兵形态中，后两根 K 线的前一根为长长的阳线实体，并且向上创出近期新高，后一根只是一个小的阳线实体。

图 5-23 所示为理工环科（002322）的日 K 线图。股价成功见底后，出现一波较大的上涨行情，不久在高位形成停顿红三兵形态。第二天股价小幅低开后震荡走低，收出一根下跌大阴线，停顿红三兵形态看跌信号得到确认，随后股价向下盘跌。

图 5-23 理工环科（002322）日 K 线图

该股从底部开始上涨后，累计涨幅已超过 150%，盘中堆积了大量获利筹码，市场本身有一个获利回吐的过程。观察停顿红三兵形态前几天的盘面走势，发现成交量持续膨胀，有庄家对倒出货嫌疑。通常当股价上涨了一定幅度后，成交量也会由小到大呈喇叭形扩散。当成交量膨胀到一定程度时，一旦盘面出现异常现象，就是股价即将见顶的征兆。另外，该股形成停顿红三兵形态后的第二天，就出现了较大跌幅，且覆盖了前面三根阳线的一大半实体，因此滞涨现象进一步显现。

## 十、突破红三兵

突破红三兵形态在 K 线技术分析中占有十分重要的地位，是可靠性较高的看涨 K 线形态之一，历来受到市场的广泛关注。在长期下跌底部出现时，意味着股价见底回升或反转；在上涨途中出现时，意味着股价将出现加速上涨行情。在实盘中，如果红三兵形态向上突破某一个重要的技术位置，意味着股价将步入新的上涨格局，后市行情依然向好。

在实盘中遇到突破红三兵形态时，应重点关注以下三种情况。

### 1. 红三兵突破盘区

当红三兵形态成功向上突破盘整区域时，如果得到成交量的积极配合，后市将会出现一波持续的上涨行情，此时可以积极做多。但是，在高位突破盘整区域时，要防止庄家拉高出货。

图 5-24 所示为恒信东方（300081）的日 K 线图。该股经过一路盘跌后，成功探明底部，股价步入盘升行情。当股价上涨到前期成交密集区域时，遇到低位获利盘和前期套牢盘的双重抛压，股价出现震荡整理走势，从而形成一个盘整区域。经过两个多月的盘整后，连续出现三根上涨阳线，形成一个非常标准的红三兵形态。这个形态成功向上突破了盘整区域，经回抽确认突破有效后，股价出现一波快速上涨行情。

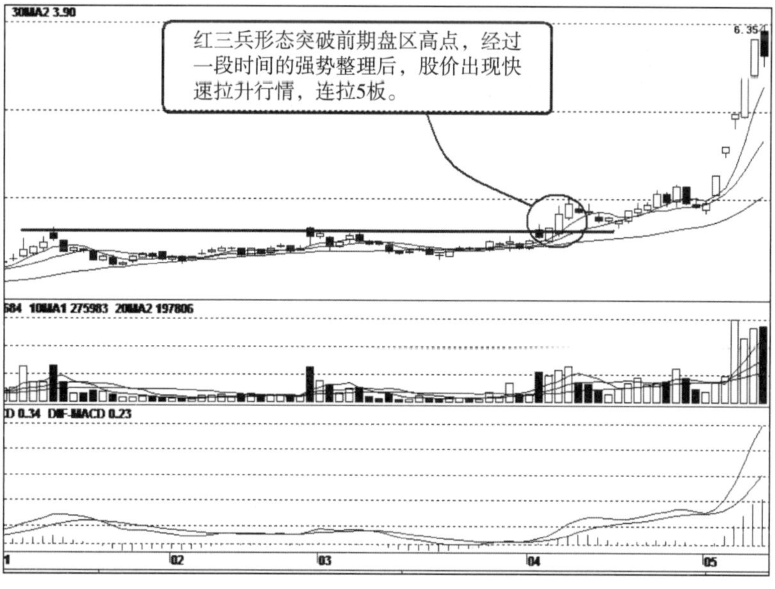


图 5-24　恒信东方（300081）日 K 线图

从图中可以看出，第一，股价探底成功后，在上升通道运行，盘面渐渐转强。均线系统呈现多头排列，30 日均线始终保持缓慢的上行状态，在股价盘整期间均线系统并未遭到破坏，说明上涨势头保持良好。第二，成交量方面配合默契，股价放量上涨，缩量回调，很有节奏，是理想的盘面运行模式。第三，盘整期间形成了一个双重顶形态，但股价没有向下突破双重顶的颈线位，这就值得认真思考了。如此标准的双重顶形态，股价却没有出现下跌，暗示庄家在酝酿一波上涨行情。随后股价突破前面的两个高点，经过回抽确认突破有效后，出现一波快速上涨行情。

## 2. 红三兵突破前高

当红三兵形态成功突破前期阶段性高点时，意味着后市股价的上涨空间被有效打开，股价很有可能出现加速上涨行情，因此是一个较好的买入信号。

图 5–25 所示为立思辰（300010）的日 K 线图。股价见顶后逐波下跌，经过充分的调整后企稳回升。当股价上涨到前期成交密集区域时，遇到较大的抛盘压力，庄家借机展开洗盘整理，以消化上方的阻力，股价短期回落，形成一个小高点。经过一段时间的整理后，股价再次企稳回升，连收三根上涨阳线，形成上涨红三兵形态。这个形态一举突破前面高点的阻力，随后股价开始了强劲的盘升行情。

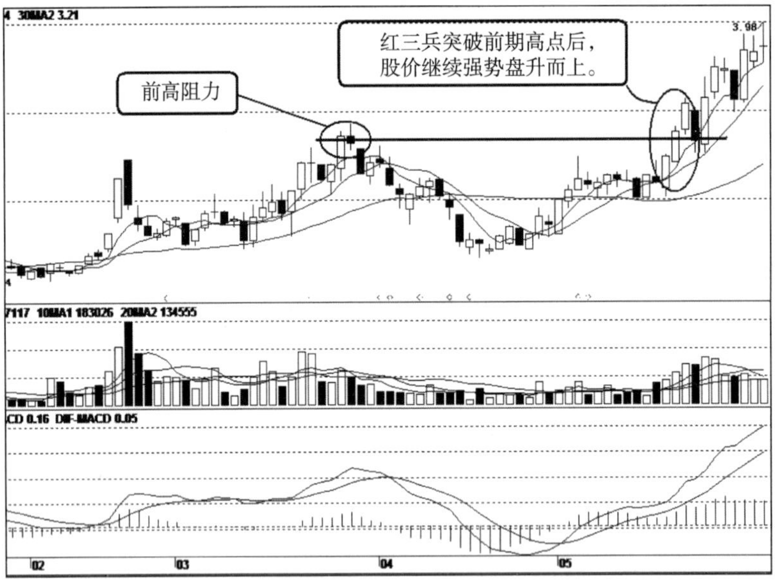


图 5–25　立思辰（300010）日 K 线图

该股遇阻回落后形成高点阻力区，对后市股价上涨构成较大的压力。在红三兵形态出现的前几天，庄家对该高点进行了盘整消化，从而形成小平台整理形态。庄家在此做了充分准备，然后一鼓作气突破了这个阻力位。在红三兵形态出现前的整理过程中，成交量明显萎缩，显示筹码锁定性较好，上涨抛盘不会很大。在红三兵形态内成交量开始放大，说明有新资金开始活动。股价重返均线系统之上，得到了有效支撑，盘面重现强势特征，这时庄家发动突破攻势，势必得到市场的积极响应。

### 3. 红三兵突破均线

当红三兵形态向上突破均线系统时，预示股价下跌或调整结束，后市将出现强势上涨行情，因此是一个做多信号。

图 5-26 所示为莱茵体育（000558）的日 K 线图。该股经过持续调整后，股价渐渐企稳回升。当股价回升到均线系统附近时，似乎遇到较大的压力。经短期的蓄势整理后，2018 年 5 月 4 日开始连拉三根阳线，形成红三兵形态。该形态成功突破均线系统的压制，从而结束了调整走势。股价在 30 日均线上方运行，此后经过强势整理后，再次向上突破。在实盘操作中遇到这种盘面时，激进的投资者可以在红三兵形态出现时积极做多，稳健的投资者应等待股价回落确认突破有效时介入。

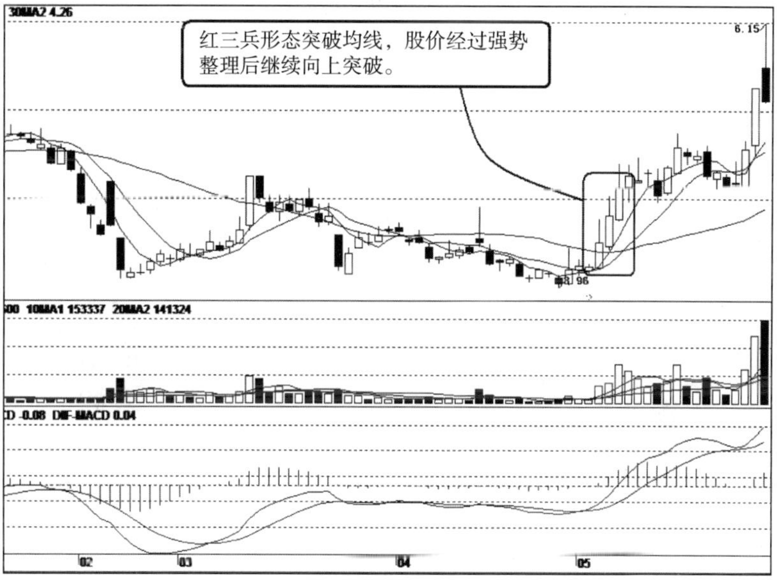


图 5-26　莱茵体育（000558）日 K 线图

## 第四节　黑三鸦

### 一、形成过程

简评：三只乌鸦，不祥之兆，强烈的见顶反转信号，无须确认形态。

特征：黑三鸦形态也称暴跌三杰，由三根下跌阴线构成，实体阴线大小相近，每日的开盘价均在前一日阴线实体内，但开盘后即下挫形成阴线，收盘价向下跌落，三根阴线有秩序地呈下跌走势。“三只乌鸦嘴，不涨就会跌”，因此是一个普遍看跌的转势信号。黑三鸦形态的相对形态是红三兵形态。

盘面顶部出现一根下跌阴线后，连续出现两根大体相当的阴线，后一根阴线的开盘价处于前一根阴线的实体之内或在前一日的收盘价附近，当日以最低价或次低价收盘，其上下影线均比较短，说明上挡卖压十分沉重，多方每次高开后均被空方打压下去，已经失去上升动力，是多方能量耗尽的信号。黑三鸦形态根据技术含量高低可分为突破黑三鸦形态、支撑黑三鸦形态、停顿黑三鸦形态三种，如图 5-27 所示。

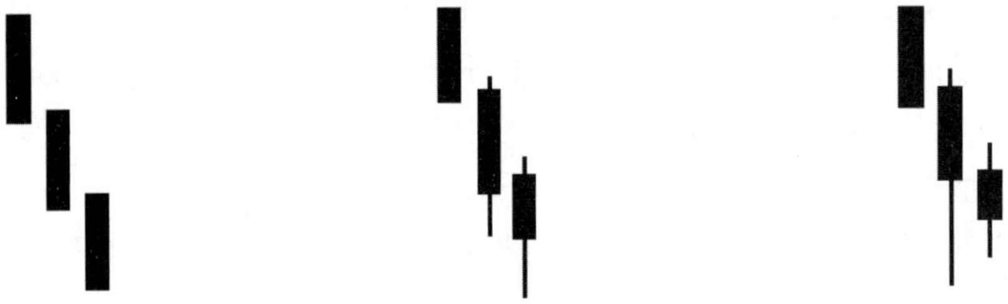

突破黑三鸦　　　　支撑黑三鸦　　　　停顿黑三鸦

图 5-27　黑三鸦形态示意图

黑三鸦形态还有两种特殊形态：一种是阴线一根比一根长，呈扩散形状。这种形态短线杀伤力比较大，属于庄家有力地将股价大幅压低。这种形态的研判法则，可以参考扩散形态。另一种是阴线一根比一根短小，呈收敛形状。这种形态预示股价下跌动能衰竭，短线面临技术反弹。这种形态的研判法则，可以参考收敛形态，如图 5-28 所示。

扩散黑三鸦　　　　收敛黑三鸦

图 5-28　特殊黑三鸦形态示意图

在实盘中，黑三鸦有许多变化形态，这些变化形态具有相同或相近的分析意义，切不可认为不符合标准形态而忽视了其中蕴含的风险。常见的黑三鸦变化形态如图 5-29 所示。

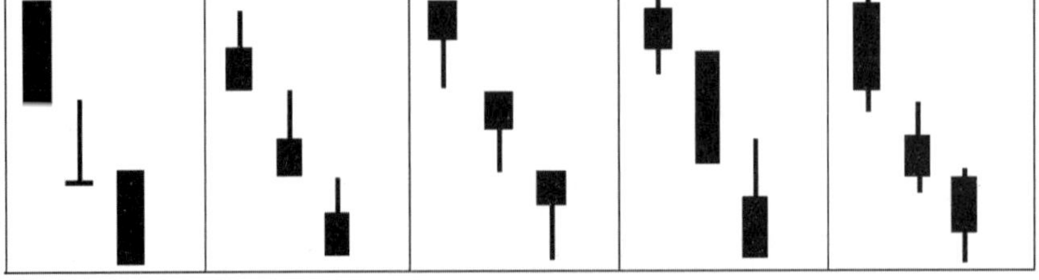

黑三鸦变化形态

图 5-29　黑三鸦变化形态示意图

## 二、市场含义

从黑三鸦形态的形成过程可以看出，买方能量有了明显的衰退，并且在股价回落的过程中有场内资金悄悄撤离，从而使得股价持续回落。在这种情况下，一旦买盘不能及时反击，就会引发大量的获利回吐盘，这样一来后市必将下跌。虽然下跌并不十分凶猛，但对技术形态破坏力极强，头部特征初露端倪，因此是一个可靠的见顶转势信号。如果在股价大幅上涨后的高位出现这种形态，往往预示着庄家出货。

## 三、应用法则

（1）黑三鸦形态应出现在市场顶部，收盘价逐步向下收出新低。

（2）每天都跳高到前一根阴线的实体内或附近开盘，最后以下跌收盘。

（3）每一根阴线都在全日最低价或附近价位收盘。

（4）三根阴线的实体长度相近，均为梯状下跌的大阴线。

（5）黑三鸦形态具有一定的弹性，第二天和第三天的开盘价可以在前一天实体之内的任何部位，但最好位于前一天实体中点的下方，三根阴线的收盘价都应当位于当日最低价或最低价附近。必须记住：每天开盘价之所以会高于前一天收盘价，是因为市场存在一定的买盘，下跌趋势总是需要伴随一定程度的反弹。理想的形态还要求第一根阴线实体在前一根阳线的高点以下。

图 5-30 所示为号百控股（600640）的日 K 线图。该股经过几波较大的快速上涨行情后，多方力量得到较好的释放，盘中堆积了大量获利筹码，落袋为安的思想渐渐加强，所以股价继续上涨遇到明显的阻力。很快，股价在高位连收三根阴线，形成一个标准的黑三鸦形态，股价上涨势头遭到打击，多方持股信心开始动摇。随后经过两天的技术性回抽后，再次出现跌停大阴线，从此股价步入中长期调整走势。

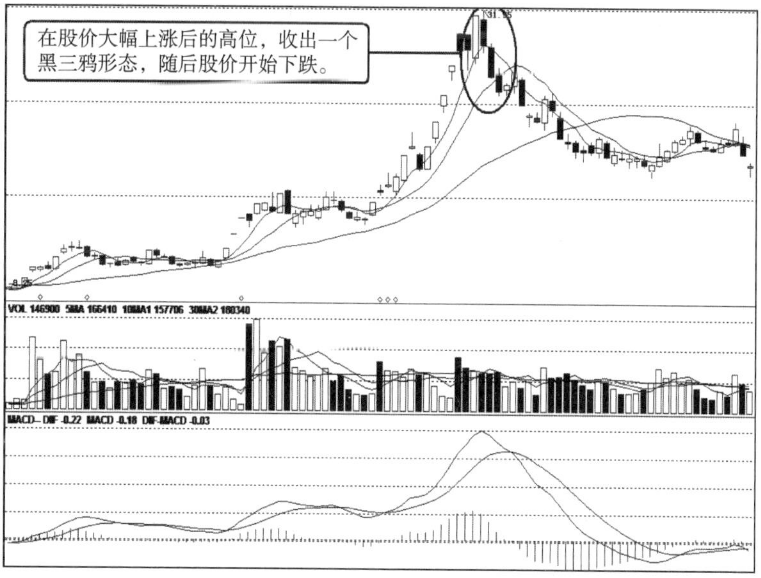


图 5-30　号百控股（600640）日 K 线图

从图中可以看出，第一，该股累计涨幅已经超过四倍，黑三鸦形态出现在股价大幅上涨后的高位，这时投资者应高度警惕。第二，在黑三鸦形态出现前，曾经两天出现高开低走的阴线，形成了镊子顶或平顶形态的 K 线组合，此时已初露顶部征兆。随后一根涨停大阳线似乎又重振多头士气，这本应是一个攻击性形态，可是随后的三根大阴线完全浇灭了上涨气势。第三，黑三鸦形态出现后，股价仅仅出现小幅的回抽确认走势，随后再收出跌停大阴线，头部形态得到确认。看到这种走势，投资者应逢高离场，不要错误地认为这是回调洗盘走势。即使是洗盘整理，也要等待洗盘结束后再度走强时重新介入。

## 四、分析要点

（1）第二日及第三日的开盘价可以在第一日实体之内的任何部分，但如果开盘价在第一日实体的中间部分，呈梯形下降，利空效力更强烈。

（2）出现黑三鸦形态前，股价已经有一段涨幅，多方持续上攻力量明显不足，因此黑三鸦形态一般出现在市场见顶回落的初期，此时虽然还没有形成巨大的恐慌，但对技术形态造成极强的破坏，有大厦将倾的忧虑。

（3）黑三鸦形态看跌信号的强度和真实性受成交量的影响很大，此时如果出现成交量放大的情况，其看跌作用更强。若是成交量温和放大，表明市场的杀跌能量开始有节制地释放，随后有可能出现加速放量下滑之虞。

（4）持续的下跌走势可能会让技术指标出现超卖信号，经过短暂的弱势反弹修复后，市场再现跌势，因而常常演变为下降三法走势。

（5）形态的第一天开盘价最好在前一天阳线实体的最高价之下，这样可以加强黑三鸦形态的空头走势。

（6）经过充分盘整后向下突破形成的黑三鸦形态，比技术回调出现的黑三鸦形态要可靠得多。在大幅下跌后的低位出现黑三鸦形态时，应谨防出现空头陷阱，此时不应盲目杀跌。

## 五、实盘技巧

### 1. 高位黑三鸦形态

高位黑三鸦形态是典型的顶部反转信号，特别是出现在股价已经有一波大幅上涨行情之后，黑三鸦形态更具有预示市场反转下跌的意义。操作策略上，重要的是把握好卖出机会，在顶部出现黑三鸦形态时，应该随时准备卖出。

图 5-31 所示为冠豪高新（600433）的日 K 线图。股价经过大幅炒作后，累计涨幅超过 6 倍（复权价），庄家获利十分丰厚。很快在高位连收三根阴线，形成黑三鸦形态，预示股价即将反转下跌。庄家在高位震荡中继续实施出货计划，当庄家基本完成出货后，股价快速下跌脱离头部区域，市场开始进入中长期调整走势。

从图中可以看出，该股出现了三个明显的见顶信号。

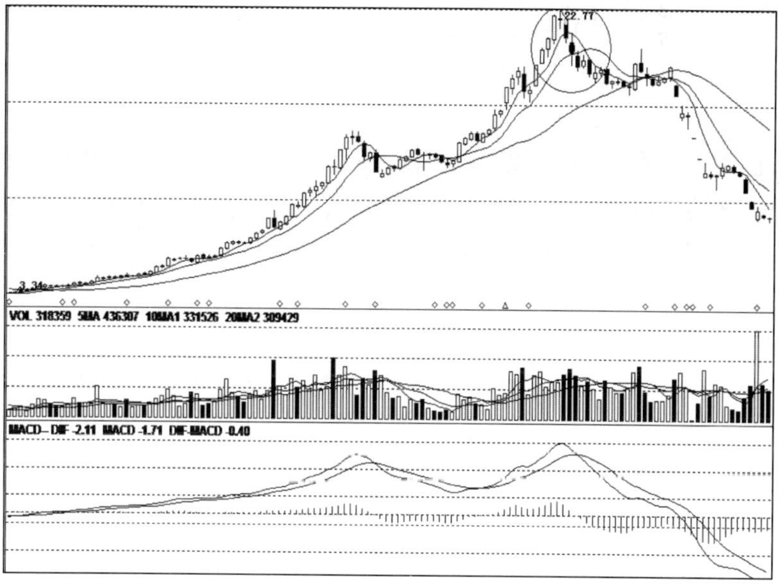


图 5–31　冠豪高新（600433）日 K 线图

（1）高位十字星形态。在黑三鸦形态之前，股价进入加速冲刺阶段，说明股价离顶部已经不远了。出现十字星的前一天，股价收出了一根涨幅 7 个多点的大阳线，看涨信号非常强烈。但第二天收出这根十字星，且收盘价在前一天大阳线的实体之内。这个十字星是一个见顶征兆，转势信号初露端倪，作为理性的投资者应高度警觉。

（2）高位黄昏之星形态。第一根下跌阴线出现后，就构成了黄昏之星形态，见顶信号进一步显现，投资者应离场观望。

（3）高位黑三鸦形态。当股价在高位出现前面两个疑似见顶信号后，此时再出现黑三鸦形态，分明告诉大家这就是市场顶部，投资者应毫不犹豫地清仓出局。

在该股中，如果投资者能够以理性的思维分析，且克服自己的贪婪心态，就不会被套牢。其实每只股票庄家都给了散户出逃的机会，如果散户没有把握住这些机会，就会被套牢。

在实盘操作中，高位出现黑二鸦形态时，应从以下几个方面进行分析。

（1）关注股价所处的位置。在股价大幅上涨后的高位出现黑三鸦形态，见顶的概率较大。在分析黑三鸦形态时，可以先排除洗盘行为，直接判断为顶部形态。如果确实为洗盘整理行为，可以在整理结束重新走强时再次入场。

（2）在黑三鸦形态出现之前，股价有一个飙升过程，不断有大笔对倒单把股价拉上去。当股价上涨到一定程度时，就会在买二位置出现大量单子，庄家通过这种挂单的方式制造多头气势，让投资者以为买盘积极，从而直接以卖一价位买进，而庄家早已挂出卖单等待散户接盘。如果盘面出现这种现象，表明股价上涨接近尾声，此后出现黑三鸦形态时，其可靠性比较高。如果盘面没有出现这种现象，说明股价上涨潜力依然存在，此时出现黑三鸦形态属于正常的技术性回调。

（3）在黑三鸦形态之前，曾经出现疑似见顶信号，此时出现的黑三鸦形态则充当头部确定信号。头部疑似信号越多，见顶的可能性越大。若股价在毫无征兆的情况下突然出现黑三鸦形态，应结合其他技术信号综合分析。

（4）出现黑三鸦形态之后，股价无力收回大部分失地，且股价重心持续下降，那么这个黑三鸦形态就是一个见顶信号。

（5）在真正的黑三鸦形态中，成交量往往比较大，当天的交易中不断有主动性卖单出现，并且庄家往往会在买二或买三位置挂出大笔买单。但当股价真正回落到这个位置时，这些单子就被迅速撤掉了。这些单子明显是庄家故意挂在上面给投资者看的，让散户产生盘中有大量买单接盘的错觉，以此吸引投资者接盘。若盘面没有这些细节，则黑三鸦形态虚假的可能性比较大。

（6）出现黑三鸦形态之后，如果股价开始在高位横盘，那么只要在这个过程中成交量明显萎缩，并且不断有主动性买盘出现，投资者就可以大胆逢低吸纳，后市仍会上涨。有些个股经过一段时间的横盘之后会出现一个向下的假突破，成交量迅速放大并向下打压，但一两天后股价就会快速上涨，并且在上涨过程中买盘非常积极。这里的打压只不过是庄家拉升前的一个假动作，后市必将出现大幅上涨行情。

### 2. 黑三鸦突破盘区

当黑三鸦形态有效向下突破盘整区域时，成交量也出现较高水平，后市股价将会出现一波持续下跌行情，此时应及时做空。如果在大幅下跌后的低位突破盘整区域时，要防止庄家打压建仓。

图 5-32 所示为 *ST 美丽（000010）的日 K 线图。该股反弹结束后，股价回落到前期低点（可观察压缩图）附近时暂时获得技术支撑，形成一个盘整区域。经过两个多月的盘整，股价在 2018 年 1 月 30 日终于选择向下破位，一个非常标准的黑三鸦形态向下击穿了前期盘区的支撑。随后股价弱势回抽到该形态附近时受阻回落，说明黑三鸦形态突破有效，此后股价再下一个台阶。

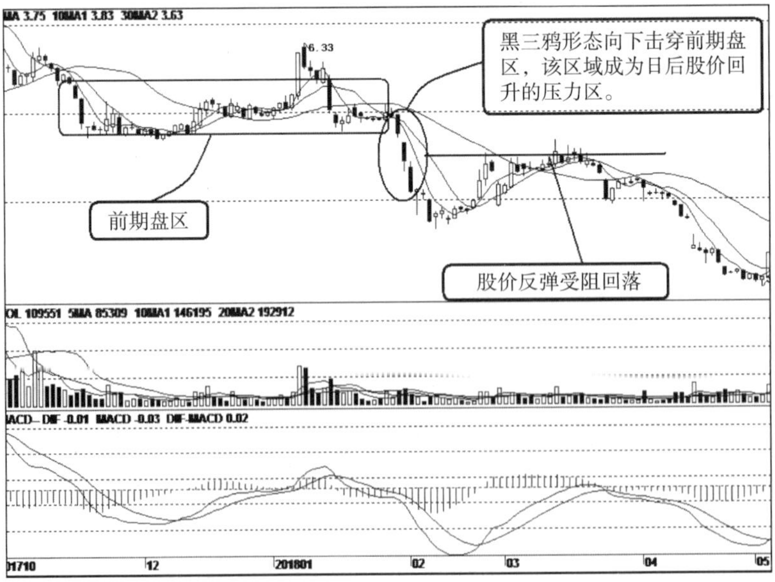


图 5-32 *ST 美丽（000010）日 K 线图

从图中可以看出，第一，在盘整过程中，股价曾经向上发起突破走势，但很快就回落到盘整区域，显示股价突破无功而返，这给后市股价上涨构成了更大的压力。第二，在黑三鸦形态出现之前，5 日、10 日、30 日均线渐渐趋向黏合状态，30 日均线微微向下运行，这对股价上涨构成不利因素。加之前期股价冲高失败，此时股价选择下行的可能性较大。第三，出现黑三鸦形态后，均线系统立即转为空头发散状态，这对多方更加不利，因此后市股价持续走跌的可能性更大。第四，在黑三鸦形态之后的回抽过程中，成交量持续萎缩，显示多头底气不足，因此后市股价继续看空，投资者应离场观望为宜。

出现黑三鸦形态后，要把握离场机会。黑三鸦形态后的次日，要注意观察早盘的走势。如果次日股价能够强势上冲，那么要注意，在上冲过程中一旦量能萎缩，就要趁机走人；如果早盘就显示弱势，直接果断出局。出现黑三鸦形态后，后市走势以横盘整理、弱势阴跌或直接加速下跌的概率相对较高。在实盘中，出现大阴线或者光头光脚阴线都必须引起重视，这些信号都是可以提前反应的，必须灵活分析，不一定非要等待黑三鸦形态出现后才想起离场。

### 3. 黑三鸦突破前低

当黑三鸦形态有效突破前期阶段性低点时，意味着后市股价的下跌空间被打开，股价很可能出现加速下跌走势，因此是一个逢高卖出信号。

图 5-33 所示为 *ST 大洲（000571）的日 K 线图。股价反弹结束后，一路向下盘跌，随后渐渐企稳盘整，形成一个小的平台整理区。经过短暂的整理后，股价在 2017 年 11 月 17 日开始向下破位，连收三根下跌阴线，形成黑三鸦形态。这个形态一举突破了前期调整低点，随后股价出现惯性下跌。12 月 4 日回抽反弹到黑三鸦形态附近时，股价遇到压力再次下跌。

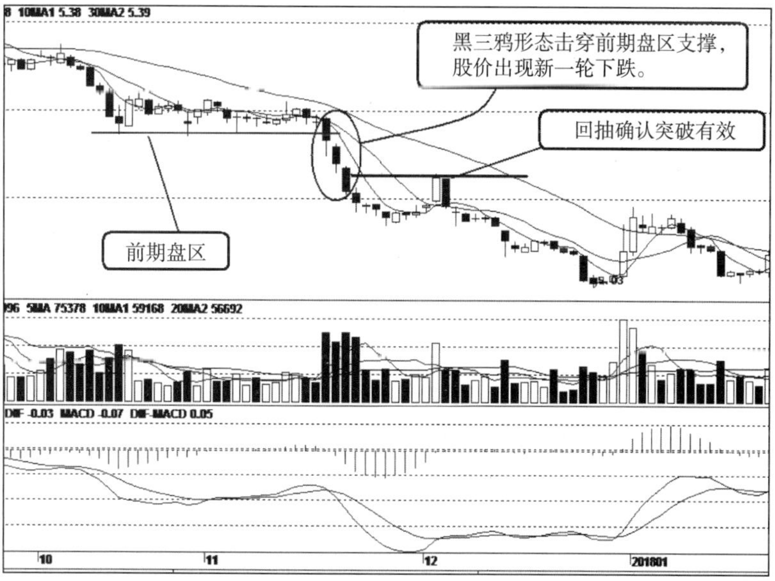


图 5-33　*ST 大洲（000571）日 K 线图

一般而言，在股价调整过程中形成的明显低点，对股价具有一定的支撑作用，后市股价回调到该低点附近时，遇到支撑会再度走强。一旦股价向下突破前期调整低点，预示股价将出现新一轮下跌走势。该股在黑三鸦形态出现之前，看似遇到前期低点的支撑，但实际支撑力度并不强，因为股价到达前期低点附近时，只是暂时停止了下跌步伐，没有出现强劲的回升走势，说明做多意愿不强，庄家只是借前期低点的支撑作用诱多出货。当庄家派发大量的筹码后，股价便一举向下突破。该股盘面弱势特征十分明显，均线系统呈现空头排列，当股价接近 30 日均线时，市场再次出现加速下跌走势，从而形成黑三鸦突破形态。投资者此时应逢高退出，或在股价回抽到黑三鸦形态附近时坚决清仓出局。

## 4. 黑三鸦突破均线

当黑三鸦形态向下突破均线系统时，预示股价上涨或反弹行情结束，后市将出现下跌走势，因此是一个卖出信号。

这种现象通常有三种情况：一是，黑三鸦形态跌破上行的均线系统；二是，黑三鸦形态跌破平行的均线系统；三是，黑三鸦形态跌破下行的均线系统。根据均线周期长短，可分为黑三鸦形态突破短期均线、中期均线和长期均线三种类型。在此仅就黑三鸦形态突破30 日均线为例进行分析，对其他类型的均线突破，投资者可以根据提供的思路研判总结。

图 5-34 所示为西部资源（600139）的日 K 线图，这是一个黑三鸦形态跌破上行均线系统的例子。该股经过长时间的下跌调整后，在 2018 年 6 月开始启动一波反弹行情，均线系统由空头排列转为多头排列。当股价反弹到前期成交密集区域时，遭到了低位获利盘和前期套牢盘的双重打压，8 月 15 日开始连收三根阴线，形成黑三鸦形态，这个形态跌破了上行的 30 日均线。在形态形成后的第二天，股价大幅冲高回落，收出一根长上影阴线。庄家运用一根长上影线回抽确认了黑三鸦形态突破 30 日均线的有效性，此后股价渐行渐弱，30 日均线也随之下行，从而结束了反弹行情。

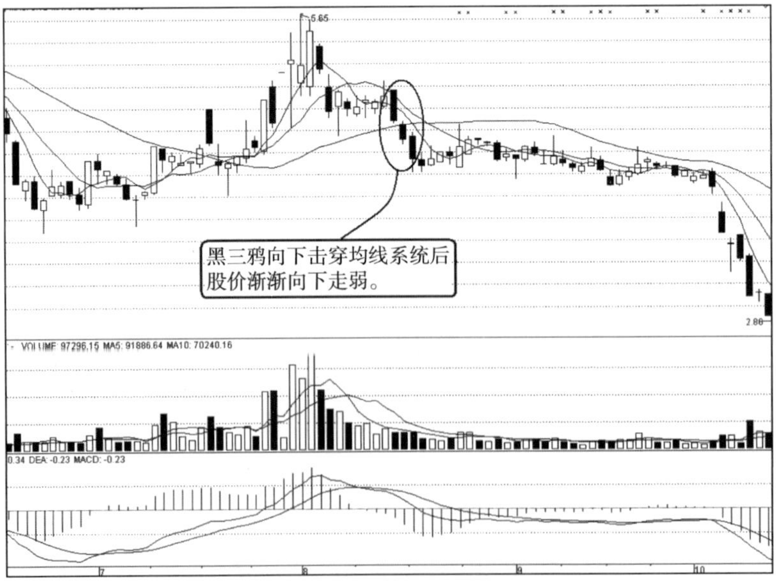


图 5-34　西部资源（600139）日 K 线图

从该股盘面走势不难发现，一方面在股价前期上涨过程中，盘面表现十分异常，股价上蹿下跳，大幅震荡，成交量明显放大，而股价累计涨幅并不大，量价配合不甚理想。对于这种盘面走势，投资者应提高警觉，谨防庄家出货。另一方面，在黑三鸦形态突破 30 日均线后，股价一直在均线下方运行，显示做多意愿不强烈，多方渐渐失去了上攻力量。根据这两方面的盘面现象，可以判断出黑三鸦形态突破均线有效，应及时把握逢高出局的机会。

### 5. 黑三鸦突破技术形态

在股价长期运行过程中，可能会形成某些技术形态，如常见的双重顶（底）、头肩形、圆弧形、三角形、楔形或旗形等。黑三鸦形态一旦成功突破这些技术形态，说明技术形态构筑完毕，股价将沿着突破方向继续运行，达到最小“量度跌幅”，因此以逢高卖出为宜。

图 5-35 所示为岭南股份（002717）的日 K 线图。股价经过大幅下跌后企稳反弹，当股价反弹到一定的幅度时，形成震荡整理走势。在震荡整理过程中，疑似形成双重顶形态。2018 年 5 月下旬，股价连续下跌收阴，形成黑三鸦形态。该形态击穿了双重顶形态的颈线位，双重顶形态正式确立，预示后市股价继续下跌，投资者应及时止损卖出。

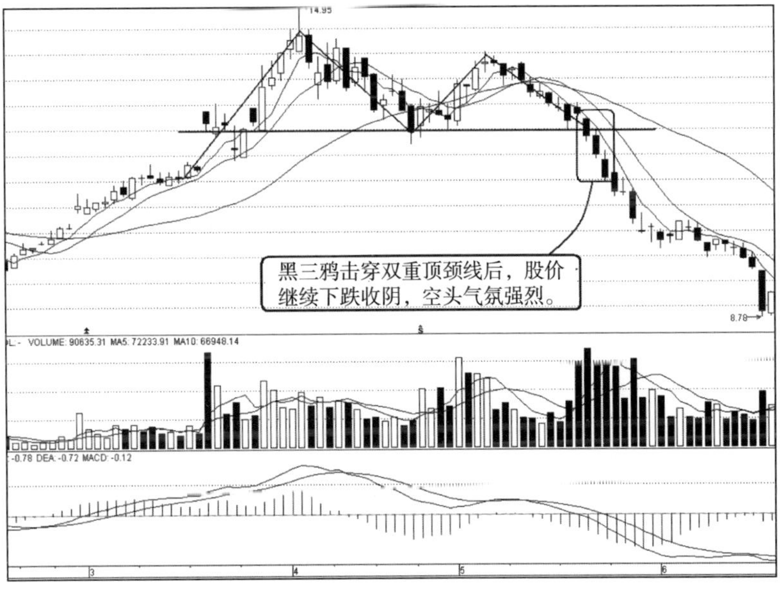


图 5-35　岭南股份（002717）日 K 线图

从图中可以看出，黑三鸦形态突破双重顶形态的颈线后，预示反弹行情将告一段落，股价下跌空间被有效打开，投资者可以根据双重顶形态的相关买卖法则执行离场操作。

黑三鸦形态向下突破技术形态时，说明股价上涨或反弹行情结束，是一个可靠的卖出信号，投资者应严格按照相关技术形态的法则进行操作。在实盘操作中，可以把握以下技术要点。

（1）突破的前提是股价所在位置和阶段。如果处于头部出货区域、中途整理区域，向下真突破的概率较大，应及时退出观望；如果处于低位吸货区域、庄家成本区域，向下假突破的概率较大，可以逢低吸纳。

（2）在黑三鸦形态突破时，做空力度大，下跌气势盛，有可能形成持续性的下跌。另外，要掌握一般技术形态的构筑时间，微型的技术形态可靠性不高。

（3）在黑三鸦形态向下突破时，如果出现成交量放大的现象，说明做空力度大，盘中抛压重，后市股价持续下跌的可能性较大。否则，当股价无量突破一个技术形态的颈线，且突破的幅度不足以确认为有效突破时，此时有出现假突破的可能。如果股价突破后不久很快再度回升到颈线之上（并非颈线回抽），说明是假突破动作。

（4）分析黑三鸦形态突破时的一些盘面细节，有利于提高判断的准确性，如当天突破的时间早晚。通常突破时间越早越可靠，临近尾盘的突破值得怀疑；观察当天的突破气势，突破时一气呵成、刚强有力、气势磅礴，可靠性就高；突破后能够坚守在低位的，可靠性就高，如果仅仅在当天盘中瞬间碰触，那么突破肯定不能成立。这些盘面细节十分重要，应当细心观察分析。

（5）根据百分比法则和时间法则判断，即突破的幅度超过 3%，持续时间在 3 天以上。

# 第六章　多日反转形态

## 第一节　收敛形态

### 一、形成过程

简评：次要的趋势反转信号，宜进一步确认形态的有效性。

特征：收敛形态由多根K线组成，与扩散形态对称，为次要的市场底部或顶部反转形态。形态组合的数量不等，但至少要在三根K线以上才具有技术分析意义。

在股价上涨过程中，连续出现实体长度一根比一根短、上涨幅度一天比一天小的阳线，呈衰竭性收缩趋势排列，称为上涨收敛形态。在股价下跌过程中，连续出现实体长度一根比一根短、下跌幅度一天比一天小的阴线，呈衰竭性收缩趋势排列，称为下跌收敛形态。上涨收敛形态，看跌；下跌收敛形态，看涨。收敛形态如图6–1所示。

图6–1　收敛形态示意图

### 二、市场含义

出现收敛形态后，通常表明主导盘面的一方主力由于连续的单边市场行为，虽然暂时逼退了对方，但自身也消耗了大量的能量，继续攻击的力度渐弱，强烈要求转攻为守，这就给了对方一个喘气和反手攻击的绝好机会。一旦对方力量占据盘面优势，就有可能给原来的一方造成毁灭性打击，彻底扭转局势，因此收敛形态是一个次要的反转形态。

### 三、应用法则

（1）收敛形态必须出现在市场端部。

（2）每天的开盘价应该在前一根K线的收盘价附近。

（3）K线实体长度或股价涨跌幅度一天比一天小，呈收缩性梯状排列。

（4）收敛形态的外形轮廓与楔形相似。

（5）形态中间可以夹杂一些小K线，并不影响市场含义。

图6-2所示为通策医疗（600763）的日K线图。股价经过大幅下跌后，空方能量得到有效释放。一根大阴线之后，股价跌幅一天比一天收缩，呈下跌收敛形态。这种形态说明市场继续杀跌动能已明显不足，止跌回升为期为远，此时投资者应积极关注。此后股价反转，进入牛市行情。经过两波炒作后，庄家获利丰厚，在高位形成盘头走势。不久，股价向下脱离头部区域，在反弹回升到前期高点附近时，遭到了空方的抛压，上涨幅度出现收敛形态。随后股价反转下跌，开始了调整走势。

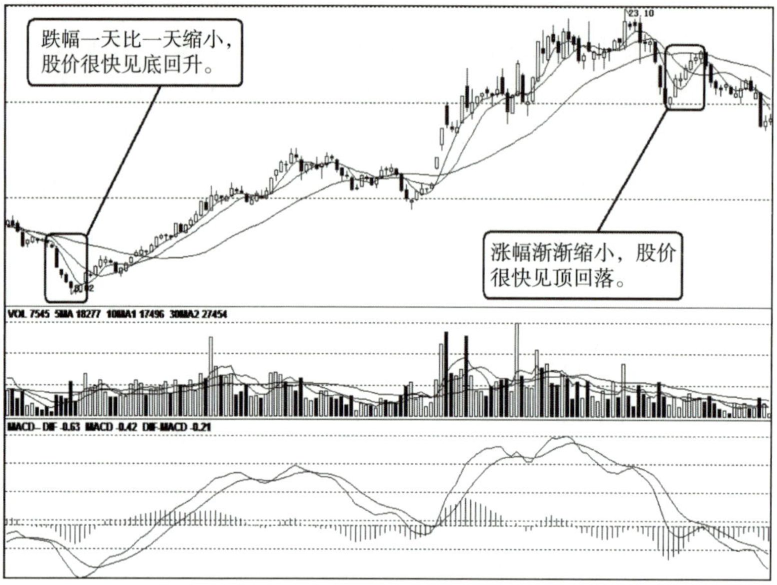


图6-2 通策医疗（600763）日K线图

## 四、分析要点

（1）量价背离是该形态的一个重要信号。上涨收敛形态出现量价背离，特别是出现天量时，预示股价即将反转下跌，应做好卖出准备。在下跌收敛形态中，可以结合其他技术特征进行分析验证，得出的结果会更准确。

（2）需要验证信号的配合。在楔形的2/3位置以后，如果出现十字星、T字线、吊颈线或阴线，都会加强收敛形态的转势力度。

（3）如果收敛形态的成交量呈萎缩状态，则显示原先占据优势的一方渐渐失去对盘面的控制，从而加强了形态反转的可能。如果成交量忽大忽小，说明市场内部暗潮涌动，也是反转的征兆。

（4）可以观察均线或乖离率（BIAS）指标。如果收敛形态远离均线，乖离率加大，因均线对股价有牵引作用，会增强收敛形态的反转效力。

## 五、实盘技巧

（1）上涨收敛形态说明股价的上涨力度减弱，实盘中可以与股价所处的位置结合起来分析。如果出现在重要的阻力区域，则反转下跌的可能性更大；如果出现在底部区域，则可能是一次洗盘整理或拉高建仓行为。

图 6-3 所示为实达集团（600734）的日 K 线图。该股的这段走势非常有趣，先是在前期高点下方出现一个上涨收敛形态。然后经过两个交易日的调整后，转化为一个上涨扩散形态，并突破了前期高点，最后股价又进入下跌调整阶段。

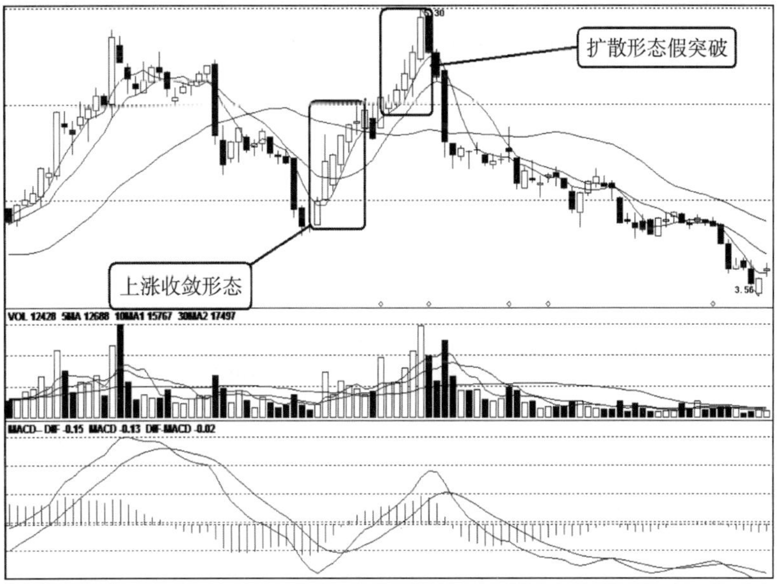


图 6-3　实达集团（600734）日 K 线图

如何看待该股的盘面走势呢？在此分析一下庄家的操盘逻辑。庄家先是在上涨收敛形态构造过程中实施高位减仓动作，当跟风盘减少时，庄家发力向上拉高，形成上涨扩散形态，并突破前期高点的压力。这时盘面性质出现微妙变化，原先一些犹豫不决的人开始入场做多，而庄家此时在盘中大量减仓。其实，该股美中不足之处，是在上涨扩散形态之后的回抽确认过程中没有得到有效支撑，股价一路下跌。这时庄家的真实意图暴露无遗，前面的上涨收敛形态是庄家真出货，即形态的反转信号，后面的上涨扩散形态是庄家的假突破。投资者明白了庄家的意图后，操作策略也就明确了。

（2）一般情况下，下跌收敛形态说明股价下跌力度减弱，股价有止跌回升的意义。在实盘操作中要注意两点：一是，股价必须经过充分的下跌调整，形态出现在跌势末端；二是，在股价回升过程中，必须得到成交量的密切配合。

图 6-4 所示为江特电机（002176）的日 K 线图。该股在筑底过程中，股价跌幅渐渐收缩，阴 K 线不断缩短，说明下跌动力减弱，随后股价震荡企稳。经过一段时间的蓄势整理后，股价开始放量上涨，这时投资者可以跟进，博取一波短线行情。

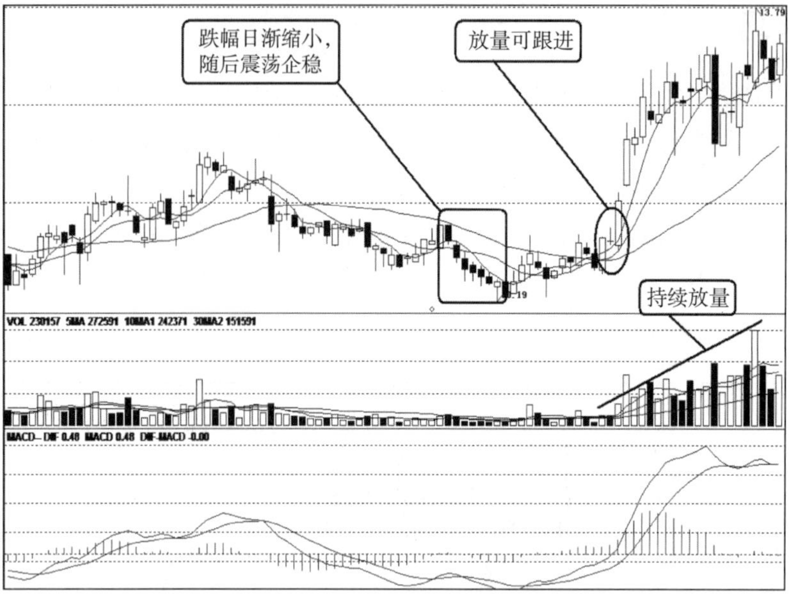


图 6-4 江特电机（002176）日 K 线图

# 第二节 扩散形态

## 一、形成过程

简评：次要的趋势反转信号，宜进一步确认形态的有效性。

特征：扩散形态由多根 K 线组成，与收敛形态对称，为次要的市场反转形态。形态组合的数量不等，但至少要在三根 K 线以上才具有技术分析意义。

股价在底部经过充分的蓄势整理后，慢慢脱离底部区域，实体阳线长度一天比一天长，上涨幅度一天比一天大，直至出现滞涨性 K 线（尽头线），多根 K 线呈上涨扩张趋势排列，称为上涨扩散形态。股价经过盘头整理后，渐渐脱离头部区域，实体阴线长度一天比一天长，下跌幅度一天比一天大，直至出现止跌性 K 线（尽头线），多根 K 线呈下跌扩张趋势排列，称为下跌扩散形态，为次要的反转形态。上涨扩散形态，看跌；下跌扩散形态，看涨。扩散形态如图 6-5 所示。

上涨扩散形态的形成过程从较小的阳线或星形线开始，连续出现多根实体长度与日俱增的阳线，形态内可能出现一个或多个向上跳空缺口，股价上涨幅度越来越大，市场累积的风险也逐日加大，随时面临反转下跌的可能。下跌扩散形态的形成过程正好相反，从较小的阴线或星形线开始，连续出现多根实体长度与日俱增的阴线，股价下跌幅度越来越大，呈喇叭状扩散排列，市场空头释放能量较大，随时面临反弹回升的可能。

注意：扩散形态只有出现在最后加速上涨阶段或最后的打压阶段时，才具有反转意义。

如果该形态出现在市场底部区域，可能成为一个底部反转信号或上涨持续信号，而非顶部反转形态；如果该形态出现在头部初跌期，可能是一个加速下跌信号，而非底部反转形态。对于扩散形态，无论在理论分析还是实盘操作中，其形态性质均存在一定的争议。

图 6-5　扩散形态示意图

## 二、市场含义

市场经过充分震荡整理后，逐步化解了分歧和矛盾，股价趋向一方发展。星星之火呈燎原之势，投资者源源不断地加入，进一步推动股价的上涨或下跌。若形态中伴有跳空缺口，则扩散形态更加有力。但是，随着股价上涨或下跌的幅度持续加大，一旦不能继续扩张或不能维持这种形态，转而出现收缩 K 线时，表明市场主力已经释放了全部能量，股价即将面临反转风险，因此是一个反转信号。

## 三、应用法则

（1）扩散形态必须出现在市场端部。

（2）每天的开盘价应该在前一根 K 线的收盘价附近。

（3）K 线实体长度或股价涨跌幅度一天比一天大，呈放大性梯状排列。

（4）扩散形态的外形轮廓呈喇叭状扩散排列。

（5）形态中间可以夹杂一些小 K 线，并不影响对形态的研判。

图 6-6 所示为 *ST 巴士（002188）的日 K 线图。该股在挑战前期高点失败后向下回落，股价跌幅一天比一天大，大有加速下跌之势。当股价下跌到前期低点附近时，得到了前期盘区的有效支撑再次上涨，但同样遇阻回落，最后再次探底成功，市场进入牛市行情。

## 四、分析要点

（1）量价背离是该形态的一个重要转势信号。上涨扩散形态出现量价背离，特别是出现天量时，预示股价即将反转下跌，应做好卖出准备。

（2）在上涨扩散形态中，如果出现尽头线，应高度警惕，随时做好离场准备。在下跌扩散形态中，如果遇到尽头线，应做好入场打算。常见的尽头线有：十字星、T 字线、⊥字线、

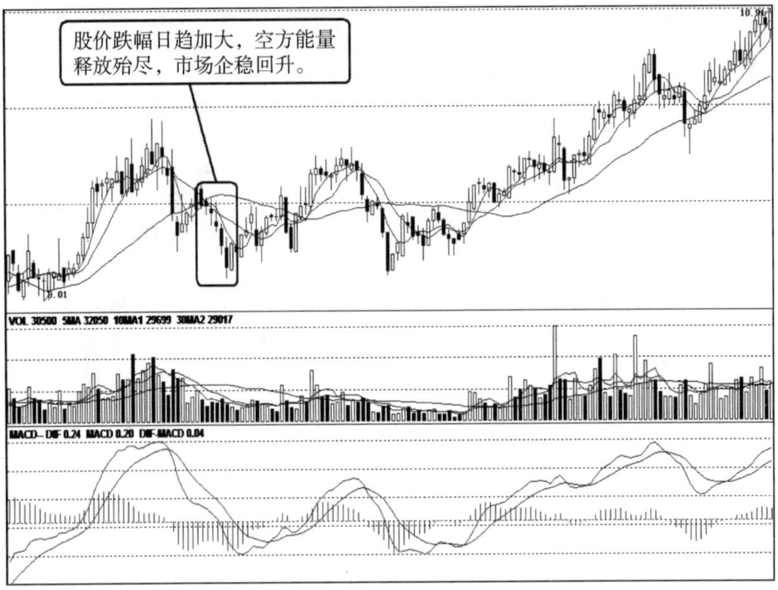


图 6-6 *ST 巴士（002188）日 K 线图

包容线、孕育线或吊颈线等，都属于不可忽视的形态。

（3）扩散形态经常演化为“V”形或倒“V”形走势，其后走势比较复杂。通常这种形态并不十分可靠，当股价回落到起涨点或反弹到起跌点位置时，可以采取相应的买卖策略。

（4）上涨扩散形态经常出现在庄家自救行情中，庄家被套越深，反弹力度越大。这要从个股整体状况入手，分析庄家持仓成本、持仓量、坐庄手法和意图，才能了解庄家目前的状况。

（5）可以观察均线或乖离率（BIAS）指标。如果扩散形态远离均线，乖离率加大，因均线对股价有牵引作用，会增强扩散形态的反转效力。

## 五、实盘技巧

### 1. 高位扩散形态

股价经过大幅上涨或快速上涨后，在高位出现上涨扩散形态，意味着多头在做最后的冲刺。当形态不再继续向上发散或在高位出现调整走势时，预示上涨势头竭尽，将要反转下跌，因此是一个较好的卖出信号。

图 6-7 所示为工商银行（601398）的日 K 线图。股价见底后逐波盘升而上，行情持续时间较长，累计股价涨幅较大。在高位经过一段时间横向震荡后，从 2018 年 1 月开始，股价放量向上突破。在突破过程中，连续收出多根上涨阳线，实体阳线长度一天比一天加长，上涨幅度也一天比一天加大，呈上涨扩张趋势排列。当上涨扩散形态停止发散时，股价在高位也维持不了多久，2 月 7 日一根放量大阴线结束了上涨势头，从此股价开始了中期调整走势。

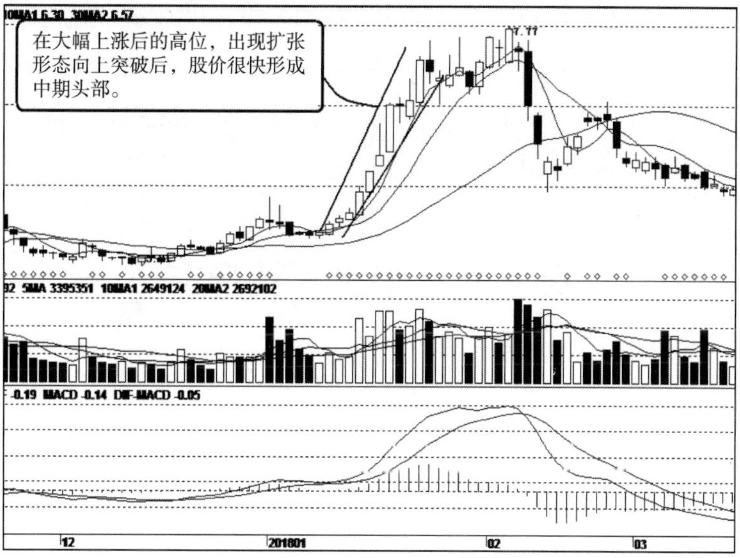


图 6-7　工商银行（601398）日 K 线图

## 2. 低位扩散形态

股价经过大幅下跌或快速下跌后，累计跌幅较大。在低位出现下跌扩散形态时，意味着空头能量得到较好的释放，有可能是最后一波下跌。当形态停止继续向下发散或在低位出现企稳走势时，预示跌势即将结束，将会出现反转上涨走势，因此是一个较好的逢低买入信号。

图 6-8 所示为中国科传（601858）的日 K 线图。股价经过长时间的大幅下跌后，在低位形成盘整走势，成交量大幅萎缩。2018 年 2 月初，股价再次向下击穿整理平台区域，之后持续下跌，阴线实体的长度一根比一根长，股价下跌幅度也一天比一天大，构成下跌扩散形态，说明短期做空能量得到一定释放。此后股价企稳震荡，渐渐向上抬升。3 月 26 日股价再次回落到该形态低点附近时，得到技术和资金方面的支撑，构成一个买入信号。

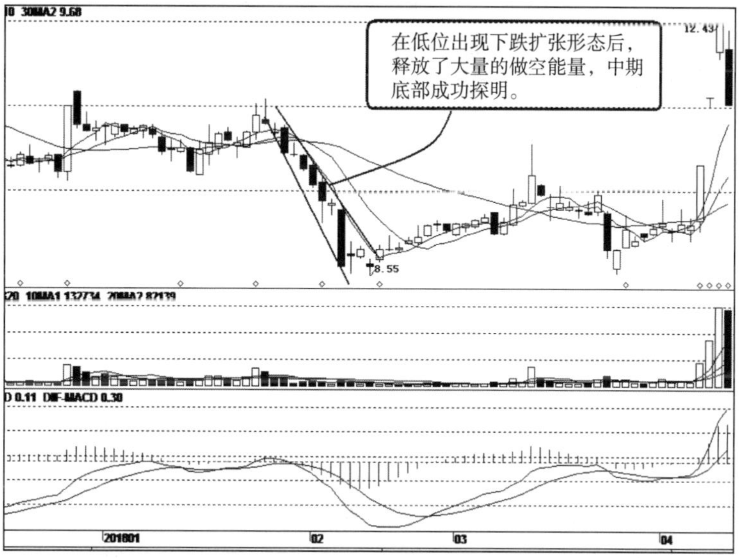


图 6-8　中国科传（601858）日 K 线图

在实盘操作中，这种形态重点在于具体的位置和阶段。如果该形态出现在市场底部区域，可能成为一个上涨持续信号，而不是顶部反转形态；如果该形态出现在头部初跌期，可能是一个加速下跌信号，而不是底部反转形态。这是庄家经常设置技术陷阱的地方，也是投资者难以辨别的形态，所以要谨慎处理。

# 第三节　平底平头形态

## 一、形成过程

简评：温和的转势形态，平底预示后市见底回升，平头预示后市见顶回落，均为待变征兆，宜进一步确认形态的有效性。

特征：平底形态是指股价最低点由几乎处于相同水平的两根 K 线组成。这两根 K 线可以是阴线，也可以是阳线，没有太大区别。可以出现在任一阶段，但只有出现在趋势底部的平底形态才具有分析意义。它的形成过程是，在一个下跌趋势中，先是出现一根大阴线或大阳线实体，第二天股价到达第一天的最低价位置，获得技术或资金支撑，随后股价出现回升走势，全天股价在第一天 K 线范围内震荡，直到收盘，从而形成平底形态。平头形态的特征和形成过程与平底形态相反，稍许不同的是平头形态的可信度强于平底形态，因为底部更需要时间和耐心。

在平底形态中，如果包含其他看涨的 K 线因素，其底部反转意义更强，通常后面的 K 线起到重要的作用。平底形态如图 6-9 所示。

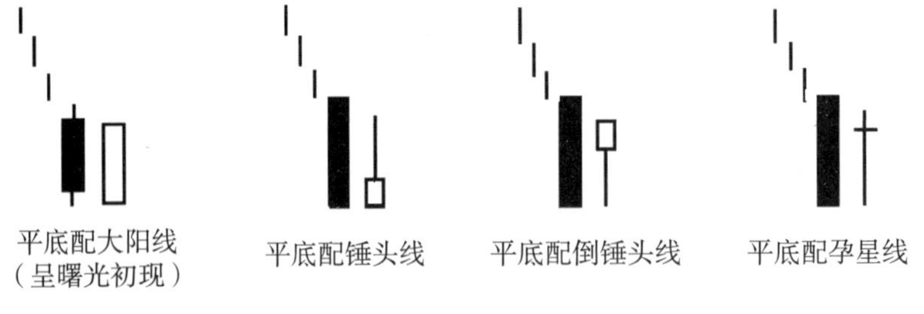


图 6-9　平底形态示意图

根据 K 线的阴阳组合，可以分为两阳平底、两阴平底、阴阳平底（包括前阳后阴平底和前阴后阳平底）等。

根据 K 线的数量，可以分为两日平底、三日平底、多日平底等。

根据 K 线的形状，可以分为实体平底、影线平底、星形线平底等。

平头形态的划分方法与平底形态相同，只是意义相反，平头形态如图 6-10 所示。

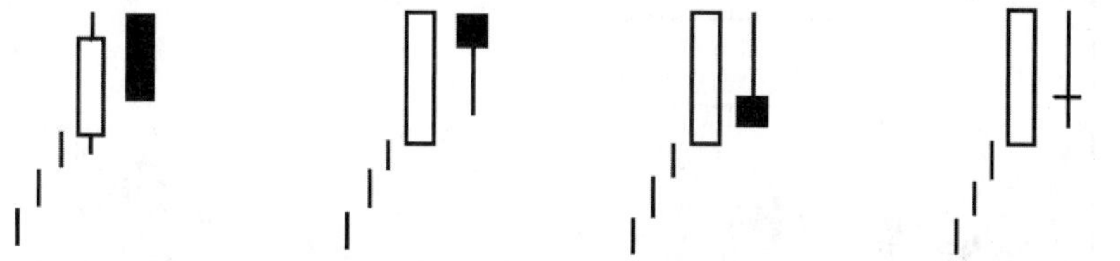


图 6-10　平头形态示意图

## 二、市场含义

在下降趋势末期出现平底形态，意味着市场将要出现反转回升走势，其技术含义是一个见底反转信号。在下跌趋势底部出现平底形态，通常代表下跌趋势随时可能结束；如果平底形态出现在市场趋势的中部，代表的技术含义没有太大价值，一般股价经短暂的反弹后会按照原来运行的方向继续运行，不具有反转信号的功能。

在上升趋势末期出现平头形态，表明市场将要出现反转下跌走势，其技术含义是一个见顶反转信号。通常在上涨趋势的顶部出现平头形态，代表上涨趋势随时可能结束；如果平头形态出现在市场趋势的中部，代表的技术含义就没有太大的价值，一般股价会按照原来运行的方向继续运行，不具有反转信号的功能。

## 三、应用法则

（1）平底（平头）形态出现在明显的下跌（上升）趋势端部，震荡盘整中的平底（平头）线为常规形态，对技术分析无实质意义。

（2）两个低点（或高点）相同或相近（两者只差一两个价位也可以接受），一般计上下影线价位，若实体相等更好。

（3）标准的形态由相邻的两根 K 线排列而成，但也不局限于此，有时候两根 K 线之间可能出现数日不规则的走势。

图 6-11 所示为中牧股份（600195）的日 K 线图。该股在下跌过程中，收出了一根大阴线，股价到达 12 元整数位置。第二天小幅高开后下探到该位置时，被多方快速拉起，并收出一根上涨阳线，形成双日平底形态，同时又是看涨孕育线。第三天再次打压到 12 元位置时，同样被多方快速拉起，说明 12 元整数关口有重要支撑，从此股价渐渐震荡走高。

图 6-12 所示为福日电子（600203）的日 K 线图。该股反弹到前期高点附近遇到了较大的抛压，股价创出 7.70 元高点后回落。第二天股价收跌，形成一个阴包容线形态。第三天股价再次上攻到 7.70 元时，多方无功而返，形成平头形态。在高位，平头形态配以阴包容线形态，其可靠性较高，之后一个十字星线予以确认，这样短期头部形态基本构成，后市以下跌调整为主。

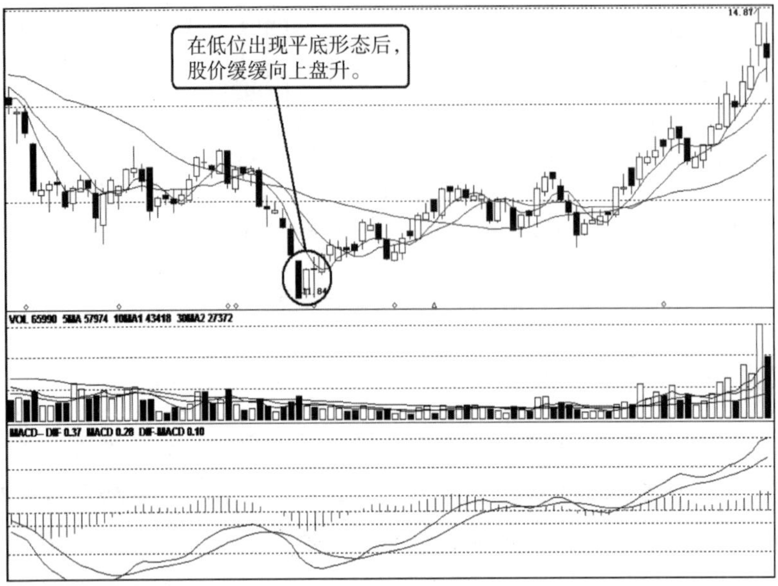


图 6-11　中牧股份（600195）日 K 线图

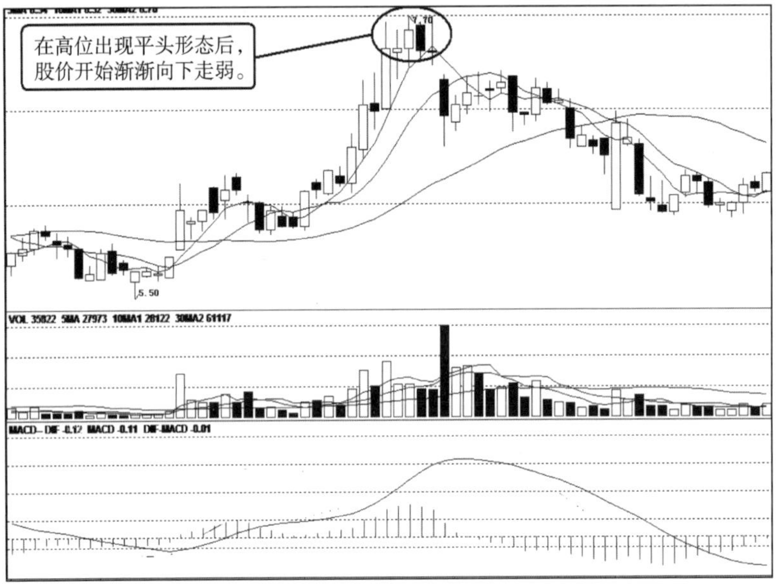


图 6-12　福日电子（600203）日 K 线图

## 四、分析要点

（1）平底或平头形态属于一种比较温和的底部或顶部反转形态，不像其他单日反转形态那样激烈，但它更具有分析意义。温和的底部或顶部往往是厚实可靠的底部或顶部，在相当长的时间内，这样的形态都会发挥作用。

（2）成交量方面，平头形态往往有缩量的倾向。喜欢以是否放量来确认趋势反转的投资者，往往对这类顶部的反应相对迟钝，然而随后的行情发展令人大感意外。至少应该把平头形态形成的高位看作近期的阻力，才不至于过分掉以轻心。在平底形态形成后，需要有成交量放大的支持，量价配合要得当，否则难以推动股价上涨。

（3）有时平头和平底形态与其他 K 线反转形态相结合，可以构成相当强烈的反转信号。如十字星线、孕育线、包容线等 K 线组合，其反转意义相当强烈，并可伴随急剧放量。一旦遇到此类形态，应迅速采取行动，才不至于痛失好局。

（4）平头和平底形态可以由实体 K 线组成，也可以由上下影线和十字星线组成。上下影线越长，转势信号越明显。若第二根 K 线是星形线或大阴线，也可以根据星形线或大阴线的相关原则进行分析。

（5）平头和平底形态可以由相邻的两根 K 线组成，也可以由相隔较近的 K 线组成，属于效力较差的反转形态，需其他形态进一步确认。若发生在过度升势或跌势的末期，其反转趋势的机会较大。构成平头和平底形态的 K 线可以相隔很远，并且中间夹着较长期的市场变化；或者在平头和平底形态之内，同时包含其他 K 线图形，这样可以加强形态的效力。

（6）在周 K 线和月 K 线中出现平头和平底形态，要比日 K 线图更重要。在周 K 线中形成的形态，其最低价或最高价至少已经经过两周的测试，该价位未被突破，反映形态构筑成功，只要市场环境配合，随时都会转势。

（7）顶部形态的可靠性要高于底部形态的可靠性。遇到平顶形态时应及时离场，无须等待其他验证信号。

## 五、实盘技巧

（1）只有出现在趋势末期，平底或平头形态才具有实盘分析意义。如果出现在盘整行情中，应放弃使用该形态，除非是盘整末期的突破形态。盘整行情中出现平底或平头的概率远高于趋势末端，投资者对此必须严加辨别。

图 6–13 所示为阳光电源（300274）的日 K 线图。该股经过一波下跌调整后，做空能量得到较好的释放。股价连续三个交易日下探到 11.99 元时均出现企稳回升走势，并在成交量的配合下出现反弹行情。此后庄家开始回调洗盘，股价在 14.04 元附近再次出现平底形态，说明洗盘整理接近尾声。此时投资者应密切关注盘面的变化，只要股价向上突破，就应大胆介入。

图 6–14 所示为云意电气（300304）的日 K 线图。该股经过一波大幅拉升行情后，盘中堆积了大量获利筹码。股价上冲到 25.30 元后回落，由于庄家没有成功完成出货计划，随后股价再次出现向上拉高走势。股价上冲到 25.29 元后受阻回落，从而构成平头形态，此后股价渐渐下跌，构筑双重顶形态，股价开始了中期调整走势。

（2）平底形态必须要有大阳线配合，小阳小阴线组成的平底形态，其可靠性较差。如果随后几个交易日里出现持续上涨阳线，说明先前由小 K 线组成的平底形态得到巩固和确认，这样的形态也同样具有看涨意义。或者，在平底形态中包含其他 K 线组合形态，这样可以产生呼应或叠加作用，底部反转信号会更加强烈。如十字星线、孕育线、包容线、镊子底等 K 线组合形态，其反转意义十分强烈，投资者可以积极跟进做多。

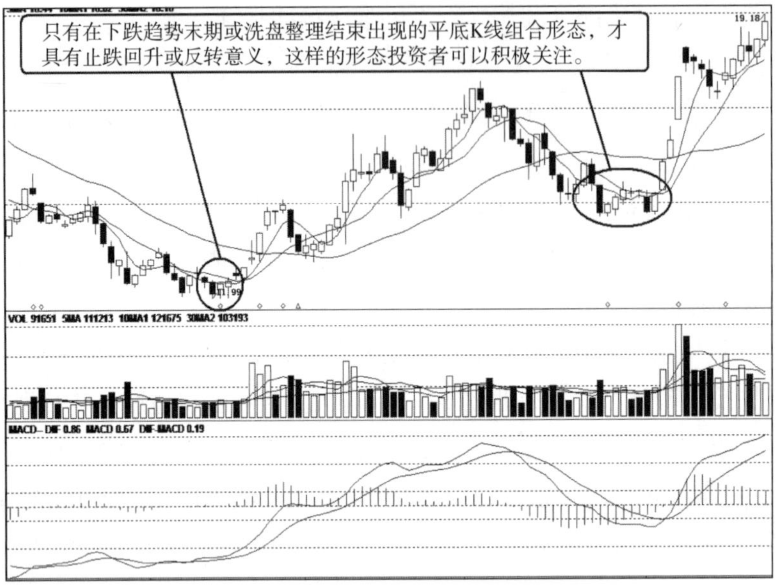


图 6-13　阳光电源（300274）日 K 线图

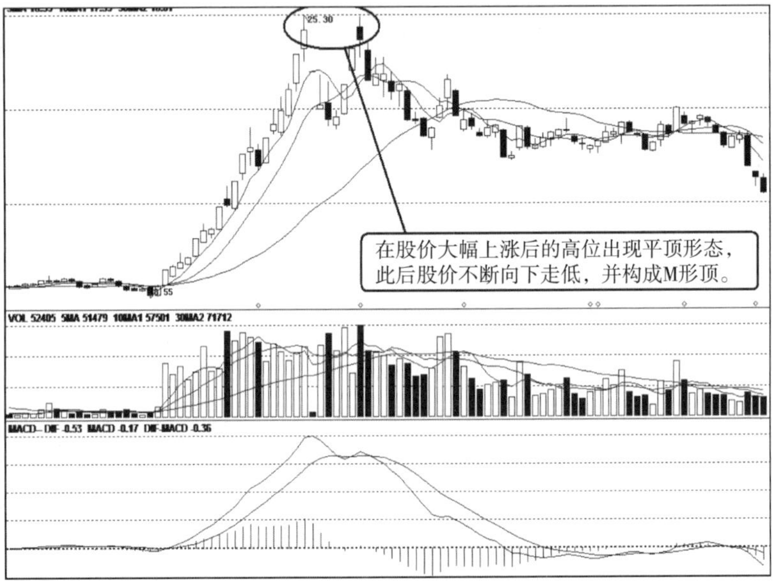


图 6-14　云意电气（300304）日 K 线图

图 6-15 所示为梅安森（300275）的日 K 线图。该股见顶后出现两波下跌行情，一根大阴线之后收出一根平底小阳线，那么这个形态是否具有反转意义呢？从盘面分析，虽然这是一个平底形态，但第二天的小阳线显得上涨力度不够强大，多头有些犹豫不决，此时只能作为看涨疑似信号，不能作为买卖决策依据，因此需要后面的走势加以验证。在此后几天里，股价继续上涨收阳，巩固和确认了先前小阳线平底形态的有效性，这时投资者应持看多思维，逢低介入。

（3）在涨势中出现平底形态，其可靠性要比跌势中出现的平底形态强得多，因为趋势

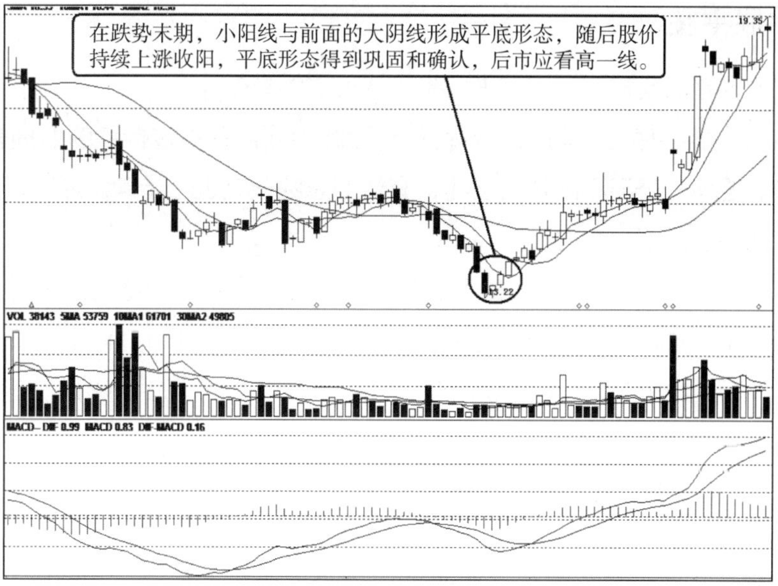


图 6-15　梅安森（300275）日 K 线图

有助涨助跌作用。另外，在股市中有“底下有底”之说，很难断定平底形态是底部反转信号还是下跌中继形态，所以，在跌势中出现平底形态要谨慎操作，在涨势中出现平底形态要敢于看涨。

图 6-16 所示为商赢环球（600146）的日 K 线图。在股价见底后的上涨过程中，庄家展开了洗盘整理走势。一根大阴线之后出现一根大阳线，两根 K 线最低价都是 8.06 元，构成平底形态，且又呈旭日东升组合形态。同期 30 日均线坚挺地向上运行，说明上升趋势依然保持完好，后市股价将继续走高。

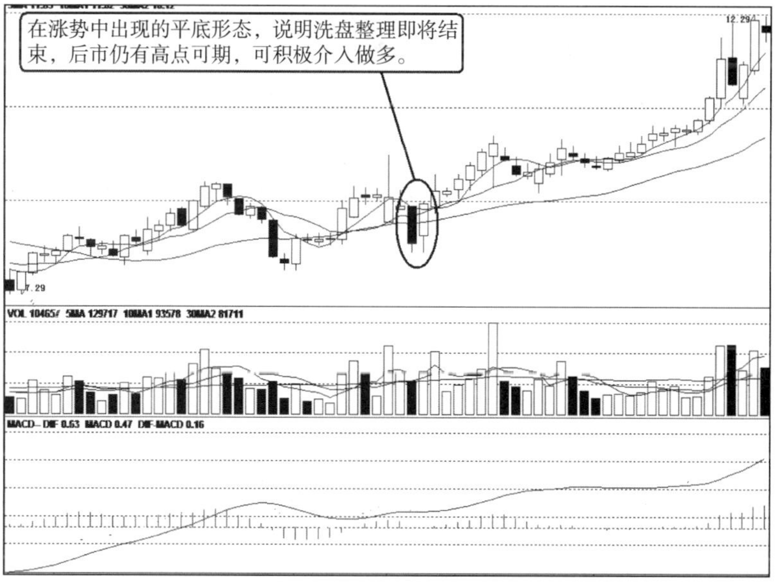


图 6-16　商赢环球（600146）日 K 线图

## 六、多日平底平头

简评：次要的趋势反转信号，宜进一步确认形态的有效性。

特征：多日平头平底形态与二日平底平头形态相同，只不过持续的时间较长，出现的持平次数较多。这是一个温和的转势征兆，有待变意味，宜进一步确认形态。

形态辨认法则有以下几个方面。

（1）出现在趋势行情端部的多日平底平头形态才有技术分析意义，出现在震荡盘整行情中的多日平头平底形态无技术分析意义。

（2）多个高点（或低点）相同或相近（只差一两个价位可以接受），一般参考上下影线价位，若实体相等更好。

（3）形态内可能出现数日不规则走势。

（4）平底或平头出现的次数越多，反转意义越强。

图 6-17 所示为金发科技（600143）的日 K 线图。该股经过长时间的大幅下跌后，股价几乎跌无可跌，在底部形成震荡走势。不久，一根大阴线向下击穿了盘整区域，但是股价并没有出现持续下跌，而是形成了多日平底形态，进一步说明股价下跌空间有限。股价在此维持几天的盘整后，慢慢开始盘升走势。

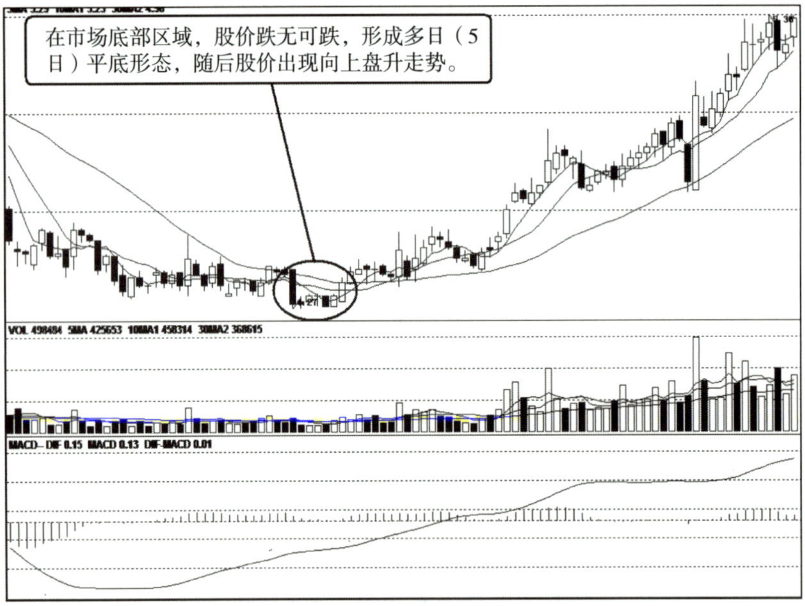


图 6-17　金发科技（600143）日 K 线图

图 6-18 所示为城市传媒（600229）的日 K 线图。股价经过两波反弹行情后，多头力量渐渐消退，股价在高位出现久攻不破走势，因而形成多日平头形态。出现这种形态说明多方开始犹豫，最终多方无法支撑盘面压力，股价开始向下走跌。

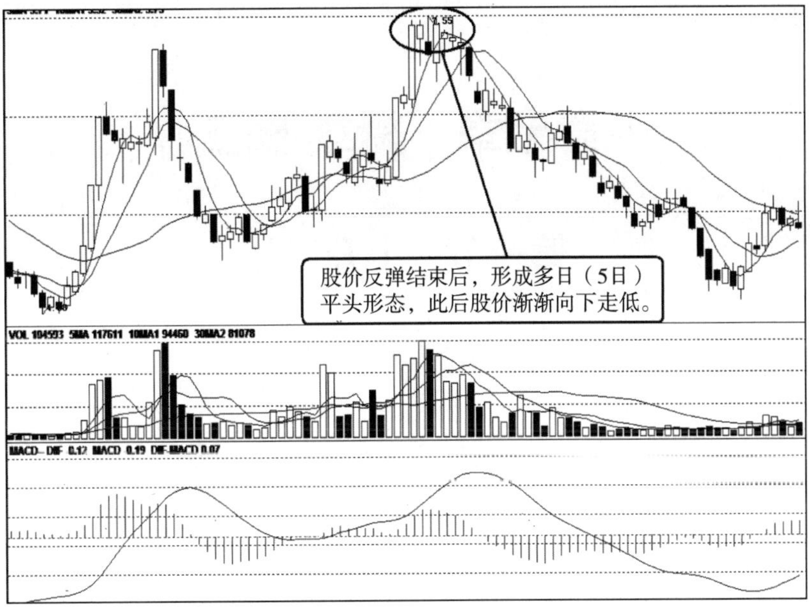


图 6-18　城市传媒（600229）日 K 线图

# 第七章　持续形态

## 第一节　上升三法

### 一、形成过程

简评：上升强势整理，持续形态，后市看涨，无须确认形态。

特征：上升三法也称上升三部曲，主要由五根阴阳 K 线组成。标准的上升三法形态可以分解为三个部分，第一部分为上升部分，第二部分为回调部分，第三部分为再次上升部分。它是一个维持原来上升趋势的巩固信号。

上升三法形态的形成过程：第一步，在持续的上升趋势行情中，多方力量推动股价强劲上行，收出一根长阳线。在长阳线之后，股价回落整理，连续收出三根短小的下跌阴线（实战中两根或三根以上小阴线也可），显示原先的上涨趋势面临一定的压力。这些小阴线的实体不大，股价跌幅很小，实际涨跌幅度没有超出前面这根阳线的高低价范围，同时成交量下降，这是第二步。第三步是指股价经过温和调整后，多方再度发力，高开高走，又一根长阳线飞奔而上，突破调整局面，股价创出新高，并成功站在第一天阳线的收盘价之上，股价创出 5 天以来的高位。上升三法形态如图 7–1 所示。

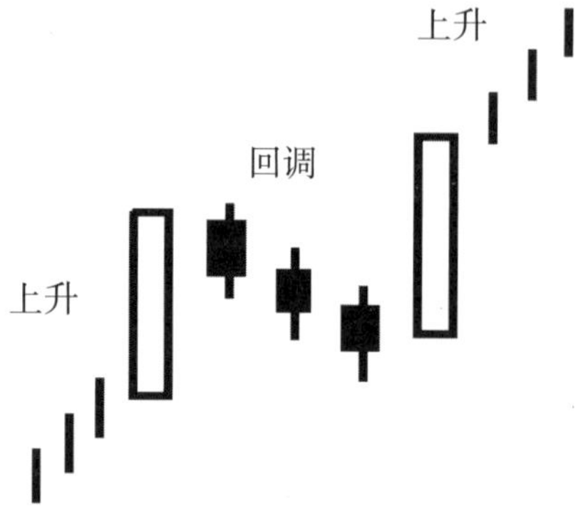


图 7–1　上升三法形态示意图

在上升三法形态中，中间的调整走势与黑三鸦形态相似，以连续三根阴线出现，但并不具有看空意义。同时，中间的调整也可以通过横向整理来完成，或者略微向上突出。在实盘中，标准的上升三法形态并不多，见到的大多是变化形态。这些变化形态具有相同或相近的分析意义，不要认为其不符合标准形态而错过入场机会。常见的几种变化形态如图 7–2 所示。

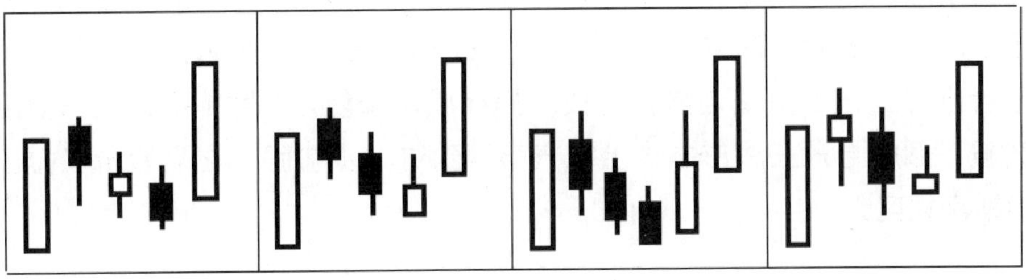

图 7-2 上升三法变化形态示意图

总体而言，上升三法形态类似上升旗形，在上升趋势中收出大阳线（旗杆），反映买盘强劲。随后几根小阴线（旗帜）显示市场正在消化获利回吐盘，买盘在喘息，等候机会。然后多方突破调整闷局，又一波攻势将股价推升。注意：上升三法形态并不一定成功形成，应等待最后出现大阳线突破并得以确定时再追入。

## 二、市场含义

上升三法形态表示价格趋势暂时中断，但其力量太弱，还不足以造成趋势反转。其中的股价回落过程是趋势“小憩”的时间，这种情况一般不会改变行情原有的运行趋势。最后一根长阳线进一步维持了原来的上升趋势，投资者可以积极地持股待涨，等待真正的顶部出现。

上升三法形态可以视为暂停交易或休整时间，通常将这种情况称为盘整期，这种走势反映的心理是市场对于趋势的持续力产生怀疑。当市场出现窄幅波动和盘整走势时，怀疑就会不断递增。一旦多方发现价格无法创新低时，就会很快恢复原来的气势，股价也会迅速创出新高。

## 三、应用法则

（1）在上升趋势中出现大阳线，代表涨势延续。

（2）长阳线实体后跟随一组小实体（大多为阴线），且与当前趋势相反排列（从高到低），并保持在前一个长阳线的最高和最低范围内（不包括上影线和下影线）。在实盘中，如果第一根是大幅跳空阳线，只要随后的调整不低于大阳线前一天的收盘价，也可认为是正常的回挡，升势形态没有遭到破坏，后市依然看多。

（3）中间出现的 K 线全部为实体较短小的 K 线，最理想的数量为三根（两根或多于三根也可以接受），它们必须处于第一根大阳线的实体之内（中间 K 线的影线部分可以不计）。此外，这些小 K 线也具有弹性，可以是小阴、小阳或十字星线，也可以阴阳交错出现，但阴线较多。

（4）最后一日的大阳线，其开盘价应高于前一根小阴线的收盘价。

（5）最后一日的大阳线，其收盘价应高于第一根大阳线的收盘价。

图 7-3 所示为 *ST 东网（002175）的日 K 线图。该股经过快速下跌后企稳回升，形成一个小的上升通道。2019 年 2 月 25 日在涨势中拉出一根大阳线，说明上涨势头强劲。接着出现三天小调整走势，对技术指标成功修复。3 月 1 日，又一根涨停大阳线向上突破，形成上升三法形态，上涨气势得到进一步加强。之后股价又拉出 8 个涨停板，短期涨幅巨大。

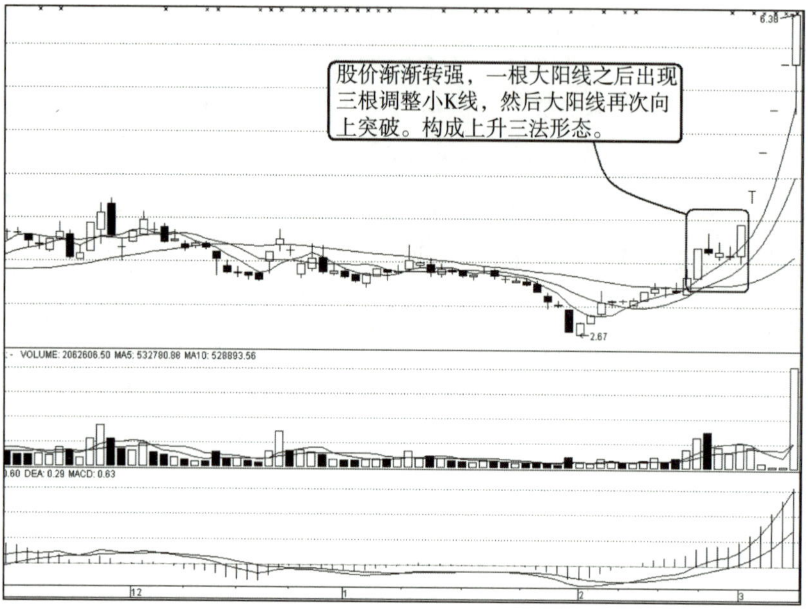


图 7-3　*ST 东网（002175）日 K 线图

## 四、分析要点

在上涨行情中，大阳线之后出现三根连续小阴线，是蓄势待发的征兆，预示价格将进一步上升，因此可以考虑建仓或加仓。其技术分析要点如下。

（1）上升三法形态并不是一个转势信号，而是升势将继续的巩固信号。因为在信号出现之前，股价已经有一小段升幅，这是与其他底部信号的不同之处。

（2）在成交量方面，第一根大阳线应该较大，代表买盘强劲。中间调整部分的成交量应相应缩量，以显示调整时主力未大量抛售，因此属于健康的获利回吐盘。最后一根大阳线突破调整闷局时，成交量应相对放大，代表看好的多方积极买入。成交量变化呈“高、低、高”的形态。

（3）第三部分应是高开高走的大阳线，且收盘价必须在第一部分大阳线收盘价之上，甚至是上升趋势以来的最高点，收盘价越高，上攻动力越强。注意，最后这根大阳线的上影线不宜过长，最理想的是以当日最高价或近乎当日最高价收盘。

（4）上升三法形态应出现在大阳线之后，表明股价快速上涨，然后通过三根小阴线进行休整，最后一根大阳线跳空开盘，并一举超过第一根大阳线形成的高点。

（5）休整的时间可能会超过三天，但无论如何，小阴线的高低价格（中间 K 线的影线部分可以不计）始终保持在第一天大阳线的价格范围之内。

一般认为上升三法形态属于涨势整理形态，并不构成股价的反转，只是原趋势的暂时休整。形态完成之后，股价将继续朝原趋势发展，甚至有可能使得原趋势加速，所以有人称其为“换挡形态”。行情经过换挡后，会越走越快，越走越急。

换挡形态完成之后，股价下一阶段的理论涨跌幅度，等于形态出现之前的涨跌幅度，这样上升三法形态就具有一定的空间预测作用。当然这样得出的位置也只是一个大概位置，并非精确价位。

## 五、实盘技巧

通过对 K 线组合形态分析得知，单根 K 线出现的骗线较两根 K 线出现的骗线要多，三根 K 线又比两根 K 线的成功率要高，这是因为观察的 K 线数量越多，获得的市场信息也就越多，成功率自然也就越高，所以上升三法形态的可靠性较高。

（1）在实盘中，中间的调整可能会超过三天，有时股价甚至会超过第一天阳线的上下端，特别是第一根大幅跳空阳线或涨停 'T' 字线和一字线，随后的调整很容易打破第一天阳线的最高价和最低价这个限定范围。遇到这种情况，判断标准是只要股价不低于大阳线前一天的收盘价，也可认为是正常的回挡，原来的升势形态没有遭到破坏，后市依然看多。

图 7–4 所示为中国一重（601106）的日 K 线图。该股向上突破平台整理区域后连拉 3 个涨停板，随后出现了 4 天的回调走势。在这 4 天的调整中，股价突破了前面涨停大阳线的最高价和最低价，但之后又一根涨停大阳线向上突破，创出了上升趋势的新高，盘面气势十分强劲。

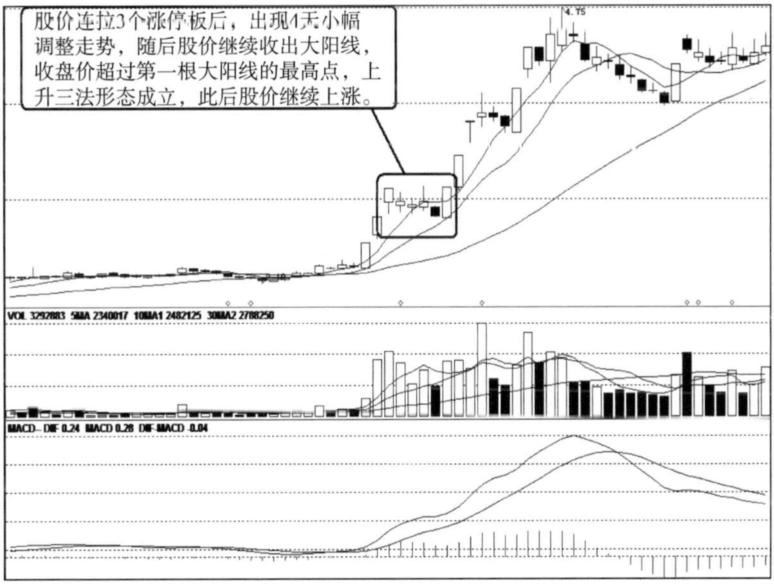


图 7–4　中国一重（601106）日 K 线图

实盘中要活学活用，只要 K 线结构“形”似即可，并非一概要符合标准的形态。有时市场受某种偶然因素的影响，经常出现瞬间突破的现象，但这种瞬间突破现象并不影响总体发展趋势，这一点投资者应切记。

（2）在上升三法形态中，第一根大阳线和最后一根大阳线非常重要。一般情况下，大阳线实体越长，后市上涨力度越大。那么如何界定大阳线呢？这要根据股价此前的 K 线大小进行分析。如果此前没有出现很大的阳线，那么对阳线的长度标准可以降低，中阳线也可以构成持续形态。

图 7–5 所示为新五丰（600975）的日 K 线图。该股成功见底后，股价开始震荡上行，均线系统呈多头排列，上涨趋势清晰可见。在上涨途中收出一根阳线，随后出现三天小调整走势。第五天股价再次上涨，并创出收盘价新高，形成一个标准的上升三法形态，此后股价不断向上攀升。

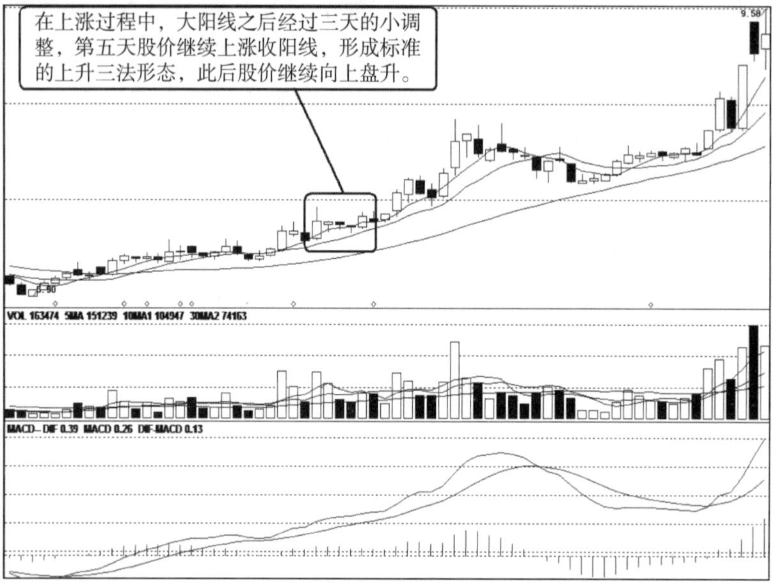


图 7–5 新五丰（600975）日 K 线图

（3）在上升三法形态中，一个重要的问题就是量价关系。一般情况下，第一步收出的大阳线放量，第二步调整时缩量，第三步收出的大阳线放量。如果最后的大阳线没有很大的成交量配合，那么此后出现补量或温和放量也可以确认形态有效。

图 7–6 所示为两面针（600249）的日 K 线图。在股价见底回升过程中，出现了两个上升三法形态。盘面中股价回调时均出现缩量调整，虽然在随后的上涨大阳线中没有出现快速放量现象，但成交量呈现温和放量态势，说明庄家对盘面掌控得比较好，这种情况更有利于股价长线走牛。

上升三法形态大多出现在股价上涨途中，一般由上挡压力或阶段性获利回吐造成。但是，如果此形态出现在股价连续下跌的底部，极有可能构筑一个稳定的底部形态，接下来的上涨将十分坚决，所以投资者应当在调整过程中逢低吸纳，在股价再次展开上攻后继续加仓买入。

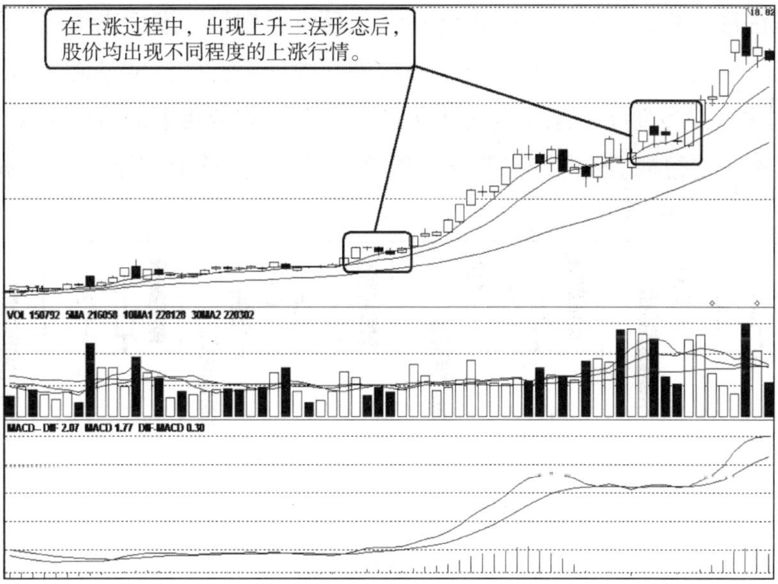


图 7-6 两面针（600249）日 K 线图

# 第二节 下降三法

## 一、形成过程

简评：下跌弱势调整，持续形态，后市看跌，无须确认形态。

特征：下降三法也称下降三部曲，与上升三法对应，由五根阴阳 K 线组成，可以分解为三个部分，第一部分为下降部分；第二部分为回升部分；第三部分为再次下降部分，它是一个维持原来下跌趋势的加强信号。

下降三法形态的形成过程是：在持续的下跌趋势行情中，空方力量打压股价走低，收出一根大阴线。在此大阴线之后，连续出现三根短小的上涨阳线（实盘中两根或三根以上小阴线也可以接受），显示原先的下跌趋势有了一定的支撑。但是这些小阳线实体都不大，股价涨幅很小，其收盘价没有超出前面大阴线的高低价范围。之后股价低开低走，又一根大阴线飞流直下，股价创出新低，并成功位于第一根大阴线的收盘价之下，股价创 5 天以来的新低。这种大跌小涨的形态显示空方绝对占优。下降三法形态如图 7-7 所示。

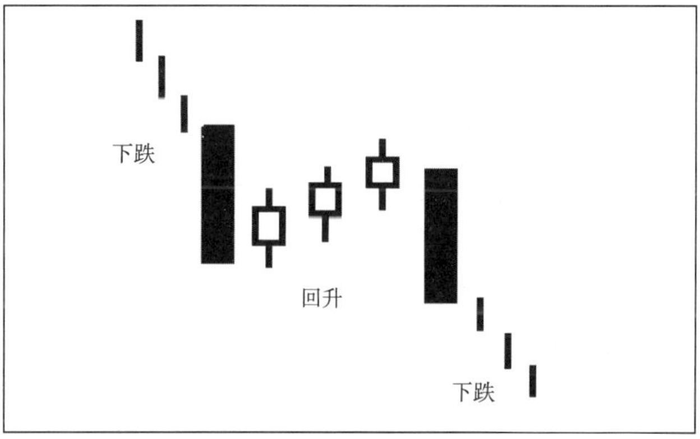


图 7-7 下降三法形态示意图

在下降三法形态中，中间的回升走势与红三兵形态相似，连续出现三根阳线，但并不具有看涨意义。同时，中间的回升也可以通过横向整理来完成，或者略微向下倾斜。在实盘中，下降三法有许多变化形态，这些变化形态具有相同或相近的分析意义，不能认为其不符合标准形态，就忽视了这些形态蕴含的风险。常见的变化形态如图 7–8 所示。

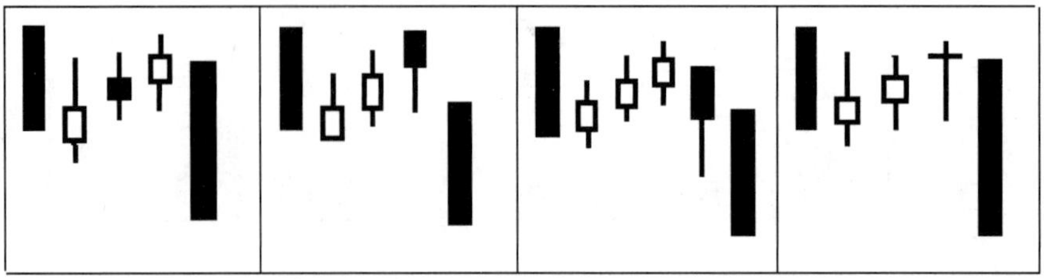

图 7–8　下降三法变化形态示意图

下降三法形态类似下降旗形，在下降趋势中收出大阴线（旗杆），反映卖盘强劲。随后收出几根小阳线（旗帜），显示市场有买盘介入，卖盘在喘息，等候机会再次向下突破，打压股价下跌。

## 二、市场含义

下降三法形态表示下跌趋势暂时停顿，但下跌力度不大，还不足以造成下跌趋势反转。其回升过程是下跌趋势的休息时间，这种情况一般不会改变行情原有的下跌趋势。最后一根大阴线进一步维持了原来的下降趋势，因此投资者可以继续观望，等待真正的底部出现时再买进。

通常将下降三法形态的这种情况称为盘整期，这种走势反映的心理背景是市场对于趋势的期望。当市场出现窄幅波动的盘整走势时，怀疑就会不断增加。一旦空头发现价格无法创新高时，就会很快恢复原来的下跌气势，股价也迅速创出新低。

## 三、应用法则

（1）在下跌趋势中出现大阴线，代表趋势处于下降之中。

（2）长阴线实体之后跟随一组小实体（大多为阳线），且与当前趋势相反排列（从低到高），并保持在第一天长阴线的最高价和最低价限定的范围之内（不包括上影线和下影线）。在实盘中，如果第一根 K 线是大幅跳空阴线，只要随后的回升不高于大阴线前一天的收盘价，也可认为是正常的回抽，跌势形态没有遭到破坏，后市依然看空。

（3）中间是实体较为短小的 K 线，最理想的数量为三根（两根或多于三根也可以接受），它们必须处于第一根大阴线内（中间小 K 线的影线部分可以不计）。此外，这些小 K 线也具有弹性，可以是小阴、小阳或十字星线，也可以阴阳交错出现，但阳线较多。

（4）最后一日的大阴线，其开盘价应低于前一日小阳线的收盘价。

（5）最后一日的大阴线，其收盘价应低于第一根大阴线的收盘价。

图 7–9 所示为 *ST 瑞德（600666）的日 K 线图。该股出现一波“井喷式”行情后，股价在高位出现滞涨震荡。不久股价跳空下跌，此后收出三根修复性小阳线，接着再次收出下跌大阴线，从而形成一个标准的下降三法形态，这种走势说明做空力度十分强大。从此，该股进入中期调整走势，下降三法形态起到了下跌中继作用。

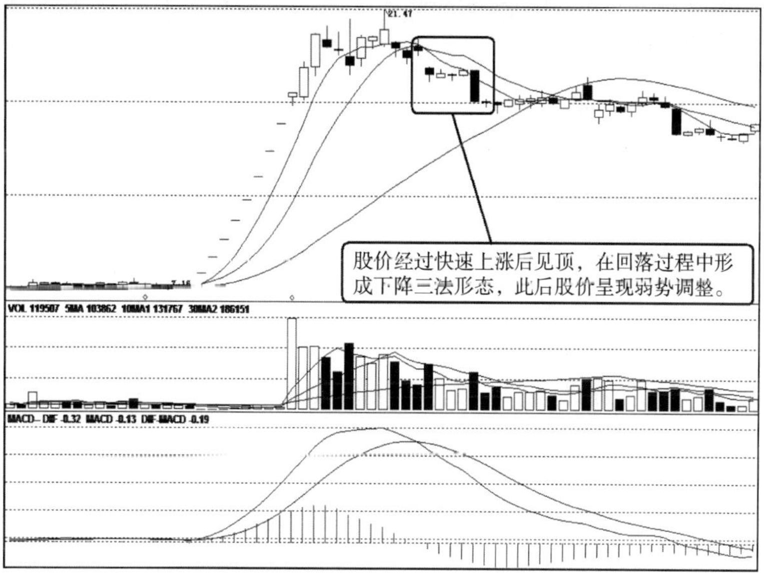


图 7–9　*ST 瑞德（600666）日 K 线图

## 四、分析要点

（1）下降三法形态并不是一个转势信号，而是跌势将继续的巩固信号。在信号出现之前，股价已经有了一小段跌幅，这是与其他顶部信号的不同之处。

（2）第三部分应是对前面部分低点的突破，市场创出下跌趋势以来的新低，表明下跌趋势比较强劲。一般情况下，大阴线越长，形态下跌的动力越强；最后这根大阴线的下影线越短，说明股价下跌力度越大。

（3）在下降三法形态中，如果头、尾两根大阴线的成交量超过了中间几根小 K 线的成交量，那么该形态的看跌分量更重。

（4）下降三法形态应出现在大阴线之后，表明股价快速下跌，然后通过三根小阳线进行反弹修复，最后的大阴线跳空低开，一举跌破第一根大阴线形成的低点。

（5）中间休整的时间可能会超过三天，但无论如何，小阳线的高低价格（中间小 K 线的影线部分可以不计）始终保持在第一根大阴线价格范围之内。

## 五、实盘技巧

（1）下降三法形态属于中继整理形态，不构成股价的反转，只是下跌趋势的暂时休整。形态完成之后，股价将继续沿着下跌趋势发展，甚至有可能出现加速下跌走势，实盘中对于这种形态要加倍留意。

图7–10所示为*ST九有（600462）的日K线图。股价向下击穿均线系统后开始反弹，但反弹过程显得苍白无力，连续三天的反弹难以收复一根大阴线的跌幅。反弹时成交量呈现萎缩状态，说明空方力量没有释放完毕，股价仍有下跌要求。随后股价再次下跌创出新低，形成下降三法形态，股价重新步入下降趋势。

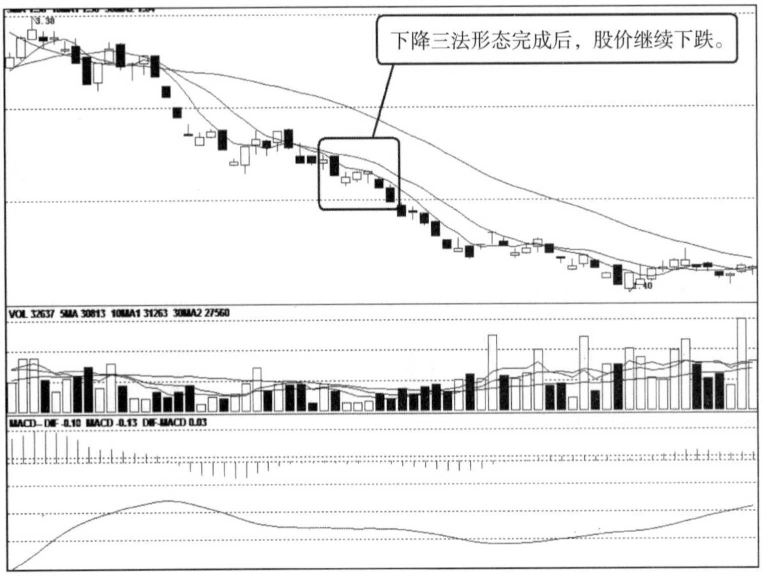


图7–10　*ST九有（600462）日K线图

（2）一般情况下，下降趋势形成后，均线系统大多呈空头排列。当股价回升到均线附近时，将遇到重要压力再次回落，形成新的下跌走势，这时很容易出现下降三法形态。

图7–11所示为亚泰集团（600881）的日K线图。在下跌过程中，均线系统向下发散，30日均线不断压制股价走低。当股价回升到30日均线附近时，遇到空方的抛压再次下跌，形成下降三法形态，此后股价继续走弱。

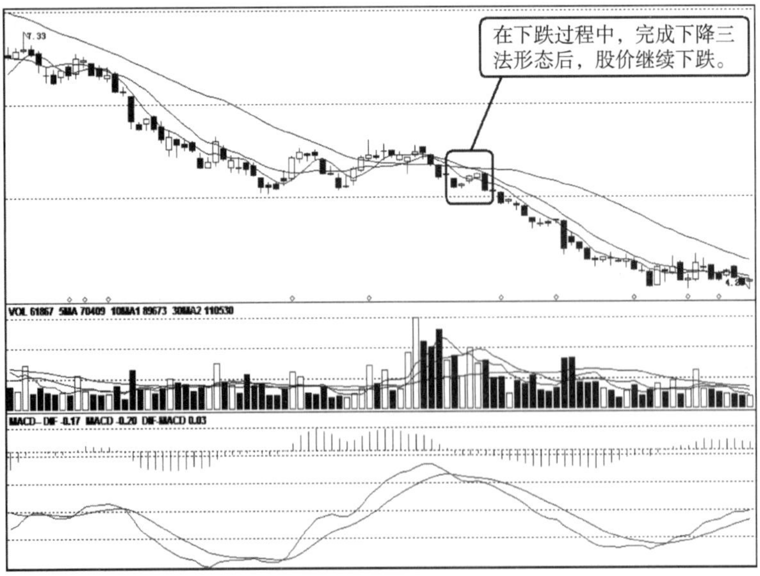


图7–11　亚泰集团（600881）日K线图

（3）在股价下跌过程中，并不需要成交量的配合。但是，如果出现放量下跌现象，则下跌势头会更加强烈。

图 7–12 所示为东方航空（600115）的日 K 线图。一根大阴线突破 30 日均线之后，出现了三根实体较小的 K 线。股价回抽到 30 日均线附近受阻，说明股价反弹乏力。最后一根强有力的大阴线跌破第一根大阴线的收盘价，创出新低，进而打破闷局，折射出多方反击失败，市场将继续缩量阴跌。投资者不要认为缩量后市场就没有做空动能了，恰恰相反，缩量阴跌是最可怕的，说明庄家在有节奏地派发筹码，因此不宜过早介入。如果大幅下跌后期出现缩量下跌，不妨少量试探性介入。

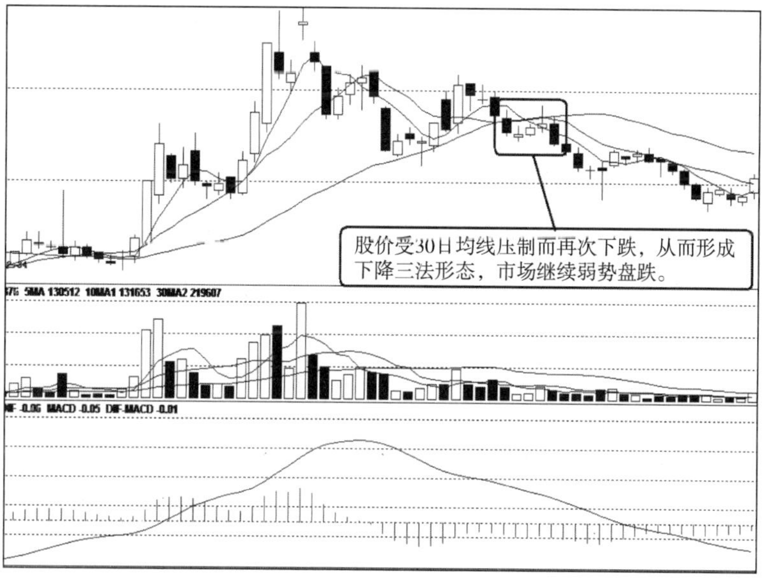


图 7–12　东方航空（600115）日 K 线图

# 第三节　两阳夹一阴

## 一、形成过程

简评：持续形态，利好后市，无须确认形态。

特征：两阳夹一阴形态也称多方炮，由三根 K 线即两根阳线中间夹一根阴线组成。股价经过较长时间的下跌调整后呈现企稳走势，底部逐渐抬高，随时有可能向上突破，终于有一天股价放量向上突破形成一根大阳线。第二天股价回落，收出一根下跌缩量小阴线。第三天多方继续发力，盘面放量强势上行，当日以大阳线报收，这样就形成了两阳夹一阴形态，如图 7–13 所示。

阳线、阴线是 K 线最基本的形态，阴阳组合是 K 线最基本的组合。但不是所有的 K 线组合都具有市场分析意义，只有出现在特殊时段、特殊市况、特殊部位的两阳夹一阴组合

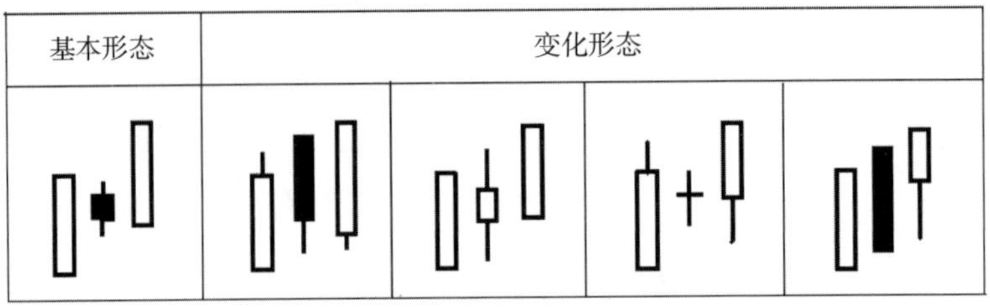


图 7-13　两阳夹一阴形态示意图

形态才具有技术分析意义，才能作为判市测势的工具，并且具有较好的理论和实战指导作用。在一般整理市况中出现两阳夹一阴形态不具有技术分析意义，操作中要多加辨别。

## 二、市场含义

股价经过长期的盘整，构筑了坚实的底部基础，多方处于整装待发状态。第一根上涨阳线表明多方主动发动行情，掌握了盘面局势，吃饱的黑马展开了千里征途。第二根缩量回调的小阴线通常是对前一日突破阳线的确认。第三根阳线说明股价经确认突破有效，开始步入上升通道，多头信号形成。

两阳夹一阴形态经常出现在如下三个位置。

（1）股价大幅下挫后的底部。

（2）股价小幅下跌后的阶段性低点，容易产生技术陷阱。

（3）股价小幅上涨后形成的平台被突破时。

## 三、应用法则

（1）第一根阳线要具有明显的向上突破标志。

（2）第二根 K 线为小幅调整阴线，一般不能超过第一天阳线的 1/2。

（3）第三根阳线的收盘价应高于前面两天的最高价或收盘价。

图 7-14 所示为聚飞光电（300303）的日 K 线图。该股企稳后反弹，形成整理平台。不久，一根大阳线向上突破盘区，次日收出一根小阴线。第三天股价再次向上拉起，收出大阳线，其收盘价高于前两天的最高价，构成两阳夹一阴形态，此后股价继续强势上涨。

## 四、分析要点

（1）股价经过充分调整后企稳，形成明显的向上突破走势。两阳夹一阴形态出现之前，市场有一个潜伏过程，为突破起到铺垫作用，也就是说，两阳夹一阴形态应该出现在底部形成的后期或上涨中继整理的后期。

（2）理想的两阳夹一阴形态，第一天的放量阳线要决定性地突破中短期的重要阻力位，当日收盘于阻力位之上；第二天的回调阴线不能收于阻力位之下；第三天一定要创出阶段性新高，收盘价要高于前面两根 K 线实体。实盘中，只要整个形态是突破信号即可，也就

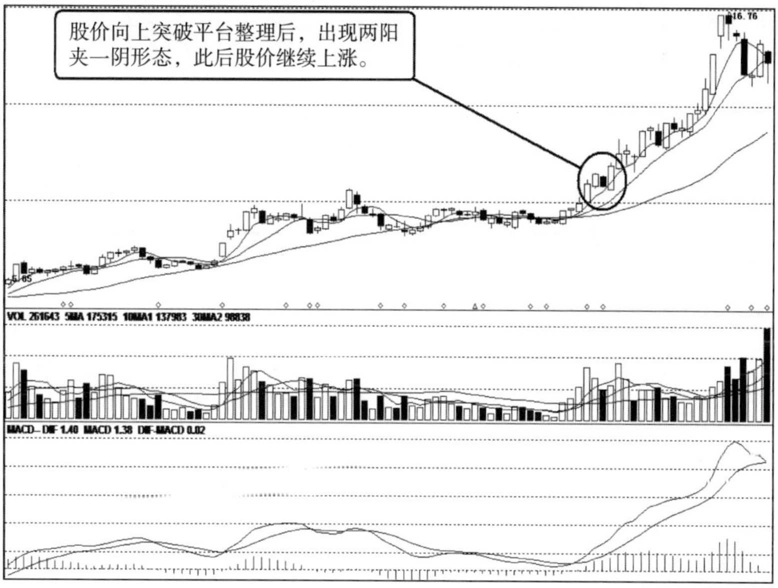


图 7-14 聚飞光电（300303）日 K 线图

是说，如果第一根阳线是待突破情形，第三根阳线担当了带量突破的角色，那么两阳夹一阴形态也成立。

（3）第二天的冲高回调阴线，成交量应相应萎缩，同时维持在中短期均线之上，表明前一交易日的向上突破有效。

（4）第三天的阳线收盘价应高于第一天和第二天的收盘价。如果成交量大于第一天的上涨阳线，则更具有技术分析意义。

（5）在形态结构上，两边的阳线比较长，中间的阴线比较短。如果中间的阴线与两边的阳线差距太小的话，就不是两阳夹一阴形态了。

## 五、实盘技巧

（1）在该形态中，第一根阳线非常重要，通常是一根标志性阳线。例如，大阳线突破技术形态、盘整区域、趋势线（或均线）、重要点位或时间窗口等，这是该形态与一般阴阳 K 线组合排列的主要区别。

图 7-15 所示为阳光城（000671）的日 K 线图。该股企稳后向上走高，当股价回升到前期盘整区域时，遭到了前期套牢盘的抛压，股价开始震荡。2017 年 9 月 5 日，一根放量大阳线向上突破了前期盘整区域。第二天股价小幅回调收出小阴线，第三天继续强势上涨，收出放量涨停大阳线，形成两阳夹一阴形态。

从图中可以看出，第一根阳线具有标志性意义，一举突破了前期长达两个月之久的盘区。第二天缩量回调，回抽确认成功。第三天再次出现放量突破走势，符合两阳夹一阴形态结构，此后股价开始了新的运行格局。

图 7-16 所示为淮北矿业（600985）的日 K 线图。股价经过一波快速下跌后企稳回升，

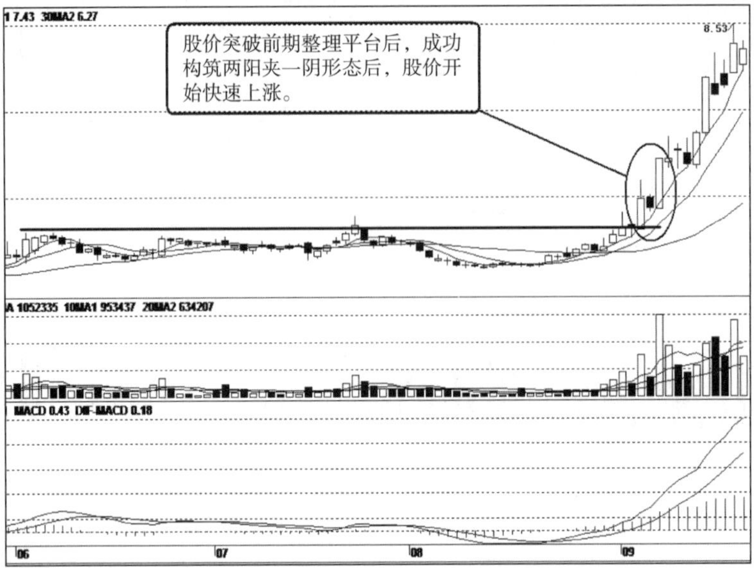


图 7-15　阳光城（000671）日 K 线图

不久一根大阳线向上突破了均线系统。第二天股价小幅回调收出小阴线，第三天继续强势上涨，形成两阳夹一阴形态。该股的第一根阳线非常重要，该阳线一举突破了 5 日、10 日、30 日均线的压制，股价从均线下方反转站到了均线上方，30 日均线从下行转为上行，市场开始转向多头行情。第二天股价回调时不破均线。第三天股价再次发力上攻，强势市场得到巩固。

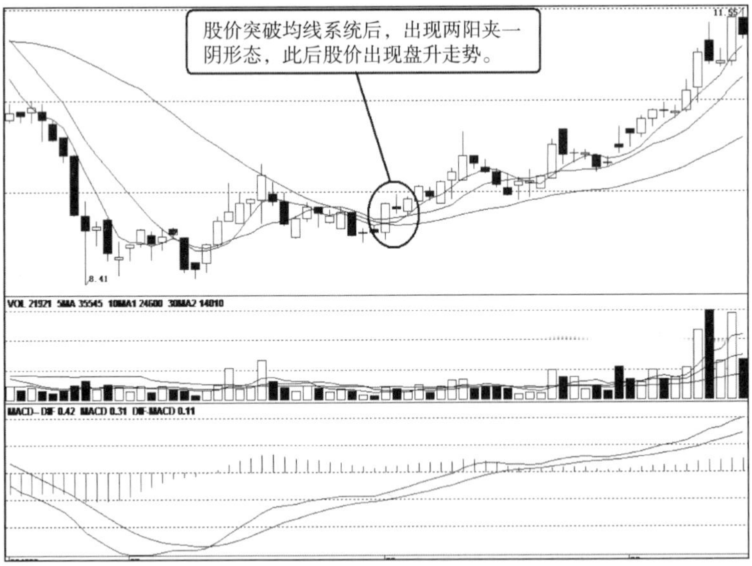


图 7-16　淮北矿业（600985）日 K 线图

（2）在成交量方面，两阳夹一阴形态的第一根阳线放量，第二根回调阴线缩量，第三根上涨阳线再次放量，超过第一根阳线的成交量更好。

图 7-17 所示为海联讯（300277）的日 K 线图。该股经过一段时间的整理后，2017 年

9 月 20 日，一根放量大阳线突破前期盘整区域。第二天收出一根缩量整理小星形线，第三天继续收出放量涨停大阳线，形成两阳夹一阴形态。该股量价配合默契，放量突破，缩量回调，富有韵律，说明庄家控盘程度较高，此后出现一波快速上涨行情。

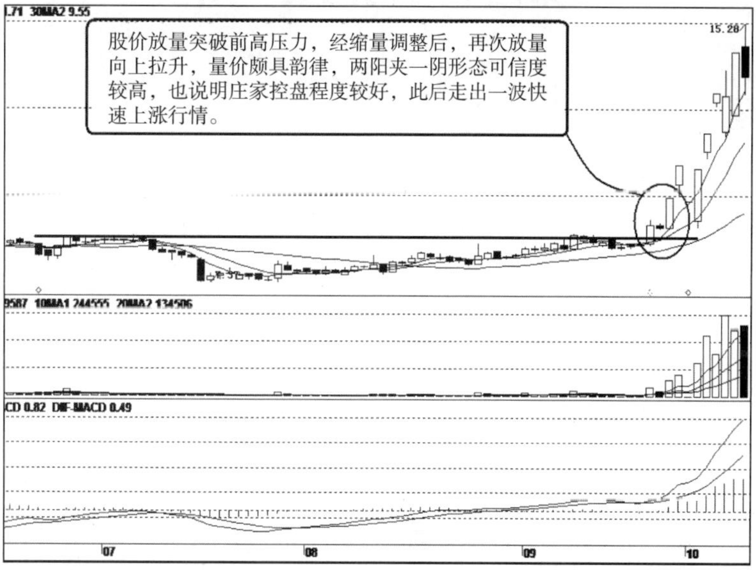


图 7-17 海联讯（300277）日 K 线图

（3）一般情况下，在上升趋势中出现两阳夹一阴形态，其可靠性较高，后市大多能创出新高，投资者可以积极跟进做多。

图 7-18 所示为山西路桥（000755）的日 K 线图。该股成功见底后，股价缓缓上行，均线系统呈多头排列，不久收出一根大阳线。第二天出现小幅整理走势，第三天再次放量上涨收出阳线，股价上涨势头得到进一步巩固。可见，在上升趋势中出现两阳夹一阴形态，其可靠性远远高于下跌过程或盘整中的两阳夹一阴形态，投资者应积极关注这类盘面现象。

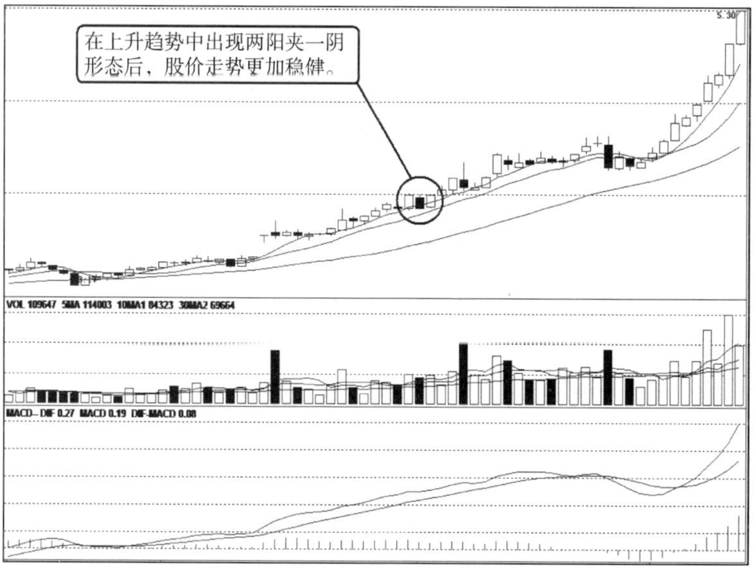


图 7-18 山西路桥（000755）日 K 线图

# 第四节　两阴夹一阳

## 一、形成过程

简评：持续形态，利淡后市，无须确认形态。

特征：两阴夹一阳由三根 K 线即两根阴线中间夹着一根阳线组成。股价经过较长时间的上涨后，在高位呈盘头走势，随时有可能向下突破。终于有一天股价选择向下突破，形成第一根阴线。第二天股价出现小幅回抽，收出一根缩量上涨小阳线。第三天空方继续打压，盘面形成放量下行态势，当日以大阴线报收，这样就形成了两阴夹一阳形态，如图 7–19 所示。

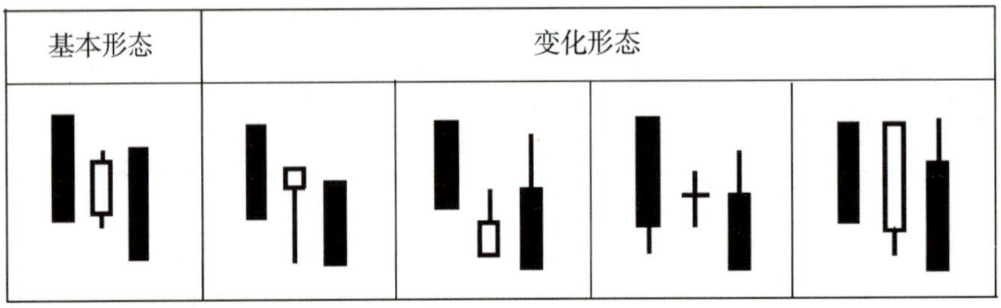


图 7–19　两阴夹一阳形态示意图

阴阳相伴是股市运行的正常盘面现象，但不能认为两根阴线夹着一根阳线就是两阴夹一阳形态，只有少数特殊的两阴夹一阳 K 线组合才具有技术分析意义，因此对两阴夹一阳形态的辨认非常重要。

## 二、市场含义

在较长的盘头过程中，股价基本构筑了顶部形态，空方处于整装待发状态。第一根下跌阴线表明空方开始发动行情，掌握了盘面优势。第二根缩量回升小阳线通常是对前一日突破阴线的回抽确认，第三根下跌阴线说明股价经确认突破有效后，开始步入下降通道，空头信号形成。

两阴夹一阳形态经常出现在以下三个位置。

（1）股价经过大幅炒作后的高位。

（2）股价小幅上涨后的阶段性高点，此处很容易产生技术陷阱。

（3）股价小幅下跌后的阶段性低点，经短期调整后再次下跌时。

## 三、应用法则

（1）第一根阴线具有明显的向下突破标志。

（2）第二根 K 线为小幅反弹阳线，一般不能超过第一根阴线的 1/2。

（3）第三根阴线的收盘价应低于前面两天的最低价或收盘价。

图 7-20 所示为香江控股（600162）的日 K 线图。股价反弹结束后继续调整，向下击穿 30 日均线。第二天股价小幅回抽收出阳线，第三天再次下跌，形成两阴夹一阳形态。从该股走势可以发现，股价处于下跌过程中，30 日均线呈下行趋势，此时形成的两阴夹一阳形态起到助跌或加速下跌作用，应及时离场。

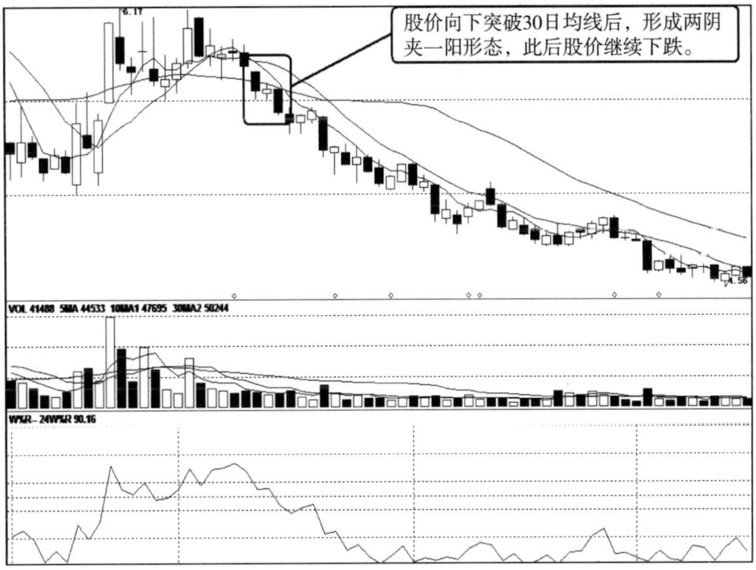


图 7-20 香江控股（600162）日 K 线图

## 四、分析要点

（1）在两阴夹一阳形态出现之前，市场有一个潜伏顶盘整过程，为突破起到铺垫作用，之后出现向下突破形态。

（2）第一天的放量阴线要决定性地突破中短期技术支撑位，当日收盘于支撑位之下。第二根阳线不能高于支撑位，第三根阴线继续创出阶段性新低。实盘中，只要整个形态构成向下突破即可，也就是说，向下突破不局限于第一根阴线，也可以由第三根阴线完成突破任务。

（3）第二天收出的回升小阳线，成交量没有出现放大迹象，同时应维持在中短期均线之下，表明前一个交易日的向下突破有效。

（4）第三天的阴线收盘价应低于第一天和第二天的收盘价，这样才具有技术分析意义。

（5）在形态结构上，两边的阴线比较长，中间的阳线比较短。如果中间的阳线与两边的阴线差距太小的话，就不是两阴夹一阳形态了。

## 五、实盘技巧

（1）在两阴夹一阳形态中，第一根阴线应当具有标志性突破意义，通常起到突破作用，如突破技术形态、盘整区域、趋势线（或均线）、重要点位或时间窗口等，这是对该形态的特殊要求，也是与一般两阴夹一阳 K 线组合排列的明显区别。

图 7–21 所示为金种子酒（600199）的日 K 线图。该股向下击穿前期调整低点的支撑，收出具有突破意义的标志性 K 线。第二天股价小幅回抽收阳，第三天再次下跌并创出新低，形成两阴夹一阳形态，此后股价继续下跌。在跌势中遇到这类 K 线组合形态时，应果断离场，后市必有一跌。

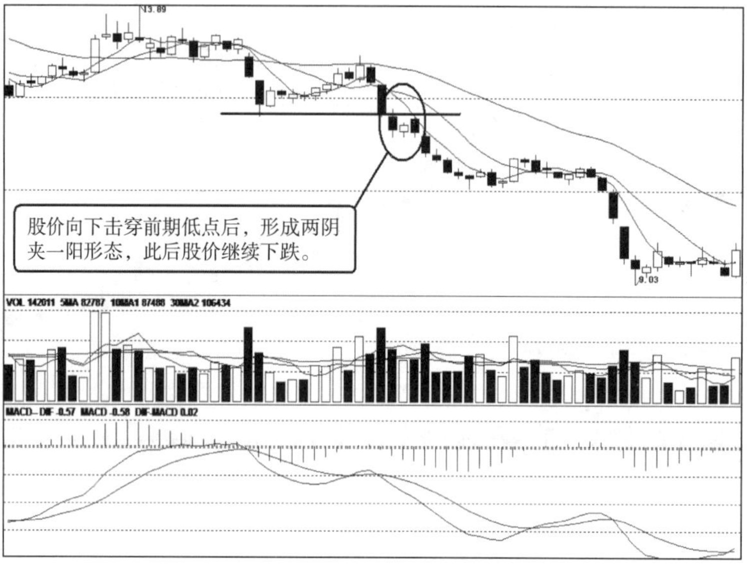


图 7–21　金种子酒（600199）日 K 线图

（2）在两阴夹一阳形态中，如果出现放量下跌现象，会大大增强形态的可靠性，说明空头力量并没有释放完毕，后市仍有下跌空间。

图 7–22 所示为星湖科技（600866）的日 K 线图。该股在下跌过程中出现两阴夹一阳形态，第一天的阴线属于放量下跌，第二天收出缩量回抽阳线，第三天再次收出放量下跌阴线，说明多头毫无抵抗之力，后市下跌调整将是主基调。另外，该位置成为日后股价上涨的一个重要阻力位，当股价反弹到该位置附近时会受到阻力。

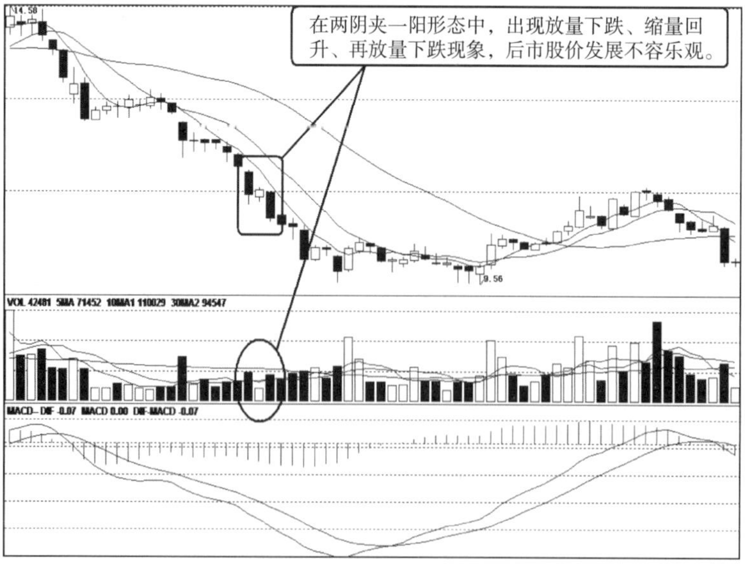


图 7–22　星湖科技（600866）日 K 线图

# 第五节　跳空并列线

## 一、形成过程

简评：向上跳空并列线，后续向上运行，无须确认形态；向下跳空并列线，后续向下运行，无须确认形态。

特征：向上跳空并列线由三根 K 线组成。在上涨行情中，先产生一根大阳线，第二天出现一个向上的跳空缺口，在缺口上方收出一根小 K 线。第三天出现一根与第二根小 K 线相近的 K 线，这两根 K 线在缺口上方并行排列，构成一个持续上涨形态。两根小 K 线可以是阴阳相间的 K 线，也可以是两根阳线或两根阴线。向上跳空并列线形态如图 7-23 所示。

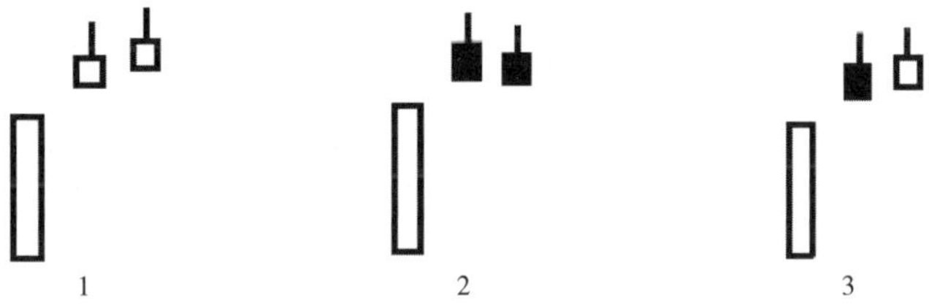


图 7-23　向上跳空并列线形态示意图

向下跳空并列线由三根 K 线组成。在下跌行情中，先产生一根大阴线，第二天出现一个向下的跳空缺口，在缺口下方收出一根小 K 线。第三天出现一根与第二根小 K 线相近的 K 线，这两根小 K 线在缺口下方并行排列，构成一个持续下跌形态。两根小 K 线可以是阴阳相间的 K 线，也可以是两根阳线或两根阴线。向下跳空并列线形态如图 7-24 所示。

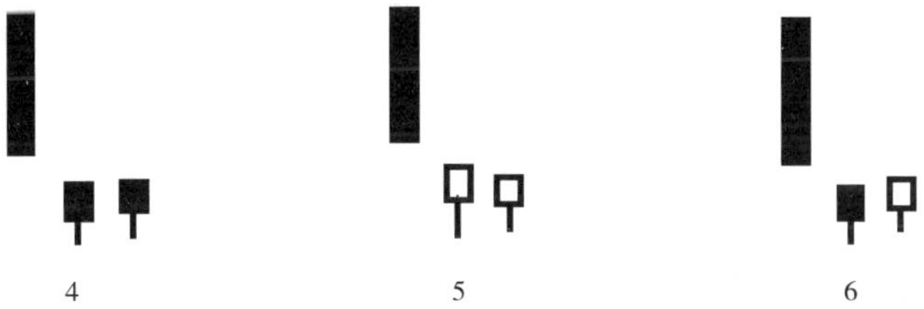


图 7-24　向下跳空并列线形态示意图

在跳空并列线形态中，并列线与前一天的 K 线之间留有一个跳空缺口；两根 K 线的形态大小差异不能太大，即两根 K 线的实体部分和上下影线大体相当；两根 K 线可以回补部分缺口，但不能完全回补缺口，这样更符合形态标准。

根据 K 线的阴阳差别和趋势发展方向的不同，可以将跳空并列线划分为六种基本形态：（1）向上跳空两阳并列线；（2）向上跳空两阴并列线；（3）向上跳空一阴一阳并列线；

（4）向下跳空两阴并列线；（5）向下跳空两阳并列线；（6）向下跳空一阴一阳并列线。

其中，（1）（2）（3）是继续看涨的持续形态。市场处于上涨趋势中，这种 K 线组合表示将会继续上涨。（4）（5）（6）是继续看跌的持续形态。市场处于下跌趋势中，这种 K 线组合表示将会继续下跌。

## 二、市场含义

跳空并列线形态具有双重技术含义：一是，跳空并列线本身具有强烈的看多或看空意义，表明多头或空头气氛很浓，市场将向纵深发展；二是，两根并列 K 线是对跳空并列线缺口有效性的验证，特别是第二根 K 线，十分重要。市场经过回抽后，如果没有填补跳空缺口，或者虽然填补了跳空缺口但立即反身向上或向下，无论第二根 K 线是阴线还是阳线，充分说明跳空缺口的支撑或压力有效，股价仍将继续上涨或下跌，因此是一个持续信号。

## 三、应用法则

（1）在上升趋势中出现一根大阳线，或在下跌趋势中出现一根大阴线。

（2）第二根为小阴小阳线，与第一根 K 线之间存在向上或向下的跳空缺口。

（3）第三天产生一根与第二天相同或相近的 K 线，这两根 K 线处于第一根 K 线的跳空缺口一方，并列排列，长度相近，效力更强。

（4）第三根 K 线无论是阴线还是阳线，其收盘价仍高于或低于第一根 K 线的收盘价。

图 7–25 所示为良信电器（002706）的日 K 线图。该股结束调整后，股价放量向上突破，收出涨停大阳线。第二天跳空高开后强势整理，收出一根小阳线，留下一个当天没有回补的跳空缺口。第三天收出一根十字星线，随后再次产生一根小阳线，形成向上跳空并列线。在该形态中，两根小阳线中间夹带一根十字星线，表明股价经过三天的震荡整理，始终未能回补向上的跳空缺口，盘面走势非常强劲，此后股价出现快速拉高走势。

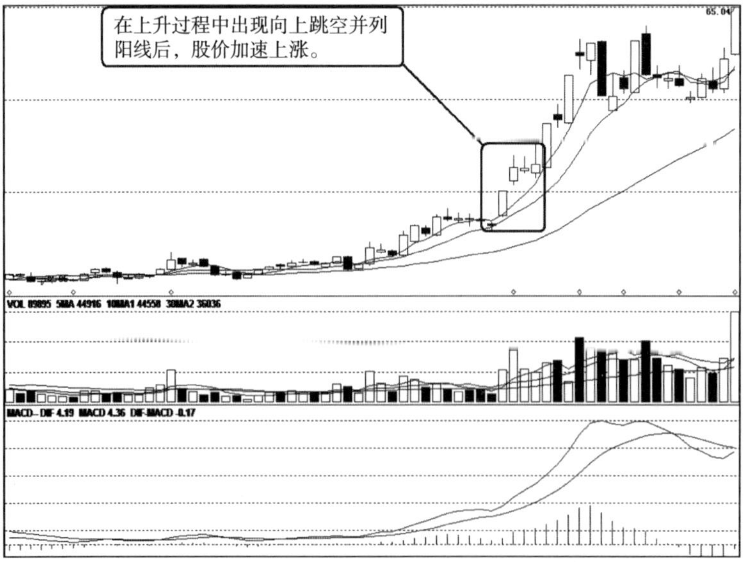


图 7–25　良信电器（002706）日 K 线图

图 7–26 所示为力盛赛车（002858）的日 K 线图。该股上攻时得不到市场的认可，庄家转而反手做空。2017 年 11 月 17 日收出一根跌停大阴线，使股价重回 30 日均线之下。此后的两个交易日里，股价向下跳空收出两根下跌十字星线，两根十字星线形态非常接近，形成向下跳空并列线。此后股价继续向下阴跌，不断创出调整新低。

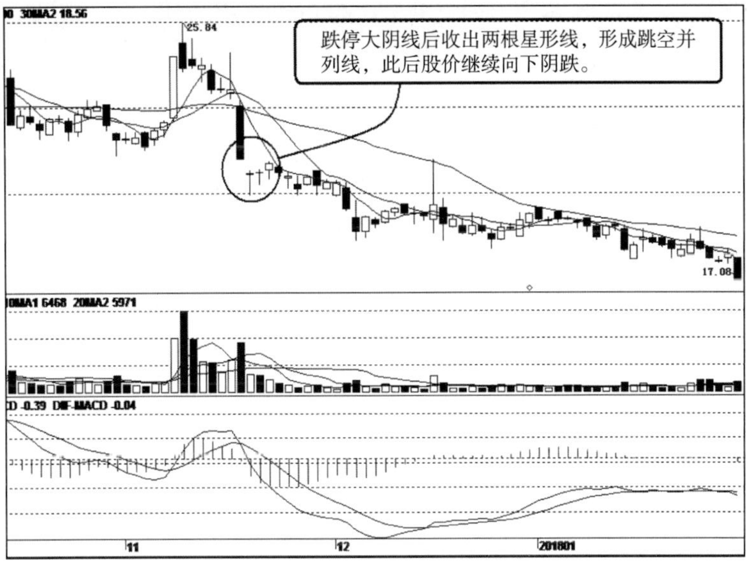


图 7–26　力盛赛车（002858）日 K 线图

## 四、分析要点

（1）在理想的跳空并列线形态中，第二根 K 线和第三根 K 线不能进入到第一根 K 线的实体内。但实盘中可以灵活掌握，只要后面两根小 K 线的实体收于第一根 K 线实体的上方（下方）即可，上下影线可以忽略不计。

（2）向上跳空并列线是上涨持续信号，表示市场经过短暂的停留后会重新上涨。这是因为在持续上涨过程中，随着获利盘的增加，股价无法保持原来的上涨趋势。此时出现这个形态，一方面起到洗盘作用，另一方面让场外资金进场补充多头能量，形成再次上涨的动力。向下跳空并列线则相反。

（3）向上跳空两阴并列线也是持续看涨信号，但它较向上跳空两阳并列线的看涨信号要弱一些，毕竟阴线给人的感觉是不舒服的。

（4）跳空并列线形态不是出现在一个明显的上升趋势或下跌趋势后期，而是出现在中期，是持续信号。如果处于已经大幅上涨或下跌的后期，此时多空双方经过长时间的搏杀后，市场的持续性已经大打折扣，因此持续信号会大幅减弱，实盘操作时也容易出现误差。

（5）在向上跳空并列线内不能出现巨大的成交量。如果成交量大太，则说明市场多空分歧较大，给后市持续上涨带来隐患。

（6）出现在均线大角度发散状态下的跳空并列线持续性较差，可靠性降低。

（7）处于重要压力位之下的看涨持续形态，其可靠性会降低。处于重要支撑位之上的看跌持续形态，其可靠性也会降低。

## 五、实盘技巧

（1）在向上跳空并列线形态中，如果跳空突破一个较重要的阻力位，那么该信号具有非常强烈的看涨作用，市场随后会出现一波较大幅度的上涨行情，投资者应积极买进。相反，如果向下跳空并列线向下突破一个重要的支撑位，那么该形态的看跌信号也会非常强烈，应果断止损。

图 7–27 所示为飞利信（300287）的日 K 线图。该股调整企稳后向上盘高，成功站于均线系统之上。不久出现向上突破整理区域的大阳线，第二天跳空高开收出一根十字星线，随后出现两根并列线，说明盘面走势非常强劲。经过充分蓄势后，股价持续震荡走高。

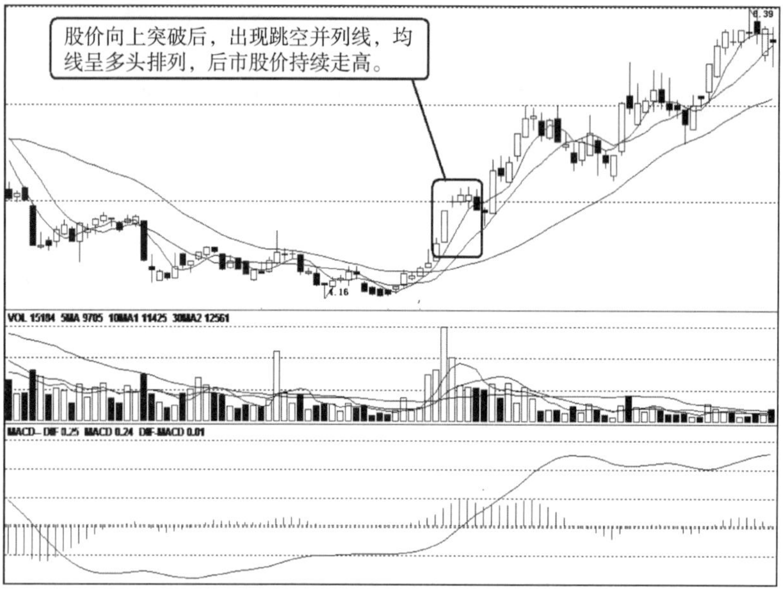


图 7–27　飞利信（300287）日 K 线图

（2）在上升趋势中，股价洗盘调整结束后出现向上跳空并列线，形态的持续信号更加强烈，投资者可以积极做多。

图 7–28 所示为开山股份（300257）的日 K 线图。该股经过回调整理后，再次发力向上，一根大阳线预示洗盘整理结束。第二天股价跳空高开，第三天收出一根小阴线，形成向上跳空阴阳并列线，此后股价持续震荡走高。

（3）在下跌趋势中，如果出现向下跳空并列线形态，则会起到助跌作用，应及时离场观望。

图 7–29 所示为迪森股份（300335）的日 K 线图。该股股价见顶后向下回落，均线系统呈空头发散，30 日均线不断压制股价走低。2017 年 12 月 4 日收出一根放量跌停大阴线，次日股价跳空低开后弱势震荡，一度回补跳空缺口，之后快速回落收出阴线。随后股价连续多日在跳空缺口下方震荡，形成向下跳空并列线形态，意味着市场做空势头强劲，随后

股价渐渐向下阴跌。

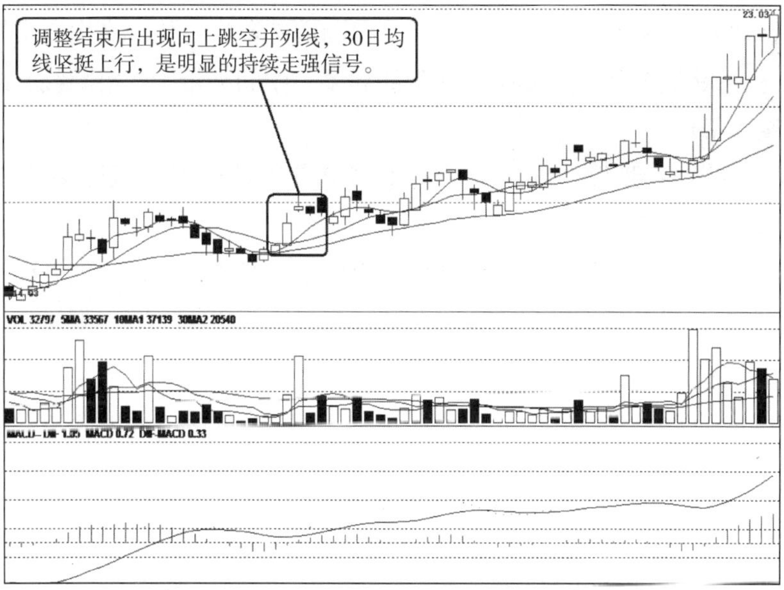


图 7-28　开山股份（300257）日 K 线图

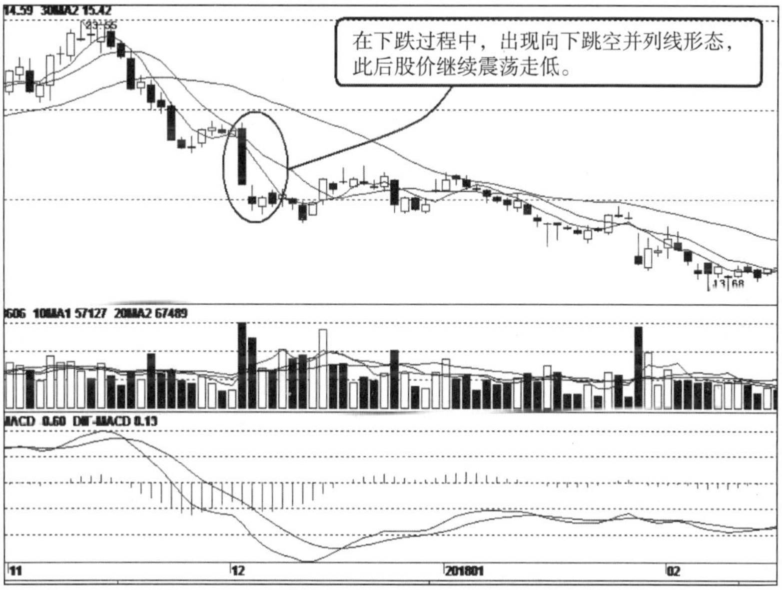


图 7-29　迪森股份（300335）日 K 线图

# 第六节　其他持续形态

在K线理论和实盘操作中，持续K线组合形态非常多，除了上面分析的几种重要形态外，这里简要介绍一下其他几种持续形态。

## 一、缓缓上升型和绵绵阴跌型

股价在低位经过一段时间的横盘整理后，盘面悄然发生变化，产生向上倾斜的一组小 K 线（一般不少于 8 根 K 线），其中以小阳线居多，中间夹带一些小阴线。缓缓上升型如图 7–30（左图）所示。

市场含义：这种不起眼的小幅上升走势如同冉冉升起的旭日，是大涨的前兆。若成交量温和放大，则上涨可能性更大。

股价在高位经过一段时间的横盘整理后，盘面发生微妙变化，产生一组向下倾斜的小 K 线（一盘不少于 8 根 K 线），其中以小阴线居多，中间夹带一些小阳线。绵绵阴跌型如图 7–30（右图）所示。

市场含义：这种看似每天跌幅不大的小 K 线走势，犹如绵绵阴雨下个不停，反映后市走势极不乐观，股价有可能长期走弱。

图 7–30　缓缓上升型和绵绵阴跌型示意图

图 7–31 所示为泰合健康（000790）的日 K 线图。庄家成功完成建仓后，底部渐渐向上抬高。从 2018 年 2 月 12 日开始，股价步入上升走势，缓缓上行，成交量温和放大，每日低开高走，连续收阳，股价涨多跌少，盘面走势坚挺有力，随后股价加速上涨。

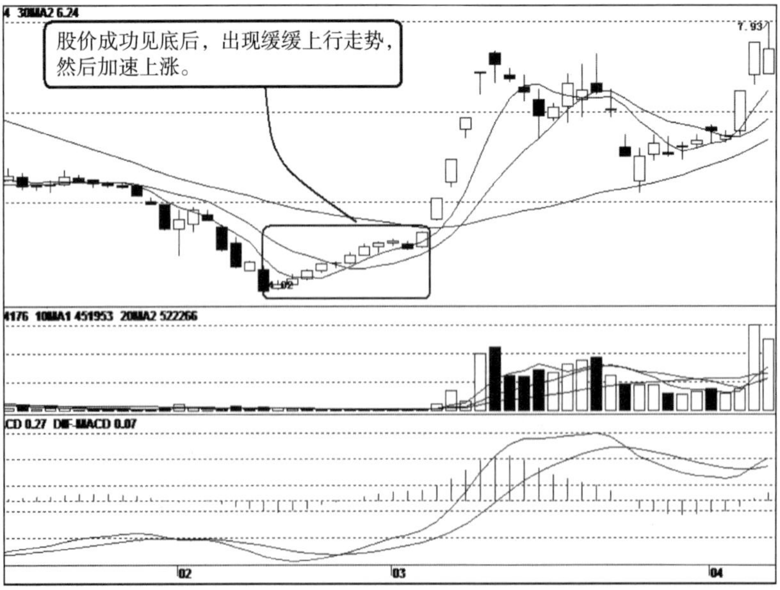


图 7–31　泰合健康（000790）日 K 线图

图 7-32 所示为东方铁塔（002545）的日 K 线图。该股经过大幅炒作后，庄家获利非常丰厚，兑现手中获利筹码是必然的选择。2017 年 9 月以来，股价缓缓下行，呈现绵绵阴跌走势。庄家出货动作非常温柔，看不出有抛售的迹象，直到加速下跌。庄家出货手法高超，如同一把杀人不见血的刀。

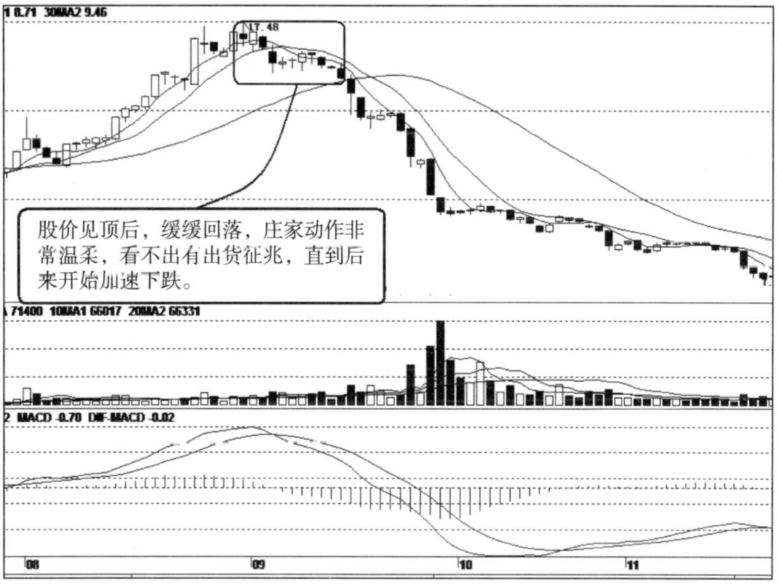


图 7-32　东方铁塔（002545）日 K 线图

## 二、上升抵抗型和下跌抵抗型

在上涨过程中，股价连续跳高开盘，收出众多阳线，其中夹杂少量阴线，而这些阴线的实际收盘价一般比前一根 K 线的收盘价要高。上升抵抗型如图 7-33（左图）所示。

市场含义：股价上升时出现上升抵抗型，是买方力量逐渐增强的一种表现，显示日后股价仍会继续上涨，少数还可能出现加速上涨态势。

在下跌过程中，股价连续跳低开盘，收出众多阴线，其中夹杂少量阳线，而这些阳线的实际收盘价一般比前一根 K 线的收盘价要低。下跌抵抗型如图 7-33（右图）所示。

图 7-33　上升抵抗型和下跌抵抗型示意图

市场含义：股价下跌趋势中出现这种 K 线形态，反映多方不甘心束手就擒，不时地组织力量进行反抗，但终因大势所趋，回天无力，在空方的打击下，股价惯性下滑。见此形态，仍要以做空为主，持币者应冷静观望，不要轻易去抢反弹。

图 7–34 所示为晋亿实业（601002）的日 K 线图。在长期的底部震荡过程中，庄家吸纳了大量低价筹码，股价开始渐渐脱离底部，持续向上走高。从图中可以看出，股价在爬高过程中出现上升抵抗型，中途虽然出现两根阴线，但当天股价实际上仍然保持小幅上涨态势，说明庄家牢牢把握着整个局势，实现高度控盘，预示后市股价将进入涨升行情，应积极予以关注。

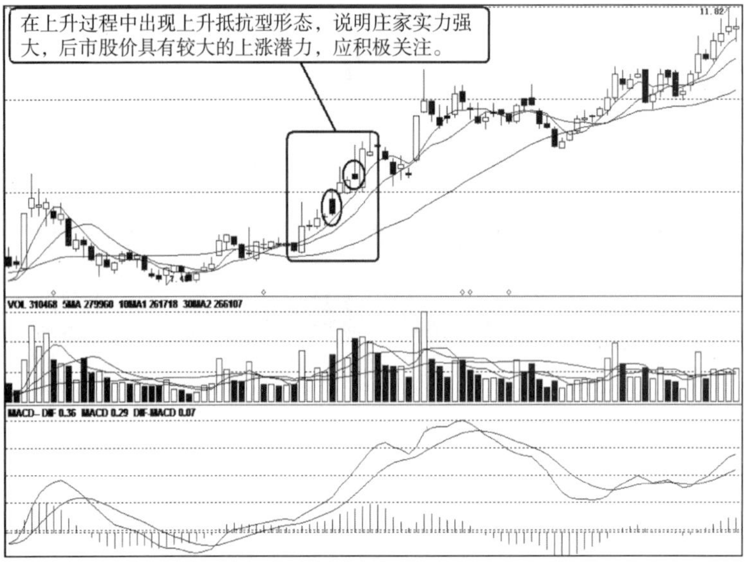


图 7–34　晋亿实业（601002）日 K 线图

图 7–35 所示为彩虹股份（600707）的日 K 线图。在股价见顶后的下跌过程中，曾经两次出现下跌抵抗型走势。虽然其中有阳线，但阳线当天股价实际是小幅下跌的。这些小阳线是庄家的障眼法，用以欺骗投资者入场做多，也说明庄家出货意愿非常坚决。股价绵绵阴跌，不见终日，短期难以见底。

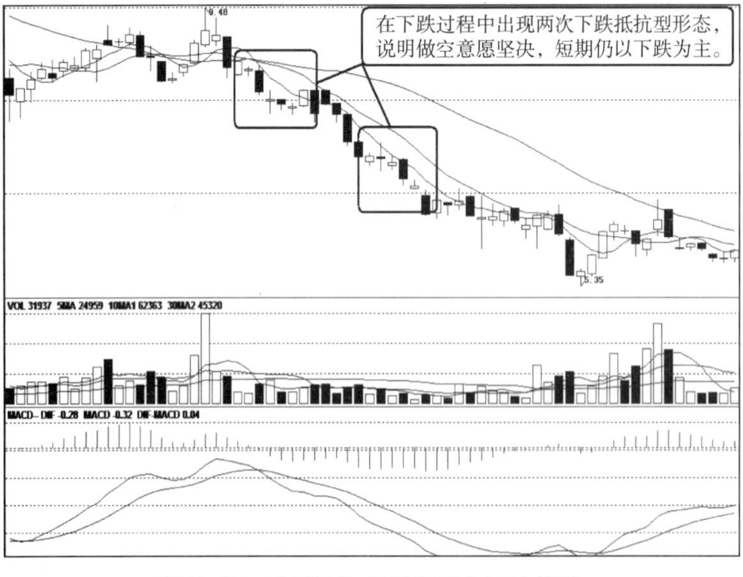


图 7–35　彩虹股份（600707）日 K 线图

## 三、多方反击失败型

在多方反击失败型中，后面出现的阴线没有前面的阳线长，并不见空方有多大的打压力度，于是多方第三天再度发起攻势，但未能突破上方压力，说明多方不敢贸然反击，后市将由空方掌控盘面，空方接下来的打压力度大小将决定趋势走向，如图7-36（左图）所示。

在多方反击失败型中，一根长阴线之后出现两根小阳线，但两阳比一阴短，表明多方虽顽强抵抗第一根K线的下跌走势，但收效甚微，此后即将出现的是空方打压，如图7-36（右图）所示。

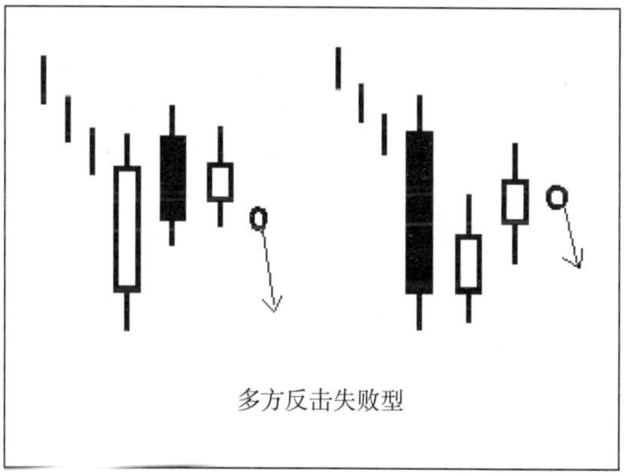


图7-36　多方反击失败型

图7-37所示为保利地产（600048）的日K线图。在股价下跌过程中完成小幅反弹后，很快一根大阴线又让股价回落到30日均线之下。随后两天股价出现小幅回抽走势，收出两根小阳线，但两根小阳线加起来不及前一根阴线的实体长，反映市场空方力量强大，多方力量脆弱，后市不容乐观。之后又收出一根中阴线，并创出调整新低，从而形成多方反击失败型，此后股价再现弱势。

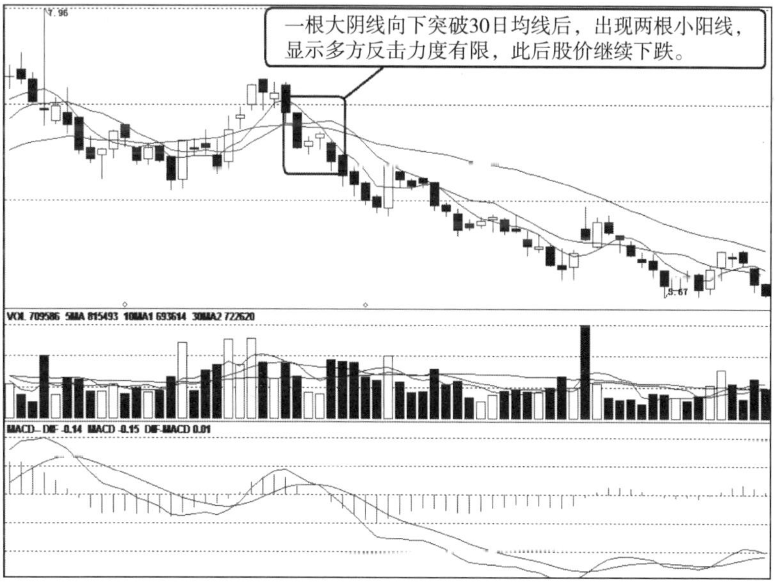


图7-37　保利地产（600048）日K线图

## 四、空方反击失败型

在空方反击失败型中，后面的阳线没有超过前面的阴线，显示不出多方的上攻力度，于是空方在第三天再度向下打压，但力度显然不足，说明空方力不从心。经过多空双方的拉锯之后，现在轮到多方向上拉升的时机，结果如何取决于向上的力度大小，如图 7–38（左图）所示。

在空方反击失败型中，一根长阳线之后出现两根小阴线，但两阴比一阳短，说明空方虽竭力打压，但打压力度不明显，多方仍占据盘面主动。空方力量已消耗殆尽，多方趁机将股价向上推升，如图 7–38（右图）所示。

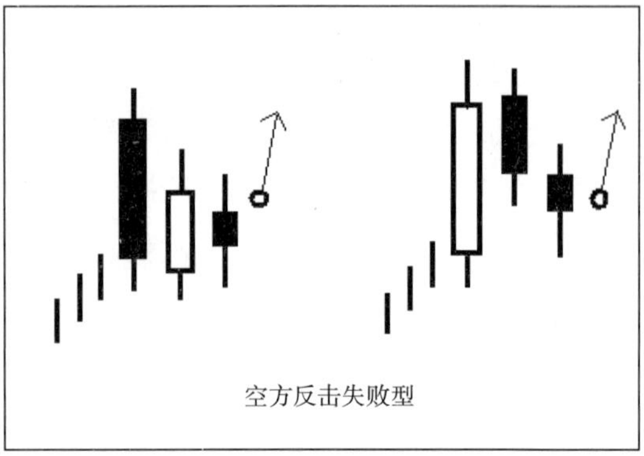


图 7–38　空方反击失败型示意图

图 7–39 所示为华泰证券（601688）的日 K 线图。该股开启主升浪行情后，股价继续以大阳线报收。此后两个交易日空方发起反击，收出两根小阴线，但两根小阴线在前一根阳线的实体之内，反映市场多方力量强大，空方力量脆弱，后市仍以涨势为主基调。之后的交易日以一字形涨停拉升股价，涨势十分强劲，从而形成空方反击失败型，此后股价出现飙升走势。

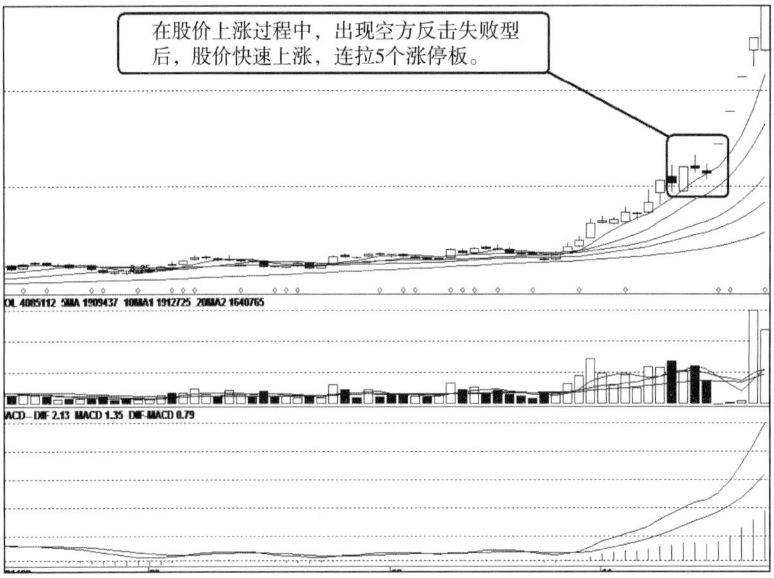


图 7–39　华泰证券（601688）日 K 线图

# 第八章　星形线

## 第一节　十字星线

### 一、形成过程

简评：端部的十字星线可视为反转信号，宜进一步确认形态的有效性。

特征：十字星线也称十字线，这种 K 线含待变意味，必须进一步确认形态的有效性。在 K 线图中，从开盘价到收盘价之间的价格段称为实体，价格波动超出实体之外的部分称为影线。收盘价和开盘价在同一价位或者相近，没有实体或实体极其微小的特殊 K 线形态，就叫十字星线，如图 8–1 所示。

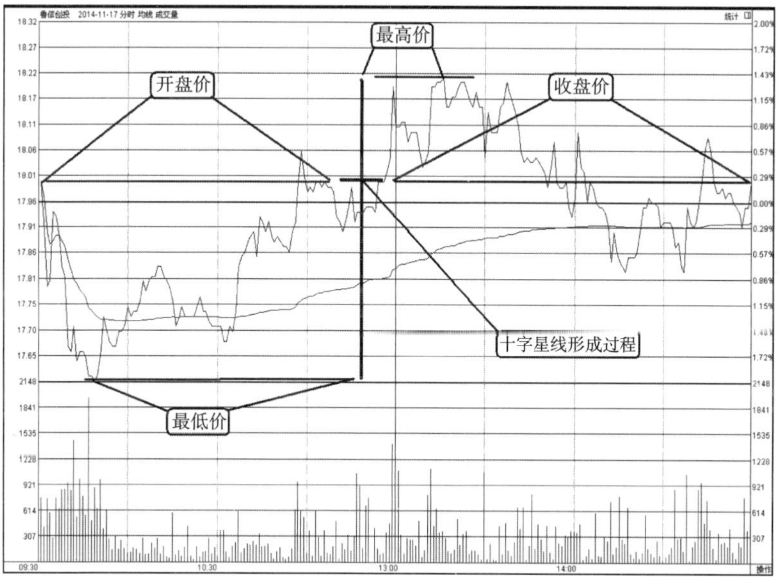


图 8–1　十字星线形成过程

出现十字星线表示强烈的市场方向移动或者方向改变。在一个跌势行情中，这种 K 线明显增加了反转的可能性，但是第二根 K 线必须高开，且收盘价比十字星线收盘价高，才能肯定趋势的方向。如果第三根 K 线的开盘价能高过第二根 K 线的上影线，则升势将更强烈。

同样，在一个升势行情中，这种 K 线形态明显增加了反转的可能性，但是接下来的第二根 K 线必须低开，且收盘价比十字星线收盘价低，才能肯定趋势的方向。如果第三根 K 线能低过第二根 K 线的下影线，则其跌势更为迅猛。

在股市中，除常规的阴阳 K 线外，十字星线是出现频率最高的 K 线，因此研究十字星线对实盘操作具有十分重要的指导意义。但实盘中，大多数十字星线对行情的判断没有太大的实质意义，只有特殊位置出现的十字星线才具有分析判断意义。

十字星线出现在高位，且次日收盘价低于当日收盘价，表示卖方力道较强，股价可能回跌，这是明显的出货信号；十字星线出现在低位，且次日收盘价高于当日收盘价，表示买方力道较强，股价可能上涨，这是明显的买入信号。特殊的十字星线是从普通的十字星线演变而来的，投资者必须掌握一般十字星线的基本特征及十字星线的种类和用法。

标准的十字星线开盘价等于收盘价，且上影线与下影线的距离也大致相等，但在实盘中会出现大量的变异形态。通常上影线越长，表示卖压越重；下影线越长，表示买方越强。操作中并不刻意强调十分标准的图形，只要接近即可，其分析结果大致相同。十字星线大多出现在价格上升滞涨或价格下跌企稳时，也经常出现在盘整行情中。

十字星线可以单独分析，也可以与前后 K 线组合在一起进行分析，这样得出的分析结果更可靠。目前市场上常见的组合星形线有黄昏之星、早晨之星、弃子之星等。

## 二、不同分类

根据十字星线所处的位置不同，可以分为终结十字星线、中继十字星线、回抽十字星线、普通十字星线和跳空十字星线等。根据十字星线排列的数量多寡，可以分为十字单星、十字双星和十字多星等。根据十字星线形态的不同，可分为射击之星（也称长腿十字星线）、流星之星（也称墓碑十字星线）等。十字星线的种类如图 8-2 所示（以涨势为例）。

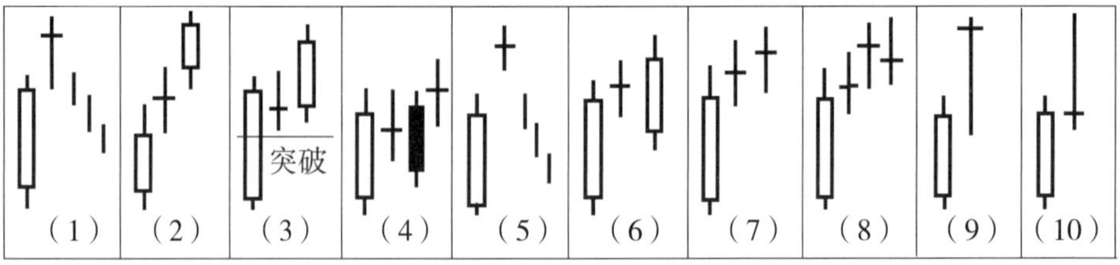


图 8-2　十字星线的种类

（1）终结十字星线。出现在一轮行情的末端，预示先前的行情即将结束，后市可能朝相反的方向运行，如黄昏之星、早晨之星都属于这类形态。

（2）中继十字星线。在一轮持续行情中出现，预示原先的行情仍将持续发展，后市可能向纵深发展，有上涨中继十字星线和下跌中继十字星线两种。

（3）回抽十字星线。在股价突破某一个重要的技术位置（前期成交密集区域、颈线位、趋势线、技术形态、整数关口等阻力位和支撑位）后，自行回抽确认这个位置的有效性，有向上回抽十字星线和向下回抽十字星线两种。

（4）普通十字星线。在股价盘整或持续状态中较多出现的一种星形线，这类十字星线对于行情研判没有太大的意义。普通十字星线最高价或最低价与收盘价的距离均小于 2.5%，这是所有十字星线中最常见的一种。

（5）跳空十字星线。指星形线与实体 K 线之间存在跳空缺口的十字星线，具有非常强烈的反转意义。在上升或下跌趋势中，如果十字星线与前后 K 线均产生跳空缺口（包括上下影线也互不接触），就形成弃婴形态，是一种十分重要的转势信号。

（6）十字单星。只出现一个十字星线的图形叫十字单星。在盘面任一阶段都有可能出现，要结合所处的具体位置进行分析。

（7）十字双星。连续出现两个十字星线的图形，叫十字双星。在盘面任一阶段都有可能出现，要结合所处的具体位置进行分析。

（8）十字多星。连续出现 3 个以上十字星线的图形，叫十字多星。大多出现在阶段性底部或头部盘整位置。

（9）射击之星。股价大幅跳空高开或低开后，有力地大幅向内回拉，绷紧弓弦，最后向外有力射击，形成射击之星。这种形态可以出现在市场顶部，也可以出现在市场底部。

（10）流星之星。形态与射击之星相反，股价小幅高开或低开后，有力地向外大幅发散，然后很快返回到开盘价附近，其形态和走势如同流星，经常出现在阶段性头部或底部。

## 三、市场含义

十字星线是一种不同凡响的趋势反转信号。如果市场正处于一个重要转折点，或者正处在牛市或熊市末期，或者已经有其他技术形态发出了警告，那么此时出现十字星线就应当看成一个重要的转势信号。由于十字星线蕴含着多方面的技术意义，忽略一根十字星线，可能面临重大风险。

十字星线代表多空双方处于平衡的临界点，它既可以是顶部信号，也可以是底部信号。在许多单独或组合 K 线形态中，十字星线都充当着重要的角色。十字星线的核心技术意义是：出现在趋势行情的尽头才有判断价值，常态下的十字星线没有分析意义，可以放弃。

（1）上涨初期十字星线。一只长期在底部盘整的个股，突然有一天跳空高开、小幅收高后，不巧遇到大盘大跌，但最后还是收出了一个有跳空缺口的十字星线，其意义非常重要。个股长期盘整，说明有资金在洗盘、吸筹，跳空向上说明有向上拉升之势，不巧遇大盘大跌，只好收出一个十字星线。跳空缺口并没有回补，代表主力有做多的决心，虽然后期可能要多盘整几日，但行情会一路看好。这种跳空十字星线又称启明星，投资者可在后期逢低积极进入。可以通过两方面进行判断：一是，判断跳空缺口是否会被回补；二是看后期是否放量上涨，缩量整理，以判断个股后期走势的有效性。

（2）上涨中期十字星线。一只个股在正常的上涨通道中运行，此时收出一根大阳线，投资者一致看好。谁知第二天股价平开，当天只是上下小幅震荡，并没有出现想象中的强势。第一天追涨的人，担心有回调的可能，会逢短期高点卖出。结果第三日又收出一根大阳线，拉升就此展开，让第二日卖出的投资者痛心疾首。上涨中期的个股，第一天收出大阳线，第二天收出十字星线，是庄家震荡洗盘的手法，故意做出上涨无力的样子，缩量收出十字星线是其要点。

（3）上涨末期十字星线。个股在上涨末期收出一个十字星线，一般有见顶嫌疑，因为长期大幅上涨后，获利都比较丰厚。报收十字星线代表股价涨不动了，而涨不动就意味着将要转为下跌，所以此时不要小视十字星线的风险。

（4）盘整中的十字星线。一只个股在箱体震荡时经常出现十字星线，此时的意义不大，只是庄家在震荡洗盘。洗盘结束后，如能放量拉升，可以积极参与。

## 四、应用法则

（1）普通十字星线对于行情的判断没有太大的实质意义，只有出现在特殊位置，十字星线才具有分析判断意义。

（2）十字星线出现在大幅下跌的低点或大幅上涨的高点，转势效力更强。

（3）出现在涨势或跌势中途的十字星线，有助涨或助跌作用，十字星线之后，原来的趋势发展会更加有力和强劲。

（4）放量的十字星线才有意义，无量的十字星线没有判断价值。

（5）十字星线配合其他形态效果更佳，如早晨之星、黄昏之星等。

## 五、分析要点

十字星线是一种非常独特的线形，它的内涵非常丰富，能够揭示市场内在的许多信息，但是判断形态效力难以把握。使用时需要与前几日的线形比较，需要考虑所处位置、其他技术信号以及即时市场行情等因素。

（1）底部十字星线如果带有较长的下影线，可以加强见底信号。顶部十字星线如果带有较长的上影线，可以加强见顶信号，反之会降低十字星线的可信度。

（2）如果十字星线与前一天的 K 线之间存在跳空缺口，可以增强后市反转的信号。前一天 K 线的实体颜色反映市场趋势，十字星线意味着先前的趋势即将发生变化。

（3）如果前几天的线形大多属于十字星线，那么现在出现的十字星线并不重要。只有把十字星线放到更宏观的环境里观察，才可以得出更有价值的信息。

（4）出现十字星线走势后，行情能否上升，并演变成具有一定动力的强势行情，成交量是其中一个决定性因素。构成十字星线前后，如果量能始终保持温和放大态势，十字星线将会演化成阶段性底部形态；形成十字星线走势时，如果成交量不能持续放量，则表示市场增量资金入市处于疑虑观望状态，容易形成下降中继形态。

（5）成交密集区是市场行情走向的重要参照物，可以判断十字星线所处的位置高低。十字星线离上挡成交密集区核心地带越近，越容易形成下降中继形态；十字星线离上挡成交密集区核心地带越远，则越容易形成阶段性底部形态。

（6）如果热点趋于集中，并且保持一定的持续性和号召力，将会使热点板块有效形成聚焦化特征，会使增量资金的介入具有方向感，有利于聚拢市场人气和资金，使后市行情得以健康发展，那么出现的十字星线必然向阶段性底部形态的方向发展。如果行情热点不集中，持续性不强，热点呈现多方出击态势，则说明热点缺乏号召力和凝聚力，不能有效激发稳定上扬的市场人气。此时热点将逐渐趋于扩散，容易造成市场有限的做多能量迅速衰竭，使出现的十字星线最终演化为下跌中继形态。

（7）如果是在反复震荡筑底走势中出现十字星线，则大多属于阶段性底部形态，投资者可以适当参与。如果是在下降通道中形成十字星线，则大多属于下跌中继形态，投资者不能轻易买进。

（8）需要注意的是，在不经常出现十字星线的条件下，偶尔出现一个十字星线，才具有重要的分析意义。如果在走势图中频繁出现十字星线，那么出现新的十字星线也属于普通十字星线。

## 六、低位十字星线

十字星线在实盘中出现的频率非常高，一般反映多空双方市场争夺暂时告一段落，多空双方势均力敌，市场趋于平静。由此也表明原来占据市场优势的一方，因受到对方力量的扼制而暂时放弃进攻，原来不占据市场优势的一方累积了一定的力量，借机发起攻击，阻挡了对方的发展势头，预示市场将向另一个方向运行。

在一轮持续下跌后的低位，大阴线的出现强化了利淡气氛，第二日股价再以低于大阴线收盘价的价格开盘并一度下挫。经过持续的下跌后，空方势头渐渐衰竭，这时多方借机拉抬，使当日收盘价回升到开盘价附近，反映低位出现承接力与空方抗衡，有待变之意，意味着股价离底部不远了，有可能产生反弹或反转行情，因而构成买入信号。

（1）股价经过一轮急促的下跌后，在低位收出十字星线，往往是 V 形反弹或反转信号，投资者应以逢低吸纳为主。

图 8-3 所示为双象股份（002395）的日 K 线图。该股经过长时间的调整后，形成震荡盘整走势。之后股价快速下探，于 2018 年 2 月 6 日收出一根跌停大阴线，大有加速下跌之势。可是第二天股价小幅高开，全天震荡收出一根十字星线，随后股价出现 V 形反转走势。

如何分析该股当时的这根十字星线呢？从图中可以看出，在股价快速下跌过程中，成交量极度萎缩。尤其是股价击穿前期低点后，没有引发恐慌盘，说明浮动筹码不多，短期做空动能衰竭。在这种情况下，次日股价收出企稳性十字星线，往往是引发报复性反弹行情的导火索。随后股价渐渐走高，成功穿过了 30 日均线压力位，十字星线探底成功，股价出现 V 形反弹走势。

（2）在实盘操作中，出现十字星线之后，股价可能不会立即上涨，而是经过短期的整理，慢慢出现强势上涨行情。此时投资者要有耐心，只要股价不跌破十字星线的低点，就可以持股不动。

图 8-4 所示为物产中大（600704）的日 K 线图。该股股价见顶后不断向下走低，不久一根光头光脚跌停大阴线向下突破了前期低点，空头气氛明显加强。第二天股价小幅低开后快速下挫，但此时多头逢低介入，快速将股价拉回到开盘价附近，当天收出一根十字星线。

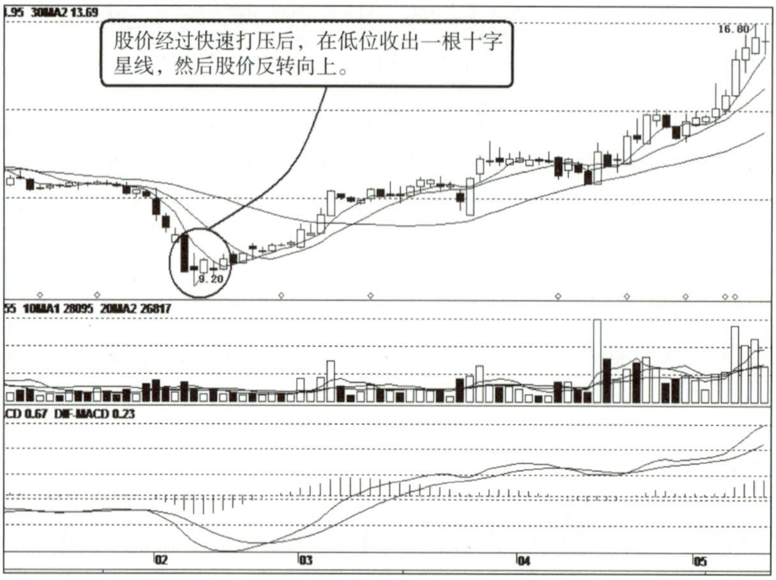


图 8-3 双象股份（002395）日K线图

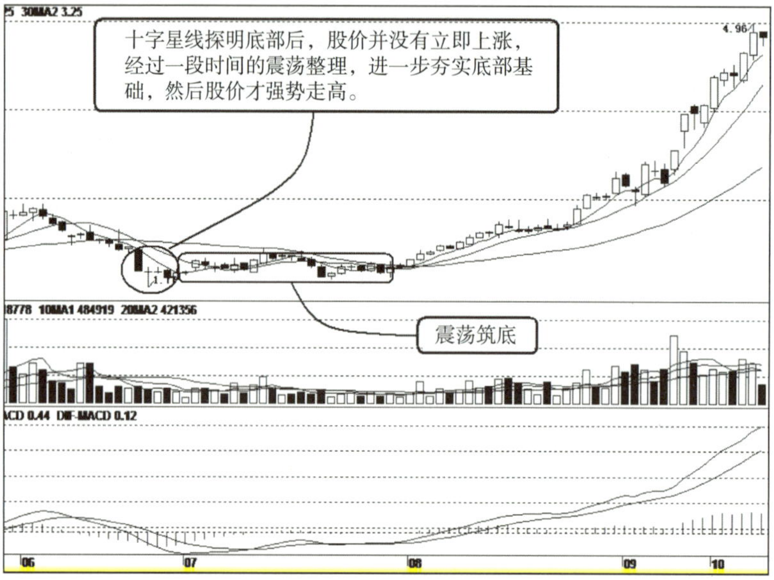


图 8-4 物产中大（600704）日K线图

这根十字星线有什么技术含义呢？从图中可以看出，在股价下跌过程中成交量不大，说明盘中抛压不大。特别是十字星线前一天的这根光头光脚阴线，形态十分吓人，但成交量并不大，有庄家故意打压嫌疑，因此这根十字星线有见底企稳意义。虽然之后股价没有立即上涨，但也没有创出新低，说明股价离底部已经不远。只要股价没有跌破十字星线的低点，后市就不应过分看空。当股价向上突破30日均线压力时，就是一个好的买入时机。

（3）股价经过长期下跌后，在底部出现十字星线，表明下跌动能衰竭，上攻能量已经悄然形成，后市股价企稳反弹或反转的可能性比较大。但是，市场往往是底下有底，跌了还跌，十字星线也经常成为虚假信号。

图 8-5 所示为水井坊（600779）的日 K 线图。庄家为了达到坐庄目的，在股价经过一轮持续下跌行情后，不久在相对底部区域收出一根十字星线，而且次日又出现一根上涨阳线，构成一个“早晨之星”形态。相信技术形态的散户，以为股价位置相对较低，没有续跌的力量，十字星线是一个止跌信号，股价将要展开上涨行情。另外，这根十字星线出现在前期低点附近，此处对股价有支撑作用，有构筑双重底形态的可能，于是纷纷买入股票。但当投资者买入股票后，庄家正好趁机抛出筹码，结果不但没有出现上涨走势，经过短暂的横盘整理后，反而继续下跌，使投资者落入低位十字星线陷阱。

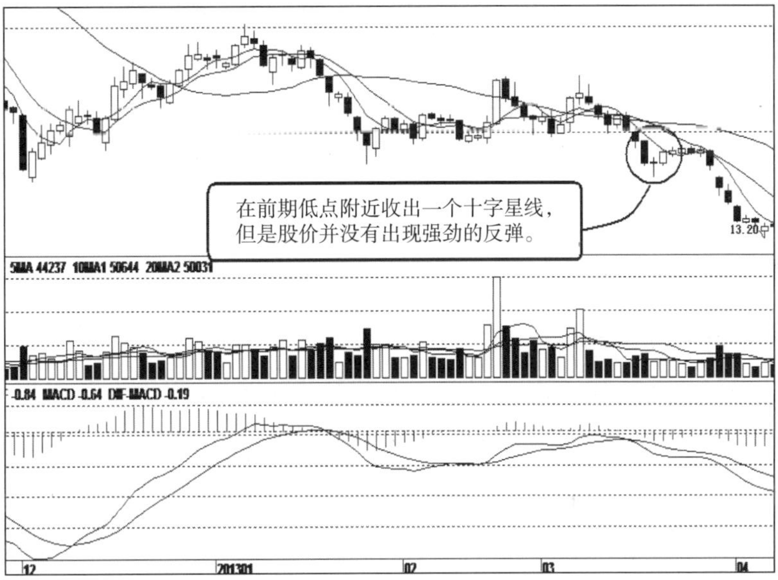


图 8-5 水井坊（600779）日 K 线图

该股出现十字星线形态后，股价为什么没有止跌呢？主要原因有以下几个方面。

第一，成交量没有持续放大，特别是第二天 K 线收阳线时，得不到成交量的支持。缩量整理态势成为下跌中继十字星线的可能性比较大。

第二，均线系统持续走低，对股价上涨构成重大压制。短期受 5 日、10 日均线压力非常明显，30 日均线持续走低，表明中短期市场偏弱。

第三，产生十字星线后的第二天，仅仅出现一根缩量小阳线，其攻击力度非常有限，说明是一次短期技术性修复走势。

第四，出现十字星线的前一天是一根大阴线，这根大阴线正好击穿短期整理平台，具有向下突破意义，因此这根十字星线及后面的小阳线是下跌平台突破后的回抽确认走势，确认有效后股价将继续下跌。

（4）在实盘操作中，投资者遇到低位十字星线时，应掌握以下技术要点。

第一，出现十字星线之前，随着股价不断下跌，成交量呈现出缩量状态，说明抛压渐渐减少，这期间成交量萎缩得越快越好。出现十字星线的当天，成交量应积极配合，且放大的成交量必须出现在探底回升过程中，而不是在股价冲高回落时放量。

第二，收出十字星线的当天，若股价上涨是由于大量的对倒盘拉升，在冲高回落时不断有卖单出现，但这些卖单是陆陆续续的小单抛售。在股价探底回升时，也是由大量的对倒盘快速拉起，当拉到一定幅度之后，股价呈现出震荡走势，且在震荡过程中不断有卖单出现。出现这种现象时，投资者千万不要买入，后市可能还会下跌，前述走势往往是庄家为最后的出逃故意做出来的技术形态，目的是欺骗投资者去接盘。

第三，在收出十字星线的第二天，股价继续走强且收盘时能够超过前一天的最高点，则看涨信号确立。如果第二天股价向上突破 5 日或 10 日均线，则看涨信号更强。如果第二天收出一根上涨阳线，但收盘价没有超过第一天的最高点，则要观察第三天的走势情况后再做决策。如果第二天股价走弱，且收出一根下跌阴线，那么投资者最好不要去碰它，特别是收在 5 日均线之下时，更要谨慎操作。

第四，在十字星线之后的走势中，如果股价有效跌破十字星线的最低点，预示后市股价仍有下跌的可能，投资者应止损出局。

## 七、中位十字星线

### 1. 涨势中的十字星线

十字星线出现在股价上涨途中时，大多为洗盘或试盘走势，一般不会改变原有的上涨趋势。涨势中的十字星线通常有以下两种技术意义。

（1）出现十字星线是洗盘整理开始的信号，股价会进入短暂的整理走势。

图 8–6 所示为东方财富（300059）的日 K 线图，这根十字星线代表洗盘开始。在股价长时间的大幅下跌中，庄家吸纳了大量低价筹码，然后见底企稳出现一波上涨行情。不久，在股价上涨途中收出一根十字星线，意味着洗盘整理开始。此后开始横盘走势，经过一个多月的整理，股价再次出现上涨行情。

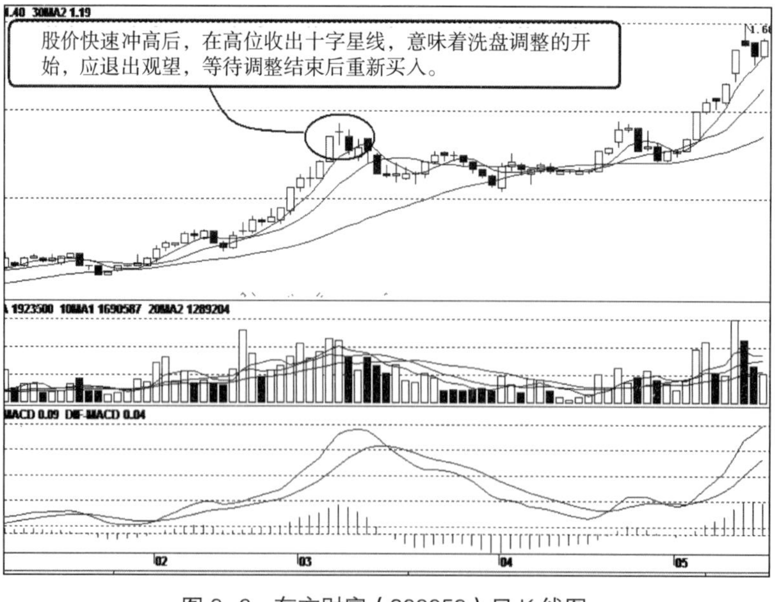


图 8–6 东方财富（300059）日 K 线图

该股出现十字星线之前，走出了一波快速拉升行情，盘中堆积了大量获利筹码。这些获利筹码对后市股价上涨构成了重大阻力，因此有必要对这部分筹码进行消化。这个十字星线至少反映出股价上涨受阻，盘中出现了一定数量的短线回吐盘，意味着洗盘调整开始。出现十字星线的第二天，股价震荡走低，收出一根下跌大阴线，形成黄昏之星形态，从而确认了十字星线的短期调整信号。可见，在十字星线后，股价回落整理是预料之中的事，庄家只有将这些浮动筹码清洗出去，才会继续拉升。

实盘中遇到这种十字星线时，投资者不妨先退出观望，因为我们并不知道后面庄家会以什么样的方式洗盘。退出观望，等待回调结束后择机买入，既能回避短期调整风险，又提高了资金的利用率。

（2）出现十字星线是洗盘整理结束的信号，随后股价进入新一轮上涨行情。

图 8-7 所示为天虹股份（002419）的日 K 线图，这根十字星线代表洗盘结束。在股价长时间的大幅下跌中，庄家吸纳了大量低价筹码，股价见底企稳后出现一波上涨行情。当股价向上突破前期高点后，出现小幅回调走势。2018 年 2 月 9 日，股价向下击穿 30 日均线的支撑，在 30 日均线下方收出一根十字星线，随后股价重回 30 日均线之上。这根十字星线意味着洗盘整理结束，将出现新一轮上涨行情。

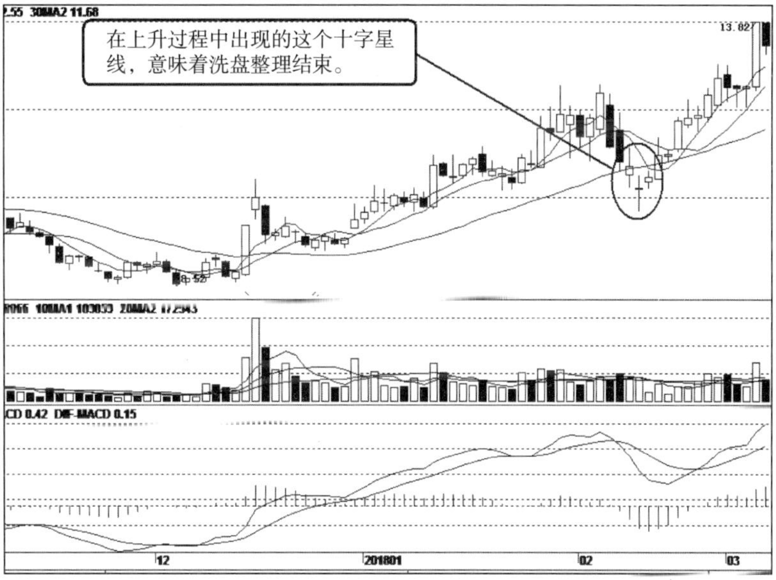


图 8-7　天虹股份（002419）日 K 线图

该股出现十字星线之前，股价以小阴小阳的形式稳步向上攀升，但累计上涨幅度并不大。从整个上涨过程来看，股价走势比较平稳，没有大起大落，说明庄家把上涨节奏控制得比较好。这类个股在上涨过程中，不会积累太多短线获利盘，因此只要股价不出现加速拉升，即便庄家洗盘，也不会大幅度打压股价。

从图中可以看出，股价创出新高后出现震荡整理走势，而 30 日均线一直维持在上行状态，虽然股价一度击穿 30 日均线，但未能形成有效突破（不具备突破的“三三法则”）。另外，股价的上涨幅度并不大，因此完全可以排除庄家震荡出货的可能。在整理过程中，成交量相比前几日也出现了明显萎缩，说明在股价停顿不前的情况下，盘中很少有抛盘出现，反映投资者的持股信心比较坚定。当股价回落到前期低点附近时，即有买盘介入，将股价强劲拉起，显示前期低点附近支撑力度比较强。收出十字星线之后，股价出现强势回升走势，快速返回 30 日均线之上，对均线系统没有造成破坏。由此可见，这根十字星线是一个洗盘整理结束信号。

实盘操作中，当股价在上涨途中出现十字星线时，股价前期走势和第二天的走势非常关键，这将决定后市股价的运行方向。具体分析时应注意以下市场因素。

（1）分析十字星线之前的走势。如果股价之前加速上涨且上涨幅度较大，则后市股价出现回落的可能性较大。

（2）关注十字星线当天的盘面状况。若当天股价波动幅度较大且明显放量，则后市股价出现回落的可能性较大，且有可能快速回落。

（3）出现十字星线的当天，如果股价下探的时候买盘表现积极，并且下探到一定程度后，在买一或买二处出现大手笔买单，封住股价的下跌空间，随后股价逐步回升，在回升的过程中很少有大手笔的卖盘出现，原先挂在上面的大卖单也不知不觉地被撤掉了，此时投资者可以大胆买进，后市股价必将继续上涨。

（4）在收出十字星线的当天，股价以低于前一天的收盘价开盘，并且开盘时就跌破了 5 日均线的支撑，那么在出现十字星线的当天不要去碰它，等待后市股价走势明朗之后再买进也不迟。

（5）收出十字星线当天，股价收盘于 5 日均线之上，而且成交量呈现萎缩状态，那么一旦第二天股价走强，收出大阳线，并且股价以最高价收盘，同时收盘价高于十字星线的最高价，投资者就可以在收盘瞬间直接挂单买进，或者在第三天开盘后直接买进。

（6）收出十字星线之后股价出现回落时，应关注 30 日均线的支撑力度。如果股价在此价位得不到有效支撑，后市有可能出现一波下跌行情。

### 2. 跌势中的十字星线

十字星线出现在股价下跌途中时，大多是助跌信号，股价继续下跌的可能性非常大。跌势中的十字星线通常有以下三种意义。

（1）出现十字星线意味着股价下跌遇到多头抵抗，经过短暂的“小憩”后，股价继续加速下跌。

图 8-8 所示为中核钛白（002145）的日 K 线图，这根十字星线充当了加速下跌信号。股价见顶后一路震荡走低，在下跌过程中，庄家不断向外派发筹码，股价累计下跌幅度比较大。从 2018 年 4 月 19 日开始连续收出三根十字星线，疑似空方打压力度不大，多方在盘中进行了反击。

这几根十字星线是否意味着市场止跌企稳呢？投资者该如何操作？从图中可以看出，首先，股价处于弱势下跌过程中，这时出现的任何看空信号都具有助跌效果。其次，均线

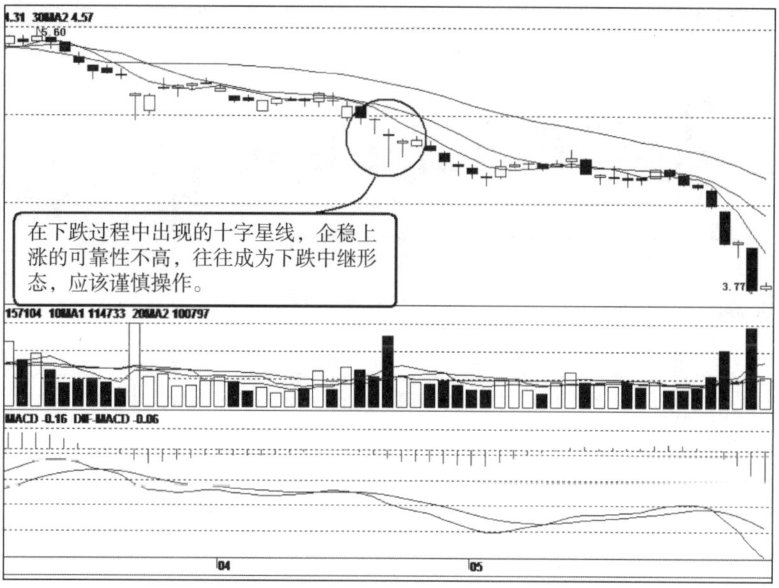


图 8-8　中核钛白（002145）日 K 线图

系统进一步呈空头发散状态，对股价上涨构成重大压制，表明中短期市场向淡。再次，连续三根十字星线击穿了前面低点的支撑，说明这几根十字星线强化了股价突破的效果，因此股价很难返回到盘整区域之上。最后，在十字星线之后的几天里，股价重心向下移动，从而否定了十字星线的止跌作用。因此，这个十字星线不是见底企稳信号，而是下跌中继调整形态，投资者应尽快离场观望。

（2）十字星线表示股价暂时企稳，是弱势反弹开始的信号，表明股价将进入短期反弹行情。至于反弹力度大小，还要结合其他因素综合分析。

图 8-9 所示为海航基础（600515）的日 K 线图，这根十字星线充当了弱势反弹信号。该股反弹结束后股价重心缓缓下移，30 日均线不断下压，均线系统呈空头发散状态。2017 年 12 月 27 日，一根接近跌停的放量大阴线加剧了空头气氛，次日收出一根十字星线，随后股价出现小幅弱势反弹走势。当股价反弹到 30 日均线附近时（也是下降趋势线附近），遇到重大压力再次走低，因此一波弱势反弹行情匆匆收场，股价继续下跌，再次创出调整新低。

如何看待该股这根十字星线的技术含义呢？从图中可以看出，首先，在反弹过程中，成交量没有持续放大，表明入场资金不够积极，股价难以持续上涨。这种情形下，十字星线容易演变为下跌中继形态。其次，均线系统持续呈空头发散，下行的 30 日均线压力较大，同时又遇到下降趋势线的反压，对股价上涨构成双重压制，表明中短期市场向淡。最后，股价反弹时遇到前期盘区压力，该位置已由原先的支撑作用转化为现在的压力作用。在弱势行情中，这种压力往往有“放大”效果，其反压作用会更加明显。因此，这根十字星线只起弱势反弹作用，难以出现持续的强劲反弹行情，投资者抢反弹时目标要求不应过高，应在 30 日均线附近逢高离场。

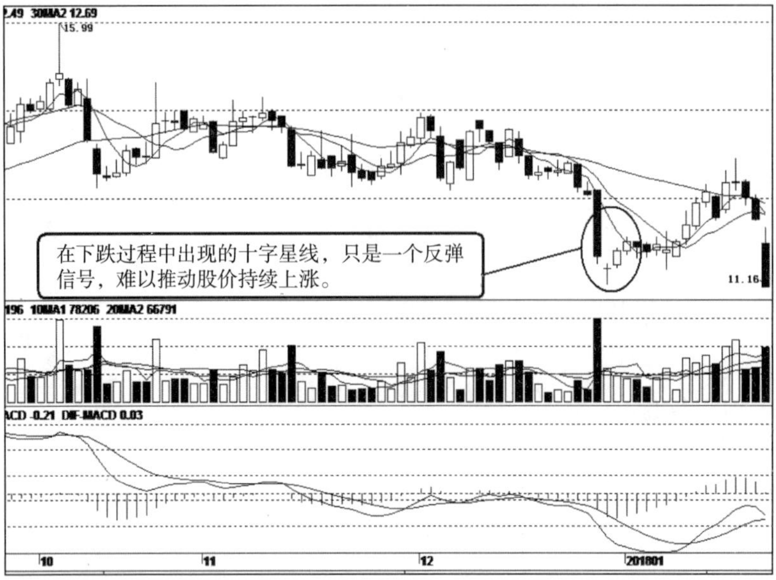


图 8-9 海航基础（600515）日 K 线图

（3）出现十字星线说明股价反弹结束，股价进入新的下跌行情。

图 8-10 所示为铜锋电子（600237）的日 K 线图，这根十字星线充当了反弹结束信号。股价见顶后逐波下跌，不断创出调整新低，市场严重超卖，随后股价开始反弹。2018 年 3 月 2 日，当股价反弹到下降趋势线附近和前期成交密集区域时，股价上涨遇到了强大的阻力，从而收出一根十字星线。这根十字星线成了反弹结束的信号，此后股价再次出现下跌走势。

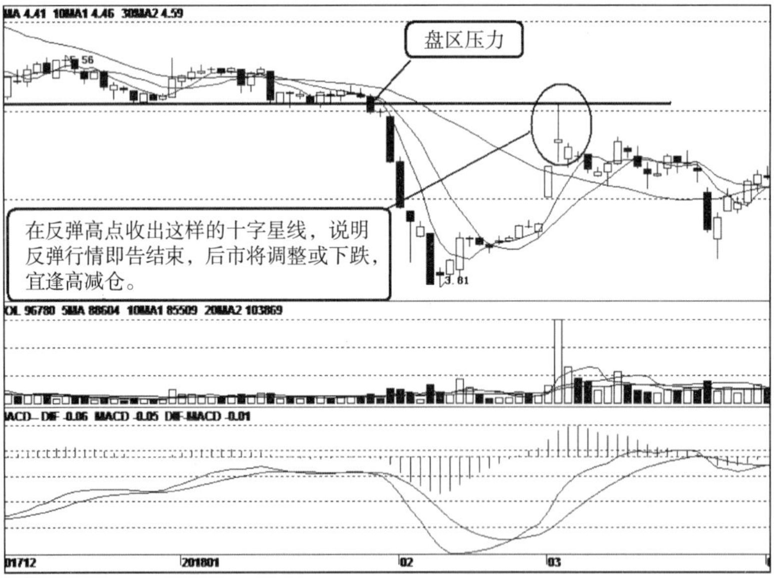


图 8-10 铜锋电子（600237）日 K 线图

从该股盘面分析，一是，股价反弹得不到成交量的支持，表明入场资金十分谨慎，庄家做多意愿不够强烈；二是，股价反弹时受到下降趋势线的压制，同时又遇到前期成交密集区域的压力；三是，在十字星线之后的几天里，股价继续震荡走低，并跌破十字星线的最低点，形成一个“黄昏之星”形态。因此，这时出现的十字星线形态，大多表示多头反弹行情结束，后市不乐观。

通过上述几个实例分析，对反弹力度的强弱，可以从以下几个方面进行分析。

（1）如果有政策面和消息面的潜在利好支持，那么反弹力度和空间一般较大。否则，反弹仅仅是庄家的一种自救行为，力度和空间都不会很大。

（2）如果是较长趋势、大周期趋势的扭转，则反弹力度较强，反弹空间较大。否则，应降低对反弹力度和空间的预期。

（3）如果前面的循环浪已告终结，当前正是新一轮循环 1 浪推动或 3 浪推动的开始，则反弹力度较强，反弹空间较大。如果市场运行在循环浪 A 浪或 C 浪延长中，或者反弹已在 5 浪上，那么反弹力度和空间都不会很大。

（4）如果成交量能持续有效放大，表明有场外新增资金介入，对行情的延续和纵深发展极为有利，那么反弹力度较强，反弹空间较大。如果量能持续减少，反弹力度就会受到限制。

（5）如果有带动市场人气的、具有较强影响力和号召力的持续性领涨板块出现，反弹力度和空间则会大一些。如果仅仅是短暂热点，那么对反弹力度和空间的分析要进行保守预测。如果个股处于热点板块之中，甚至是领涨龙头股，那么反弹力度和空间会大些。如果不在热点板块之中，则反弹力度要小得多。

（6）如果市场中有赚钱效应的龙头股品种，以此来激发市场人气，则反弹力度和空间将会增大。如果没有赚钱效应的龙头股品种，反弹力度和空间将会受到制约。

（7）如果热点板块比较集中，而且持续性较好，反弹力度和空间就会大一些。如果热点切换过快，板块轮动频繁，或后续热点不能及时跟上，反弹力度和空间就会大大受限。

（8）如果反弹是从大周期技术低点开始的，则反弹力度和空间将会大一些。否则，反弹力度较弱，反弹空间较小。

## 八、高位十字星线

股价经过大幅上涨后，盘面堆积了较多获利筹码，在高位出现十字星线，说明股价上涨受阻。这个十字星线给多方造成很坏的负面影响，暗示股价即将见顶，投资者应及时获利了结。

图 8-11 所示为上港集团（600018）的日 K 线图。庄家吸纳了大量低价筹码后，出现一波快速飙升行情，短期股价涨幅巨大，盘中堆积了大量获利筹码，在回吐盘的抛压下股价回落。由于庄家未能在高位顺利派发，经过短期回调后，再次将股价拉起。在前期高点附近抛盘沉重，股价快速拉升创出新高后回落，在高位收出一根长上影线的十字星线。第二天股价跳空低开低走，留下一个当天没有回补的向下跳空缺口，并构成黄昏之星形态，此时顶部形态确立，随后股价出现长时间的盘跌走势。

该股前期出现了狂飙势头，这是典型的强庄股行为，表明庄家实力强大，做多意志非常坚定。但这类个股往往上涨疯狂，一旦股价见顶后，也会出现不理性的下跌。投资者在

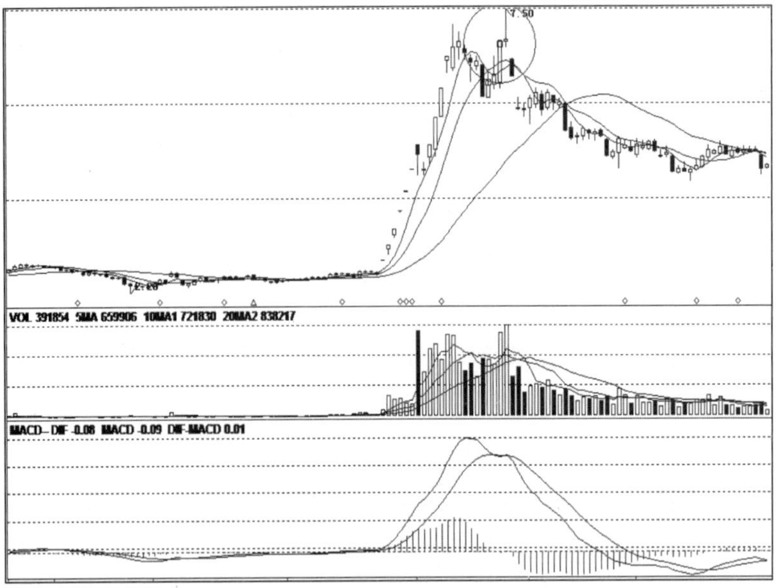


图 8-11 上港集团（600018）日 K 线图

享受股价快速拉升获得丰厚收益的同时，也要时刻注意防范市场风险。

该股出现十字星线之前，已经形成了一个顶部，且引发了一段快速下跌走势。在前一个高点附近出现多根带长上下影线的 K 线，说明盘中筹码已经出现松动迹象。庄家在震荡过程中不断派发获利筹码，这时投资者就应考虑出局。事实上，大部分投资者并不是被套牢在前一个高点，而是被接下来出现的快速反弹诱惑入场被套的。

出现十字星线的前一天，股价放量涨停。假如庄家真想再起一波行情的话，股价肯定会坚守在高位收盘，不可能回落到开盘价附近收盘，形成长上影线的十字星线。收出十字星线的当天，成交量也创出近期天量，说明庄家在放量对倒，拉高出货。紧接着的第二天，股价大幅跳空低开且收出跌停大阴线，在 10 日均线下收盘。当股价运行到这里时，已经很明确地给出结论了，没有及时离场的投资者此时退出也为时不晚。

在实盘操作中，投资者遇到高位十字星线时，应参考以下技术要点。

（1）出现十字星线之前，股价上涨无力，且处在高位，成交量出现明显放量，说明庄家在对倒放量出货，投资者应该卖出。

（2）出现十字星线的当天，股价冲高遇阻回落时，成交量迅速放大，此时投资者应清仓出局，后市出现快速下跌的可能性较大。

（3）出现十字星线的第二天，如果股价继续走强，投资者可以持股观望。一旦股价在上涨过程中遇阻回落，特别是在冲击十字星线的最高点，或者是创出本轮上涨行情的新高之后，遇到沉重的抛压，就应在第一时间卖出，这样才能将自己的筹码卖个好价钱。如果第二天股价走弱，且收出一根下跌阴线，特别是放量下跌，投资者应立刻清仓出局。

（4）出现这种十字星线之后，无论股价如何运行，一旦跌破 10 日或 30 日均线的支撑，投资者应无条件退出，哪怕是有亏损也要止损出局。

## 九、重要位置十字星线

### 1. 阻力位之下的十字星线

在实盘中，当股价运行到一个重要的阻力位附近时，经常会出现十字星线。此时出现十字星线意味着什么呢？通常有三种现象：第一，股价一鼓作气成功突破阻力位，持续上涨；第二，短期不能突破阻力位，股价回落调整蓄势后再次突破；第三，始终不能突破阻力位，出现中长期（半年以上）调整走势。

图 8–12 所示为大西洋（600558）的日 K 线图。股价遇到阻力位时收出十字星线，之后开始弱势调整。该股在高位构筑一个双重顶形态，然后破位下行，经回抽确认后再次下行，股价正式脱离顶部区域。2017 年 11 月 28 日出现反弹，收出涨停阳线。次日股价高开后，冲到双重顶颈线遇阻回落，当日收出十字星线。休整一天后，股价再次冲高回落收出十字星线，说明前期成交密集区附近有较大的压力，股价难以成功突破，从而导致股价回落，开始中期调整走势。

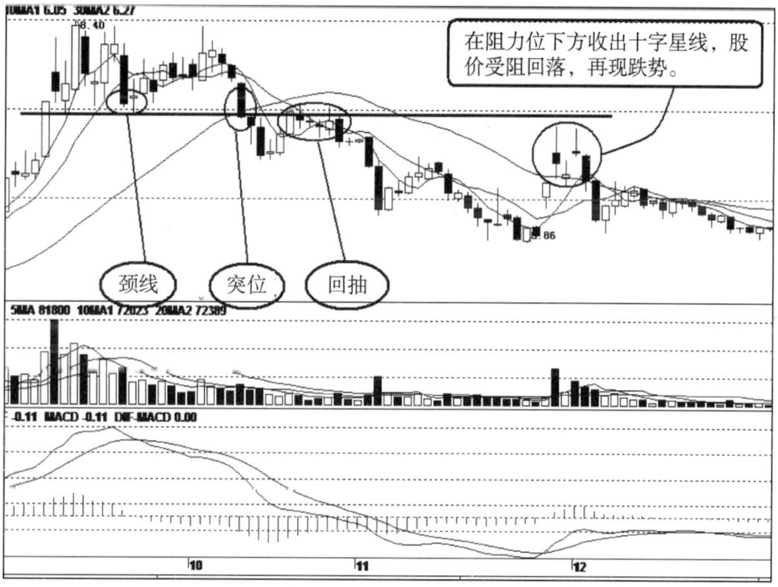


图 8–12 大西洋（600558）日 K 线图

该股在前期成交密集区域收出两根十字星线，说明双重顶附近有较大的压力。从该股走势图可以看出，盘中出现了放量滞涨现象，说明庄家也在减仓。放量不涨应当引起投资者的注意。

在实盘操作中，应考虑以下几个方面的市场因素。

（1）收出十字星线之前，如果股价出现了加速上涨行情，那么此时就要当心出现十字星线之后，可能会进入短期调整走势。如果当天成交量明显放大，持股者可以在股价冲击阻力位遇阻回落时卖出，等待股价回落整理企稳走强后再考虑买入。

（2）当天十字星线的最高价低于前一天的最高价，且成交量出现放大现象，投资者最好不要去碰它，后市股价出现回落整理的可能性较大。

（3）股价收出十字星线当天无论是缩量还是放量，只要第二天股价收出放量下跌大阴线，特别是高开低走且以最低价收盘的大阴线，后市股价十有八九会出现一波回落行情。这时投资者千万不要急于买进，应果断卖出，等到后市企稳走强之后再考虑买入。

（4）出现十字星线的第二天，如果股价继续走强，且收出上涨大阳线，收盘价位于阻力位之上，激进的投资者可以适当买入，稳健的投资者应等到股价连续三天在阻力位之上站稳时再买入。

（5）无论是哪种情况下出现十字星线，在股价上攻遇阻回落之后，只要消化了上方的压力，股价企稳再次回升时，投资者就可以适当买入。在股价企稳之前，盘面上有一个很明显的特征，那就是股价的回落速度逐步放缓，成交量也逐步萎缩。

## 2. 支撑位之上的十字星线

股价运行过程中，一般会出现许多重要的支撑位。如果股价成功站上某一个重要支撑位，或者当股价回调到某一个支撑位附近时获得强大的技术支撑而回升，后市一般会有一波续升行情。在支撑位之上出现的十字星线，是一个较好的买入或加仓信号。

图 8-13 所示为长园集团（600525）的日 K 线图。该股见底企稳后渐渐走高，在均线附近震荡，呈现横向盘整走势，均线系统走平。2017 年 7 月 12 日，庄家刻意打压股价，当日股价收于 30 日均线下方，疑似再次探底，可是第二天却收出一根十字星线。那么这根十字星线有什么含义呢？一般而言，前期低点对股价具有一定的支撑作用，特别是长期震荡过程中形成的阶段性低点，其支撑力度更强。该股在下探到底部区域时，获得了强大的支撑而快速拉起，形成一根长下影线十字星线，只要股价没有跌破前期底部区域，后市股价仍然看好。

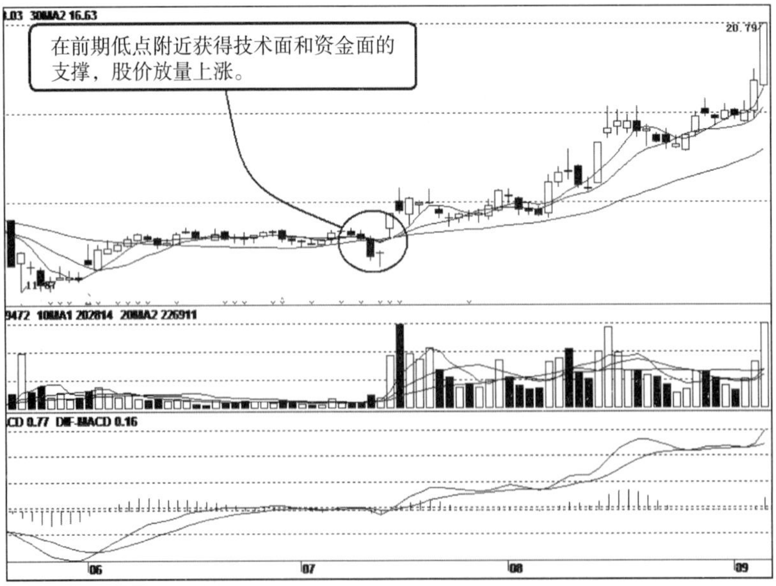


图 8-13 长园集团（600525）日 K 线图

在实盘操作中，遇到这种十字星线时，应注意以下几个方面的技术因素。

（1）股价处于强势上涨过程中，或者上涨趋势初步形成时。

（2）均线系统呈多头排列，30 日均线坚挺上行。如果 30 日均线平走或下行，即使股价在 30 日均线附近得到支撑收出十字星线，其上涨力度可能也不强。

（3）股价涨幅不应过大。对于涨幅过大的个股要小心，特别是阶段性涨幅超过 1 倍甚至几倍的个股，即使在支撑位之上出现十字星线也应警惕。

（4）在支撑位之上出现十字星线的第二天，股价应在成交量的积极配合下继续走强，形成的阳线实体越长，后市看涨意义越强。若第二天股价下跌收出阴线，投资者应谨慎操作。

（5）盘面没有出现异常现象，如果出现大幅跳空开盘、盘中大幅波动、成交量瞬间放大、委买委卖挂单异常等异动时，应高度警惕。

## 第二节　一字阴线

一字阴线是 K 线的一种特殊形态，开盘价、收盘价、最高价、最低价四个价位相同。一字线一般是股票开盘时即停板（涨停板和跌停板），整个交易日都处于该价位直到收盘，表明股价出现极端走势，具有特别重要的意义。非停板情形下很少出现这种情况，目前沪深两市除特别处理股票之外尚无先例。一字线可以分为一字阳线和一字阴线两种。

一字阴线的形成原理：股价一开盘即跌停，且全天封于跌停板位置。这种形态大多出现在极端下跌行情中，有时也出现在深幅回调行情中，很少出现在盘整行情中，除非有重大利空消息出现。出现这种线形是市场趋势非常强烈的一种表现，出现一字阴线时，说明空头力量非常强大，后市将会继续下跌。

### 一、低位一字阴线

一字阴线如果出现在下跌行情的末期，表明市场在刻意打压，庄家趁机逢低吸纳廉价筹码。一旦打开封盘，可能会引来巨大的买盘，股价将止跌回升或出现反转上涨行情。

很多时候在阶段性下跌过程中，如果股价加速下跌，形成一字阴线，短期股价出现超卖现象，往往会迎来报复性反弹或反转行情，这种盘面现象大多以 V 形形态出现，投资者应做好快进快出的准备。

图 8-14 所示为天津磁卡（600800）的日 K 线图。股价见顶后大幅下跌，从 7.87 元开始下跌到 3 元下方，股价累计跌幅超过 60%。可是庄家继续打压股价，在低位连续出现 3 个一字跌停 K 线，第 4 天在底部收出⊥字阴线。这说明空头能量已经得到较好的释放，股价随时可能出现止跌上涨行情。

该股的一字阴线出现在股价经过长期下跌后的加速赶底阶段，这是庄家诱空吸货行为造成的。经过几天的打压之后，股价开始筑底走势。从图中可以看出，在前期下跌过程中，

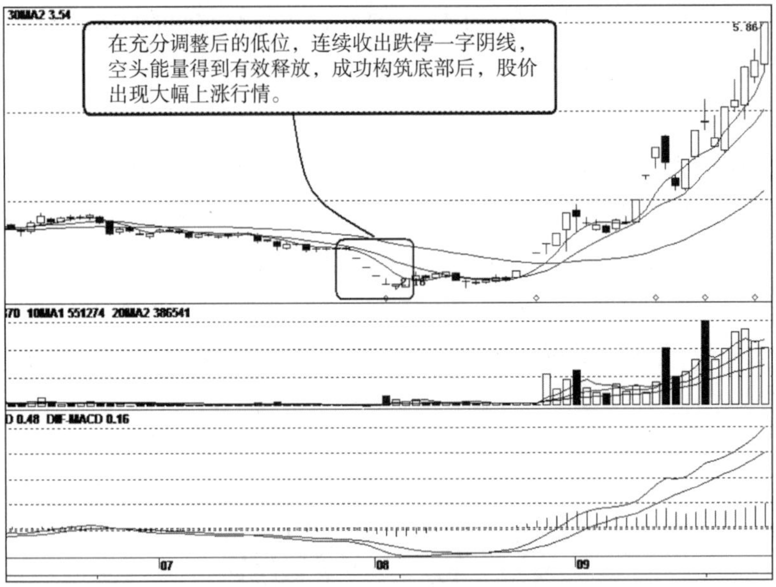


图 8-14　天津磁卡（600800）日 K 线图

股价呈现出持续的下降趋势，成交量极度低迷，说明盘中浮动筹码所剩无几。随后在低位再次收出 3 个一字阴线，结合前期走势情况来看，庄家诱空的可能性非常大。

在股价有较大幅度下跌后出现这种一字阴线，大多是空方的最后一跌，股价随时有见底回升的可能。虽然股价没有马上上涨，但至少说明下跌力度已经很弱，下跌空间也已经不大，此时应以逢低吸纳为主，当股价走强后可以加仓买入。这种操作手法反映出庄家在盘中制造恐慌气氛，以便在低位吸纳更多的廉价筹码，此时庄家无意做空，股价很快会企稳回升。

投资者遇到低位一字阴线时，应掌握以下技术要点。

（1）一字阴线出现在股价大幅下跌的末期，股价累计跌幅超过 50%，或出现阶段性暴跌走势，说明空方短期能量消耗过大，股价随时会迎来超跌反弹或反转上涨行情。

（2）出现一字阴线当天，成交量萎缩。在接下来的走势中，如果股价继续弱势下跌，但下跌的动力逐步减弱，而且成交量也出现持续放大态势，那么可以确定庄家在诱空吸货，在股价下跌企稳时可以逢低买入。

（3）出现一字阴线当天如果放出巨大的成交量，挂在卖一位置的大量卖单被吃掉，这就说明盘中出现大量主动性买盘。当卖一位置的挂单成交后，又有大笔卖单挂出，如此反复出现，让散户感到卖盘沉重，这就完全可以确定是庄家在诱空吸货。

（4）当股价回升到 10 日均线上方时，5 日均线与 10 日均线形成金叉，30 日均线走平或上行，说明股价渐渐转强，此时可以逢低介入。

（5）在低位出现一字阴线时不要杀跌，这往往是庄家的诱空行为，这类个股最容易让那些心态不稳的投资者上当。不少踏空的投资者就是因为没有控制好自己的心态，看见股价快速下跌也跟着割肉出局，这显然是不可取的。

## 二、中位一字阴线

一字阴线如果出现在下跌过程中，将起到助跌作用，后市股价大多会出现加速下跌走势，投资者应及时减仓或退出。中位一字阴线通常有两种技术意义：一是加速下跌信号；二是反弹结束信号。

图 8-15 所示为博元投资（600656，已退市）的日 K 线图，这是一字阴线充当下跌加速信号的例子。该股股价见顶后一路走低，均线系统呈现多头发散，盘面弱势特征明显。不久，股价延续下跌势头从跌停板开盘，当天封盘不动，形成一字阴线形态，说明股价处于加速下跌过程中，后市继续看跌。随后几天股价震荡走低，进一步强化了一字阴线的看跌效果。

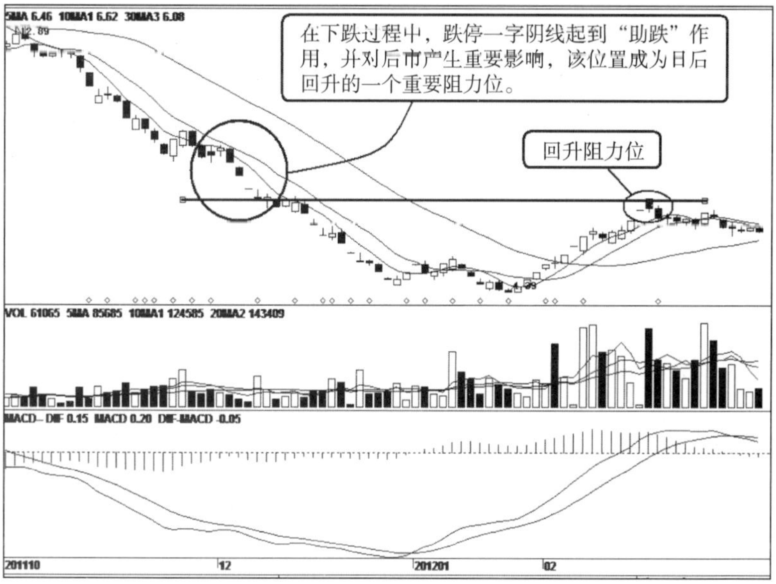


图 8-15　博元投资（600656）日 K 线图

在实盘操作中如何解读这样的 K 线形态呢？从图中可以看出，出现一字阴线之前，股价处于下跌趋势中，此时任何看空信号都会强化做空效果。特别是收出一字阴线的前两天，两根中阴线形成一个向下跳空缺口，空头气势非常强盛，因而出现这根一字阴线并不意外。在该股中，一个非常明显的现象就是在下跌过程中，成交量比前期有所放大，说明做空能量依然强大，需要继续释放空头能量。另外，均线系统空头发散，对股价构成强大的压力。在一字阴线出现之后的几天里，股价没有任何止跌企稳迹象。综合盘面分析，这根一字阴线起到加速下跌作用，对后市股价中长期走势产生非常大的影响，一字阴线往往成为一个重要的阻力位。该股在此后的反弹行情中，就在一字阴线附近受阻回落，再次步入回调走势。投资者遇到这种盘面时，应在一字阴线形成时尽快退出，并且在后续操作中一定要注意一字阴线附近的压力。

在下跌过程中出现一字阴线时，应保持高度警惕，短期股价难以企稳回升。实盘操作中，应掌握以下技术要点。

（1）股价前期上涨幅度过大，达到 1 倍或几倍。一字阴线出现时，股价脱离头部区域不久，且累计下跌幅度不大，股价调整空间较大，会继续向下寻求底部支撑。

（2）在下跌过程中，成交量保持较高水平，显示做空动能没有释放完毕，后市股价仍有一跌。

（3）均线系统呈空头排列，对股价起到助跌或反压作用，30 日均线附近是一个较好的止损点位。

（4）出现一字阴线后，股价没有形成强势上攻走势，仍然在低位呈现弱势震荡走势，显示多头力不从心，后市股价难以乐观。

（5）在股价下跌过程中，委买位置有不少大单挂出。但当股价下跌到这个位置时，这些大单就消失了，之后股价连续下跌。当股价下跌到一定程度后又出现了同样的现象，在整个下跌过程中，这种现象可能反复出现，如果是这样的话，后市股价仍有一跌，投资者不要被盘面上的买盘挂单所迷惑。

## 三、高位一字阴线

一字阴线如果出现在大幅上涨后的末期或快速上涨后的高位，为典型的见顶信号，投资者应果断退出。

图 8-16 所示为联创互联（300343）的日 K 线图。实力强大的庄家入驻该股，低位成功完成建仓计划后，出现一波快速拉升行情，股价从 26.74 元一口气创出 73.15 元高点，在短短的 19 个交易日里股价涨幅接近两倍，庄家获利非常丰厚，当然盘中也堆积了大量等待兑现的获利筹码。这些获利筹码一旦松动，很可能引发雪崩式下跌。不久，股价一改强势盘面，突然从跌停板价位开盘，全天封盘不动，收出一根跌停一字阴线。出现这根一字阴线，说明股价上涨势头遭到扼制，投资者应果断退出。如果当天因巨大的封单无法出局，应在第二天继续寻找离场机会。第二天，股价从跌停板价位开盘后，盘中出现大幅拉高走势，这是因为庄家还没有成功出货，不得不拉高股价来吸引投资者的参与。全天放出巨大的成交量，庄家在此大幅减仓，这时投资者应抓住股价拉高的机会退出观望。

从图中可以看出，股价出现下跌调整的主要原因是短期涨幅巨大，大量获利筹码急于兑现，从而导致盘面大幅波动。此时无论该股后续题材多么丰富，庄家实力多么强大，短期至少将面临技术性回调，选择获利了结是最好的操作策略。一般而言，在极端行情走势中（包括上涨和下跌），技术分析已经失去意义，这时如果使用盘面技术分析，往往是纸上谈兵，实盘中需要凭个人的悟性和经验进行操作。投资者只要树立高位风险意识，损失是可以避免的。

在实盘操作中，投资者遇到高位一字阴线时，应掌握以下技术要点。

（1）在一字阴线出现之前，股价累计涨幅较大，特别是涨幅超过 1 倍甚至几倍的个股，更应高度警惕。

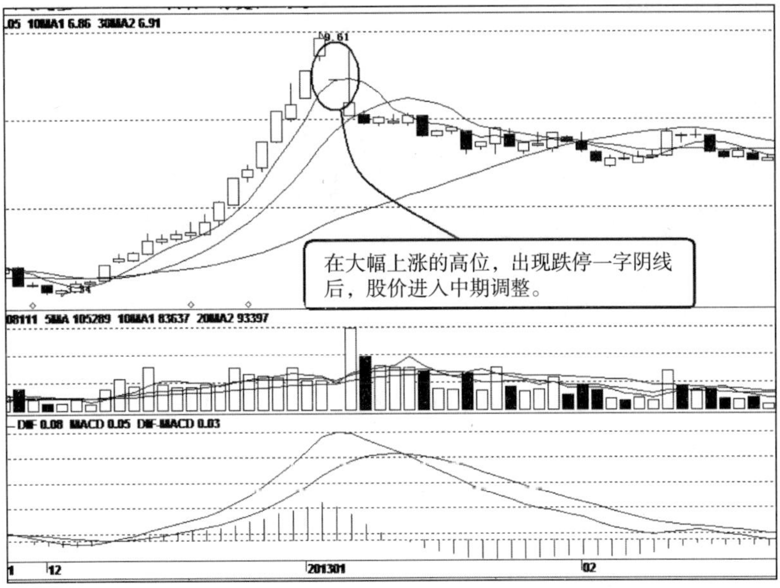


图 8-16　联创互联（300343）日 K 线图

（2）股价在高位出现滞涨走势，当盘面出现以下现象时，投资者应做好撤退准备，一旦发觉下跌苗头，应在第一时间退出观望：成交量异常放大，庄家对倒出货；股价冲高回落，K 线出现长上影线；成功构筑头部形态，庄家派发大量筹码；均线出现平走或拐头，向上牵引和助涨功能减弱等。

（3）在一字阴线之后的几天里，股价继续走弱，收出大阴线或留下向下跳空缺口，从而确认了一字阴线的有效性，股价下跌趋势确立。

（4）出现一字阴线的当天，如果挂在卖一位置的大量卖单得不到成交，说明盘中有大量主动性卖盘，股价仍将继续下跌。

（5）股价一旦跌破 10 日均线的支撑，应果断卖出，特别是在放量跌破 10 日均线时，更应立即清仓出局，后市股价必将快速下跌。股价跌破 30 日均线时，说明股价进入中期调整走势。

## 四、连续一字阴线

在加速下跌末期，股价连续出现一字阴线，空头能量得到充分的宣泄，一旦打开跌停板，往往就是中短期底部，股价将出现反弹或反转行情，但问题股、庄股除外。

图 8-17 所示为柏堡龙（002776）的日 K 线图。该股经过前期大幅下跌后企稳盘整，形成筑底走势，庄家逢低悄然建仓。在筑底过程中，庄家刻意向下打压股价，2018 年 2 月 6 日收出跌停大阴线，次日出现一字阴线，连续两个跌停造成盘面极大的恐慌。第三天，股价从跌停价开盘，之后多方迅速将股价拉起，当天成交量大幅放大。这种走势既反映有场外资金介入，又说明有恐慌盘割肉止损。筹码在低位换手后，股价开始震荡走高。

从图中可以看出，该股经过大幅打压后，市场风险得到较好的释放。股价经过前期的

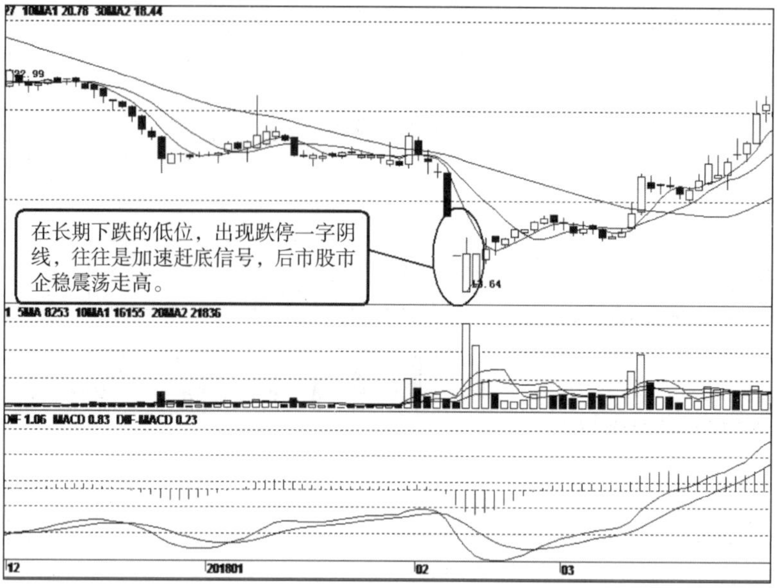


图 8–17　柏堡龙（002776）日 K 线图

大幅度调整，下跌空间已经十分有限，此时投资者不要被一字阴线吓退。庄家为什么要打压股价呢？道理很简单，目的就是夯实底部基础，吸纳低价筹码。

连续一字阴线能否构成底部，重点关注两个前提条件：一是，前期股价已经出现大幅下跌，后续下跌空间有限；二是，在一字阴线出现的前几天股价持续下跌，一字阴线发挥加速下跌作用，一旦开板往往是一个短期底部。

根据多年的实盘经验，在低位连续出现 3 个以上一字阴线时应给予关注。连续出现 5 个以上一字阴线时，当股价打开跌停板时，散户可以少量吸纳。对于 3 个以下的一字阴线，可以用常规方法进行分析研判。

实盘操作中，分析这类股票的首要条件是，股价前期必须有过大幅下跌走势，也就是说在下跌趋势后期出现连续一字阴线。这时，当股价不能继续拉出一字阴线时，往往就是中期底部。然后结合成交量及盘面走势进行分析，当成交量积极放大，而放大的这部分成交量为买盘介入所致时，投资者不妨大胆介入。如果股价处于上涨后的高位，或者股价累计下跌幅度不大，这时出现一字阴线，不一定就是底部区域，后市可能会陷入长时间的盘整走势，因而不宜介入，以免遭受盘局的煎熬。

## 五、突破一字阴线

### 1. 突破盘区

在股价长期的运行过程中，可能会形成某些重要的支撑位。当股价以一字阴线的形式向下跨越或脱离这些重要位置时，说明市场出现向下突破走势，后市有可能出现一段跌势行情，此时投资者应及时做空。在市场中，能够成为突破的技术位置有很多，如均线、趋势线（通道）、技术整理形态、成交密集区域、黄金分割线、整数点位和时间之窗等。此处就其中一些常见的一字阴线突破信号进行分析，其他突破信号投资者在实盘中自行总结分析。

如果股价以一字阴线的形式成功向下突破盘整区域，且成交量放大时，说明盘中抛压非常严重，后市股价将会出现一波持续的下跌行情，投资者应及时退出观望。但是，如果在大幅下跌后的低位向下突破盘整区域时，要防止空头陷阱。

图 8-18 所示为 *ST 猛狮（002684）的日 K 线图，这是一字阴线向下突破中部盘整区域的例子。该股反弹结束后，出现快速下跌走势。当股价下跌到一定幅度时，开始了横向震荡走势，从而形成一个盘整区域。2018 年 2 月 12 日，股价从跌停板价位开盘，直到收盘时封单不动，这样一根跌停一字阴线突破了前期盘整区域，随后股价继续下跌走势。

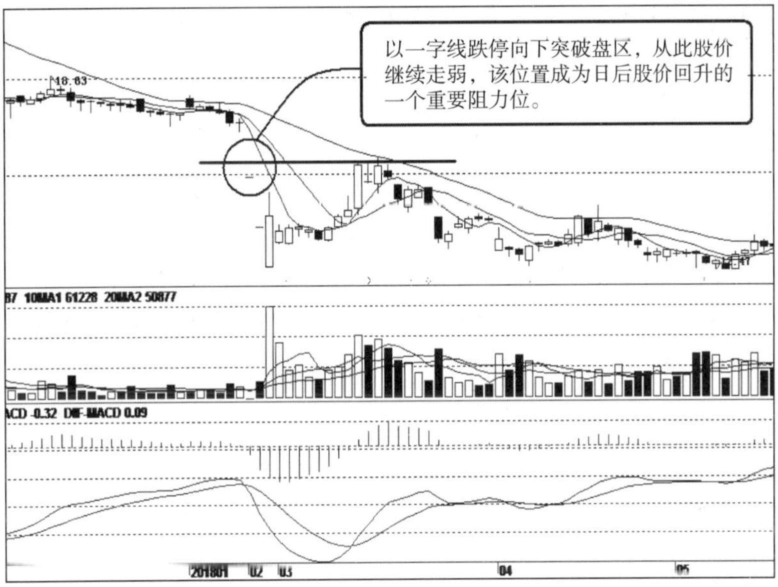


图 8-18　*ST 猛狮（002684）日 K 线图

在实盘操作中，股价突破长期形成的盘整区域，其技术意义非常重要。如果股价向上突破盘区，意味着一个中短期底部区域形成，对后市股价回调构成重大的支撑作用。如果股价向下突破盘区，意味着一个阶段性顶部区域产生，对后市股价起到重要的压力作用。该股经过一段时间的整理后，选择向下突破，并形成一个较大的向下突破性缺口，这个位置将对股价产生重要的阻力作用。2018 年 3 月中旬股价反弹到该位置时，均遇到强大的压力而回落，随后股价不断向下走弱，创出调整新低。

## 2. 突破前低

当一字阴线向下有效突破前期阶段性低点时，意味着后市股价将再下一个台阶，具有强烈的看跌意义。但是，在大幅下跌后的末期或回调过程中，要谨防向下假突破现象。

图 8-19 所示为神开股份（002278）的日 K 线图，这是一字阴线向下突破前期低点的例子。股价反弹受阻后再次回落，当股价接近前期低点附近时，2018 年 5 月 30 日以一字阴线的方式一举向下突破前期低点的支撑，并形成一个较大的向下突破缺口。此后，连续出现多

个一字阴线，股价短期难以走强。

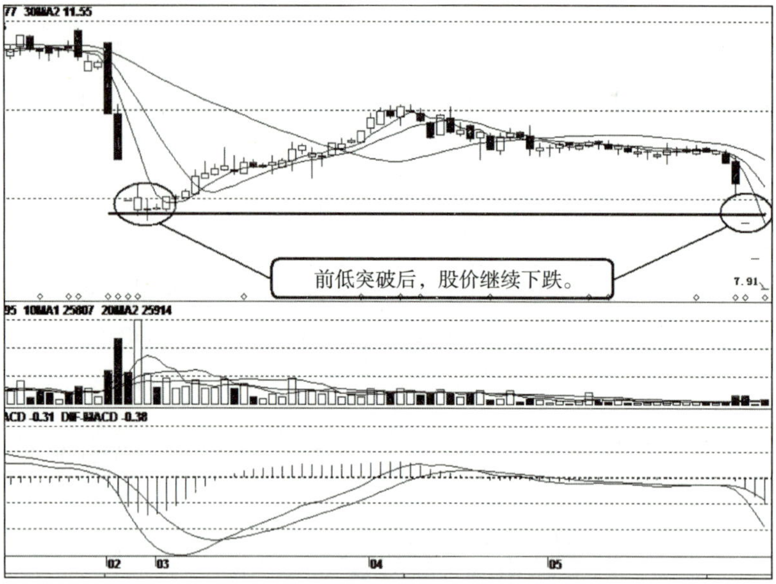


图 8-19　神开股份（002278）日 K 线图

一般而言，出现一个阶段性低点后，对后市股价下跌能起到一定的支撑作用。一旦股价有效击穿这个支撑点位，其支撑作用将转换为压力作用，对股价上涨构成反压。该股在跌停一字阴线出现之前，庄家巧妙地利用这个位置在投资者心理上的影响，不断派发手中筹码。当庄家筹码所剩无几时，股价向下突破。从技术形态来看，股价下降趋势明显，均线系统呈空头排列，此时出现的任何做空信号，都会加强下跌走势。因此，当一字阴线向下有效突破前期低点后，投资者应尽快离场观望，不要存在侥幸心理。

### 3. 突破均线

当一字阴线向下突破均线时，预示股价上涨或反弹结束，后市将出现下跌行情，因此是一个看跌信号。均线突破通常有三种盘面现象：一是，在上涨趋势后期，一字阴线向下突破上行的均线；二是，在下跌趋势途中，股价反弹结束后，一字阴线向下突破下行的均线；三是，在横盘整理过程中，一字阴线向下突破水平移动的均线。根据均线周期长短，分为突破短期均线、中期均线和长期均线三种类型。在此笔者仅以一字阴线向下突破 30 日均线为例进行分析，对于其他类型的突破走势，投资者自行进行研判总结。

图 8-20 所示为华仁药业（300110）的日 K 线图，这是一字阴线向下突破横向均线的例子。股价见顶后小幅下跌，然后形成横向震荡走势，均线系统呈水平横向移动。经过一段时间的整理后，2018 年 2 月 9 日，一根跌停一字线向下突破均线系统，随后股价大幅下挫。

在实盘操作中，遇到水平移动的均线时，重点要分析股价所处的具体位置，是高价区还是低价区，或者是中价区。如果在高价区，均线系统呈水平移动，就不要指望股价大幅上涨了，应逢高出局。如果在中价区，均线系统呈水平移动，则要分析是下跌中继平台还是底部企稳走势，可以通过股价重心上移还是下移来判断。若股价重心上移，大多为筑底

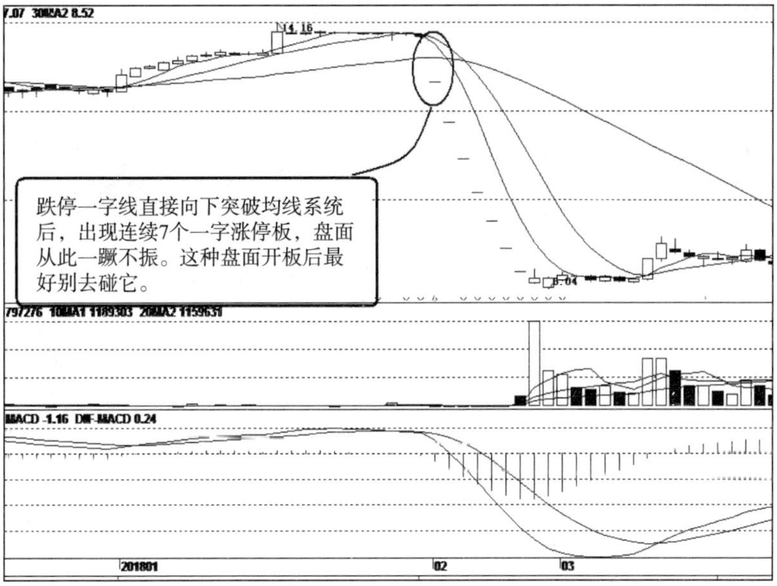


图 8-20　华仁药业（300110）日 K 线图

走势；若股价重心下移，通常为下跌中继整理形态。如果在低价区，均线系统呈水平移动，这时出现向下突破的跌停一字线，大多为庄家故意打压制造的空头陷阱，随后股价将迎来上涨行情。

# 第三节　一字阳线

一字阳线的形成原理是，股价一开盘即涨停，且全天封于涨停板位置。这种形态大多出现在极端的上涨行情中，有时也出现在超跌反弹行情中，很少出现在盘整行情里，除非有重大利好消息刺激。这种线形的出现是市场趋势非常强烈的一种表现，出现一字阳线时，说明多头力量非常强大，后市将会继续上涨。

## 一、低位一字阳线

一字阳线如果出现在股价长期下跌之后，且在低位区域经过充分的蓄势整理，说明股价止跌回升或出现反转行情，具有强烈的见底意义；如果出现在上涨初期，表明市场急于拉高，上涨力度非常强劲，后市有持续走高的动力。

图 8-21 所示为冀东装备（000856）的日 K 线图。股价经过长期下跌后，进入蓄势整理走势。经过一段时间的整理后，2017 年 4 月 5 日股价突然以涨停价开盘，且全天封于涨停板价位，当天收出一字阳线，随后股价走出了一波快速飙升行情。

该股经过长时间的下跌调整后，在低位反复震荡整理。从整体上来看，在整理过程中成交量呈现缩小状态。虽然在这个过程中看不出过多的场外资金流入，但从成交量缩小上来看，股价震荡过程中并没有过多的抛盘出现。在股价处于长期震荡、停滞不前的情况下，

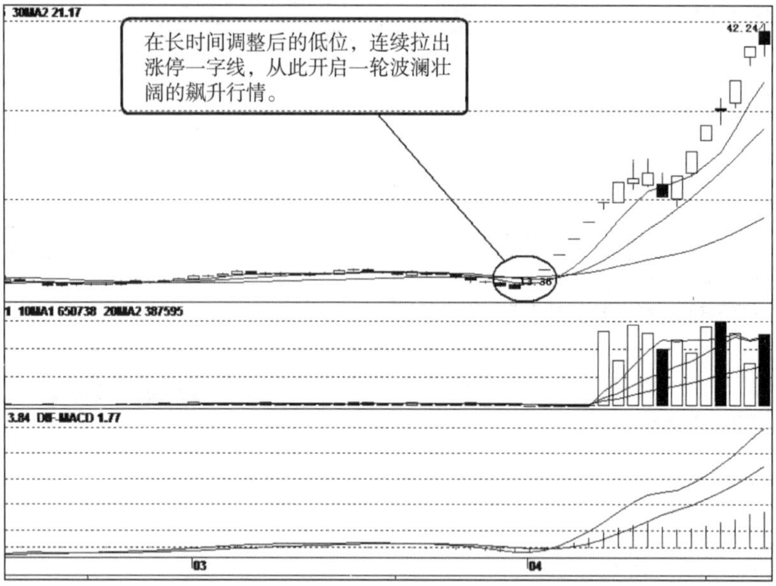


图 8-21　冀东装备（000856）日K线图

持股信心不坚定的投资者觉得无利可图，必将抛售筹码，这样就会使得成交量放大。

出现一字阳线之前，股价曾经一度快速下跌，但呈缩量下跌态势，属无量空跌走势，且股价又被快速拉起，重新回到低位区域。随后经过一段时间的蓄势整理后，出现一字阳线，股价开始了飙升行情。

通常情况下，出现这种一字阳线无非三种可能：一是，庄家诱多出货；二是，庄家测试场内持股者的心态，以及市场的跟风情况；三是，庄家高度控盘。实盘操作中碰见类似个股时要大胆地假设，根据盘面上的迹象综合分析，看看自己的假设是否有充分的理由，然后得出股价出现一字阳线的内在原因。

底部经过充分整理后出现一字阳线，投资者在判断时应关注以下几个方面的因素。

（1）在底部，股价来回波动的幅度不会很大，一般涨跌幅度在3%左右。偶尔会出现幅度比较大的波动，但很快就会被修正过来。在股价整理时，成交量会呈现萎缩或者时大时小的状态，有时甚至出现极度萎缩现象。

（2）在盘面上经常会在委买、委卖处挂出大单，但这些大单很少成交，只是用来压制股价的上涨或封住股价的下跌空间而已。当股价下跌到一定程度后，就会在委买处挂出大买单，随后股价回升，但回升到一定程度后又在委卖处挂出大卖单。这样股价就被控制在一定范围内运行，这种现象在整理过程中经常出现。

（3）在低位，有些个股会出现最后的砸盘走势，但在快速下跌过程中，股价是被大量的对倒盘压下去的，在分时图上股价呈直线式下跌。在股价刚开始下跌以及下跌途中，委卖处有大卖单挂在上面。当股价下跌一定幅度后，这些大卖单就不见了，反而会在委买处挂出大买单。

（4）有时在低位突然出现放量下跌走势，但股价整体跌幅不大，且产生的成交量大多是庄家对倒所致。在分时图上，股价下跌一两个价位时，成交量出现了明显的放大。例如，在下跌一个价位时，盘面上出现成千上万手的成交单子，而这些成交单都是庄家自卖自买形成的，从而导致了量增价不跌现象。

当股价出现上述盘面特征时，可以断定一字阳线之后股价必将加速拉升，因为此时出现一字阳线往往是庄家高度控盘的结果。

## 二、中位一字阳线

### 1. 涨势中的一字阳线

在上涨中段出现一字阳线，往往表明市场筹码锁定性很好，盘面做多气势高涨，市场可能会步入主升段行情，或者出现加速上涨走势，甚至出现暴涨行情。

图 8-22 所示为华贸物流（603128）的日 K 线图。该股有实力强大的庄家入驻，在一年多的震荡筑底过程中，庄家吸纳了大量低价筹码，一旦时机成熟，股价很快会步入上涨行情。不久，连续两个一字阳线向上突破，经过几个交易日的洗盘换手后，再次拉出涨停大阳线。第二天股价以涨停价位开盘，直到收盘全天封于涨停价位，从而再次形成一字阳线。这种走势意味着前几个交易日的洗盘换手非常成功，股价从此开始了加速上涨行情，短期涨幅非常大。

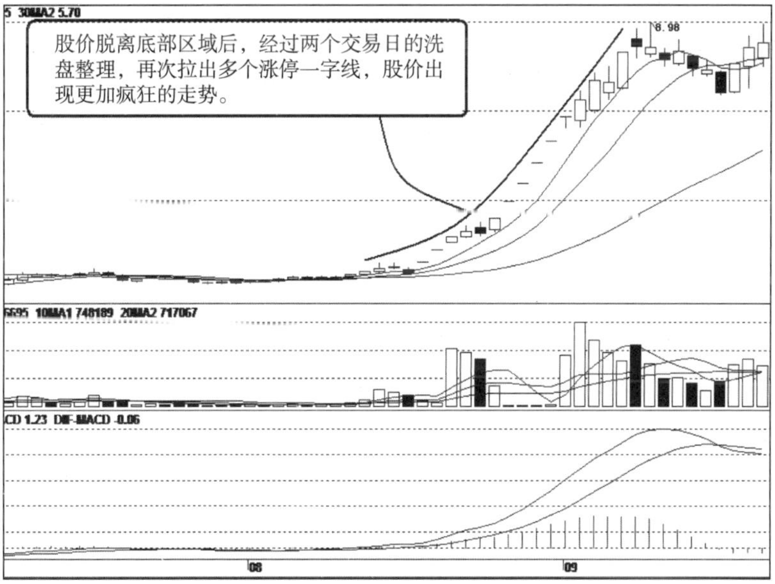


图 8-22 华贸物流（603128）日 K 线图

该股底部基础构筑扎实，前面两个一字阳线标志着市场底部构筑成功，这是股价启动的一个征兆。投资者只要观察盘面细节，就不难发现庄家的操作意图，股价先连拉两个一字阳线后，在相对高位打开涨停板开始“放水”，让低位获利者和前期套牢者有一个出局的机会，但股价并没有出现明显的回调。这就让人感到纳闷了，难道庄家白白送钱给投资者吗？显然不是。庄家只是在此位置进行了一次洗盘换手，让那些浮动筹码离场，以便日后顺利拉升。投资者可以试想一下，如果庄家无意做多，就不可能让前面的套牢盘解套，也不会给低位介入者获利出局的机会。庄家如此慷慨大方，后市定有好戏。

在收出缩量涨停大阳线后，第二天再次出现一字阳线，成交量更是极度萎缩，这就可以看出庄家经过洗盘整理后已经高度控盘，只需很小的成交量就能把股价封在涨停板上。此时只要庄家不往外抛售筹码的话，涨停板是不可能打开的，因为大部分筹码都已经被庄家锁定了，所以成交量极度萎缩也是理所当然的事。此后股价出现一轮快速上涨行情，短期涨幅非常大。在实盘操作中，投资者遇到这种情形时，可以在尾市收盘前几分钟大胆跟进，或者在将要封涨停板时追进。

实盘操作中，遇到上涨途中的一字阳线时，应掌握以下技术要点。

（1）在加速上涨之前，股价涨幅越小，后市上涨空间越大。

（2）股价在底部区域整理时间越长，后市上涨动力越足。

（3）在低位区域震荡时，成交量极度萎缩，上涨时成交量出现放量现象，一旦出现一字阳线，后市股价往往会出现加速上涨行情。投资者可以在一字阳线当天开盘后立即挂单等候，如果当天没有成交，第二天可以继续挂单，但第三天就不要挂单了。

（4）在低位震荡整理时，如果成交量放大，在一字阳线之前的上涨过程中，成交量也出现明显放大，此时应关注第二天的走势情况。若第二天盘中出现大量抛盘，投资者最好不要入场，后市往往会有一个回落过程。

（5）出现一字阳线当天，如果成交量放大，甚至出现巨量，那么即使当天股价涨停，在买一位置有大笔买单封盘，投资者也要注意，盘中抛压较重，可能需要回调后再拉升。这时应观察第二天股价的走势情况，再决定是否入场。

### 2. 跌势中的一字阳线

一字阳线如果出现在下跌中段，表明市场出现超跌反弹，或者多头进行防守反击，反弹结束后股价可能还会再次出现下跌走势，因此对后市不宜过分乐观。

图 8-23 所示为凯盛科技（600552）的日 K 线图。股价见顶后逐波下跌，累计跌幅较大。2018 年 1 月 19 日突然出现一字阳线，一般情况下，这种走势反映市场下跌已经结束，后市将迎来涨升行情。随后第二天股价高开高走，收出一根放量大阳线。但第三天股价就开始走弱，盘面渐行渐弱，再次陷入调整走势，一字阳线成为多头陷阱。

从图中可以看出，庄家利用一字阳线制造多头技术陷阱，以达到顺利出货的目的。其实，从走势图中也能发现一些技术疑点：一是，在一字阳线出现之前，股价没有经过充分的筑底过程，底部根基不扎实，属于超跌反弹性质。也就是说，一字阳线来得太突然，不符合市场常规走势，疑似庄家故意所为；二是，均线系统呈下降趋势，30 日均线不断压制股价走高，对股价上涨构成重大压力，股价未能有效站稳在均线之上；三是，盘中抛压十分明显，庄家运用一字阳线达到“四两拨千斤”的效果，然后逢高大肆出货，从随后出现的这根放

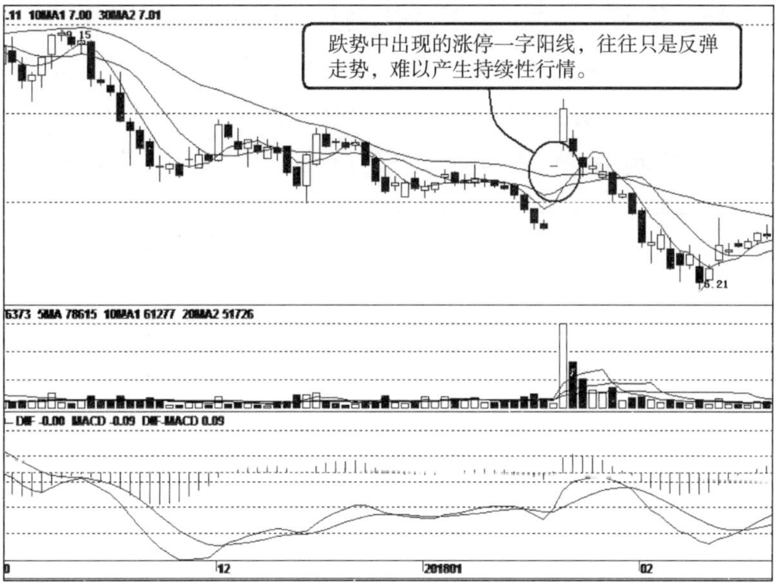


图 8-23　凯盛科技（600552）日 K 线图

量大阴线就可以说明这一点；四是，股价上涨遇到前期整理小平台的压力，未能形成有效突破，因此股价不可能出现持续升势行情。

在下跌过程中出现反弹一字阳线时，应保持清醒的头脑，不要被股价的快速拉升所诱惑。在实盘操作中，应掌握以下技术要点。

（1）如果股价前期有较大涨幅，此时出现的一字阳线为反弹性质，应谨慎操作。

（2）股价处于下跌趋势之中，没有明显的企稳迹象，此时出现的一字阳线为超跌后的技术性修复走势，后市走势不容乐观。

（3）在股价下跌过程中，委买位置有不少大单出现，但当股价下跌到这个位置时，这些大单却消失了，随后股价连续下跌。当股价下跌到一定幅度后又出现了同样的现象，这种现象在整个下跌过程中反复出现，说明庄家一路都在出货。随后出现的一字阳线是庄家为出货故意拉升股价造成的，目的是吸引投资者跟风介入。

（4）在一字阳线当天，成交量不断放大，在买一位置所挂的大买单不断成交，这也反映庄家正在故意拉高出货。一旦后市股价走弱，投资者应立即卖出，之后往往会有快速下跌行情。

（5）出现一字阳线之后，如果成交量极度萎缩，投资者可以持股观望，关注后市盘面变化。一旦上涨乏力，应果断卖出。特别是当股价运行到前期高点附近，或者上涨到前一次反弹高点附近时出现上涨乏力现象，一旦股价调头向下运行，应果断卖出。当股价跌破 5 日均线时，应减仓操作。一旦放量跌破 10 日均线支撑，应无条件卖出。

## 三、高位一字阳线

一字阳线如果出现在上涨行情的末期，表明庄家在刻意拉高，伺机出货。一旦封盘出现动摇，可能会有巨大的抛盘出现，这时投资者应尽快获利了结。

图 8-24 所示为神州信息（000555）的日 K 线图。经过大幅炒作后，股价涨幅巨大，庄家获利丰厚。为了达到出货的目的，庄家连续在高位拉出三根一字阳线，以此吸引投资者入场接单。庄家不断地在高位派发筹码，随后股价出现长时间的盘整走势。

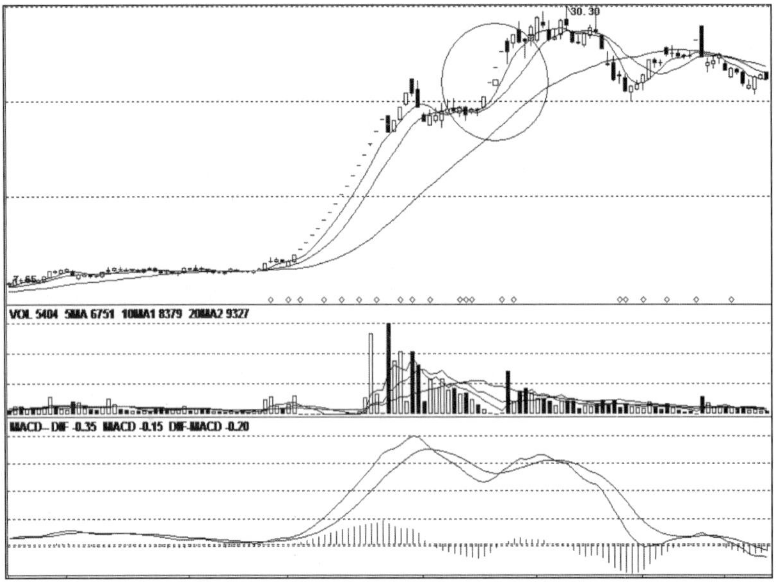


图 8-24 神州信息（000555）日 K 线图

该股在大幅上涨后的高位出现一字阳线形态，是庄家明显的诱多行为。从盘面观察，出现一字阳线之前，股价出现了加速拉升行情，也就是说，后市股价上涨空间非常有限。出现一字阳线之后的几天里，成交量比较大，表明庄家在对倒中大量出货。当庄家筹码所剩无几时，股价出现了连续缩量跌停走势。

投资者遇到这类个股时，不要被缩量拉升以及一字阳线所误导，具体操作中应掌握以下技术要点。

（1）出现一字阳线当天，如果成交量萎缩，应密切关注后期的走势情况以及成交量变化情况。在接下来的走势中，如果股价继续强势上涨，但上涨动力逐步减弱，而且成交量持续放大，可以确定庄家在诱多出货，在股价冲高受阻时投资者应果断卖出。

（2）出现一字阳线当天，如果放出巨量，挂在买一位置的大量买单得到成交，说明盘中出现大量的主动性卖盘。当买一位置的挂单成交得差不多时，又有大笔买单挂出。如此反复出现，给散户一种买盘积极的假象，这就完全可以确定庄家是在诱多出货。投资者在当天就应果断出局，后市股价必将出现下跌走势

（3）股价一旦跌破 10 日均线的支撑，应果断卖出。特别是股价放量跌破 10 日均线时，应立即清仓出局，后市股价必将快速下跌。

（4）在高位出现一字阳线时不要追高，这往往是庄家的诱多行为。这类个股最容易让贪婪的投资者上当，不少被套的投资者就是因为没有控制好自己的心态，看见股价不断地

出现拉升现象就迫不及待地杀了进去，结果被套牢在高位。

## 四、连续一字阳线

无论股价处于低价位还是高价位，如果连续出现一字阳线，投资者就要高度警惕，后市可能出现下跌调整走势，甚至出现大幅下跌行情。

图 8-25 所示为三六零（601360）的日 K 线图。在长时间的下跌调整过程中，庄家吸纳了大量低价筹码。从 2017 年 11 月 7 日开始，出现一波“井喷”式上涨行情，股价连续出现 19 个涨停一字线，短期涨幅惊人，这时庄家兑现获利筹码是当务之急。为了吸引散户入场接盘，庄家继续向上拉高股价，同时不停地暗中出货。12 月 1 日，当股价打开涨停板后，获利回吐盘迅速加大，但庄家顶住一切压力，使股价维持在高位震荡。为了吸引投资者积极参与，2018 年 1 月 2 日连续在高位拉出 3 个涨停板，有的投资者看见股价不停地上涨，在暴富思想的影响下，忘了市场风险而追了进去，结果被套在市场的高位。

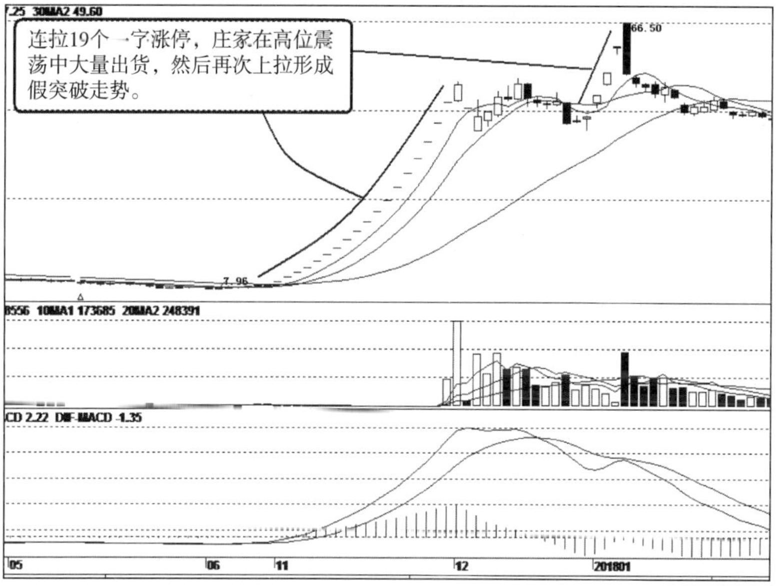


图 8-25　三六零（601360）日 K 线图

该股拉出一连串的一字阳线，市场风险不断加大。一旦风险开始爆发，就会引发大幅下跌行情。从盘面观察，这是一只实力强劲的强庄股，庄家凭的是雄厚的资金实力和强悍的坐庄风格，完全不讲操作章法，散户也很难把握股价的上涨高点，最好的办法就是回避这类个股。持股者应密切关注盘面变化，一旦打开涨停板的话，就迅速把筹码还给庄家。

一般而言，当股价在上涨初期拉出第一个一字阳线后，股价开始连续向上强势拉升，表明庄家做多意愿强烈，预示一轮上涨行情就此展开。根据多年的实盘经验，通常连续 3 个以上的一字阳线为风险防范区，散户应谨慎操作；连续 5 个以上的一字阳线为高风险警戒区，散户应避而远之；对于 3 个以下的一字阳线，可以用常规方法进行分析研判。

## 五、突破一字阳线

### 1. 突破盘区

如果股价以一字阳线的形式成功向上突破盘整区域，且得到成交量的积极配合，后市股价将会出现一波持续上涨行情，此时可以积极做多。但在高位突破盘整区域，要防止庄家拉高出货。

图 8-26 所示为四川双马（000935）的日 K 线图。在底部震荡过程中，形成一个盘整区域，突破这个盘整区域具有重要的技术意义。如果向下突破，意味着这是中短期顶部区域，对后市股价上涨构成重大压力；如果向上突破，意味着这是中短期底部区域，对后市股价起着重要的支撑作用。2017 年 8 月 22 日，股价从涨停板价位开盘，直到收盘时封单不动，这样一根涨停一字线突破了盘整区域，从而开启了一轮波澜壮阔的飙升行情，累计涨幅达到 5 倍之多，成为年度大牛股之一。

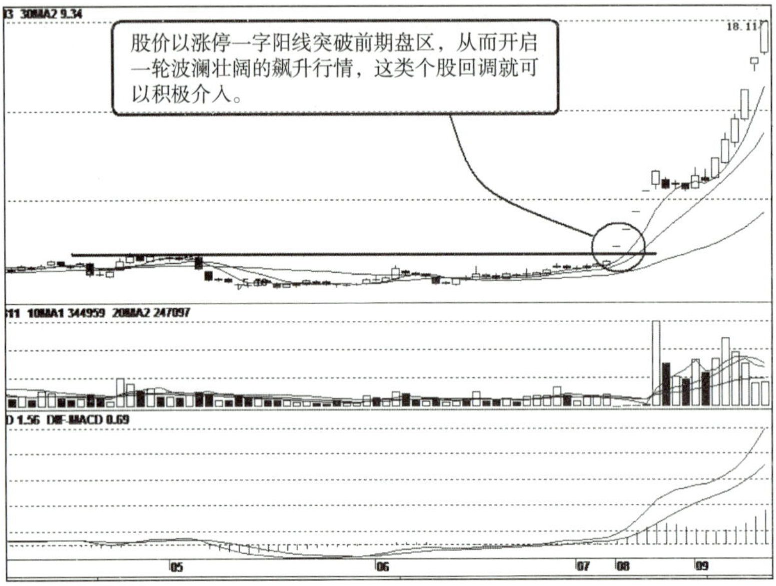


图 8-26　四川双马（000935）日 K 线图

在底部震荡过程中，庄家吸纳了大量低价筹码，从而形成一个震荡盘整区域。经过一段时间的盘整后，筹码得到较好的换手，于是一根一字阳线向上突破。这根一字阳线的突破意义非常大，为后面的股价上涨奠定了坚实的基础。投资者遇到这种盘面现象时，可以积极跟进做多。

### 2. 突破高点

当一字阳线成功突破前期阶段性高点时，意味着后市股价上涨空间被打开，具有强烈的看涨意义。但是，在大幅上涨后的末期或下跌反弹过程中，要小心一字阳线假突破现象。

图 8-27 所示为荣盛发展（002146）的日 K 线图。股价经过长时间的大幅下跌后企稳反弹，当股价反弹到前期高点附近时，由于后续能量不足，无法顺利突破阻力区域，因而

股价渐渐向下滑落，从而形成一个双重顶形态，这个形态对股价上涨构成一定压力。之后股价回落，蓄势整理，重新集聚做多能量。2017 年 4 月 5 日以一字阳线的方式向上突破了双重顶形态的高点，随后股价短期出现快速上涨行情。

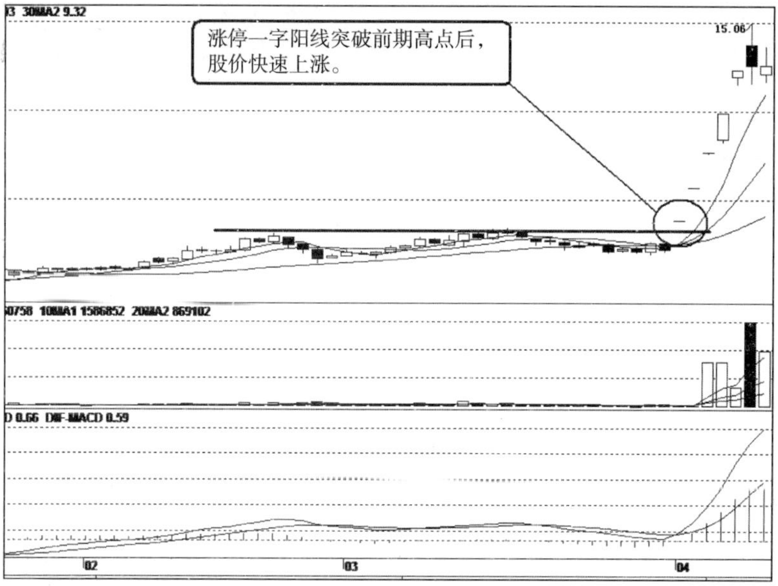


图 8-27　荣盛发展（002146）日 K 线图

该股出现阶段性高点后，对后市股价上涨构成较大的压力，庄家巧妙地利用这个位置进行建仓或洗盘整理。出现一字阳线之前，股价进行了充分的蓄势调整，这时庄家再次吸纳低价筹码。期间成交量明显萎缩，既反映上涨力度不足，也说明浮动筹码减少。时机成熟后，庄家一鼓作气，成功突破前面的两个高点，成交量持续放大。之后股价继续强势涨停，符合股价突破的盘面基本特征，因此投资者可以积极做多。

### 3. 突破均线

当一字阳线由下向上突破均线时，预示股价下跌或调整结束，后市将出现一轮上涨行情，因此是看涨信号。均线突破通常有三种盘面现象：一是，在下跌趋势后期，一字阳线向上突破下行的均线；二是，在上升趋势途中，股价洗盘调整结束后，一字阳线向上突破上行的均线；三是，在横盘整理过程中，一字阳线向上突破水平移动的均线。根据均线周期长短，分为突破短期均线、中期均线和长期均线三种类型。在此仅以一字阳线向上突破 30 日均线为例进行分析，对其他类型的突破走势，投资者自行研判总结。

图 8-28 所示为先河环保（300137）的日 K 线图。股价见顶后逐波下跌，均线系统呈空头排列。经过长时间的调整后，做空能量得到较好的释放，盘面出现企稳回升迹象，多空双方争斗趋向缓和。2017 年 4 月 5 日，庄家一举打破盘局，将股价直接高开于均线系统之上，全天股价封于涨停板位置，从而形成突破均线压制的一字阳线。这种走势预示下跌行情告一段落，股价的上涨空间已被成功打开，此后连续出现一字拉升行情。

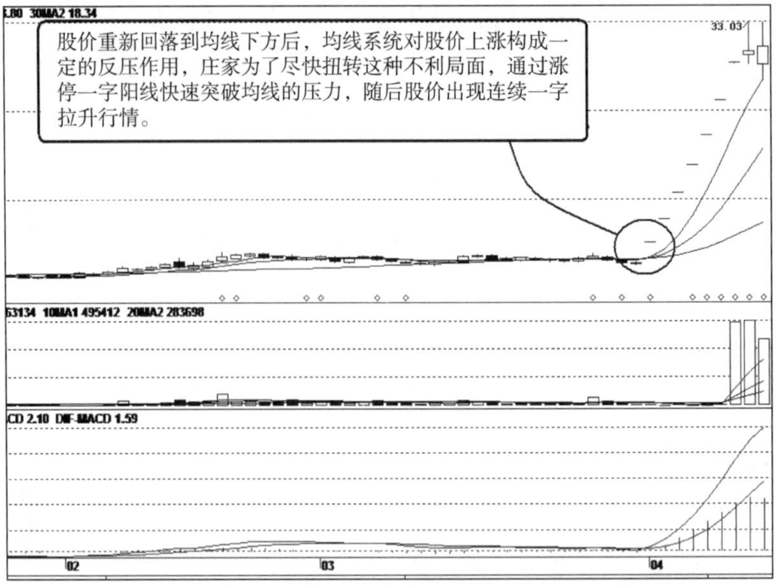


图 8-28　先河环保（300137）日 K 线图

该股在一字阳线突破之前，股价调整时间比较充分，下跌幅度比较大，基本处于历史底部区域，而且股价有企稳回升迹象，这时的一字阳线起到了巩固和加速上涨的作用。在调整过程中成交量大幅萎缩，说明做空动能已经减弱，一旦多头发动进攻，容易走出暴涨行情。

### 4. 突破一字阳线操作要点

一字阳线是一种强烈的持续或转势信号，后市股价继续上涨的可能性很大。这种 K 线形态大多出现在初涨期，有时也出现在调整或反弹阶段，甚至会出现在高价区。产生一字阳线后，后市也会出现一些变数，投资者应特别注意以下几个方面的操作要点。

（1）分析股价出现涨停的内在原因。如果是某种消息引起的市场震荡，应当就消息的实质性作用以及消息来源、真假和透明程度进行分析。若是一般消息，市场将很快归于平静，股价重新回到原来的势道当中。若是实质性重大题材，可能会改变原来的发展趋势，股价可能一去不复返。此外，如果股价下跌是因为庄家资金断链，后市将步入极端走势，散户千万不要去碰。

（2）从庄家坐庄流程中洞悉庄家行为，掌握当前行情的市场性质，继而判断当前市场处于哪个阶段，是建仓吸货阶段、试盘调整阶段还是拉高出货阶段，然后采取相应的投资策略。

（3）跌势后期出现一字阳线的话，在此之前应有一个充分的整理过程，抛盘减少，成交量极度萎缩，筹码基本锁定，股价维持在一个很小的范围波动。一旦脱离盘区，往往会产生市场大黑马。因此，在初升期出现一字阳线时，散户应积极做多，若当天无法买进，第二天可以继续追进，股价继续上涨的可能性非常大。当股价连续出现多个一字阳线后，盘内打开涨停板时，尽量不要追涨，此时风险比率大于收益比率。

（4）在涨势后期出现一字阳线时，如果先前几个交易日有过放量滞涨的情况，说明庄家在高位已经成功套现了大量获利筹码，这时出现一字阳线，后市可能转涨为跌。如果先前几个交易日缩量，则说明庄家仍在其中，后市应当还有重见天日的机会。

（5）在加速拉升阶段出现一字阳线时，如果盘中出现大笔成交单，表明庄家在高位出货。如果是缩量涨停，预示股价还将有一段升幅，持股者可以等到放量时出货，持币者冷静观望为宜。

（6）股价在底部经过充分盘整后，如果出现向上突破的一字阳线，其可靠性比较高；如果股价处于行情中段，需要结合其他因素综合分析，如用技术指标、趋势、形态及波浪等相互验证，达到一致时其可靠性就高。如在均线或趋势线下出现一字阳线，很可能成为失败形态，多数只是反弹行情，股价会再现跌势。相反，在均线或趋势线之上出现一字阳线，多数是加速上涨信号。

（7）观察盘面细节。一字阳线的重要特点不在于全天相同的价格，而在于全天成交量大小以及挂单、撤单的变化。如果当日成交量悄悄放大，说明市场暗流涌动，庄家在搞鬼，一字阳线的性质即将发生变化；如果盘中挂单很大，成交量却很小，庄家的真实意图需待日后股价变化才能识破。挂单大小反映出庄家的实力和意图，“撤单再挂”是庄家诱骗散户的常用方法。可以观察“成交明细表”的变化，如有大笔交易的话，续涨的可能性值得怀疑。

（8）在底部出现缩量的一字阳线时，后市可能还会出现多个一字阳线形态。对于涨势中的一字阳线，持股者应坚定持股不动，稳健的做法是在打开涨停板时抛出。在顶部出现缩量一字阳线，可能是庄家的诱多行为，投资者应高度警惕。

## 第四节　⊥字线

⊥字线也是K线的一种特殊形态，除最高价外，开盘价、收盘价、最低价三个价位相同（或十分接近）。这种K线形态通常出现在市场的转折点，也可以出现在持续行情中，具有强烈的反转或持续征兆。股价开盘后，多方快速将股价拉高，但随后抛盘涌出，股价滞涨回落，最后以最低价（即开盘价）收盘，从而形成先扬后抑走势。

⊥字线出现在顶部时是一种典型的冲高回落走势，意味着转势出现。出现在底部时则意味着下跌趋势接近尾声，多方开始反击。这种形态也经常出现在连续暴跌过程中，跌停板打开意味着多空双方力量出现了微妙变化，股价运行趋势随时有可能反转。这种图形出现在不同的位置时，有不同的市场含义。

### 一、低位⊥字线

在股价有较大跌幅之后的低位，特别是股价暴跌之后出现⊥字线，投资者应谨防空头陷阱。股价经过一定幅度的下跌后，做空能量得到较好的宣泄，同时又累积了较多做多能量，多头随时可能反击。一旦买盘喷薄而出，股价很可能出现见底反转行情。此时，投资者应密切关注盘面变化。当股价止跌回升，并得到成交量的积极配合时，应逢低积极跟进。

图 8-29 所示为安彩高科（600207）的日 K 线图。该股经过大幅下跌后，在低位再次出现快速下跌走势，做空能量得到较好的释放。不久，股价从跌停板附近开盘，在大量买盘推动下快速回升，但空头气氛未散，股价最后又回落到跌停板价位收盘，在低位收出一根⊥字线，这种走势说明多头萌发做多意愿。第二天股价企稳上涨，此后走出一波快速反转行情。

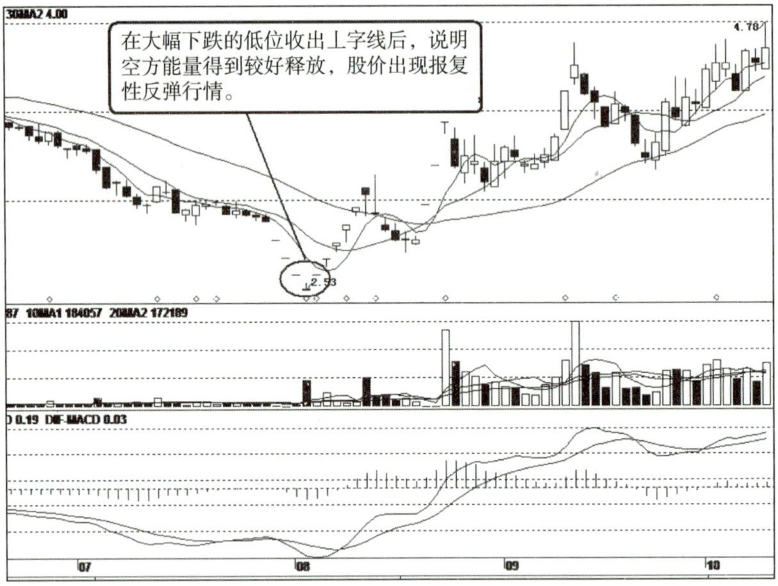


图 8-29　安彩高科（600207）日 K 线图

该股出现⊥字线之前，有一段快速下跌行情，这本身就释放了大量的市场风险，因此在形成⊥字线的当天，出现了较高的换手量。如果这是庄家继续放量出货，那么在随后的走势中会再次大幅下跌，说明抛盘很沉重。但是，随后的走势并非如此，第二天收出一字涨停板，说明形成⊥字线的当天有大量买盘介入。由此可见，庄家通过连续打压的方式制造市场做空气氛，当⊥字线出现在股价长期下跌后的低位时，投资者要防止空头陷阱，这往往是下跌行情即将结束的征兆。

在实盘操作中，若出现以下盘面现象时，可以判断为庄家诱空吸货。

（1）出现⊥字线之前的几天里，股价加速下跌，且累计下跌幅度较大，特别是连续跌停后出现⊥字线。在这个过程中成交量一般明显放大，让投资者误认为这是庄家在放量出货。

（2）出现⊥字线的当天，成交量会明显放大，有时会出现巨量。投资者应观察这部分成交量的来历，是介入量还是出货量。如果在股价回探之后的拉升过程中有大笔买单，说明庄家积极介入，散户热情参与，最后的打压行为是诱空行为。如果股价下跌时放出成交量，说明盘中抛压较大，投资者应注意控制风险，以逢高离场观望为宜。

（3）出现⊥字线之后的几天里，股价在回落过程中受到强大的支撑而回升，当股价向上突破 5 日或 10 日均线时，可以积极做多。

（4）股价下跌过程中，经常在卖一位置出现大笔压单，但这些大压单都没有成交。当股价下跌一个价位后，又被挂低一个价位。在盘面上出现这些迹象时，一旦这些大压单撤掉，股价可能立即向上拉升，投资者应及时跟进。这些大压单是庄家故意挂在上面来诱空的，其目的是让投资者看见有这么多的压单等待卖出，产生股价难以上涨、可能会下跌的错觉，迫使投资者以低一个价位直接卖出股票。

（5）出现⊥字线的第二天，股价应继续走强。如果盘中出现下探，那么下探之后必须被大幅拉起，且收出上涨阳线。如果股价放量向上突破 5 日或 10 日均线，投资者可以跟进做多。如果第二天股价出现下跌走势，继续收出中阴线，那么投资者就不要轻易进场了。

## 二、中位⊥字线

### 1. 涨势中的⊥字线

⊥字线出现在股价上涨途中时，大多属于洗盘或试盘走势，股价经过充分换手整理后，往往还有再次上涨的潜力，甚至会加速上涨，因此是一个逢低买入信号。在上涨途中出现⊥字线，一般有两种现象：一是，充当洗盘调整开始信号；二是，充当洗盘调整结束信号。

图 8–30 所示为泰禾集团（000732）的日 K 线图。该股反弹结束后，再次回落到前期低点附近，庄家成功地完成了筹码收集工作。2017 年 12 月 25 日，股价向上拔地而起，连续两个涨停突破了前期的反弹高点。由于短线快速拉升，盘中堆积了一定的获利盘，接着收出两根⊥字线，意味着股价上涨遇到一定的压力。

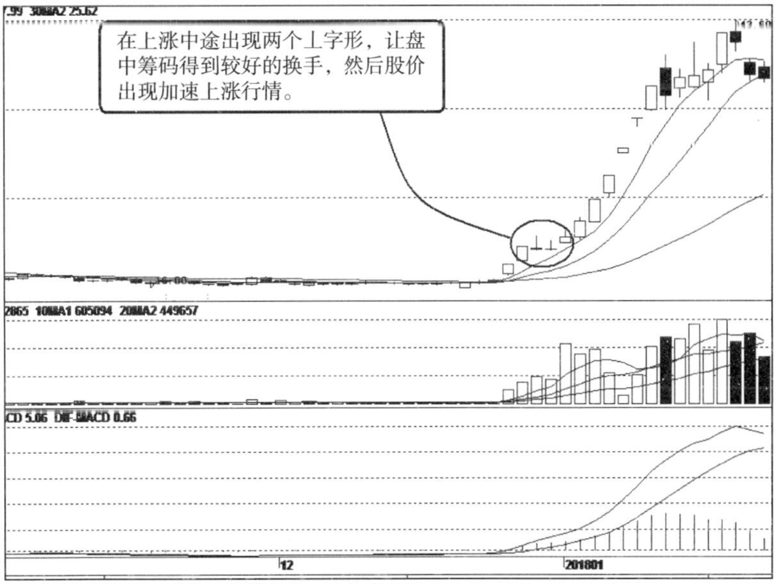


图 8–30　泰禾集团（000732）日 K 线图

那么这两根⊥字线意味着什么呢？单从 K 线形态上看，股价确实遇到不少压力，但行情是否就此结束呢？从图中可以看出，股价总体上涨幅度不大，市场处于强势上涨之中，整体形态没有遭到破坏，均线系统仍然呈多头排列，⊥字线只是对短线股价上涨过快做出的回调反应，不会影响总体上涨趋势，因此这是庄家的一次洗盘行为。

在上涨途中出现⊥字线时应注意：⊥字线出现之前，股价涨幅不能过大，上涨幅度最好在 50% 以下，而且在上涨过程中不能频繁出现大幅度的波动。在股价回落过程中，成交量相应缩小，回落幅度不宜太大，也不能有太多的主动性抛盘出现。另外，股价回落到均线附近时，必须受到强大的支撑，即使短期跌破均线也能很快返回到均线之上，且 30 日均线始终保持上行状态。该股的走势符合这些特征，因此是一次正常的洗盘回调走势。

在实盘操作中，投资者遇到上涨途中的⊥字线时，应掌握以下技术要点。

（1）在⊥字线之前，股价必须脱离底部盘整区域，市场形成强势走势，但总体上涨幅不宜太大，一般涨幅在 50% 以内为佳。

（2）形成⊥字线之前的几天里，盘面出现过明显的上拉动作，股价必须突破中短期均线，成功站于均线系统之上。

（3）在形成⊥字线的当天，成交量可以出现放量现象，但这些成交量绝大部分是在股价回升时出现的，是不断有买盘涌入导致的。如果放大的成交量是盘中卖盘所致，则对后市不应过分乐观。

（4）在形成⊥字线后的几天里，股价出现震荡走势，或是出现回探走势，只要成交量不放大，且股价在 30 日均线之上运行，那么后市一旦再次放量向上运行，可以积极买入。

（5）在形成⊥字线后的几天里，股价突然快速下探，且击穿 5 日均线或 10 日均线的支撑，之后股价很快又被拉起，并且收在 5 日均线之上，此时投资者可以等待股价再次走强时买进。

### 2. 跌势中的⊥字线

当⊥字线出现在下跌途中时，通常具有助跌作用，表明股价将继续加速下跌，因此是一个卖出信号。在下跌途中出现⊥字线后，通常有三种盘面走势：一是，出现⊥字线后，股价持续加速下跌；二是，出现⊥字线后，股价经超跌反弹后再次下跌；三是，出现⊥字线后，说明股价反弹或整理结束，市场进入新一轮跌势。

图 8-31 所示为三元股份（600429）的日 K 线图。该股见顶后回落，连续出现 5 个跌停板，股价出现严重超卖现象。第六天股价从跌停板价位开盘后，多方发力上攻，大幅拉高股价，但空方实力强大，最终还是将股价打回到跌停板位置，从而形成⊥字线形态。

那么这根⊥字线有什么技术意义呢？这根⊥字线只是充当股价超跌后的技术性反弹而已，至于反弹的力度要结合盘面进行分析。

从图中可以看出，第一，该股前期涨幅较大，股价刚刚脱离头部不久。通常下跌趋势一旦形成，⊥字线就具有助跌作用，此时出现的反弹行情，其力度不会很大。第二，均线系统遭到严重破坏，对多方没有任何有利的迹象，股价反弹受 30 日均线的压制，任何反弹

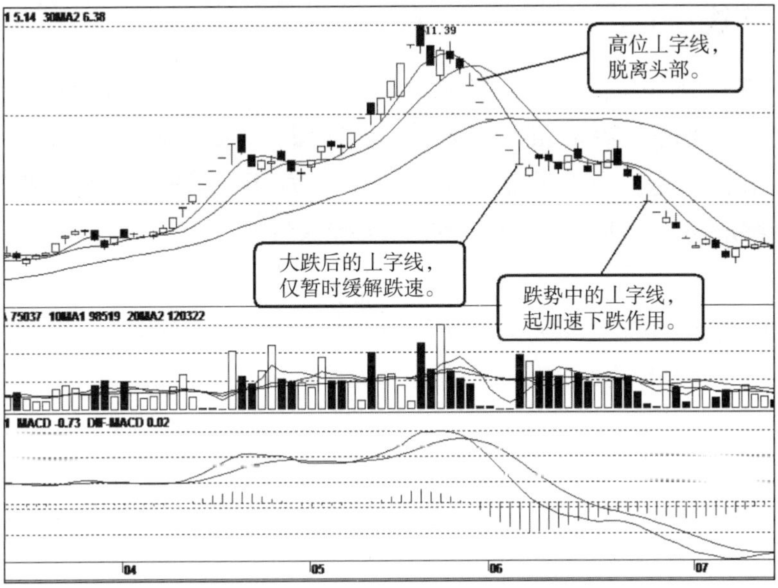


图 8-31　三元股份（600429）日 K 线图

走势均会遭到空方的抛压，因此反弹高度有限。第三，⊥字线受到前期盘整区域的支撑，疑似构筑头肩顶形态。在股价没有突破行情的最高点时，以构筑头肩顶形态对待为好，这使得右肩的高度受限。可见，股价的反弹高度将受到限制，以弱势反弹对待为好，投资者期望不宜过高。

一般而言，反弹可分为强势反弹和弱势反弹两种。弱势反弹也有多种表现形式，有时候以平台整理形式代替反弹行情，其实质就是一个下跌中继整理平台。该股的反弹就是以平台整理的形式出现，因此股价出现继续下跌走势。投资者遇到这种盘面时，应掌握一个原则：股价大幅下跌后，如果没有强势反弹，后市必有一跌。

下跌途中的⊥字线与下跌底部的⊥字线区别如下。

（1）看股价下跌幅度。如果前期股价跌幅已经很大，那么此时出现的⊥字线是见底信号的概率较大；如果股价处于下跌初期，跌幅较小，那么此时出现的⊥字线为助跌信号。

（2）出现⊥字线之后，看股价重心是上移还是下降。如果在⊥字线之后股价重心不断上移，⊥字线就是见底回升信号，此时投资者可以考虑买进。如果⊥字线之后股价重心仍处于下降状态，那么⊥字线就是庄家为投资者设置的一个多头陷阱，是下跌中继信号，此后股价仍会有较大的跌幅，此时投资者一定要耐心观望，绝不可盲目买入。

（3）看⊥字线之前的调整情况。若此前出现企稳迹象，下跌速度放缓，成交量持续低迷，则⊥字线是见底信号。若股价在毫无企稳征兆的情况下突然出现⊥字线，大多属于多头抵抗性走势，后市仍有一跌。

（4）看成交量配合情况。在形成⊥字线后的回升过程中，成交量积极放大，表明有多头资金介入，后市可以看高一线。如果股价回升时得不到成交量的积极配合，则为虚张声势，后市仍将下跌。

## 三、高位⊥字线

在股价有较大涨幅之后的高位，特别是股价暴涨行情之后出现⊥字线时，投资者应多加小心。因为股价经过一定幅度的上涨后，已经累积了较多的获利盘，随时有可能获利回吐。出现这种 K 线形态，表明买盘不继，获利回吐加重，股价上攻势头遭到挫伤，很容易导致股价持续走弱。实战中投资者应密切关注盘面变化，一旦上攻无力，应坚决出局，获利了结。

图 8-32 所示为无锡银行（600908）的日 K 线图。该股庄家成功完成建仓后，出现一轮快速上涨行情，在高位连续拉出多个涨停，上涨势头不可阻挡。由于短期的快速上涨，盘中堆积了大量获利筹码，股价面临巨大的回落风险。2017 年 5 月 15 日，股价出其不意地从跌停价位开盘，多方试图继续推高股价，盘中出现一波拉高动作，但在大量获利盘的抛压下，股价重新快速回落到开盘价位置收盘，当天收出⊥字线。这种走势导致筹码不稳定，随后股价渐渐走弱，形成中长期头部形态。

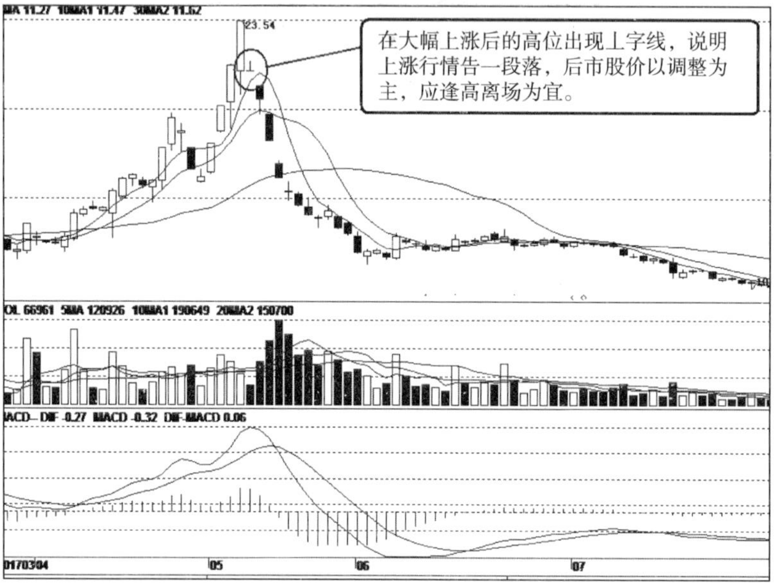


图 8-32　无锡银行（600908）日 K 线图

该股出现⊥字线之前，股价出现了暴涨行情，这本身就存在着巨大的市场风险。如果说⊥字线是庄家回调洗盘的话，那么经过当天的大幅回探后，股价应能够快速被拉起，接下来应延续前几天的强势拉升。但随后的走势并非如此，股价走势震荡加剧，虽然有上冲动作，但遭到明显的抛压，显示股价上涨动力已明显减弱。因此，当这种⊥字线出现在股价大幅上涨的高位时，往往是上涨行情结束的征兆，投资者要高度警惕。

在实盘操作中，遇到这种盘面现象时，应掌握以下技术要点。

（1）收出⊥字线之前的几天里，股价出现过加速上涨态势，或累计上涨幅度较大。特别是连续封涨停后出现⊥字线，此时股价见顶的概率非常大。

（2）收出⊥字线的当天，成交量出现明显放大，有时会出现巨量，在股价回升过程中，有买盘积极地把股价拉上去。虽然多方上攻失利，但足以说明多头资金暗流涌动，股价仍会出现一波上涨行情。

（3）出现⊥字线之后的几天里，股价冲高过程中受到强大的阻力而回落，当股价跌破5日或10日均线时，应无条件卖出。

（4）在盘面细节上，股价下跌过程中经常在买二、买三位置出现大手笔挂单，但这些大买单都没有成交，当股价下跌一个价位后，又被挂低一个价位。当盘面出现这些迹象时，一旦这些大买单撤掉，股价可能立即向下回落，投资者应第一时间卖出。这些大买单是庄家故意挂在上面来诱多的，其目的是让投资者看见有这么多的买单等待买入，引诱散户以高一个价位直接买进庄家挂在上面的卖单。

（5）股价开盘后，先是多方出现一波快速拉高，然后卖盘涌出，把股价打压到开盘价收盘。此时留下的上影线越长，则见顶信号越强烈，投资者应及时清仓，后市股价大多会出现继续下跌走势。

## 四、突破⊥字线

当⊥字线成功向下突破某一个重要支撑位时，说明股价下跌势头强劲，庄家出货意志坚决，后市可能继续走跌，因此应及时卖出股票。

### 1. 突破盘区

股价在长期震荡过程中会形成盘区，盘区一旦被⊥字线成功向下突破，特别是出现放量突破的情况下，后市股价将会出现一波新的下跌行情，投资者应及时减仓或退出。但是，如果在低位向下突破盘区，要防止空头陷阱。

图8–33所示为*ST中绒（000982）的日K线图。该股因基本面问题，股价见顶后逐波下跌，遇到多头的防御性抵抗时，股价出现反弹行情。当股价反弹到前期高点附近时，遇到低位获利盘和前期套牢盘的双重打压，在反弹高点出现震荡整理走势，从而形成一个盘整区域。对这个盘整区域的突破具有重要的技术意义，如果向下突破，意味着这是下跌中继整理平台，后市将有新一轮下跌走势；如果向上突破，意味着这是中短期底部区域，对后市股价起到重要的支撑作用。2018年2月1日，一根⊥字线向下突破整理平台，股价从跌停板价位开盘后，盘中快速冲高回落，当天以跌停板价位报收。这根⊥字线突破了近期的整理平台，也有效突破了30日均线的支撑，技术看空意义不可忽视，随后股价继续阴跌不止。

### 2. 突破低点

当⊥字线成功向下突破前期整理区域的低点时，意味着后市股价将再下一个台阶，具有强烈的看跌意义。但是，在大幅下跌后的末期或上涨回调过程中出现⊥字线，要小心假突破现象。

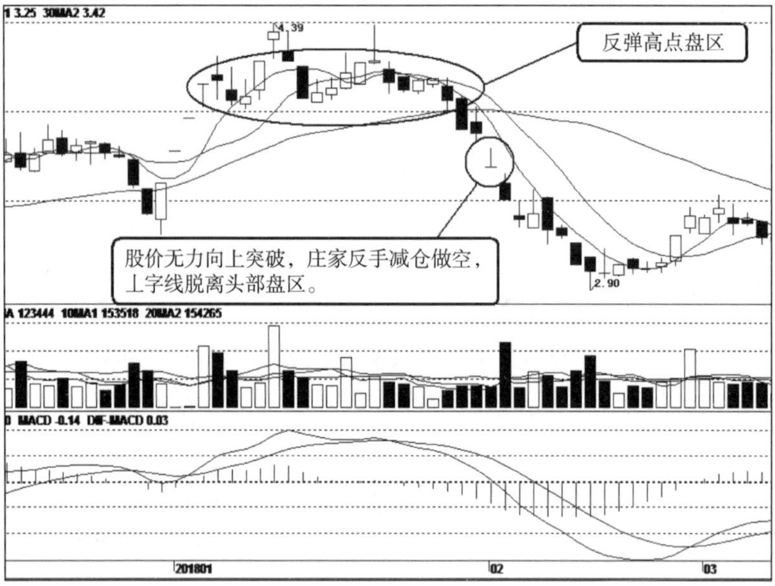


图 8-33　*ST 中绒（000982）日 K 线图

图 8-34 所示为长缆科技（002879）的日 K 线图。该股经过一波盘升行情后，形成震荡整理走势，显示上方压力不小。2018 年 2 月 1 日收出一根跌停大阴线后，次日在跌停价开盘，盘中开板后冲高，但遭到空方反击回落，收于跌停价，形成一根⊥字线。这根⊥字线突破了前期低点的支撑，看空意义非常强烈。3 月中旬股价反弹到⊥字线附近时，遇到重大压力再度回落，盘面重回弱势格局之中。

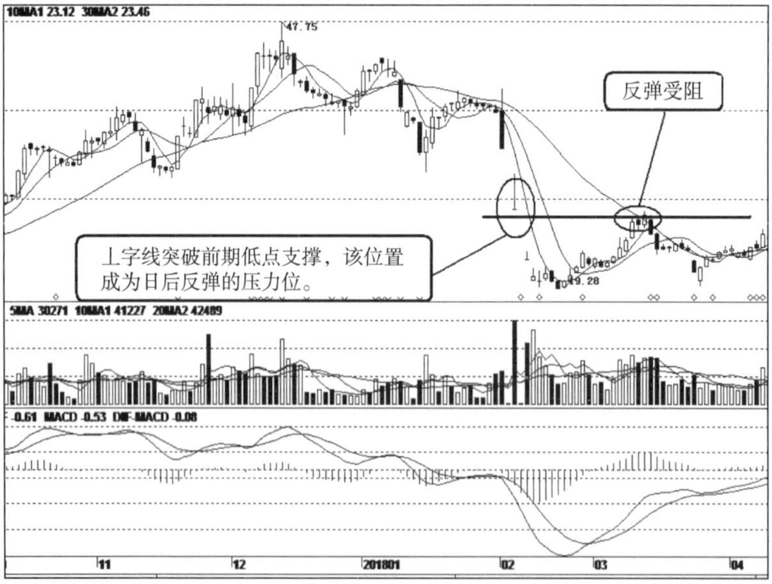


图 8-34　长缆科技（002879）日 K 线图

该股前期低点对股价回调会起到一定的支撑作用，所以空方采用直接突破的方式跳空低开。这样做的好处是庄家可以运用手中的少量筹码向下打压，制造恐慌的盘面气氛，导致股价不断下跌，形成深不见底的势头，为下一波行情腾出足够的上涨空间，庄家也可以在低位吸纳低价筹码。投资者遇到这种情形时，可以抓住两个明显的卖点：一是，当股价打开跌停冲高无力时卖出；二是，当股价反弹到⊥字线附近而无上攻能力时卖出。后市股价大多以盘整或下跌为主。

### 3. 突破均线

当⊥字线向下突破均线系统时，预示股价上涨或反弹结束，后市将出现加速下跌行情，因此是一个卖出信号。通常股价突破均线系统有三种情况：一是，在下跌趋势初期，⊥字线向下突破下行的均线；二是，在上升趋势后期，⊥字线向下突破上行的均线；三是，在横盘整理过程中，⊥字线向下突破水平移动的均线。根据均线周期长短，分为突破短期均线、中期均线和长期均线三种类型。在此仅就⊥字线向下突破水平移动的 30 日均线为例进行分析，其他类型的突破现象投资者自行分析总结。

图 8-35 所示为丰乐种业（000713）的日 K 线图。该股见顶后逐波回落，之后出现一波超跌反弹行情。由于后续能量不足，反弹无法形成新的突破行情，从而形成震荡盘整走势，均线系统水平移动。2018 年 6 月 1 日，股价大幅跳空到 30 日均线之下以跌停板位置开盘。虽然盘中有一波冲高动作，但最终还是收于跌停价位置，形成一根⊥字线。这根⊥字线向下突破了 30 日均线的支撑，看空意义非常强烈。此时 30 日均线由支撑作用转换为压力作用，后市股价短期难以乐观。

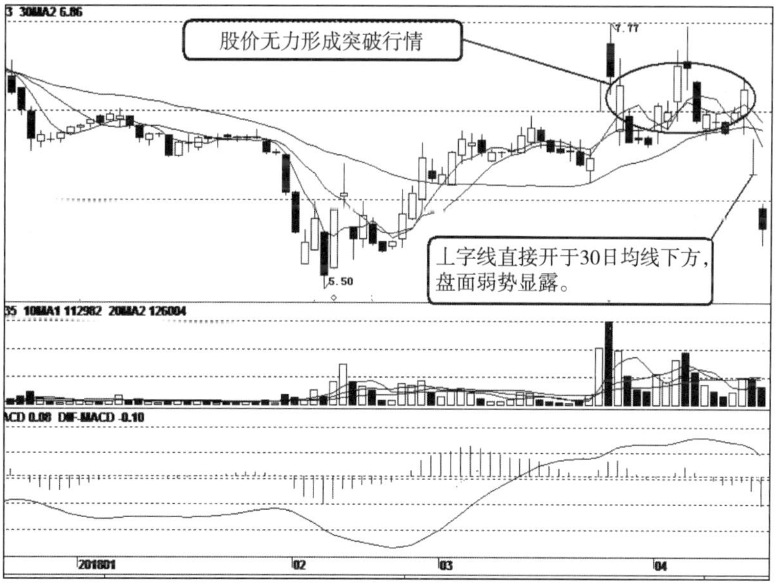


图 8-35　丰乐种业（000713）日 K 线图

### 4. ⊥字线突破操作要点

遇到这种图形时，除了掌握相关的技术要点外，还可以结合下列因素进行分析。

（1）关注成交量的变化。在升势中段的回调过程中，理想的成交量是，与前期上涨时对比应有相应萎缩，表明庄家有序掌控盘面，出局的是散户的浮动筹码，而不是庄家的控盘筹码，因此不足以引起恐慌。在跌势过程中，可能会出现较大的成交量，关键要区别这种量是不是介入量。如果前期是一字形跳水下跌的盘面，可能是庄家对倒所致，同时也有散户的抛盘，不要被这种量所迷惑。如果前期是盘整或阴跌走势，可能是庄家加速赶底或诱空的成交量，这时就可以乘机逢低跟进。

（2）观察⊥字线上影线形成的盘面变化过程。在实盘中，产生⊥字线上影线的过程有以下三种情况。

第一，闪电而过。有时候在分时图中根本看不到上涨迹象，但在 K 线图中留下一根上影线，这在成交明细表上可以找到明显的“痕迹”和“记录”。这是庄家特意制造的一种技术图形，通常利用开盘一瞬间，或者中盘打开跌停板的一瞬间大笔买入筹码，将股价快速大幅拉高，旋即反手做空，将股价重新封于跌停板位置。股价在分时图中不做停留，如闪电一般一闪而过，从而形成一个标准的⊥字线。这种情况表明庄家实力强大，坐庄手法蛮横，后市仍有较大的下跌空间。

第二，庄家建仓。以跌停板开盘，造成恐慌盘面气氛，诱导散户挂单卖出。当卖挡堆积大量的待卖筹码时，庄家便如数吃进，打开跌停板，之后很快又封上跌停板。

第三，庄家主动打开跌停板。开盘后庄家主动打开跌停板，放进大量散户，吸引买盘跟风，然后重新封于跌停板位置，套牢一批新进的散户。从打开跌停板到重新封于跌停板的持续时间很短，上涨幅度也不大，这种情况表明庄家在悄然出货，后市仍有一定的跌幅。

（3）分析当日⊥字线上影线产生的时间早晚、出现的次数以及开板后持续时间长短等因素，这些因素对后市研判具有重要意义。

一般而言，⊥字线上影线形成时间越早，后市下跌动力越大；⊥字线上影线形成时间越晚，打压力度越弱。特别是临收盘前几分钟才再次封盘的⊥字线，后市要小心诱空，很可能第二天就出现高开高走现象。

股价跌停以后，可能出现一次或多次打开跌停板的现象。一般而言，打开跌停板的次数越多，后市变盘的可能性越大。在⊥字线中，打开一次很快就封盘直到收市，其下跌力量最强，其后依次递减。

在股价回升过程中，开板持续时间长短对后市具有重要的判断意义。若打开跌停板后回升时间很短暂即恢复跌停，则后市下跌力量较强；若打开跌停板后震荡时间较长，说明多空双方争夺十分激烈，后市持续下跌的可能性不大。

（4）观察封盘后成交量的变化。在实盘中，如果封盘后立即缩量，盘面十分平静，买盘较小，表明庄家出货态度十分坚决，下跌趋势猛烈。或者，封盘后在卖挡堆积大量挂单，表明下跌势头不减，后市还会有一定的跌幅。如果封盘后出现大量买盘，说明有短线资金介入，有可能止跌回升。

（5）当日上冲幅度大小对后市也具有重要的分析意义。一般而言，上冲幅度小，表明多方力量弱小，后市下跌仍是主基调。若上冲幅度较大，则后市变盘的可能性较大。在实盘中有从跌停板到涨停板然后再打压到跌停板的例子，这种走势虽然有强大的多方支持，但多空双方出现明显的争斗场面，彻底扭转跌势，多方需要一定的实力。

（6）分析支撑位和压力位。产生⊥字线时，如果股价向下跌破了一道重要的支撑位，短期又不能返回到该支撑位之上，则下跌空间被打开。或者股价上冲时不能有效突破压力位，跌势仍然将持续一段时间，势道趋弱，这时应当小心对待。对于这种走势，其上影线可以理解为股价突破后的回抽确认走势。

# 第五节　T字线

T 字线也是 K 线的一种特殊形态，除最低价外，开盘价、收盘价、最高价三个价位相同，通常出现在市场的转折点位置，也可以出现在持续行情中，具有强烈的反转或持续征兆。股价开盘后在空方的打压下向下滑落，跌幅较深，但随后在买盘的介入下止跌回升，重新拉起而不断走高，最后以最高价（开盘价）收盘，从而形成先抑后扬走势。

T 字线出现在底部时是一种典型的探底回升走势，意味着股价出现转势。出现在头部时则意味着上升趋势遇阻，空方开始反扑。这种形态也经常出现在暴涨过程中的连续涨停走势中，涨停板打开意味着多空双方力量出现了微妙的变化，股价运行趋势随时有可能反转。这种图形出现在不同的位置时，有不同的市场含义。

## 一、低位T字线

T 字线出现在股价已经有一段下跌行情的低位时，表明下挡有较强的买盘介入，股价离底部已经不远，很可能会出现止跌回升或反转走势，因此是一个见底信号。此时投资者应密切关注其后的走势，若盘中买盘积极，出现放量上涨的话，则升势基本确立，可以积极介入做多。

图 8-36 所示为华东数控（002248）的日 K 线图。股价反弹结束后再次下跌，累计跌幅较大。从 2017 年 12 月 8 日开始，连续两个交易日股价从涨停板价位开盘，经过快速打压后，股价重新封住涨停板，从而形成两根 T 字线，此后股价进入上升通道。

在前期的下跌过程中，该股成交量极度萎缩，做空力量明显减弱，股价下跌趋势放缓，说明离底部已经不远了。出现 T 字线的当天，当打开涨停板时，也没有放出很大的成交量。可以想象一下，如果在打压过程中有大量的恐慌性抛盘出现，那么当天的成交量必将放大。从当天的成交量分析，盘中抛压并不严重，而且此前股价经过长期下跌调整，大部分持股信心不坚定的投资者早已把手中的筹码抛出，留下来的都是意志比较坚定或是等待反弹后解套的投资者。特别是在 T 字线的第二天，股价继续强势上行，成功突破 30 日均线的压力，成交量同步放大，表明市场得到越来越多的关注。此后股价渐渐走强，上涨行情得以确立。

在实盘操作中，投资者遇到低位 T 字线时，应掌握以下技术要点。

（1）股价必须经过长期下跌调整。下跌幅度越大、低位调整时间越长，止跌企稳的可能性越高。

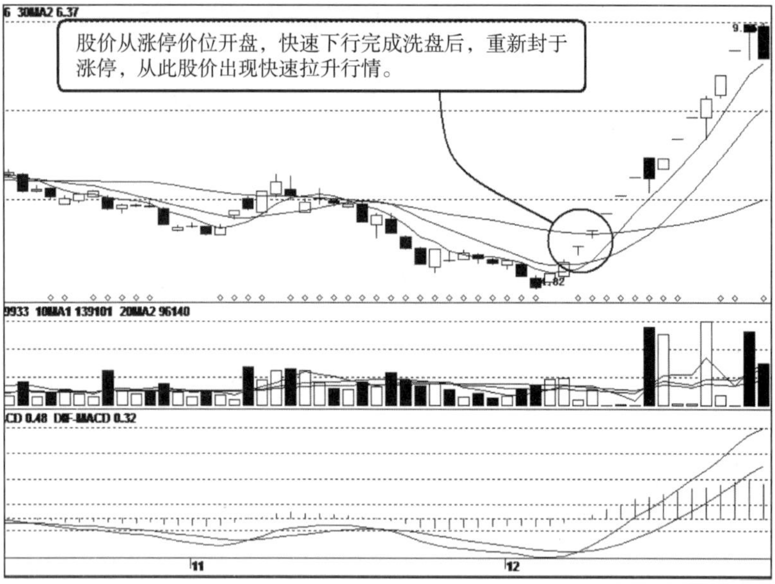


图 8-36　华东数控（002248）日 K 线图

（2）出现 T 字线之前，成交量极度低迷。成交量越小，说明抛盘越轻，股价见底的可能性越大。

（3）出现 T 字线的当天，如果成交量放大，投资者应观察这部分成交量是否为股价回升时放出的量。若是回升时放出的成交量，则说明买盘大举介入，此时可以坚定做多；如果是在股价下跌时放出的成交量，则说明盘中抛压较大，一旦股价走弱，应离场观望。

（4）开盘后，先遭到空方打压，然后买盘介入，快速把股价拉回到涨停价收盘，此时留下的下影线越长，见底信号越强烈，投资者可以积极介入，第二天大多会出现继续上涨走势。

（5）出现 T 字线的第二天，股价应继续走强。如果盘中出现下探，那么下探之后必须被大幅拉起，且收出上涨阳线。如果股价放量突破 5 日或 10 日均线，投资者就可以跟进做多。如果第二天股价出现下跌走势，且收于前一天的最低点下方，那么投资者就不要轻易买入了。

## 二、中位T字线

### 1. 涨势中的 T 字线

T 字线出现在股价上涨途中，具有助涨作用，表明股价将继续上涨，因此是一个买入信号。T 字线出现在上涨途中时，一般有两种市场含义：一是，洗盘结束信号；二是，持续上涨信号。

图 8-37 所示为江苏阳光（600220）的日 K 线图。庄家顺利完成建仓任务后，股价渐渐向上盘升，在相对高位出现震荡整理走势。经过一段时间的整理后，一根涨停大阳线拔地而起，股价成功脱离盘整区域。随后出现两根 T 字线，说明庄家在当天进行快速洗盘整理。此时有的投资者以为股价上涨遇到了压力，因而选择落袋为安。但出乎意料的是，股价仍然强势上行，短期大幅上涨。

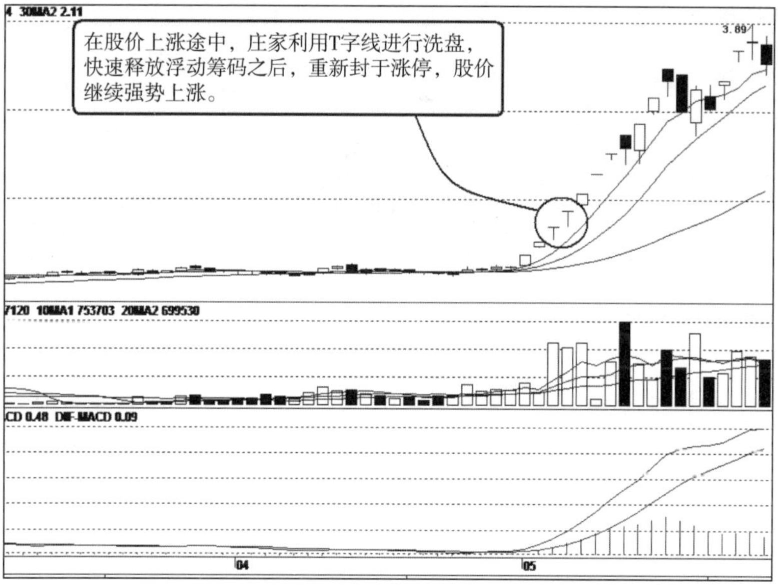


图 8-37 江苏阳光（600220）日 K 线图

这是庄家运用 T 字线进行洗盘换手的坐庄手法。判断这种盘面时，主要观察股价所处的阶段和庄家建仓过程。如果庄家在底部积极建仓，并经过较长的整理过程，说明底部构筑扎实，股价一旦成功脱离底部区域，将有不俗的表现，这时出现 T 字线，是一次难得的介入时机。对于那些盘面走势凌乱，股价处于高位，出现的 T 字线不合常规的股票，应小心对待，很可能是多头陷阱。

## 2. 跌势中的 T 字线

T 字线出现在下跌途中，表明空方力量基本得到有效释放，买盘乘机发动反击，市场可能迎来短期反弹行情，此时短线高手可以适当参与。一般投资者还是不参与为好，因为在股价下跌过程中，T 字线成为下跌中继形态的可能性比较大。

图 8-38 所示为宜宾纸业（600793）的日 K 线图。股价结束反弹后再次下跌，均线系统向下发散。经过几天的快速下跌后，空方能量得到很好的释放，股价稍有企稳回升迹象。2017 年 9 月 25 日形成一根 T 字线，这时有的投资者以为市场底部已经产生，后市将会迎来上涨行情，因此买入做多。可是第二天股价略做冲高动作后，就开始转为下跌走势。

为什么该股收出 T 字线之后股价仍会继续下跌呢？仔细分析前后走势，可以发现该股存在一些技术疑点：其一，出现 T 字线之前，成交量较大，表明做空能量依然强大，而且当天出现的成交量并不是来自入场资金，而是抛盘所致；其二，盘面弱势特征明显，反弹行情受下降趋势线压制，股价到达均线附近时遇阻回落，不断下移的 30 日均线有牵引下行作用；其三，出现 T 字线后的第二天，股价冲高回落，收出一根带长上影线的 K 线，给盘面蒙上一层阴影，第三天股价低开低走，显示多头力不从心，犹豫不决；其四，股价总体涨幅较大，庄家获利非常丰厚，并已顺利完成坐庄任务，股价短期难有良好表现；其五，股价已进入 C 浪调整阶段，而 C 浪调整通常下跌时间长，回调幅度大。由此可见，该股产

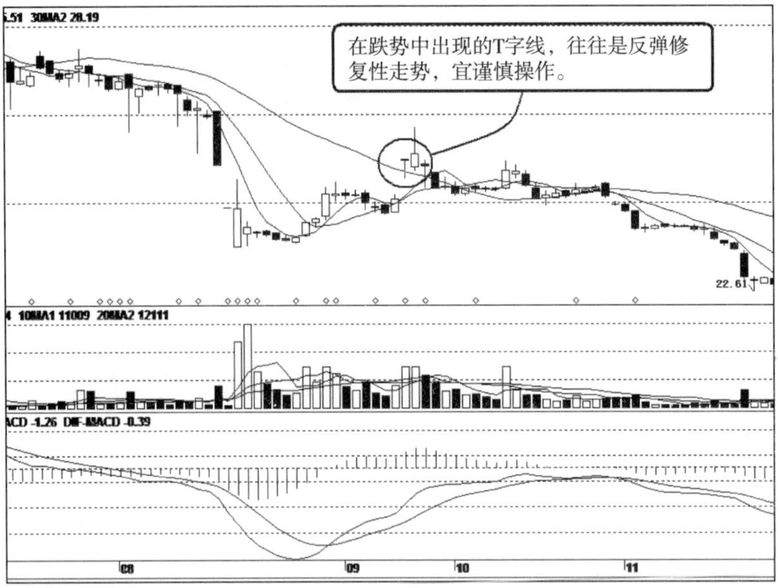


图 8-38　宜宾纸业（600793）日 K 线图

生的 T 字线属于超跌反弹性质，投资者遇到这类股票时不宜过早介入，以免遭受套牢或盘整之苦。

## 三、高位T字线

在股价有较大涨幅之后的高位，特别是股价在暴涨行情或连续一字形涨停后出现 T 字线时，投资者应多加小心。因为股价经过一定幅度的上涨后，已经累积了较多的获利盘，市场随时有可能出现获利回吐。一旦买盘不继，获利回吐加重时，很容易导致股价下跌，挫伤上攻势头。此时投资者应密切关注盘面变化，一旦股价上攻无力，就应坚决出局，获利了结。

图 8-39 所示为蓝晓科技（300487）的日 K 线图。该股经过一波快速的上涨行情后，成功完成了洗盘换手，然后出现第二轮快速拉升行情。从 2018 年 3 月 27 日开始，股价连拉 5 个一字涨停板。4 月 3 日继续以涨停板价位开盘，在大量获利盘的抛压下，盘中开板后快速回落。庄家为了能够在高位顺利出货，又将股价拉回到涨停价位收盘，从而在高位形成一根 T 字线。这根 T 字线显示盘中筹码已经出现松动，次日股价冲高回落，收出放量跌停大阴线，此时表明头部确立。

该股出现 T 字线之前，股价出现了暴涨行情，这本身就含有巨大的市场风险，因此在形成 T 字线当天，市场出现了大量抛盘。如果这是庄家放量洗盘，那么次日股价将拉起收涨，但事实并非如此。次日盘面走势震荡加剧，大量抛盘涌出，导致股价以跌停收盘，说明庄家已经无法继续掌控盘面。当这种 T 字线出现在股价长期上涨的高位时，投资者要高度警惕，这往往是上涨行情即将结束的征兆。

如何识别是上升途中的 T 字线，还是上升顶部的 T 字线呢？可以从三个方面进行判断。

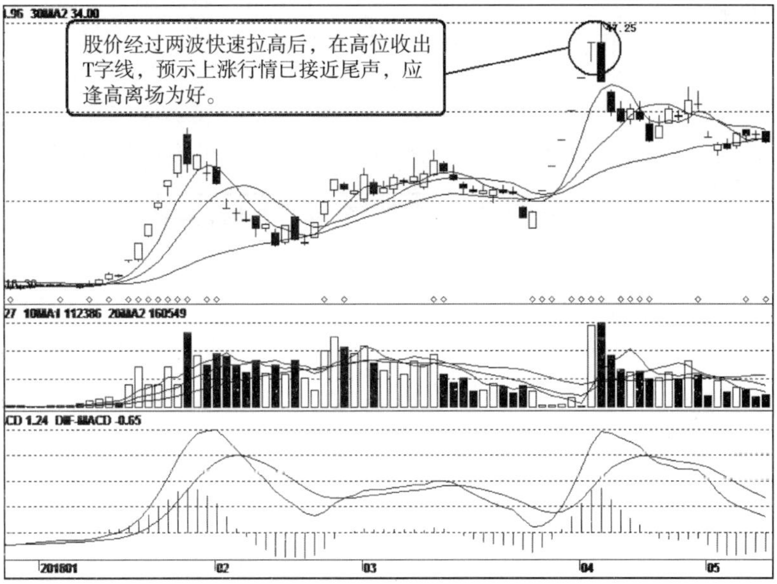


图 8-39　蓝晓科技（300487）日 K 线图

（1）股价前期涨幅是否过大。如果上涨幅度已经很大，T 字线作为出货标志的概率更大；如果股价处于刚刚启动阶段，或是股价涨幅很小，那么 T 字线大多是庄家洗盘所致。

（2）T 字线之后的股价重心移动方向。如果股价重心上移，则是庄家利用 T 字线在上涨途中进行洗盘；如果股价重心下移，则是庄家利用 T 字线出货。

（3）从成交量上分析。在股价下探时缩量，在股价回升时放量，是正常的涨势盘面，表明股价仍有上涨动力，否则后市应警惕。

## 四、突破T字线

当 T 字线成功向上突破某一个重要阻力位时，说明股价上涨势头强劲，庄家做多意志坚决，后市可能继续走强，因此是一个做多信号。

### 1. 突破盘区

股价在长期震荡过程中形成盘区，一旦盘区被 T 字线成功向上突破，且得到成交量的积极配合，后市将会出现一波持续的上涨行情，此时可以积极做多。但是，如果在高位突破盘区，要防止庄家拉高出货。

图 8-40 所示为天润乳业（600419）的日 K 线图。该股股价见底企稳后步入盘升行情，当股价上涨到前期高点附近时，遇到低位获利盘和前期套牢盘的抛压，股价出现震荡整理走势，从而形成一个盘整区域。不久，该股收出一根突破性 T 字线，这根 K 线突破了近期的整理平台，也突破了前期高点，技术意义不可忽视。在当天的分时走势图中，可以看出曾经有一些散户抛盘，但总体抛压不是很大，庄家很快就把股价拉回到涨停价位，且直到收盘时封单不动，这从萎缩的成交量上也反映出庄家控盘程度较好。

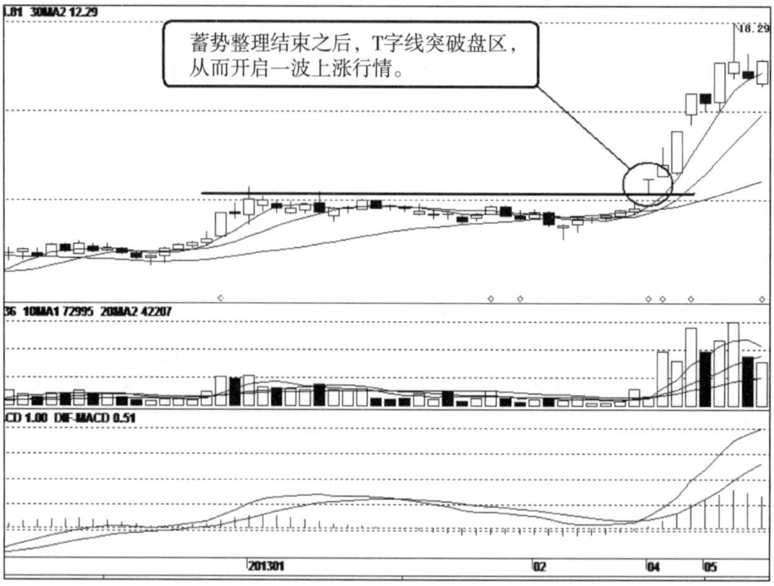


图 8-40　天润乳业（600419）日 K 线图

## 2. 突破前高

当 T 字线成功突破前期阶段性高点时，意味着后市股价的上涨空间被打开，具有强烈的看涨意义。但是，在大幅上涨后的末期或下跌反弹过程中，要小心 T 字线假突破现象。

图 8-41 所示为中航重机（600765）的日 K 线图。股价经过长时间的大幅下跌后，在底部企稳回升，并成功站于均线系统之上，显示盘面渐渐转强。不久，股价放量涨停，但这个位置正好是前期高点附近，在投资者心里是一个有目共睹的阻力位，能否被成功突破大家拭目以待。第二天，股价直接从涨停板价位跳空高开，位于阻力位之上。这时庄家为了减轻上涨阻力，故意将涨停板的封单打开，释放了大量持股信心不坚定的投资者，然后又快速拉回到涨停板，并用大买单封住涨停板直到收盘，从而使这天的成交量大幅放大，这说明盘中的买卖双方换手很积极。接下来庄家一鼓作气强势拉升，出现了短期的快速上涨行情。

该股的前期高点对后市股价上涨构成了较大的压力，庄家采用直接突破的方式拉高股价，这样做的好处就是不给散户逢低吸纳的机会，使原先想等待回调低点介入的投资者改变想法，不得不追高买入，相当于协助庄家拉高股价。这与期货市场中的逼仓手法相似，导致股价越涨越凶，庄家却在高位悄无声息地出货。

## 3. 突破均线

T 字线向上突破均线系统，预示股价下跌或调整结束，后市将出现上涨行情，因此是一个较好的买入信号。

图 8-42 所示为天宸股份（600620）的日 K 线图。该股经过大幅下跌调整后，股价企稳回升，底部慢慢向上抬高，并成功站于 30 日均线之上，均线系统呈多头排列。当股价上

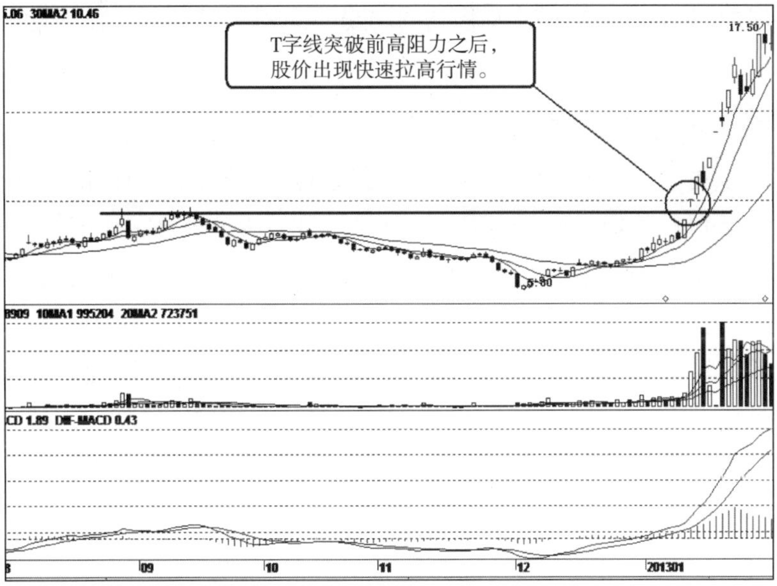


图 8-41 中航重机（600765）日 K 线图

涨到一定幅度后，庄家开始洗盘整理，股价向下回落，并击穿均线系统的支撑，5 日、10 日均线与 30 日均线形成死叉，有进一步恶化的可能。很快庄家一改常态，股价大幅跳空到均线系统之上并以涨停板价位开盘，盘中一度开板释放浮动筹码，之后继续封住涨停板，从而形成 T 字线，成功扭转了股价的下跌势头，起到“一线定乾坤”的作用，此后股价继续稳步上涨。

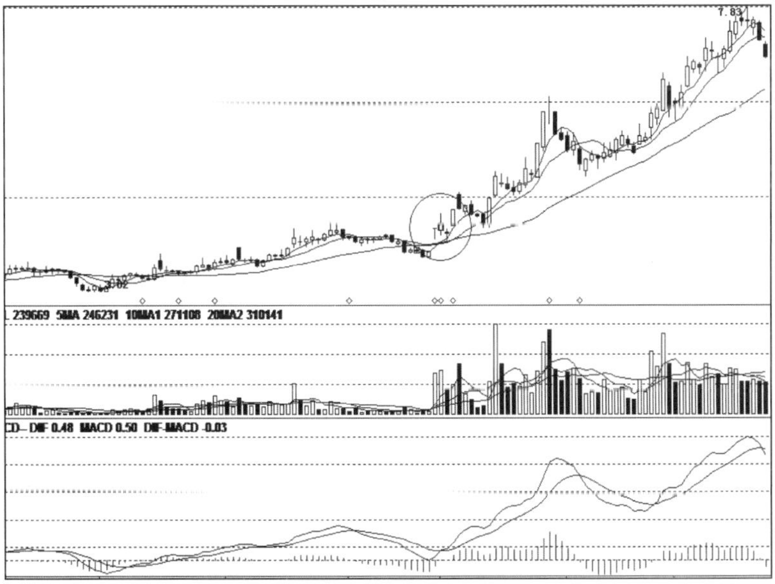

图 8-42 天宸股份（600620）日 K 线图

一般而言，股价突破均线系统时有三种情况：一是，在下跌趋势的后期，股价向上突破下行的均线；二是，在上升趋势途中，洗盘调整结束后，股价向上突破上行的均线；三是，在横盘整理过程中，股价向上突破水平移动的均线。根据均线周期长短，分为突破短期均线、中期均线和长期均线三种类型。

## 4. T 字线突破操作要点

从 T 字线可以看出，很多时候该 K 线都是庄家操盘造成的，可以说是一条庄家线。这种 K 线图形大多是以涨停板的形式出现的，盘中出现较大的震荡，后市存在一定的变数。遇到这种图形时，除了掌握相关技术要点外，还可以结合下列因素进行分析。

（1）关注成交量的变化。在升势过程中，成交量非常重要，缩量肯定不行，但放出巨量也要小心，孤零零的单日巨量更要谨慎。特别是 T 字线之前连续以涨停一字线上涨的，一旦不能维持涨停一字线形态，打开涨停板时，很容易出现极其罕见的巨量。这时对成交量应具体分析，通常以 10% 的换手率作为一个分析标准。换手率在 10% 以下，可以视为正常的波动，换手率在 15% 以上就要警惕，若换手率超过 20%，就要小心形成头部。在实盘中，这种形态之后大多还有一波冲高走势，散户一般有两次出局机会，熟练应对盘面变化才能得心应手，驰骋股市。在跌势结束后的回升过程中，成交量也非常重要，至少要大于下跌过程中的成交量，无量反弹肯定持续不了多久。

（2）分析 T 字线下影线形成的变化过程。在实盘中，产生 T 字线下影线的过程有三种情况（参考⊥字线上影线形成过程）。

（3）分析当日 T 字线产生的时间早晚。T 字线形成时间越早，后市上涨动力越大；T 字线形成时间越晚，盘面越弱。特别是临收盘前几分钟才再次封盘的 T 字线，后市要小心，很可能第二天就低开出现震荡走势。

（4）分析当日 T 字线开板的次数。股价涨停后，可能出现一次或多次开板现象。一般而言，开板次数越多，后市变盘的可能性越大。在 T 字线中，打开一次就很快封盘到收市，其上攻力量最强，其后依次递减。

（5）在下探过程中，持续时间长短对后市具有重要的研判意义。若打开涨停板后下探时间很短即恢复涨停，则后市上涨力量维持时间更长；若打开涨停板后震荡时间较长，说明多空双方争夺十分激烈，后市通常存在许多变数，介入时需要倍加小心。

（6）当日下探幅度大小对后市也有重要的分析意义。通常认为，形态强弱与其下影线长短成正比，下影线越长，信号越强。但是，实盘中往往有另一方面的含义。当日股价下探幅度小，表明空方力量弱小，筹码锁定性较好，多方仍是主力，后市上涨是市场主基调。若下探幅度较深，则后市变盘的可能性较大。实盘中有从涨停板到跌停板然后再度拉回到涨停板的例子，这种走势虽然有强力深幅洗盘的可能，但应当考虑多空双方出现明显分歧的一面。遇到剧烈波动时，投资者还是本着谨慎的态度为好。

（7）封盘后成交量变化具有很大的参考作用。在实盘中，如果封盘后立即缩量，盘面十分平静，只有十位数成交单，表明庄家筹码控制得非常好，上涨势头健康良好。如果封盘后成交量依然很大，持续出现百位数或千位数成交，表明多空双方明争暗斗仍然十分激烈，这时应慎重决策。

（8）分析支撑位和压力位。产生 T 字线时，如果股价向上成功突破一个重要压力位，并有效地将压力位转化为支撑位，则上涨空间打开，或者在股价回调时不破支撑位，则升势仍将持续一段时间。如果股价不能成功突破压力位或者在回调时跌破支撑位，说明股价上行遇到重大压力，有可能滞涨回落，意味着市道趋弱，风险大增，这时应小心对待。

# 第九章　K 线底部反转形态

## 第一节　V形底

### 一、形态特征

V 形底又称尖底，是一种变化较快、转势力度极强的反转形态。V 形底一般出现在熊市末期和上升趋势的阶段调整中。股价先是连续快速大幅下跌，市场处于极度恐慌状态，随即形成单日或双日 V 形反转，并伴随着成交量急剧放大，股价大幅回升，上涨速度与之前的下跌速度十分接近，几乎在相同的时间内收复所有失地，形成一个像 V 字形一样的轨迹。V 形走势是个转向形态，显示过去的趋势已逆转过来。

V 形底经常出现在以下几种市场氛围中：熊市末期、牛市初期和牛市中期回挡行情中。V 形底形态的基本特征如下。

（1）股价在长期下跌途中，开始是缓慢下行，后来跌势转急，伴随着成交量的放大。在下跌到某一低点之后跌势突然被逆转，股价转而大幅上涨，留下一个尖尖的底部。空头能量彻底释放之后，也就是转势来临之时。随后多头力量占据上风，股价反转向上，V 形底形成。

（2）股价下跌到一定位置之后，开始引起场外机构的关注。下跌途中，主力会先吸纳一定数量的筹码，然后再将股价向下打压一个台阶，所以才会出现放量急挫的现象。股价创出新低，引发大量恐慌性抛盘，此时主力再反手做多，在低位大量承接廉价筹码，所以股价很快反转向上。

（3）形成反转的当天，日 K 线往往以十字星线、长下影 K 线或大阳线等 K 线形态报收，同时伴随放大的成交量。

V 形底的形成可分为三个阶段。

（1）下跌阶段：一般 V 形底左侧跌势的坡度十分陡峭，而且会持续一定的时间。

（2）转势拐点：V 形底的底部十分尖锐，一般形成转势点的时间为 2 ~ 3 个交易日，而且低点的成交量明显放大，有时转势点在重大利空日中出现。

（3）回升阶段：股价从低点回升，成交量亦随之放大。

V 形底可分为对称形、加速形、减速形三种，如图 9-1 所示，（a）的上升速度等于下跌速度；（b）的上升速度快于下跌速度；（c）的上升速度慢于下跌速度。

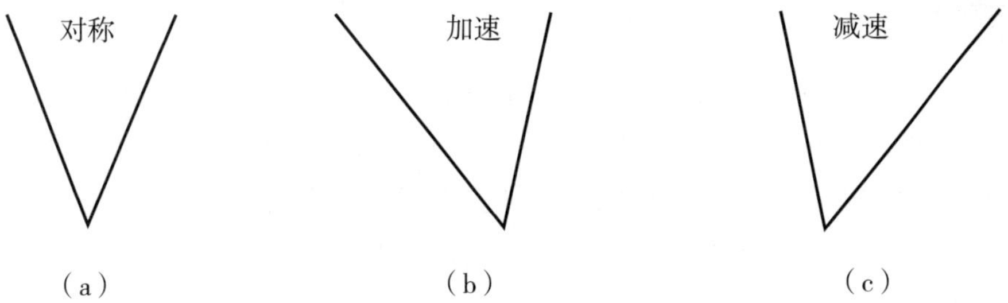


图 9–1　V 形底形态示意图

## 二、市场含义

V 形底是短期趋势强烈的底部反转信号，该形态的底部只出现一次，而且在低位停留的时间一般很短。其反转也没有明显的征兆，一般是在市场出现较大利好消息或短期内股价跌幅巨大的情况下产生的，分析 V 形反转走势要结合成交量变化和股价跌幅综合判断。

这种形态通常出现在下跌末期，市场空方力量很强，价格一路下滑，并且跌势持续性较强。最后市场出现恐慌性杀跌，空头能量极度宣泄。当空头力量消失后，买盘开始持续介入，走势出现极大转变。这个转变使价格不断上升，短期上涨趋势形成，最后出现暴涨行情，收复所有失地。

V 形底形成后的上涨规律是：V 形底的最低点到股价下跌前的平台区域的垂直距离，与 V 形底的最低点到涨幅最高点的垂直距离基本相等，即股价从哪里来就至少回到哪里去。在股价实际走势中，由于 V 形底的涨幅往往超过基本量度涨幅，因此应高度重视这种形态。

## 三、分析要点

产生 V 形底主要有三个关键因素，即推动资金非常充足、产生持续的购买力和市场信心转好。在分析时应掌握以下几个原则。

（1）V 形底出现前的短线下跌幅度越大、量能越大，下跌速度越快，出现 V 形底反转的概率就越大。

（2）股价在底部转折点区域容易产生超过 6% 以上的巨阳或巨阴 K 线，多空双方进行最后的转换。

（3）V 形底形成第一根筑底阳线之后，一般在次日或最迟不过三日再度放量飙升，成交量至少较上一交易日放大两三成。即使次日小幅调整，成交量一般也不会大幅萎缩。

（4）一般来说，V 形底形态的转折点较难判断，因为这种形态的反转通常没有什么征兆，而且反转前也没有逐渐缓和的趋势（逐渐平衡的买卖实力）可供参考。出现 V 形底形态，通常是报复性反弹的结果。往往在重大利好消息来临时出现，或在严重超卖行情中出现，使得短期内价格剧烈波动。

## 四、实盘技巧

股价跌幅越大，下跌越猛烈，上涨动力越足，出现V形反转的可能性越大。V形底中多空双方争夺激烈，多空转换周期较短，所以对于介入点位的判断要及时，随时留意支撑位的底部反转K线形态。实盘中可以参考以下几个买点。

（1）当出现放量的阳包阴反转大阳线时，是第一买点。

（2）放量突破颈线，是第二买点。

（3）回踩颈线再次放量反转上涨，是第三买点。

在V形底形成之时，投资者要敢于进场抄底。这时如果怕套，可以轻仓介入；如果判断错误，要及时止损。V形底前期下跌幅度越大，后市上涨空间越大。

图9-2所示为ST创兴（600193）从2018年9月至11月的走势图，该股走出了一个相当标准的V形底形态。股价从10月11日开始连续下跌，形成陡峭的暴跌走势。股价止跌后快速向上拉升，在底部形成十分尖锐的V形底。

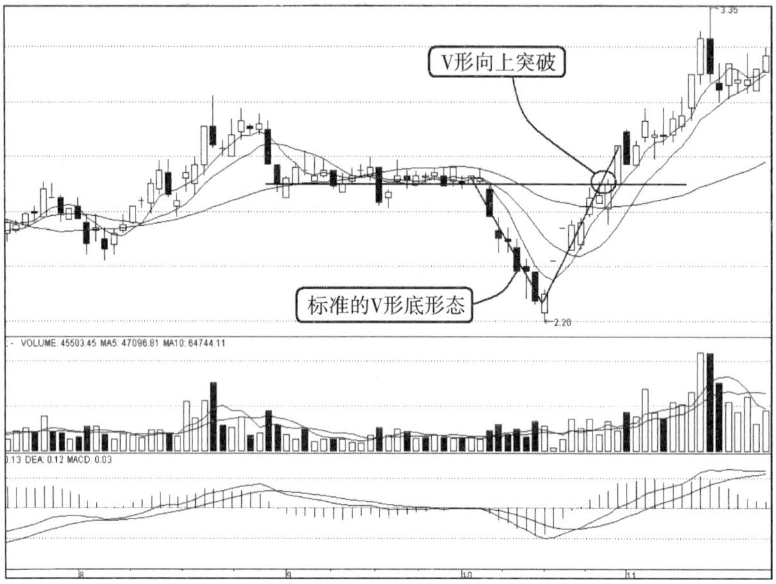


图9-2　ST创兴（600193）日K线图

一般来说，形成转势点的时间仅有两三个交易日，而且成交量在低点处明显增加（一字涨停除外）。有时候转势点就在恐慌交易日中出现，当日股价出现宣泄式暴跌，空头能量得到极度释放，由此形成V形底形态。研判V形底形态，关键要分析是否有资金介入。在成交量放大的前提下，行情会回到原来的起点区域，并且能够创出新高。该股后市强劲上涨的走势有力地证明了V形底形态是明确的底部做多信号，应大胆操作，坚定中长线持股信心。

V形底走势不仅难以把握买入点，而且风险较大。投资者在看到V形走势时，不要因为股价连续上涨就急于入场，而应结合下面几个因素进行分析。

（1）超跌 + 利好。如果股价已经严重超跌，且距离上方套牢区很远，同时又出现突发性重大利好，此时投资者可以第一时间积极入场。不过需要注意，对这样的行情，投资者应该以抢反弹的心态来操作，一旦股价走软就要及时退出。如果后续走势继续保持强势，中期上涨趋势得到确认，届时投资者再以中线思路入场买入。

图 9-3 所示为上海凤凰（600679）的日 K 线图。股价见顶后大幅下跌，从最高 46.80 元跌至最低 8.88 元，技术指标表现为严重超卖。2019 年 2 月初，受上海自贸区利好消息提振，上海板块普遍上涨。该股受到超跌和利好两大因素的影响，开始连续上涨，构筑了一个 V 形反转。此时投资者可在第一时间积极买入。

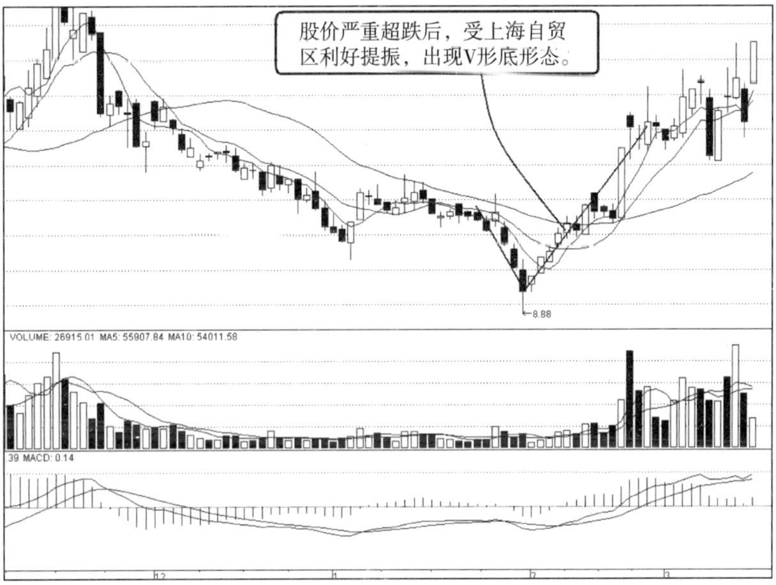


图 9-3　上海凤凰（600679）日 K 线图

（2）超跌、利好，二者有其一。股价严重超跌后，如果自然而然地出现 V 形走势，或者股价没有出现严重超跌，仅仅是政策利好导致股价突发性上涨，那么投资者不应急于入场，而应注意观察后续走势。如果后续走势持续保持强势，那么 V 形反转基本成立，此时投资者可以买入股票。如果后续走势偏软，投资者应继续观察，不可草率入场，此处很可能是反弹行情。

图 9-4 所示为 *ST 东网（002175）的日 K 线图。该股经过大幅下跌后，2019 年 2 月初出现了 V 形走势，投资者此时不必急于入场，可以继续观察 V 形之后的走势。该股后续走势稳健，股价不再跌回 V 形的底部区域，表示 V 形反转成立，投资者可以择机买入。2 月 25 日，股价放量突破后，强势整理 3 个交易日，3 月 1 日再次形成突破，构成上升三法形态，此时投资者可以大胆介入。

（3）超跌 + 利空出尽。股价严重超跌后，市场出现利空消息，加剧了做空势头，这无疑也加快了赶底步伐，所以容易出现 V 形反转走势。

图 9-5 所示为益佰制药（600594）2019 年 1 月至 3 月的走势图。股价向下破位后，

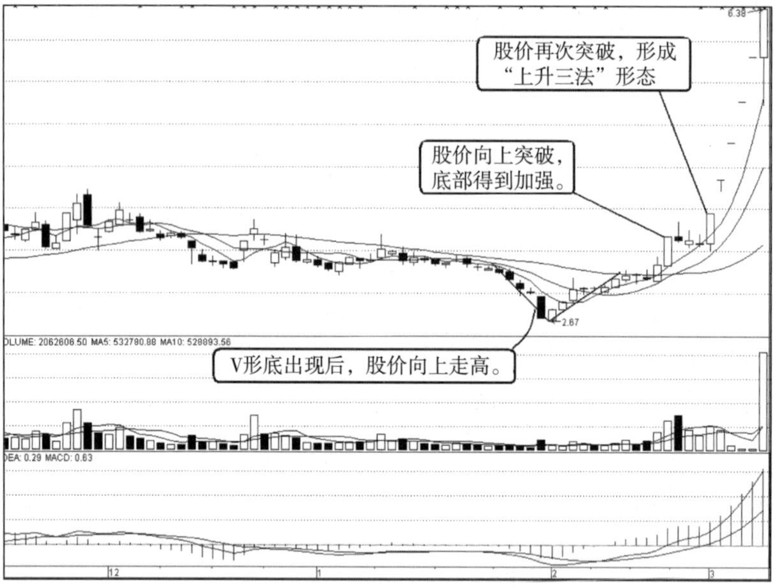


图 9-4　*ST 东网（002175）日 K 线图

上市公司 1 月 31 日发布业绩预亏消息，加剧了做空力量，当天收出跌停⊥字线，释放了大量浮动筹码。第二天股价出现止跌现象，成交量放大，显示有短线资金进场。之后股价渐渐向上攀高，形成 V 形反转走势。

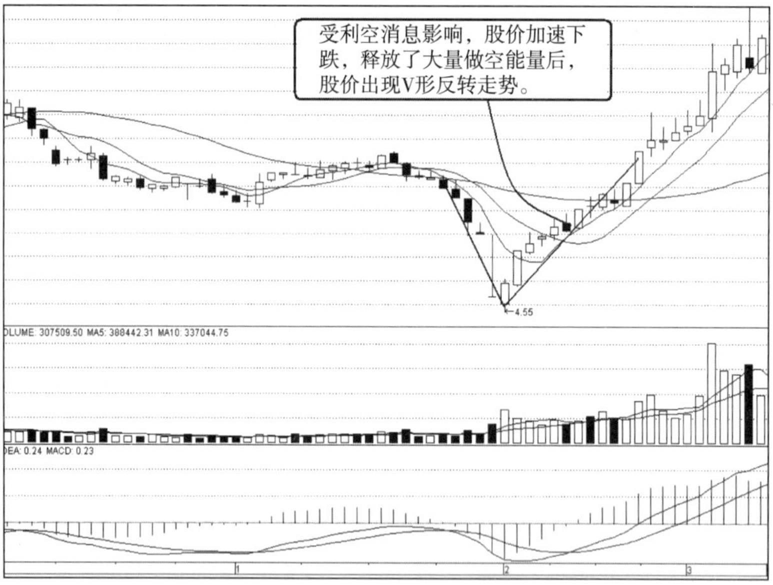


图 9-5　益佰制药（600594）日 K 线图

## 五、注意事项

（1）一般来说，股价出现 V 形反转是由以下两个原因引起的。

第一，在市场恐慌性气氛影响下，股价持续下跌，已经出现严重的超卖现象。随着股价持续下跌，投资价值逐渐显现，一旦股价开始反转，场外资金就会持续不断地买入，使股价出现持续性上涨走势，这样就形成了 V 形形态。

第二，在股价下跌途中，突然出现重大利好，引发股价连续大涨，形成 V 形形态。不过这种突发利好消息引发的上涨，大多只是熊市的反弹，反弹结束后股价仍将继续下跌。对于这种 V 形走势，投资者要保持警惕。

（2）V 形底形态比较少见，大多是因消息影响出现的上升走势。需要注意的是，反抽力度越强，表明底部的成功率越高。

（3）V 形底有时会出现变异的延伸 V 形底形态，也就是价格在触底以后反抽横盘上升，这种延伸形态和 V 形底有同样的效果。出现这种形态主要是部分投资者对后市上涨没有信心，当这股力量被市场消化后，股价又继续完成整个形态。出现延伸 V 形底的徘徊区时，投资者可以在徘徊区低点买进，然后持股等待整个形态的完成。

（4）在 V 形反转中，股价上涨很迅速，在底部停留的时间太短，主力很难收集到足够的低位筹码，因此 V 形底很少成为中长期底部形态。另外，股价在底部停留时间过短，会导致多空在底部换手不充分，也难以支撑大规模的上升行情。

（5）熊市中的反弹行情，大多呈 V 形走势。这时主力以出货为主，并不需要在低位建仓，因此主力借助 V 形走势吸引买盘入场，自己则趁机大肆派发。此时市场上一片 V 形反转的呼声，而实际上往往成为忽悠投资者入场接货的陷阱。

（6）在判断 V 形底时，首先应关注个股的前期走势。如果个股前期累计跌幅较大，那么此时在低位区出现一波快速下跌走势，极有可能引发 V 形反转行情。其次要关注量能的变化，成交量需要保持良好的形态，入场资金持续介入，这是主力资金快速大量建仓的典型标志。

# 第二节　双重底

## 一、形态特征

双重底也叫 W 底，是一种典型的底部 K 线反转组合形态，其显著特征是股价形成两个明显的底部。双重底多发生在股价波段跌势的末期，也会出现在上升或下跌趋势行情的中段。双重底形态如图 9-6 所示。

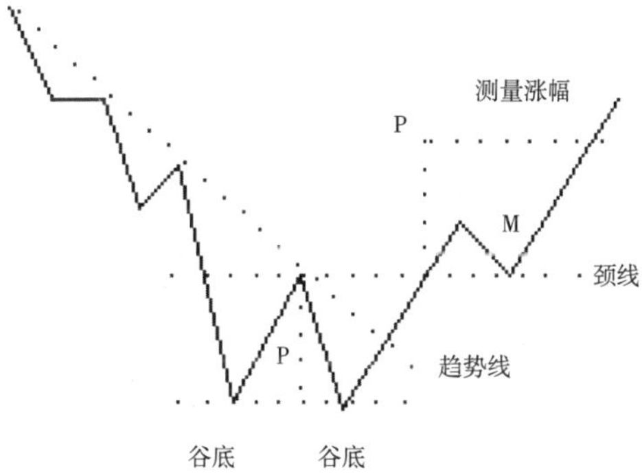


图 9-6　双重底形态示意图

（1）左底：在成交量逐步萎缩的情况下股价下跌，股价跌至一定价位时，部分投资者开始逢低入场，市场出现技术性反弹，成交量在股价反弹过程中有所放大。第一个底部之后的反弹幅度一般在 10% ~ 30% 之间，此时第一个谷底形成。

（2）中间峰点：股价触底反弹，成交量虽然有所放大，但市场人气仍未得到有效恢复。当股价反弹了一定幅度后，先前在低位买入的投资者见好就收，抛售离场，成交量也出现萎缩，股价开始滞涨回落，从而形成一个相对高点。

（3）右底：当股价结束反弹后，回落至前次低点（左底）附近时，又有新买盘介入，成交量开始积极放大，股价再次出现反弹，产生第二个谷底。股价第二次下跌时，会在前一个底点附近得到技术支撑，因而构成 W 底形态。一部分乐观的资金预见市场将会形成 W 底，于是纷纷进场买入，继而加速股价的反弹力度，股价也顺势突破了前期反弹高点。

（4）颈线：将两个明显的低点连接成一条直线，然后在中间高点位置画一条与该直线平行的直线，这条直线就是 W 底的颈线。颈线对股价的上涨具有一定的压力作用，只有成功穿过颈线时，双重底才宣告正式构筑完成。

（5）突破：股价第二次回落时，由于获得前一个谷底的支撑，因此市场人气渐渐增强。强大的买盘力量将股价推高至前期反弹高点，并成功穿越颈线，同时成交量积极放大，股价形成有效突破，于是双重底形态确立，股价从此由跌势转为升势。

（6）成交量：当股价下跌到一定价位时，在其最低价附近有较大的成交量。当股价向上反弹时，成交量随之增大。第二个谷底的成交量比第一个谷底低，表明卖压减弱，此时可以确定双底成立。股价在回升时配合大成交量突破颈线，突破时为较好的买入时机。

（7）量度升幅：双重底的中间反弹高点到两底之间连线的垂直距离，为突破后的最小量度升幅。或者，在两个谷底之间高低存在差异时，其预期最小升幅可取两个谷底中最低的一个点，向上量出距中间反弹高点的垂直距离，然后从突破点开始向上度量出相等的距离，就是双重底的最小量度升幅，但一般实际升幅会大于量度升幅。

## 二、市场含义

双重底形态预示一轮下跌行情将告一段落，股价在完成形态之后将开始一轮上涨行情。股价持续下跌到低点，令仍坚守其中的持股者因股价太低而惜售，持币者因股价连创新低而认为已具备投资价值，因此开始在低位尝试性买入建仓，股价由此获得支撑而止跌反弹。

当股价反弹至某一价位时，距离低点出现了一段价差，这时一些抱着短线心理的低挡买进者亟思获利了结，原先套牢不卖者，此时也有部分人改变心意，产生少输为赢的想法，因而在短线获利回吐盘及套牢斩仓盘的双重压力下，股价再一次下探。

当股价回到前次低点附近时，市场上更多的投资者对后市产生信心，不但原先出手承接的人继续加码，还有更多的人产生兴趣而加入买进行列。越来越多的买盘涌入，导致多空双方力量发生重大转变，股价出现第二次涨升。这次涨升突破前次反弹高点，成功扭转股价长期的下跌趋势，一波多头上涨行情由此展开。

## 三、分析要点

（1）标准的双重底，两底应在同一水平上，但在股市形态分析中只讲形似而非相同。实践中，两个低点很难精确地落到同一价位水平，总会有一些差别。不论是右底比左底低，还是右底比左底高，只要构成 W 形态，就可称为双重底。但在投资者心里，右底略高于左底更具吸引力。通常两个底之间的差距不能太大，3% 以内可以接受。

（2）一般以两个底部之间的高点引出一条水平线作为双重底的颈线，或是两个底之间连线的平行线作为颈线。这两种划法除了两个底相同外，会有一定的差距。如果右底比左底低，根据其平行线画出的颈线，将低于根据其中间高点画出的水平线；如果右底比左底高，根据其平行线画出的颈线，将高于根据其中间高点画出的水平线，如图 9-7 所示。这直接关系到对颈线突破后的有效性认定标准，两者效果如何，见仁见智。

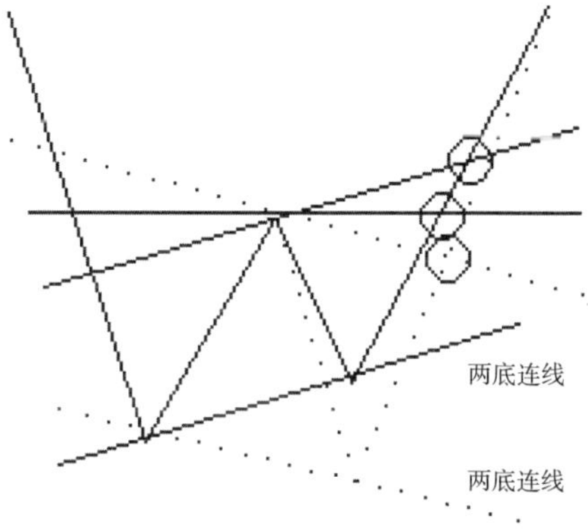


图 9-7　双重底变异形态示意图

（3）双重底形态两个底部的反弹行情都有明显放大的成交量，但第二个底部区域的成交量要比第一个底部显著增加，因为此时反映出买方力量增强，市场人气渐渐旺盛起来，这是引起股价上升的主要因素。双重底形态完成的标志是对颈线的有效突破，突破时一定要有成交量放大的积极配合。即使突破当天没有放量，后续几天也要补量。

（4）双重底中间高峰的高度最好不要太高，距离底部一般在 10% ～ 30% 为宜。

（5）双重底不一定都是反转信号，有时也会成为整理形态，这要看两个波谷之间的时间间隔，通常双重底的两个底部相隔时间在一个月左右。如果间隔时间太短，其触底回升信号的可靠性就会变差，要随时注意反弹之后回落的可能性。庄家常用这种手法来诱骗投资者，对此要警觉。

（6）双重底的走势一般不如双重顶那样直来直往，通常两个底部尤其是第二个底部走势比较圆滑，似有构成圆弧底的迹象。从时间上看，构筑双重底的时间较双重顶要长。

## 四、实盘技巧

双重底是一个底部反转信号，当出现该形态时，说明股价跌势已告终结，一波较大的升势行情即将展开，因而双重底是积极的买入信号。

（1）买点一：当股价第二次回落到前期低点时，通常会受到买盘的支撑，股价可能在此再次反弹回升，也就是说二次探底不破，可以考虑建仓买入。

（2）买点二：当股价完成右底并放量突破颈线时，是积极的买进信号。股价突破颈线后将加速脱离底部形态，此时应立即买入。

（3）买点三：股价突破颈线后，有时并不立即上升，而是在颈线附近对形态的突破进行回抽确认。只要股价在颈线位之上企稳，则回抽时可以放心买入，形态有效突破的可能性很大。

图 9-8 所示为航天长峰（600855）的日 K 线图。从该股 2018 年 9 月至 2019 年 3 月的走势中可以看出，当股价再次下探到前期低点附近时，构成第一个买点。2019 年 1 月 4 日股价跳空高开高走，收涨停大阳线，成交量放大，股价突破双重底颈线，构成第二个买点。股价突破之后回抽确认，在颈线位附近得到有效支撑后，股价再次回升，形成第三个买点。此时不妨加仓买入，随后股价进入上升通道。

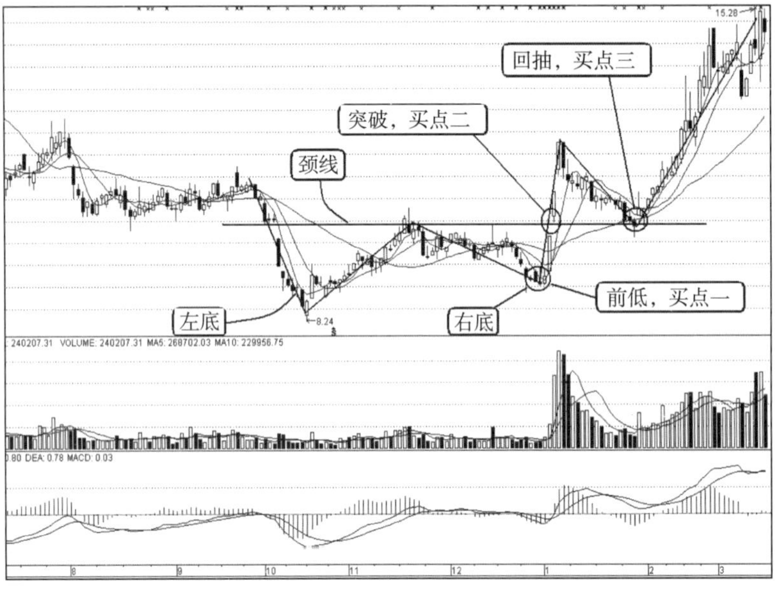


图 9-8 航天长峰（600855）日 K 线图

也有人认为，双重底有别的买入时机：一是，在股价加速下跌时抢反弹；二是，当股价反弹后下跌至前次低点附近时，也即二次探底不破可分批建仓；三是，放量突破颈线位或突破颈线位后明显缩量回抽成功时，是最佳的加仓和买入时机。两者稍有差异，效果如何，见仁见智。

图 9-9 所示为中国软件（600536）的日 K 线图。从该股走势中可以看出，股价从 2018 年 12 月 27 日开始快速下跌，此时可以试探性介入，构成第一个买点。当股价反弹结束后再次回落到前期低点附近时重新介入，此为第二个买点。2019 年 2 月 13 日，股价向上突破双重底的颈线压力时，此为第三个买点。随后股价出现强势上涨行情。

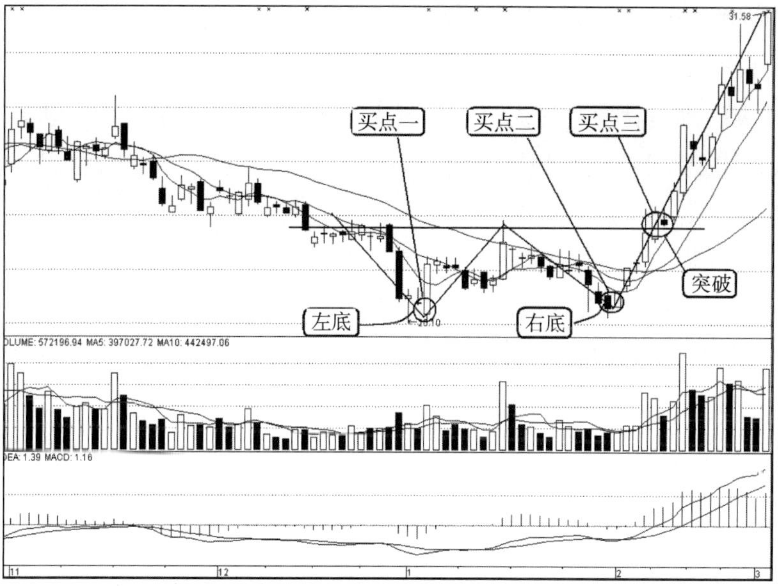


图 9-9　中国软件（600536）日 K 线图

## 五、注意事项

（1）一般而言，双重底的两个低点形成的时间至少间隔一个月以上，如果间隔半年或一年以上，可能是历史大底。通常时间间隔较短的形态，其可靠性也较低。双重底的第二个低点高于（或低于）第一个低点 3% 以内均属正常。股价突破颈线后会有短暂的回抽，在颈线附近受到支撑后反转上升。

（2）在判断双重底时，成交量分析具有重要作用。一是，第二个谷底的成交量应比第一个谷底小，表明第二次股价回落时，卖压明显减少，不易跌穿前一低点，有利于后市反弹。二是，在突破后出现回抽时，成交量也应较突破时的成交量显著萎缩。三是，第二个低点一般较第一个低点高一些，少数情况也会稍稍跌破第一个低点，但很快又上升至第一个低点之上，这种情况仍视为双重底。四是，当股价反弹突破双重底颈线时，成交量需明显放大，如有大成交量配合，反映市场买盘增加，这样才算有效的买入信号，可放心追入。

（3）双重底也有演化为下降三角形或下跌过程中的整理箱体或者假突破的可能，其后再创新低继续下跌，因此应有止损的准备。在第二次下跌到前次低点附近买入的，当股价有效跌穿第一个低点时，应止损观望；在股价向上突破颈线和回抽颈线时买入的，当股价跌到颈线之下而无上涨迹象时，也应暂时出局观望。

（4）回抽。股价突破颈线当日，收盘价在颈线 3% 以上，可以确定形态成立。有时股价在突破颈线时会有短暂的回落，以收盘价为准，只要跌破颈线不超过 3 日，可视为回抽，后市仍会上涨。

（5）时间。双重底通常在长期跌势的底部出现，是一个预示趋势将摆脱跌势、重拾升势的转向信号。一般而言，股价经过一段跌势后，要让投资者恢复购买信心，是需要时间的，多空双方在低位也会有一番对峙。因此，双重底形态形成时间较长，两个谷底外形上较圆滑，在周线图上形成此形态时，上升概率较大。

（6）股价突破颈线后回抽确认时，持币者可以把握买入时机。由于实际升幅往往比最小量度升幅大，建议在股价达到最小量度升幅时，先获利了结一部分筹码，然后再博取后续上涨的利润。

（7）有时在反弹结束下跌到第一个低点时以为会形成双重底，但股价仅上升到前一次反弹高点附近就告回落，且又在前两次的低点附近止跌回升，再次上涨到前次反弹的高度时才放量突破，展开上升行情，这就形成常说的三重底。三重底由双重底演变而来，只是其构筑的时间更长，突破后的涨势更有力，上涨幅度更大。因此，三重底的第三个低点附近和放量突破颈线时是最佳买入时机。

# 第三节　头肩底

## 一、形态特征

头肩底是一种典型的底部 K 线组合形态，也是可靠的底部反转 K 线组合形态，在理论和实战中具有十分重要的分析意义，历来为广大投资者和技术分析者所推崇。头肩底形态如图 9-10 所示。

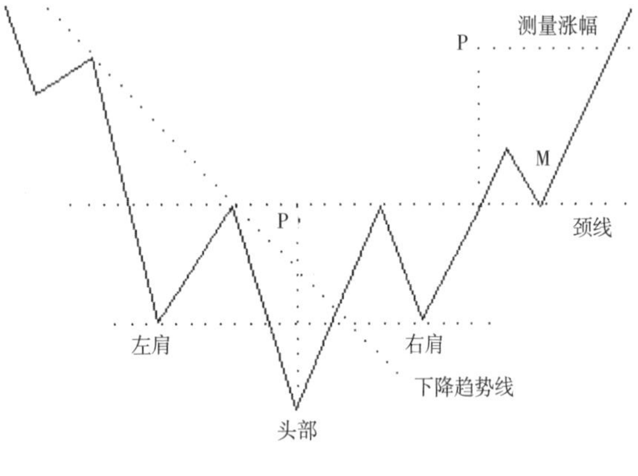


图 9-10　头肩底形态示意图

（1）左肩：股价经过一轮长期的持续下跌后，成交量相应减少，股价已进入底部区域。此时持股者因价位低而逐渐惜售，场外投资者认为股价的下跌空间已经不大，纷纷试探性买入，成交量略有回升，股价表现为超跌反弹，形成左肩。

（2）底部：股价经过长期下跌后，市场信心受到沉重打击，大家对反弹幅度的预期不大，股价弹升至某一价位时出现回落。此时在抄底资金获利回吐和套牢盘借反弹出货的抛压下，股价重回原先的下跌趋势，股价进一步下探并创出新低。此时早前抛空的投资者在低位进行回补，看好后市的场外资金也逐步分批介入，使股价探至低点后迅速回升，成交逐渐活跃。

（3）右肩：股价回升至前一次反弹高点时，由于技术上的压力，股价第三次出现回落。这时市场看多情绪高涨，投资者不再轻易杀跌，反而激发了买盘积极涌入，股价在前次低点之前再次止跌企稳，从而形成右肩。

（4）颈线：股价经过大起大落的震荡走势后，产生了两个明显的反弹高点，即左肩和底部之间的高点，以及底部和右肩之间的高点。将两个反弹高点用直线连接起来，形成一条阻碍股价上涨的阻力线，这条阻力线就是颈线，颈线对股价的上涨具有一定的压力作用。第三次反弹时在成交量的配合下，股价突破并成功站于颈线之上，此时头肩底形态形成。

标准的头肩底形态的颈线接近水平，但在实践中，颈线多上倾或下倾。“上倾颈线”反映第二个高点较第一个高点高，大多为市场人气转旺的指标，属强势头肩底形态，股价可能因此大幅上涨。若为“下倾颈线”，反映第二个高点比第一个高点低，代表市场卖气未减，在这条颈线附近会有较强的压力。

（5）突破：股价回落到前次低点附近时，市场前景进一步看好，投资者信心剧增，场外资金大举涌入，供需力量对比悬殊，股价被买盘极力推高，出现第三次上涨，并一举突破颈线压力，此时成交量积极放大配合。收盘价突破颈线的幅度在 3% 以上，并连续 3 天成功站稳于颈线之上，表明头肩底形态成立，之后趋势发生逆转，股价有效突破之后进入升势行情。

（6）成交量：由于股价长期下跌，左肩的成交量相对较少，持股者惜售，持币者观望。之后少数抢反弹者介入，成交量有所增大，行情出现反弹。底部阶段的成交量往往比左肩小。当价格跌到左肩最低点以下时出现反弹，股价超过左肩底部，上涨时成交量再度放大到左肩时的水准。右肩的成交量大多比左肩和底部小，但跌幅小于底部。颈线附近的成交量大幅增加，突破颈线时成交量明显放大。回抽时快速缩小，然后再度放量上涨。

（7）量度涨幅：股价突破颈线后，可以预测最小量度涨幅。由底部最低点画出一条距颈线的垂直线，然后从突破颈线的位置向上量出相同高度，即为最小量度涨幅，大多数头肩底形态的实际升幅远超最小量度涨幅。

（8）头肩底形态实际上是由三重底形态演变而来的，只是第二个低点（即底部）比第一个和第三个低点更低而已。如果头肩底形态出现一个以上的左肩或右肩，则属于复合头肩底形态，突破颈线时是更可靠的中长线买入时机。

## 二、市场含义

头肩底形态从第一个低点向上反弹之后，再度回抽测试支撑。当触及前期低点附近时，多头稍做抵抗，股价便应声跌破，再创新低。不过在最悲观的时刻，市场出现了一股较大的买盘力量，将股价再度向上拉升，股价突破了前一次的低点，且上涨到上波反弹的高点附近。这时持股者开始出现分歧，经过剧烈震荡之后，股价还是宣告向下。一般散户历经数度惊魂，信心已经丧失殆尽，纷纷杀出。不料低挡冒出很大的接手买盘，将筹码一网打进，股价也第三次出现强劲挺升，顺利超越了前两次反弹高点，从此市场告别悲情，展开多头走势。

头肩底形态表示一个长期下跌趋势已经发生逆转，股价下跌明显受到买盘支撑。市场在长期下跌之后初次盘稳，虽然再次下探创出新低，但成交量明显减少，且快速掉头回升。第三次回落在新低点之上便受到支撑，反映出对后市看好的力量正在底部积极接盘，并逐步改变市场向淡的趋势。当股价成功突破颈线阻力位时，说明多方已经消化了空方力量，多头在今后一段时间会占据市场主导地位。

## 三、分析要点

（1）头肩底形态出现在熊市下跌末端，是一种典型的底部反转 K 线组合形态。

（2）一般来说，左肩和右肩的低点大致相等。如果右肩比左肩高，同时颈线向上倾斜，说明买气较旺，向上突破的欲望强烈。

（3）成交量方面，一般左肩较头部和右肩大。但股价在第三次回落后向上突破时，需要成交量放大的积极配合。如果成交量并未因为股价突破颈线而放大，后面几个交易日亦无放大迹象，则形态上有假突破的可能。

（4）如最近的一个波段低点比前一个波段低点（左肩）还低，而成交量却比前一个波段少时，基本上可以判断有出现头肩底的可能。

（5）头肩底形态的颈线是股价两次反弹高点之间的连线，股价突破颈线时是明显的买入信号。股价突破颈线后，通常会在颈线附近作短暂回抽，回抽幅度不大，回调时间也不长，此时是最佳的买入机会。

（6）头肩底的理想形态是左肩与右肩高度相等，两个反弹高点也一样，但有时也有其他的变体，如左肩高（低）于右肩，第二个反弹高点高（低）于第一个反弹高点，只要其幅度不超过 3%，仍然属于头肩底形态。

（7）头肩底向上突破颈线位（连接两次反弹高点）时，如果股价同时向上突破一条重要的压力线或同时向上突破 30 日均线，头肩底形态更为可靠。

（8）一个完整的头肩底形态需要三四个月的时间，甚至超过半年，时间太短的微型头肩底形态不太可靠。在周线图中发现此形态，则机会较大。

## 四、实盘技巧

头肩底形态意味着股价的运行趋势将由下跌转为上升，是积极的买入信号。通常有三次买入时机。

（1）第一买点：在第三个低点（右肩）出现，并开始回升时买入。无论是否成为头肩底形态及其成交量大小，当第三次下跌后出现反弹，收盘价处于疑似左肩的低点价格附近时，可以视为初步的买入信号。可以不待右肩出现，在股价到达左肩低点附近时提前买入，此为第一个买入点。

（2）第二买点：当股价向上突破颈线时，此为第二个买点，亦是最强烈的买入信号。虽然此处股价与最低点相比已有一定的升幅，但升势刚刚开始，后市仍具较大的上升空间。

（3）第三买点：股价突破颈线后，回抽确认突破有效时买入。

图 9–11 所示为隧道股份（600820）的日 K 线图。从该股 2018 年 8 月至 2019 年 2 月的走势中可以看出，当股价下跌到左肩低点附近时，可以试探性介入，此为第一买点。当股价随着成交量的放大向上突破颈线压力时，可以加仓介入，此为第二买点。之后股价回抽确认突破有效，在股价反转向上时可以重仓介入，此为第三买点。随后股价出现盘升行情。

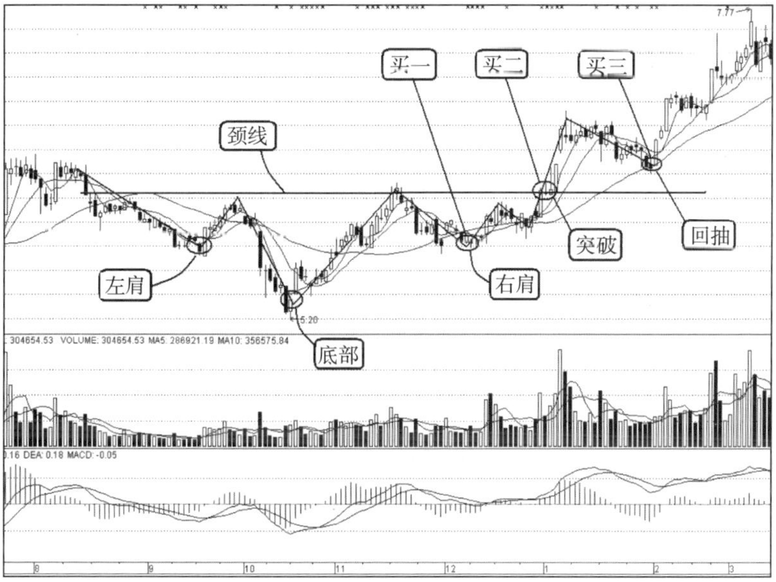


图 9–11 隧道股份（600820）日 K 线图

## 五、变异形态

实盘中，市场走势千变万化，技术图形千姿百态。头肩底形态不一定十分规范，经常以复合形式出现，因此有必要对复合头肩底进行分析研究。

复合头肩底是普通头肩底的变形体，其走势形状和普通头肩底相似，只是肩部、底部出现了多于一个的形态。复合头肩底形态大致来说可以划分为以下几大类。

（1）一底双左肩形态。出现一个左肩后，股价反弹结束回落时，在前期低点附近企稳，形成两个左肩。然后在第二次反弹结束下跌时，跌破前面两个低点，从而形成底部。如两个左肩、一个底部和两个右肩；两个左肩、一个底部和一个右肩。

（2）一底双右肩形态。在形成第一个右肩时，行情并没有马上突破颈线上涨，反而掉头回落。不过回落时得到右肩低点的支撑，最后反转向上突破颈线。如两个右肩、一个底部和两个左肩；两个右肩、一个底部和一个左肩。

（3）一底多肩形态。一般的头肩底都有对称倾向，因此当两个左肩形成后，很有可能会形成两个右肩。除了成交量以外，图形的左半部和右半部几乎完全相等。如一个底部、两个左肩和一个右肩；一个底部、一个左肩和两个右肩；一个底部、两个左肩和两个右肩。

（4）多底多肩形态。在形成底部期间，股价一再回落，而且回落到上次同样的低点水平才向上反弹，形成明显的两个底部。有一点必须留意：第二个底部的成交量往往较第一个少。如两个底部、两个左肩和两个右肩；两个底部、两个左肩和一个右肩；两个底部、一个左肩和两个右肩等。

（5）多底单肩形态。在底部构筑过程中，股价再次回落到低点附近，形成二次探底走势，然后构筑右肩。这种形态的底部是一个小型的双重底。

（6）多重头肩底形态。在一个巨大的头肩底走势中，其底部由一个小型头肩底形态组成，整个形态包含两个或三个大小不同的头肩底形态。这种混合形态在走势图中极少出现，一旦出现后市场涨幅将会更大。

图 9-12 所示为 ST 新梅（600732）的日 K 线图。该股在 2018 年 8 月至 2019 年 1 月的走势中，出现了由一个左肩和两个右肩构成的复合头肩底形态。股价见底后回升，在前期小高点附近时回落形成右肩。然后股价反弹到颈线附近时回落，再次形成右肩。最后，股价向上突破头肩底形态的颈线，经回抽确认有效后进入升势行情。

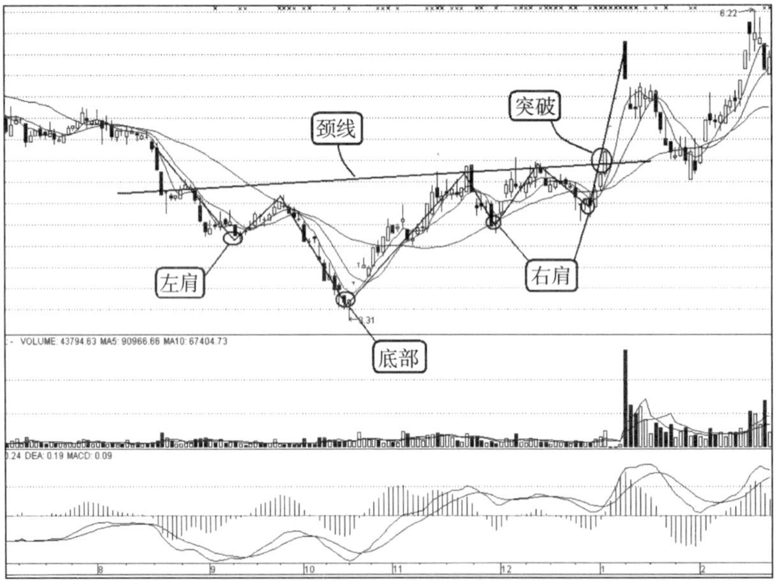


图 9-12　ST 新梅（600732）日 K 线图

## 六、注意事项

（1）判断成交量不能以数字大小为依据，应当按照一定交易周期内的多少进行比较。左肩的成交量可以比底部高，也可以比底部低，但右肩的成交量一定比底部低。在突破颈线时一定要有放大的成交量配合，否则为疑似形态。

（2）当突破后股价上涨，而成交量仍旧保持低水平，则有可能产生一轮回抽，使股价回到颈线位置（极少有跌破颈线的）。股价很快会再次上涨，成交量急剧放大，这几乎成了定律。

（3）头肩底较为平坦，需要较长的时间来完成。实盘观察可以从底部开始，操作最好等到突破颈线回抽确认有效时再进行。

（4）头肩底并非都能圆满完成，当股价突破后迅速回落到颈线之下，则形态值得怀疑，这时投资者应密切关注股价的下一步运行情况。

（5）即使头肩底形态构筑完成后未能立即启动上升行情，也是一个很强烈的底部信号。在上涨达到最小目标价位后，通常会有一些回调。上涨离最小目标位越远，回落幅度越大。

（6）头肩底第一轮突破后的上涨高点，极有可能成为日后长久的支撑位。形成头肩底需要时间、成交量、价格的良好配合，三者缺少一样，都会为日后的失败埋下伏笔。

（7）头肩顶的颈线可以有小的倾斜，向上倾斜的颈线比向下倾斜的颈线对日后上涨幅度的影响更大。

（8）多重头肩底有可能产生内外两条颈线，但其识别方法与普通头肩底并无差别。

（9）头肩底突破后有两种走势：一种是突破颈线后有一个回抽确认动作，回抽确认的幅度不会太大，时间也不会很长。这时就会出现两个明显的买入点，即突破颈线时的买入点和回抽确认结束后产生的买入点。另一种是突破颈线后股价一路上涨，这时只有一个明显的买入点。

## 第四节　圆弧底

### 一、形态特征

圆弧底形态是指股价逐步向下形成凹陷的圆弧状走势，也称碗形或碟形，是一种底部反转上攻形态。圆弧底形态的股价多处于低位，与潜伏底的相似之处在于交投清淡，耗时几个月甚至更久，是弱势行情的典型特征，这也是在跌势中投资者信心极度匮乏在技术走势上的体现。由于价格经过长期下跌，很多投资者深度套牢，亏损巨大，只好改变操作策略，长期持仓不动，被动等待解套。在底部，空方的能量基本释放完毕，但由于前期下跌杀伤力大，短时间内也难以汇集买气，使股价无法快速脱离底部上涨，只有长期停留在底部休整，以时间换空间，慢慢恢复元气，因此价格陷入胶着状态，振幅很小，此时就会形成圆弧底形态。

圆弧底形态的形成过程：股价呈弧形上升，价格变动简单且连续，先是缓缓下滑，虽不断创出新低，但跌不了多少就弹升，比前一个低点稍低。随后在回落到弧底附近时，多空平衡，低点走平，出现盘局。最后每波回落低点都略高于前低点，把这些短期低点连接起来，就形成了圆弧底。

成交量变化与股价同步，先是逐渐减少，随后伴随股价的回升成交量渐渐增加，成交量也呈圆弧状。由于形成圆弧底耗时较长，多空换手充分，所以当带量突破颈线位，形成向上的有效突破后，股价涨升迅猛，往往很少回挡整理。

圆弧底形成的特征及条件如下。

（1）圆弧底是在经历股价大幅下跌之后形成的，一般筑底的时间较长，达几周、几月甚至更长。

（2）底部股价波幅小，成交量亦极度萎缩。盘整到尾段时，成交量缓步递增，之后是巨量向上突破前期阻力线。

（3）形成圆弧底后，股价可能会反复徘徊，形成一个平台，这时成交量已逐渐增多。在价格突破平台时，成交量必须显著增加，股价才会加速上升。

（4）构建圆弧底时，假如成交量并不是随着价格呈弧形增加，则该形态不可信，应该等待进一步的变化，待趋势明朗时再作决定。

圆弧底形态形成过程中经常出现一些实体相对较小的 K 线，标准的圆弧底形态需要有一个向上的跳空缺口进行确认，但在实盘中很少出现这样的情形，如图 9–13 所示。

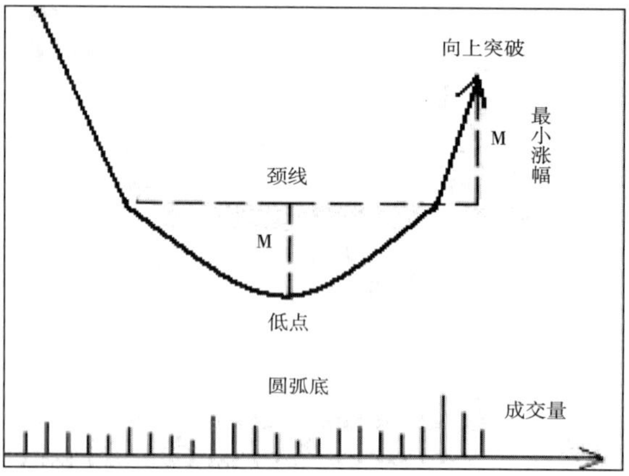


图 9–13　圆弧底形态示意图

圆弧底的技术要求有如下几个方面。

（1）圆弧底底部成交量大幅萎缩，说明抛压减轻。

（2）圆弧底右端成交量明显大于左边，说明有资金流入。

（3）突破圆弧底颈线位时，成交量要明显放大。

## 二、市场含义

圆弧底清晰地显示了多空双方力量此消彼长、平缓变化及主力吸纳的全过程。股价先是从高位一路缓慢下跌并持续一段时间，空方实力渐渐减弱，主动性抛盘减少。此时买方也畏缩不前，于是成交量随着股价的下跌而下降，多空双方都已接近精疲力竭，股价跌幅越来越小，直至向水平方向拓展，成交也极度萎缩。其后，当股价跌至圆弧底时，开始有主力机构或先知先觉者入场悄悄收集筹码。由于股价低廉，买盘不断买入，使得股价缓慢攀升，形成碗形或碟形走势。主力完成筹码收集时，买方势力完全控制市场，此后股价快速上升，短期升幅相当惊人。圆弧底的成交量曲线也呈圆弧状，即在底部成交量最小，股价上升时成交量逐步增加。这种形态一般意味着其后有一个大的升势，投资者可在成交量明显放大时买进。

## 三、分析要点

（1）圆弧底部形成后，有时股价并不会随即上涨，而是先走出一个来回窄幅拉锯的平台——锅柄，也称进货平台，在此处买进较佳。

（2）在圆弧底形态中，由于多空双方皆不愿意积极参与，成交量极小，所以价格走势显得异常沉闷。这段时间很漫长，所以不要过早介入，可选择在突破颈线时买入。

（3）圆弧底形态通常是主力吸筹区域，由于其炒作周期长，故在完成圆弧底形态后，其涨升的幅度也很大。投资者如在圆弧底形态内买进，则要注意启动前的震仓洗盘。因为在涨升初期，会吸引大量散户买进，给主力后期拉抬增加负担。主力会先清扫一批浮筹，之后才会大幅拉抬股价。在上涨途中，主力还会不断利用旗形、楔形等多种整理形态调整上升角度，延续涨升走势。从某种角度来说，圆弧底形态是黎明前的黑暗，在形态内价格貌似平静如水，实际上是在酝酿一波滔天巨浪。

（4）圆弧底的最终上涨高度往往是底部到颈线距离的 3 ~ 4 倍，但是如果圆弧底距离前期的成交密集区太近，尽管底部形成时间足够长，上涨高度也有限。因为原先的持股者没有经历极度绝望的下杀过程，导致底部换手率不高，限制了未来的涨升空间。

（5）圆弧底常见于低价股中，K 线走势呈现出平底延伸状，通常需要数月才能完成。在圆弧底形成期间，有时还常伴随蝶形底。

（6）在所有的底部技术形态中，圆弧底形成的概率较低，这是因为形成圆弧底的条件很严格。首先要求股价处于低价区；其次低价区的平均价格应该至少低于最高价的50%以上，距离前期成交密集区要尽可能远；最后，在形成圆弧底之前，股价应该处于连续下跌状态。

## 四、实盘技巧

在圆弧底形态中，选择入市时机十分重要。如果过早入市，常常会陷入漫长的筑底行情中。这时股价基本不涨或略有下挫，几个星期甚至几个月都看不到盈利的希望。很多投资者就是因为经不起长时间的折磨，在股价发动上升攻势前一抛了之，从而与即将到来的上升行情擦肩而过，这是十分可惜的。

此外，投资者在买入股票之前，还必须观察成交量的变化。如果成交量和股价都呈圆弧形，可在成交量明显放大，股价上冲时大胆进入。在成交量萎缩的情况下，无论股价如何变动，都不要轻易参与。历来圆弧底构筑完毕后，股价上冲必须有成交量的配合，否则股价冲上去也是虚张声势。

激进的投资者可在股价放量突破当天介入；稳健的投资者可在股价放量突破之后，确认突破有效时再介入。

图 9–14 所示为大众公用（600635）的日 K 线图。该股经过长时间的下跌后，2018 年 10 月在相对低位跌势减缓，逐步形成横向整理态势，显示空头继续大幅杀跌的动能不强。由于大幅下跌，多头信心受到沉重打击，要想在短时间内恢复上攻，可能性也不大。此时多头买盘不踊跃，空头卖出意愿不强，双方保持平衡局面。随着时间的推移，多方力量逐步聚集。当消化了上方的压力后，11 月 5 日股价放量涨停，有效突破颈线位的压力，这就提供了一个很好的进场机会。

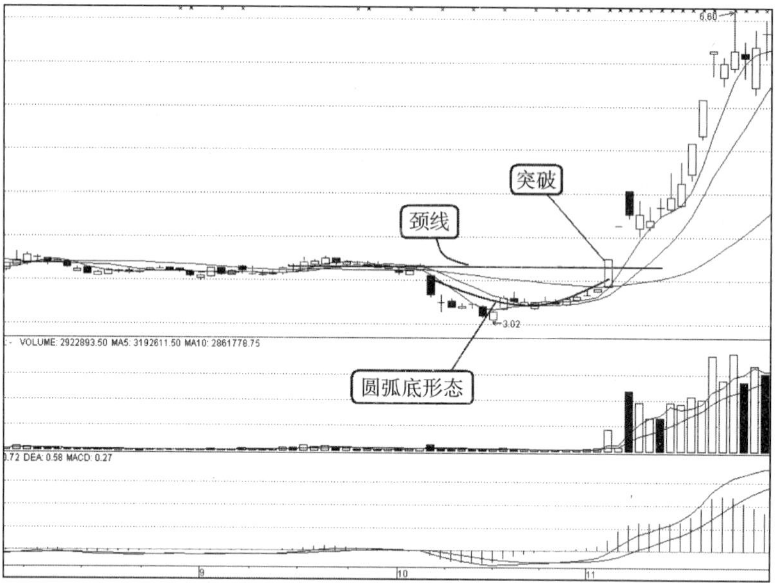


图 9–14 大众公用（600635）日 K 线图

# 第五节 潜伏底

## 一、形态特征

潜伏底与圆弧底相似，股价经过长期下跌后，已跌无可跌。投资者暂时找不到买入的理由，于是多空双方形成平衡状态，致使股价在一个极其狭窄的区间里横向波动，成交量也萎缩至极点。K 线图上表现为小阴小阳交错的水平走势，充分反映庄家在耐心地收集筹码。经过一段时间的横向波动后，在利好消息的刺激和庄家的积极拉升下，股价脱离底部区域，价格大幅上涨，成交量也随之放大，上升行情迅速展开，构成了潜伏底形态。当发现股价明显摆脱闷局时，不妨陪庄家走一程，一般会有不菲的收获。潜伏底形态如图 9–15 所示。

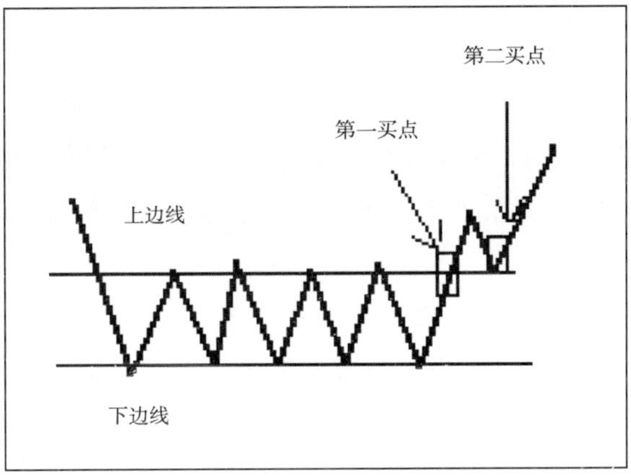


图 9-15　潜伏底形态示意图

## 二、市场含义

潜伏底形态大多出现在市场清淡之时及一些股本较小的冷门股上。由于这些股票流通量少，上市公司也不注重宣传，市场发展前景模糊，因此被投资者忽视，稀少的买卖使股票供求十分平衡。持股者不想卖，持币者不想买，于是股价在一个狭窄的区域里胶着，既没有上升趋势，也没有下跌迹象，盘面表现沉闷，可谓黎明前的黑暗。最后，股价慢慢脱离底部区域，步入上升趋势。在潜伏底形态中，战略性投资者可以悄悄买入，耐心等待股价上涨。遇到潜伏底形态向上突破时，应积极跟进做多，上升潜力大而风险小。

## 三、判断法则

（1）股价窄幅波动。形成潜伏底时，股价已经反复下跌，在低位一个狭窄的区域内波动（波动并没有统一标准，一般波幅在 5% 左右），成交量稀少，每日成交可能只有几千手，甚至几十手。

（2）潜伏底多在一些低价股或冷门股中出现。由于公司前景一般或盈利平淡，又无利多利淡消息冲击，以至于人们渐渐将它淡忘。此时庄家则在低位耐心收集筹码，等候炒高机会。

（3）波幅突然增大，成交活跃。形成潜伏底时，股价一般是横向运行的（至少需要一个月的时间）。当出现突破时，成交量突然也活跃起来，而且配合市场传出利好消息，预期股价将会爆炸性上涨。潜伏底形态并无最小量度升幅可测。

（4）观察成交量变化情况。在潜伏底形成过程中，成交量应保持稳定及稀少的态势。当股价波幅突然增大，向上突破潜伏底时，成交量必须配合大增，且增加的成交量必须持续放大达 3 天以上，这样才能视为有效的突破信号，值得跟进买入。此外，股价突破后进入上升趋势时，成交量最好也维持在高水平，表明资金积极进场。因涨停板惜售导致成交量未大幅增加，则不受此限制。

## 四、实盘技巧

（1）潜伏底形成的时间一般较长，至少需要一个月，事实上长达半年至一年的潜伏底也很常见。在股价窄幅震荡时，成交量低迷，过早买入等待的时间太长。只有当成交量激增，股价上扬摆脱底部时，才是最佳的买入时机。通常形成底部的时间越长，筹码收集越多，未来上升阻力越小，升幅越大。

（2）在股价窄幅波动时，不要预测股价将会突破而买入。当成交量激增，股价上扬摆脱潜伏底时，方可吸纳。此时买入价比筑底时买入为高，但由于突破信号明确，追进风险相对较小。基于潜伏底缺乏量度升幅预测，因此买进后宜不断提高止盈位。

（3）原先确认的潜伏底，在突破后又跌回平台区域，甚至跌破前期低价，则有可能仅是下跌途中的整理而非潜伏底，应止损出局。

（4）潜伏底往往是在股市极度低迷或在一些不被市场和投资者关注的冷门股中形成的中长期底部，买入风险小而收益十分可观。

图 9-16 所示为卫宁健康（300253）的日 K 线图。该股反弹结束后，再次回落到前期低点附近，形成横向窄幅盘整，时间长达两个月。在此期间股价接近水平运行，成交量大幅萎缩，形成潜伏底形态，表明庄家在此期间大量吸纳低价筹码。2018 年 1 月 24 日，一根放量上涨大阳线脱离了底部盘区的牵制，随后股价开始了强劲的盘升行情。

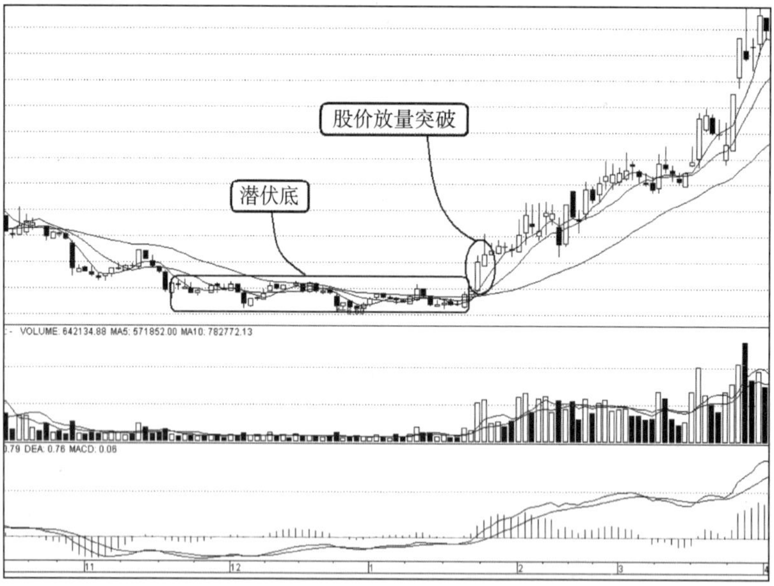


图 9-16 卫宁健康（300253）日 K 线图

图 9-17 所示为通策医疗（600763）的日 K 线图。股价见顶后逐波回落，在底部窄幅盘整一个多月，成交量大幅萎缩，形成潜伏底形态。2017 年 9 月 6 日，股价放量向上突破，潜伏底形态构筑成功。当股价回升到前期高点附近时回落，同时对潜伏底形态进行回抽确认。10 月 10 日，股价再次放量向上突破前期高点，经回抽确认形态构筑成功后，股价进入上升行情。

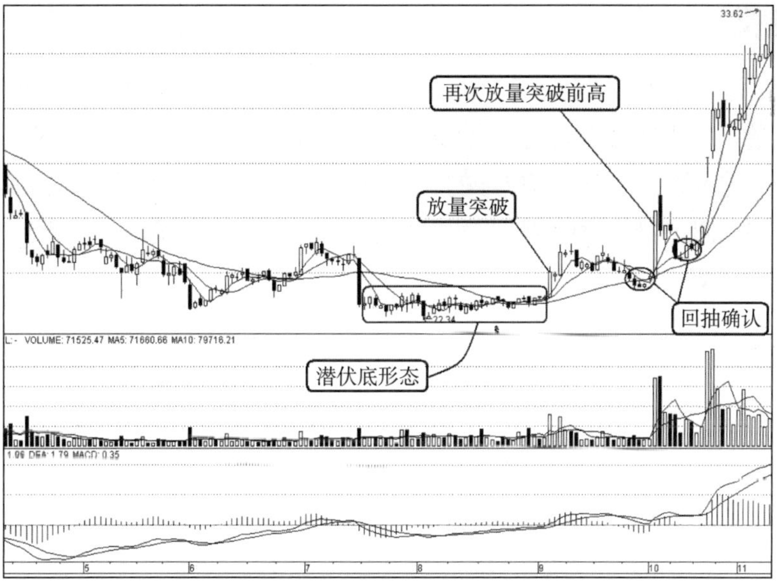


图 9-17　通策医疗（600763）日 K 线图

# 第六节　岛形底

## 一、形态特征

底部岛形反转是一种力度非常大的底部反转形态，伴随着跳空缺口的出现，股价会有大幅上涨行情。岛形反转形成的时间一般较短，通常在一两个星期内完成，有时在两三个交易日甚至单个交易日就能完成岛形反转，而且成交十分活跃。

岛形底的形成过程是：先形成一个下跌竭尽性缺口，其后在反方向运动中再形成一个向上的突破性缺口，中间出现一个孤岛。这种形态的出现，是明显的转势信号。岛形底也有变体，即仅有左边或右边一个缺口（其实这是普通缺口），如图 9-18 所示。实盘中有时出现左边缺口与右边缺口不对称的岛形组合，其分析意义基本相同。

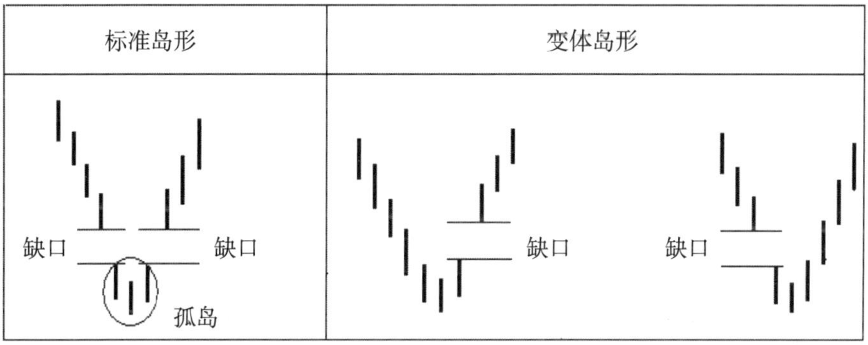


图 9-18　岛形底形态示意图

## 二、市场含义

在熊市后期，股价向下跳空，这时丧失信心的投资者在最黑暗的时刻平仓出逃，没能坚持到黎明来临。当市场抛空力量消耗殆尽后，股价反而跌不下去了。此时买盘踊跃介入，推动股价走高。这可谓是一个悲喜交加的时刻，斩仓者落入了空头陷阱。由于股价快速上升，来不及回补缺口，投资者不得不挂高价位买入，进一步推动股价上涨，因此岛形底是一个大势转暖的买进信号。

## 三、分析要点

（1）标准的岛形底前后各有一个跳空缺口。前面的缺口是下跌竭尽性缺口，表明股价经过持续下跌，空方能量已经消耗殆尽。后面的缺口是上涨突破性缺口，表明股价一举扭转下跌势头，成功向上突破。

（2）形态中的两个缺口大致在同一价位出现，而且近日未回补缺口。这一价位对后市会产生重要的支撑作用。缺口空间越大，技术意义越强。

（3）岛形底形成的时间非常短，可以是两三个交易日。另外，岛形部分的成交量十分密集，显示多空双方在此进行了激烈的争夺。

（4）岛形底通常出现在流通盘较小的股票中，其形态大多隐藏在头肩底、双重底及其他反转形态中。

（5）岛形底的爆发力极强，通常出现在长期趋势或中期趋势的底部。股价在底部形成岛形反转后，应立即买入，因为岛形两端的走势十分陡峭。

（6）岛形底反转形态成交量大小非常重要，通常当日的缺口上涨应有较大的成交量出现，这样更能确认底部的形成。

（7）岛形底部可以是一根 K 线，也可以是多根 K 线，阴线阳线没有太大区别。

（8）下跌竭尽性缺口产生之前，不一定要有突破性缺口或持续性缺口存在。岛形底有一种变异形态，叫半岛形底或单跳空，即在形成底部时，只有一个跳空缺口。

## 四、实盘技巧

（1）形成岛形底之前，股价已有一定的跌幅，这样反转力度才大。一旦形成岛形底，应积极买入。

（2）有两个基本对称的跳空缺口，且缺口近日未被回补。缺口空间越大，技术分析意义越强，买入信号越可靠。

（3）形成岛形底后，股价会快速脱离底部区域，应积极买入。

（4）向上的突破性缺口具有较强的支撑作用，股价回抽到缺口附近时，可以积极买入。

图 9–19 所示为中信建投（601066）的日 K 线图。受下跌趋势影响，股价出现惯性下跌走势。2018 年 10 月 11 日股价跳空低开低走，收出一根光脚大阴线，留下一个当日没有

回补的向下跳空缺口，此后股价在该缺口下方运行了 6 个交易日。10 月 22 日，股价跳空高开高走，收出一根涨停大阳线，形成一个向上的突破缺口。前面的向下跳空缺口与后面的向上跳空缺口基本对称，构成标准的岛形底形态，因此是一个较好的买入信号，此后股价逐步向上走高。

图 9-19　中信建投（601066）日 K 线图

# 第十章　K 线顶部反转形态

## 第一节　倒V形顶

### 一、形态特征

倒 V 形顶出现在一段上涨行情的末尾。在一段上涨行情的尾端，股价调头向下，开始一段快速下跌行情。下跌与上涨之间没有盘整，行情反转速度非常快，常常在几个交易日内完成。

倒 V 形顶左侧，股价上涨速度非常快，表示多方实力非常强大，同时引发投资者的追涨热情，使股价连续上涨，空方几乎没有任何抵抗能力。当多方的力量消耗得差不多时，危机便产生了，股价一旦开始下跌，空方力量迅速崛起，股价下跌速度也非常快，不多时日就可能使股价跌去大半。

倒 V 形顶基本特征有如下两点。

（1）出现在上涨过程中，K 线在顶部形成一个波峰。

（2）股价经过快速上涨后急转直下，成交量先大后小。

倒 V 形顶的形成过程可分为三个阶段。

（1）上涨阶段：一般倒 V 形顶左侧的涨势角度十分陡峭，而且能持续一段时间。

（2）转势拐点：倒 V 形顶的顶点十分尖锐，一般形成转势点的时间为两三个交易日，而且成交量在高点明显放大。

（3）回落阶段：股价从高点回落，成交量也随之放大。

倒 V 形顶底可分为对称形、快速形、慢速形三种，如图 10-1 所示。（a）下跌速度等于上升速度；（b）下跌速度快于上涨速度；（c）下跌速度慢于上涨速度。

（a）　（b）　（c）

图 10-1　倒 V 形顶形态示意图

## 二、市场含义

倒 V 形顶形态通常出现在上涨末期或高位，市场多方力量很强，股价一路飙升，并且持续性较强。多头力量发挥到极致，市场出现狂涨。由于多数投资者已经获利，这些获利的投资者大量卖出股票，导致市场加速下跌。倒 V 形顶形态出现后，股价往往会有较大跌幅。

## 三、分析要点

倒 V 形顶往往在市场炒作气氛浓厚、投资者盲目追高的时候出现，这种突然的转折常常造成市场大幅下跌，令投资者措手不及。投资者应该对这种形态保持警惕，以免错失卖出良机。

（1）当股价快速上涨一段时间后，出现倒 V 形顶形态，反转信号的可靠性较高，投资者看到这种形态后应该及时卖出股票。

（2）倒 V 形顶的卖点很难把握，一般情况下，从最高点快速向下回落的两三天里，有经验的投资者已经能预感到倒 V 形顶来临，应果断减仓。当放量下跌时，投资者也应该迅速卖出，越往后损失越大。

（3）在倒 V 形顶形态中，股价从顶部开始下跌时，会伴随着明显放大的成交量。成交量放大，下跌信号更强烈，下跌空间更大。

（4）形成倒 V 形顶时，前期上涨的速度越快，上涨幅度越大，后期的下跌行情也会越猛烈，跌幅也就越大。

（5）倒 V 形顶的顶部位置常常会出现射击之星、吊颈线、黄昏之星、乌云盖顶等 K 线或 K 线组合形态，投资者可以借助这些转势信号进一步识别倒 V 形顶。

（6）基于倒 V 形顶的特点，投资者在及时卖出的同时，还应该认真分析股票的历史走势和行情本质，注意倒 V 形顶目前所处的位置。当形态出现在低位时，投资者可采取攻守兼备的半仓策略，这样既能预防风险，又不会踏空之后可能出现的上涨行情。

## 四、实盘技巧

图 10–2 所示为宣亚国际（300612）的日 K 线图。该股在 2019 年 2 月出现一波快速上涨行情，短期盘中获利筹码大量堆积。3 月 6 日冲高回落后，大量获利盘涌出，股价快速下跌，形成倒 V 形顶。遇到这种盘面走势时，投资者应尽快逢高离场，否则损失很大。

图 10–3 所示为东信和平（002017）的日 K 线图。该股在 2019 年 2 月至 3 月出现暴涨行情，3 月 8 日股价强势封涨停，第二天大幅低开 8.34% 后冲高回落，当日以跌停板报收，疑似出现倒 V 形顶。3 月 12 日，股价从跌停板开板后，对顶部进行回抽，13 日股价继续跌停，说明顶部形态确立。此后股价继续下跌，倒 V 形顶确立。

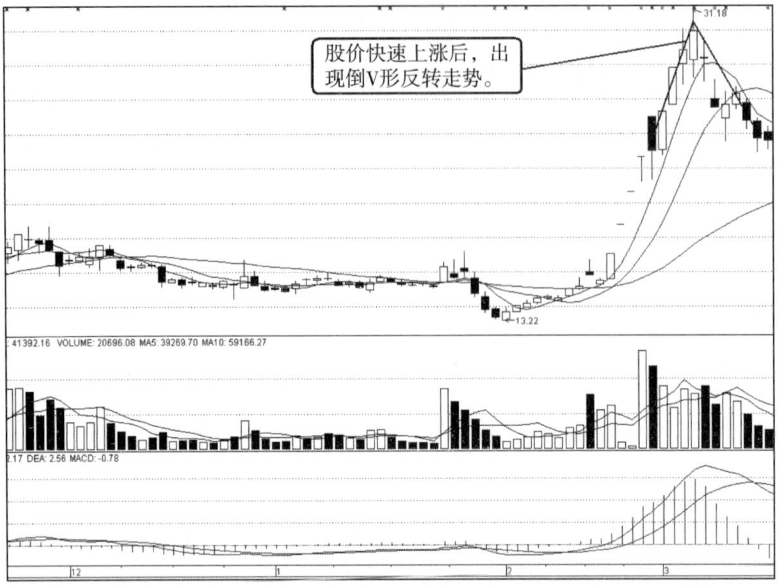


图 10-2 宣亚国际（300612）日 K 线图

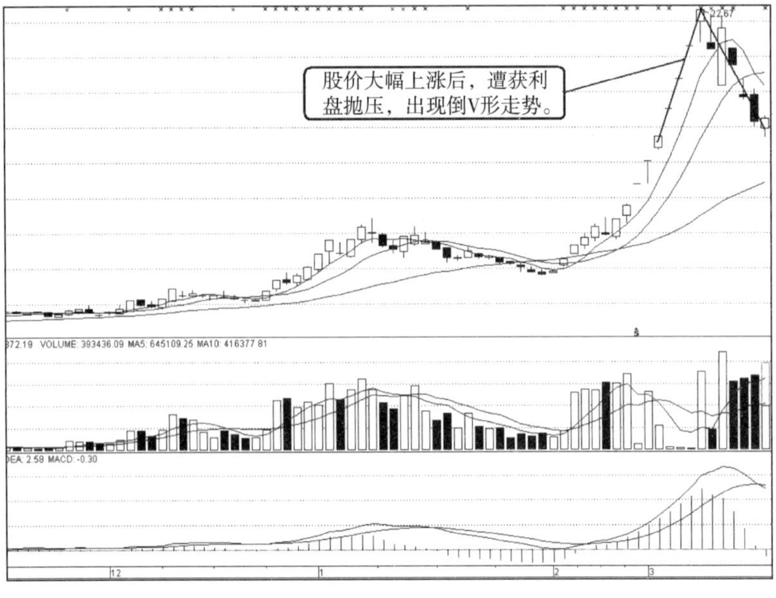


图 10-3 东信和平（002017）日 K 线图

在实盘操作中，投资者要注意以下几点。

（1）倒 V 形顶是行情由好转坏的反转信号，如果股价在下跌过程中伴随着成交量的放大，则行情发生反转的可能性更大。

（2）当股价下跌到倒 V 形顶左侧开始快速上涨的位置时，下跌会遇到一定的支撑。股价如果跌破这一支撑位，则下跌很有可能会继续。投资者此时应迅速离场，卖出股票。

（3）投资者按照倒 V 形顶卖出股票后，可以观察该股票的后续走势。如果股价能够重新上涨，并突破倒 V 形顶的最高点，则表示此形态失效，投资者可以重新考虑买入该股。

# 第二节　双重顶

## 一、形态特征

双重顶又称M顶，是典型的顶部 K 线反转组合形态，股价在运行过程中形成两个明显的头部和一个低点。双重顶一般出现在多头行情结束时，有时也会出现在上升趋势与下跌趋势中间的盘整阶段，如图 10–4 所示。

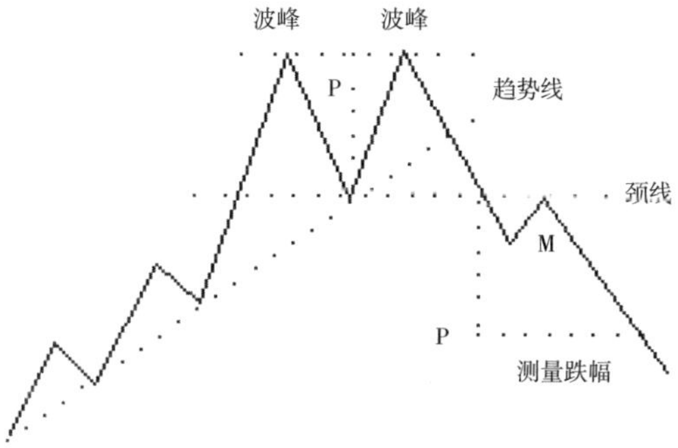


图 10–4　双重顶形态示意图

（1）左头：股价持续放量上涨，到达某一价位时，伴随着成交量的放大，股价涨势趋缓，甚至出现放量滞涨现象，此时是明显的获利回吐走势。随后股价见顶回落，成交量随之减少，在图形上形成一个倒 V 形。第一次回落的幅度一般是 10% ~ 30%，此为第一个高峰。

（2）中间谷底：持股者由于股价短期跌幅过大而停止抛售，持币者见股价调整已有一定幅度，趁低介入抢反弹，股价开始止跌反弹，形成一个相对低点。

（3）右头：当股价反弹到前期高点附近时，伴随着股价的上涨，成交量同步放大，但整体成交水平已不如第一个头部大，表明市场信心开始动摇。随后股价再次回落，形成第二个高峰。

（4）颈线：双重顶形态有两个高点和一个低点，低点的水平延长线即为颈线。颈线对股价的下跌具有一定的支撑作用。当股价向下有效突破颈线时，双重顶得以确认。

（5）突破：股价第二次上升时，既无法超越上次高点，成交量又未能有效配合，因此市场投资者信心受到打击。在抄底盘获利回吐与高位套牢盘解套的双重压力下，盘中筹码大量抛售，股价快速回落，并击穿前期回落的低点，双重顶形态确立，股价趋势发生逆转，由涨势转为跌势。

（6）成交量：当股价上升到一定的高位时，在最高价附近有较大的成交量。当股价向下回调时，成交量随之减少。当股价再次上升到前期高点附近时，成交量再度增加，但一般情况下未能超过前一个高点附近的成交量，表明买盘减弱，此时可以确定双重顶成立。总体来说，反弹上冲时的成交量比第一次上冲时的成交量要小。

（7）量度跌幅：选择两个顶点的最高点，量出该点向下到颈线的垂直距离，再从颈线向下量同等距离，即为预测最小跌幅。也就是说，股价至少要跌到这个价位才有止跌回升的可能，但实盘中跌幅通常超过这个目标。

## 二、市场含义

双重顶形态作为一种典型的头部 K 线反转组合形态，预示一轮上升行情终结，股价在完成形态之后将开始一轮跌势。

股价持续上升为投资者带来了丰厚的利润，盘中积累了大量获利筹码，其回吐压力促使股价下跌。当股价跌到某一水平时，引来了一批短线投机者的兴趣，同时一些在高位套牢的投资者也会在低位回补，在买盘的推动下股价企稳回升。由于此时股价已处于相对高位，利润空间比较有限，因而投资者的追涨热情不是很高，同时目标利润也不会过高，因此股价回升到前期高位附近，会受到短线获利盘及高位套牢盘的双重打压，股价再次下跌。

由于股价两次冲高受阻，市场信心产生动摇，股价回落得不到买盘的强大支撑，加上筹码不断抛售，股价进一步下跌。股价跌破上一次回落时的低点时，形成正式突破，双重顶形态便告确立。

## 三、分析要点

（1）双重顶的两个高点并不一定在同一水平线上，往往第二个头部会在买盘的积极推动下有所超越，但两者相差不会太大，一般在 3% 左右。

（2）双重顶的两个头部都明显伴随着放大的成交量，但第二个头部的成交量要比第一个头部显著减少。这种情况反映多头势力和追涨热情减弱，市场信心开始动摇，这是造成股价下跌的主要原因。

（3）在双重顶形态中，底部与顶部的差距通常不会过大，因为跌幅过大容易引发投资者的恐慌性抛盘，不利于庄家进一步派发。一般来说，股价回落 10% ~ 30% 形成低点，这样容易让投资者对后市产生一个良好的想象空间。

（4）通过两个顶部之间的低点作一条水平线，这就是双重顶的颈线，也可以以两个高点之间连线的平行线作颈线。这两种划法除了两个底相同外，会有一定的差距。如右顶比左顶低时，根据其平行线画出的颈线位，将低于根据中间低点画出的水平线，同样右顶比左顶高时，根据其平行线画出的颈线位，将高于根据中间低点画出的水平线（参考双重底示意图）。

（5）当股价突破双重顶形态的颈线时，一般会对颈线略做回抽，但回抽时成交量明显萎缩，表明股价受阻于颈线位，之后股价再次步入跌势。其形态的最小跌幅由颈线突破点算起，至少下跌双头高点至颈线之间的垂直距离。

（6）双重顶不一定都是反转信号，有时极易演化为整理形态（如箱体整理形态）。判断股价的双重顶形态，除了观察股价的相对高度之外，还要看形成两个相同头部的时间。一般来说，形成双重顶两个头部的时间间隔要长一些，通常在一个月左右。如果间隔时间太短，其见顶回落的信号就不太可靠，因为庄家常用这种手法来欺骗投资者，投资者对此要警觉。

## 四、实盘技巧

双重顶形态一般出现在长期上涨趋势的顶部，股价回落通常会大于度量出来的最小跌幅。对于出现这种形态的股票，已不再适合买入，应以出货为主。

（1）卖点一：当股价第二次反弹到前期高点时，出现滞涨回落迹象，可考虑卖出观望。也就是说，第二次上升时不能突破前期高点，应卖出离场。

（2）卖点二：股价由高点冲高回落并突破颈线支撑时，是明显的卖出信号。下跌 3% 以上为有效突破，如果持续 3 天时间，此时应立即卖出。

（3）卖点三：股价突破颈线后，有时并不立即下跌，而是在颈线附近对形态突破的有效性进行回抽确认。回抽幅度通常不会超过形态一半的位置，此时是最后的逃命时机。

图 10–5 所示为重庆燃气（600917）的日 K 线图。该股经过一轮大幅下跌后企稳反弹，当股价有了一定的反弹幅度时，遇到强大的抛盘压力，股价回落整理。调整结束后再次上攻，当股价接近前期高点时，无力突破前期高点，再次遇阻回落到前期低点附近，在 K 线上形成双重顶形态，此为第一卖点。

股价在前期低点经过两个交易日的徘徊后，于 2018 年 1 月 7 日出现一根大阴线，大阴线跌破双重顶颈线位支撑，此为第二卖点。

1 月 24 日股价回抽颈线，以验证突破的有效性。回抽确认失败后，股价快速下跌，股价回抽失败后构成第三卖点。此后股价持续阴跌，跌幅明显大于量度跌幅。

有人认为，双重顶的三次卖出时机是：股价加速上涨时逢高减仓；股价反弹到前期高点附近时卖出；股价突破颈线位或突破颈线位后回抽确认突破有效时卖出。两者有所差异，效果如何，因人而异。

图 10–6 所示为陆家嘴（600663）的日 K 线图。该股经过快速上涨后，盘中堆积了大量获利筹码，此时应逢高减仓或退出，形成第一个卖点。之后股价小幅回调后再次上涨，但未能创新高，此时形成第二个卖点。不久，当股价回调到颈线附近时，得不到有效的技术支撑，向下突破颈线，此时为最后的出货机会。

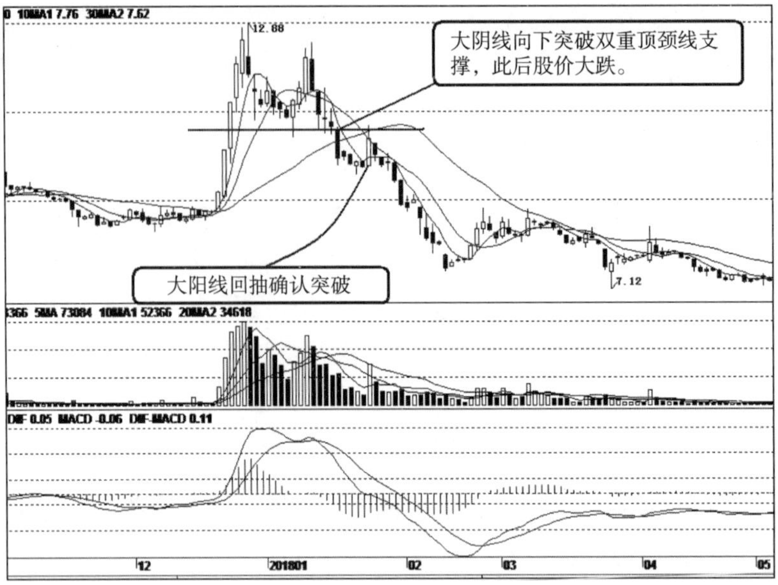


图 10-5　重庆燃气（600917）日 K 线图

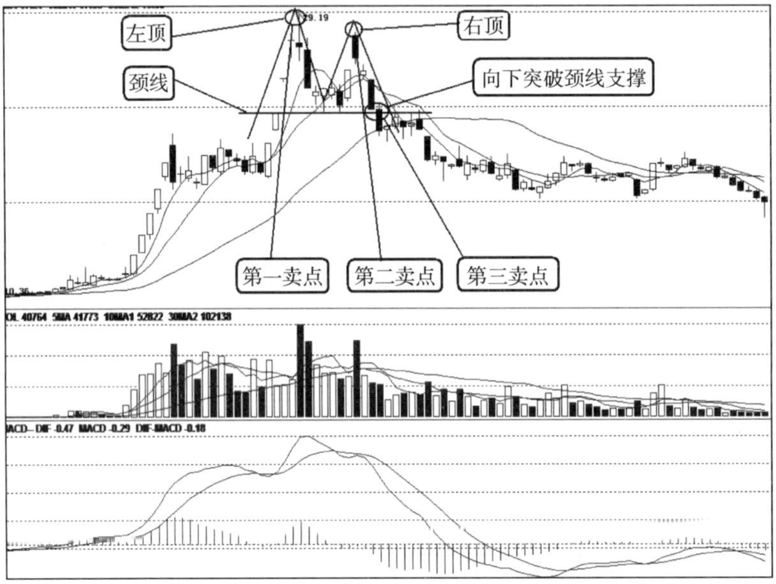


图 10-6　陆家嘴（600663）日 K 线图

## 五、注意事项

（1）双重顶的两个高点至少间隔一个月以上，半年、一年以上的也不少见，是中长期顶部。通常时间间隔短的形态可靠性低。双重顶的第二个高点高于（或低于）第一个高点 3% 以内属于正常情况。

（2）成交量在判断双重顶中具有重要作用。

一是，第二个高点的成交量应比第一个高点的成交量小，这表明股价第二次反弹时，买盘明显减少，不易突破前一高点。

二是，突破后有时出现回抽，成交量也应较突破时的成交量显著萎缩。

三是，当股价回落突破双重顶颈线时，成交量需明显放大。有大成交量，反映抛盘增加，卖出信号更为强烈。

（3）双重顶也有演化成上升三角形或上升过程中箱形整理或者假突破的可能，其后再创新高继续上涨。当股价有效突破第一个高点时，可以试探性轻仓做多。

（4）股价跌破颈线当日，收盘价低于颈线 3% 以上，可以确定形态成立。有时，股价在突破颈线时会有短暂的冲高动作，实战中以收盘价为基准，只要站在颈线上方不超过 3 日，可视为回抽动作，后市仍会下跌。

（5）当股价向下突破颈线时，有时会产生回抽动作，持股者可把握卖出时机。由于实际跌幅往往比最小量度跌幅大，当股价跌到最小量度跌幅时，只可用少量资金试探性介入，切不可重仓持有。

# 第三节　头肩顶

## 一、形态特征

头肩顶是一种典型的顶部反转形态，在理论和实战中具有十分重要的技术分析意义，如图 10–7 所示。

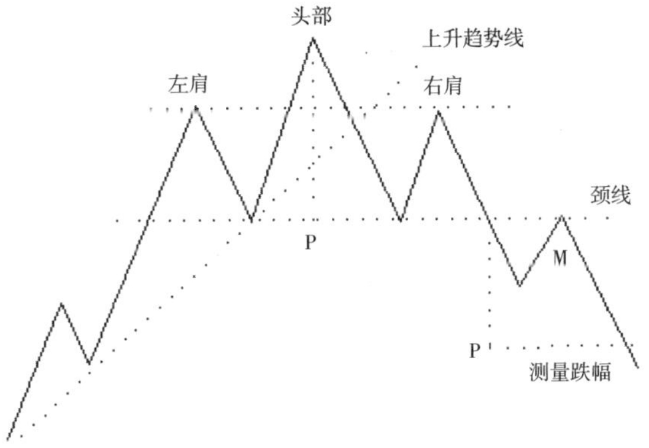


图 10–7　头肩顶形态示意图

（1）左肩：一轮带有爆发性的强劲上涨，使成交量与前期相比变得十分巨大。由于盘中积累了大量获利筹码，紧随而来的是一次小幅回调，此时成交量较最后几个上涨交易日以及顶部都有所减少，由此形成左肩。

（2）头部：经过短暂的回调之后，又出现一轮伴有较大成交量的上涨，股价超过了左肩顶部一定幅度（要明显高于左肩顶部），然后出现另一个回落，回落时成交量有所减少。股价下跌到前期低点附近（明显低于左肩的低点）遇到支撑回升，形成头部。

（3）右肩：股价从顶部回落后，一般会在左肩的低点位置止跌企稳，这时发动第三次上涨走势。此时投资者的热情已明显减弱，股价上涨得不到成交量的有效配合，成交量明显低于左肩与头部的成交量，股价无法再创新高，通常会在左肩高点附近再次回落，由此形成右肩。

（4）颈线：在股价震荡回落过程中，产生了两个明显的低点，即左肩和头部之间的低点，以及头部和右肩之间的低点。如果将这两个低点连接成一条直线，就产生一条趋势线，这条趋势线就是颈线。颈线对股价的下跌具有一定的支撑作用，当股价第三次下跌击穿颈线时，头肩顶才算构筑完成。

（5）突破：股价在反弹到左肩高点附近时，获利盘和解套盘增加，行情转为跌势，并一举跌破颈线支撑，而且股价在较长一段时间内难以再回到颈线之上。股价对颈线的有效突破，一般以跌破 3% 并连续 3 天在颈线位之下为依据。

（6）成交量：股价经过长期上涨后形成左肩，成交量增加。随后持股者获利回吐，开始了下降整理趋势，此时成交量往往比左肩最高价附近的成交量少很多。股价经过调整后再次形成上升行情，形成头部，头部的成交量一般比左肩少，但价格突破左肩高点。随后成交量萎缩，股价呈现整理下跌走势，跌回到左肩的低点附近。股价再次上涨时，右肩成交量一般比左肩和头部少，上升的高点比头部的最高点低，大多上涨至左肩高点附近即会下跌。跌破颈线时成交量不必随之大增（但在实践中放量跌破颈线效果更佳），也可构成有效突破信号，这一点与头肩底有明显区别。

（7）量度跌幅：股价跌破颈线后，可以预测最小量度跌幅。有两种测算方法：一种是先量出头部最高点到颈线的垂直距离，然后从突破颈线的这一点开始，向下量度出相同的高度，即为最小量度跌幅；另一种是先量出下降运行中第一浪的长度，然后从突破点向下量出等倍距离，即为下跌的目标价位。

## 二、市场含义

在头肩顶形态运行中，股价上涨初期，市场前景看好，投资者热情高涨，积极推动股价上涨，成交十分活跃，股价伴随着成交量的积极放大而上升。

股价经过短期的冲高后回落，仍有大部分投资者看好后市，并趁股价调整之机继续买进，此时股价反弹上升，并且超越上次的高点。表面上看，股价上涨表现出市场乐观的一面，但从成交量的变化来看，成交的热情已大不如前，反映出多头势力正在减弱，股价表现出涨升乏力的迹象，投资者信心也开始受挫。那些对前景没有信心和错过了上次高点卖出的人，或是在前次回落低点短线买入的人在高位获利回吐，于是股价在头部再次回落。

股价第三次上升时力度明显减弱，后市看淡已基本为市场认同，庄家难以再度成功聚集市场人气。此时买盘的承接力度十分脆弱，成交量通常大幅萎缩，股价表现疲软，无法达到头部高点。随着股价再次回落，最终跌破颈线位的支撑，大级别的下跌行情即将出现。

## 三、分析要点

（1）头肩顶形态大多出现在牛市上涨行情的尽头，是一种典型的顶部反转 K 线组合形态。

（2）一般来说，左肩和右肩的高点大致相等，两点间的连线与颈线基本平行。有时颈线会向下倾斜，显示市场疲软。

（3）成交量方面，左肩最大，头部次之，右肩最小，呈现阶梯状下降趋势。有时候头部成交量大于或等于左肩。当股价跌破颈线时，成交量有所增加。在股价回抽时，成交量继续减少。然后股价再度下跌，成交量也再度增加。

（4）股价经过大幅拉升后，当最近一个高点的成交量较前一个高点低时，暗示买方力量减弱，有出现头肩顶的可能。当股价反弹回升无法超过前次高点（头部），成交量继续萎缩时，出现头肩顶的可能性更大，股价有开始转跌的趋势。

（5）当股价跌破头肩顶形态的颈线时，无须成交量放大，形态也可以确立。但如果此时成交量激增，表明市场抛售力量强大，空头杀伤力极强，股价将会加速下跌。

（6）形成一个完整的头肩顶形态需要三四个月的时间，有时会超过半年，时间太短的微型头肩顶形态不太可靠，在周线图中发现此形态，机会较大。

（7）头肩顶的理想形态是左肩与右肩高度相等，但有时会有变体，如右肩高于或低于左肩，即第二个反弹高点高于或低于第一个反弹高点，只要其幅度不超过 3%，仍然属于头肩顶形态。

## 四、实盘技巧

头肩顶形态通常有三次卖出时机。

（1）第一卖点：股价到达左肩的高点时，可能会遇到强大的阻力，因此当股价第三次上升到颈线的平行线附近时，有可能见顶回落，此为第一个卖点。

（2）第二卖点：股价向下跌破颈线时，此为明显的突破信号，应立即卖出。虽然此时与最高价相比，股价已回落了相当幅度，但跌势只是刚刚开始，后市仍有较大跌幅。

（3）第三卖点：股价跌破颈线后，有时并不立即下跌，而是形成回抽走势。回抽的高点会受阻于颈线，此时是最后的逃命机会，先前没有及时出货的投资者应在此时斩仓离场。

图 10–8 所示为黄河旋风（600172）的日 K 线图。从该股 2017 年 10 月至 2018 年 1 月的走势图中可以看出，当股价回升到左肩高点附近时遇到强大压力，无法继续上涨，此时应逢高卖出。当股价向下突破颈线支撑时，如果先前没有卖出，此时是一个较好的卖点。在股价回抽确认突破有效后，应清仓观望，随后股价出现较大幅度的下跌行情。

一般来说，短线投资者在右肩形成时出货为佳，头部出货当然最佳，但有可能市场并不是在构筑头肩顶形态，这样的话会少赚差价。对于中长线投资者来说，最后的出货时机是大头肩顶形成，股价有效跌破颈线时。如果预见到头肩顶即将构成，仍以左肩出货为佳。

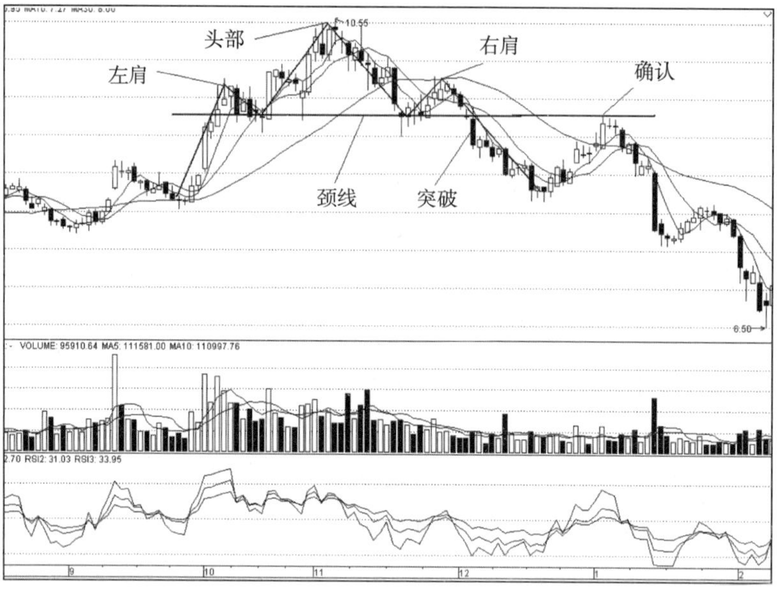


图 10-8　黄河旋风（600172）日K线图

在形态已经形成，股价跌破颈线后又一次反弹至颈线附近时，为最后的清仓机会。

## 五、变异形态

复合头肩顶是普通头肩顶的变形体，其走势形状和普通头肩顶相似，只是肩部、头部多次出现。复合头肩顶大致来说可划分为几类：一头双左肩形态、一头双右肩形态、一头多肩形态、多头多肩形态、多头单肩形态和多重头肩形态等。这些混合头肩顶形态在走势图中极少出现，一旦出现，后市跌幅将会更大，调整时间将会更长。

图 10-9 所示为商赢环球（600146）的日K线图。这是一个由两个左肩和一个头部、一个右肩构成的复合头肩顶形态。在股价上涨过程中先形成一个相对高点，然后股价经回调后再次反弹到该高点附近时遇阻回落，形成一个相对高点。在第二次回升时，股价突破前面的两个高点，从而形成头部。最后，股价放量向下突破头肩顶形态的颈线，这样一个复合头肩顶形态宣告成立。

在分析复合头肩顶形态时，应注意以下技术要点。

（1）复合头肩顶的卖出信号及其预测能力与普通头肩顶形态大致相同，但因为构成复合头肩顶的时间较标准头肩顶长，高位套牢筹码更多，一旦出现这种形态并向下有效突破颈线时，股价实际下跌的低点往往超出预测的最小跌幅。

（2）复合头肩顶的颈线很难画出来，因为肩与肩、肩与顶的回落低点不会都落在同一条线上。因此，应该以最明显的两个短期回落低点连接成颈线，或者以回落到某一价位次数最多的点连接成颈线，也可以取最靠近顶部的左肩和右肩，作为颈线的取点标准。复合头肩顶经常有一内一外两条颈线，只有当外面的一条颈线被突破时，才会见到价格的大幅变化。

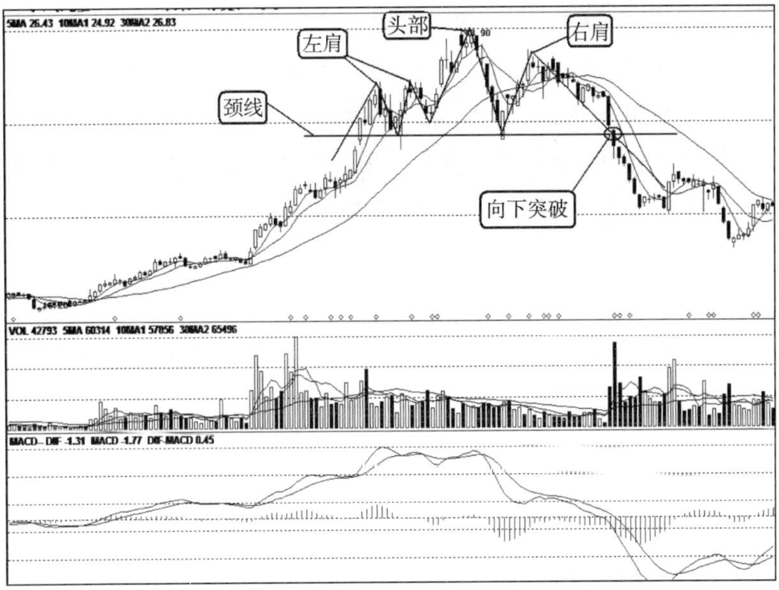


图 10–9　商赢环球（600146）日 K 线图

（3）复合头肩顶的肩与肩或肩与顶部每次的回落低点大致相同，其颈线一般接近水平，较少有“上倾颈线”和“下倾颈线”。因复合头肩顶整理时间较长，不管其颈线是水平还是上倾、下倾，一旦正式向下突破的话，卖出信号极为强烈。也就是说，当复合头肩顶的颈线被有效突破时，实际跌幅往往大于量度跌幅。

（4）复合头肩顶大多出现在原始上涨趋势的顶部，因构成时间较长，在中级趋势行情里很少出现，一旦出现复合头肩顶形态并向下正式突破颈线时，应毫不犹豫地卖出观望。

（5）复合头肩顶有时会失败或出现变异，所以必须严谨分析，小心操作，在未完全形成右肩时切忌冒险。

## 六、注意事项

（1）判断成交量不能以数字大小为依据，应当按照一定交易周期内的大小进行比较。左肩的成交量可以比头部高，也可以比头部低，但右肩的成交量一定比头部低。根据统计所得，头肩顶形态中，大约有 1/3 其左肩成交量大于头部成交量，有 1/3 的大致相等，另有 1/3 是头部成交量大于左肩成交量。

（2）头肩顶需要较长时间来构筑，盘面观察可以从头部开始，而操作最好等到回抽颈线确认突破有效时再进行。

（3）突破颈线后股价下跌，而成交量仍旧保持低谷，则有可能产生回抽，使股价回到颈线位置（极少有突破颈线的）。这往往是“最后的挣扎”，股价会很快再次下跌，成交量急剧放大，这几乎成了不变的定律。

（4）头肩顶并非无法挽救，但这种挽救非常罕见。当股价突破后迅速返回颈线以上，则表明挽救至少成功一半。这时，做多的投资者可以密切关注股价的进一步发展。

（5）即使头肩顶形态未能立即见效，也是一个很有分量的顶部警告。在下跌达到最小目标位后，通常会有一些反弹。下跌离最小目标位越远，反弹力度越大。

（6）突破头肩顶后第一轮下跌的低点，极有可能成为日后长久的压力位。构建头肩顶需要时间、成交量、价格的配合，三者缺少一样，都会为日后的失败埋下伏笔。

（7）一般来说，左肩和右肩的高点大致相等，部分头肩顶的右肩较左肩低，即颈线略微向下倾斜。向下倾斜的颈线比向上倾斜的颈线对日后下跌的幅度影响更大。如果右肩的高点比头部还要高，则不属于头肩顶形态，而是扩大三角形了，扩大三角形后市仍然看跌。

（8）多重头肩顶有可能产生内外两条颈线，它由更多的肩和头组成，但其识别方法与普通头肩顶无甚差异。

（9）头肩顶突破后有两种走势：一种是突破颈线后有一个回抽确认动作，回抽确认的幅度不会太大，时间也不会很长，这时就会出现两个明显的卖出点，即突破颈线时的卖出点和回抽确认结束后产生的卖出点；另一种是突破颈线后一路下泻，这时只有一个明显的卖出点。

### 七、头肩顶和头肩底的区别

头肩顶形态和头肩底形态不仅仅是简单的形态相反，在许多方面两者具有很大的不同。

（1）时间长短不同。通常形成头肩顶形态所需的时间比较短，因此它的形态大部分比较明显。由于行情处于大跌之后，多头需要较长的时间喘息和休整，因此头肩底形态所需要的时间比头肩顶要长。其底部的形态，也因时间长而显得较为平坦，致使其形态大部分时间不明显。也就是说，形成头肩顶时，头部的形态大部分比较尖锐，而头肩底的头部形态大部分比较圆滑。

（2）成交量大小有别。在头肩顶形态中，股价向下跌破颈线时，不论成交量增加还是减少，都可以信赖它。但在头肩底形态中，股价向上突破颈线时，其成交量一定要配合增加，这一点是头肩底与头肩顶的最大不同。

（3）复合形态出现的概率不同。在实际操作中，底部出现复合头肩底形态的概率比高位出现复合头肩顶形态的概率大，因此当高位出现复合头肩顶形态时，应及时卖出，但在低位出现复合头肩底形态时，则不必过早买入。

（4）突破后的力度大小有别。通常复合头肩顶形态构筑成功时，下跌的力度比复合头肩底形态上涨的力度要大一些，这是因为股价“下跌容易上涨难”。

## 第四节　圆弧顶

### 一、形态特征

圆弧顶与圆弧底是两种常见的反转形态，投资者及市场分析人士都非常重视对其的研判。在头肩形反转形态中，股价波动幅度较大，反应多空双方斗争激烈，突破颈线后，形态成立。圆弧顶和圆弧底形态是股价渐进发动的过程，市场多空双方势均力敌，交替获胜，使股价在较长的一段时间内盘整，最终才向下或向上反转。

圆弧顶是指股价呈现向上凸起的圆弧状走势，当股价到达高点之后，涨势趋缓，随后逐渐下滑，预示后市即将下跌，是见顶形态。整个形态的完成耗时较长，常与其他形态复合出现。市场经过初期买方力量略强于卖方力量的进二退一式的波段涨升后，买方力量减弱，而卖方力量不断加强。到了中期，多空双方力量均衡，此时股价波幅很小。后期卖方力量超过买方，股价回落。向下突破颈线时，股价会快速下跌。

圆弧顶形态产生的过程：在到达圆弧顶的顶点之前，股价呈弧形上升，虽不断创出新高，但涨不了多少就回落，只是比前一个高点稍高而已。升到顶点附近时，卖压加大，高点走平，出现盘局。最后每波回升点都略低于前高点。把这些短期高点连接起来，就形成了圆弧顶。成交量逐步减少，表明追涨乏力。突破颈线时，技术派会止损出局，成交量会稍有放大。个股出现圆弧顶，很可能是庄家水煮青蛙式地出货。在形态形成过程中，出现一些实体相对较小的 K 线。标准的圆形顶形态需要有一个向下跳空的缺口进行确认，但在实盘应用中这样的情形较少见，如图 10–10 所示。

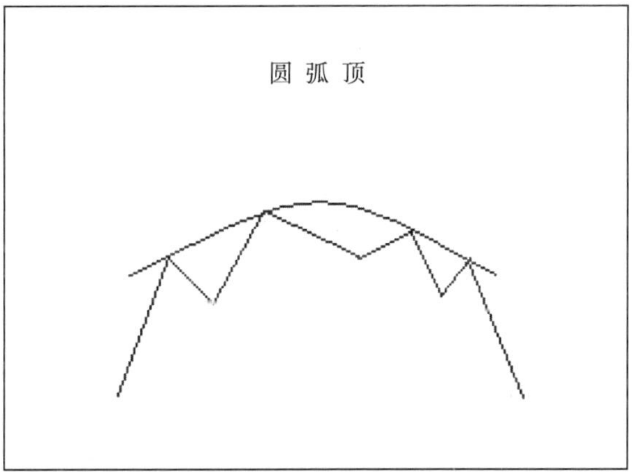


图 10–10　圆弧顶形态示意图

## 二、市场含义

圆弧顶形态中，多方维持一段股价或指数的涨升之后，买方力量逐步趋弱，难以维持上涨，涨势缓和，而空方力量有所加强。当多空双方力量达到均衡时，股价保持平台整理状态。一旦空方力量超过多方，股价便开始回落。起初多空转换只是慢慢改变，跌势并不明显。随着空方完全掌握主导权，跌势转急，表明一轮跌势已经来临。先知先觉者往往在圆弧顶形成前抛售出局，不过在向下突破圆弧顶颈线时出局也不算太迟。

## 三、分析要点

（1）圆弧顶形成后，有时股价并不立刻快速下跌，而是反复横向发展，形成徘徊区域，形成一个碗柄的形状。一般来说，碗柄很快会被突破，股价继续朝预期的下跌方向发展，并且下跌会加速，但在下跌之前，给了投资者一个退出的机会。

（2）圆弧顶的理论下跌目标位很难确定，只有通过支撑位、百分比、黄金分割等方法来预测。其突破后的最小跌幅，一般等于圆弧颈线到圆弧顶最高点之间的垂直距离。

（3）成交量没有固定特征，一般逐级递减。一开始股价上升时成交量增加，升至顶部时显著减少，股价下滑时成交量又开始稍放大，有时也出现巨大而不规则的成交量，有时成交量的走势也会呈圆顶状或 V 形。

（4）圆弧顶多出现在绩优股中，由于持股者心态稳定，多空双方力量很难出现急剧变化，主力在高位慢慢派发，所以容易形成圆弧顶。

## 四、实盘技巧

图 10–11 所示为泸州老窖（000568）的日 K 线图。该股经过一段时间的上涨后，遇到前期高位盘区压力。2018 年 6 月，在相对高位出现滞涨走势，并形成一个较高的价格，随后股价渐渐回落。之后股价几次试探前期高点都以失败告终，显示出这个区域的阻力不小，想继续上升但得不到参与者的认同。在相对高位进行长时间的横盘震荡，就构成了一个成交密集区。如果筹码在这个区域充分换手，之后股价还未能上行，就需要特别重视，很有可能顶部即将到来。从 6 月 26 日开始，该股连续收出中阴线，股价快速下跌并跌破颈线位支撑，此时应该及时出局。

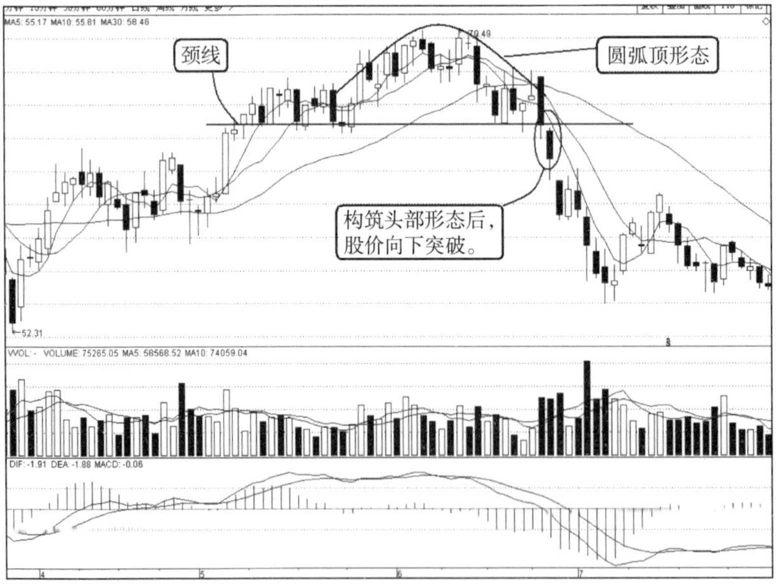


图 10–11 泸州老窖（000568）日 K 线图

在实盘操作中，遇到圆弧顶形态时，应掌握以下操作技巧。

（1）构筑圆弧顶形态耗时较长，不像其他图形有明显的卖出点。但其有足够的时间让投资者依照趋势线、重要均线及其他指标在圆弧顶形成之前及早卖出。

（2）圆弧顶最小跌幅为圆弧顶至颈线的垂直距离，跌破颈线 3%，向下突破确立后，可采取卖出策略。

（3）在圆弧顶形成末期，股价跌到一定程度时，会引起持股者的恐慌，下跌加速。出现跳空缺口或大阴线时，是一个强烈的出货信号，应果断离场。

（4）圆弧顶成交量多呈现不规则状，一旦圆弧顶右侧的成交量明显小于左侧的成交量，圆弧顶形成的概率就大大增加。此时应密切关注，当感觉有风险时，可提前卖出。

# 第五节　潜伏顶

## 一、形态特征

潜伏顶与圆弧顶相似，股价经过长期上涨后，形成盘头走势，多空双方达到平衡，致使股价长时间在一个极其狭窄的区间波动，形成又长又平的震荡区间。这种走势充分反映出庄家派发筹码的耐心，此时成交量也萎缩至极点，在 K 线图上表现为小阴小阳交错的水平走势。最后，在利空消息的刺激和庄家的打压下，股价向下突破脱离顶部区域，成交量也随之放大，股价大幅下跌，构成了潜伏顶形态，如图 10–12 所示。

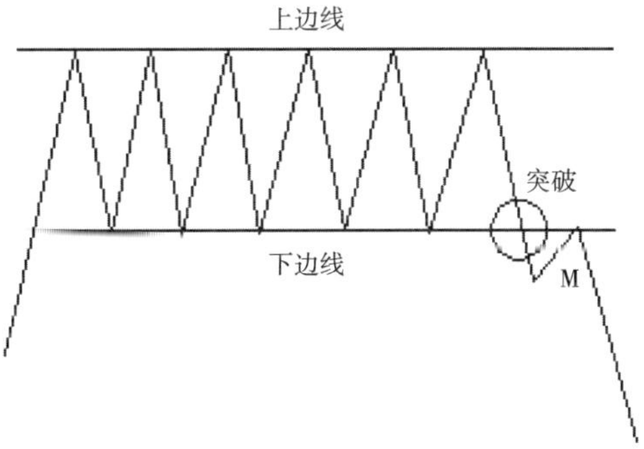


图 10–12　潜伏顶形态示意图

## 二、市场含义

潜伏顶是一种反转形态，它的形成必须依赖于一个基本条件，即极度乐观的市场气氛。潜伏顶可以出现在大、中、小行情的局部高点，形成短期或长期顶部。潜伏顶的成交量较少，突破时成交量放大，且突破方向是向下的。潜伏顶一般出现在绩优股走势中，原因是这类股票持有者心态比较稳定，不会轻易改变看法。相反，投机性高的垃圾股很少走出这种形态，因为持股者没有什么信心，一旦有风吹草动即先行一步逃跑。一旦形成潜伏顶，股价向下脱离顶部区域，通常会出现中长期调整走势，而且较长一段时间内对股价形成巨大压力，因此具有强烈的看空意义。

## 三、分析要点

（1）窄幅波动。形成潜伏顶时，股价已经有了一定幅度的上涨，然后进入高位派发期。股价在一个狭窄的区域内波动，形成上挡有压力、下挡有支撑的横盘局面，股价每日的波幅较小（一般在5% 以内），成交量也很少，充分说明庄家派发很有耐性。随着时间的推移，震荡区间几乎变成一条水平的直线，之后突然向下突破，形成潜伏顶形态。

（2）潜伏顶大多出现在一些浮动筹码较小的强庄股、股权分散的大盘绩优股或走势稳健的慢牛股中，主要是因为公司发展稳定，没有太多的消息出现，盘面走势稳健，投资者持股心态稳定，不会轻易改变看法，一般不随大盘涨跌起落。

（3）在成交量变化方面，需认真分析。在潜伏顶形成过程中，成交量应保持稳定且稀少的走势。当股价波幅突然扩大，向下突破潜伏顶时，成交量有所放大。成功脱离形态后，成交量则有所萎缩。

（4）从实践来看，可以把潜伏顶理解成“平顶”，即股价走了较长时间的平台之后向下突破。如果右边略有下沉，则可以按圆弧顶操作。投资者在股价向下突破时出货为好，这也是最后的离场时机。不要过早出货，以防形态有变而造成损失。

## 四、实盘技巧

图 10-13 所示为亚星客车（600213）的日 K 线图。该股成功见底后，股价大幅上涨，累计涨幅超过两倍。由于主力不断在高位兑现获利筹码，从而在高位出现潜伏顶走势，暗示股价上涨遇到一定压力。不久，一根大阴线向下脱离潜伏顶形态，此时应及时卖出观望。无论后市是否具有继续上涨的潜力，起码股价短期会进入调整走势。

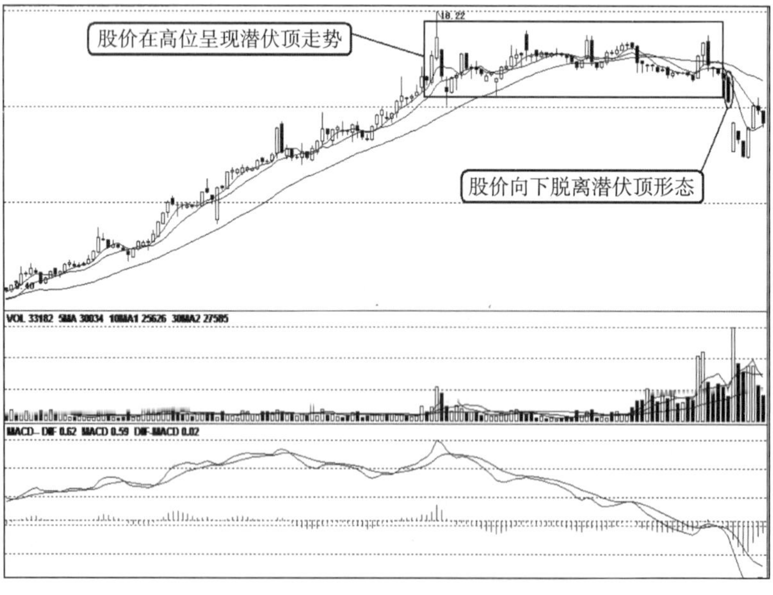


图 10-13　亚星客车（600213）日 K 线图

在实盘操作中，遇到潜伏顶形态时，应掌握以下操作技巧。

（1）潜伏顶形态由于横向盘整的时间较长，筹码比较稳定，一旦正式向下跌破后，股价下跌的空间也会较大，可在出现量增下跌现象时卖出。通常顶部形成时间越长，庄家派发筹码越多，股价下跌支撑越小，跌幅越大，无最小量度跌幅可测。

（2）当股价向下突破调整平台的低点或颈线时，应及时卖出。

（3）股价向下突破后，有时会出现回抽确认走势。当回抽确认突破有效时，在股价调头向下时要坚决卖出。

（4）在潜伏顶形态中，原则上不提倡买入，但原先确认的潜伏顶在突破后不久又涨回到平台区域，甚至突破前期高点，则有可能是上涨途中的整理而非潜伏顶，此时应适量介入。

# 第六节　岛形顶

## 一、形态特征

牛市末期是最后的上涨冲刺阶段，但市场仍然会利用最后一股力量向上跳空，形成缺口，然后在缺口上方进行一日或多日震荡，显示盘面无力形成顺畅的上涨行情。之后股价被迫向下跳空，在 K 线图上产生一个向下跳空缺口，切断了与缺口上方 K 线的联系，将一大批跟进的投资者遗弃在这个孤岛上。之后套牢者纷纷砍仓自救，使下跌势头进一步加剧，因此是一个强烈的顶部反转信号，如图 10-14 所示。

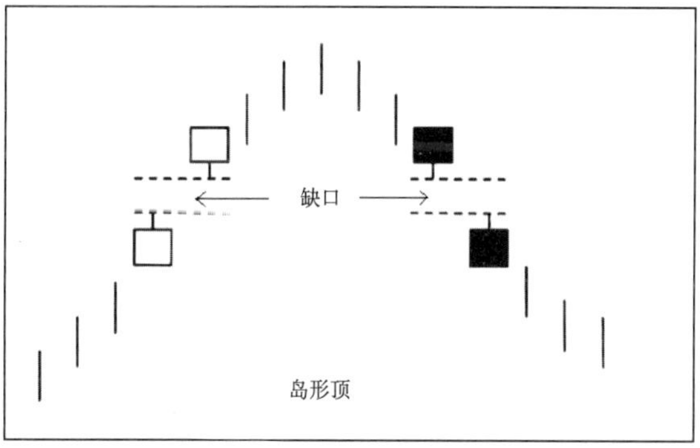


图 10-14　岛形顶形态示意图

## 二、市场含义

岛形顶形态是一种相当强烈的转势信号，其分析意义不亚于其他几种主要的转势形态。岛形顶形态在反转方面的分析价值，不仅在于提示反转的信号，还在于提示反转的强度。一般来说，顶部岛形反转发生在一些重要的市场顶部，该反转形态一旦成立，那么新趋势的强度会非常强大，市场沿新趋势运行的时间也会非常长。

从岛形的构成上可以看出，岛形顶具有破旧立新的味道，它包括了一个“衰竭性缺口”和一个“突破性缺口”。也就是说，原来的升势衰竭，新的跌势开始。由于岛形反转有相当大的套牢盘存在，因此反转后的突破会十分剧烈。出现岛形顶突破时，应果断卖出，以免机会稍纵即逝，导致深幅被套。

## 三、分析要点

（1）标准的顶部岛形前后各有一个跳空缺口。前面的缺口为上涨竭尽性缺口，此时股价经过持续上升，进入快速拉升阶段，多方能量消耗殆尽。后面的缺口为下跌突破性缺口，股价在高位结束震荡之后向下突破。

（2）形态中的两个缺口大致在同一水平位置，而且近日未填补缺口。这一价位对后市会产生重要的压力作用。缺口空间越大，技术意义越强。

（3）顶部岛形反转形成的时间非常短，可以是单个交易日或两三个交易日，而且岛形部分的成交量十分密集，显示多空双方在此进行过激烈的争夺。

（4）顶部岛形反转通常出现在流通盘较小的股票中，而且其形态大多隐藏在头肩顶、双重顶及其他反转形态中。

（5）顶部岛形的杀伤力极大，通常出现在长期或中期上涨趋势的顶部。当股价在顶部形成岛形反转时，应立即出逃，因为岛形两端的走势都十分陡峭。

（6）顶部岛形反转形态可以不考虑成交量的大小，这一点与底部岛形有所区别。但在缺口下方放量下跌，会加强形态的看跌技术意义。

（7）岛形顶部可以是一根 K 线，也可以是多根 K 线，阴线阳线没有太大区别。

（8）在左侧形成上涨竭尽性缺口之前，不一定要有突破性缺口或持续性缺口。另外，岛形顶有一种变异形态，叫半岛形顶或单跳空，即只有一个跳空缺口。这种半岛反转形态在图形上就像一个半岛，也是明确的买卖信号。实践中，向下跳空的半岛形顶比向上跳空的半岛形底反转的可能性更大。

## 四、实盘技巧

图 10–15 所示为远程股份（002692）在 2018 年 9 月至 10 月的走势图。股价大幅反弹后，在高位形成一个向上的跳空缺口，大有加速上涨之势。但庄家操盘手法诡异，向上跳空之后马上反手做空，在右边出现同样的向下跳空缺口。左右两个跳空缺口对称，构成岛形顶形态，此时应及时抛出，之后股价不断创出新低。

在实盘操作中，遇到岛形顶形态时，应掌握以下操作技巧。

（1）形成顶部岛形之前股价已有一定涨幅，这样反转力度才大。一旦岛形形态成立，应果断卖出。

（2）有两个基本对称的跳空缺口，近日未被回补。缺口空间越大，技术意义越强，卖出信号越可靠。

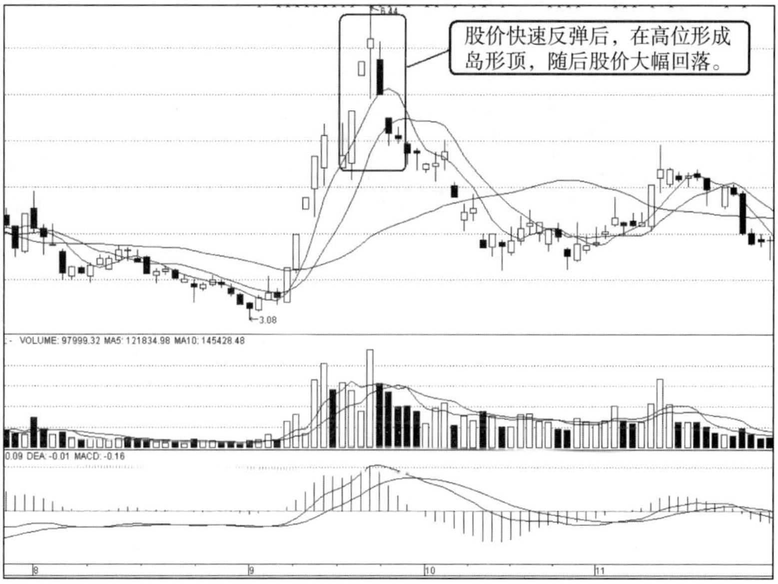


图 10-15　远程股份（002692）日 K 线图

（3）顶部岛形反转形态虽然不注重成交量的大小，但当日的缺口下跌应有较大的成交量出现，这样更能确认顶部的形成，卖出信号更强烈。

（4）顶部岛形形态产生后，股价会快速脱离头部区域，应及时抛空离场。

# 第七节　钻石顶

## 一、形态特征

该形态由于其形状酷似“钻石”，故被市场人士称为钻石顶形态。在形态上，是扩散三角形、对称三角形、头肩顶的综合体，前半部分是扩散三角形，后半部分是对称三角形，可以看成是扩散三角形和对称三角形的合并图形，像菱形。

形态的左半部分与扩散喇叭形态一样，投资者受到市场炽烈的投机风气感染，在股价上升时疯狂追涨。当股价下跌时，又盲目地加入抛售行列，疯狂杀跌。这种市场极度冲动和杂乱无序的行动，使得股价不正常地大起大落，上升时高点较前次高，下跌时低点较前次低，也容易出现成交量不规则和巨差成交量的情况，反映出投资者冲动的买卖情绪。

在一个明显的高点和低点产生之后，新的高点不能超过前面的高点，新的低点较上一个低点高，股价波动由不断地向外扩散转为向内收窄，构成形态的右半部。此时由于对后市看好且做中长线的人渐多，使得冲动的短线浮筹日渐减少，稳定看好后市的力量逐步成为市场主流。这时股价的波动逐步平缓，成交量也急剧萎缩，后半段与对称三角形一样。经过充分换手整理后，出现突破走势，如图 10-16 所示。

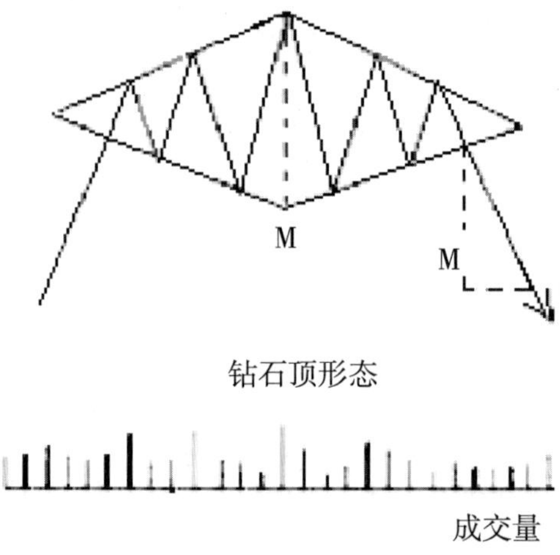


图 10-16　钻石顶形态示意图

## 二、市场含义

钻石顶形态经常是一种顶部看跌形态，很少成为底部反转形态。通常它在中级下跌前的顶部出现，其形态完成后往往成为空头大本营，是转势形态。

钻石顶形态有时也称为持续形态，出现在下降趋势的中途，之后将继续下降。钻石顶形态是比较特殊且少见的形态，无论出现在行情的任何位置，都具有看跌意义。形态一旦形成，往往有较大的杀伤力。

为什么出现钻石顶形态后，大多是下跌行情？从投资者的心理角度看，扩散三角形和对称三角形正好揭示了两种不同的状态。市场在形成扩散三角形的时候，往往说明参与的投资者越来越情绪化，加剧了行情的震荡。当行情处于对称三角形整理阶段时，说明市场正在选择方向，越来越多的投资者转向观望。

当钻石顶形态出现时，市场正由一个比较活跃的时期逐渐冷淡下来。这个阶段参与者不断减少，人气不足，使得行情经过钻石顶形态后大多向下调整。

分析总结：钻石顶形态不经常出现，一旦形态成立，就意味着大的下跌行情即将到来，投资者应以做空为主要交易策略。

## 三、分析要点

（1）形态的前半部分与扩散喇叭形一样，具有高而不规则或趋于放大的成交量，后半部分与对称三角形一样，成交量逐步萎缩。

（2）一般向下突破时成交量都会温和放大，一旦向下突破即会形成沉重的头部，中期趋势向淡。

（3）当钻石顶形态跌破右下方支撑后，就是一个卖出信号。从股价向下跌破钻石顶形态右下线开始，量出形态内最高点到最低点的垂直距离，这个距离就是未来股价下跌的最小幅度。有时候也会出现回抽现象，价格回抽到下方的阻挡线附近，新的趋势将从这里恢复运行。一般来说，价格运动的实际距离比这一段最小跌幅要长。

## 四、实盘技巧

一般情况下，当构成对称三角形的主要支撑线被有效跌破，便宣告这种形态基本完成。此外，由于钻石顶形态形成初期是扩散三角形，而扩散三角形在大多数情况下属于看跌形态，所以投资者在该形态形成之初就可以选择卖出。最佳卖出点是股价放量突破形态后半部的对称三角形之时。

图 10–17 所示为城投控股（600649）的日 K 线图。从该股在 2019 年 3 月的走势中可以看出，股价快速上涨后在高位开始震荡整理。震荡过程中出现钻石顶形态，预计股价短期将出现调整走势，是短线的一个卖出信号。

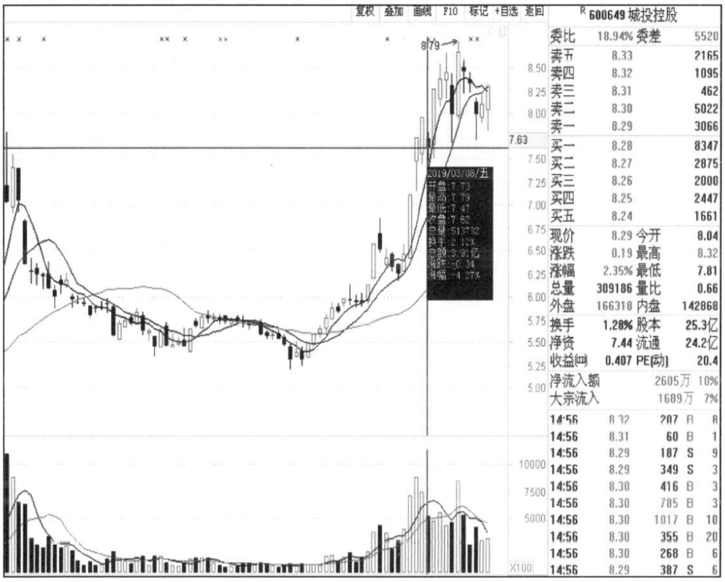


图 10–17　城投控股（600649）日 K 线图

在实盘中有一种特殊现象，就是钻石顶形态有时会出现在两个反方向通道的结合处。如股价以上升通道方式运行到高位后进行整理，这个通道的平行线成为钻石顶形态的左上边和右下边。随后股价转身向下，以下降通道的方式运行，这样钻石顶形态的右上边和左下边则成为下降通道的两条平行边。一旦出现这样的走势，股价跌幅通常至少是先前涨幅的 50%。

# 第十一章　K 线持续整理形态

## 第一节　对称三角形

### 一、形态特征

在股市技术形态分析中，三角形具有极为神奇的技术效果，给人以神秘感。三角形属于持续整理形态，可分为对称三角形和直角三角形，直角三角形又可分为上升三角形和下跌三角形，这两种形态均属于收敛性三角形。此外，还有一种扩散性三角形，属于反转整理形态。

在对称三角形形成过程中，股价变动幅度逐渐收窄，每个高点均较前一个高点略低，每个低点则较前一个低点略高。将上下至少两个高点或低点连成直线，即形成一条向下倾斜的直线（即阻力线）和一条向上倾斜的直线（即支撑线），两条直线的水平夹角接近对称。对称三角形一般出现在多头或空头行情的中段整理过程中，因而是一个较为重要的持续整理形态。一个完整的对称三角形至少要有四个转折点（因为每条趋势线要由两个点来确定），但为了突出支撑和压力作用，经常采用六个转折点。

对称三角形只是原有趋势运动途中的休整阶段，所以持续的时间不应太长。持续时间太长，保持原有趋势的能力就会下降。一般股价会很快突破上下两条直线的包围，继续沿原有趋势方向运行。股价越靠近三角形顶端，三角形的作用就越不明显，会减弱对买卖的指导意义。从对称三角形的结构可以看出，股价每次上涨时的高点一个比一个低，每次下跌时的低点一个比一个高，运行到一定位置时，日趋积压的股价终将突破。

根据对称三角形的性质，通常朝原先趋势方向突破的可能性比较大。也就是说，在涨势中出现的对称三角形，向上突破的可能性较大；在跌势中出现的对称三角形，向下突破的可能性较大，如图 11-1 所示。

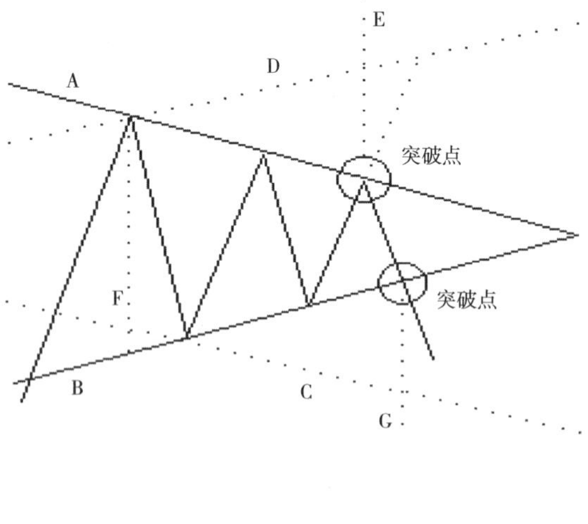


图 11-1　对称三角形整理形态示意图

## 二、市场含义

形成对称三角形，是由于多空双方在该价格区域力量差距不大，达到暂时的平衡状态。多头每次进攻，都会由于市场信心不足及空方的压制而回落，反弹高点一次比一次低，显示多头势力仍然较弱，无法占据市场主导地位。空方的每次反扑都会遭到多头的顽强抵抗，同时看好前景的投资者会在股价回挡中积极买入，使股价底部逐步抬高。股价经过反复多次震荡后，多空双方力量对比逐渐明朗化，原先占据优势（上涨或下跌）的一方进一步扩大优势，带动股价结束调整，继续沿原先的趋势运行。

## 三、分析要点

（1）在对称三角形中，每次股价反弹的高点都比前一次反弹高点低，呈逐级下降趋势。股价回落时，每次回落的低点都比前一次的低点高，呈逐步抬高势头。这些高点与低点基本上可以用一条倾斜的趋势线贯穿，两条趋势线的水平夹角基本对称。

（2）股价在对称三角形中的波动幅度越来越小，成交量也随之逐级递减。

（3）股价越靠近对称三角形的顶点，其突破力度越弱。因为越靠近顶点，股价的波动幅度越小，其支撑和压力功能就越不明显，对买卖操作的指导意义也就越小。

（4）对称三角形的最佳突破位置是三角形横向长度（三角形顶点与第一个转折点之间的横向距离）的 1/2 至 3/4 之间。

（5）对称三角形是股价运行中的一个短暂停顿，其突破方向取决于原先具有优势的一方。形态突破之后，一般会继续沿着原先的趋势运行。

（6）在成交量增加的配合下，完成向上突破后，画出其底线（三角形的下限线）的平行线，可以作为最小涨幅的预测参考线，在股价涨至该线附近时予以卖出。或者，还可以用类似头肩底形态的测量方法，测量第一个低点与其后第一个高点之间的垂直距离，再从向上突破涨升点开始，向上垂直画出相同距离的直线，以该距离作为预测最小涨幅的参考。应选择高点较低的一个点位作为上涨目标位，到该股价附近即可获利了结。

（7）在该形态中，完成向下突破后，可以在第一个低点画出其顶线（三角形的上限线）的平行线，作为最小跌幅的预测参考线，在股价跌至该线附近时买进。或者，以第一个顶点与其后第一个低点之间划一条垂直线，再从下跌突破点开始，垂直向下画出相同距离的直线，以该距离作为预测的最小跌幅。

## 四、实盘技巧

### 1. 对称三角形的买入信号

（1）在上升趋势中，股价经过反复震荡，放量突破顶部阻力线时，是积极的买入信号。

（2）在上升趋势中，股价突破对称三角形后，顶部的阻力线变为支撑线，支撑线上方附近是一个较好的买入点位。

（3）当股价突破形态顶部阻力后，不久再度回落到顶部边线附近时，只要前一次突破时成交量明显放大，则突破有效的可能性较大，此时只要股价不重新回到形态之内，就可以加仓买进。

（4）短线技术高手可以将对称三角形的上下边线作为参考点位，进行高抛低吸操作。向上倾斜的底边线具有较强的支撑作用，股价回落到这条趋势线附近时，是一个较好的买入时机。

图 11–2 所示为天富能源（600509）的日 K 线图。2019 年 2 月，股价快速向上突破底部区域后，进入震荡整理阶段，时间为一个月左右，成交量逐步缩减。在整理过程中，后一个高点低于前一个高点，后一个低点高于前一个低点，从而形成一个对称三角形整理形态。2019 年 3 月 20 日，一根放量涨停大阳线向上突破对称三角形，此时产生一个理想的短线买入信号。

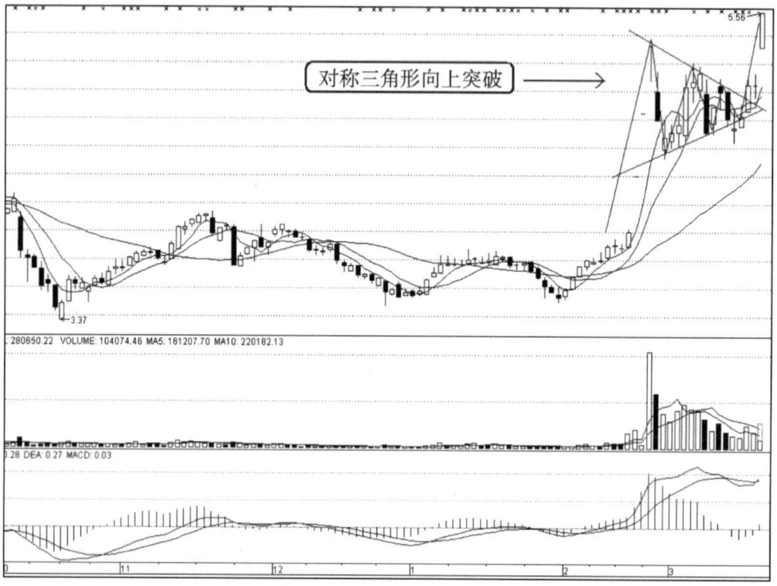


图 11–2 天富能源（600509）日 K 线图

## 2. 对称三角形的卖出信号

（1）在下跌趋势中，当股价经过反复震荡并跌破底部支撑线的支撑时，无论成交量是否放大，都可视为有效跌破，此时应立即卖出观望。

（2）在下跌趋势中，有时股价突破后不一定立即下跌，而是在突破点附近略做回抽确认。若回抽确认向下突破有效，此时是最后的卖出时机。

（3）股价向上无量突破，或突破力度很弱，将会影响预测高点的准确性，成为假突破的可能性较大。如果出现这种现象，应修正预测高点，并提前做好卖出准备。

（4）短线技术高手可以将对称三角形的上下边线作为买卖参考点位进行高抛低吸操作。向下倾斜的上边线具有较强的压力作用，股价反弹到这条趋势线附近时，也是一个较好的卖出时机。

图 11-3 所示为 *ST 龙力（002604）的日线图。该股经历一波反弹行情后，2018 年 11 月至 12 月开始震荡整理走势。整理过程中，每一次反弹高点不断下移，而每一次回落低点不断抬高，形成对称三角形整理形态。12 月 25 日，股价跳空下跌，向下突破对称三角形的下边线。此时投资者应及时卖出观望，之后股价进入弱势调整期。

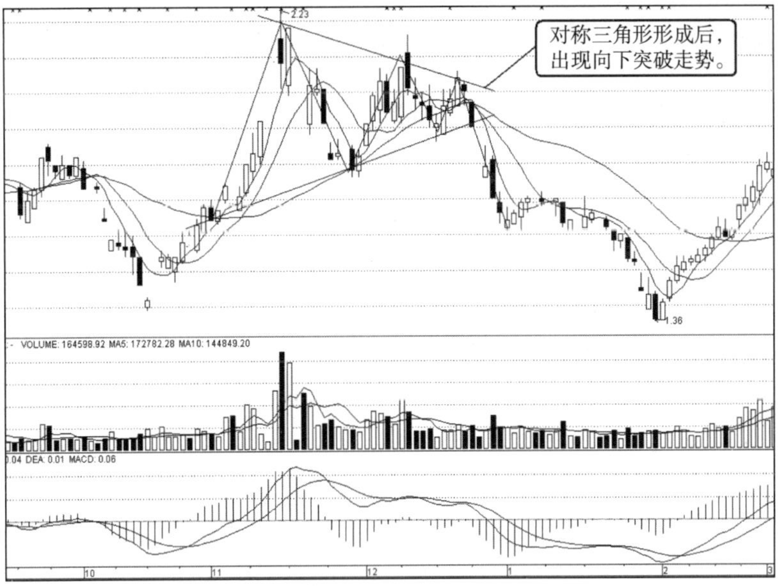


图 11-3　*ST 龙力（002604）日 K 线图

## 五、注意事项

（1）当股价运行到三角形的 1/2 至 3/4 处，向上或向下突破是最理想的。假如超过对称三角形的 3/4 处，股价仍未有效突破，行情大多会盘整到三角形尖端附近才产生变化，这种形态称为“螺旋形”。这种螺旋形走势，后市大部分只有小幅度的涨跌，纵然上涨或下跌，幅度也不会太大，不具有太大的参考意义。

（2）如果股价盘整持续到三角形的尖端仍未向上或向下突破，而股价处在三角形尖端价位之上（或之下），其三角形尖端价位往往具有很强的支撑（或压力）作用，除非大势极差（或极佳），否则其股价大多能够呈现小幅上涨走势（或出现横向盘整走势）。

（3）当股价运行到三角形的 3/4 处之后，或接近三角形尖端才突破上升，成交量也未配合增加时，代表买方并无太大实力，有可能成为假突破。

（4）有时对称三角形也充当反转形态。在实盘操作中，对称三角形出现顶部反转形态或底部反转形态的频率比较多，从而改变了原来的运行方向。这是传统的关于三角形主要充当持续形态论断的一种异化，投资者对此应有所了解。

在涨势行情中，对称三角形整理结束后，通常股价将向上突破，形成持续的上涨行情。但实盘操作中，对称三角形经常充当顶部反转形态，形成失败形态。

# 第二节　扩散三角形

## 一、形态特征

扩散三角形又称喇叭口扩散三角形，相邻两个高点越涨越高，相邻两个低点却创新低，整个形态以狭窄的波动开始，然后向上下两边扩大。将两个高点相连画出一条斜向上趋势线，将两个低点相连画出一条斜向下趋势线，即可看到一个喇叭扩散形态，故称为扩散三角形。

不管喇叭口向上倾斜还是向下倾斜，其含义都是一样的。此形态经常出现在涨势末期，意味着多头市场结束，常常是大跌的先兆，如图 11-4 所示。

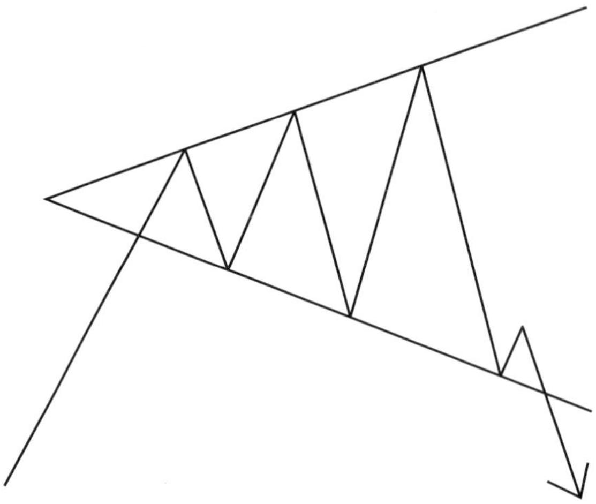

扩散三角形形态

图 11-4　扩散三角形整理形态示意图

扩散三角形的基本特征如下。

（1）多数出现在升势中，高点越来越高，低点走平或越来越低。

（2）高点连线与低点连线相交于左方，形态呈向右扩散的喇叭状。

（3）大多数形态结束后向下突破，向下突破时并不一定放大量。

标准的扩散三角形至少包含三个转折高点，两个转折低点。这三个高点一个比一个高，两个低点可以在水平位置，或者右边低点低于左边低点。当股价从第三个高点回落，其回落的低点较前一个低点低时，可以假设形态成立。将高点与低点各自连接成颈线后，两条线所组成的区域，外观像一个喇叭形，由于其属于“五点转向”形态，故较平缓的喇叭形也可视为一个有较高右肩和下倾颈线的头肩顶。

## 二、市场含义

扩散三角形形态是由投资者冲动的情绪造成的，通常在长期上升的末期出现。在一个缺乏理性和失去控制的市场里，投资者被市场炽烈的投机气氛影响，股价上升时便疯狂追涨，当股价下跌时又盲目地加入抛售行列，疯狂杀跌。这种市场极度冲动和杂乱无序的行动，使得股价不正常地大起大落，上升时高点较前一次高，下跌时低点较前一次低，容易产生不规则而巨大的成交量，反映出投资者冲动的买卖情绪。

可以将扩散三角形形态看作市场最后的消耗性上涨。最后的疯狂往往会将股价推高到很高的价位，但也暗示市场购买力得到充分释放，升势已到尽头，随后的下跌会极为惨烈。准确地说，扩散三角形形态是市场情绪化的产物，很少在底部出现，因为股价经过一段时间的下跌后，在低迷的市场气氛中，大家的投资意愿极为薄弱，不太可能形成这种形态。

## 三、分析要点

（1）扩散三角形更多地出现在趋势反转阶段，出现的频率相对较低。实际走势中往往还有其他指标配合。在整个形态形成过程中，保持着高而且不规则的成交量，并不随形态的发展而递减。

（2）扩散三角形也有可能会失败，最终股价向上突破。尤其是喇叭形的顶部由两个同一水平的高点连成，并且第四次下探成交量极度萎缩，随后股价以大成交量向上突破（收盘价超越阻力水平 3%），上升趋势仍会持续，未来的升幅将十分可观。但对于稳健的投资者而言，“宁可错过，不能做错”，不必过分迷恋这种风险大于收益的行情，毕竟喇叭形构筑头部的概率更大。

（3）扩散三角形下跌的幅度无法预估，也就是说，没有“最小量度”跌幅来估计未来的跌势。一般来说，扩散三角形构建完成后，股价跌幅都很大，向下突破无须成交量的配合，只要跌破下边三点连线即可确认。

（4）由于扩散三角形绝大多数都是向下突破的，所以投资者尽量不要参与其买卖活动，以减磅操作为主。最佳卖点为上边线附近，其次可在跌破下边线及反抽时果断止损离场。

（5）在量能方面，整理期间常出现不规则波动的较大成交量。如上涨到上边线时配合成交量急剧放大而突破上边线（3% 以上），则可能发生变异而继续上涨，但这种情况较少见。

（6）扩散三角形右侧的上涨速度虽快，但右侧破位下行的速度更快。该形态没有明确指出跌势出现的时间，跌破下限时形态便可确认，投资者应马上止盈或止损出局。

## 四、实盘技巧

在操作方法上，未破位前可以高抛低吸。一旦发现并确认破位（3% 以上），应在跌破下边线或反抽到下边线时离场。

图 11-5 所示为大众公用（600635）的日 K 线图。该股在 2018 年 11 月探底成功后，出现一波快速拉升行情。拉升结束后在高位出现扩散三角形整理形态，这种形态是投资者情绪冲动造成的，疯狂追涨杀跌，使股价大起大落，表明升势已尽，大跌即将来临，必须卖出。之后，股价开始弱势调整。

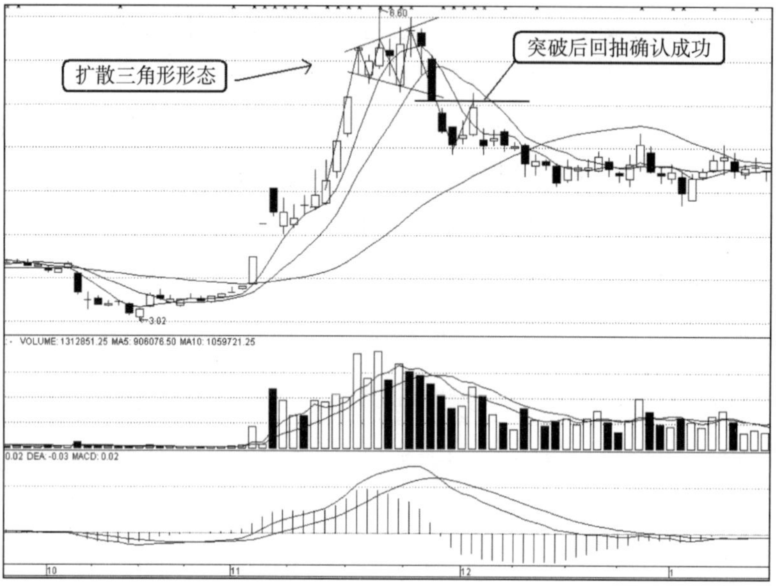


图 11-5 大众公用（600635）日 K 线图

面对扩散三角形只有两个字：退出。参与扩散三角形的炒作，盈利机会很小，风险却很大。一旦股价击破扩散三角形的下边线，马上会引发一轮跌势，逃避不及的人可能深度套牢。普通投资者尽量不要参与扩散三角形中的买卖活动，持筹者也要减磅，一旦发现扩散三角形向下突破，应及时卖出离场。

这里需要说明的是，少数扩散三角形会出现变异，尤其是当上边线不是向上倾斜，而是水平发展的时候，这时股价可能向上突破，展开一轮升势行情。这时抛掉筹码也不用后悔，因为：

一是，扩散三角形向下突破居多。在扩散三角形要形成时卖出股票，对的时候多，错的时候少。

二是，扩散三角形即使向上突破，事先也会露出蛛丝马迹。通常，在形态内第三次下跌时，成交量会迅速萎缩，说明市场情绪正在发生变化，人们的持股信心已趋稳定，这与扩散三角形最后阶段成交量急剧放大正好相反。随后股价会在上边线稍作停留，或者有一次小幅回挡，下跌明显无力。经过确认后，扩散三角形才有可能向上突破，此时再把它买回来也为时不晚。

可见，投资者完全有充足的时间观察扩散三角形是否出现变异，如果情况确实有变，可以及时更改投资策略，将做空改为做多，这与将扩散三角形看成股价下跌的先兆并不矛盾。这一点投资者要区别清楚，不要误解。

# 第三节 上升三角形

## 一、形态特征

上升三角形是对称三角形的变体，在上升三角形中，股价每次上升的高点基本处于同一个水平，也就是说，股价每次升到某一价位后即遇强大阻力而回落。将两个以上高点连接，可画出一条接近水平的阻力线。股价每次下跌时都有较强的承接盘，股价每次跌至上次低点附近即出现反弹。将两个以上低点连接，就形成一条向上倾斜的支撑线。上升三角形是一种看涨形态，大多出现在股价上涨过程中，有时也充当顶部形态。上升三角形的上边线是水平直线，下边线是向上的倾斜直线，如图 11-6 所示。

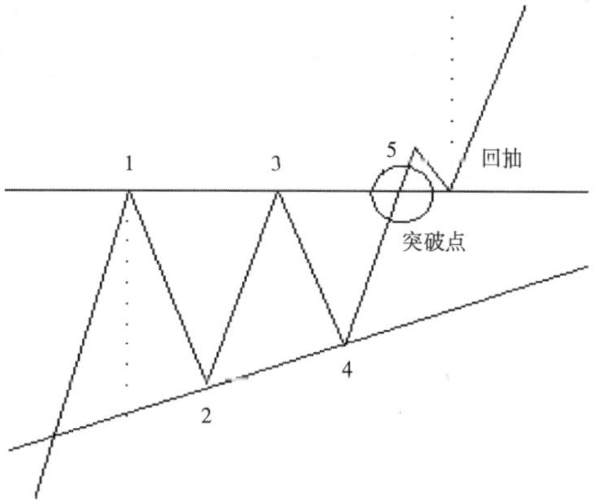

图 11-6 上升三角形整理形态示意图

## 二、市场含义

上升三角形显示买卖双方在该区域基本达到平衡，股价在一个区域内展开震荡。卖方不看好后市，却又不愿意过分打压出货，因而卖方在某一特定价位抛售，股价每升到抛售价位时即抛出，这样在同一价格的抛售就形成了一条接近水平的压力线。此时多头力量不断增强，市场购买意愿聚集，未待股价回落到上次低点，便急不可待地购买，因此形成一条向右上方倾斜的支撑线。另外，也有可能是庄家有计划的市场行为，有意对股价暂时压顶，以达到逢低吸纳的目的。

由于卖方并未对股价进一步打压，市场买气越来越旺盛，因此形成了强烈的上攻欲望。尤其在上升过程中，经过短暂的震荡整理后，多头最终占据优势，形成向上突破走势。

## 三、分析要点

（1）股价上升过程中，在某一价位受到强大的卖压，每次反弹到该点位便告回落，股价在形态顶部被一条水平阻力线压制。在多空双方的争夺过程中，多方比空方更为积极，底部支撑逐步抬高，呈现向上倾斜的趋势。

（2）上升三角形有较强的上升欲望，通常出现在上升过程中，显示市场购买力旺盛，最终向上突破。如果上升三角形出现在下跌趋势中，判断起来比较困难，主要取决于双方力量斗争的结果。若出现在下跌行情末期，则多方获胜的概率较大，形态有可能进一步演化成其他底部反转形态。

（3）上升三角形的成交量变化情况与对称三角形一样，由于波动幅度越来越小，成交量也随之递减。当股价向上突破时，通常会伴随积极放大的成交量。

（4）上升三角形突破之后，通常会做短暂的回抽确认，其回抽力度一般不大，在形态顶部会受到较强的支撑。

（5）测量上升三角形最宽处的垂直高度，即第一个反弹高点至底部支撑线的垂直距离，再从突破点向上量出相等距离的价位，就是突破后的上涨目标价位，一般升幅均大于预期。如果上升三角形构筑失败，股价向下跌破支撑线时，用同样的方法可以预估出跌幅。

## 四、实盘技巧

### 1. 上升三角形的买入信号

（1）股价经过多次上下反复震荡后，上升三角形基本形成。当股价再次运行到形态顶部水平阻力线时，若成交量积极放大，形态有被突破的可能，突破点为积极的买入点。

（2）在上升趋势中，股价突破上升三角形后，上边的趋势线变为支撑线，此位置是极佳的买入点。

（3）有时候股价突破后，短期内仍有可能回落到顶部阻力线附近，此时可能只是对形态突破进行回抽确认。当回抽确认突破有效时，应加码买进。

（4）在上升三角形中，向上倾斜的底边线具有较强的支撑作用，股价回落到这条趋势线附近时，也是一个较好的买入点。

图 11–7 所示为维信诺（002387）的日 K 线图。2019 年 1 月 25 日，股价向上脱离底部，形成震荡整理走势。在整理过程中，其上升高点基本处于水平状态，回调低点不断向上抬高。突破后出现这样的上升三角形形态，说明后市股价仍具有走高潜力，可以重点关注。2 月 12 日，股价放量涨停，收出一根涨停大阳线，股价成功突破上升三角形上边线压制，是一个非常好的买入信号。

### 2. 上升三角形的卖出信号

（1）一般来说，股价出现上升三角形时，投资者应积极寻找买入时机，但喜欢做差价的短线投资者，也可以在股价反弹到水平阻力线附近时短线卖出，此时只要成交量不明显放大，股价仍有可能回落到形态之内。有时股价呈现突破形态，但成交量并未积极放大（涨停板除外），一般假突破的可能性较大，可暂时离场观望，在减仓或出货后要注意回补。

（2）股价向下跌破三角形的下限时，如果成交量并未放大，其后数天内股价仍在下跌，成交量却突然大幅增加，意味着跌势已确定，日后如果有反弹均是卖出点。

（3）上升三角形配合增加的成交量向上完成突破后，在股价涨到预测高点的最小涨幅时予以卖出。

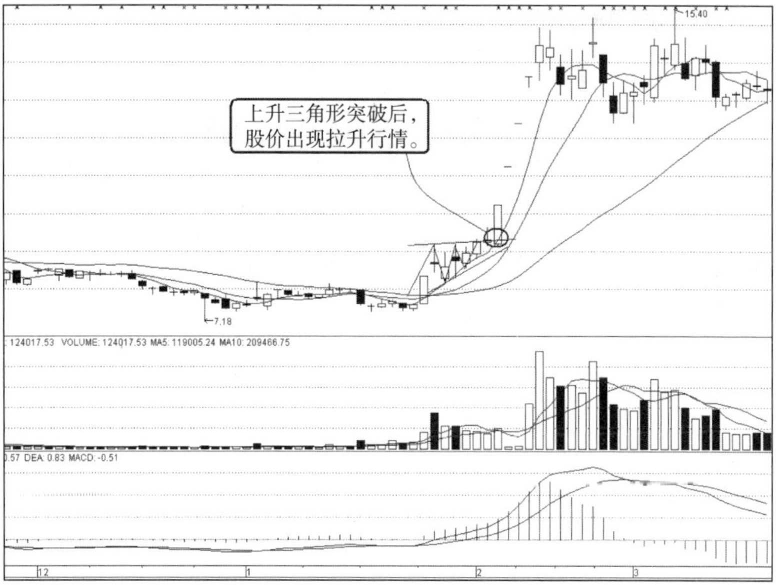


图 11-7 维信诺（002387）日 K 线图

（4）股价配合成交量向上突破三角形的当天或第二天，如未出现大阳线或中阳线，将会影响预测高点，应对预测高点进行修正，并提前做好卖出准备。

图 11-8 所示为大恒科技（600288）的日 K 线图。该股经过大幅炒作后，庄家获利十分丰厚，兑现获利筹码已成为当务之急。股价在高位出现震荡走势，形成一个标准的上升三角形。通常出现在上升趋势中的上升三角形，其后市具有看涨意义，因而这个上升三角形被不少投资者看好。可是股价最终向下突破，成为上升三角形失败形态。

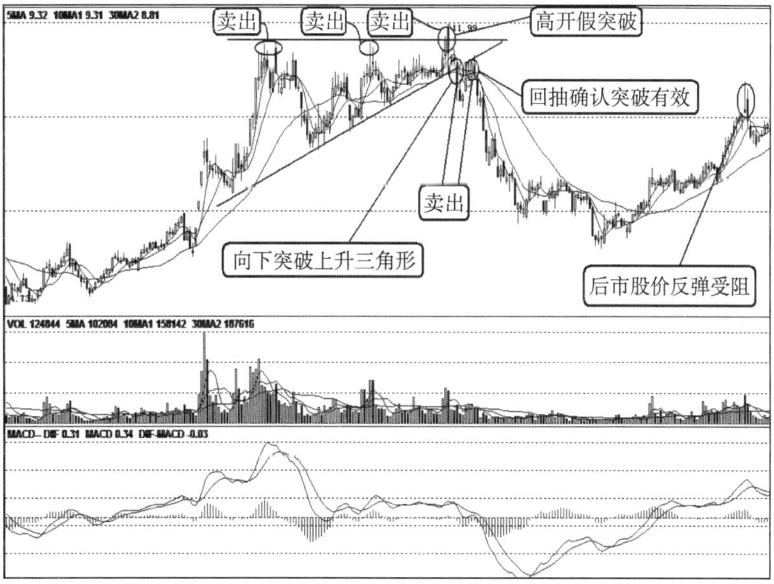


图 11-8 大恒科技（600288）日 K 线图

分析该股可知，在评估上升三角形时，还要结合股价所处的具体位置进行分析。对已经炒高的个股，上升三角形演变为顶部形态的概率较高。

# 第四节　下降三角形

## 一、形态特征

下降三角形是对称三角形的一种变形体，它与上升三角形相反，是一种看跌形态，一般出现在下跌趋势中。下跌过程中，股价在某一特定价位受到多头的顽强抵抗，股价每次回落到该点位时就开始反弹，形成一个水平底部支撑。但由于市场抛售力量不断增强，股价反弹的力度越来越弱，呈现一波比一波低的走势，最终股价将打破底部支撑，继续向下运行。下降三角形的下边线是水平直线，上边线是一条向下倾斜的直线，如图 11–9 所示。

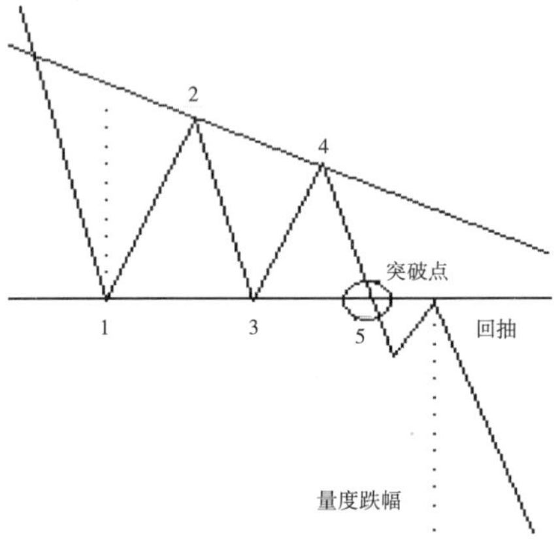


图 11–9　下降三角形整理形态示意图

## 二、市场含义

下降三角形同样是多空双方在某一价格区域内争夺的表现。买方虽然看好后市，但又不愿意过分追高，只是在股价回落到某一特定点位时才出手承接，在底部形成一条水平的支撑线。但在这段时间的较量中，空头比多头表现得更为积极。由于股价的底部未能逐步抬高，反弹力度越来越小，因而市场人气受挫，抛压盘越来越重，买盘承接力度不足，多头最后弃守，股价最终向下突破。下降三角形多出现在下跌过程中，是一种普遍看跌形态，股价的下跌动能较大。

## 三、分析要点

（1）股价在某一特定点位会受到买盘的有力支撑，每次回落到该点位即反弹，在形态上形成一条水平的底部支撑线。在多空双方的争夺中，空头力量更为积极，市场抛压越来越重，股价反弹往往无法达到上次高点，呈逐级降低趋势。

（2）下降三角形是一种看跌形态，股价下跌动力较足，一般出现在下跌过程中。多头承接力度有限，市场卖压越来越重，最终向下突破。

（3）下降三角形的成交量呈现逐渐萎缩态势。在股价向下突破时，即使成交量不放大也可以有效突破。如果向下突破时成交量有放大迹象，则股价突破后极有可能产生一波回抽行情。

（4）下降三角形的目标跌幅测量与对称三角形及上升三角形一样，量出三角形最宽部分的垂直高度，然后从突破点算起，向下量出相等的距离，就是下跌的目标价位。

## 四、实盘技巧

### 1. 下降三角形的卖出信号

（1）当股价在下跌过程中形成下降三角形，且向下突破形态的底部支撑时，即使没有成交量的放大，也可视作是有效突破，应卖出观望。

（2）股价每一次反弹到三角形的上边线时，均是较好的出货机会。

（3）股价向下突破形态后，未必立即开始下跌，通常会在支撑线附近做短暂回抽。回抽时只要成交量不显著放大，一般只是对形态突破的确认，回抽力度十分有限，此时是持股者的逃命良机。

（4）股价向下跌破三角形的下限时，如果成交量不大，其后数天内股价虽仍下跌，但成交量突然大幅增加，则意味着跌势已经确定，日后如果有反弹，均是卖出点。

图 11–10 所示为远达环保（600292）的日 K 线图，该股先后出现两个下降三角形。完成 5 浪上涨后，从 2013 年 12 月开始，股价在高位进入震荡走势，震荡过程中呈现下降三角形整理形态。2014 年 1 月 6 日，一根大阴线向下突破下降三角形，经回抽确认有效，股价继续下跌。当股价到达形态的最小量度跌幅后，出现一波反弹行情，但反弹受到前一个三角形底边线压制，即前一个三角形边线由原来的支撑作用转化为现在的压力作用，从而再次形成下降三角形整理形态。从这两个下降三角形形态可以看出，股价向下突破三角形底边线以及突破后的回抽，均是明确的卖出信号。当股价反弹到三角形上边线附近时，也是较好的卖出机会。

### 2. 下降三角形的买入信号

（1）当股价在下跌过程中首次止跌反弹，并再次回落到反弹点附近时，通常会遇到一定的买盘支撑，此时只要有成交量的放大来配合，一般都会形成一定幅度的反弹。由于下降三角形的反弹力度越来越弱，因而在短线操作上应及时获利了结，千万不可恋战。

（2）有时下降三角形也充当底部形态。如果股价向上突破下降三角形阻力线，同时成交量又大增，此时可以积极跟进。

（3）股价向下突破三角形的当天或第二天，如未出现中长阴线，将会影响对高点或低点的预测。这时应对预测进行修正，并提前做好买入准备。

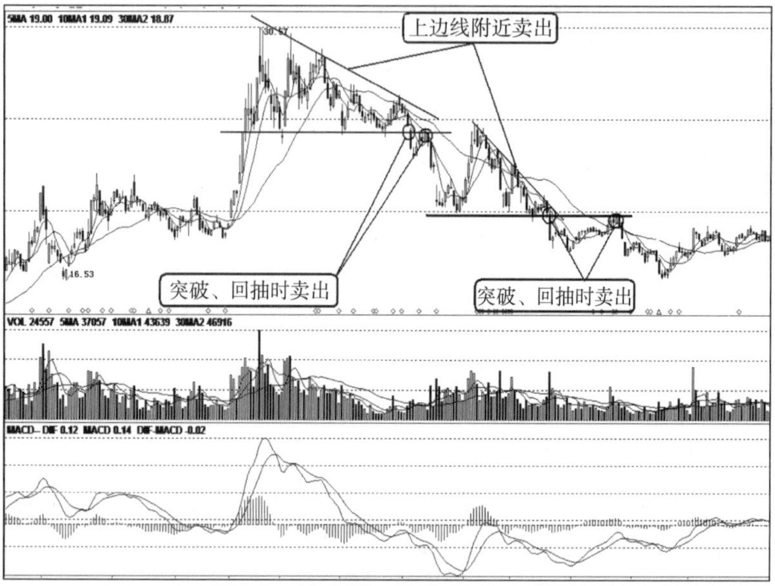


图 11-10　远达环保（600292）日 K 线图

图 11-11 所示为江苏索普（600746）的日 K 线图。2019 年 3 月 6 日股价向上突破，然后出现调整走势。在震荡过程中，形成一个下降三角形整理形态。一般而言，这个形态可以看作上涨行情终结，是卖出信号。可是，股价在下降三角形的下边线企稳，3 月 18 日股价放量向上突破，出现一个难得的买入信号。

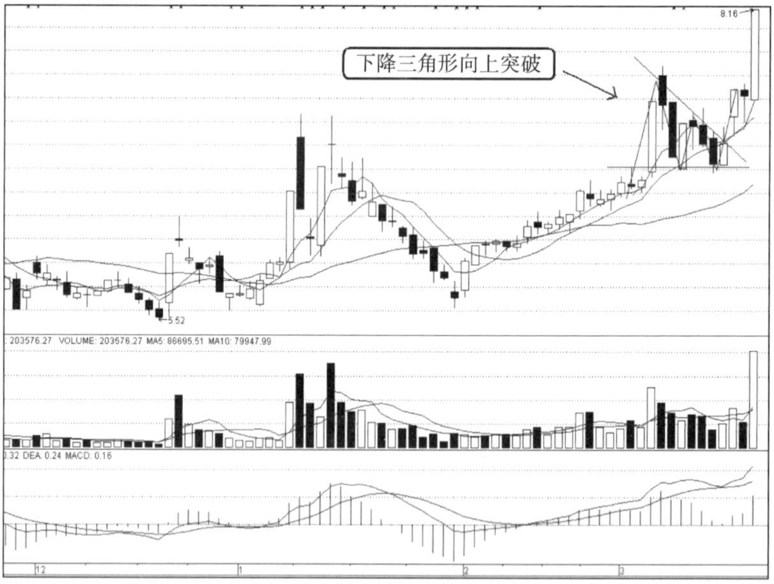


图 11-11　江苏索普（600746）日 K 线图

通过盘面分析可以发现，该股前期温和放量，说明有资金入场。在股价回调时成交量萎缩，说明下跌动能不足。30 日均线处于上行状态，支撑股价向上走高，因此在上升过程中出现的下降三角形容易演变为失败形态。对于这种走势，投资者不必过于恐慌，等待有效突破时再行决策也不迟。

# 第五节　上升旗形

## 一、形态特征

上升旗形出现在整理过程中。股价经过一轮急拉后，出现多转空走势，空头暂时将股价逐渐压低，但跌幅不大。多头力挽狂澜，最后股价向上突破压力，产生新一轮上升行情。上升旗形形态的显著特点是旗杆向上而旗面向下，其旗面由上限与下限呈现下倾的平行线构成，如图 11–12 所示。

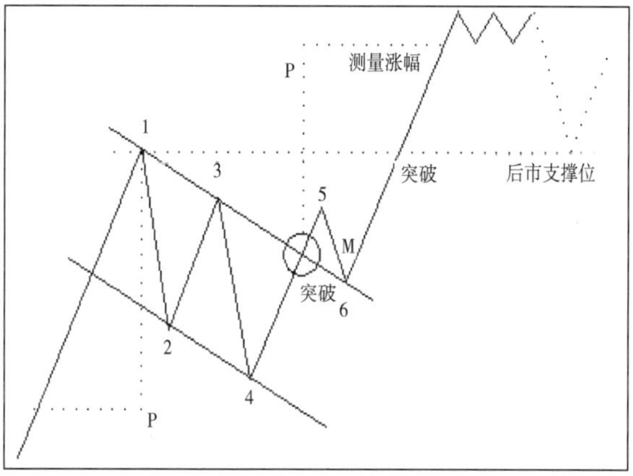


图 11–12　上升旗形整理形态示意图

（1）旗杆：股价先受到利好消息刺激或庄家拉抬而出现快速上升之势，成交量亦增加。股价进入相对高位后，遭到获利回吐盘的抛售而小幅回落，从而形成上升旗形的“旗杆”。

（2）旗面：在股价向下缓跌时，出现一个狭窄而稍微向下倾斜的密集区。将此密集区的高点和低点分别以直线连接，形成下跌通道，此为“旗面”，旗面走势与前一段升势方向相反。最后在买盘的推动下，股价重拾升势，发出利好信号，上升旗形正式得到确认。

（3）成交量：旗杆阶段的成交量明显放大，表明有买盘积极介入。旗面阶段的成交量明显萎缩，反映市场投资者正在积蓄力量，等待上攻时机。突破下跌通道的上限阻力位时，成交量再次放大。

（4）量度涨幅：上升旗形的最小涨幅基本上等长于旗杆的垂直高度，即从股价配合成交量的增加向上突破旗形上限时（突破形态或趋势线的压力点）起，量取旗杆的垂直高度作为这段行情的最小升幅，并在该价位附近考虑卖出。

## 二、市场含义

上升旗形经常出现在急速拉升的中途，是一种持续整理形态，很少在行情的顶部出现。

但由于旗形走势急涨缓跌，存在许多变数，因此也暗示着行情末端的来临。

在上升旗形中，先前股价在成交量积极配合下直线上升，创出短期内新高。随后获利盘回吐，上升趋势受阻，股价开始下跌。此时投资者对后市仍抱有较大的希望，回挡时勇于接盘，使股价无法进一步下探。同时成交量明显萎缩，显示卖方力量正在逐步减弱。经过一段时间的整理后，多头突然发动强劲攻势，股价在成交量突然放大的配合下对形态进行突破，并进入快速拉升阶段。

形成上升旗形走势的原因有如下几方面。

（1）受到某些利好消息刺激，股价急速上升，形成旗杆。

（2）利好出尽，有人获利回吐，形成旗面。

（3）庄家想在低位时多吸货，却引起少数精明散户的注意，因而跌幅不大。

（4）利好消息终于兑现，股价也跌不下去，开始向上突破。

（5）突破之后，往往是最后一波上升走势，很快就会急速回落。

## 三、分析要点

（1）上升旗形是一种典型的上涨持续整理形态，股价经过短暂整理之后，仍将按照原先的上涨趋势继续运行。一般出现在急速上涨之后，起到暂时放缓上涨速度的作用，较少出现在行情顶部或底部。但在实盘操作中，上升旗形大部分在牛市第三期出现，股价升势最为凌厉，升幅巨大，几乎呈直线。虽然如此，也同样暗示升势行情即将进入最后阶段。少数情况下，上升趋势中的上升旗形，旗帜部分会轻微向上倾斜。

（2）将一个区域中的高点与低点分别连接在一起，可以看出是一个下倾的平行四边形。但有时其高点边线与低点边线并非平行，也可能出现三角旗形或三角楔形。

（3）在一波行情中，股价近乎直线上涨，而且成交量巨大，这种直线式涨势形成一个明显的旗杆，其长度由起涨点到旗形第一个转折点之间的距离来确定。旗杆可以由一根或多根 K 线组合而成。

（4）上升旗形向上突破时有成交量放大的配合方可信赖。如果突破时没有成交量的积极配合，则意味着是假突破。如果成交量呈现不规则放大或是过分集中地放大，则形态有可能会失败，暗示行情有可能会出现逆转而不是持续整理形态。在正常的上升旗形构筑过程中，成交量从左到右逐渐减少。

（5）形成上升旗形后，突然有一天股价放量突破平行四边形的上边线，这时整理形态宣告结束，股价朝原有的方向继续发展。股价突破之后，通常会回抽确认，之后继续加速运行。

（6）旗形持续时间不宜过长，一般为三周以内，一两周更佳，否则保持原来趋势的能力将下降。

（7）旗面的调整幅度通常不超过旗杆的 1/2。

## 四、实盘技巧

### 1. 上升旗形的买入信号

（1）上升旗形是一种典型的持续整理形态，当股价放量向上突破上升旗形上边线时，是最佳的买入时机。

（2）如果是短线技术高手，可以在旗面的下边线附近轻仓买入，在上边线附近卖出，做一段短线差价。但这种方法适合中型以上旗形操作，小型旗形因震荡幅度较小，操作难度较大。

（3）当股价在成交量放大的配合下向上突破上升旗形上限时，是第一个买入点；突破上升旗形后，大多会在旗形的高价附近短暂停留，以消化浮动筹码，此为第二个买入点。

图 11-13 所示为中国长城（000066）的日 K 线图。从该股 2019 年 2 月至 3 月的走势中可以看出，股价脱离底部后出现一波快速上涨行情，形成“旗杆”。然后股价开始强势调整，形成“旗面”，股价回调幅度不到“旗杆”的 1/2。3 月 5 日，股价放量突破“旗面”的上边线，这是一个较好的买入信号。

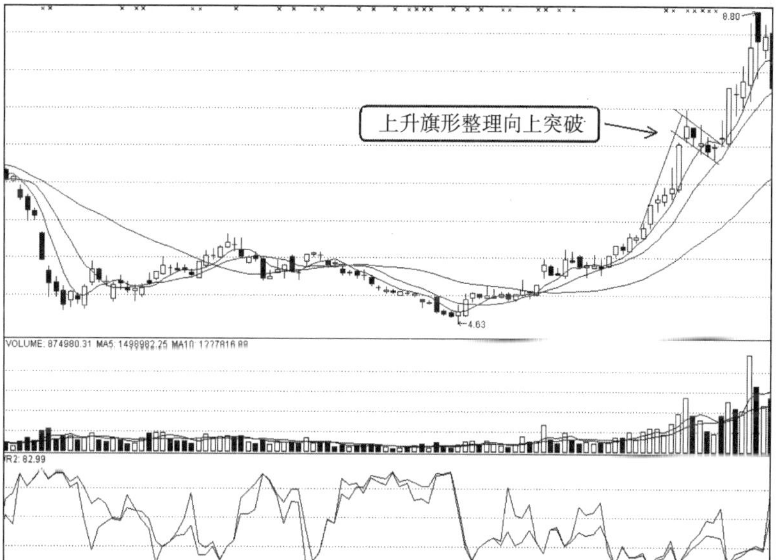


图 11-13　中国长城（000066）日 K 线图

### 2. 上升旗形的卖出信号

（1）上升旗形一般出现在急速上涨之后，因此当上涨速度放缓时，可以逢高抛出，等待回落，逢低再次介入，做短线差价。

（2）股价反弹到“旗面”的上边线附近时，可以卖出。

（3）当股价在成交量放大的配合下跌破上升旗形下边线时，上升旗形形态构筑失败，为第一个卖出点；在向下跌破上升旗形后，大多会在上升旗形的低价附近短暂停留，此为部分多头抢短线反弹或做困兽挣扎所致，此为第二个卖出点，亦称为多头的“逃命线”。

图 11–14 所示为雷科防务（002413）的日 K 线图。股价见底后出现一波快速反弹行情，连拉 5 个涨停板，形成“旗杆”。反弹结束后，股价慢慢回落，成交量逐步萎缩，形成“旗面”。但股价下跌到“旗杆”的 1/2 附近，仍然毫无止跌迹象，一路滑落，导致上升旗形失败，股价重新回到起涨点附近。

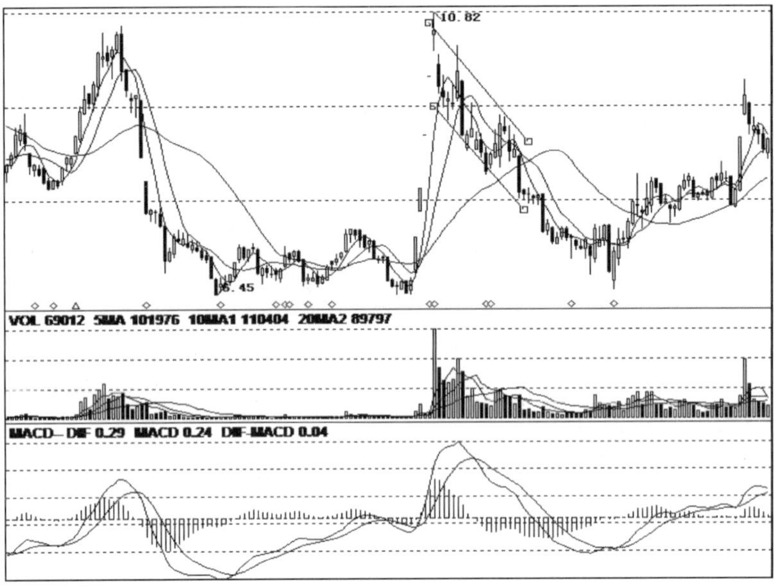


图 11–14 雷科防务（002413）日 K 线图

从该股的日 K 线图分析，旗形整理持续的时间过长，钝挫了原来的上升势头，上攻能力明显下降。同时，旗形调整幅度过大，超过了“旗杆”的 1/2，后市上升期望值下降。

实盘操作时，当股价下调到 1/2 位置时，应当注意，如果股价继续下滑，则应放弃对上升旗形的预测。上升旗形一旦成为失败形态，很容易演变为倒 V 形态，或陷入较长的盘整走势，这就是一个很好的例子。

# 第六节 下降旗形

## 一、形态特征

下降旗形在整理过程中形成，股价经过一轮急跌后，空头释放了大量的能量，多头趁机介入，将股价逐渐推高，但涨幅不大，最后空头再次宣泄，股价向下突破支撑，产生新一轮下跌行情。下降旗形的显著特点是旗杆向下而旗面向上，旗面由上限与下限呈上倾的平行线构成，如图 11–15 所示。

（1）旗杆：股价受到某种因素的影响而出现急速下跌之势，成交量亦有所增加。股价进入相对低价区后，买盘介入，股价小幅反弹，从而形成下降旗形的“旗杆”。

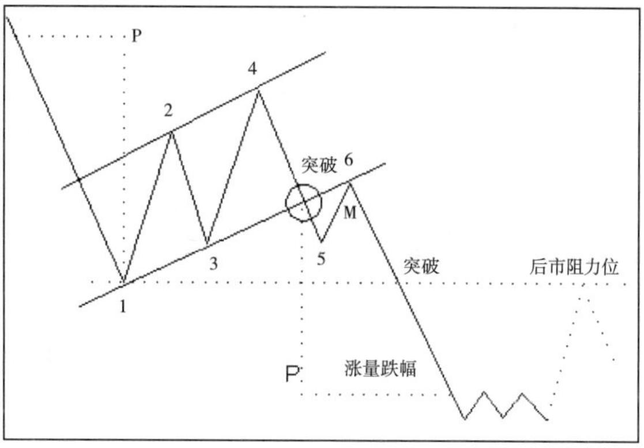


图 11-15　下降旗形整理形态示意图

（2）旗面：在股价向上缓升时，出现一个狭窄而稍微向上倾斜的密集区，将此密集区的高点及低点分别以直线连接，形成上升通道，此为“旗面”。旗面与前一段跌势（旗杆）方向相反。最后在卖盘的打压下，股价再现跌势，视为利淡信号，下跌旗形正式被确认。

（3）成交量：在旗杆阶段成交量明显放大，表明卖盘抛压沉重。在旗面阶段成交量明显萎缩，反映市场投资者入场谨慎。在突破上升通道的下限支撑点时，成交量又出现放大现象。

（4）量度升幅：下降旗形的最小跌幅，基本上等长于旗杆的高度，即量出行情的最初跌破点（跌破形态或趋势线的支撑点）到旗形低点的距离，再从旗形突破点向下量同样长度，作为这段行情预测的最小跌幅，并在该价位附近考虑买入。

## 二、市场含义

下跌旗形经常出现在急速的下跌途中，是一种持续整理形态，而且通常暗示行情末端的来临。下降旗形中股价直线下跌，成交量持续放大，市场空头气氛浓厚。股价跌到某一价位之后受到支撑，多头有了喘息的机会。由于股价超跌反弹，因而股价的上升并未受到太大抛压，股价在成交量逐步缩小的情况下出现小幅反弹，但大多只是技术上的一个超跌反弹，多方无法成功扭转下跌趋势。不久，强大的空头势力再次引发行情急速下跌。

形成下降旗形走势的原因有如下几方面。

（1）受到某些利空消息刺激，价位急剧下降，形成旗杆。

（2）利空出尽，于是有人抢反弹，形成旗面。

（3）庄家想在高位时多出货，却引起少数精明散户的注意，因而涨幅不大。

（4）最后利空消息终于兑现，价位也涨不上来，于是向下突破。

（5）下跌之后，往往是最后一波，很快就会急速上升。

## 三、形态法则

（1）下降旗形也是一种典型的下跌持续整理形态，股价经过短暂整理之后，仍将按照原先的下跌趋势继续运行。一般出现在急速下跌之后，只是速度暂时放缓，较少出现在行情的顶部或底部。

（2）下降旗形的高点边线与低点边线并非全是水平的，有时候可能出现三角旗形或三角楔形。

（3）下降旗形的旗杆长度，由起跌点到旗形第一个转折点之间的距离来确定。旗杆可以由一根或多根 K 线组合而成。

（4）下降旗形的维持时间比上升旗形更短。下降趋势中，股价往往只会在旗形范围内停留一个星期左右，可谓昙花一现。

（5）股价向下突破旗形之后，通常会回抽确认，之后加速下跌。

（6）股价突破前低后，若有放大的成交量配合，会加强突破的有效性。在旗面构筑过程中，成交量从左到右逐渐减少。

（7）旗面的反弹幅度一般不超过旗杆的 1/2。

## 四、实盘技巧

### 1. 下降旗形的卖出信号

（1）由于下降旗形是一种典型的持续整理形态，因而当股价向下突破下降旗形时，应果断卖出。

（2）当股价反弹到旗杆的 1/2 附近，盘面出现滞涨迹象时，应及时卖出。短线技术高手可以在旗面的上边线附近减仓，在下边线附近补仓，摊低持仓成本。

（3）当股价有增加的成交量配合并向下跌破旗形下边线时，为第一个卖出点；向下跌破下降旗形后，大多会在这个旗形的低价附近短暂停留，以确认突破是否有效，此为第二个卖出点，亦称为多头的“逃命线”。

图 11–16 所示为申万宏源（000166）的日 K 线图。该股反弹结束后，2018 年 5 月出现一波持续下跌走势，形成“旗杆”。企稳整理形成“旗面”，其间成交量大幅萎缩，说明多方信心锐减。6 月 19 日，股价向下突破下降旗形的下边线支撑，构成卖出信号。

### 2. 下降旗形的买入信号

（1）下降旗形一般出现在急速下跌之后，因此当下跌速度放缓时，可以在急跌时逢低吸纳，反弹时择高卖出，做短线差价。

（2）短线技术高手可以在旗面的下边线附近轻仓买入，在上边线附近卖出，做短线差价。这种方法适合中型以上的旗形操作，小型旗形因震荡幅度较小，操作难度较大。

（3）股价向上突破旗形的上边线时，表明构筑下降旗形失败，应及时买入。

图 11–17 所示为金鹰股份（600232）的日 K 线图。股价出现一波快速下跌后，空头气氛弥漫，多头信心遭到挫伤。股价超跌后出现技术性反弹修复走势，形成下降旗形整理形态，

预示股价后市难有起色。可是股价经过一段时间的整理后，聚集了一定的多头力量，2018 年 11 月 7 日出现向上突破走势，形成短线买入信号。

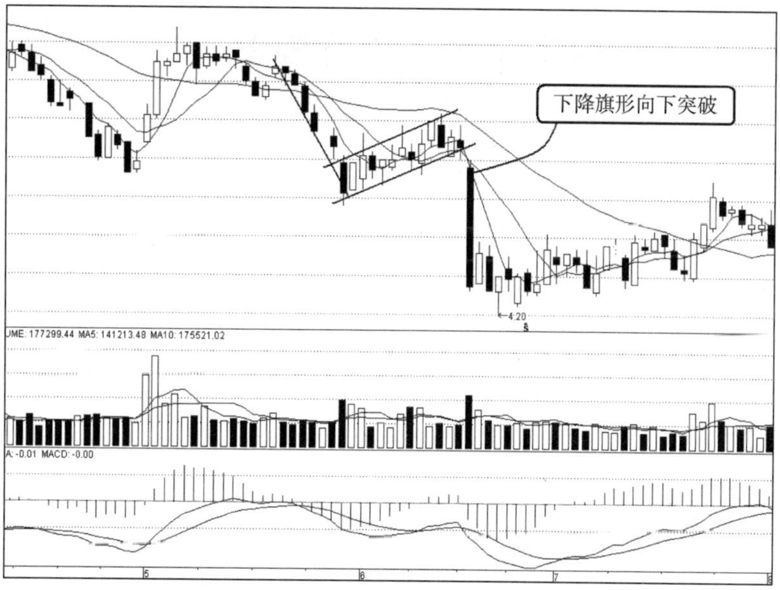


图 11-16　申万宏源（000166）日 K 线图

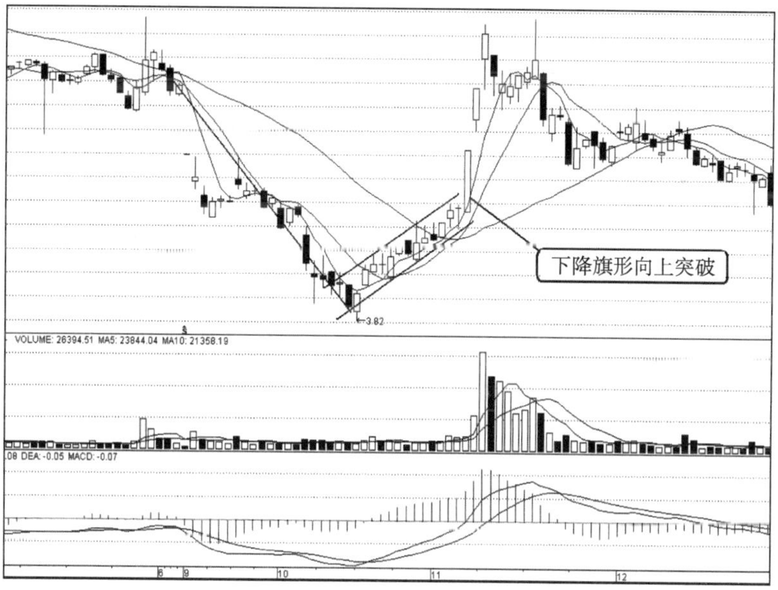


图 11-17　金鹰股份（600232）日 K 线图

从该股走势图分析，下降旗形持续整理时间过长，原来的做空气势渐渐减弱，同时增加了做多能量。另外，下降旗形的反弹幅度超过了旗杆幅度的 1/2，表明空方遭到极大的抵制，若后市没有重大利空消息影响，股价很难再创市场新低。但多方士气毕竟受到影响，后市形成持续上升走势的难度非常大，出现盘整走势的可能性大于上涨的可能性，这种走势是短线高手高抛低吸的好机会。

# 第七节　上升楔形

## 一、形态特征

股价经过一段时间的下跌后，出现强烈的技术反弹。股价反弹到一定高度后又掉头下行，但回落低点较前次低点高。随后又反弹并创出新高点，即比上次反弹高点高，形成后浪高于前浪之势，但高点的比率明显缩小，表明升势逐渐减弱。因为市场仍有投资者积极承接，每次股价由高点调整下来时，未跌到上次低点时已获支撑而反弹。把短期高点和短期低点分别相连，形成两条同时向上倾斜的直线，组成一个上倾的楔形。下面的支撑线较上面的阻力线来得陡峭，这就是上升楔形形态。

上升楔形是一个短期反弹走势，在下跌趋势中常常出现上升楔形。上升楔形实质上是股价下跌过程中的一次反弹波，是多方遭到空方连续打击后的一次挣扎而已，结果往往是股价继续向下突破。

在实盘中，楔形有四种形态：上升途中的上升楔形和下降楔形、下降途中的上升楔形和下降楔形。一般的经验是“上升楔形看跌，下降楔形看涨”，即楔形具有预示反转的功能，并且经常出现在中期底部或顶部，也经常以持续形态存在于趋势中。与旗形、对称三角形等相似，其测量幅度应参照此前的运动幅度。

上升楔形与三角形在外形上有明显区别，三角形中的两条上下边线不可能同时向上倾斜，对称三角形由一条向下倾斜和一条向上倾斜的直线组成，上升三角形由一条水平线和一条向上倾斜的直线组成，下跌三角形由一条水平线和一条向下倾斜的直线组成，而上升楔形则由两条同时向上倾斜的直线组成，如图 11–18 所示。

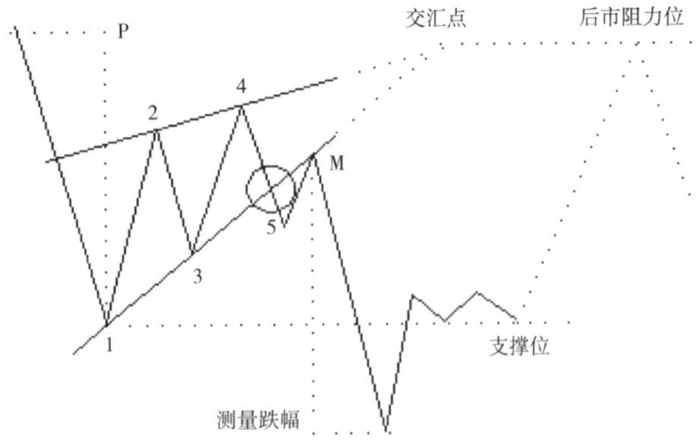


图 11–18　上升楔形整理形态示意图

## 二、市场含义

上升楔形表面看起来上方阻力与低挡支撑逐步抬高，多头强势特征十分明显，但其实并非如此，因为上升楔形较多地出现在跌势的反弹阶段，股价的上涨并未受到太大抛压。随着股价上升，市场成本相对抬高，投资者的兴趣逐渐减弱，同时由于楔形的收敛特征，使股价每次上扬的幅度都比上一次要小，成交量渐渐萎缩，呈现涨升乏力的特征。当多头能量最后耗尽的时候，股价便开始反转下跌。

上升楔形表达的技术意义，是做多意愿不足和对后市信心欠佳，显示的是下跌尚未见底，只是一次技术反弹。当然，如果上升楔形出现在跌势尾声，则表示多头攻势暂时放缓，经过短暂的调整蓄势之后，多头能量再次聚集，股价有可能进入快速拉升阶段。

## 三、分析要点

（1）上升楔形的上边线和下边线同时向右上方延伸，即在股价的震荡中，高点和低点同时逐步抬高，其中下边线的倾斜角度要大一些，形态最终相交于一点。

（2）上升楔形的成交量特征与三角形一样，成交量逐渐萎缩，反映市场中买卖兴趣正在逐渐减淡。但在向上突破时，一定要有放大的成交量配合，这样才能形成较大的上升行情。

（3）根据艾略特的波浪理论，每一个向上的推动波都由三波而非五波来完成，因而在上升楔形中，至少出现五个转折点，而且常在第五个转折点完成之后出现突破。

（4）上升楔形是买方力量逐渐转弱的技术形态，70% 是看跌的，常在跌势反弹阶段出现。出现上升楔形，代表着股价并未跌到底部，只是技术上的一次反弹，后市至少会跌到起涨点或进一步下探。但有时上升楔形也出现在上升趋势中，行情是看涨的。

（5）上升楔形的突破一般多发生在三波上涨之后，且较多出现在形态横向整理的 2/3 以内。如果太接近交汇点，则有可能演变成其他形态，股价的运行方向及变动力度将更加难以预测。

（6）上升楔形如果向上突破，不管突破是否伴随着成交量的放大，股价大多呈现小幅盘升或盘跌态势，更有可能横向整理，形成徘徊状态，交投比较冷清。直到成交量慢慢放大，股价才开始加速上升。

（7）当上升楔形向下突破时，通常会出现成交量放大的现象，股价快速下跌。两条界线的交汇点通常会成为下一波上升行情的较强阻力，后市可作为卖出点。

（8）上升楔形整理的时间不宜太长，一般在 1 个月左右。时间太长的话，形态力道将减弱，可能造成股价反转格局。

## 四、实盘技巧

### 1. 上升楔形的卖出信号

（1）股价在下跌过程中反复震荡，形成上升楔形。当股价完成三波下调，即到达形态的第四个转折点时，可考虑暂时卖出。

（2）股价出现假突破时，可以先将其视为跌势先兆，已获得不少利润的持股者可以考虑减仓，以保障所获利益。当股价正式跌破上升楔形的支撑线时，宜将手中筹码抛售做空，无论是否亏损，都应及时离场。

（3）股价跌破上升楔形的初期，可能出现反抽行情，反弹接近上升楔形的下边线时，及时择高卖出。

图 11–19 所示为白云山（600332）的日 K 线图。该股从高位回落后，形成一个上升楔形整理形态。在形态末端，股价向下突破上升楔形的下边线，从而构成卖出信号。股价回落到前期低点附近时，获得技术支撑而反弹。当股价反弹到上升楔形交汇点的延长线位置时，遇到强大的抛压，此后股价出现新一轮下跌走势。

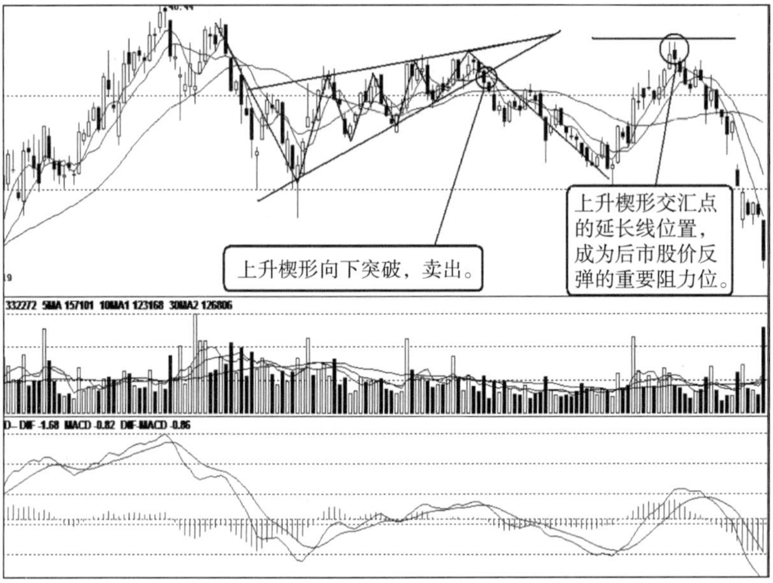


图 11–19 白云山（600332）日 K 线图

## 2. 上升楔形的买入信号

（1）股价在上升过程中出现上升楔形，则股价仍有较强的上攻动能，通常会在第 4 个转折点之后向上突破，此时仍可买入。

（2）在下跌尾声出现上升楔形，暗示股价有转势的可能。当股价在第 4 个转折点向上突破时，如果有放大的成交量配合，则突破更加可以确定，可考虑分批建仓。

（3）股价向下突破上升楔形的下边线后，若在上升楔形的起涨点附近获得支撑，呈现出双重底形态时，可以考虑买入。

图 11–20 所示为通达动力（002576）的日 K 线图。该股经过一波快速下跌走势后，企稳走出反弹行情。在反弹过程中，股价不断创出反弹高点，回落低点不断向上抬高，其支撑线明显比压力线陡峭，这样就形成一个上升楔形。根据楔形理论，上升楔形是一个短期反弹走势，表明庄家做多意愿不强，后市应当看淡。但是，当股价运行到上升楔形的末端时，

股价向上突破楔形上边线压力，成交量持续活跃，走出一波盘升行情。

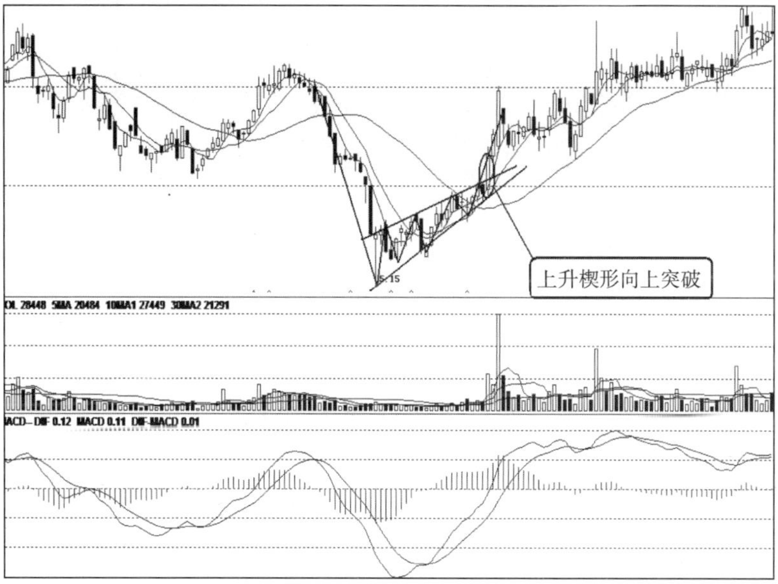


图 11-20　通达动力（002576）日 K 线图

通过分析可知，该股的上升楔形出现在跌势尾声，股价调整幅度较大，回调时间较长，空头能量得到充分释放，多头则积累了大量做多能量，股价随时都有见底上涨的可能。只要股价向上突破形态压力线，成交量出现明显放大，则可视为利好信号，这时应改变原有的看淡观点，后市有机会发展成一条上升通道，展开新的升势。

# 第八节　下降楔形

## 一、形态特征

一般来说，楔形形态的方向与股价的趋势方向相反。也就是说，上升趋势中的楔形形态向下，下降趋势中的楔形形态向上。或者说，向下的楔形形态后市看涨，向上的楔形形态后市看跌。楔形形态有时也在顶部或底部出现，股价在低位，如果出现向下的楔形，则标志着底部形态完成，紧接着将出现一轮上升行情；股价在高位，如果出现向上的楔形，则标志着顶部形态完成，紧接着将出现一轮下跌行情。

下降楔形与上升楔形的分析重点恰恰相反，在下降楔形内股价虽反复下跌，不断创出低点，但后一个低点仅比前一个低点稍低即出现反弹，跌势明显放缓。不过此时投资者抢反弹的信心仍然脆弱，使得每次反弹未到上次反弹高点就遇阻回落。将形态内两个以上反弹高点和两个以上低点分别连接，便发现上面的阻力线下倾的更陡峭，下面的支撑线下倾的较平缓，这样就形成下降楔形。下降楔形大多出现在中长期大牛市的回调阶段，显示升势还没有结束，其利好意味较重。但有时也出现在空头市场即将结束之前，预示跌势即将结束，如图 11–21 所示。

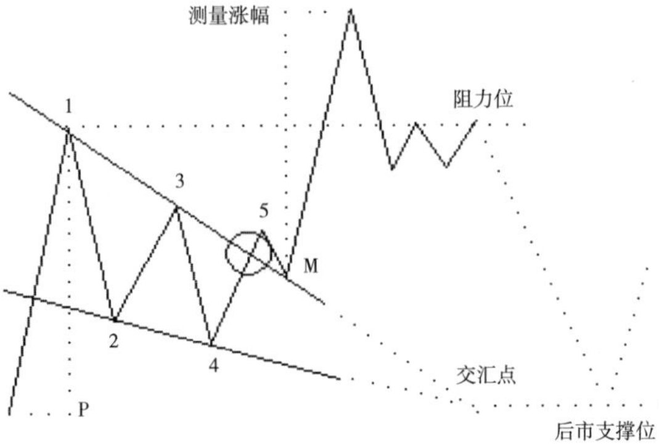


图 11–21　下降楔形整理形态示意图

## 二、市场含义

股价经过一段时间的上升后，出现了不少短线获利回吐盘。下降楔形的下边线向下倾斜，似乎说明市场的承接力量不足，但下调幅度越来越小。新的回落浪较上一个回落浪的幅度小，而且跌破前一低点之后，并没有出现下跌加剧现象，反而出现回升走势，说明市场抛压正在减弱。抛压的力量只是来自上升途中的获利回吐，并没有出现新的主动做空能量，所以清洗浮筹后，股价向上突破的概率大增。

下降楔形是上升途中的一次正常调整，后市看涨气势浓厚。但此时由于股价震荡回落，在一定程度上打击了市场人气，因而股价向上突破之后并不能马上大幅拉升，通常先进行小幅盘升，慢慢培养投资者的信心，然后再放量进入加速上扬阶段。

## 三、分析要点

（1）下降楔形的上边线和下边线向右下方延伸，即在股价震荡中，高点和低点同时逐步降低，其中有一条边线的倾斜角度要大一些。下降楔形中，一般上边线的倾斜角度比下边线的倾斜角度大，这样形态才可以明显地交于一点。

（2）下降楔形的成交量特征与三角形一样，成交量由左向右逐渐萎缩，股价越接近顶端，成交量越小。细心观察会发现与上升楔形不同，下降楔形量价匹配是健康的，当股价向上突破下降楔形的上边线时，成交量会明显放大，积极推动股价上涨，否则容易产生假突破。

（3）根据艾略特的波浪理论，每一个向下的推动波都由三波而非五波来完成，因而在下降楔形中，至少出现五个转折点，而且经常在第五个转折点完成之后出现突破。

（4）下降楔形是抛售力量逐渐减弱的一种技术形态，上涨和下跌的比例通常是 7:3，一般出现在中长期升势的回挡阶段。出现下降楔形，意味着股价已经逐步盘低，近期有望横盘整理，多方借此蓄势整理，预示着升势并未见顶，后市将向上突破。但有时下降楔形也会出现在下跌趋势中，行情是看跌的。

（5）下降楔形的突破一般发生在三波下跌之后，且较多地出现在形态横向整理的 2/3 以内。如果太接近交汇点，则有可能演变成其他形态，股价的运行方向及变动力度将更加难以预测。

（6）下降楔形向上突破后，不管突破是否伴随着成交量的放大，股价大多呈现小幅盘升走势，或有可能横向整理，形成徘徊状态，交投比较冷清。直到成交量慢慢放大，股价才开始加速上升。

（7）下降楔形向下突破时，通常会出现成交量放大的现象，股价快速运行。两条界线的交汇点通常会形成下一波上升行情的较强阻力，后市可作为卖出点。

（8）下降楔形与上升楔形有明显的不同之处，上升楔形在跌破支撑线后经常会出现急跌走势，下降楔形向上突破阻力线后，可能会横向发展，形成盘整状态，成交也十分低迷，然后才慢慢脱离底部，成交量渐渐放大。遇到这种走势时，可以等待市场打破闷局后进场。

## 四、实盘技巧

### 1. 下降楔形的买入信号

（1）如果在下跌尾声出现下降楔形，暗示股价有转势的可能。当股价在第 4 个转折点向上突破时，若有放大的成交量配合，则形态的突破更加可以确定，可以考虑分批建仓。

（2）股价突破下降楔形压力线初期，可能出现反抽行情，反弹接近下降楔形的上边线时，可以逢低大胆买入。

（3）当股价突破下降楔形的阻力线且成交量放大时，属可靠的买入信号。当股价以大成交量突破下降楔形的阻力线时，应第一时间追入，以下降楔形的起点为初步卖出目标。

图 11–22 所示为万东医疗（600055）的日 K 线图。该股见底后出现一波快速上升行情，然后开始向下调整，从而形成下降楔形整理形态。在整理末端，股价放量向上突破下降楔形的上边线，预示股价将展开新一轮上涨行情，是一个买入信号，随后股价不断向上创出新高。

### 2. 下降楔形的卖出信号

（1）在升势行情的末端出现下降楔形时，股价向上突破下降楔形的上边线后，出现滞涨走势可考虑卖出观望，预示涨势行情接近尾声。

（2）股价在下跌过程中出现下降楔形，通常会在第 5 个转折点向下突破，可作为卖出信号。

（3）股价向上突破下降楔形上边线时，若得不到成交量的积极配合，可考虑卖出观望，股价有重回形态之内或出现下跌的可能。

图 11–23 所示为深华发 A（000020）的日 K 线图。该股经过长时间的下跌调整后企稳回升，股价出现两波可观的上涨行情，然后向下回落，成交量逐步萎缩，形成下降楔形整理走势。在上升行情中出现下降楔形，通常后市看涨，股价经过短暂的回调洗盘后，将

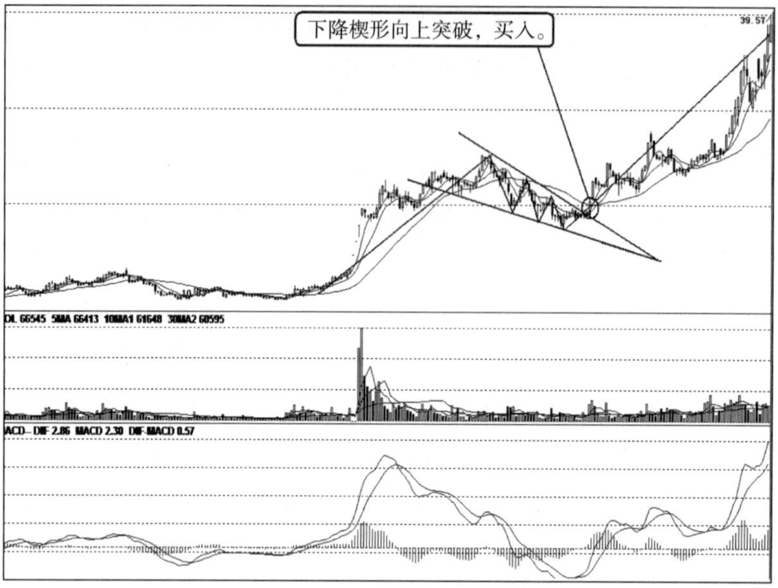


图 11-22　万东医疗（600055）日 K 线图

会产生新的上涨行情。不久股价以放量涨停的方式向上突破下降楔形的压力线，说明调整结束，后市将继续上涨，可以买入。可是股价两次上涨到前期高点附近时，均遇到强大的压力而回落，最终不能产生持续的上涨行情，股价完成顶部形态后，转为下跌走势。

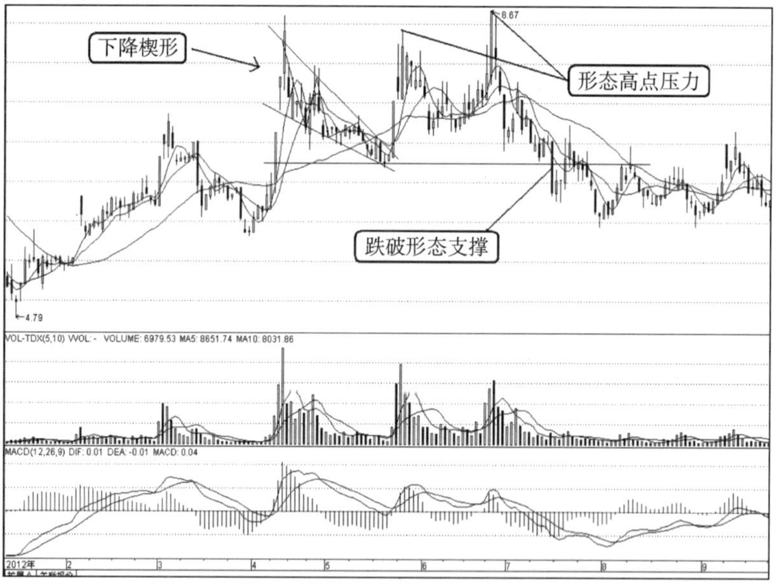


图 11-23　深华发 A（000020）日 K 线图

从该股走势图中可以看出，下降楔形出现在反弹行情基本结束的阶段性头部，后市上涨空间已经不大，此时的下降楔形向上突破，将成为庄家逢高派发的出货走势，是多头垂死挣扎的盘面反映，投资者对此不宜盲目乐观。这种形态经常演变为双重顶或三重顶。

# 第九节　长方形

## 一、形态特征

长方形也叫箱形（箱体）、矩形，是一种冲突型走势，角逐双方实力相当。这种形态明显告诉大家，买卖双方的力量在此区域达到均衡状态，没有任何一方占据市场优势。看多的一方认为这时的股价是理想的买入点，于是股价每次回落到该水平时即买入，形成一条水平支撑线。看空的投资者对股市没有信心，认为股价难以上升，于是股价回升到高点时便抛售，形成一条水平压力线。

从另一个角度分析，长方形也可能是由于后市发展不明朗，投资者态度迷惘和不知所措形成的。当股价回升时，对后市缺乏信心的投资者退出；当股价回落时，憧憬未来前景的投资者跟进，双方实力相当，股价就来回在这一区域波动，形成一条震荡带。

长方形大多出现在上升或下跌趋势的中期，顶部或底部区域比较少见，特别是大幅上涨的高位，这种形态出现的次数不多。

长方形的突破方向大多与长方形形成之前的趋势保持一致。如果原来是上升趋势，那么经过一段长方形整理形态后，股价会继续原来的上升趋势，股价将突破长方形的上边线。如果原来是下降趋势，则股价会跌破长方形的下边线，继续原有的下跌趋势。

一般来说，长方形是整理形态，在盘整时，升跌皆有可能，长而窄且量小的长方形在原始底部比较常见。突破上下界限后有买入和卖出信号，涨跌幅度通常等于长方形本身的高度，如图 11-24 所示。

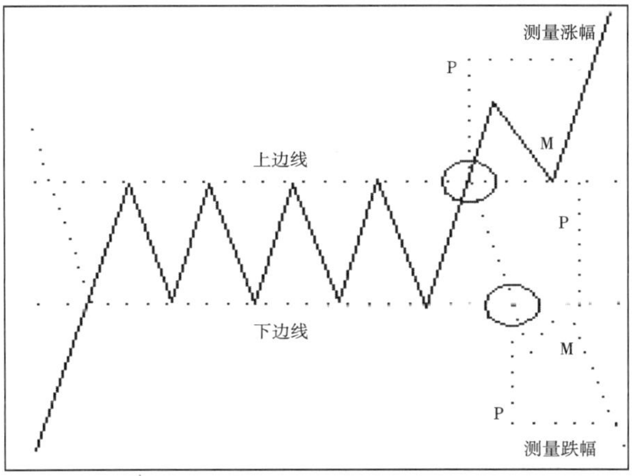


图 11-24　长方形整理形态示意图

## 二、市场含义

长方形是一种典型的整理形态，股价在两条几乎平行的轨道线内上下波动，既不能向上突破阻力线，也不会向下跌破支撑线，这种震荡格局将持续一段时间。震荡行情中的各个短期高点和低点分别相连，就会形成长方形。在长方形形态中，市场处于多空平衡的拉锯状态，股价向上会遭到沉重打击，向下又获得各种支撑，致使股价陷入跌不深、涨不高的僵局中。但这种僵局总归是暂时的，突破是必然结果。突破震荡整理形态时，市场的买卖热情会逐渐下降，成交量会出现一定程度的萎缩，当市场逐渐平静下来后，突发性行情会迅速爆发。

长方形显示市况处于牛皮盘整中，出现这种情况大致有以下三个原因：

一是，市场基本面平静，公司前景不够光明，市场进退两难。

二是，庄家耐心吸货，大手笔买货会惹来注意，因此故意维持盘整走势，埋伏在低位收货。

三是，庄家托价派货，为免股价越抛越低，在股价回落至某一水平时便停止抛售，反而以小量买盘将股价推升，引导投资者跟入。

## 三、分析要点

（1）长方形反映多空双方势均力敌，股价每次反弹的高点与回落的低点都有强大阻力和支撑，双方在短时间内都无法带动股价形成突破。阻力与支撑力度相当，股价在这两条水平线之间上下波动。

（2）在长方形中，成交量随着形态的发展逐渐萎缩。在形态形成期间，如果有不规则的大成交量出现，则形态可能失败，演化成多重顶或多重底，其趋势信号由持续演变为反转。

（3）向上突破长方形形态时，通常需要放大的成交量积极配合，否则有假突破的可能。股价在向下突破时，则不一定要成交量配合，但如果出现放大现象，则下跌的力度与幅度更大，而且多会出现突破后的反抽。

（4）与大多数形态一样，长方形也有测量功能，从突破点算起，长方形上轨与下轨之间的垂直距离即最小升跌幅度。在一定意义上，股价震荡的箱形越大，将来涨跌的幅度也越大。

（5）突破长方形形态之后，股价经常出现反抽，大多出现在突破后的一两个星期里。向上突破时，回挡一般会止跌于长方形的上轨附近；向下突破后，反弹一般会受阻于长方形的下轨附近。

（6）股价在距离下限很近的地方向下跌破，其有效性将会降低，未来股价下跌的幅度将会变小。距离上限很近的地方向上突破，其有效性亦会降低，未来股价上涨的幅度也会变小（如突破上限前一天的收盘价接近上限）。

（7）在长方形整理形态进行过程中，如果经常在上限附近成交的话，这个长方形向上突破的可能性较大；如果经常在下限附近成交的话，那么这个长方形将有可能向下突破。

## 四、实盘技巧

长方形为投资者提供了两种操作机会：一种是在长方形震荡幅度较大的情况下，擅长短线操作的投资者可以把握箱体形态中的高点和低点，寻找短线机会，进行波段操作，在长方形的下边线附近买入，在长方形的上边线附近卖出。另一种是长方形的突破机会，这种投资方法比较适合于稳健的投资者。股价突破长方形上边线之后，往往会有一定的涨幅空间，有利于投资者获取稳定的收益。另外，在长方形突破后实施买进操作，可以防止长方形向三重顶等反转形态演化，避免投资失误。

### 1. 长方形在上升过程中的买入信号

（1）股价回落到长方形底部时短线买入。

（2）股价放量向上突破长方形的上限时，加仓买入。

（3）股价向上突破长方形的上限后经回抽确认突破有效时，坚决买入。

图 11-25 所示为禾丰牧业（603609）的日 K 线图。股价经过小幅上涨后，庄家开展洗盘整理走势，股价横向运行，形成小箱体形态。2019 年 2 月 15 日，股价向上突破箱体整理形态的上边线，产生明确的买入信号。之后，股价快速上涨。

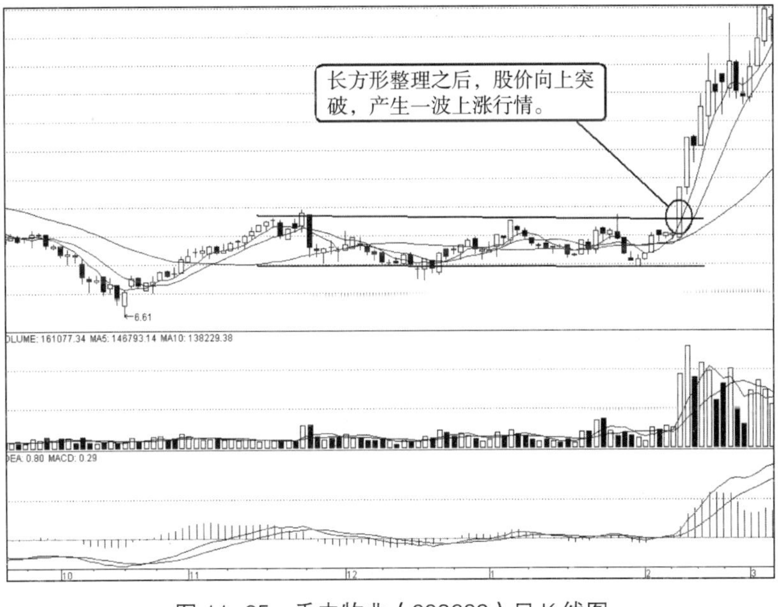


图 11-25　禾丰牧业（603609）日 K 线图

### 2. 长方形在下降过程中的卖出信号

（1）股价反弹到长方形上限时短线卖出。

（2）股价向下跌破长方形的下限时，果断卖出。

（3）股价向下跌破长方形的下限后经回抽确认突破有效时，清仓出局。

图 11-26 所示为诺力股份（603611）的日 K 线图。股价结束反弹后形成长方形整理走势，时间长达 2 个多月。2018 年 10 月 11 日，股价向下跌破箱体的下边线，从此进入一个

新的运行格局之中。此后股价反弹到箱体的下边线时，遇到强大的压力再度开始调整走势。

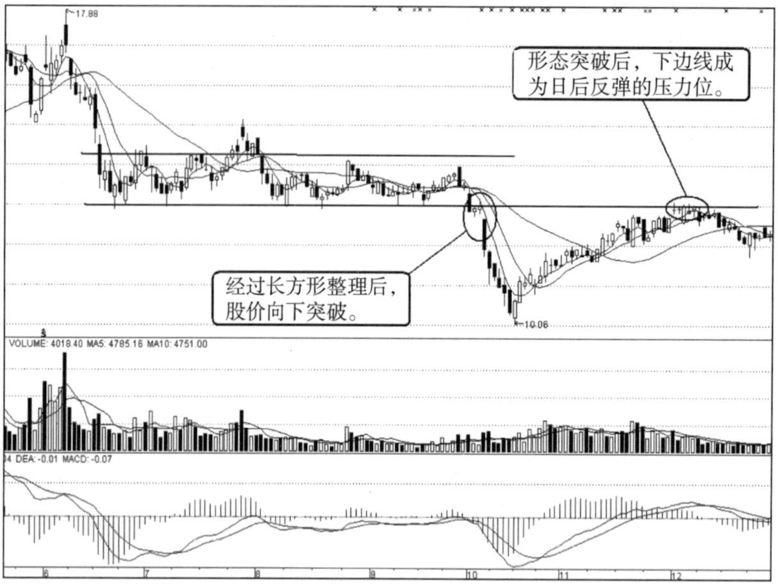


图 11-26 诺力股份（603611）日 K 线图

## 五、注意事项

（1）长方形的上下两条水平线与各种形态的颈线一样，都属于趋势线。长方形是一种常见的图形，不论月、周、日线图，还是分时图或 5 分钟走势图上，都会经常看到。

（2）长方形顶线（上限）与底线（下限）之间的幅度如果较大的话，依股市惯性，幅度约在 10% 以上时，常会引来短线交易者的介入。以中长期观点来说，虽然这些短线交易者对行情发展没有决定性的作用，但如果短线交易盛行，这个长方形的形态将会更趋于明显，其向上或向下突破的时间将会延长。

（3）在长方形的形成过程中，成交量大多会随着形态的发展而减少。

（4）长方形与多数形态一样，需以超过顶线或底线 3% 的幅度收盘，才能称为正式突破。

（5）长方形形态向上突破时，需放大的成交量配合，否则视为“假突破”。向下突破时则无此限制，但若有成交量的配合，会加强突破的有效性。

（6）长方形完成突破的时间越短，其上下界限之间的幅度越大，其突破后越有力。

（7）在长方形中，成交量起伏变动越大，或成交量多半比平时大时，突破后的涨跌幅度也将随之扩大。

（8）基于“久盘必跌”的道理，如果长方形经过较长时间的整理后迟迟未能向上突破，则宁可退出观望。

# 后 记

K 线技术形态有一定的运行规律，但没有固定的涨跌模式。K 线技术分析与其他任何一种技术分析工具一样，研究的都是概率。不同市况、不同心理因素作用下，其分析结果也不相同。希望投资者在即时行情中活学妙用，切不可生搬硬套，应逐步形成一套适合自己的操作技法，这样才能笑傲股林，畅游股海。

没有广大读者的认可，就没有这本书的生存市场，更不会使这些技术得以推广，所以第一个要感谢的是读者朋友。在此还要感谢中国宇航出版社的大力支持，出版社编辑对本书的出版提出了许多有价值的意见，在本书付梓之际，一并致以最衷心的感谢！

股市变幻莫测，涉及的内容非常广泛，尽管笔者竭尽全力，努力减少错误，但百密一疏，书中难免有疏漏之处，敬请广大读者批评指正，并多提宝贵意见，以便今后再版时改进和提高。

愿本书能为广大投资者的实际操作带来一点启示，创造一份财富。如是，将深感欣慰。

麻道明

2019 年 4 月于楠溪江畔